中国包装年鉴

（2016）

CHINA PACKAGING YEARBOOK

中国包装联合会　　编

中国财富出版社

图书在版编目(CIP)数据
中国包装年鉴. 2016 /中国包装联合会编. —北京:中国财富出版社,2018. 1
ISBN 978 - 7 - 5047 - 5374 - 8

Ⅰ. ①中…　Ⅱ. ①中…　Ⅲ. ①包装—中国—2016—年鉴　Ⅳ. ①F426. 89 - 54

中国版本图书馆 CIP 数据核字(2018)第 030718 号

ISBN 978-7-5047-5374-8

策划编辑　张　茜　　责任编辑　颜学静
责任印制　石　雷　　责任校对　孙丽丽　　责任发行　敬　东

出版发行　中国财富出版社
社　　址　北京市丰台区南四环西路 188 号 5 区 20 楼　　邮政编码　100070
电　　话　010 - 52227588转2048/2028(发行部)　　010 - 52227588 转 307(总编室)
　　　　　010 - 68589540(读者服务部)　　010 - 52227588 转 305(质检部)
网　　址　http://www. cfpress. com. cn
经　　销　新华书店
印　　刷　廊坊市鸿煊印刷有限公司
书　　号　ISBN 978 - 7 - 5047 - 5374 - 8
开　　本　889mm×1194mm　1/16　　版　　次　2018 年 1 月第 1 版
印　　张　28　彩色　4　　印　　次　2018 年 1 月第 1 次印刷
字　　数　1017 千字　　定　　价　480.00元

《中国包装年鉴（2016）》
编 委 会

前　言

《中国包装年鉴》（以下简称《年鉴》）是由中国包装联合会主办，《年鉴》编辑部承办的大型文献性工具书，自1981年创立以来，在国家经贸委、工业和信息化部和国家统计局等部门及相关行业协会、专家学者、企业的大力支持下，已连续出版了 35 年。多年来，《年鉴》以翔实的资料和数据全面、系统地记载了包装产业发展的历程，并以其权威性、指导性、实用性、资料性深受业界的好评。

2016版《年鉴》为综合反映包装产业的发展情况，共设12个专栏，收编的主要内容为2015—2016年包装产业的发展资料。

在编辑本卷《年鉴》的过程中，得到中国包联领导、各地方包装组织、各专业委员会、专家学者与相关企业的大力支持，在此，谨致谢忱。

面对我国包装行业不断发展变化的新形势，《年鉴》将继续以求真务实、严谨的态度做好文献的收录，使数据更准确、资料更翔实。同时，真诚地希望业界同人为《年鉴》续编提出宝贵意见。

编　者

2017年9月

目　录

领导讲话 …… (1)

两会代表为包装行业发展建言献策 …… (3)
辽宁省政协委员郭瑞林建议在食品行业大量采用多层共挤阻隔膜包装 …… (6)
适应改革新要求，培育发展新动力，全力推动世界包装强国建设进程 …… (6)

行业规划与统计 …… (13)

中国包装行业年度运行报告（2016 年度） …… (15)
中国包装工业发展规划（2016—2020 年） …… (31)
食品包装分析报告 …… (43)
中国托盘标准化发展监测分析报告 …… (50)

部分省市包装行业现状及发展前景 …… (55)

北京市包协 2016 年工作总结及 2017 年工作重点 …… (57)
上海市包协 2016 年工作总结暨 2017 年工作计划 …… (59)
2016 年深圳市包协重点工作 …… (62)
山东省包装行业“十三五”发展规划 …… (63)
宁夏回族自治区包装工业“十三五”发展规划 …… (68)
河南省包协 2016 年工作总结暨 2017 年工作安排 …… (76)
开创协会工作新局面，为新疆包装业做贡献 …… (80)
2016 年江苏省包装工业发展状况 …… (82)

包装与相关行业现状及发展前景 …… (85)

2016 年包装行业发展回顾与 2017 年展望 …… (87)
2016 年中国食品和包装机械行业发展报告 …… (92)
塑料软包装行业“十三五”发展规划建议 …… (104)
中国钢桶包装的现状 …… (116)
“十三五”运输包装发展规划 …… (120)

玻璃容器（瓶罐）现状及发展路径思考……（127）
家电产业稳健增长　助推包装产业发展空间……（131）
气雾剂行业驶入发展的快车道……（134）
机电产品节材代木，势在必行……（135）
发展中的中国纸包业……（137）
物流配送技术的现状及发展趋势……（139）

包装及相关行业政策、法规、标准……（145）

国务院印发方案促进 3D 打印等领域技术标准研制……（147）
发改委：我国未来 2~3 年将建成一批环保领域创新平台……（147）
国家新闻出版广电总局部署 2016 年印刷复制发行监管工作……（148）
直接接触药品的包装材料和容器注册等 7 项省级食品药品行政审批事项取消……（148）
《印刷业管理条例》修改八项　现已全面施行……（149）
国家发改委发通知整治 11 省市 33 个开发区造纸等行业……（150）
国家烟草专卖局通报 2016 年 1—5 月行业卷烟包装箱循环利用情况……（150）
2017 年 7 月起我国化妆品包装标识不再标注“QS”标志……（151）
国家邮政局：2020 年建成社会化的快件包装物回收体系……（151）
快递包装 2016 年将全面实行实名收寄　试点环保包装分类回收……（152）
国家邮政局：《中国快递领域绿色包装发展现状及趋势报告》正式发布……（152）
国家邮政局发布《推进快递业绿色包装工作实施方案》（简称《实施方案》）……（153）
进口食品须贴中文标签……（153）
国家新闻出版社总局颁布七项印刷领域行业标准……（154）
网版印刷标准化分技术委员会首个行业标准正式颁布实施……（154）
药包材药用辅料关联审评审批新政落地……（154）
国家环保部编制塑料包装制品环保新标准……（155）
我国关税税则委员会发通知调整进口印刷设备关税……（155）
我国主导制定的首个印刷领域国际标准正式发布……（156）

文件汇编……（157）

工业和信息化部　商务部关于加快我国包装产业转型发展的指导意见……（159）
《关于加快我国包装产业转型发展的指导意见》解读稿……（164）
2016 年军民融合包装发展建设工作要点……（170）
2016 年度中国包装联合会科学技术奖获奖项目……（172）

2016 年度包装行业两化融合管理体系贯标试点企业名单 ……（174）
2016 年度中国包装优秀品牌名单 ……（174）

专著论文 ……（175）

我国包装高技术市场的发展与“互联网+” ……（177）
冷冻技术在包装中的应用及发展 ……（179）
新型材料与现代化技术在食品安全包装中的发展应用 ……（181）
基于纸浆蛋托的绿色包装技术研究 ……（186）
电商专用纸箱一体化包装机的创新设计 ……（189）
运输包装振动试验方法的使用和选择 ……（191）
关于国家战略储备物资包装标准化研究的思考 ……（193）
绿色包装在汽车发动机物流包装中的应用 ……（198）
食品用软包装塑料材料水蒸气透过性检测技术的研究分析 ……（200）
工业 4.0 和包装机械智能化 ……（202）
包装从多方面保障食品安全 ……（206）
一次性医用耗材包装设备应用现状概述 ……（209）
包装视觉图形设计的多元化表达途径探微 ……（214）
基于区域文化价值的现代包装设计观念探讨 ……（216）
食品包装中的绿色印刷油墨研究 ……（219）
塑料包装容器成型方法和模具设计 ……（221）
包装设计中绿色材料的应用与发展研究 ……（223）
论绿色纸质包装设计 ……（225）
VI 设计教学中针对包装视觉元素系统的开发与设计 ……（227）
绿色包装在体育器材中的应用探索 ……（228）
浅析网店形象包装设计的方法——以淘宝网店为例 ……（230）
儿童食品包装设计中的趣味性探析 ……（232）
浅议现代包装艺术设计生态化发展 ……（234）
采取切实措施，着力振兴实体经济 ……（235）
如何控制烟用接装纸生产色差及烟用接装纸发展趋势探讨 ……（236）
瓦楞纸箱材质与各项技术指标的确定 ……（238）

技术交流……（243）

2016年塑料包装行业发展趋势与展望……（245）
2016年中国纸包装企业如何杀出重围……（246）
如何选择一台优质的包装机械……（248）
市场上的商品易过度包装的原因……（248）
探究药用铝箔泡罩包装印刷的工艺技术……（249）
单张纸胶印连线冷烫——印后加工的后起之秀……（253）
欧盟FMD法规对国内药品电子监管码的借鉴意义……（256）
液态食品行业中不可或缺的塑料包装……（257）
如何控制印刷材料消耗降低生产成本……（258）
快递物流包装新举措……（260）
快递业绿色包装工作实施方案对快递包装细分领域的影响……（261）
影响全球包装市场产品设计的六大趋势……（262）
寒潮下如何确保高质量印刷薄纸……（264）
印刷机在使用过程中的质量控制要点……（265）
包装业迎来新繁荣，四大现状仍需警惕……（266）
食品包装存在诸多隐忧　修订包装标准势在必行……（267）
国内糖果包装市场未来发展趋势……（268）
全线自动化升级是食品包装机械行业的趋势……（269）
塑料软包装干式复合的常见问题及解决方法……（270）
解读金属油墨撬动印刷市场的奥秘……（272）
做纸箱不如收废纸——废纸逐渐成为企业资源性瓶颈……（278）
我国纳米绿色印刷技术在世界印刷领域全面领先……（279）
如何解决烟包印刷过程中印完水光再罩UV出现麻点等流平不好的问题……（281）
应重视包装废弃物回收及强化防伪……（281）
“一带一路”助力我国印刷业走向海外……（282）
应重视食品包装中塑料及纸制品包装的污染问题……（285）
浅谈包装产业的“互联网+”……（286）
应该重视包装中的污染问题……（288）
三大问题制约包装机械制造业快速发展……（289）
现代包装技术在切花保鲜中的应用……（289）

果蔬片包装吸潮原因排查及解决方案……（291）
包装新趋势——多快好省……（293）
投资、新建、竣工项目信息……（297）
国内外包装及相关行业新技术、新产品、新设备、新工艺信息……（305）
行业简讯……（317）
最新包装国家标准选登……（315）
食品包装材料和容器用胶粘剂……（337）
平板显示器基板玻璃包装箱装运规范……（347）
重复使用包装箱通用技术条件……（351）
大型运输包装件试验方法……（359）
电子电气产品包装物的材料声明……（367）
新鲜水果、蔬菜包装和冷链运输通用操作规程……（380）
出口商品包装　通则……（391）
机床包装　技术条件……（404）
人造板产品包装通用技术要求……（413）
烟草机械　烟草专用机械鉴别检验规程第 8 部分：烟用包装机械……（421）
卷烟包装标识　警语的测定　图像法……（428）
服装标志、包装、运输和贮存……（433）

领 导 讲 话

两会代表为包装行业发展建言献策

近年来环保话题成为“两会”关注的热点，无论是 2015 年年底的中央经济工作会议，还是 2016 年的中央一号文件，绿色发展和生态保护都得到高度重视。作为与环保密不可分的包装行业，在发展绿色包装的进程中可谓是喜忧参半。喜的是，在国家大的经济环境的指引下，包装行业得到了前所未有的发展机遇，全行业对绿色发展在意识上得到了提升，对整个行业的发展起到了关键性的推动作用；忧的是，包装行业涉及面广，产品不仅涉及工业类，还涉及民生类，全行业在新设备、新工艺、新技术方面虽然取得了明显的进步，但仍面临很多的难题需要解决。

四大热点关注包装行业

建言一：

快递包装：包装废弃物体积占比达 50%

人大代表徐秋芳指出，目前快递业日均产生的废弃包装达千万件，每年使用的包装胶带纸连接起来能够绕地球 200 多圈。按照国家邮政局给出的 2013 年我国快递业务量约 92 亿件核算，意味着包装费用超过 10 亿元。包装废弃物体积占固体废弃物的 50%，每年废弃物价值达 4000 亿元，网购包装废弃物也在其中占据大量比重。

献策：

人大代表徐秋芳：网购包装需尽快规范化

中国是世界上过度包装情况较严重的国家，网购包装造成的浪费令人担忧。建议尽快研究出台网购行业货物包装的技术规范。在制定技术规范时要体现“分类包装、分类计费”原则，根据商品属性分成 3~4 个易碎等级，标以不同颜色，且采用不同的包装材料，分拣和装卸时区别对待。同时，不仅要考虑避免过度包装，而且还要提高包装箱或包装袋的重复利用，出台政策鼓励企业设计和生产可多次使用的规范包装箱或包装袋。

政协委员骆月珍：从源头制止有害快递包装

首先，政府部门要完善国家邮政局制定的《快递业务操作指导规范》，尽快出台网购行业货物包装条例，拟定过度包装、绿色包装标准，设立过度包装公众举报热线，超过一定数量征收包装税，以经济杠杆来调控快递过度包装。其次，包装袋要采用可循环利用的材料，从源头上减少有害包装材料的使用量，同时提高过度包装的成本，向快递经营者和商家收取垃圾处理费。最后，在快递公司提供的包装袋上印上二维码，有关部门抽检其是否环保，若不合格，可通过二维码追踪快递公司令其整改，否则给予处罚。

政协委员徐小岩：加强对网购包装的回收利用

目前网购的繁荣带来了大量的废弃包装用品，政府应出台措施促进网购包装的回收利用，减少包装垃圾。网购的快速发展导致每天产生大量的废弃包装盒、包装袋，如果回收利用跟不上，就会产生大量的资源浪费。政府可以采取税收等经济手段促进网购包装的回收利用。

建言二：

食品包材：我国食品包材 90%为传统材料，国外 90%为新材料

政协委员郭瑞林指出，当前我国的食品包装标准相对滞后，90%的食品包装仍使用传统复合材料，而发达国家 90%的食品包装采用高阻隔、低透氧率、安全清洁的包装新材料。这也是我国食品领域供给侧改革的瓶颈。

献策：

政协委员郭瑞林：建立全链条食品安全保障体系

我国的药品生产标准十分严格，而食品生产管理相对来说有些粗放，食品和药品的审核应该按照严格标准来管理。保障食品安全应从源头上建立全链条食品安全保障体系，加快食品包装的标准修订，从包装角度保障食品的安全。

政协委员何伟：食品包装需要革命

“没有安全的食品包装，就不可能有安全的食品。”在我国食品行业应大力发展并大量采用多层共挤阻隔膜包装，其优势在于可以延长食品保质期，减少食物的浪费；降低食品中防腐剂的添加，使食品中的有害残留大幅度减少；能够满足食品包装的三种形式（真空包装、气调包装、隔氧包装）的应用；符合美国及欧盟标准，可回收利用，有利于食品的出口。当前我国鲜奶、火腿肠、方便面等食品采用多层共挤高强阻隔膜包装，相比原来市场上所用的单层膜、铝塑膜等，大大延长了保质期，增加

了对食品的保鲜和保质功能。

建言三：

资源回收替代废弃物报废量将达 2.64 亿吨

人大代表蒋省三指出，据中国再生资源回收利用协会预测，到 2020 年，我国废钢铁、主要再生金属、废塑料、废橡胶轮胎、废玻璃五大品种的年报废量将达 2.64 亿吨，废弃电器电子产品年报废 1 亿台，报废汽车年报废量 1400 万辆。此外，还有大量的硬纸板包装材料、各种软包装物、废旧纺织物、废旧木质材料等。这意味着，三四年后，我国将进入废旧物资报废高峰期。

献策：

人大代表蒋省三：首设“分类回收日”

确定每年的某一天，或每个月的某一天，为全国“分类回收日”。“分类回收日”是绿色环保公益宣传实践活动，由各地城管环卫部门、供销社和所在社区的物业公司联合主办，组织志愿者开展“分类回收日”活动。上述三家主办单位，在社区、校园、广场、公园、集贸市场、影剧院、体育场所、轨道交通站厅、大型商场等，设置可回收物、餐厨垃圾、有害垃圾、其他垃圾四种回收容器，向大众宣传生活垃圾分类投放和分类回收的常识与意义，发放相关宣传册，引导大众把废塑料、废包装物、玻璃、纺织类、餐厨垃圾、废旧灯管类、废旧电池类垃圾分类投放相关容器。对参与活动、符合分类投放要求的大众给予一些奖品，以资鼓励。“分类回收日”活动收集的可回收物，由供销社统一收集进入再生资源回收渠道。

人大代表李建华：废纸利用需政策支持

目前我国废纸回收率不断提高，回收量超过可回收量的 90%，但是由于废纸分拣及储运体系落后，废纸分类水平有待提高，因此，废纸利用还需要国家政策支持。要进一步完善废纸回收分类标准，建立健全管理体系，明确市场准入、投资收益、税收融资、宣传引导、知识普及、公众参与、运输存储等方面职责，促进废纸回收分类体系的建设，推进国内废纸资源循环产业的发展；进一步加大鼓励废纸进口，缓解我国造纸原料短缺的问题；同时有条件的话还可以恢复废纸加工贸易，这样预计造纸行业产能利用率将提高 2.55%。

人大代表唐一林：生物可降解塑料势在必行

国家实行限塑令的目的在于减轻其对环境的污染，但目前塑料袋无法被其他产品大量替代，因此需要支持以植物秸秆和木质素等为原料的生物质及生物降解塑料产业的发展，降低生产成本，缩小与通用塑料间的价格差距。同时，国家应制定生物质塑料产品的财政补贴、税收优惠政策，并设立单独的海关编码，提高生物降解塑料的出口退税率，同时对主要原料如木质素、PBAT（聚已二酸）等实行零关税。另外，可以由简入手，先从宠物粪便袋开始，推广可降解塑料，进而逐步替代其他垃圾袋，或其他薄膜。

建言四：

我国制造业现状：制造业工业 2.0 向 3.0 过渡

政协委员汤亮指出，从整体上看，由于先天不足和历史条件的局限，我国制造业的一大块还处在工业 2.0 向工业 3.0 发展的阶段，有些民营制造业企业，甚至还是工业 2.0 的水平。而民营制造业存在的最大问题：一是“大而不强”；二是“强而不大”。

献策：

政协委员汤亮：工业 4.0，印包切忌一哄而上

在谋求制造业的工业 4.0 新布局时，既要有全球视野和超前意识，也要切忌华而不实，标签化地一哄而上。宏观上，中国制造业的发展很不平衡，各地区的布局情况也各不相同。各省市在实施本地区制造业的战略发展规划时，要本着科学态度，立足本地区实际，调整并把控好工业 4.0 和工业 3.0 之间的比重关系，在突出重点的基础上，阶梯性、阶段性地实施国家发展制造业的战略规划。包装印刷企业应该有计划、分步骤地建造适合自身产品特点、满足客户需求、配有先进设备的“智能工厂”，企业必须充分利用大数据时代下的信息技术、互联网和物联网技术，实现网络与信息物理系统（CPS）的融合。最终建立起高度灵活的个性化和数字化的产品与服务的生产模式，推动制造业向智能化转型。

政协委员李书福：提升中国制造业竞争力迫在眉睫

近些年，许多制造业企业普遍遇到市场的冰山、融资的高山、转型的火山这“三座大山”。在企业发展中则面临人工成本高、融资成本高、税费负担高、制度性交易成本高和产品质量低、技术标准低、品牌认可度低、企业诚信度低的现状，而这“四高四低”制约了中国制造业竞争力的提升。此外，要把实施制造强国战略真正落到实处，提出“科技创新要强发力”“降低成本要动真格”品牌建设要下功夫。

2016年3月5日，十二届全国人大四次会议在人民大会堂开幕，李克强总理代表国务院向大会作政府工作报告。在报告中指出，目前，我国的经济政策正由重视发展速度向重视发展质量和效率转变，报告充分表达了“创新、协调、绿色、开放、共享”的“五位一体”发展战略。印刷包装行业应该从以下几方面对2016年政府工作报告及代表建言进行全面解读。

解读一：加强供给侧结构性改革

2015年11月，习近平主席在中央财经领导小组会议上首次提出了“供给侧改革”，即从供给、生产端入手，通过解放生产力，提升竞争力促进经济发展。具体而言，就是要清理僵尸企业，淘汰落后产能，将发展方向锁定新兴领域、创新领域，创造新的经济增长点。在加强“供给侧改革”的大形势下，产能过剩的印刷包装行业将加快出清，低端产能将被进一步压缩，而一些紧随大势的企业将活得更好。包装印刷业要在结构改革、科技创新、转型升级方面取得突破。

解读二：推进企业创新发展

李克强总理提出要发挥大众创业、万众创新和“互联网+”集众智、汇众力的乘数效应，打造众创、众包、众扶、众筹平台，构建大中小企业、高校、科研机构、创客多方协同的新型创业创新机制，深化科技管理体制改革，建设一批“双创”示范基地。

企业创新是推动包装印刷企业不断变革、持续向前发展的根本性力量。面对充满变化的市场，印刷技术正向着“三化一转型”方向发展，即“数字化”“绿色化”“网络化”和“向包装印刷转型”。所有的印刷技术创新也都围绕这四个方向展开。在2016年，印刷企业需要继续坚持这一发展方向，通过创新促进企业发展进步。

解读三：有效推进“互联网+”行动计划

李克强总理在2015年政府工作报告中首次提出“互联网+”行动计划，即制定“互联网+”行动计划，推动移动互联网、云计算、大数据、物联网等与现代制造业的结合，促进电子商务、工业互联网和互联网金融的健康发展，引导互联网企业拓展国际市场，鼓励线上线下互动，推动实体商业创新转型，完善物流配送网络，促进快递业健康发展。

2015年，“互联网+”行动计划深入开展，印刷业与互联网深度结合，取得了快速的发展，也受到了行业人士的热切关注。如何有效推进互联网、云计算、大数据、物联网等与印刷业的结合，积极发展印刷电子商务，在2016年依然会是印刷行业的热题。

解读四：践行环保绿色发展

李克强总理提出要进一步扩大绿色环保标准的覆盖面，推广节能环保先进技术装备，加大建筑节能改造力度，加快传统制造业的绿色改造，走出一条经济发展与环境改善的双赢之路。

2016年，VOCs（挥发性有机化合物）排污收费等环保相关的法规将会在一些城市陆续推行，这些城市的执行情况将会对全国印刷企业的治污工作起到良好的示范作用，因此，“绿色”将会成为2016年印刷行业中的首个关注点。值得高兴的是，印刷业是较早开始实施绿色环保标准的行业之一。自2010年印刷业正式推进实施绿色印刷以来，我国获得绿色印刷认证的企业目前已经达到925家，虽然数量占比还不到1%，但其产值已约占全国的15%。随着全国各地印刷业VOCs排放收费细则的陆续出台，印刷企业可能会面临更严峻的环保形势。

解读五：“一带一路”拓展海外市场

2013年9月和10月，习近平主席先后提出了共建“丝绸之路经济带”和“21世纪海上丝绸之路”，简称“一带一路”。2015年政府工作报告中，李克强总理提出，把“一带一路”建设与区域开发开放结合起来，加强新亚欧大陆桥、陆海口岸支点建设。

在印刷包装企业间，新型海外市场的开拓也成为了一个热词。出口成为目前我国企业需要努力思考并实践的课题。许多中国的印刷包装企业选择在“一带一路”沿线国家进行投资，一方面化解了原料、成本上的瓶颈；另一方面也消化了过剩的产能，开发了新兴市场。2016年，海外市场仍是企业行业需要抓住的机遇。

辽宁省政协委员郭瑞林建议在食品行业大量采用多层共挤阻隔膜包装

近年来，食品安全不断被提及，但食品包装这一领域往往被忽略。合格的食品包装不应该只是简单的外包装，而应该在满足卫生性的前提下具有足够的强度、韧性，还必须具有食品保鲜、保水、延长保质期的作用。

辽宁省政协委员、中国包装联合会副会长郭瑞林说，“我们一年也用不上几回的药品生产标准那么严格，然而我们每天要吃的食品生产管理却面临很粗放的现实，食品和药品的审核都应按照严格的标准来管理”。

郭瑞林表示，保障食品安全应从源头建立全链条食品安全保障体系。我国当前食品包装的标准相对滞后，90%的食品包装仍使用传统复合材料，其缺点是有害残留较高，在运输过程中易破损，造成食品被二次污染。而欧美发达国家 90%的食品包装采取的是高阻隔包装新材料，透氧率低，更安全、更清洁，这也是我国食品领域供给侧改革的瓶颈。加快食品包装的标准修订，是从包装角度保障食品安全。

郭瑞林建议在食品行业大量采用多层共挤阻隔膜包装，不仅可以减少因包装材料造成的保质期过短的巨大浪费，也可以减少使用食品防腐剂，使食品中的有害物残留大幅度降低。

适应改革新要求，培育发展新动力，全力推动世界包装强国建设进程

——在中国包装联合会八届三次理事会上的报告

中国包装联合会会长徐斌

（2016 年 11 月 16 日）

各位理事，同志们：

现在，我代表中国包联第八届理事会向本次大会作工作报告，请予审议。

我报告的主题是《适应改革新要求，培育发展新动力，全力推动世界包装强国建设进程》，报告分为两个部分：一是 2016 年工作回顾；二是 2017 年工作思路。

第一部分　2016 年工作回顾

自“十三五”开局以来，党中央、国务院不断深化“创新、协调、绿色、开放、共享”五大发展理念，着力推动“经济建设、政治建设、文化建设、社会建设、生态文明建设”五位一体发展战略，特别是以供给侧结构性改革为重点，通过创新驱动，为爬坡过坎的中国经济持续发力。国家经济发展基础日趋稳固，长期低迷的国内市场明显回暖，制造业综合经济指数逐步回升，各行各业的发展信心得到有效提振。

作为服务型制造业，中国包装工业也在经济稳中向好的大背景下快马扬鞭、砥砺前行，令人瞩目的发展成就为国家经济建设和社会发展形成了重要支撑，产业的后发优势加速积累。

2016 年，中国包联按照八届二次理事会确定的“定好调、谋好篇、开好局、起好步”的总体要求，以不断完善的网络信息服务平台、科技创新服务平台、人才培养综合服务平台、面向政府的服务平台和国际交流合作平台这“五个平台”为载体支撑，重点围绕发展战略引领、创新体系建设、服务效能提升、国际影响拓展四大主体任务，全面推进常规工作精细化，创新工作特色化，各项工作取得了新突破，打造了新亮点，跃上了新台阶，形成了新成果。

一、加强战略设计，形成发展引领力

1.科学编制《发展规划》，强化顶层设计引领

2015 年，中国包联委托湖南工业大学牵头，在开展深入市场调研和综合分析的基础上，经过反复论证，编制完成了《中国包装工业发展规划（2016—2020）》（简称《规划》）。《规划》明确了未来五年我国包装工业发展的指导思想、基本原则、目标任务和战略重点，成为了包装工业史上第一个系统、完整的发展规划，也成为了经济新常态下引领包装强

国建设的行动纲领。2016 年，中国包联面向行业、企业以及工信部等国家部委和关联产业广泛征求意见，利用行业系统的各种会议与活动持续开展《规划》的宣贯与研讨，对具体指标、主要任务、技术重点、重大工程等不断进行调整和优化，确保《规划》上连“天线”、下接“地气”，确保顶层设计的科学性、针对性和可操作性。经过反复打磨确定的《规划》以及由中国包联构建的《规划》编制体系，得到了工信部的充分肯定和高度评价。

2.争取出台《指导意见》，强化政策方向引领

包装工业是国家工业体系的重要组成部分，在服务国家战略、适应民生需求、建设制造强国、推动经济发展中具有举足轻重的地位。为有效解决好包装产业发展中的重大问题，强化国家对包装产业的政策支持和全面扶持，2015 年，中国包联通过反复联系沟通，不断表达诉求，成功争取了工信部制定出台《关于促进我国包装产业转型发展的指导意见》（简称《指导意见》）。受工信部委托，中国包联承担了《指导意见》的基础支撑工作，湖南工业大学组建了强有力的编写团队，前后历时一年多，出色完成了《指导意见》的撰写任务。工信部将于近期正式发布。该《指导意见》是我国政府针对包装产业发展制定的第一个指导性文件，对强化产业地位、配套产业政策、增强产业动力等具有十分重要的意义。

3.持续开展“战略研讨”，强化创新思维引领

为强化行业、企业创新发展的战略思维，探索包装产业发展的新路径、新模式，2016 年，中国包联主办或联合主办了“中国包装产业协同创新年会”“中国包装产业战略发展年会”以及针对子行业或相关领域的“中国塑料包装行业商业模式创新与新材料论坛”“第九届中国东光纸箱机械国际博览会”“中国环渤海食品包装安全高峰论坛”“中国无菌包装产业发展论坛”“膜科技产业创新论坛”等系列活动，对“十三五”期间包装产业如何立足全球视野、落实发展规划、推动协同创新、促进转型发展起到了重要作用。

4.筹划建设行业智库，强化精准理念引领

2016 年 10 月 27 日，中国包联参事会成立暨首届工作会议在上海召开，聘任方吾校、庄英杰、马伟武、王佑华、孙友元、关玉香、张国平、费钧德、高汝楠为参事，方吾校为参事会主席，庄英杰、马伟武为参事会副主席。我和国务院国资委行业协会商会工作局张涛局长出席会议并作了讲话。

中国包联参事会是在包装行业全面落实“五大”发展理念，坚持理论、技术、制度、管理创新，发挥人才和专业优势，稳步推进“包装强国”建设的形势下成立的，作为中国包联和包装行业的智库，它的成立将对加强包装行业重大事项研究，精准反映行业诉求，精准破解发展难题等起到积极作用。

二、构筑高端平台，增强创新驱动力

1.建设了“中国包联智慧管理云平台”

2016 年，中国包联投资 100 万元，开发建设了包括中国包联科学技术奖申评系统、中国包联 Imeeting（折叠微会议）会议系统、中国包装百强评优系统和中国包联 OA（Office Automation）办公自动化系统等在内的“中国包联智慧管理云平台”，上线运行了“中国包装联合会”微信公众号，通过应用云计算、大数据技术，建立起全面的业务协同管理办公自动化环境和信息化数据应用保障体系，为中国包联面向行业服务的转型升级搭建了数字化、信息化的高端平台。

2.完善了“科学技术奖”申报平台

2015 年，“中国包联科学技术奖”正式设立，在全行业的大力支持和积极参与下，实现了当年策划、当年设立、当年评审。为完善评审机制与体系，2016 年，中国包联建立了“科学技术奖”网上申报系统，切实增强了申报的便捷性和高效度。“科学技术奖”不仅有效增强了行业自主创新的原动力，更为产业的转型发展形成了重要的成果支撑。2016 年度，中国包联科学技术奖共产生“高端制药自动化生产线感知控制技术及数字车间应用”等 2 项一等奖，“冷鲜肉活性包装新技术推广与应用”等 12 项二等奖和“蒸发残渣恒重测试仪的研制”等 25 项三等奖。申报的参与度日益扩大，奖项的影响力不断提高，成果的应用性显著增强。其中，湖南工业大学对行业自己的科技奖励工作高度重视，将获奖结果纳入学校评级、评定职称等考核体系，同时积极组织项目申报并进行初审。

3.打造了中国包装网络教育平台

中国包装网络教育学院是由中国包联主办，世界包装中心（GPC）承办，基于移动互联网的学习云平台，是面向包装全行业，集培训管理、考试、专家库、知识库、社交等功能于一体的互联网大学。网络教育学院的上线运行，对培养包装专业人才、增强行业创新能力、促进人力资源发展、提升员工

整体素质，都将产生积极深远的影响。

4.创设了包装展览活动专业平台

展览活动是促进业务对接、展示企业形象、提升产品品质、推动合作发展的重要手段。2016 年，中国包联根据包装行业展览活动的特殊要求，遴选了在国内具有较大影响、较强实力、专业化程度较高的励展博览集团作为包装展览活动的合作承办单位。4 月 14 日，在东莞共同主办了“2016 中国包装容器”展会，吸引了数千名来自食品、电子、礼品、日化等终端行业的专业包装采购商现场参观和洽谈。展会同期还举办了运输包装高峰论坛、功能性塑料薄膜论坛、模内贴标论坛、液态食品包装发展与创新发展高峰论坛、高等院校和科研机构最新包装成果发布会、包装设计论坛等专业活动，形成了显著的经济效益和社会效益。

5.搭建了包装技能型人才培养平台

在教育部大力支持下，全国包装职业教育教学指导委员会（简称“包装行指委”）于 2016 年 7 月 5 日召开成立了大会。包装行指委的成立，为完善包装教育体系和人才培养体系搭建了重要平台，为凝结包装职教力量、促进产教深度融合、深化教育教学改革、提升人才培养质量提供了坚强保障。2016 年，包装行指委委托中山火炬职业技术学院，高标准建设了中国包装职业教育网。包装行指委按照全国职业院校技能大赛模式和赛制，从 2016 年起，每年举办“全国包装设计职业技能大赛”，该大赛由中山火炬职业学院牵头承办，2016 年的赛事活动在 12 月下旬举行。

三、完善管理体系，提升服务支撑力

1.构建行业运行监测体系

针对包装行业数据统计工作存在的主要问题，2016 年，中国包联切实加强经济指标预测、行业景气预警和行业运行监测体系建设，上半年，完成了《2014 年、2015 年包装行业经济运行报告》（简称《报告》）和《2015 年包装行业经济运行指数》（简称《指数》）。《报告》和《指数》覆盖了纸包装、塑料包装、金属包装、玻璃包装容器、竹木包装和包装机械等，并按季度发布各细分行业运行情况，成为客观、真实反映包装行业运行情况的“晴雨表”，对行业企业的市场布局、项目投资、管理经营等起到了重要的引导作用。

2.健全包装标准管理体系

2016 年，按照工信部和国家标准委统一部署，中国包联对归口管理的 256 项包装行业国家标准、行业标准和计划项目开展了整合精简工作，通过废止一批、转化一批、整合一批、修订一批，重点解决现行标准存在的交叉重复、标准矛盾以及超范围制定等主要问题，构建起结构合理、规模适度、内容科学的强制性标准体系，实现了“一个市场、一条底线、一个标准”。为进一步优化完善推荐性标准体系，对现行推荐性国家标准、行业标准和制修订计划项目进行了集中复审，提出复审结论，重点解决现有各层级推荐性标准中存在的交叉、矛盾和滞后老化等突出问题，为推动推荐性标准向政府职责范围的公益类标准过渡奠定了基础。为发挥市场在标准化资源配置中的决定性作用，依据国家质检总局和国家标准委联合印发的《关于培育和发展团体标准的指导意见》，制订了《包装行业团体标准管理办法（草案）》，成为国家新型标准体系的重要组成部分。

3.推进两化融合管理体系

2016 年，中国包联按照《工业和信息化部办公厅关于继续做好两化融合管理体系贯标试点推荐工作的通知》，积极引导全行业创新量化融合管理体系，大力培育行业内的骨干企业开展两化融合贯标试点，经工信部最终评选，厦门合兴包装印刷股份有限公司等 6 家包装企业入选 2016 年度两化融合管理体系贯标试点企业。

4.共建重要产品追溯体系

2016 年年初，国务院办公厅印发了《关于加快推进重要产品追溯体系建设的意见》，在商务部牵头下，中国包联和其他 20 多家行业协会共同发起了行业组织“共建追溯体系”倡议，开展了“E 追溯”微信公众号推广等系列活动，将智能包装、安全包装纳入国家追溯体系建设中。

5.建立企业品牌培育体系

为有效推动工业消费品“三品战略”在行业的落地实施，引导包装企业提升品质、做强品牌，根据工信部《制造业单项冠军企业培育提升专项行动实施方案》和《关于组织推荐 2016 年度制造业单项冠军示范（培育）企业的通知》，中国包联积极引导全行业尤其是重点企业、骨干企业加强品牌建设，形成“拳头产品”，开展创新示范。2016 年，组织符合条件的 19 家企业申报制造业单项冠军示范企业和培育企业。

四、深化对外交流，拓展国际影响力

1.全面恢复与亚洲包联的合作关系

2016年3月，亚洲包联第一副主席陈兰香和秘书长萨哈到访中国包联，带着诚意主动修复因历史原因中断的双方合作关系。中国包联站在包容、开放、合作、发展的高度，与亚洲包联形成谅解备忘，并同意恢复全方位合作，双方就创新、教育、培训以及"亚洲之星"大赛的组织实施等议题进行深入交流并达成广泛共识。

2.坚定维护在合作发展中的国家立场

2016年4月，中国包联在广东东莞与亚洲瓦楞纸箱协会（ACCA）主席洪及章就亚洲瓦联、印度尼西亚包装行业和中国包装行业发展等情况进行了深入会谈。我们再次重申，中国包联是中国授权加入国际包装组织、参与国际包装事务的代表，任何邀请中国加入的国际包装组织必须坚持"一个中国"原则。台湾是中国不可分割的一部分，决不能以国家的身份参与国际组织活动。

3.重新获得"世界之星"的推荐资格

"世界之星"是国际包装设计领域设立的最高级别、最具权威的奖项。2016年5月，中国包联派代表出席了在匈牙利布达佩斯召开的2016年上半年世界包装组织（WPO）理事会。经过谈判，世界包装组织同意中国包联重新获得"世界之星"推荐权，这一来之不易的成果，将为我国包装设计界形成重大利好。

第二部分　2017年工作思路

2017年是我国各项重大改革举措的持续推进之年，也是包装"十三五"规划组织实施的关键之年。这一年，我们的中心任务是：立足服务型制造业的产业特征，有效强化行业组织的综合职能，引导和带领全行业深入实施《指导意见》和《发展规划》，下大力气夯实产业发展基础、提升产业发展品质、增强转型发展能力，形成推动产业保持中高速、迈向中高端的强劲动力。

为实现这一阶段性目标，2017年，中国包联将实施"1510行动计划"。通过"1510"计划，明确行业组织、各专业委员会、地方行业协会、各子行业以及重点包装企业的目标任务，建立目标任务完成与落实的监测、评价机制，形成推动产业发展的创新合力。

"1510行动计划"，简而言之，是指落实1个指导意见，完善5大服务平台，推动发展规划中的10项重点工作，具体来说，包括以下内容。

一、围绕《指导意见》，制订包装产业转型发展的路线图

即将发布的《工业和信息化部关于加快我国包装产业转型发展的指导意见》（简称《指导意见》），对"十三五"乃至更长时期包装产业的转型目标、转型任务、转型重点等提出了具体要求，国务院将在建设期满后对目标达成情况、任务落实情况、项目建设情况等进行全面督查。对包装行业和包装企业来说，这既是一个重大的机遇，也是一次严峻的挑战，因此，2017年围绕《指导意见》的对接与实施，中国包联要重点做好四项工作：

1.深入开展《指导意见》的宣传贯彻

要建立集中宣贯、网络宣贯、区域宣贯、企业宣讲相结合的递进式宣贯体系，拓展专家解读、骨干培训、会议研讨、主题讲座、高峰论坛等宣贯平台，组织全行业系统学习和深入领会《指导意见》的精神实质和具体要求，让子行业、包装企业乃至每一个包装人都明白包装产业转型转什么、向哪里转、如何转，使《指导意见》真正深入人心。

2.持续加强《指导意见》的政策对接

中国包联要建立专门的工作班子，保持与工信部、发改委、商务部、环保部等国家部委的密切联络和长效沟通，争取其对《指导意见》实施过程的全程指导。按照《指导意见》确定的重点工程和保障措施，加强资金、项目、优惠政策的对接与落地，确保衔接紧密、政策到位、推进顺利。

3.不断完善《指导意见》的配套规划

中国包联要根据《指导意见》确定的指导思想、基本原则、建设目标、主体任务和保障机制，组织配套修订《中国包装工业发展规划（2016—2020年）》；按照行业总体规划的目标与方向，组织各专委会、地方行业协会、重点包装企业做好专业规划、专项规划、地方规划和企业规划，形成对接《指导意见》、符合产业特征、适应发展需求的系统规划体系。

4.着力推动《指导意见》的组织实施

中国包联要在把握《指导意见》总体思路的基础上，制订具体实施方案，逐项分解目标任务，要明确哪些是政府职能，哪些是行业职能，哪些是企业职能，根据职能拟定专委会、地方行业协会、细分行业以及重点包装企业的目标值、任务书、时间表和项目库，形成推进包装产业转型发展的技术路线图，并通过全面布局、通盘考虑、分步实施，着力推动《指导意见》柔性目标和刚性指标的分类达成。

二、强化服务职能，打造包装产业转型发展的助推器

2017 年，要在理顺建设体系、总结建设成果的基础上，进一步夯实以推进包装产品研发设计、生产流通、两化融合与军民共享为目标的“网络信息服务平台”；以推进科技成果孵化、鉴定、推广、应用、奖励紧密衔接为目标的“科技创新服务平台”；以推进包装学科建设与发展、包装人才培养与使用需求配套为目标的“人才培养综合服务平台”；以推进政策对接、委托管理、服务购买等职能一体融通为目标的“面向政府的服务平台”；以推进服务于企业项目衔接、投资洽谈、技术引进、产品展销、资源共享为目标的“国际交流合作平台”。通过“五大服务平台”建设，打造产业转型发展的助推器。

2017 年，“网络信息服务平台”的建设重点是：建立包装行业数据统计体系，完善包装经济运行监测体系，初步建成集数据收集、整理、分析、利用等功能于一体的包装数据库和数据服务平台；推广商品包装的箱码，推动全球统一编码标识（GS1）作为商品生产和流通的“身份证”与“通行证”，实现与国际信息数据的接轨。

“科技创新服务平台”的建设重点是：继续完善“中国包联科学技术奖”的评审机制，继续创新评奖组织方式，扩大行业奖励影响、提高科技创新实力。落实“双创”行动，建设包装行业“创客空间”，引导包装企业构建创新创业融合孵化平台。启动一批面向产业前沿共性技术的技术创新联盟、协同创新中心、科技成果孵化基地以及成果推广与应用、公共技术服务、技术和知识产权交易等平台建设。面向高校和企业建立一批“中国包装工业重点实验室”，围绕包装领域科技发展中存在的难题，开展基础研究和应用基础、重大关键技术、产业共性技术的创新性研究，支撑产业转型升级。围绕《指导意见》和《发展规划》中确定的包装材料绿色化工程、食品药品包装安全化工程、包装制品高端化工程、包装印刷数字化工程、包装产业信息化工程和包装装备智能化工程，建立包装产业重点公关的项目库。

“人才培养综合服务平台”的建设重点是：全力支持湖南工业大学申报博士授权单位和通过“绿色包装与安全”博士培养项目验收。大力推动包装教育委员会成员学校联合建设包装学科，力争纳入“双一流”建设和培育项目。有效推进包装行指委“包装技术与设计专业”国家职业教育教学资源库建设和《高等职业教育创新发展行动计划》的实施，组织展开“中国包装产业协同创新年会暨全国包装职业教育工作会议”。进一步建设好中国包装网络教育学院，充分发挥其在包装产业人才培养和人力资源发展中的平台支撑作用。

“面向政府的服务平台”的建设重点是：落实好《指导意见》中需要由行业组织承担的规划、方案、政策、制度、体系等建设任务。启动由行业组织牵头实施的重大建设项目和应用示范工程。履行好政府委托行业组织行使的相关职能，参与国家产业政策、制度体系的建设，搭建行业企业联系沟通政府的桥梁，培育、推荐或共建重大项目与奖励。

“国际交流合作平台”的建设重点是：深化与世界包装组织、亚洲包联以及其他国际包装组织的交流与合作关系，增强国际话语权。实施包装企业“走出去”战略，开辟更为广阔的合作发展通道，扶持包装企业深度融入“一带一路”和国家开放发展格局，搭建国际产能和装备制造合作服务平台，加强国际市场拓展和产能国际合作。

三、突出建设重点，升级包装产业转型发展的总控室

2017 年，中国包联将围绕《指导意见》中明确的优势积累、技术创新、两化融合、国际对标、结构优化、业态延伸、绿色发展七大主体任务，重点推动以下十项工作，逐项形成实施方案、系列成果和创新亮点。

1.发展理念建设

通过会议研讨、专题讲座、专项活动等形式引导全行业树立包装产业内涵发展、转型发展、创新发展理念，增强对国内国际经济形势、包装产业自身特征与发展前景、“创新、协调、绿色、开放、共享”模式下包装企业的机遇与挑战、基于《中国制造 2025》和“互联网+”的包装发展路径等方面的认识，强化绿色包装、品质包装、创新包装的价值追求，夯实包装产业转型发展的思想基础和信心基础。

2.管理模式建设

认真贯彻中办、国办发布的《行业协会商会与行政机关脱钩总体方案》，切实研究解决脱钩改革中的实际问题，结合中国包联的实际情况，本着有利于行业的发展、有利于员工队伍的稳定和发展的原则，未雨绸缪，研究提出分类施策、因地制宜、务实可行的政策建议和意见，使中国包联通过管理体制机制改革进一步焕发生机活力，走出一条持续健康发展的路子。

3.组织自身建设

继续完善内部规范管理和制度建设，加强领导班子和员工队伍建设，切实加强党的建设，认真组织开展“两学一做”学习教育，深入持久加强作风建设，以自身整体素质的提高提升工作水平。积极参加民政部门社会组织评估工作，争创 5A 级全国性行业协会，进一步加强自身建设，提高服务能力，推动各项工作不断迈上新台阶。

进一步加强分支机构管理，促进规范运作。一要重新核发分支机构登记证书。因民政部不再审批行业协会分支机构，不再核发分支机构登记证书，为确保分支机构合法开展工作，中国包联要重新核发登记证书。二要对分支机构进行摸底调查，分类施策，推动各分支机构进一步规范管理，合法运行。三要落实国家政策，规范财务管理。根据相关要求，各分支机构不能独立设置财务账户，所有财务往来由中国包联统一管理。四要加强分支机构间的横向合作、互利共赢、协同发展。五要树立典型，重点培育 2~3 个分支机构，发挥典型的激励、示范和引导作用。

4.研发中心与产业基地建设

充分发挥产业基地和研发中心的作用。一是产业基地在整合行业资源、推动协同创新、形成集群效应、组建产业联盟、推进产业园区建设等方面的作用。二是研发中心在引导企业建设工程技术中心、提升创新团队建设水平、培育组建国家及省部级工程中心、增强行业核心竞争力、推进全行业科技进步方面的作用。三是产业基地和研发中心在扶优扶强、提质上档方面的引领和示范作用，要将研发中心作为推动自主创新的孵化器，将产业基地作为促进转型发展的增长极。

全面加强产业基地和研发中心的管理。一是通过产业基地和研发中心的复审工作，推选并奖励一批优秀的基地和研发中心，对长期不履行义务、运行情况不佳或有名无实的基地和研发中心，要进行整改，整改不符合要求的予以摘牌。二是每年扶持 3~5 个行业研发中心申请国家级工程技术中心；每年支持 3~5 个基地和研发中心企业争取获得国家高新技术企业称号。三是以优秀产业基地为核心，加强组织、指导和培育，形成若干产业发展联盟，增强行业在国家科技管理体系中的话语权，提高全行业的科技推动力。

5.人才队伍建设

创新领军人才队伍和国家级科技团队的协同培养机制，建立产业链上下游科技协作体、产业协同创新中心以及产学研合作示范基地，形成创新人才共育、共享机制。依托包教委和行指委，启动包装产学研合作战略联盟建设工作。制订包装高等教育、职业教育、终身教育分类引导办法，不断创新校企合作人才培养模式，扩大复合型创新人才培养规模，加大应用型和军地两用型人才培养力度，加快技能型人才培养步伐，实现人才培养与行业发展的对接和匹配。

6.包装标准建设

根据《指导意见》要求，启动现有 14 大类包装标准的系统优化和水平提升工作。建设 1~2 个包装标准创新研究基地，深入研究标准规范，完善国家、行业、企业等多层次包装标准体系。着力提高国际标准的采标率和转化率，完善包装标准推广应用机制，开展标准化试点示范工作。在完成既有国家标准、行业标准编制工作的基础上，加大培育团体标准发展力度。

7.行业“智库”建设

借鉴设立参事会的经验和成功做法，整合高等院校、科研院所的优势力量，完成包装行业“智库”的组建工作。通过“智库”，深入开展包装工业的基础理论研究、国际包装发展状态研究、中国包装战略决策研究等，每年发布产业发展年度报告和行业咨询报告，为政府、企业提供独立、高质量的产业规划、公共政策研究和决策咨询。

8.军民融合机制建设

深入贯彻落实国家军民融合战略，完成包装军民融合顶层设计，构建横向衔接和纵向贯通的融合机制。加强军地需求对接，初步形成军地协调、信息互通、资源共享、技术共用的融合体系。遴选具有军民融合基础和军民共用技术的包装企业，建立 1~2 个军民融合包装基地。

9.绿色发展模式建设

组织开展国家系列环保政策倒逼机制下包装产

业绿色、循环发展模式的创新探索，引导企业围绕“由被动适应向主动服务、由要素驱动向创新驱动、由传统生产向绿色生产”三个转变，采用绿色包装材料，应用循环利用技术，创新生产经营模式，推行企业循环式生产、产业循环式组合、园区循环式改造。出台行业绿色转型示范基地建设标准，加强包装绿色制造企业与园区示范工程建设，遴选一批技术改造成效显著、绿色发展模式创新、转型升级示范作用突出的企业，挂牌“绿色转型示范基地”。

10.包装文化建设

着力推进供给侧结构性改革，大力实施消费品工业“三品”战略，加强品牌培育、评价、服务与引导机制建设，通过品牌培育推动包装文化的传播与传承。举全行业之力，编纂我国包装工业史上第一部发展史书——《中国工业史·包装工业史》，使其成为承载包装文化的精品文献。做好、做精包装文化产品——中国包装品牌故事，促进包装品牌价值的社会推广。办好中国包装容器展、中国包装产业战略发展年会、中国包装产业协同创新年会、中国包装产业品牌创新高峰会议等展会活动和中国之星包装设计奖、中国包装创意设计大赛、全国包装设计职业技能大赛等品牌赛事活动，通过活动搭台，促进经贸唱戏和文化展播。

“十三五”时期是我国全面建设小康社会的关键时期，也是中国包联经过36年创建与改革后，在新的长征史上的一座重要里程碑。起跑决定后势，开局关系全局，在中国各项改革步入深水区的关键当口，我衷心希望同志们能够顺势而为、应势而动，坚决维护习近平同志在全党的核心地位，全面贯彻党的十八大以及各次全会的重要精神，勇于担当、勤勉敬业、开拓创新、善作善为，团结和带领全体包装人，为实现“十三五”宏伟目标，为开拓包装事业的广阔空间，为推进包装强国的建设进程做出更大、更新的贡献。

祝各位工作顺利、心情愉快、生活美满、家庭幸福；祝中国的包装伟业百尺竿头、更进一步！

谢谢大家！

行业规划与统计

中国包装行业年度运行报告（2016 年度）

概述

2016 年，我国包装行业规模以上企业（年主营业务收入 2000 万元及以上全部工业法人企业）7582 家，企业数比去年增加 243 家，累计完成主营业务收入 11743.79 亿元，同比增长 4.98%，增速比去年同期提高了 0.9 个百分点。全国包装行业累计完成利润总额 715.67 亿元，同比增长 4.61%，增速比去年同期下降了 1.59 个百分点。从进出口行业数据分析，2016 年，全国包装行业完成累计进出口总额 385.89 亿美元，同比增长-6.51%。其中，累计出口额 262.25 亿美元，同比增长-6.67%，进口额 123.65 亿美元，同比增长-6.17%。

一、全国包装行业产品产量情况分析

（一）全国纸包装行业产品产量月度及增速情况

1.箱纸板

2016 年 1—12 月，全国箱纸板累计完成产量 1095.28 万吨，同比增长 3.83%。其中，12 月完成产量 103.82 万吨，同比增长 5.95%。如图 1 所示。

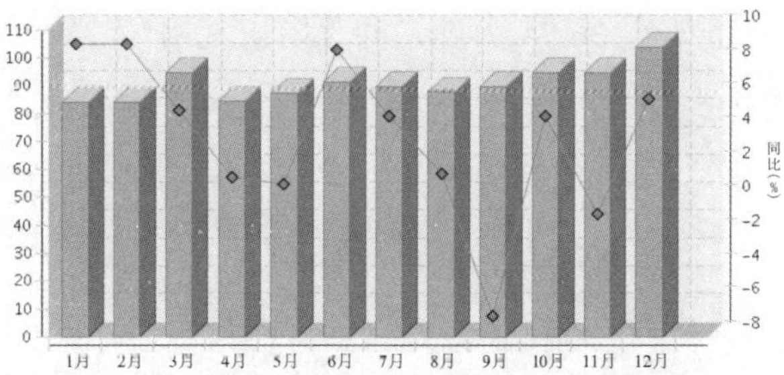

图 1 2016 年全国箱纸板行业月度产量及同比

2.纸制品

2016 年 1—12 月，全国纸制品行业累计完成产量 7190.28 万吨，同比增长 3.06%。其中，12 月完成产量 681.83 万吨，同比增长-1.24%。如图 2 所示。

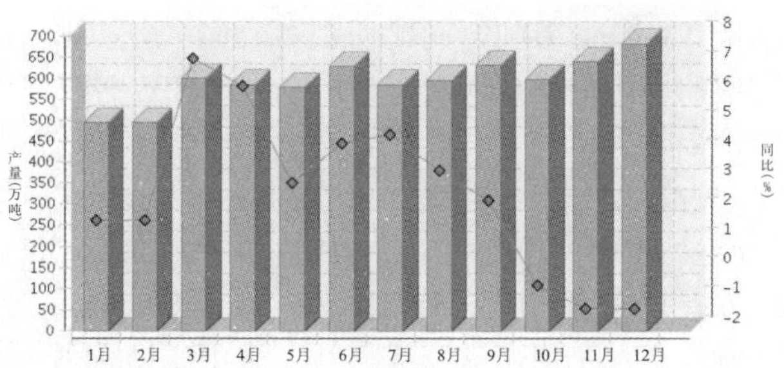

图 2 2016 年全国纸制品行业月度产量及同比

3.瓦楞纸箱

2016 年 1—12 月，全国瓦楞纸箱行业累计完成产量 4027.58 万吨，同比增长 0.11%。其中，12 月完成产量 393.54 万吨，同比增长-3.01%。如图 3 所示。

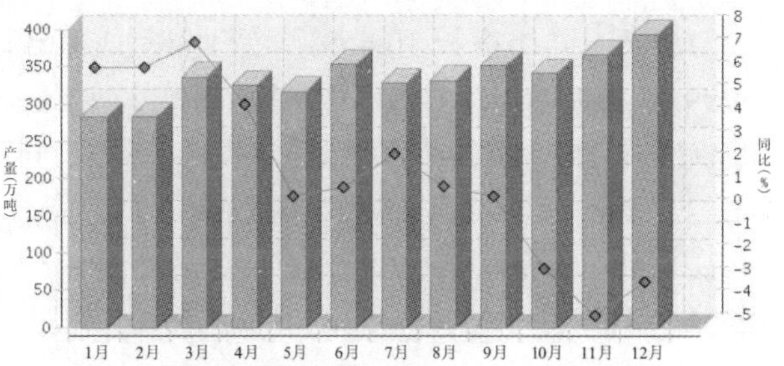

图 3 2016 年全国瓦楞纸箱行业月度产量及同比

（二）全国纸包装行业产品产量地区分布情况

1.箱纸板

2016 年 1—12 月，全国箱纸板行业完成累计产量 1095.28 万吨，同比增长 3.83%。产量排在前五位的地区依次是福建省、安徽省、浙江省、山东省、河北省。其中，福建省完成累计产量 191.89 万吨（占 17.52%），同比增长 12.14%；安徽省完成累计产量 184.74 万吨（占 16.87%），同比增长 19.66%；浙江省完成累计产量 145.25 万吨（占 13.26%），同比增长-1.36%；山东省完成累计产量 127.62 万吨（占 11.65%），同比增长-2.04%；河北省完成累计产量 116.91 万吨（占 10.67%），同比增长-6.51%。如图 4、图 5 所示。

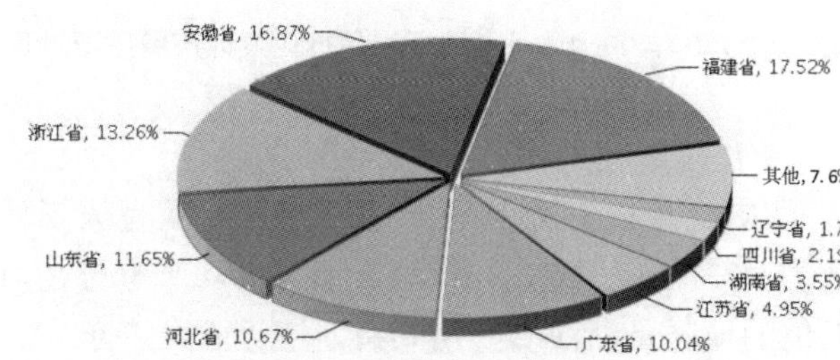

图 4 2016 年 1—12 月全国箱纸板行业累计产量地区占比情况

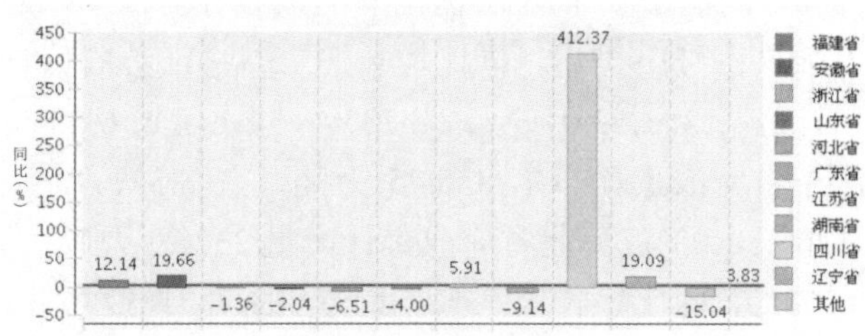

图 5 2016 年 1—12 月全国箱纸板行业累计产量主要地区同比增长情况

2.纸制品

2016 年 1—12 月，全国纸制品行业完成累计产量 7190.28 万吨，同比增长 3.06%。产量排在前五位的地区依次是广东省、浙江省、河南省、江苏省、福建省。其中，广东省完成累计产量 1078.91 万吨（占 15%），同比增长 10.46%；浙江省完成累计产量 799.43 万吨（占 11.12%），同比增长 4.41%；河南省完成累计产量 724.83 万吨（占 10.08%），同比增长 2.02%；江苏省完成累计产量 606.56 万吨（占 8.44%），同比增长 5.96%；福建省完成累计产量 425.52 万吨（占 5.92%），同比增长 4.75%。如图 6、图 7 所示。

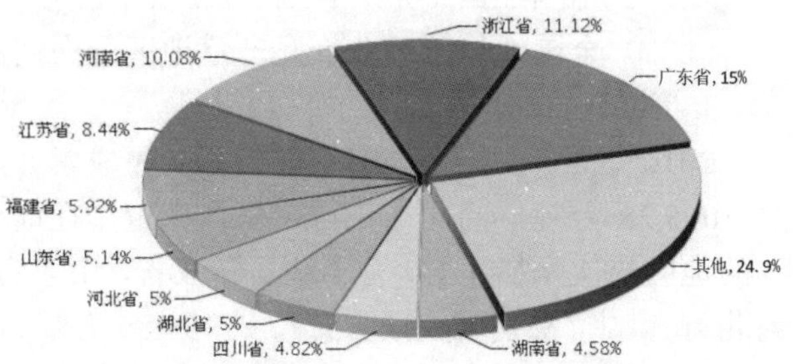

图 6　2016 年 1—12 月全国纸制品行业累计产量地区占比情况

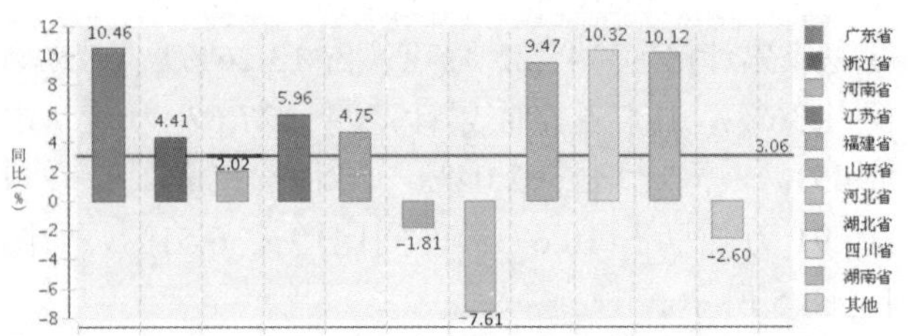

图 7　2016 年 1—12 月全国纸制品行业累计产量主要地区同比增长情况

3.瓦楞纸箱

2016 年 1—12 月，全国瓦楞纸箱行业完成累计产量 4027.58 万吨，同比增长 0.11%。产量排在前五位的地区是浙江省、河南省、江苏省、广东省、河北省。其中，浙江省完成累计产量 523.5 万吨（占 13%），同比增长 4.13%；河南省完成累计产量 481.23 万吨（占 11.95%），同比增长 0.72%；江苏省完成累计产量 351.53 万吨（占 8.73%），同比增长 6.59%；广东省完成累计产量 335.45 万吨（占 8.33%），同比增长 1.03%；河北省完成累计产量 232.28 万吨（占 5.77%），同比增长-4.05%。具体如图 8、图 9 所示。

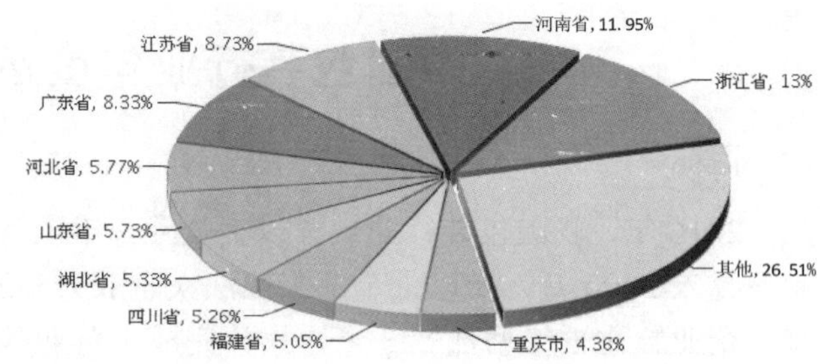

图 8　2016 年 1—12 月全国瓦楞纸箱行业累计产量地区占比情况

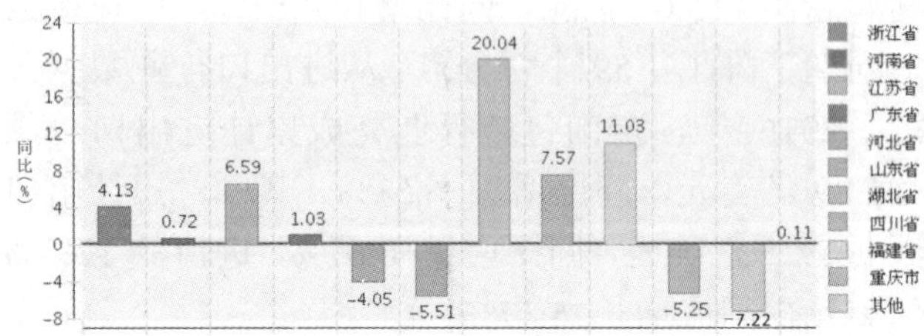

图 9　2016 年 1—12 月全国瓦楞纸箱行业累计产量主要地区同比增长情况

（三）全国塑料包装行业产品产量月度及增速情况

2016 年 1—12 月，全国塑料薄膜行业累计完成产量 1419.51 万吨，同比增长 6.15%。其中，12 月完成产量 136.54 万吨，同比增长 3.31%。如图 10 所示。

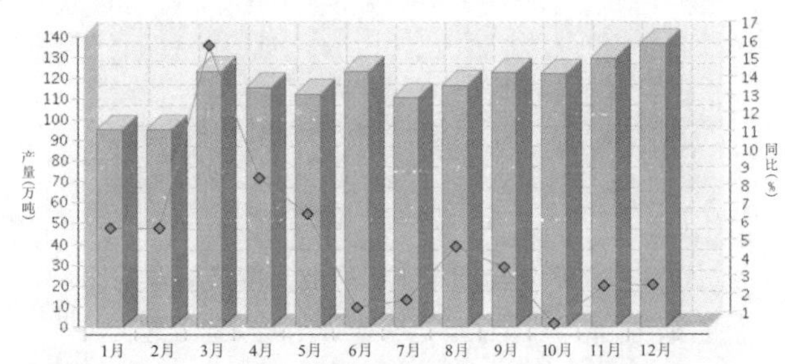

图 10　2016 年全国塑料薄膜行业月度产量及同比

（四）全国塑料包装行业产品产量地区分布情况

2016 年 1—12 月，全国塑料薄膜行业完成累计产量 1419.51 万吨，同比增长 6.15%。产量排在前五位的地区依次是浙江省、广东省、江苏省、河南省、福建省。其中，浙江省完成累计产量 393.3 万吨（占 27.71%），同比增长 7.34%；广东省完成累计产量 183.19 万吨（占 12.91%），同比增长 6.52%；江苏省完成累计产量 151.25 万吨（占 10.66%），同比增长 7.7%；河南省完成累计产量 103.15 万吨（占 7.27%），同比增长 8.84%；福建省完成累计产量 92.36 万吨（占 6.51%），同比增长 31.42%。如图 11、图 12 所示。

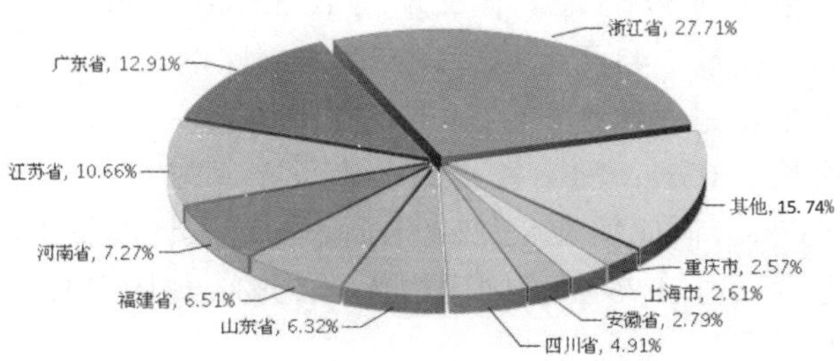

图 11　2016 年 1—12 月全国塑料薄膜行业累计产量地区占比情况

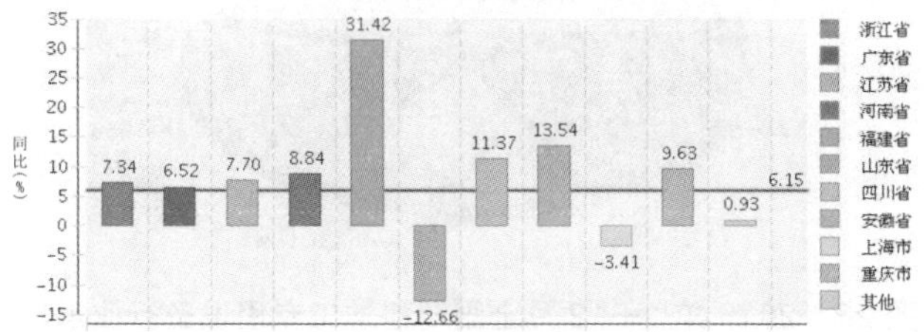

图 12　2016 年 1—12 月全国塑料薄膜行业累计产量主要地区同比增长情况

（五）全国玻璃包装行业产品产量月度及增速情况

2016 年 1—12 月，全国玻璃包装容器行业累计完成产量 2064.48 万吨，同比增长-0.89%。其中，12 月完成产量 175.11 万吨，同比增长-9.93%。如图 13 所示。

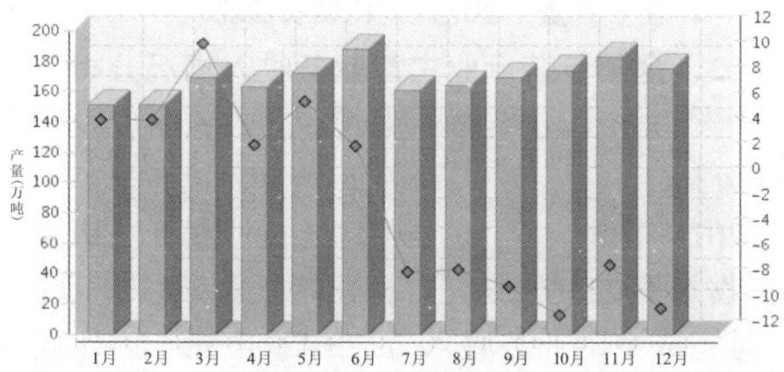

图 13　2016 年全国玻璃包装容器行业月度产量及同比

（六）全国玻璃包装行业产品产量地区分布情况

2016 年 1—12 月，全国玻璃包装容器行业完成累计产量 2064.48 万吨，同比增长-0.89%。产量排在前五位的地区依次是四川省、山东省、河南省、湖北省、河北省。其中，四川省完成累计产量 427.7 万吨（占 20.72%），同比增长 2.81%；山东省完成累计产量 314.54 万吨（占 15.24%），同比增长-3.7%；河南省完成累计产量 200.13 万吨（占 9.69%），同比增长 0.23%；湖北省完成累计产量 193.04 万吨（占 9.35%），同比增长 8.93%；河北省完成累计产量 142.59 万吨（占 6.91%），同比增长 3.43%。如图 14、图 15 所示。

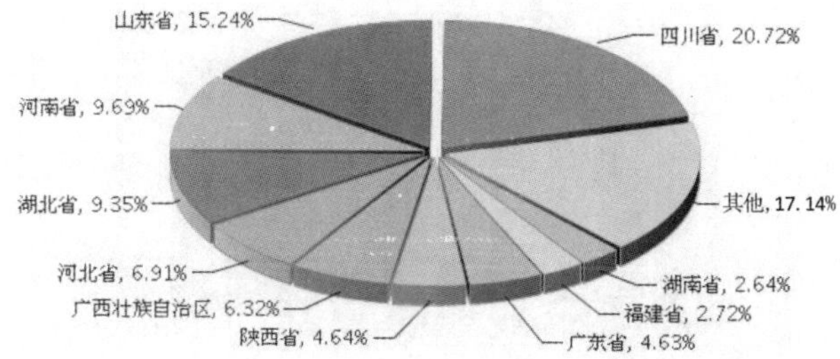

图 14　2016 年 1—12 月全国玻璃包装容器行业累计产量地区占比情况

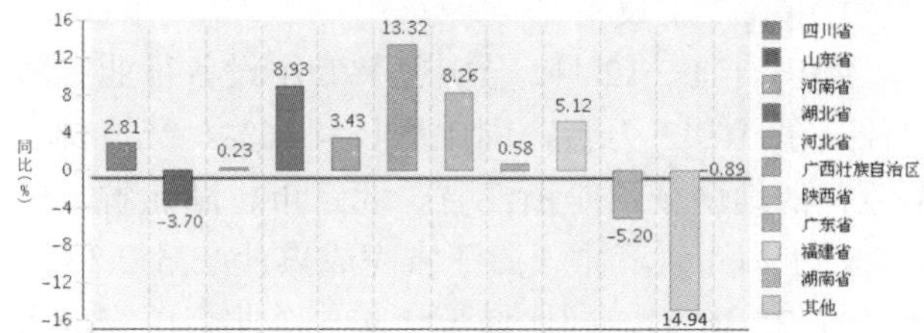

图 15　2016 年 1—12 月全国玻璃包装容器行业累计产量主要地区同比增长情况

（七）全国包装机械行业产品产量月度及增速情况

1.包装专用设备

2016 年 1—12 月，全国包装专用设备行业累计完成产量 10.42 万台，同比增长 4.16%。其中，12 月完成产量 1.05 万台，同比增长 2.68%。如图 16 所示。

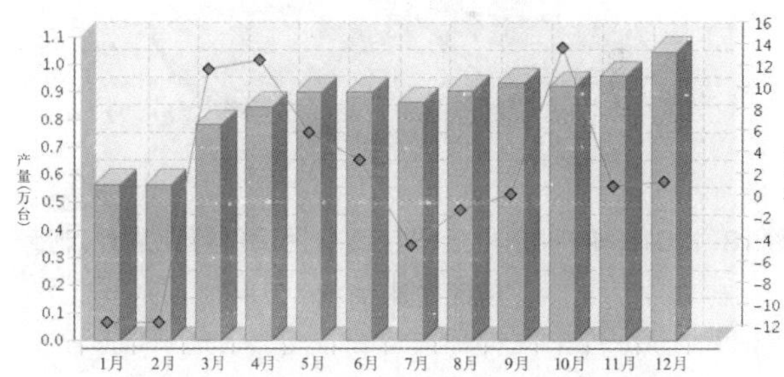

图 16　2016 年全国包装专用设备行业月度产量及同比

2.塑料加工专用设备

2016 年 1—12 月，全国塑料加工专用设备行业累计完成产量 30.29 万台，同比增长 10.76%。其中，12 月完成产量 3.13 万台，同比增长 24.95%。如图 17 所示。

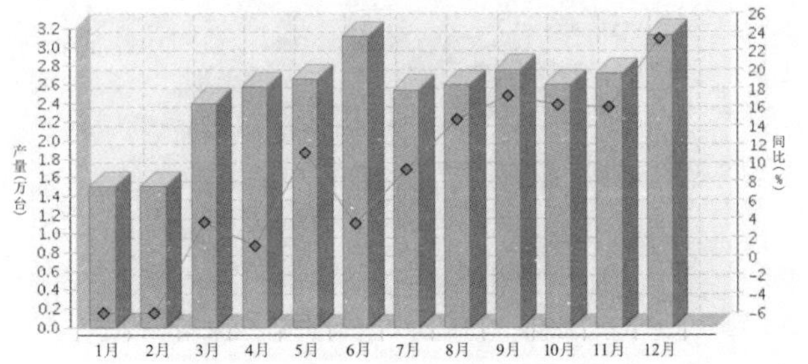

图 17　2016 年全国塑料加工专用设备行业月度产量及同比

（八）全国包装机械行业产品产量地区分布情况

1.包装专用设备

2016 年 1—12 月，全国包装专用设备行业完成累计产量 10.42 万台，同比增长 4.16%。产量排在前五位的地区依次是浙江省、北京市、湖北省、广东省、上海市。其中，浙江省完成累计产量 2.33 万台（占 22.36%），同比增长 6.92%；北京市完成累计产量 1.45 万台（占 13.92%），同比增长 1.12%；湖北省完成累计产量 1.37 万台（占 13.15%），同比增长 9.44%；广东省完成累计产量 1.34 万台（占 12.864%），同比增长 1.31%；上海市完成累计产量 0.99 万台（占 9.52%），同比增长-3.49%。如图 18、图 19 所示。

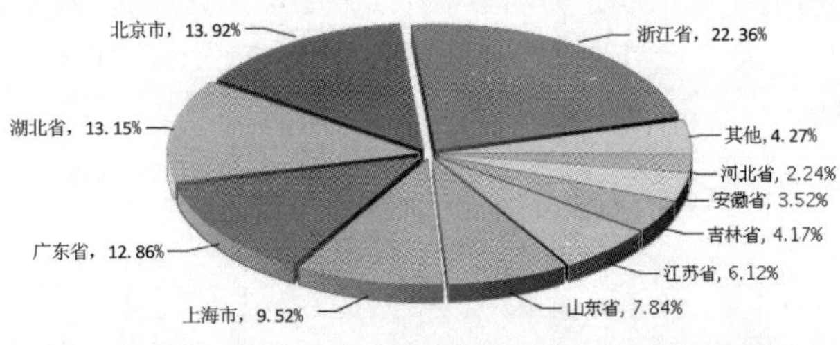

图 18　2016 年—12 月全国包装专用设备行业累计产量地区占比情况

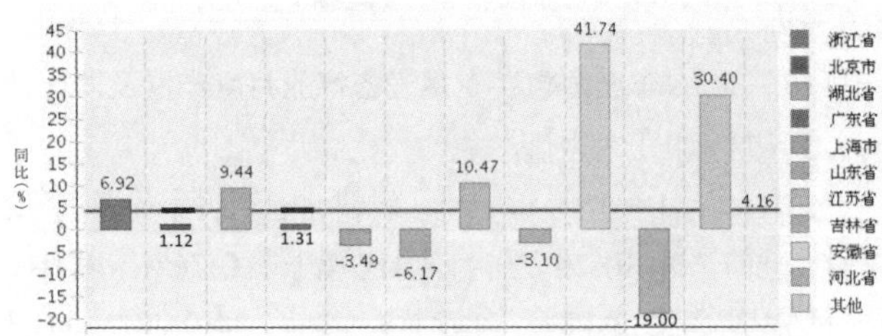

图 19　2016 年 1—12 月全国包装专用设备行业累计产量主要地区同比增长情况

2.塑料加工专用设备

2016 年 1—12 月，全国塑料加工专用设备行业完成累计产量 30.29 万台，同比增长 10.76%。产量排在前五位的地区依次是浙江省、广东省、山东省、河南省、上海市。其中，浙江省完成累计产量 12.01 万台（占 39.65%），同比增长 16.35%；广东省完成累计产量 7.43 万台（占 24.53%），同比增长 17.36%；山东省完成累计产量 5.44 万台（占 17.96%），同比增长 3.03%；河南省完成累计产量 1.93 万台（占 6.37%），同比增长 8.72%；上海市完成累计产量 1.44 万台（占 4.75%），同比增长-4.50%。如图 20、图 21 所示。

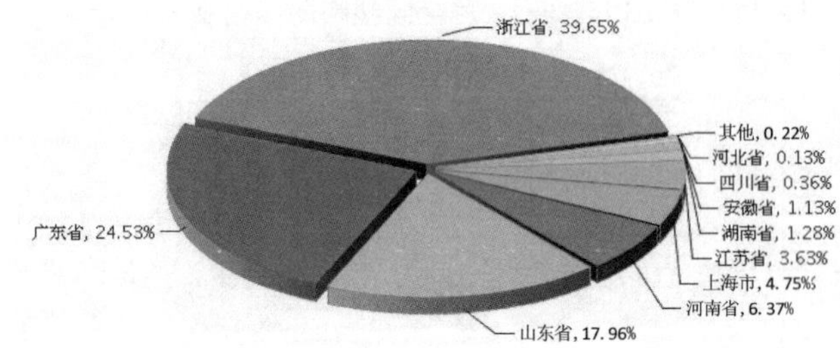

图 20　2016 年 1—12 月全国塑料加工专用设备行业累计产量地区占比情况

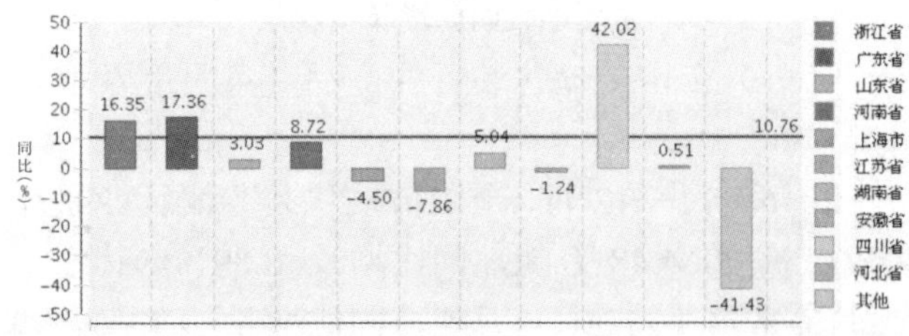

图 21　2016 年 1—12 月全国塑料加工专用设备行业累计产量主要地区同比增长情况

二、全国包装行业主营业务收入情况分析

（一）全国包装行业主营业务收入月度及增速情况分析

2016 年 1—12 月，全国包装行业累计完成主营业务收入 11743.79 亿元，同比增长 4.98%。其中，12 月完成主营业务收入 1172.42 亿元，同比增长 6.18%。如图 22、图 23 所示。

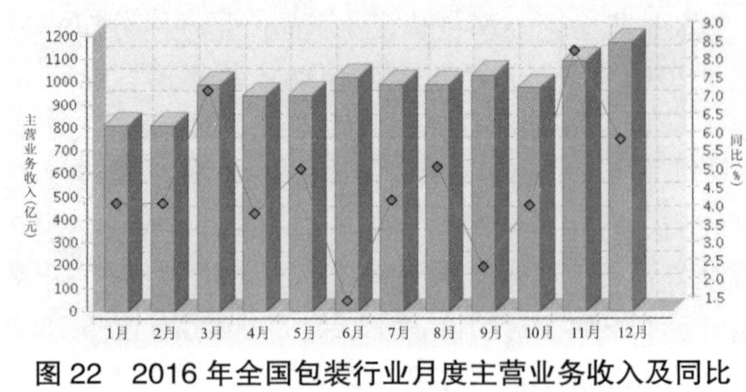

图 22　2016 年全国包装行业月度主营业务收入及同比

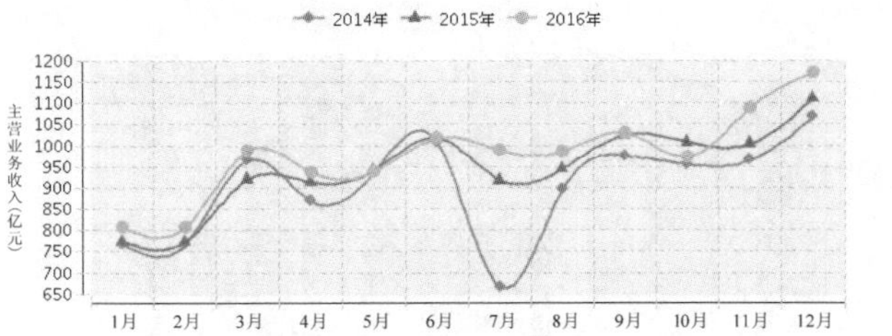

图 23　全国包装行业连续三年月度主营业务收入对比

（二）全国包装行业主营业务收入行业小类分布情况

2016 年 1—12 月，全国包装行业完成累计主营业务收入 11743.79 亿元，同比增长 4.98%。其中，纸和纸板容器制造完成累计主营业务收入 3376.05 亿元（占 28.75%），同比增长 4.94%；塑料薄膜制造完成累计主营业务收入 2868.32 亿元（占 24.42%），同比增长 5.07%；塑料包装箱及容器制造完成累计主营业务收入 1917.24 亿元（占 16.33%），同比增长 5.43%；金属包装容器制造完成累计主营业务收入 1410.46 亿元（占 12.01%），同比增长 2.51%；玻璃包装容器制造完成累计主营业务收入 843.45 亿元（占 7.18%），同比增长 2.31%；软木制品及其他木制品制造完成累计主营业务收入 732.37 亿元（占 6.24%），同比增长 7.06%；塑料加工专用设备制造完成累计主营业务收入 595.91 亿元（占 5.07%），同比增长 10.99%。如图 24、图 25 所示。

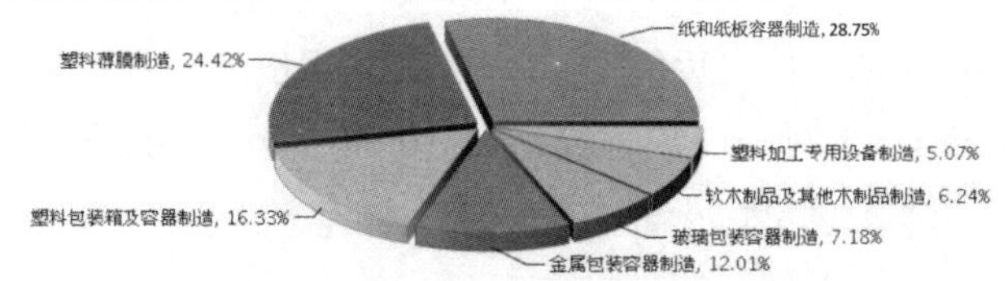

图 24　2016 年 1—12 月全国包装行业累计主营业务收入行业小类占比情况

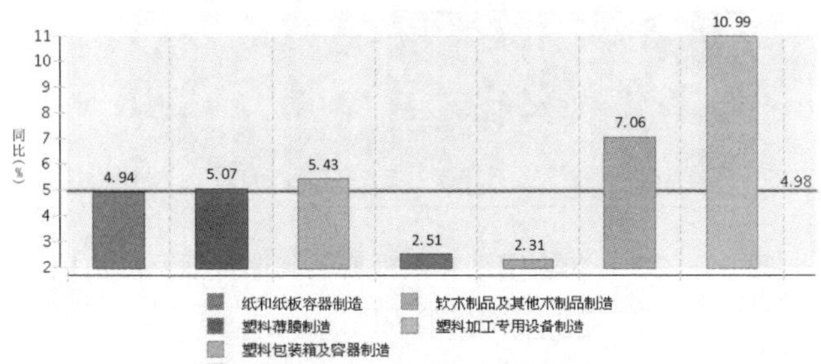

图 25　2016 年 1—12 月全国包装行业累计主营业务收入行业小类同比增长情况

三、全国包装行业利润情况分析

（一）全国包装行业利润总额月度及增速情况分析

2016 年 1—12 月，全国包装行业累计完成利润总额 715.67 亿元，同比增长 4.61%。其中，12 月完成利润总额 89.23 亿元，同比增长 0.36%。如图 26、图 27 所示。

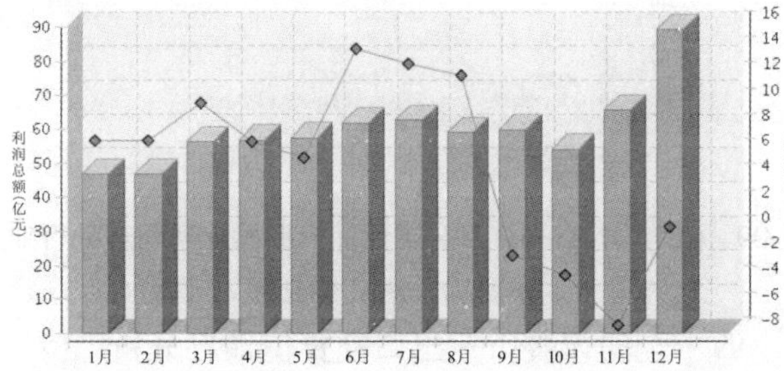

图 26　2016 年全国包装行业月度利润总额及同比

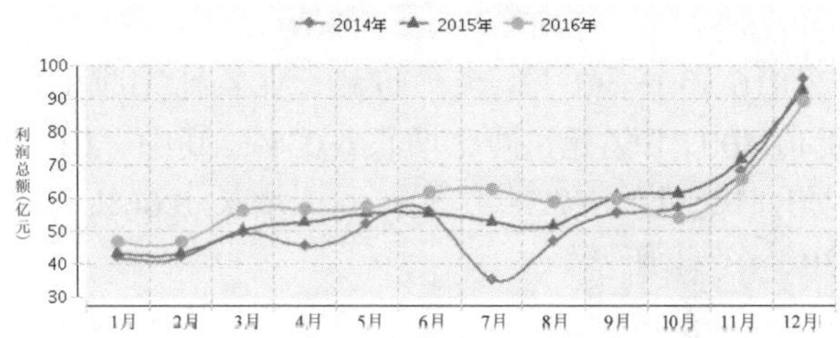

图 27　全国包装行业连续三年月度利润总额对比

（二）全国包装行业利润总额行业小类分布情况

2016 年 1—12 月，全国包装行业完成累计利润总额 715.67 亿元，同比增长 4.61%。其中，纸和纸板容器制造完成累计利润总额 193.21 亿元（占 27%），同比增长 1.11%；塑料薄膜制造完成累计利润总额 165.69 亿元（占 23.15%），同比增长 10.49%；塑料包装箱及容器制造完成累计利润总额 127.47 亿元（占 17.82%），同比增长 6.14%；金属包装容器制造完成累计利润总额 87.97 亿元（占 12.29%），同比增长 3.23%；塑料加工专用设备制造完成累计利润总额 56.9 亿元（占 7.95%），同比增长 13.6%；玻璃包装容器制造完成累计利润总额 49.77 亿元（占 6.95%），同比增长-4.93%；软木制品及其他木制品制造完成累计利润总额 34.67 亿元（占 4.84%），同比增长-1.84%。如图 28、图 29 所示。

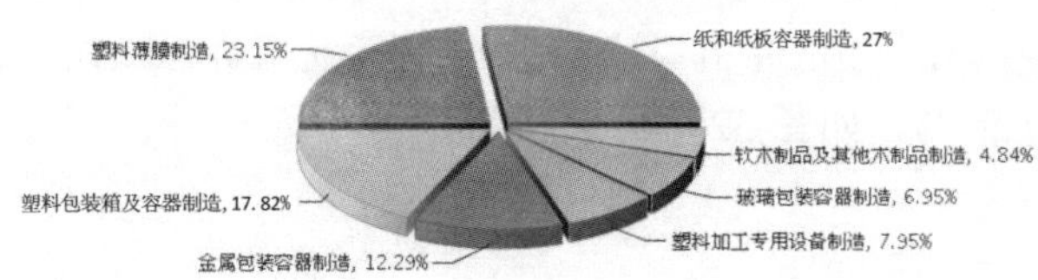

图 28　2016 年 1—12 月全国包装行业累计利润总额行业小类占比情况

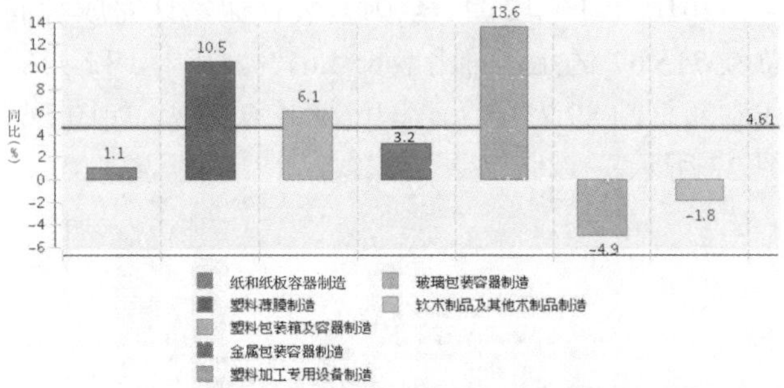

图 29　2016 年 1—12 月全国包装行业累计利润总额行业小类同比增长情况

四、全国包装行业出口交货值情况分析

（一）全国包装行业累计出口交货值月度及增速情况分析

2016 年 1—12 月，全国包装行业累计完成出口交货值 800.71 亿元，同比增长 6.03%。其中，12 月完成出口交货值 77.58 亿元，同比增长 8.66%。如图 30、图 31 所示。

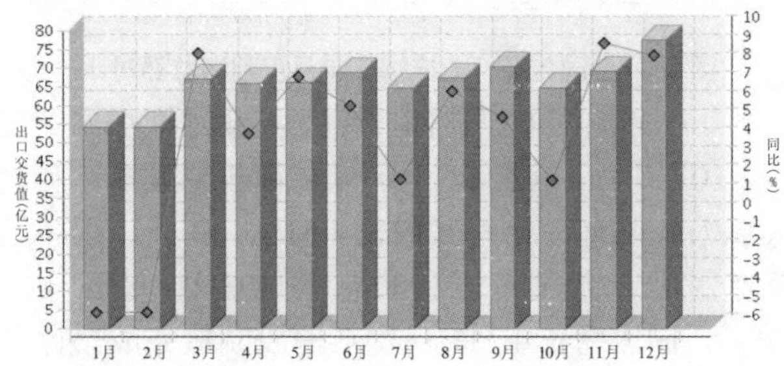

图 30　2016 年全国包装行业月度出口交货值及同比

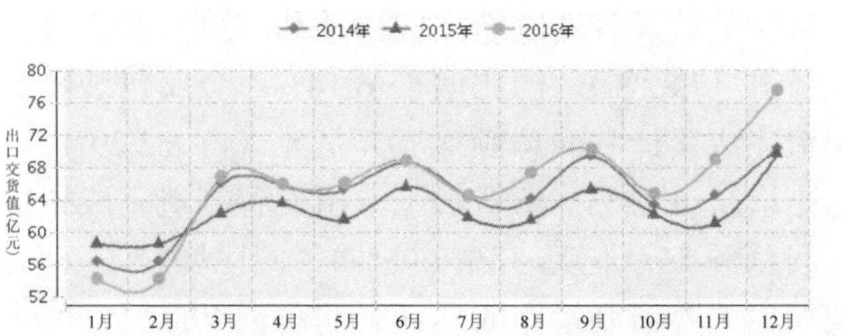

图 31　全国包装行业连续三年月度出口交货值对比

1.塑料薄膜

2016 年 1—12 月，全国塑料薄膜制造行业累计完成出口交货值 256.41 亿元，同比增长 4.21%。其中，12 月完成出口交货值 23.05 亿元，同比增长 11.99%。如图 32 所示。

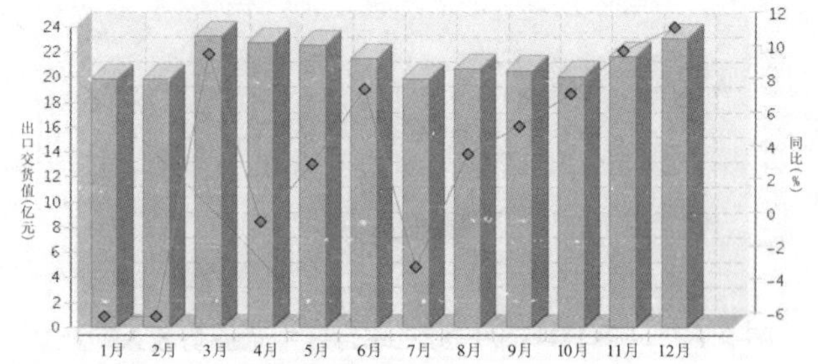

图 32　2016 年全国塑料薄膜制造行业月度出口交货值及同比

2.塑料包装箱及容器制造

2016 年 1—12 月，全国塑料包装箱及容器制造行业累计完成出口交货值 143.60 亿元，同比增长 9.90%。其中，12 月完成出口交货值 13.7 亿元，同比增长 2.05%。如图 33 所示。

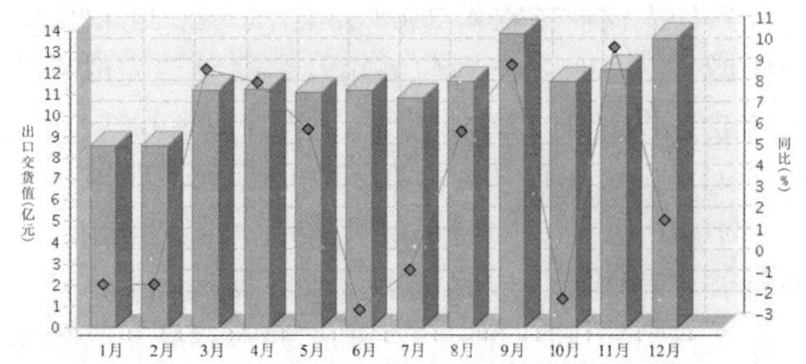

图 33　2016 年全国塑料包装箱及容器制造行业月度出口交货值及同比

3.纸和纸板容器制造

2016 年 1—12 月，全国纸和纸板容器制造行业累计完成出口交货值 116.56 亿元，同比增长−2.73%。其中，12 月完成出口交货值 10.28 亿元，同比增长−4.26%。如图 34 所示。

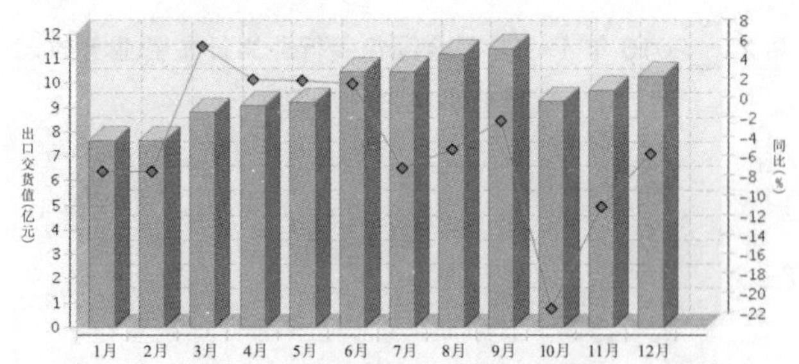

图 34　2016 年全国纸和纸板容器制造行业月度出口交货值及同比

4.玻璃包装容器制造

2016 年 1—12 月，全国玻璃包装容器制造行业累计完成出口交货值 21.69 亿元，同比增长 6.80%。其中，12 月完成出口交货值 2.15 亿元，同比增长 14.84%。如图 35 所示。

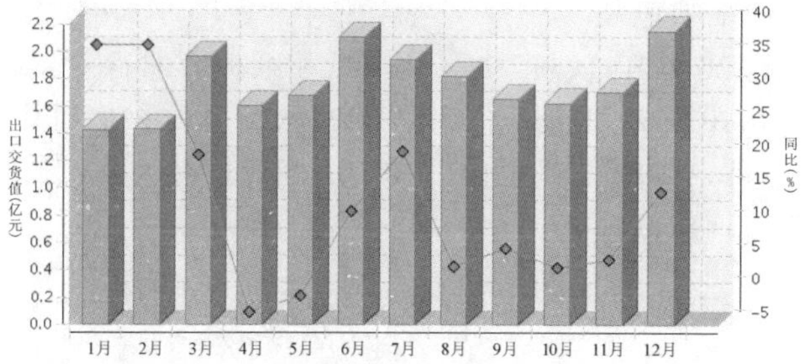

图 35　2016 年全国玻璃包装容器制造行业月度出口交货值及同比

5.金属包装容器制造

2016 年 1—12 月，全国金属包装容器制造行业累计完成出口交货值 59.18 亿元，同比增长 11.69%。其中，12 月完成出口交货值 5.21 亿元，同比增长 20.31%。如图 36 所示。

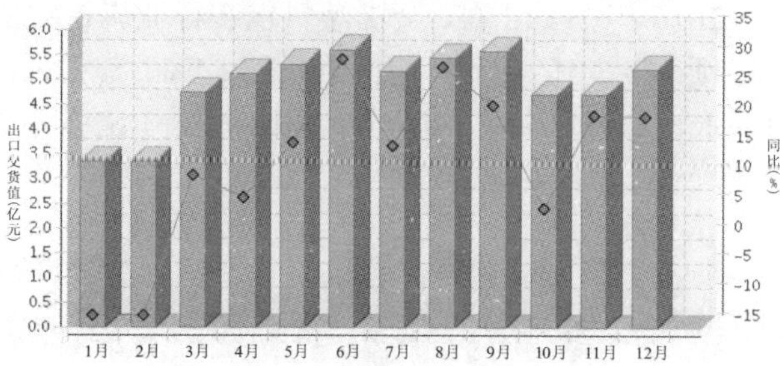

图 36　2016 年全国金属包装容器制造行业月度出口交货值及同比

6.软木制品及其他木制品制造

2016 年 1—12 月，全国软木制品及其他木制品制造行业累计完成出口交货值 112.72 亿元，同比增长 12.71%。其中，12 月份完成出口交货值 12.33 亿元，同比增长 12.71%。如图 37 所示。

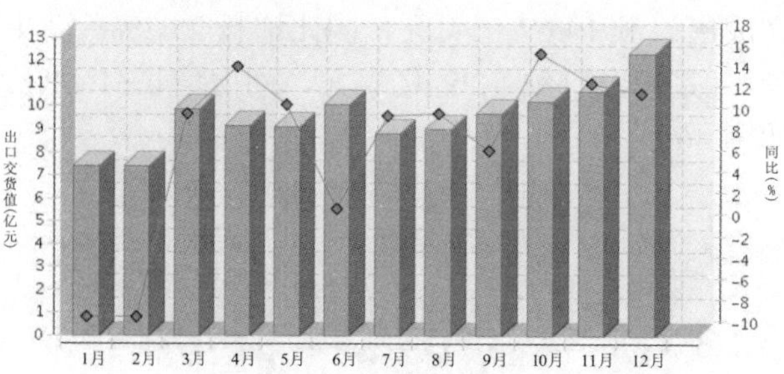

图 37　2016 年全国软木制品及其他木制品制造行业月度出口交货值及同比

7.塑料加工专用设备制造

2016 年 1—12 月，全国塑料加工专用设备制造行业累计完成出口交货值 90.57 亿元，同比增长 6.18%。其中，12 月完成出口交货值 10.87 亿元，同比增长 14.18%。如图 38 所示。

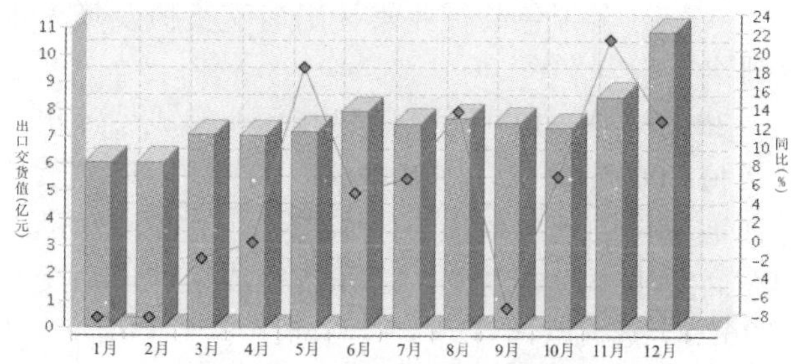

图 38　2016 年全国塑料加工专用设备制造行业月度出口交货值及同比

（二）全国包装行业累计出口交货值行业小类分布情况分析

2016 年 1—12 月，全国包装行业完成累计出口交货值 800.71 亿元，同比增长 6.03%。其中，塑料薄膜制造完成累计出口交货值 256.41 亿元（占 32.02%），同比增长 4.21%；塑料包装箱及容器制造完成累计出口交货值 143.60 亿元（占 17.93%），同比增长 9.90%；纸和纸板容器制造完成累计出口交货值 116.56 亿元（占 14.56%），同比增长-2.73%；软木制品及其他木制品制造完成累计出口交货值 112.72 亿元（占 14.08%），同比增长 12.71%；塑料加工专用设备制造完成累计出口交货值 90.57 亿元（占 11.31%），同比增长 6.18%；金属包装容器制造完成累计出口交货值 59.18 亿元（占 7.39%），同比增长 11.69%；玻璃包装容器制造完成累计出口交货值 21.69 亿元（占 2.71%），同比增长 6.80%。如图 39、图 40 所示。

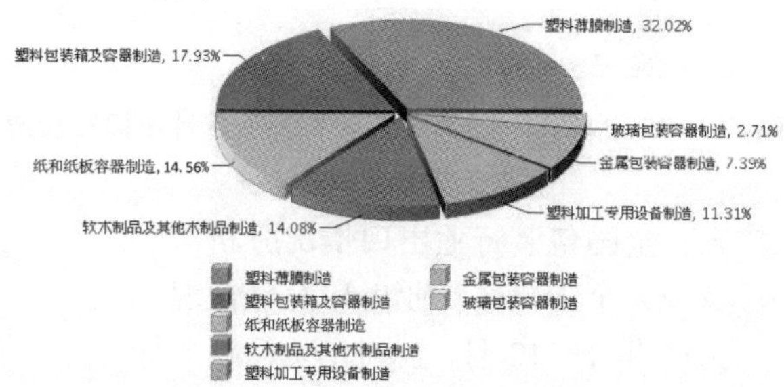

图 39　2016 年 1—12 月全国包装行业累计出口交货值行业小类占比情况

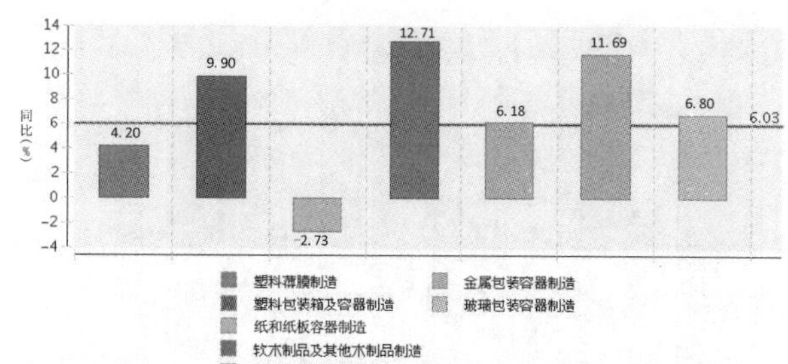

图 40　2016 年 1—12 月全国包装行业累计出口交货值行业小类同比增长情况

（三）全国包装行业累计出口交货值及增速地区排名

2016年1—12月，全国包装行业完成累计出口交货值800.71亿元，同比增长6.03%。出口交货值排在前五位的地区依次为广东省、浙江省、江苏省、山东省、上海市。其中，广东省完成累计出口交货值262.87亿元（占32.83%），同比增长3.92%；浙江省完成累计出口交货值179.13亿元（占22.37%），同比增长4.49%；江苏省完成累计出口交货值90.92亿元（占11.35%），同比增长-1.15%；山东省完成累计出口交货值66.97亿元（占8.36%），同比增长35.42%；上海市完成累计出口交货值57.22亿元（占7.15%），同比增长-3.60%。如图41、图42所示。

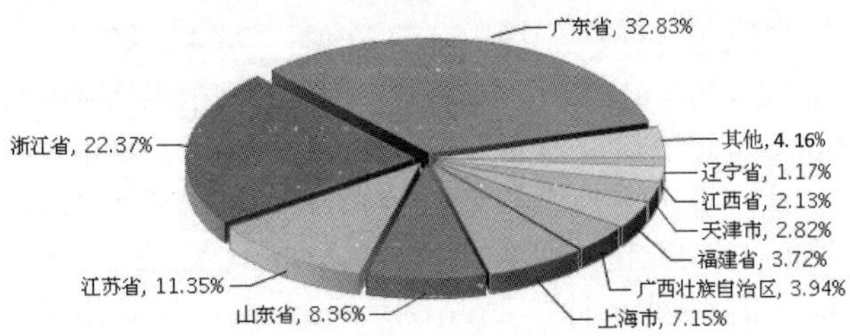

图41　2016年1—12月全国包装行业累计出口交货值地区占比情况

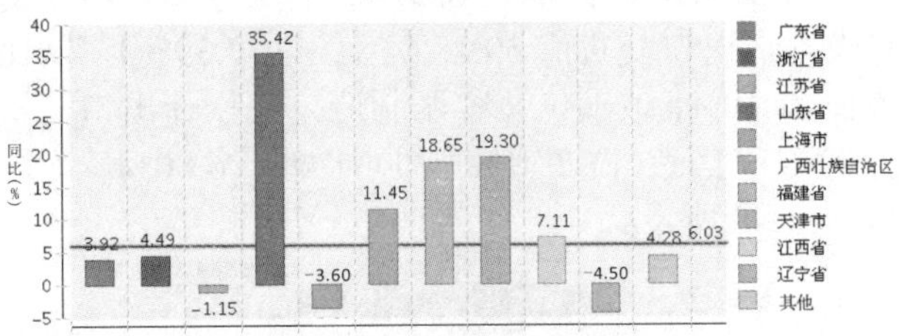

图42　2016年1—12月全国包装行业累计出口交货值主要地区同比增长情况

五、全国包装行业出口情况分析

（一）全国包装行业出口月度情况

2016年1—12月，全国包装行业累计完成出口额262.25亿美元，同比增长-6.67%。其中，12月完成出口额25.94亿美元，同比增长-0.15%。如图43所示。

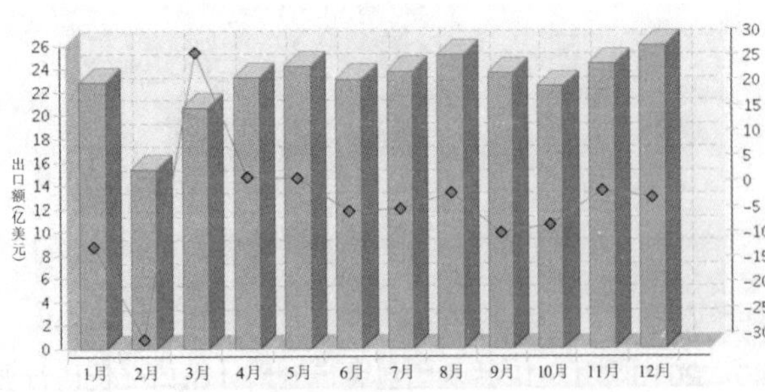

图43　2016年全国包装行业月度出口额及同比

1.纸包装

2016年1—12月，全国纸和纸板容器行业累计完成出口额43.85亿美元，同比增长-11.96%。其中，12月完成出口额4.49亿美元，同比增长2.85%。如图44所示。

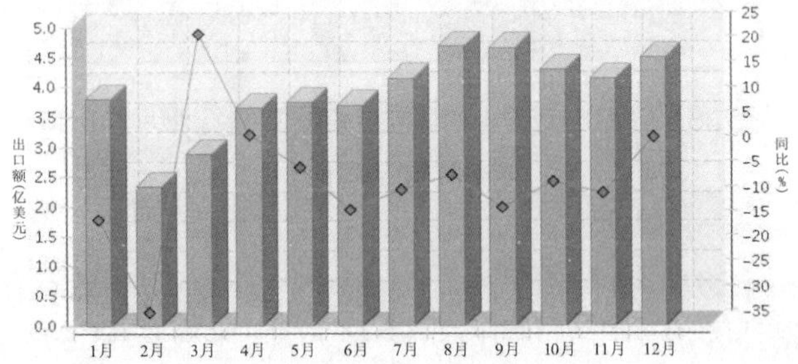

图44　2016年全国纸和纸板制容器行业月度出口额及同比

2.塑料包装

2016年1—12月，全国塑料包装行业累计完成出口额173.34亿美元，同比增长-5.44%。其中，12月完成出口额16.87亿美元，同比增长-1.62%。如图45所示。

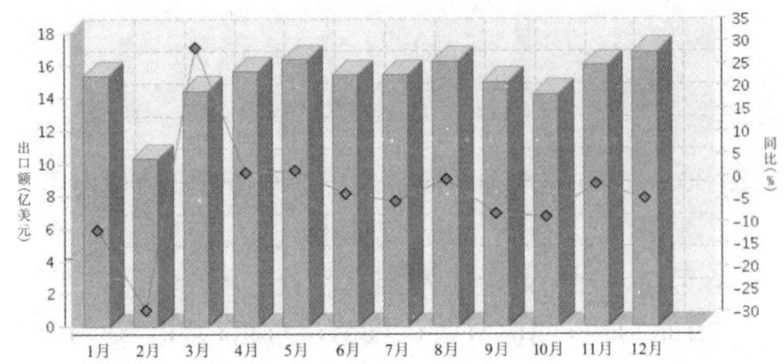

图45　2016年全国塑料包装行业月度出口额及同比

3.玻璃包装

2016年1—12月，全国玻璃包装容器行业累计完成出口额14.67亿美元，同比增长2.03%。其中，12月完成出口额1.29亿美元，同比增长-1.44%。如图46所示。

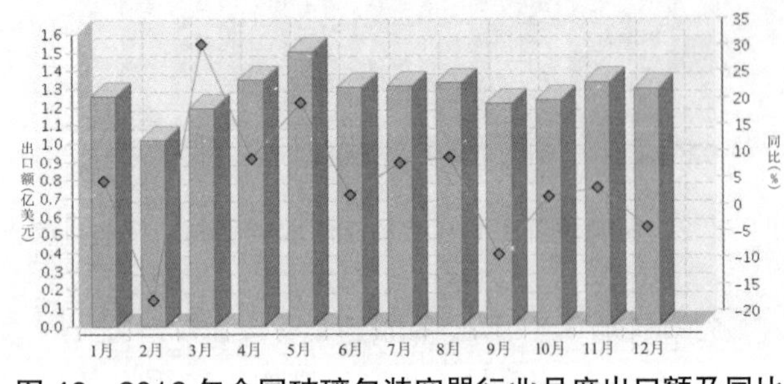

图46　2016年全国玻璃包装容器行业月度出口额及同比

4.金属包装

2016年1—12月，全国金属包装容器及其附件行业累计完成出口额12.77亿美元，同比增长-18.90%。其中，12月完成出口额1.42亿美元，同比增长

-0.2%。如图 47 所示。

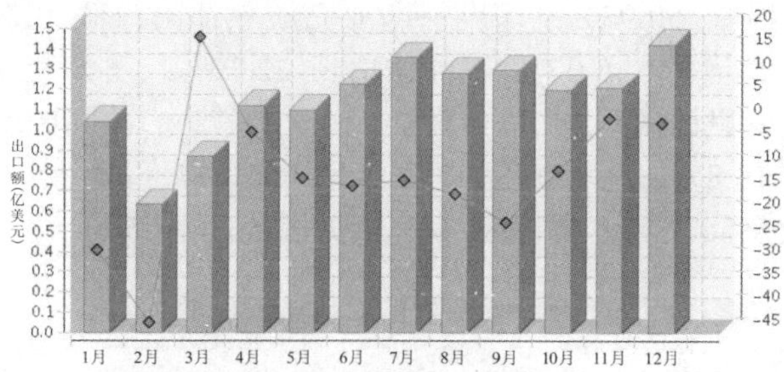

图 47　2016 年全国金属包装容器及其附件行业月度出口额及同比

5.竹木包装

2016 年 1—12 月，全国木制画（相、镜）框及类似品行业累计完成出口额 42545.61 万美元，同比增长-5.94%。其中，12 月完成出口额 3693.06 万美元，同比增长-7.28%。如图 48 所示。

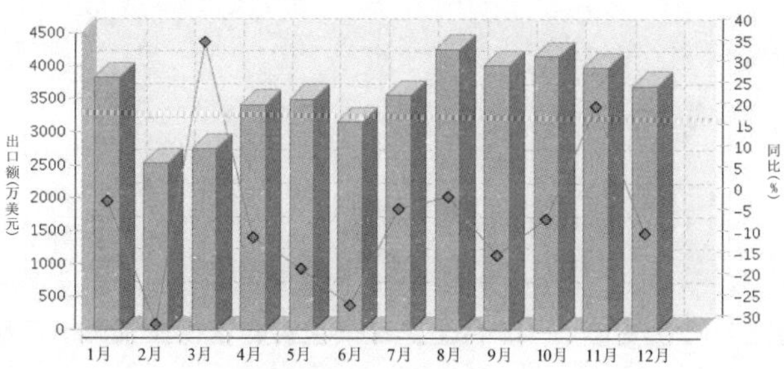

图 48　2016 年全国木制画（相、镜）框及类似品行业月度出口额及同比

6.包装机械

2016 年 1—12 月，全国塑料加工专用设备行业累计完成出口额 13.36 亿美元，同比增长 1.10%。其中，12 月完成出口额 1.49 亿美元，同比增长 12.4%。如图 49 所示。

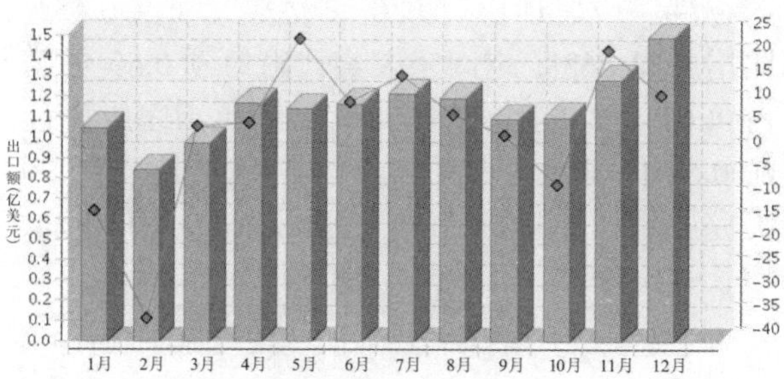

图 49　2016 年全国塑料加工专用设备行业月度出口额及同比

（二）全国包装行业出口贸易国分布及增速情况

2016 年 1—12 月，全国包装行业完成累计出口额 262.25 亿美元，同比增长-6.67%。出口额排在前五位的国家和地区依次是美国、中国香港、日本、越南、澳大利亚。其中，美国完成累计出口额 48.07 亿美元（占 18.33%），同比增长-9.81%；中国香港完成累计出口额 19.38 亿美元（占 7.39%），同比增长-8.77%；日本完成累计出口额 16.45 亿美元（占 6.27%），同比增长-3.47%；越南完成累计出口额 11.85 亿美元（占 4.52%），同比增长 14.66%；澳大利亚完成累计出口额 8.82 亿美元（占 3.36%），同比增长-5.54%。如图 50、图 51 所示。

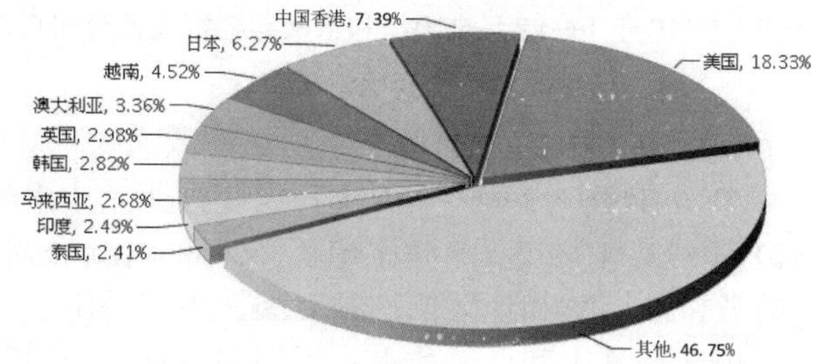

图 50　2016 年 1—12 月全国包装行业累计出口额贸易国占比情况

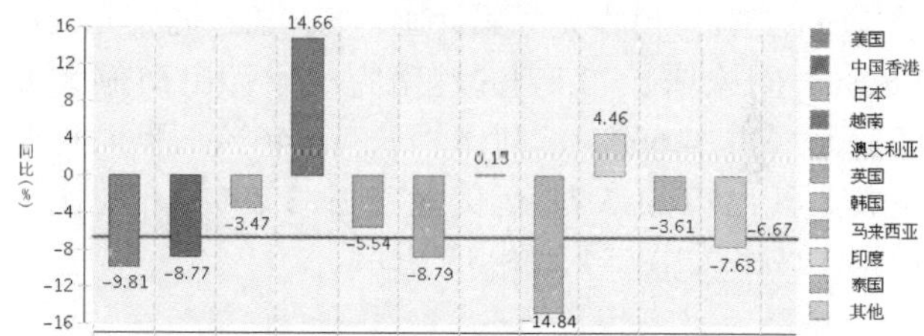

图 51　2015 年 1—12 月全国包装行业累计出口额主要贸易国同比增长情况

1.纸包装

2016 年 1—12 月，全国纸和纸板容器行业完成累计出口额 43.85 亿美元，同比增长-11.96%。出口额排在前五位的国家和地区依次是美国、中国香港、英国、日本、澳大利亚。其中，美国完成累计出口额 10.63 亿美元（占 24.24%），同比增长-18.20%；中国香港完成累计出口额 4.24 亿美元（占 9.67%），同比增长 0.72%；英国完成累计出口额 2.51 亿美元（占 5.72%），同比增长-11.37%；日本完成累计出口额 2.35 亿美元（占 5.36%），同比增长-1.6%；澳大利亚完成累计出口额 1.92 亿美元（占 4.38%），同比增长-13.09%。如图 52、图 53 所示。

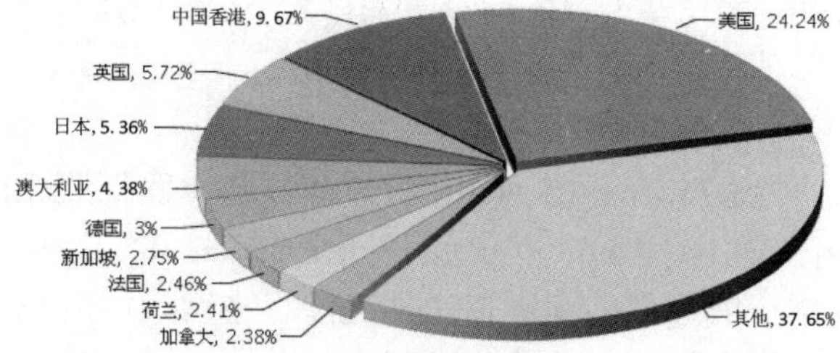

图 52　2016 年 1—12 月全国纸和纸板容器行业累计出口额贸易国占比情况

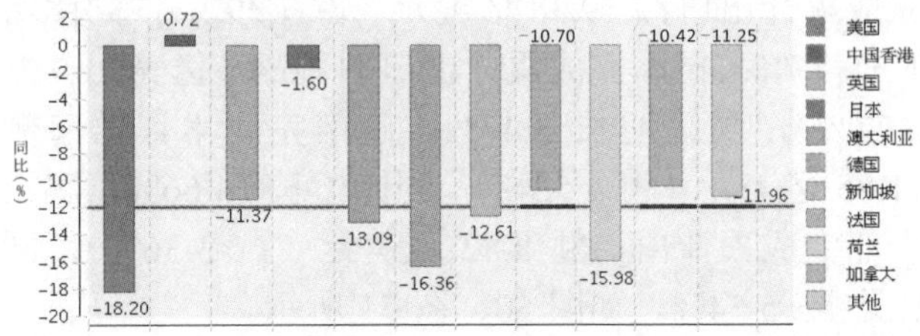

图 53 2016 年 1—12 月全国纸和纸板容器行业累计出口额主要贸易国同比增长情况

2.塑料包装

2016 年 1—12 月，全国塑料包装行业完成累计出口额 173.34 亿美元，同比增长-5.44%。出口额排在前五位的国家和地区依次是美国、中国香港、日本、越南、澳大利亚。其中，美国完成累计出口额 28.45 亿美元（占 16.41%），同比增长-3.21%；中国香港完成累计出口额 13.74 亿美元（占 7.93%），同比增长-11.23%；日本完成累计出口额 13.2 亿美元（占 7.62%），同比增长-3.87%；越南完成累计出口额 8.08 亿美元（占 4.66%），同比增长 16.46%；澳大利亚完成累计出口额 5.71 亿美元（占 3.29%），同比增长-4.14%。如图 54、图 55 所示。

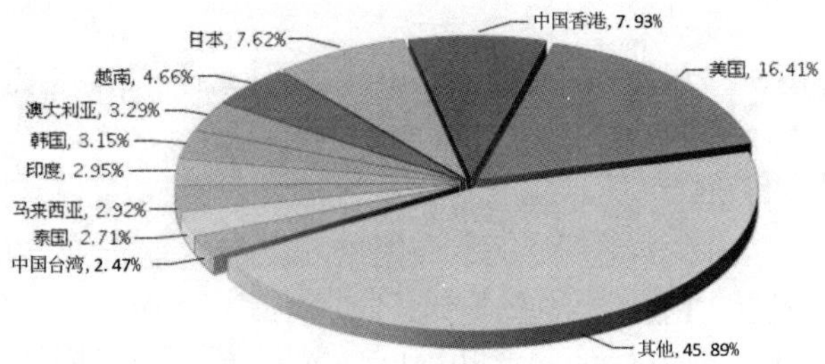

图 54 2016 年 1—12 月全国塑料包装行业累计出口额贸易国占比情况

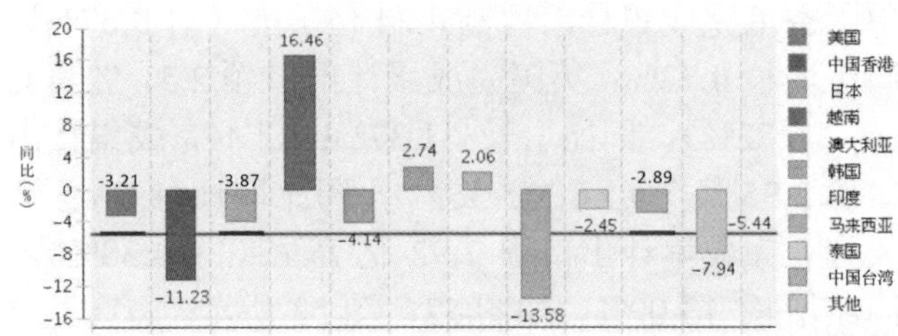

图 55 2016 年 1—12 月全国塑料包装行业累计出口额主要贸易国同比增长情况

3.玻璃包装

2016 年 1—12 月，全国玻璃包装容器行业完成累计出口额 14.67 亿美元，同比增长 2.03%。出口额排在前五位的国家依次是美国、越南、印度尼西亚、澳大利亚、菲律宾。其中，美国完成累计出口额 3.47 亿美元（占 23.65%），同比增长-13.57%；越南完成累计出口额 1.15 亿美元（占 7.87%），同比增长 50.93%；印度尼西亚完成累计出口额 0.74 亿美元（占 5.07%），同比增长 22.39%；澳大利亚完成累计出口额 0.54 亿美元（占 3.71%），同比增长 13.87%；菲律宾完成累计出口额 0.54 亿美元（占 3.68%），同比增长 81.14%。如图 56、图 57 所示。

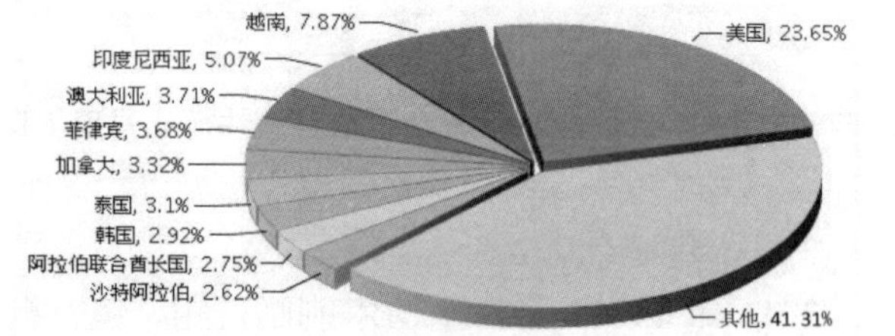

图 56 2016 年 1—12 月全国玻璃包装容器行业累计出口额贸易国占比情况

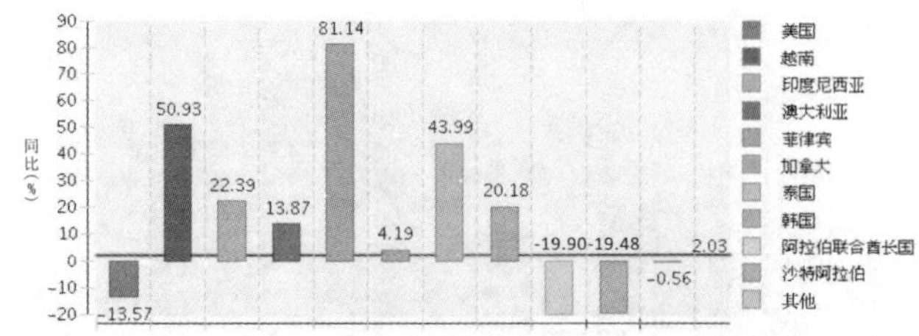

图 57 2016 年 1—12 月全国玻璃包装容器行业累计出口额主要贸易国同比增长情况

4.金属包装

2016 年 1—12 月，全国金属包装容器及其附件行业完成累计出口额 12.77 亿美元，同比增长-18.90%。出口额排在前五位的国家和地区依次是美国、中国香港、越南、英国、德国。其中，美国完成累计出口额 2.4 亿美元（占 18.78%），同比增长-38.68%；中国香港完成累计出口额 0.82 亿美元（占 6.45%），同比增长-1.66%；越南完成累计出口额 0.59 亿美元（占 4.61%），同比增长 37.67%；英国完成累计出口额 0.54 亿美元（占 4.25%），同比增长-14.13%；德国完成累计出口额 0.52 亿美元（占 4.07%），同比增长-40.47%。如图 58、图 59 所示。

图 58 2016 年 1—12 月全国金属包装容器及其附件行业累计出口额贸易国占比情况

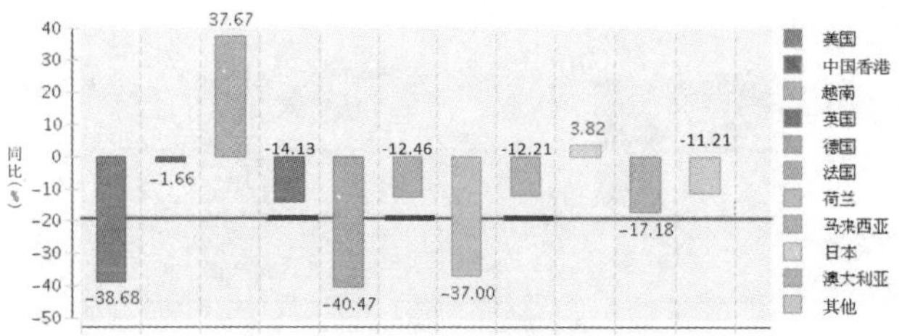

图 59　2016 年 1—12 月全国金属包装容器及其附件行业累计出口额主要贸易国同比增长情况

5.竹木包装

2016 年 1—12 月，全国木制画（相、镜）框及类似品行业完成累计出口额 4.25 亿美元，同比增长 -5.94%。出口额排在前五位的国家依次是美国、英国、德国、日本、澳大利亚。其中，美国完成累计出口额 1.94 亿美元（占 45.61%），同比增长 -9.68%；英国完成累计出口额 0.3 亿美元（占 7.16%），同比增长 1.96%；德国完成累计出口额 0.23 亿美元（占 5.39%），同比增长 -4.44%；日本完成累计出口额 0.23 亿美元（占 5.33%），同比增长 2.97%；澳大利亚完成累计出口额 0.2 亿美元（占 4.75%），同比增长 -2.39%。如图 60、图 61 所示。

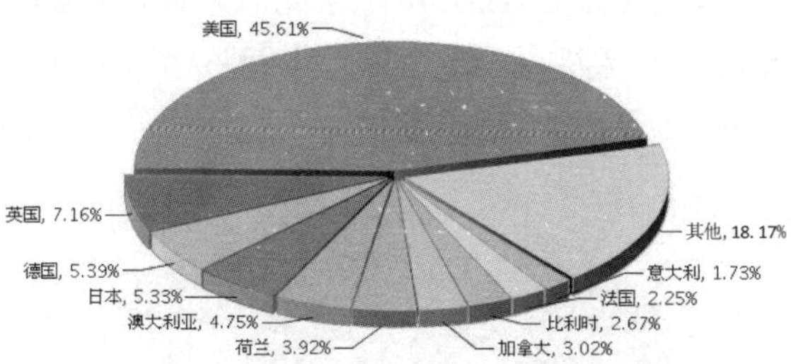

图 60　2016 年 1—12 月全国木制画（相、镜）框及类似品行业累计出口额贸易国占比情况

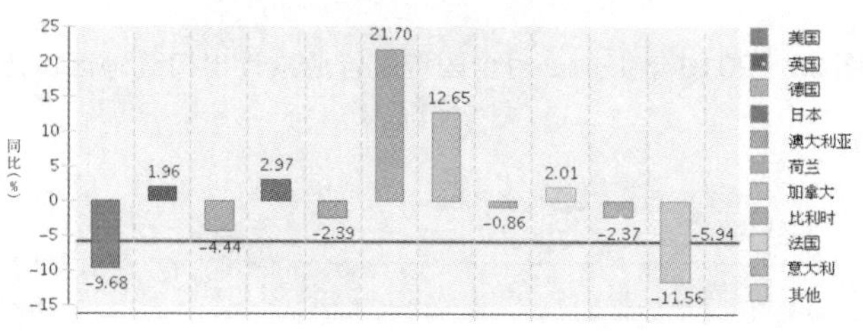

图 61　2016 年 1—12 月全国木制画（相、镜）框及类似品行业累计出口额主要贸易国同比增长情况

6.包装机械

2016 年 1—12 月，全国塑料加工专用设备行业完成累计出口额 13.36 亿美元，同比增长 1.10%。出口额排在前五位的国家依次是美国、越南、墨西哥、土耳其、印度尼西亚。其中，美国完成累计出口额 1.19 亿美元（占 8.9%），同比增长 41.58%；越南完成累计出口额 1.12 亿美元（占 8.41%），同比增长 -2.24%；墨西哥完成累计出口额 0.82 亿美元（占 6.1%），同比增长 59.36%；土耳其完成累计出口额 0.74 亿美元（占 5.57%），同比增长 3.5%；印度尼西亚完成累计出口额 0.66 亿美元（占 4.97%），同比增长 5.91%。如图 62、图 63 所示。

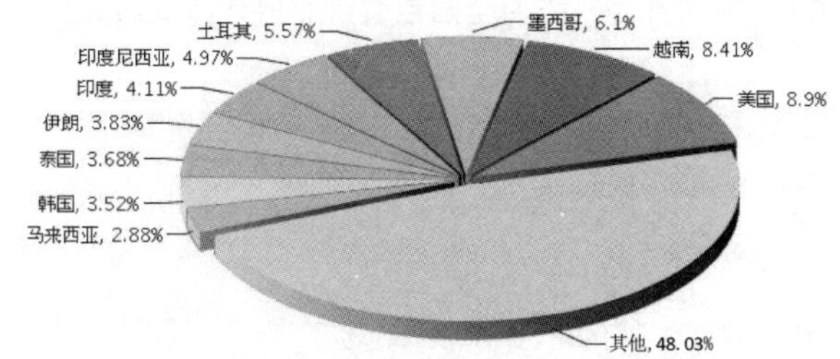

图 62　2016 年 1—12 月全国塑料加工专用设备行业累计出口额贸易国占比情况

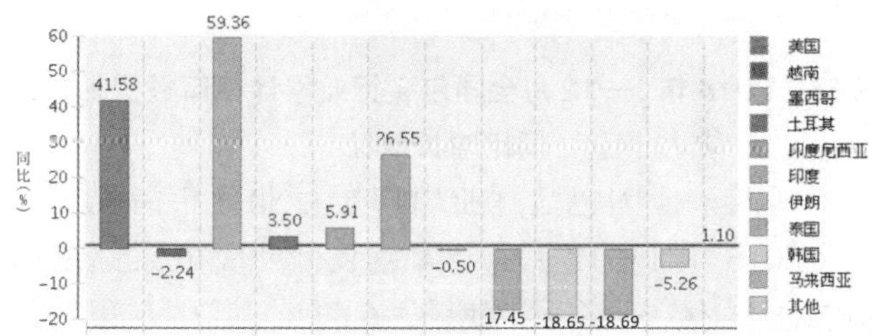

图 63　2016 年 1—12 月全国塑料加工专用设备行业累计出口额主要贸易国同比增长情况

（三）全国包装行业出口贸易方式分布情况

2016 年 1—12 月，全国包装行业完成累计出口额 262.25 亿美元，同比增长 -6.67%。其中，一般贸易完成累计出口额 163.35 亿美元（占 62.29%），同比增长 -9.17%；进料加工贸易完成累计出口额 61.61 亿美元（占 23.49%），同比增长 -8.7%；其他完成累计出口额 20.83 亿美元（占 7.94%），同比增长 23.38%；边境小额贸易完成累计出口额 4.41 亿美元（占 1.68%），同比增长 16.52%；保税区仓储转口货物完成累计出口额 4.38 亿美元（占 1.67%），同比增长 1.2%；保税仓库进出境货物完成累计出口额 3.87 亿美元（占 1.48%），同比增长 0.69%；来料加工装配贸易完成累计出口额 3.58 亿美元（占 1.36%），同比增长 -22.35%；对外承包工程出口货物完成累计出口额 0.2 亿美元（占 0.07%），同比增长 6.13%。如图 64、图 65 所示。

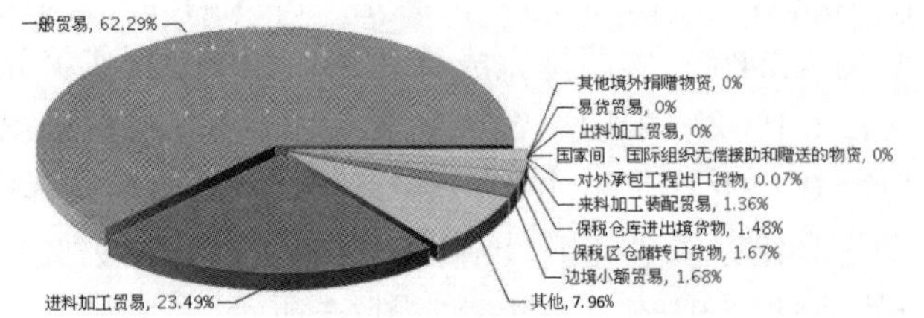

图 64　2016 年 1—12 月全国包装行业累计出口额贸易方式占比情况

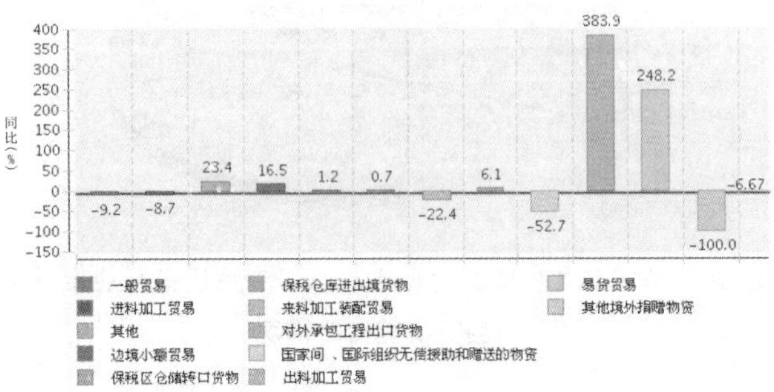

图 65　2016 年 1—12 月全国包装行业累计出口额贸易方式同比增长情况

（四）全国包装行业出口子行业分布情况

2016 年 1—12 月，全国包装行业完成累计出口额 262.25 亿美元，同比增长-6.67%。其中，塑料包装完成累计出口额 173.34 亿美元（占 66.1%），同比增长-5.44%；纸包装完成累计出口额 43.85 亿美元（占 16.73%），同比增长-11.96%；玻璃包装完成累计出口额 14.67 亿美元（占 5.59%），同比增长 2.03%；包装机械及其他完成累计出口额 13.36 亿美元（占 5.09%），同比增长 1.1%；金属包装完成累计出口额 12.77 亿美元（占 4.87%），同比增长-18.9%；竹木包装完成累计出口额 4.25 亿美元（占 1.62%），同比增长-5.94%。如图 66、图 67 所示。

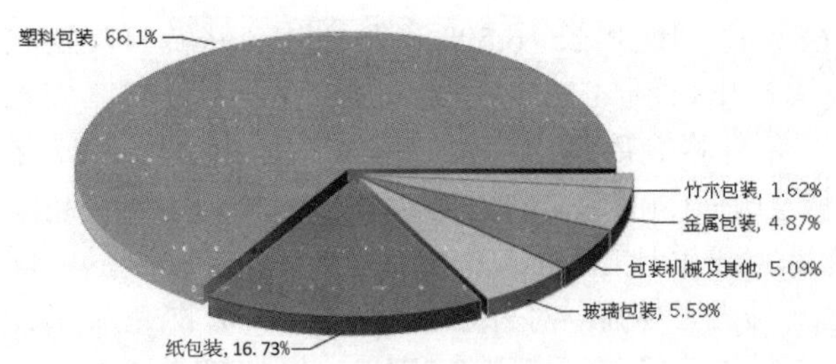

图 66　2016 年 1—12 月全国包装行业累计出口额子行业占比情况

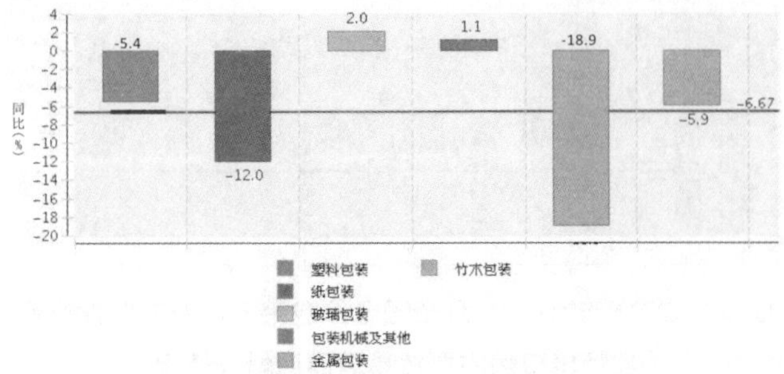

图 67　2016 年 1—12 月全国包装行业累计出口额子行业同比增长情况

（五）全国包装行业出口地区分布情况

2016 年 1—12 月，全国包装行业完成累计出口额 262.25 亿美元，同比增长-6.67%。出口额排在前五位的地区依次是广东、浙江、江苏、上海、山东。其中，广东完成累计出口额 99.68 亿美元（占 38.01%），同比增长-13.69%；浙江完成累计出口额 53.47 亿美元（占 20.39%），同比增长-1.92%；江苏完成累计出口额 36.39 亿美元（占 13.87%），同比增长 4.94%；上海完成累计出口额 21.94 亿美元（占 8.37%），同比增长 1.51%；山东完成累计出口额 20.2 亿美元（占 7.7%），同比增长 1.93%。如图 68、图 69 所示。

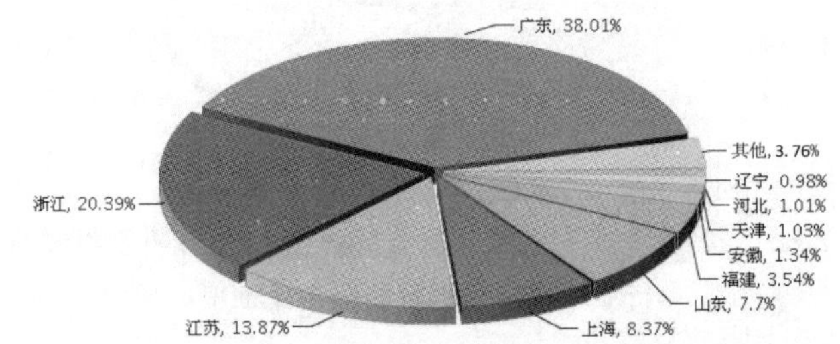

图 68　2016 年 1—12 月全国包装行业累计出口额地区占比情况

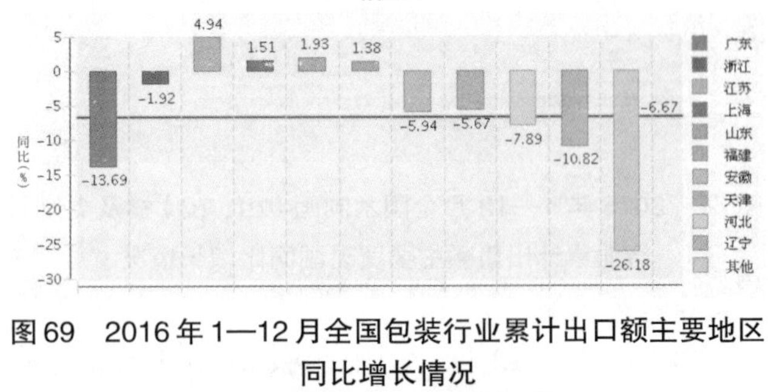

图 69　2016 年 1—12 月全国包装行业累计出口额主要地区同比增长情况

六、全国包装行业进口情况分析

（一）全国包装行业进口月度情况

2016 年 1—12 月，全国包装行业累计完成进口额 123.65 亿美元，同比增长-6.17%。其中，12 月完成进口额 11.93 亿美元，同比增长 5%。如图 70 所示。

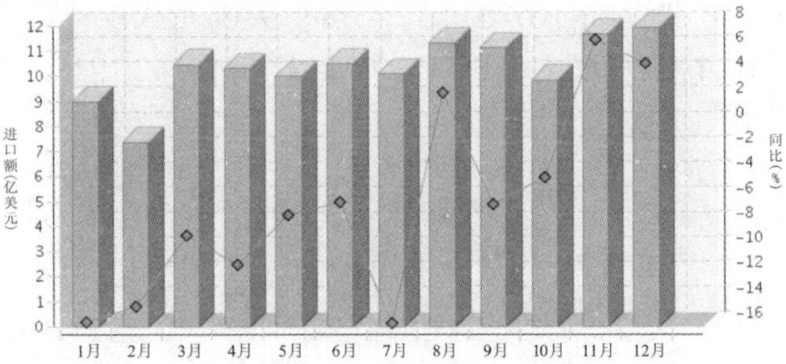

图 70　2016 年全国包装行业月度进口额及同比

1.纸包装

2016 年 1—12 月，全国纸和纸板制容器行业累计完成进口额 16368.99 万美元，同比增长-11.92%。其中，12 月完成进口额 1556.89 万美元，同比增长 8.62%。如图 71 所示。

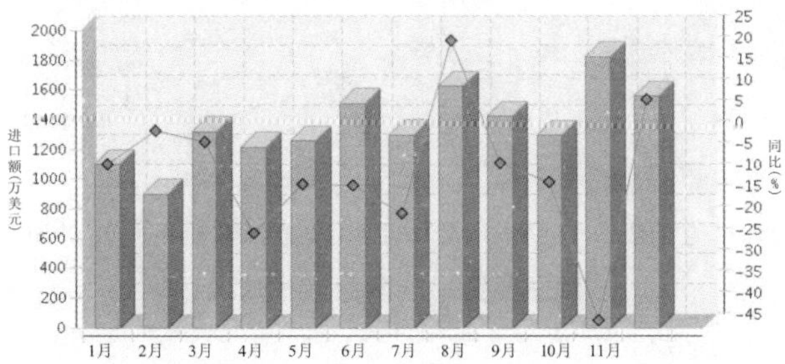

图 71　2016 年全国纸和纸板制容器行业月度进口额及同比

2.塑料包装

2016 年 1—12 月，全国塑料包装行业累计完成进口额 112.04 亿美元，同比增长-4.82%。其中，12 月完成进口额 11.09 亿美元，同比增长 6.64%。如图 72 所示。

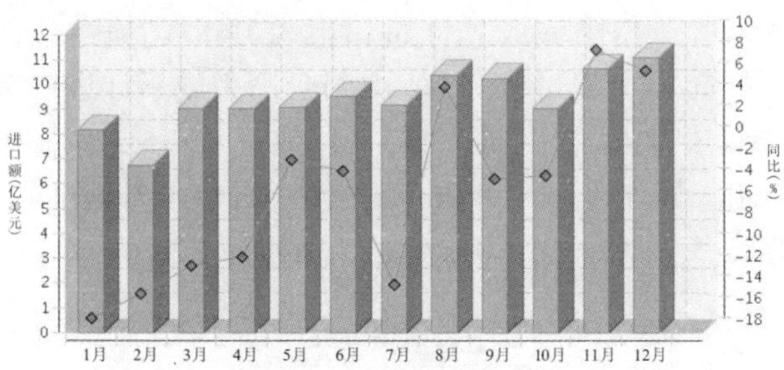

图 72　2016 年全国塑料包装行业月度进口额及同比

3.玻璃包装

2016 年 1—12 月，全国玻璃包装容器行业累计完成进口额 3998.15 万美元，同比增长-21.71%。其中，12 月完成进口额 304.15 万美元，同比增长-26.65%。如图 73 所示。

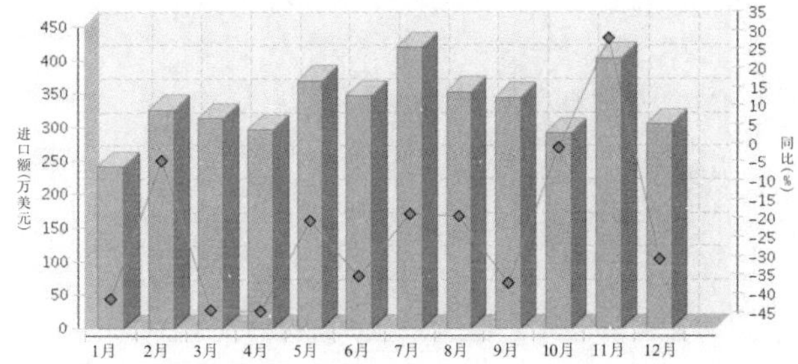

图 73　2016 年全国玻璃包装容器行业月度进口额及同比

4.金属包装

2016 年 1—12 月，全国金属包装容器及其附件行业累计完成进口额 12908.50 万美元，同比增长 1.91%。其中，12 月完成进口额 1047.85 万美元，同比增长-19.88%。如图 74 所示。

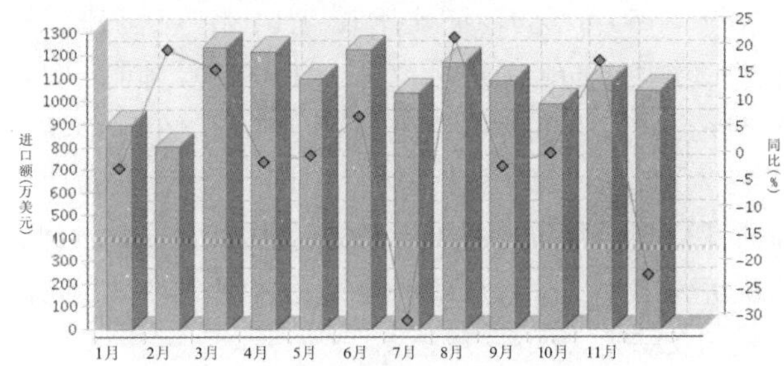

图 74　2016 年全国金属包装容器及其附件行业月度进口额及同比

5.竹木包装

2016 年 1—12 月，全国木制画（相、镜）框及类似品行业累计完成进口额 142.39 万美元，同比增长 5.42%。其中，12 月份完成进口额 15.2 万美元，同比增长 19.57%。如图 75 所示。

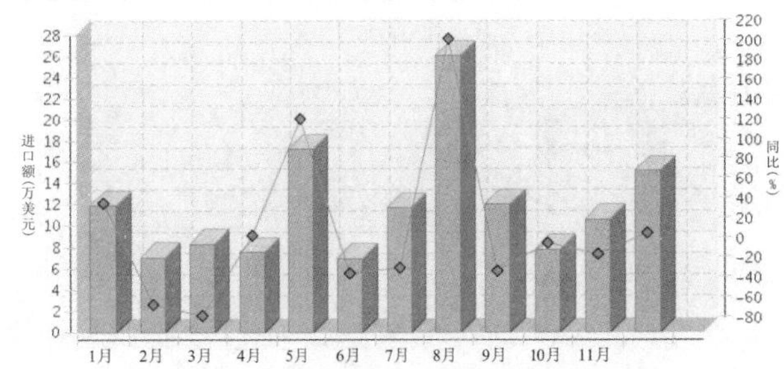

图 75　2016 年全国木制画（相、镜）框及类似品行业月度进口额及同比

6.包装机械

2016 年 1—12 月，全国塑料加工专用设备行业累计完成进口额 82648.51 万美元，同比增长-20.69%。其中，12 月完成进口额 5468.92 万美元，同比增长-15.2%。如图 76 所示。

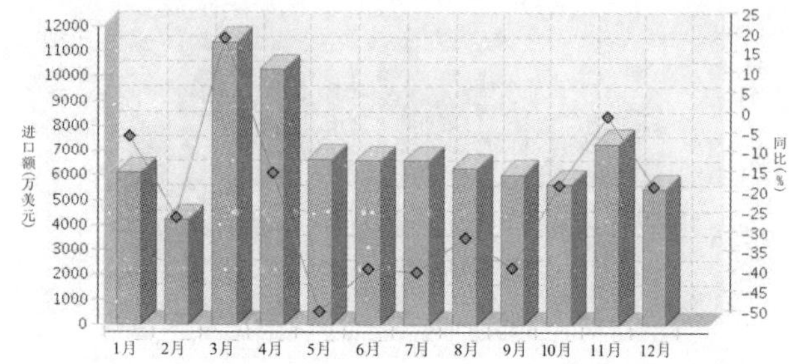

图 76　2016 年全国塑料加工专用设备行业月度进口额及同比

（二）全国包装行业进口贸易国分布及增速情况

2016 年 1—12 月，全国包装行业完成累计进口额 123.65 亿美元，同比增长-6.17%。进口额排在前五位的国家和地区依次是日本、韩国、美国、中国台湾、德国。其中，日本完成累计进口额 39.41 亿美元（占 31.87%），同比增长 1.14%；韩国完成累计进口额 26.56 亿美元（占 21.48%），同比增长-6.65%；美国完成累计进口额 13.78 亿美元（占 11.15%），同比增长-2.13%；中国台湾完成累计进口额 13.42 亿美元（占 10.85%），同比增长-16.35%；德国完成累计进口额 7.29 亿美元（占 5.9%），同比增长-10.87%。如图 77、图 78 所示。

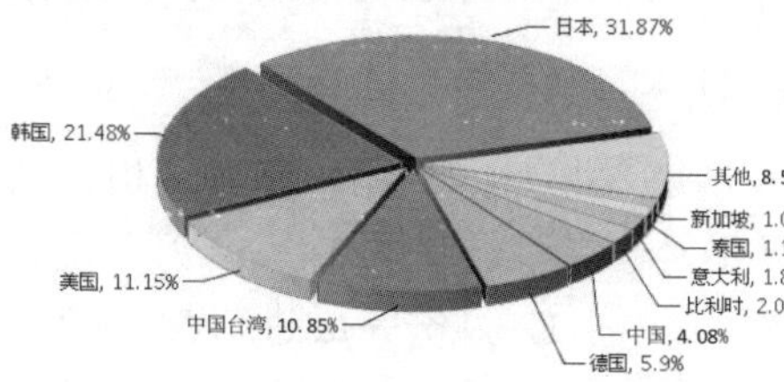

图 77　2016 年 1—12 月全国包装行业累计进口额贸易国占比情况

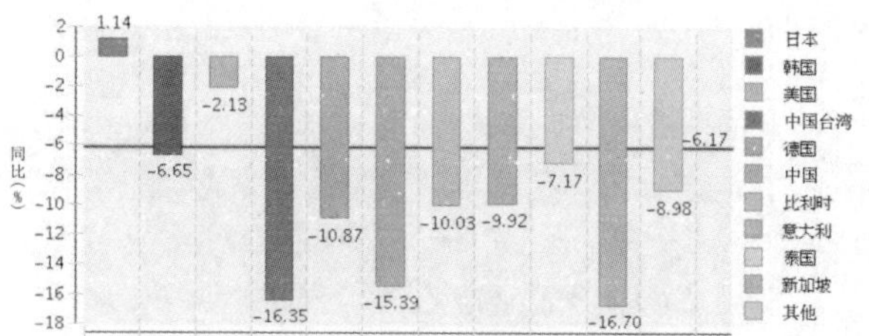

图 78　2016 年 1—12 月全国包装行业累计进口额主要贸易国同比增长情况

1.纸包装

2016 年 1—12 月，全国纸和纸板制容器行业完成累计进口额 1.64 亿美元，同比增长-11.92%。进口额排在前五位的国家依次是中国、韩国、德国、日本、美国。其中，中国完成累计进口额 0.37 亿美元（占 22.52%），同比增长 14.11%；韩国完成累计进口额 0.22 亿美元（占 13.23%），同比增长 5.1%；德国完成累计进口额 0.14 亿美元（占 8.72%），同比增长 19.67%；日本完成累计进口额 0.11 亿美元（占 6.7%），同比增长 12.79%；美国完成累计进口额 0.11 亿美元（占 6.51%），同比增长-62.12%。如图 79、图 80 所示。

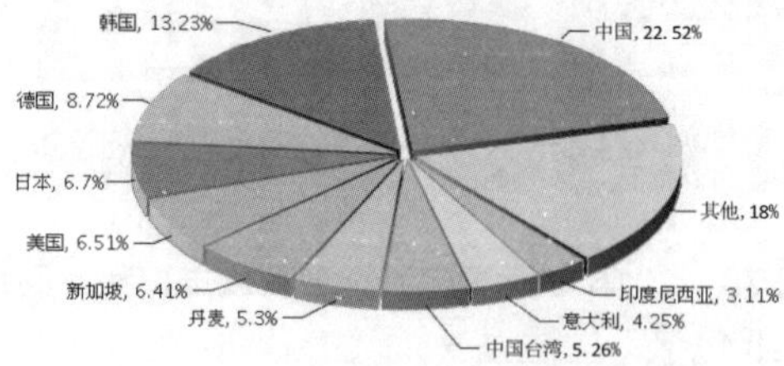

图 79　2016 年 1—12 月全国纸和纸板制容器行业累计进口额贸易国占比情况

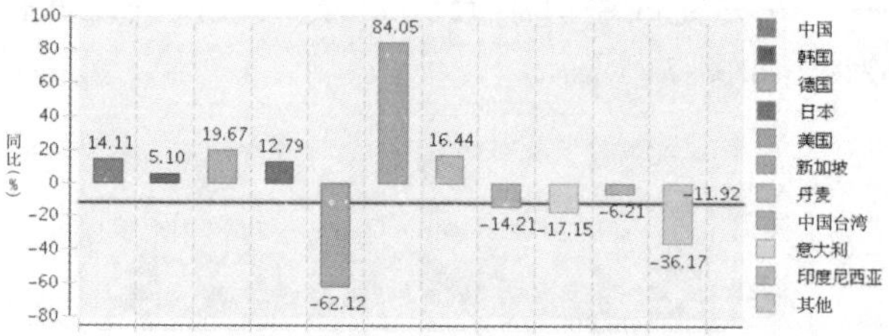

图 80　2016 年 1—12 月全国纸和纸板制容器行业累计进口额主要贸易国同比增长情况

2.塑料包装

2016 年 1—12 月，全国塑料包装行业完成累计进口额 112.04 亿美元，同比增长-4.82%。进口额排在前五位的国家和地区依次是日本、韩国、美国、中国台湾、德国。其中，日本完成累计进口额 34.96 亿美元（占 31.2%），同比增长 4.33%；韩国完成累计进口额 25.76 亿美元（占 22.99%），同比增长-6.44%；美国完成累计进口额 13.41 亿美元（占 11.97%），同比增长-1%；中国台湾完成累计进口额 12.51 亿美元（占 11.17%），同比增长-15.57%；德国完成累计进口额 4.96 亿美元（占 4.43%），同比增长-5.72%。如图 81、图 82 所示。

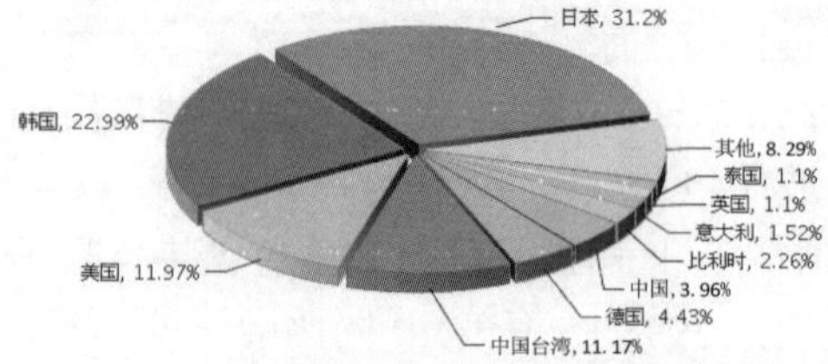

图 81　2016 年 1—12 月全国塑料包装行业累计进口额贸易国占比情况

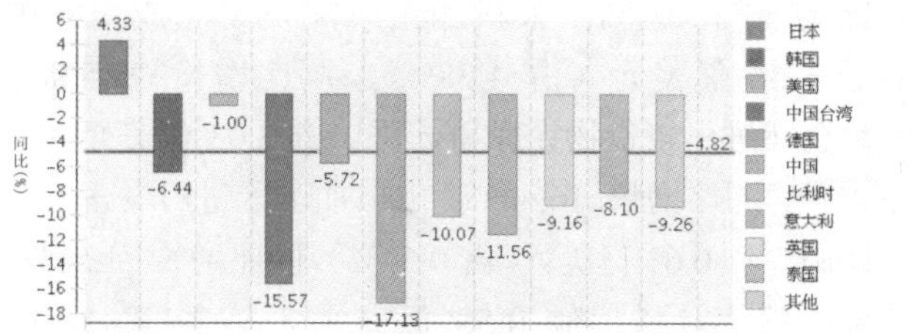

图 82　2016 年 1—12 月全国塑料包装行业累计进口额主要贸易国同比增长情况

3.玻璃包装

2016 年 1—12 月，全国玻璃包装容器行业完成累计进口额 3998.15 万美元，同比增长-21.71%。进口额排在前五位的国家和地区依次是意大利、日本、中国台湾、法国、德国。其中，意大利完成累计进口额 620.76 万美元（占 15.53%），同比增长-35.04%；日本完成累计进口额 535.67 万美元（占 13.4%），同比增长 0.38%；中国台湾完成累计进口额 532.09 万美元（占 13.31%），同比增长-11.37%；法国完成累计进口额 483.31 万美元（占 12.09%），同比增长-43.21%；德国完成累计进口额 369.9 万美元（占 9.25%），同比增长-17.65%。如图 83、图 84 所示。

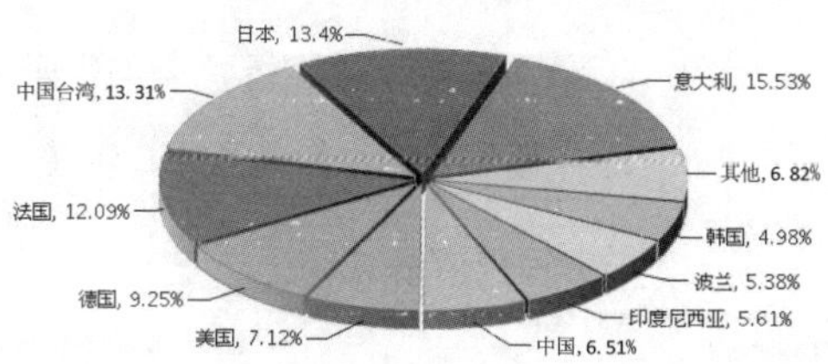

图 83　2016 年 1—12 月全国玻璃包装容器行业累计进口额贸易国占比情况

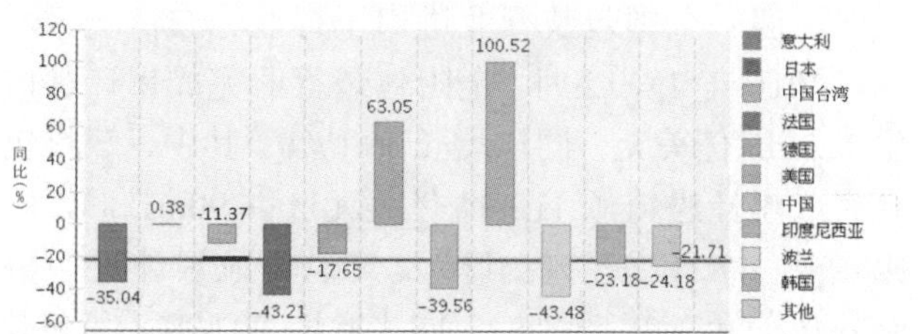

图 84　2016 年 1—12 月全国玻璃包装容器行业累计进口额主要贸易国同比增长情况

4.金属包装

2016 年 1—12 月，全国金属包装容器及其附件行业完成累计进口额 1.29 亿美元，同比增长 1.91%。进口额排在前五位的国家依次是日本、美国、韩国、德国、意大利。其中，日本完成累计进口额 0.22 亿美元（占 16.73%），同比增长-13.46%；美国完成累计进口额 0.17 亿美元（占 13.44%），同比增长 6.45%；韩国完成累计进口额 0.15 亿美元（占 11.65%），同比增长 1.83%；德国完成累计进口额 0.1 亿美元（占 7.87%），同比增长-6.36%；意大利完成累计进口额 0.1 亿美元（占 7.69%），同比增长 80.42%。如图 85、图 86 所示。

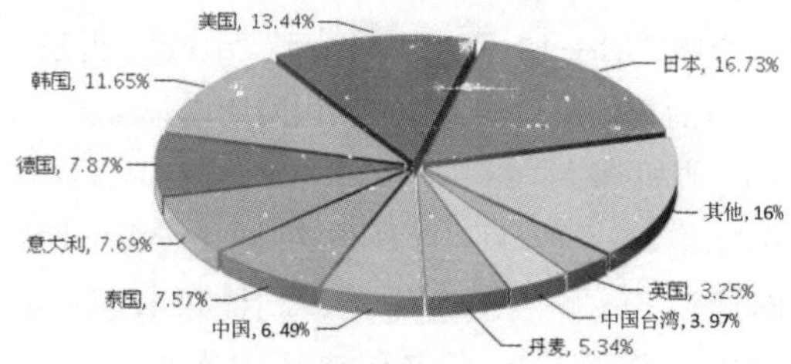

图 85　2016 年 1—12 月全国金属包装容器及其附件行业累计进口额贸易国占比情况

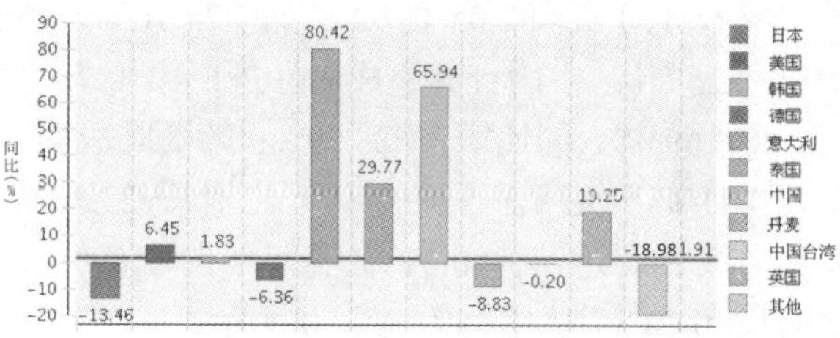

图 86　2016 年 1—12 月全国金属包装容器及其附件行业累计进口额主要贸易国同比增长情况

5.竹木包装

2016 年 1—12 月，全国木制画（相、镜）框及类似品行业完成累计进口额 142.39 万美元，同比增长 5.42%。进口额排在前五位的国家依次是中国、印度、美国、法国、泰国。其中，中国完成累计进口额 36.63 万美元（占 25.73%），同比增长 14.82%；印度完成累计进口额 17.21 万美元（占 12.09%），同比增长 7.4%；美国完成累计进口额 15.57 万美元（占 10.93%），同比增长-35.22%；法国完成累计进口额 8.87 万美元（占 6.23%），同比增长 1.98%；泰国完成累计进口额 8.04 万美元（占 5.64%），同比增长-22.98%。如图 87、图 88 所示。

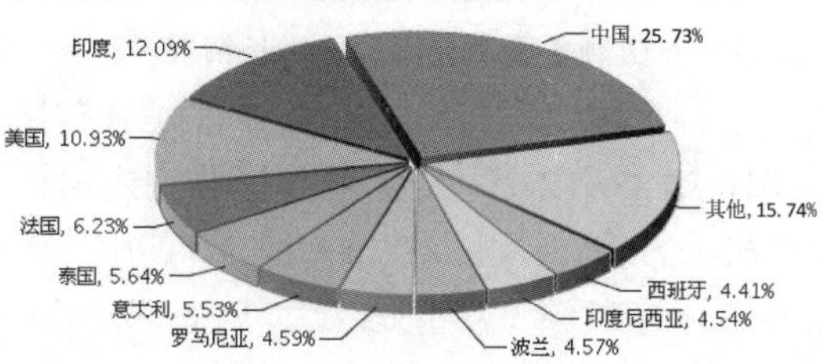

图 87　2016 年 1—12 月全国木制画(相、镜)框及类似品行业累计进口额贸易国占比情况

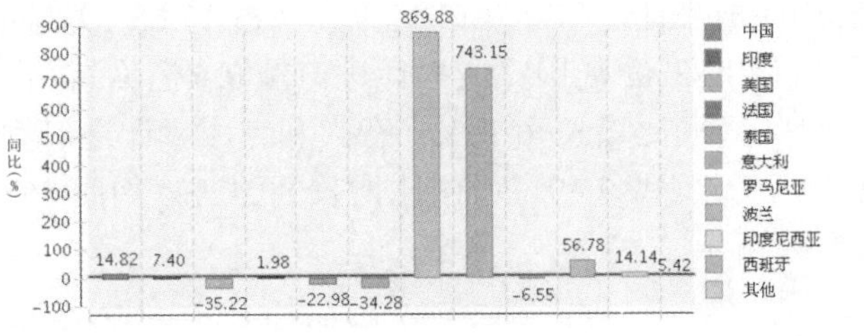

图 88　2016 年 1—12 月全国木制画（相、镜）框及类似品行业累计进口额主要贸易国同比增长情况

6.包装机械

2016 年 1—12 月，全国塑料加工专用设备行业完成累计进口额 8.26 亿美元，同比增长-20.69%。进口额排在前五位的国家和地区依次是日本、德国、中国台湾、韩国、意大利。其中，日本完成累计进口额 4.07 亿美元（占 49.25%），同比增长-19.55%；德国完成累计进口额 2.05 亿美元（占 24.76%），同比增长-22.57%；中国台湾完成累计进口额 0.72 亿美元（占 8.69%），同比增长-28.99%；韩国完成累计进口额 0.41 亿美元（占 5.01%），同比增长-23.38%；意大利完成累计进口额 0.31 亿美元（占 3.69%），同比增长-6.14%。如图 89、图 90 所示。

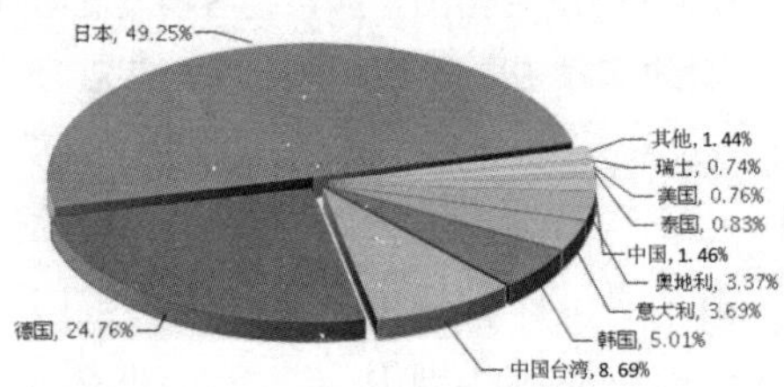

图 89　2016 年 1—12 月全国塑料加工专用设备行业累计进口额贸易国占比情况

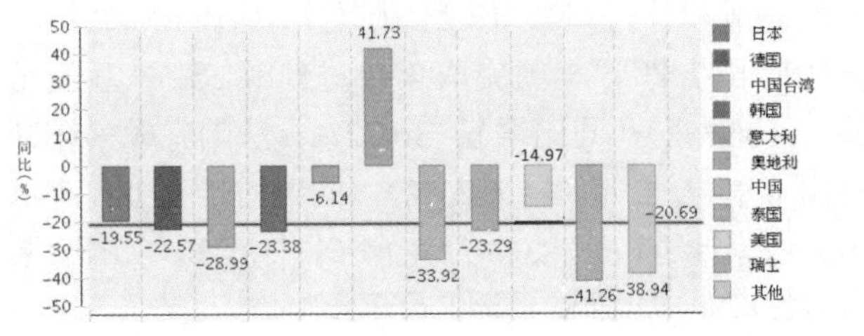

图 90　2016 年 1—12 月全国塑料加工专用设备行业累计进口额主要贸易国同比增长情况

（三）全国包装行业进口贸易方式分布情况

2016 年 1—12 月，全国包装行业完成累计进口额 123.65 亿美元，同比增长-6.17%。其中，一般贸易完成累计进口额 67.71 亿美元（占 54.76%），同比增长 2.98%；进料加工贸易完成累计进口额 37.99 亿美元（占 30.73%），同比增长-15.62%；保税区仓储转口货物完成累计进口额 8.8 亿美元（占 7.12%），同比增长-19.94%；来料加工装配贸易完成累计进口额 5.66 亿美元（占 4.58%），同比增长-9.85%；保税仓库进出境货物完成累计进口额 2.03 亿美元（占 1.64%），同比增长-16.46%；出口加工区进口设备完成累计进口额 0.63 亿美元（占 0.51%），同比增长 71.58%；其他完成累计进口额 0.53 亿美元（占 0.43%），同比增长 10.48%；外商投资企业作为投资进口的设备、物品完成累计进口额 0.28 亿美元（占 0.22%），同比增长-30.29%；加工贸易进口设备完成累计进口额 0.01 亿美元（占 0.01%），同比增长-80.35%。如图 91、图 92 所示。

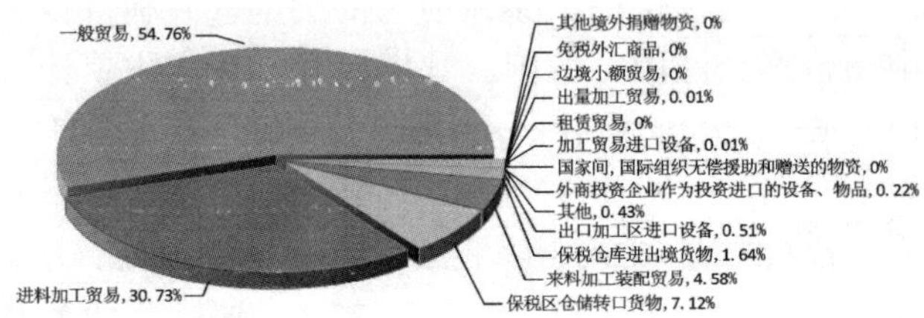

图 91　2016 年 1—12 月全国包装行业累计进口额贸易方式占比情况

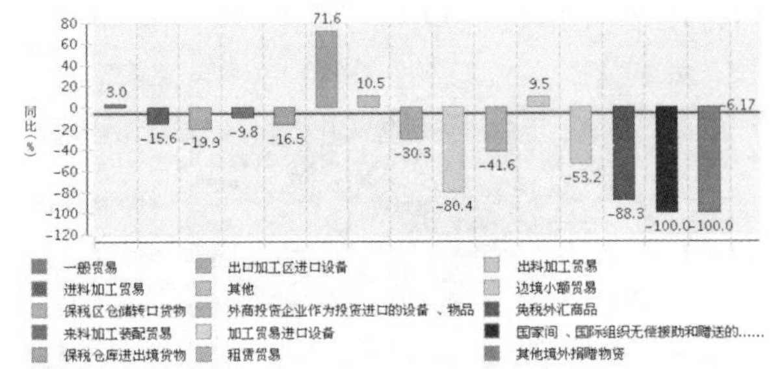

图 92　2016 年 1—12 月全国包装行业累计进口额贸易方式同比增长情况

（四）全国包装行业进口子行业分布情况

2016 年 1—12 月，全国包装行业完成累计进口额 123.65 亿美元，同比增长-6.17%。其中，塑料包装完成累计进口额 112.04 亿美元（占 90.61%），同比增长-4.82%；包装机械及其他完成累计进口额 8.26 亿美元（占 6.68%），同比增长-20.69%；纸包装完成累计进口额 1.64 亿美元（占 1.32%），同比增长-11.92%；金属包装完成累计进口额 1.29 亿美元（占 1.04%），同比增长 1.91%；玻璃包装完成累计进口额 0.4 亿美元（占 0.32%），同比增长-21.71%；竹木包装完成累计进口额 0.01 亿美元（占 0.01%），同比增长 5.42%。如图 93、图 94 所示。

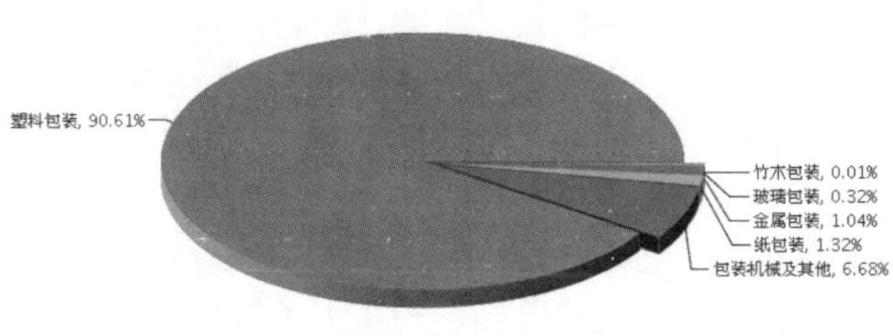

图 93　2016 年 1—12 月全国包装行业累计进口额子行业占比情况

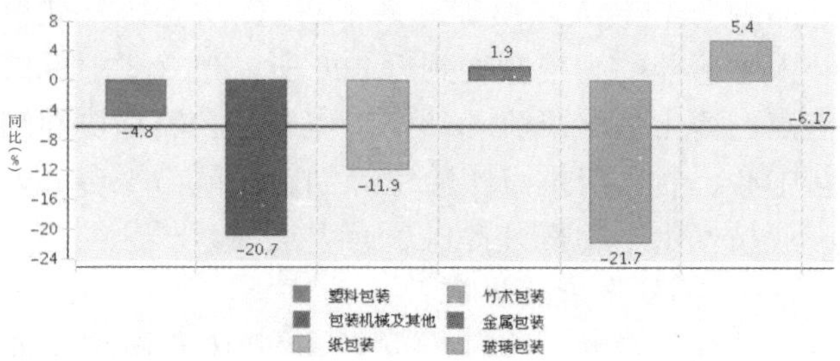

图 94　2016 年 1—12 月全国包装行业累计进口额子行业同比增长情况

（五）全国包装行业进口地区分布情况

2016 年 1—12 月，全国包装行业完成累计进口额 123.65 亿美元，同比增长-6.17%。进口额排在前五位的地区依次是广东、江苏、上海、浙江、山东。其中，广东完成累计进口额 35.19 亿美元（占 28.46%），同比增长-12.9%；江苏完成累计进口额 34.5 亿美元（占 27.9%），同比增长-0.44%；上海完成累计进口额 20.29 亿美元（占 16.41%），同比增长-3.31%；浙江完成累计进口额 6.14 亿美元（占 4.96%），同比增长-12.04%；山东完成累计进口额 5.49 亿美元（占 4.44%），同比增长-2.29%。如图 95、图 96 所示。

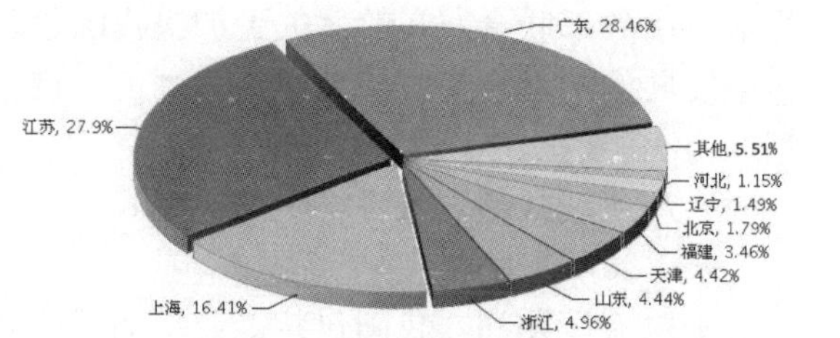

图 95　2016 年 1—12 月全国包装行业累计进口额地区占比情况

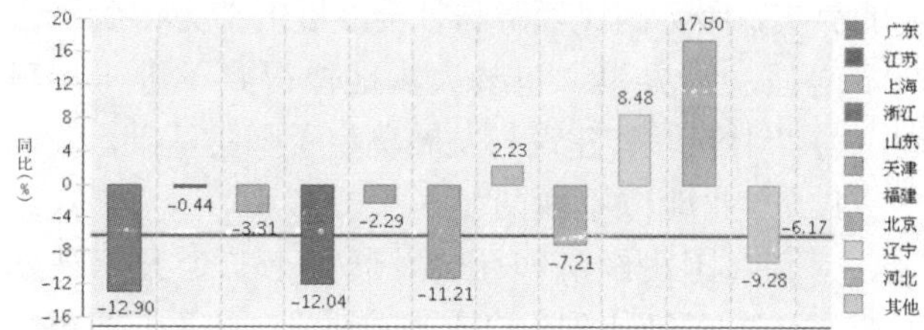

图 96　2016 年 1—12 月全国包装行业累计进口额主要地区同比增长情况

注释：

①全国包装行业企业数、主营业务收入、利润总额、产量、出口交货值数据来源为国家统计局。

②全国包装行业进出口数据来源为国家海关总署。

③统计局数据统计口径为（规模以上企业）年主营业务收入 2000 万元及以上全部工业法人企业。

④国家海关总署统计口径为全口径。

⑤工业企业规模划分标准如下表所示。

工业企业规模划分

行业	划型指标	大型	中型	小型	微型
工业	从业人员（人）	1000 人及以上	300 人及以上	20 人及以上	20 人以下
	营业收入（万元）	且 40000 万元及以上	且 2000 万元及以上	且 300 万元及以上	或 300 万元以下

备注：从业人员 1000 人以下或营业收入 40000 万元以下的为中小微型企业。

中国包装工业发展规划（2016—2020 年）

包装工业作为服务型制造业，是国民经济与社会发展的重要支撑。随着我国制造业规模的不断扩大和创新体系的日益完善，包装工业在服务国家战略、适应民生需求、建设制造强国、推动经济发展等方面，将发挥越来越重要的作用。

“十三五”时期是我国全面建成小康社会的决胜阶段，也是包装工业发展的重要战略机遇期。为加快包装产业转型升级，推进现代包装强国建设进程，充分发挥包装工业对稳增长、促改革、调结构、惠民生、防风险的重要作用，显著提升包装工业对我国小康社会建设的服务能力与贡献水平，根据《中华人民共和国国民经济和社会发展第十三个五年规划纲要》《国家中长期科学和技术发展规划纲要（2006—2020 年）》《中国制造 2025》以及工业和信息化部、商务部联合发布的《关于加快我国包装产业转型发展的指导意见》等文件，特制定本规划，规划期为2016—2020年。

一、产业现状与发展环境

（一）发展成就

“十二五”期间，我国包装工业主动适应经济发展新常态，不断推动产业结构优化、发展动力转换和发展方式转变，总体保持了健康、快速、可持续发展的势头，服务国民经济与社会发展的能力得到了进一步增强，世界第二包装大国地位得到了进一步巩固，为“十三五”建设与发展奠定了坚实基础。

1．产业地位不断凸显

国家《国民经济和社会发展第十二个五年规划纲要》首次将包装列入“重点产业”，明确了“加快发展先进包装装备、包装新材料和高端包装制品”的产业发展重点。“十二五”期间，财政部支持包装行业单列了高新技术研发专项资金，支持创新项目专项资金累计4.2亿元。包装产业规模稳步扩大，对国民经济的支撑能力显著提升，截至“十二五”期末，全国包装企业已发展到25万余家，其中规模以上企业3万余家。2015年包装工业主营业务收入突破1.8万亿元，位列全国38个主要工业门类的第14位，其中，包装印刷8764.62亿元、纸和纸板容器3303.38亿元、塑料包装箱及容器1717.57亿元、塑料包装薄膜1031.8亿元、金属包装容器1341.56亿元、玻璃包装容器752.22亿元。

2．产业格局逐步优化

“十二五”期间，我国进一步完善了涵盖设计、生产、检测、流通、回收循环利用等产品全生命周期的包装产业链体系，形成了包装材料、包装制品、包装装备三个产品大类和纸包装、塑料包装、金属包装、玻璃包装、竹木包装五大子行业。长江三角洲、珠江三角洲、环渤海湾地区的包装产业得到快速发展，产值占全国包装工业总产值的60%以上。中部地区、西部地区、东北地区包装产值占全国包装工业总产值的比重逐步扩大，分别提高到20%、13%、6%左右。小微企业活力不断增强，规模以上企业实力日益壮大，具有较强国际竞争力的优势企业茁壮成长，逐步形成了以龙头企业（企业集团）为引领，大、中、小、微型企业互生共长的组织格局。

3．科技水平明显提升

“十二五”期间，全行业承担了一批国家863计划、国家科技支撑计划、国家火炬计划、国家发展和改革委战略性新兴产业计划、财政部重大科技成果转化、国家重点新产品等重大科研项目。建立了一批国家、省部及行业的工程（技术）中心、科技研发中心、产业孵化中心，科技创新和成果转化能力不断增强。通过自主创新攻克了一批包装材料、装备、工艺、制品等领域的重大关键技术，自主知识产权拥有率和国际、国家专利授权数量较“十一五”期间有较大增长，培育了上百个“中国包装优秀品牌”。包装人才培养体系不断完善，全国开展包装人才培养的高校发展到近300所，建立了一批博士点、博士后科研流动站（工作站）、2011协同创新中心、省部级重点实验室等创新团队与平台，为产业技术水平的提升提供了有力支撑。

4．循环发展初见成效

陆续修订并实施了《包装与包装废弃物》《限制商品过度包装要求》等一系列促进包装循环经济发展的国家标准及法规。全行业绿色发展理念不断增强，环保型材料使用范围日益扩大，清洁生产、节能减排以及资源循环利用新技术得到逐步推广，包装行业单位工业增加值综合能耗以及主要污染物排放量均有不同程度下降。以清洁生产为目标的企业“小循环”，以淘汰落后产能为目标的产业“中循环”，以再生资源回收利用体系建设为目标的区域“大循环”发展模式正在逐步形成。

5．贡献能力显著增强

“十二五”期间，包装工业配套服务能力不断增强，累计为110万亿元国内商品和9.98万亿美元出口商品提供了配套服务，配套商品附加值达10%以上。在国民经济中的贡献能力不断提升，2015年全国包装工业完成利税总额3407亿元，上缴税收1180亿元，完成进出口总额498亿美元。原辅材料与包装装备的国产化率、节能降耗水平、就业消化能力、生态文明贡献度等较“十一五”均有不同幅度的提高，包装工业在推动社会发展中的作用越来越显著。

（二）主要问题

我国包装工业在取得突出成就的同时，也存在诸多制约自身发展的问题，主要表现如下。

1．自主创新能力有待进一步增强

适度包装、绿色包装理念需要大力普及和深化，节能环保技术、工艺、装备尚未得到系统研发和广泛应用，企业高投入、高消耗、高排放的粗放生产模式仍然较为普遍，绿色化生产方式与体系尚未有效形成，环境友好程度不高。高新技术难以实现重大突破，先进装备和关键技术进口依赖性强，原始创新、集成创新、引进消化吸收再创新的能力欠缺，产业整体自动化程度还有较大提升空间。行业重大科技创新投入和企业技术研发投入严重不足，自主研发能力亟待提升，科技成果转化的成熟机制和培育新兴业态的创新服务平台比较缺乏，具有全球竞争力的品牌数量不多。行业高层次人才比例较低，创新领军人才严重短缺，创新团队的培育机制有待完善，创新体系尚不健全。

2．协调发展机制有待进一步完善

产业区域发展不平衡、不协调，中部、西部、东北的发展空间未能得到一体化的统筹开拓。中小微企业的成长支持体系不健全，成本压力大，融资难度高，抗风险能力不强。低档次、同质化产品生产企业重复建设问题突出，产能严重过剩，供需平衡处于低水平状态，无序竞争现象未能有效遏制。上下游产业之间、产业链之间、企业与高等院校和科研院所之间对接意识不强，资源、技术、信息和人才得不到有效共享，尚未形成紧密的联盟型发展模式和深度的产学研合作机制。军民融合协调机制不健全、政策法规与技术标准体系不完善、信息交流与成果共享渠道不顺畅、科技创新与激励措施不到位。包装科技、工程、经营和军地两用等专门人才的培养难以有效适应企业用人标准、产业快速发展和建设包装强国的需求。行业组织的管理激励与规范能力较弱，对企业间协同创新与发展的引领功能没有得到充分发挥。

3．产业信息化水平有待进一步提升

包装制造过程自动化、信息化、智能化水平有待提高，数字化、网络化设计制造模式尚未普遍采用，基于互联网技术促进产业变革和企业创新的能力不强。包装行业缺乏工业化与信息化深度融合（以下简称“两化融合”）的整体规划以及系统翔实的工业基础数据库与产业运行统计数据等信息共享平台。包装企业采用云计算、大数据、物联网等现代信息技术改造原有产品、转变生产方式、创建电子商务整体解决方案等方面的能力不足。包装产品信息跟踪、质量安全溯源及其流通的实时监测系统仍不健全。

（三）发展环境

“十三五”期间，我国包装工业将迎来全新的发展机遇，但也面临着更为严峻的发展挑战。

1．包装工业前景广阔，国际竞争压力巨大

至“十三五”末，全球包装市场需求规模预计突破 1 万亿美元，包装工业年平均增速将达到 4% 左右，我国作为未来最大的包装消费市场和包装产品生产国，包装工业增速将高于全球平均水平 2.5% 以上，发展空间广阔。但随着全球经济增长模式的深度调整和国际产业格局的重塑，发达国家正在推动“再工业化”和“制造业回归”，其他发展中国家竞相加快推进工业化进程，同时，美、欧等发达经济体力推跨太平洋战略经济伙伴关系协议（TPP）、跨大西洋贸易与投资伙伴关系协定（TTIP）等高标准自由贸易协定谈判，我国包装工业发展正面临高端回流和中低端分流的“双向挤压”，在新一轮科技革命和产业变革中，形势严峻，压力巨大。

2．政策红利不断释放，转型发展任务艰巨

党的十八大以来，我国陆续推出了“创新驱动发展战略”“中国制造 2025”“互联网+”行动计划等，包装工业将在两化深度融合、创新驱动发展、绿色体系构建、制造强国建设和军民融合深度发展中形成转型升级的强劲动力。国家正在实施的“西部开发、东北振兴、中部崛起和东部率先”区域发展总体战略，将为包装工业的转型发展释放更多政策红利。与此同时，包装工业发展也面临劳动力等生产要素成本不断上升、资源和环境约束不断强化等挑战，特别是国家围绕清洁生产和绿色发展，已经出台了增加企业排污费、强制实施锅炉煤改燃、挥发性有机化合物（VOCs）排放收费、环境违法按日计罚等一系列重大的环保举措，正在实施最严格的环境保护制度和工业污染源全面达标排放计划，在这种倒逼机制下，我国包装工业将面临转型发展的重大任务。

3．“一带一路”机遇凸显，战略思维亟待调整

2015 年，国家发布《推动共建丝绸之路经济带》和《21 世纪海上丝绸之路的愿景与行动》（简称“一带一路”）。“一带一路”国内覆盖的地区除上海、福建、广东、浙江之外，其他 14 个省区均为包装产业欠发达省区，而以亚洲为核心的沿线国家多为发展中国家，包装工业发展相对滞后，“一带一路”形成的陆海内外联动、东西双向开放新格局为中国包装产业配套延伸、产能转移和市场拓展提供了重大机遇。但由于我国包装产业长期累积的各种问题较多，特别是囿于传统发展的思维惯性，行业企业在理念、战略、技术、方法等方面对把握新机遇的准备不足，

在新形势下必须尽快树立发展新思维，主动适应经济新常态，从对接国内、国际两个市场的高度进行系统、全面的发展战略调整。

二、总体思路与发展目标

（一）指导思想

深入贯彻落实党的十八大和十八届三中、四中、五中、六中全会精神与习近平总书记系列讲话精神，按照“五位一体”总体布局和“四个全面”战略布局要求，牢固树立“创新、协调、绿色、开放、共享”的发展理念，立足服务型制造业特征，以提高发展质量和效益为中心，以转型发展为先导，以科技创新为动力，着力推进供给侧结构性改革，有效转变生产方式，优化供给结构，化解过剩产能，培育增长动力。重点发展绿色包装、安全包装、智能包装，大力倡导适度包装，深入推进军民通用包装，全力构建资源节约、环境友好、循环利用、持续发展的新型产业格局，有效夯实产业发展基础。实施“创新驱动战略”，深度对接消费品工业“三品”专项行动，不断增强自主创新能力，显著提高两化融合水平，着力加强包装品牌培育，大力促进新型业态成长。通过转型升级和提质增效，增强全产业链在市场需求结构变化中的供给能力，提升在“中国制造”体系中的支撑力和在国民经济建设中的贡献力，促进产业保持中高速增长，迈向中高端水平，逐步实现我国由“包装大国”向“包装强国”转变。

（二）基本原则

市场主导，政府扶持。尊重市场规律，促进供需衔接，强化企业的市场主体地位，充分发挥市场配置资源的决定性作用，优化供给侧结构性改革和企业兼并重组的市场环境，有效集合资源要素，激发市场活力和企业创造力。依托政府的制度体系和产业政策，强化行业协会在产业发展中的组织、沟通、协调、服务作用，加强产业整合，推动转型升级，促进提质增效，提升产业规模化和集群化发展水平，确保产业规模、结构、质量、效益协调发展。

统筹兼顾，突出重点。立足重大需求和民生服务，围绕绿色转型，统筹推进产业结构优化、发展方式转变、体制机制创新，整体提高包装工业的内生动力、发展水平和贡献能力。围绕发展重点，分类引导、分层推动包装工业发展基础、转型升级能力和核心竞争力建设，形成龙头企业的长效培育机制、大中小微企业协同发展机制、军民包装深度融合机制，促进包装产业与国民经济支柱产业、战略性新兴产业的无缝对接。

创新驱动，品牌引领。加快科技创新体系和服务平台建设，强化企业创新主体地位和主导作用，切实推动协同创新和关键技术创新能力提升，有效提高包装制造过程的自动化、信息化、智能化水平。围绕研发创新、生产制造、质量管理和营销服务全过程，引导企业实施品牌战略，增强技术品牌、产品品牌、企业品牌的引领能力和竞争优势，培育以技术、标准、品牌、质量、服务为核心的经济新优势。

深化改革，扶优扶强。破除一切不利于科学发展的障碍，从发展方式转变、发展动力转换、发展模式构建等方面进行大胆创新，加快形成适应经济发展新常态的体制机制，为包装工业发展提供持续动力。通过结构调整、同业联合、协同创新、项目拉动、品牌培育等手段扶优扶强，着力推动产业集群建设，重点扶持龙头、骨干、优势企业的发展以及创新型中小微企业的成长，做优做强一批“小巨人”企业和“拳头”产品，增强包装产业的整体合力与发展后劲。

（三）发展目标

1．总体目标

提升包装工业的创新力。围绕绿色包装、安全包装、智能包装和军民通用包装，实施一批重大工程，建设一批研发基地，突破一批关键技术。鼓励企业瞄准瓶颈问题，制订系统性技术解决方案，开展基础性、前沿性创新研究，支持颠覆性技术创新。强化创新支持服务体系建设，促进重大科技成果的孵化、应用与推广，培育一批具有国际竞争力的创新型领军企业。

提升包装工业的竞争力。围绕转型发展和“三品”行动，强力推动绿色生产制造、产品升级换代、传统产业改造和产业链协同发展，提升两化深度融合、技术自主创新和军民融合包装发展水平，进一步优化供给结构，增强发展动能。开展质量品牌提升行动，支持企业瞄准国际同行业标杆推进技术改造，全面提高产品技术、工艺装备、能效环保等水平。在主要包装材料、包装装备、包装制品的制造工艺及质量标准、军民通用标准、节能减排、产出效益等方面达到或接近国际先进水平。

提升包装工业的贡献力。围绕绿色生产体系构建和产业跨界融合，进一步构建科技含量高、资源消耗低、环境污染少的产业结构，推动清洁生产、节能降耗、循环利用，加快发展绿色包装产业，提升包装工业在绿色制造体系和美丽中国建设中的贡献能力。大力拓展包装工业与国民经济各支柱产业融合发展的广度和深度，推动科技创新、模式创新、市场创新、产品创新、业态创新、管理创新，不断提升包装工业对国民经济和社会发展的支撑能力。

2．具体目标

（1）产业规模。

“十三五”期间，全国包装工业年均增速保持与国民经济增速同步，到“十三五”末，包装工业年收入达到 2.5 万亿元，包装产品贸易出口总额较“十二五”期间增长 20%以上，全球市场占有率不低于 20%。做大做强优势企业，形成年产值超过 50 亿元的企业或集团 15 家以上，上市公司和高新技术企业实现大幅增加。在促进大中小微企业协调发展的同时，着力培育一批世界级包装企业和品牌，形成具有较强国际影响力的品牌 10 个以上，国内知名品牌或著名商标 100 个以上。

（2）自主创新。

大力引进和培养创新领军人才，着力解决高端科技人才缺乏和企业技术骨干不足等突出问题，规模以上企业专业技术人才比重提高到 15%以上。加大行业研发投入，规模以上企业科技研发经费支出占主营收入比重不低于 1.6%、全员劳动生产率年增长不低于 7.5%。在企业和高校布局一批国家或行业产业协同创新中心、重点实验室、工程技术中心、产学研合作示范基地等高端平台，建设一批包装行业的智能制造、绿色转型、军民融合等示范工程。着力推动集成创新、协同创新和创新成果产业化，新型包装材料与重要包装装备国产化率分别提高到 60%、75%，专利授权总量比“十二五”期间增长 50%，科技成果转化率达到或接近 25%。

（3）两化融合。

依据《信息化和工业化深度融合专项行动计划（2013—2018 年）》确定的两化融合发展水平指数，至“十三五”末，包装行业重点大中型企业两化融合水平逐级提升，处于集成提升阶段以上的企业超过 80%，中小企业应用信息技术开展研发、管理和生产控制的比例达到 55%以上。应用电子商务、工业云、大数据等构建包装关键领域回收利用产业链及区域包装经济产业带，企业间电子商务交易额突破 5000 亿元。数字化、网络化设计制造模式广泛推广，以数字化、柔性化及系统集成技术为核心的智能制造装备取得重大突破，规模以上企业装备数控化率不低于 70%。遴选 60 家企业作为行业两化深度融合贯标试点企业。

（4）军民融合。

推进军民融合深度发展战略的实施，加强军民融合机制、体系、平台和基地建设，建立一批军民共用技术研究中心、军民科技共享资源平台、军民共用技术转换平台和军民融合包装产业基地，形成体系完善、创新引领、高端集聚、高效增长的军民融合包装产业形态。至“十三五”末，建成军民融合包装基地 60 个以上，50%以上的包装技术实现军民通用，30%以上具有发展前景的先进包装防护技术进入军品包装领域。军民通用包装种类数量和包装产品质量显著提升，标准达到国际先进水平。

（5）节能减排。

与 2015 年相比，“十三五”末全行业单位工业增加值能源消耗降低 20%，工业二氧化碳排放强度下降 20%，单位工业增加值用水量降低 25%，主要污染物排放总量减少 10%，其中，高、中、低毒害 VOCs（挥发性有机物）排放量分别控制在 5mg/m^3、20mg/m^3、20mg/m^3 以内。初步建立包装废弃物循环再利用体系，按其重量计算，废弃包装物的回收率不低于 50%，主要包装材料再循环率不低于 15%，再利用包装废弃物总量不低于 2500 万吨。

（6）标准建设。

组织开展包装基础标准、包装专业标准以及产品包装标准的系统研究，修订和完善国家、行业、企业多元化包装标准，形成相关性、集合性、操作性强的标准体系。建设全国包装标准推进联盟和包装标准信息化专业网站，建成 5 个以上包装标准创新研究基地，遴选一批标准化试点示范企业。

专栏一　“十三五”包装工业发展的主要指标

类别	指标	2020 年	指标属性
产业规模	包装工业年收入（万亿元）	2.5	预期性
	出口总额增长（%）	＞20	预期性
	全球市场占有率（%）	≥20	预期性
	年产值 50 亿元以上企业（个）	≥15	约束性
	新增国际品牌（个）	＞10	预约性
创新能力	规模以上企业专业技术人才比重（%）	＞15	约束性
	规模以上企业全员劳动生产率年增长率（%）	≥7.5	约束性
	规模以上企业研发投入与主营收入比（%）	≥1.6	约束性
	国家级创新平台建设（个）	30	预期性
	重要包装装备国产化率（%）	75	预期性
	专利授权总量增长率（%）	50	约束性
	科技成果转化率（%）	25	预期性

续 表

类别	指标	2020 年	指标属性
两化融合	处于集成提各阶段以上的企业（%）	＞80	约束性
	中小企业应用信息技术比例（%）	＞55	约束性
	企业间电子商务交易额（亿元）	≥5000	预期性
	规模以上企业装备数控化率（%）	≥70	约束性
军民融合	民品包装技术用于军品包装的比例（%）	＞50	约束性
	先进包装防护技术进入军品包装领域（%）	＞30	约束性
	军民融合包装产业基地（个）	≥60	预期性
节能减排	单位工业增加值能源消耗下降（%）	20	约束性
	工业二氧化碳排放强度下降（%）	20	约束性
	单位工业增加值用水量下降（%）	25	约束性
	主要污染物排放总量下降（%）	10	约束性
	主要包装材料再循环率（%）	≥15	约束性
	再利用包装废弃物总量（万吨）	≥2500	约束性
标准建设	全国包装标准推进联盟	建成	约束性
	包装标准信息化专业网站	建成	约束性
	包装标准创新研究基地（个）	≥5	约束性

注：指标属性分为预期性和约束性两类。预期性指标是指期望完成的指标，约束性指标是指必须完成的指标。

三、主要任务与发展重点

（一）主要任务

将自主创新作为行业发展的战略基点和转型升级的主要支撑，围绕自主创新能力、两化深度融合、军民融合包装、产业发展基础、新兴业态培育、包装标准建设、包装品牌塑造等主要任务，全面推动包装产业绿色转型，不断夯实“包装强国”的建设基础。

1．增强自主创新能力

构建产业技术创新体系。实施“包装产业创新能力提升计划”，引导企业建立研发资金投入机制，加强技术中心和创新团队建设，切实提高企业的原始创新、集成创新、引进消化吸收再创新能力。激活企业创新主引擎，推动大众创业、万众创新和“众创空间”建设。积极培育包装行业的国家级技术创新中心，支持企业参与国家科技计划和重大工程项目，形成若干具有强大带动力的创新型企业和创新型产业集团。重点建设一批面向产业前沿共性技术的技术创新联盟、协同创新中心、科技成果孵化基地以及成果推广与应用、公共技术服务、技术和知识产权交易等平台。着力推进绿色包装、安全包装、智能包装和军民通用包装等前沿关键技术的研发以及创新示范，推广新型孵化模式，推动重大科技成果产业化。

建立创新团队培育机制。加快培养和吸引产业发展急需的专业技术人才、经营管理人才、技能人才，推动“人口红利”向“人才红利”转变。加大领军人才和国家级创新团队的协同培养，强化创新人才的成长扶持，通过建立产业链上下游科技协作体、产业协同创新中心、产学研合作示范基地，形成创新人才共育、共享机制。完善包装人才培养体系和校企合作人才培养机制，加强包装相关专业博士点、博士后科研流动站（工作站）建设，为高层次创新型人才培养与成长提供重要平台和有力支撑。拓展国际合作领域，搭建科技协作的国际桥梁，立足科技前沿培育国际化创新团队。

2．提高两化融合水平

推进信息化建设进程。加强“包装企业两化融合管理体系”系列标准建设和推广，促进信息技术向设计、生产、流通、回收、循环利用等环节渗透，促进包装企业形成新的生产方式、制造方式、服务模式、商业模式。实施智能制造工程，构建新型制造体系，引导包装制造业朝着分工细化、协作紧密方向发展，推动生产方式向柔性、智能、精细转变，引导并推广集协同制造、虚拟制造、网络化制造等为一体的先进制造模式。推广商品包装的箱码，推动全球统一编码标识（GS1）作为商品生产和流通的“身份证”与“通行证”，实现与国际信息数据的接轨。

打造“互联网+”包装产业链。促进互联网、物联网技术在包装产业发展中的推广与应用，发展基于互联网的数据驱动、众包设计、云制造等包装生产服务模式，推动形成基于消费需求动态感知的产业经营方式，建立优势互补、合作共赢的开放型包装生产体系。实现包装设计、材料供应、生产制造与客户订单的最优匹配，提供快速便捷、低价优质的一体化服务，助力包装企业向综合服务商转变。以食品、药品以及重要商品为重点，利用物联网等信息技术，建设以包装为载体的产品可追溯系统，推进追溯体系对接和信息互通共享，提升包装在追溯体系中的综合服务功能。

3．强化军民融合包装

构建军民融合深度发展体系。按照国家军民融合发展战略要求，聚焦军民融合包装建设重点，加快军地协调、需求对接、信息互通、资源共享、技术共用等体系建设，实现军民融合包装发展在体制机制上的横向衔接和纵向贯通。统筹考虑产业发展需要和国防建设需求，从顶层设计、力量布局、技术创新、标准体系、监督评估等方面构建军地一体、需求对接、资源共享、技术互通的军民融合包装产业发展格局。切实提高包装领域军民融合通用技术的军事、社会、经济和环境效益，显著增强包装行业对现代国防和军队建设的支撑与服务能力。

创新军民融合深度发展模式。加强军民融合、平战结合的军品包装服务保障系统和军队建设与包装产业的供需预警系统建设，有效构建军民通用包装的管理运营、技术服务、生产供应、技术标准、质量监督等深度融合模式，形成衔接配套、创新引领、高端集聚、高效增长的军民融合包装产业形态。促进军民融合的科研、生产与服务保障体系建设，重点推进包装产业军民信息与资源共享、技术开发与成果转化、知识产权保护与技术交易等工作。建立军民通用技术研究中心，加强军地协同创新，重点开展军民通用包装技术、包装装备及其运输网络工程的创新研究和技术推广，增强军民通用技术转换能力，显著提升军地遂行多样化应急任务的防护包装保障能力。建立军民融合包装产业基地，开展军民融合包装示范工程建设，引领军民融合包装技术核心能力聚集与军民包装产业化进程。

4．夯实产业发展基础

巩固包装工业的技术基础。围绕《中国制造2025》的“四基工程”，组织龙头企业、高校和科研院所编制包装工业基础能力发展推进计划，突破包装工业技术基础中的瓶颈。组织实施一批工业强基示范工程，建设一批产业技术基础示范服务平台，研发一批关键共性技术和包装信息化应用软件，建设包装行业数据库和信息共享平台。至“十三五”末，使我国包装工业基础数据建设与应用能力、关键基础材料保障能力大幅提升，产业技术基础支撑服务体系较为完善。

强化包装工业的发展基础。树立“创新、协调、绿色、开放、共享”的发展理念，引领企业主动融入“一带一路”等国家战略，转变生产方式和发展模式，实现从被动适应向主动服务、传统生产向绿色生产、要素驱动向创新驱动的转型发展。加强现代企业制度建设，促进企业建立适应于产业价值链的精益管理模式。支持混合所有制经济发展，推动大中型企业的股权分置改革和细分市场的产业链整合，构建以大型企业为龙头、中型企业为骨干、小微企业为重要补充的产业发展联盟。支持具有自主创新能力的科技型中小型企业建立主导产品突出、专项服务卓越的发展体系，培育一批主营业务突出、竞争力强、成长性好、专注于细分市场的专业化“小巨人”企业。

5．推动绿色转型进程

全面落实绿色发展理念。充分发挥包装企业在推广适度包装、倡行理性消费中的桥梁、纽带和引导作用，促进设计、生产及使用者在包装生命全周期主动落实绿色发展理念。深入实施反过度包装行动，引导包装用户和包装企业围绕减量、回收、循环等绿色包装的核心要素，积极采用用材节约、易于回收、科学合理的适度包装解决方案。落实国家循环发展引领计划和能源、资源消耗等总量与强度双控行动，完善计量、监测、统计等节能减排的基本手段，从原材料来源、生产、废弃物回收处理等全生命周期的资源消耗、能耗、排放等方面开展对包装品的环保综合评估，选择合适品种率先落实生产者责任延伸制度。

有效构建循环利用体系。研究制定包装废弃物回收利用促进政策，依托再生资源回收体系，利用互联网、大数据和云计算等现代信息技术和手段，优化包装废弃物回收利用产业链。鼓励有条件的企业与上游生产商、销售商合作，利用现有物流体系，尝试构建包装废弃物逆向物流体系。推进以“节能减排，环境友好”为核心的绿色包装制度与法规建设，制定《包装行业清洁生产评价指标体系》，开展包装企业清洁生产水平的系统评价，推行包装绿色评估制度和绿色认证制度。利用绿色发展倒逼机制，构建包装绿色化生产、流通、消费、回收与资源循环利用网络体系，明确包装产业上下游企业及包装使用者在生产、流通、消费等环节中对包装废弃物强制回收的相应责任。

大力推广绿色包装技术。大力推行简约化、减量化、复用化、精细化包装设计技术，提升覆盖包装全生命周期的科学设计能力，坚决抵制过度包装。加大绿色包装关键材料、技术、装备、工艺、产品的研发力度，采用先进节能和低碳环保技术改造传统产业，推动企业生产方式绿色化，加速落后产能淘汰，从根本上摆脱高投入、高消耗、高排放的粗放模式，形成科技含量高、资源消耗低、环境污染少的产业结构。组织实施绿色材料、清洁生产、循环利用等技术改造项目，加强节能环保技术、工艺、装备的推广应用，推行企业循环式生产、产业循环式组合、园区循环式改造。推动包装绿色制造企业与园区示范工程建设，建设一批绿色转型示范基地，形成一批引领性强、辐射作用大、竞争优势明显的重点企业、大型企业集团和产业集群。

6．支持新型业态成长

延伸传统包装产业服务链。落实“互联网+”行动，对接上下游产业与终端需求，引导企业围绕包装全生命周期提供一体化制造、一站式服务包装解决方案。依托国家包装废弃物回收体系，促进企业实现包装废弃物资源化与综合利用，大力发展资源循环产业。加快推动包装产业与生态农业、快速消费品业、远程物流配送业等领域实现跨界融合，形成全方位共享机制，发展现代物流包装产业。创新企业经营模式，构建网络营销平台和系统解决方案，积极发展包装电子商务产业。以健康食品、安全药品为切入口，培育智能包装健康产业。

打造包装文化创意产业圈。利用现代信息网络技术，引导企业重塑生产方式，重构用户关系，拓展产业领域，延伸服务链条，以增强产业创造力为核心，以提升产业附加值为导向，促进包装产业与主体文化、传统艺术、现代传媒等多向交互融合发展。加强包装传统文化传承，推动非物质文化遗产、中华老字号、百年老店等产品的包装创新。加大资本、技术、人才投入，创新金融模式，运用互联网金融等手段支持包装文化创意产业的发展。建设一批包装文化创意、创新、创业产业集聚区，形成包装创新设计、技术研发、高附加值产品生产制造的集群基地，着力打造包装创意文化产业圈，增强集群的资源集约效应、产业品牌效应、资本溢出效应以及技术共享效应。

7．加强包装标准建设

深入研究标准体系。落实反过度包装行动，推广包装基础模数（600mm×400mm）系列，以包装标准化推动包装的减量化和循环利用。组织对现已制定的建材、机械、电工、轻工、医疗机械、仪器仪表、中西药、食品、农畜水产、邮电、军工等十四大类包装标准进行系统优化和水平提升，解决标准体系不完整、标准互相矛盾、标准水平滞后、可操作性不强等突出问题。支持建设重点领域标准推进联盟和标准创新研究基地，利用行业组织网络平台和公共管理服务平台，建设统一规范的标准信息化专业网站。

着力推动对标管理。加强标准化重大政策和重点工作的普及性宣传，组织行业、企业开展大型宣讲、系统培训、技术讲座等，全面推动包装标准的宣传贯彻。完善包装标准推广应用机制，推进包装基础、方法、安全、卫生、管理、产品、检测、成套装备技术、资源综合利用等强制性标准实施，有效强化包装企业的标准管理意识以及通过标准化建设实现降本增效的能力。支持企业、高校和科研院所参与国际标准的制定，提高我国在国际包装界的话语权和在规则制定中的参与权，着力提高国际标准的采标率和转化率。

8．重视包装品牌培育

培育包装技术品牌。立足包装产业科技前沿，制定重点领域技术创新路线图，通过自主创新、协同创新，重点发展绿色包装设计、包装装备集成、安全包装防护、包装循环利用、军民通用包装等技术，形成一批拥有自主知识产权的关键核心技术品牌，营造技术密集型产业新优势，提高我国包装产业在全球产业链、价值链中的地位，增强包装工业整体发展水平和国际化能力。

塑造包装产品品牌。通过创新设计方式、结构形式、生产工艺以及技术手段等途径，大力研发包装新产品、新材料、新装备，丰富包装产品品种，优化产品供给结构。以绿色包装材料、智能包装装备、高端包装制品的研发为重点，实施包装产品品牌培育计划，引导企业围绕主导产品，构建“定位、设计、生产、营销、传播、保护”一体化的品牌发展格局，打造一批具有较高国内市场占有率和较强国际市场竞争力的包装材料、包装装备、包装制品品牌。大力推动包装计量、检验与检测技术的创新，加快发展各类先进检测设备，通过不断完善质量检测体系与手段，强化包装产品的品质保障。

树立包装企业品牌。支持大企业大集团采取联合、并购、控股等方式实施企业间、企业与科研院所间的资产重组，推动产业联盟建设，提升高端国际市场的拓展能力。鼓励有条件的骨干企业推动装备、技术、标准、服务走出国门，深度融入“一带一路”倡议和国家开放发展格局，通过直接投资、参股并购等方式在境外设立研发、制造、生产基地和营销网络，加快向跨国公司发展。搭建国际产能和装备制造合作服务平台，重点培植一批具有较强创新能力和国际竞争力的跨国领军企业，使其在产品开发、技术创新、市场开拓和经营管理上逐步达到国际先进水平。鼓励包装工业单项冠军企业树立“十年磨一剑”精神，长期专注于企业擅长领域，走“专特优精”发展道路。

（二）发展重点

面向建设包装强国的战略任务，坚持自主创新，突破关键技术，全面推进绿色包装、安全包装、智能包装一体化发展，有效提升包装制品、包装装备、包装印刷等关键领域的综合竞争力。

1．推动绿色包装持续发展

围绕减量、回收、循环等绿色包装的核心要素，加速发展生态包装设计、绿色包装材料和循环利用技术。

切实推进绿色包装设计。主动适应互联网思维下的新消费理念和适度包装要求，加快发展简约化、减量化、复用化及精细化包装设计技术，扶持企业积极应用生产质量品质高、资源能源消耗低、对人体健康和环境影响小、便于回收利用的绿色包装材料，开展生态（绿色）设计，增强覆盖包装全生命周期的科学设计能力，提升包装产品附加值。支持建立包装云设计数据库，深化互联网和先进设计技术在包装设计中的应用，促进发展快速消费品绿色包装技术。

大力发展绿色包装材料。建立包装材料选用的环保评价体系，重视包装材料研发、制备和使役全过程的环境友好性，推行使用低（无）VOCs 含量的包装原辅材料，逐步推进包装全生命周期无毒无害。倡导包装品采用相同材质的材料，减少使用难以分类回收的复合材料。支持以可降解、可循环等材料为基材，发展系列与内装物相容性好的食品药品环保包装材料，增强食品药品包装材料智能属性，提高食品药品包装安全性。突破工业品包装材料低碳制备技术，推广综合防护性能优异、可再生复用的包装新材料，增强工业品包装可靠性。促进包装材料产业军民深度融合，推动特殊领域包装材料绿色化提升。

着力开发循环利用技术。牢固树立循环发展理念，大力促进包装废弃物循环利用。加强包装废弃物分类管理，健全包装废弃物回收网络，提高包装制品重复使用率。发展包装废弃物循环利用技术，支持企业围绕包装废弃物的再次高效利用开展技术攻关。重点开发、推广废塑料改性再造、废（碎）玻璃回收再利用、纸铝塑等复合材料分离，以及废纸（金属、塑料等）自动识别、分拣、脱墨等包装废弃物循环利用技术，采用先进节能和低碳环保技术改造传统产业。

专栏二　包装材料绿色化工程

以减少环境污染、提高资源利用为目标，组织实施绿色材料、清洁生产、循环利用等专项技术改造，开展环保材料开发、资源综合利用、节能低碳技术等产业化示范。加速推进绿色化、高性能包装材料的自主研发和国产化进程，研发一批社会发展急需、替代进口的关键材料与技术，突破绿色包装材料的应用及产业化瓶颈，提升资源节约、环境友好包装的自主研发与生产水平。

到 2020 年，绿色化、高性能包装材料国产化率达到 35%以上，部分包装材料达到国际先进水平，示范工程参与企业对绿色包装材料的生产和使用占到所使用包装材料总量的 50%以上。

2．推动安全包装深入发展

加大包装防伪、保质和防护技术的研发力度，强化食品药品包装安全检测和监管。

发展包装防伪技术。重点发展易识别、难仿制、低成本的生物型、电子信息型等综合防伪技术，有效遏制商品假冒伪劣串货等违法行为。鼓励并支持应用人工智能、生物工程、纳米材料、信息技术等领域最新研究成果，开发具有自主知识产权的先进包装防伪材料、工艺和方法，维护公平竞争的市场秩序。

发展包装保质技术。支持开发食品、药品、果蔬保鲜保质新技术。重点研发安全活性包装技术，尤其是活性剂可控释放技术，有效延长产品货架寿命。将材料、设计与制造技术相结合，大力研究和开发高阻隔等功能性材料与技术，重点提升包装产品的防潮、防霉、抗菌、抗氧化、阻光等性能，保障食品药品安全和质量。

发展工业品包装防护技术。鼓励创新防护结构与工艺，优化包装防护方案。大力发展跟踪和预警商品储运环境变化的包装技术，构建重要工业品包装储运安全实时监控网络平台。优先发展战备物资、易燃易爆及有毒产品包装安全防护技术，提高军品、危险品和有毒产品的包装安全防护性能。重点发展防震缓冲、表面处理、气相防锈等技术，减少包装件在流通过程中的破损、泄漏、腐蚀等现象的发生，增强包装防护可靠性，实现工业品保值增效。

专栏三　食品药品包装安全化工程

围绕新修订的《中华人民共和国食品安全法》，组织实施食品药品包装的清洁安全生产、质量检测监管等重大专项。推动先进防护和分析技术在食品药品及军品包装中的广泛应用，积极发展新型食品药品保质保鲜、包装防伪、生产过程在线检测与监控等技术，重点突破食品药品包装中有害物质识别和迁移检测、包装破损与内装物变质预警等技术，全面提升食品药品包装安全设计与防护水平。强化平台支撑，创建一批企业食品药品包装质量检测中心，重点建设食品药品质量包装安全追溯管理网络信息平台。

到 2020 年，实现 60%以上的食品药品包装生产信息可查询、流向可追踪、责任可追溯、过期可召回。

3．推动智能包装快速发展

以智能包装为两化深度融合的主攻方向，推进生产过程智能化，着力发展智能包装产品及其军用化，大力提升包装产业信息化水平。

推动包装行业智能工程建设。以互联网和物联网技术为核心，构造智能包装生态链，并以此整合包装行业数据和信息资源，构建一批高质量的包装电子商务、工业云、大数据和军民资源共享等平台。引导各类包装工业云及工业大数据创新应用，通过大数据的分析，为客户提供更为个性化、精细化的服务，建立设计、制造、技术与标准的开放共享机制。

促进智能化包装产品发展。将包装设计与信息技术相结合，大力推广具有传感、判断与执行动作的智能终端。积极应用环境感应新材料，实现包装微环境的智能调控，推进生产过程智能化，重点开展前瞻性的计量测试技术研究，满足包装产业全产业链、全寿命周期、全溯源链的计量测试需求。重点开发具有商品真伪鉴别、食品变质预警、居家用药提醒、儿童安全保障等功能的智慧型包装制品。推动智能终端技术与物联网、军民资源共享平台等系统的集成，实现产品溯源、防伪与防盗、军民通用等功能。

专栏四　包装产业信息化工程

提升包装产业信息化水平，促进包装系统智能化。推动企业内部信息化建设，加强企业资源计划、订单协同化管理等软件开发和应用。组织实施包装大数据、工业云等重大专项。开展新一代包装信息化与工业化深度融合的集成创新和工程应用示范。加大智慧型包装制品研发力度，积极推广智能标签、智能终端等包装信息化关键技术，支持建设一批包装电子商务平台、公共服务平台和军民资源共享平台，完善包装产业信息化技术基础体系。

到2020年，形成4个以上企业与行业级包装工业数据库或工业云服务平台，试点运行10个以上大型包装电子商务交易、公共服务、军民资源共享等平台。

4．推动关键领域突破发展

围绕包装产业转型升级，对接《中国制造2025》，调整产品结构，培育自主品牌，重点发展高端包装制品、智能包装装备、先进包装印刷，着力推进民转军、军转民包装技术的应用。

（1）包装制品。

发展高端纸包装制品。支持以再生纸为原料，发展低克重、高强度、功能化、个性化、定制化、精细化包装制品，提升纸包装品质。注重利用低成本技术增强纸包装制品性能，为实现包装减量化提供保障。突破纸包装制品防水、防潮、抗菌、阻燃等关键技术，拓展纸制品的应用范围。重视发展纸质展示包装，重点发展高端纸浆模塑、微型瓦楞、可折叠纸蜂窝等包装制品，提升纸包装的应用性能。

发展环保塑料包装制品。鼓励以天然材料、生物基材料、可降解材料和环保型助剂等为原料，发展可定制的环境友好型塑料包装制品。加强生物塑料降解时间和周期的调控，降低塑料包装制品对环境的影响。掌握单一品种高阻隔、选择透过、环境感知、宽幅制备等关键技术，增强塑料包装制品防护、保质和智能属性。推广PETG（一种透明塑料，是一种非结晶型共聚脂）、PLA（聚乳酸）等环保塑料制品及相关绿色生产技术。重点实现购物袋、饮料瓶、快餐盒、泡沫塑料等无公害化。

发展轻量金属包装制品。倡导以薄壁金属制造包装制品，有效提高资源利用率。推动节能技术在金属制品生产和加工中的应用，充分降低生产能耗。鼓励采取有力措施，有效减少金属包装产品生产过程中污染物的排放。加强微型卷边技术的应用，提高制造工艺水平。推动高性能复合材料在金属包装容器中的应用，支持大规模应用覆膜铁、覆膜铝等新型材料生产包装容器，提升金属包装容器的抗腐蚀和环保性能。

兼顾发展其他包装制品。发展轻量化、功能化和智能化玻璃包装制品，推广节能环保型窑炉和配方设计技术，提高熔化质量和产品品质。发展高韧性、个性化、定制化陶瓷包装制品，有效降低铅、镉、铬、砷等有害物质溶出量。发展节材代木新制品，推广竹木加工剩余物等生物质材料综合利用技术，促进生态包装剩余物的再生制造。

专栏五　包装制品高端化工程

推动包装制品向绿色、安全、智能方向发展，大力提升包装制品的防护可靠性、环境友好性、便利易用性、时尚美观性。组织实施一批包装制品设计创新、工艺优化和产业化重大（专项）工程和示范。突破一批包装制品轻量化、高强化、功能化关键技术，积极发展轻质高强纸、生物基高阻隔塑料、抗腐蚀超薄金属、轻量节能玻璃等制品，重点开发个性化、定制化、精细化、智能化的高端包装制品，提升包装制品的价值功能、赢利能力和军民共用水平，增强包装制品的国际竞争力。

到2020年，60%以上的高端包装制品实现自主保障，部分高端包装制品及相关技术达到国际领先水平。

（2）包装装备。

推进传统装备改造升级。将绿色制造技术融入包装装备改造的各个环节。以小投入、低成本方式促进传统装备技术改造，提高装备生产效率，匹配小批量、多品种的包装生产模式。大力推广应用新型防腐防锈技术，提高国产包装装备防护水平。以数字信息和自动控制技术提升传统装备性能，降低能耗，延伸产品价值链。

促进关键装备国产化。加快推广应用以绿色、智能、协同为特征的先进设计技术，自主攻克优化设计、智能检测、在线计量和协同控制等包装成套装备共性技术。积极应用具有传感、判断与执行动作的智能端，研发包装专业软件和嵌入式系统，着力提高主要包装工序自动化程度和高速包装生产线及各类先进检测设备的制造水平。

加强智能化装备研发。加强供送、计量、清洗、裹包、灌装、封合、堆码等主要包装工序自动化关键技术创新和集成，重点开发网络化、智能化、柔性化成套装备，加快高性能包装机械手、包装机器人等智能装备及生产线技术标准研制，提升装备整体技术水平、战备响应能力与国际市场竞争力。

专栏六　包装装备智能化工程

组织实施高端包装装备关键技术及集成技术攻关等重大专项，大力推动包装装备智能化。推动包装智能工厂、数字化车间应用示范，突破共性关键技术与工程化、产业化瓶颈，开发一批标志性、带动性强的重点产品和关键装备。重点实施食品药品自动包装生产线、包装印刷集成制造装备、现代物流全自动包装系统等重大智能制造成套装备工程。着力推进蜂窝纸板及纸浆模塑制品、注拉吹印塑料制瓶、印铁制罐等高速包装生产线及各类先进检测设备的国产化攻关工程，提升自主设计水平、系统集成和军民共用能力。

到2020年，自主知识产权高端智能包装装备市场占有率大幅提升，核心技术对外依存度明显下降，基础配套能力显著增强，部分装备达到国际先进水平。

（3）包装印刷。

发展环保包装印刷。推广使用现代化和数字化的印刷生产设备和数字化印刷工艺流程，提倡使用清洁生产环保原料，鼓励使用通过中国环境标志产品认证的环保型油墨、胶黏剂、清洗剂。加大无溶剂复合、无胶复合、冷UV（紫外线）固化、UV LED（发光二极管）固化、冷烫印等节能与环保技术应用推广力度。构建基于绿色理念的版基、制版、油墨、工艺、检测等环保印刷产业链，实现包装印刷领域绿色生产全覆盖。

发展功能印刷。支持包装印刷企业依托功能印刷需求形成新的技术工艺体系，鼓励研发及应用印刷电子、3D印刷、气味印刷、生物印刷、纳米印刷等前沿技术，大力推广无溶剂印刷、高清柔印、高速喷印等先进技术，倡导使用柔板印刷等低（无）VOCs排放的先进印刷工艺，提升包装印刷品质。

专栏七　包装印刷数字化工程

围绕包装产品印前设计、印刷过程及印后加工等关键工序，开展传统印刷与数字化印刷集成的技术创新重大专项和工程示范。突破高速喷码、数字化工作流程、云端色彩管理及印刷品质量数字化测控、数字印后等关键技术，构建先进包装印刷数字化体系。利用互联网、大数据、人工智能等技术，发展云印刷、合版印刷、网络印刷及个性化包装印刷等新型印刷方式。

到2020年，包装印刷数字化关键技术自主研发水平显著提升，市场占有率大幅增加。

（4）军民通用包装。

开展军民通用包装技术研究。瞄准军地物流包装建设一体化关键技术，引领包装材料、装备、制品、印刷等领域的技术创新从起点上适应和支撑军民融合深度发展。重点解决环保、低碳、节能、循环利用等包装新技术、新材料、新工艺、新产品的军民共用需求瓶颈，快速提升绿色通用化水平。

推动军品包装特种技术创新。立足建制部队各类装备物资的特殊包装需求，全力解决联合投送、多式联运等大型装备防护包装、应急物资软包装和特殊功能性包装的关键技术问题，显著提升军地遂行多样化应急任务的防护包装保障能力。

专栏八　军民融合包装一体化工程

以满足国家经济建设和国防建设协调发展为目标，建立军民通用技术研究中心和军民共用技术转换平台，重点开展建制部队装备物资联合投送、多式联运所需要的通用包装手段、包装装备设施及其运输网络工程的创新研究和技术推广。建立军民融合包装产业基地，推广军民融合包装示范项目，引导解决军品包装快速实现绿色化和智能化的技术瓶颈问题，显著提升大型武器装备防护包装、军用物资软包装、战时联合投送防护包装、军民通用特种功能包装的技术水平。

到2020年，基本形成军民深度融合的产业发展格局，建立完善的军民通用技术标准体系，形成军民科技创新互通互补、军地资源优化配置的产业网络。

四、主要政策与保障措施

（一）政策手段

1. 用好用活扶持政策

利用《关于加快我国包装产业转型发展的指导意见》中确定的扶持政策、配套项目和示范工程，加大对取得绿色包装认证的企业、创新型企业以及低成本、低能耗、近零排污包装工艺与设备研发的政策扶持力度，强化对核心技术的支持和品牌产品的推广。用好国家奖补资金，加快公共服务平台和应用示范项目建设。对接《中国制造2025》，加强发改委、财政部、商务部、国资委、科技部、教育部等国家部委对包装工业发展的战略指导，并从政策、资金、项目、平台等方面争取更大支持，强化产业转型发展支撑。

2．加强法律规范建设

将构建绿色包装、安全包装体系纳入国家和区域性包装法规与管理条例，加强包装产业发展的制度建设，强化转型发展的法治支持。完善国家包装法律法规，从市场秩序、技术标准、准入条件、信用体系等方面规范包装企业的生产经营行为，健全商品包装的生产、流通、销售、回收、利用等规制体系，优化产业发展环境，完善市场治理体系，确保包装产业稳定、健康、可持续发展。加强行业信用体系建设，建立包装企业诚信档案、行业信用数据库和企业信用等级评价制度。全面实施负面清单管理制度，强力推进绿色包装认证工作，创新包装企业与包装产品准入机制。加大包装知识产权的保护力度，加强对假冒伪劣产品、侵权行为的打击力度，协同上下游产业营造公平竞争的市场环境。

3．完善产业发展政策

全面实施负面清单管理制度，强力推进绿色包装认证工作，创新包装企业与包装产品准入机制，强化资质认证管理工作，积极寻求政府对取得绿色包装认证企业和军民通用技术与产品的各类扶持和优惠政策。制定《包装产业区域转移承接制度规范》，规范企业的生产与市场行为。鼓励龙头企业建立基于产业价值链的全产业链结构，采用合伙、协作、品牌收购等方式进军国际市场，通过自主创新增强核心竞争力，实现国际品牌本土化与国产品牌国际化。坚持帮强、扶优、劣汰原则，鼓励包装企业重组、兼并、扩张和产能合理转移，提高产业集中度。引领军民共用技术发展与创新，形成平战结合的一体化供应保障体系。

4．构建行业服务平台

夯实行业组织服务基础，着力建设服务企业发展和促进行业进步的五大平台。即推进包装产品研发、设计、生产、流通两化融合与军民共享的“网络信息服务平台”，推进科技成果孵化、鉴定、推广、应用、奖励紧密衔接的“科技创新服务平台”和军民通用转化交易平台，推进包装学科建设与发展、包装人才培养与使用需求配套的“人才培养综合服务平台”，推进政策对接、委托管理、服务购买等职能一体融通的“面向政府的服务平台”，推进服务于企业项目衔接、投资洽谈、技术引进、产品展销、资源共享的“国际交流合作平台”。

（二）保障措施

1．人才保障

促进包装教育发展。开展包装教育发展战略研究，加强包装基础理论研究，推动包装学科独立设置。加强行业协会与教育主管部门、地方政府、企业之间的沟通协调，从政策支持、条件改善、基地建设、团队培养、经费筹措等各方面构建包装教育发展的系统支持体系，为包装工业发展凝聚合力、增强动力。

加快包装人才培养。分类引导包装高等教育、职业教育、终身教育的有序发展，不断创新校企合作人才培养模式，扩大具有国际视野的高层次、复合型创新人才培养规模，加大应用型、军地两用型人才培养力度，加快技能型人才培养步伐，推动高校与企业建立产学研合作战略联盟，实现人才培养与行业发展的对接与匹配。

2．制度保障

加强产业发展制度与机制建设。建立涵盖包装产业转型升级、军民融合、创新驱动、跨界融合、产品认证、资源循环利用、现代企业制度建设、大众创业和万众创新等方面的完备制度体系，引导企业科学化、制度化、规范化发展。建立涵盖企业优化生产环境、执行产业标准、减少资源消耗、实行清洁生产等方面的监管机制，推行企业社会责任报告制度，提高企业的社会贡献度和诚信度。

强化行业科技与信息服务支持。委托高校、专业委员会和咨询机构加强产业发展研究，发布产业年度发展报告和阶段性咨询报告，为企业提供战略决策支持。加强军民通用发展研究，为预警机制的建立和实施，提供高效率、高效益的服务和支撑。推动高等院校、科研机构向包装企业派驻科技特派员制度的有效实施，逐步实现行业科技服务全覆盖。依托国家统计局，建立包装行业基本数据统计体系，加强行业数据统计分析，为行业和企业的投资、生产、经营等提供可靠依据。

3．金融保障

建立产业投融资保障机制。由行业协会牵头，搭建包装企业信用平台和金融服务平台。深化银企合作，协调金融机构加大对企业的支持力度，设立包装企业转型升级、绿色项目和军民融合专项扶持基金与专项贷款，开展多种类、多形式的融资活动。鼓励多渠道建立包装产业转型发展引导基金，加大转型发展的引导与支持。

完善产业金融服务体系。鼓励科技型中小型包装企业积极利用国家科技成果转化引导基金贷款，促进技术研发和成果孵化。构建中小微包装企业项目评估与信用评级机制，解决中小微企业融资难问题。支持和鼓励优势企业、成长性良好的科技型中小企业上市融资，或以优质资产证券化创新融资渠道。发挥包装产业基地、包装园区平台集合效应，开展包装企业保险、租赁业务，构建风险可控的资金供应链融资服务体系。

4．管理保障

强化行业组织管理功能。健全行业协会建制，理顺行业组织与政府、企业的关系，行业组织从纵向上按照政府授权加强对包装产业发展的规划、监管与指导，从横向上按照产业的内外关系强化统筹、协调与服务职能，全面增强其对包装产业转型发展和推进军民融合深度发展的实际影响。

提升行业组织服务效能。按照“服务政府、服务行业、服务企业”的功能定位，加大行业组织为企业与高校、科研院所牵线搭桥力度，为企业发展提供顶层设计、市场开拓、品牌培育、文化建设和可持续发展的智力支持。立足提升包装国际化水平，拓展包装企业信息收集、项目对接、技术引进、业务采购以及成果展示、交流、共享等渠道，为包装企业提供有效服务。

5．组织保障

成立“中国包装工业发展规划”实施领导小组，负责研究解决规划实施中的重大问题，统筹、协调、监督规划实施中的具体工作，并指导各地方协会、行业、企业结合自身实际和发展需要，制定发展规划和实施方案。

建立“中国包装工业发展规划”实施评估监督专家委员会，负责对行业企业落实发展规划情况进行评估和监督，并将情况向国家部委反馈，评估情况作为调整负面清单管理目录的重要依据。

食品包装分析报告

文/中国食品包装协会（筹）　张芳

第一部分：食品包装安全的重要性

1.忽视食品包装安全带来的危害

2015 年 2 月，正当中国大地沉浸在欢天喜地、辞旧迎新的农历新年祥和喜庆气氛中时，远在大洋洲的澳大利亚人却走上街头，抗议来自中国的进口食品。事件起因是从中国进口的 PattiesFoods（派蒂丝）冷冻浆果高度疑似致使澳大利亚集中爆发甲肝肝炎。

在今天的澳大利亚，甲肝是一件罕见的传染病。数据显示，每年在新南威尔士州，就有 40~80 例甲肝病情。这些病例，一般是曾经在甲肝流行的其他国家旅行时被感染的。而这次集中出现的被感染人群都食用了 PattiesFoods 浆果产品。PattiesFoods 是澳洲最大的冷冻水果进口商和包装商。在冷冻速食、冷冻甜品上占有 40%的市场份额。此次出事的该集团旗下公司 Nannas（南纳斯），一直业绩突出，其冷冻水果类产品在澳洲的各大超市均有销售，占超市货架份额的 29.5%。大约一年前，为了降低成本，提高公司在食品杂货市场的竞争力，大股东 Rijs 家族和 MYer 决定将原产地在智利等国家的浆果的产品包装转移到中国。当时，他们曾向股东宣称，在 2015 财年，预计此举会为公司大幅提高赢利。此后，PattiesFoods 股价稳步上扬。但本次公共卫生事件发生后，该股股价应声大跌。

澳大利亚维多利亚州、新南威尔士州的卫生部相继宣布，召回澳洲食品生产商 PattiesFoods 生产的 Nannas 品牌冷冻混合浆果，因为其可能在包装过程中携带了甲肝病毒。新南威尔士州卫生厅发出警示，敦促消费者不要食用“最佳食用日期为 2016 年 11 月 22 日之前”的冷冻浆果产品。此外，因为该产品被广泛分销，一时无法确定还有多少人被感染。同时，澳大利亚红十字会还宣布，食用过相关浆果的人，两个月内禁止献血。而此前的任何一个曾经食用这类浆果后捐献血液的人，都要主动联系红十字会血液中心，以确认是否会对其他人造成危险。冷冻浆果是澳大利亚人最常用的食品原料之一，家家必备。这一消息引起了澳大利亚社会的极大恐慌，大家通过社交圈呼吁亲友赶紧检查冰箱，扔掉来自中国的冷冻浆果。更有愤怒的消费者要求

PattiesFoods 公司在产品包装上除了标注食品相关信息之外，还要清楚地标明食品包装的材料和国家，给消费者更多的知情权。该事件成为导火索，澳大利亚政府于 2015 年明确表示，从 2016 年开始，澳大利亚所有的食品标签上都必须标明原产地、种植地和包装地。虽然这个强制执行的“金袋鼠标签”体系每年将会令企业付出 3700 万澳元的成本，但换来了消费者的放心，提高了澳洲制造的口碑。

根据外媒的追踪报道，自中国包装的冷冻浆果引发甲肝疫情后，澳大利亚人转向购买本土生产并包装的浆果，尽管他们需要花费更高的价格。比起进口浆果，消费者每 500 克可能要多支付 2~2.5 澳元，大约每袋 7 澳元。澳洲本土农场借机抢占市场，这意味着好不容易打入澳洲市场的中国浆果食品企业，因为包装安全问题被迫退出，产品在短期内很难再回到澳大利亚商超货架上了。

由此可见，食品包装安全管理的漏洞造成有害物质迁移，间接污染了合格食品，对食品行业的出口贸易和行业形象造成难以挽回的损失。

2.2015 版新《食品安全法》对食品包装相关法规的补充升级

令人欣喜的是，国家对食品安全的高度重视，意味着已经认识到食品包装和食品之间密不可分的依附关系。国家在 2015 年新《食品安全法》中对“食品相关产品”的法规进行了补充升级，对食品包装安全的重视再次提升到法制化的高度。

在《食品安全法》中，用于食品的包装材料、容器、洗涤剂、消毒剂和用于食品生产经营的工具、设备统称为“食品相关产品”。和 2009 年老版《食品安全法》相比，2015 版新食品安全法新增了对“食品相关产品”的相关规定表 1（见表 1）。

表 1　新旧食品安全法对比

2009 年《食品安全法》	2015 年《食品安全法》	变化
第二章		
第十三条　国家建立食品安全风险评估制度，对食品、食品添加剂中生物性、化学性和物理性危害进行风险评估	第十七条　国家建立食品安全风险评估制度，运用科学方法，根据食品安全风险监测信息、科学数据以及有关信息，对食品、食品添加剂、食品相关产品中生物性、化学性和物理性危害因素进行风险评估	增加“食品相关产品”
第十四条　国务院卫生行政部门通过食品安全风险监测或者接到举报发现食品可能存在安全隐患的，应当立即组织进行检验和食品安全风险评估	第十八条　有下列情形之一的，应当进行食品安全风险评估： （一）通过食品安全风险监测或者接到举报发现食品、食品添加剂、食品相关产品可能存在安全隐患的； （二）为制定或者修订食品安全国家标准提供科学依据需要进行风险评估的； （三）为确定监督管理的重点领域、重点品种需要进行风险评估的； （四）发现新的可能危害食品安全因素的； （五）需要判断某一因素是否构成食品安全隐患的； （六）国务院卫生行政部门认为需要进行风险评估的其他情形	增加（二）、（三）、（四）、（五）、（六）
第十六条　食品安全风险评估结果是制定、修订食品安全标准和对食品安全实施监督管理的科学依据。食品安全风险评估结果得出食品不安全结论的，国务院质量监督、工商行政管理和国家食品药品监督管理部门应当依据各自职责立即采取相应措施，确保该食品停止生产经营，并告知消费者停止食用；需要制定、修订相关食品安全国家标准的，国务院卫生行政部门应当立即制定、修订	第二十一条　食品安全风险评估结果是制定修订食品安全标准和实施食品安全监督管理的科学依据。 经食品安全风险评估，得出食品、食品添加剂、食品相关产品不安全结论的，国务院食品药品监督管理、质量监督等部门应当依据各自职责立即向社会公告，告知消费者停止食用或者使用，并采取相应措施，确保该食品、食品添加剂、食品相关产品停止生产经营；需要制定、修订相关食品安全国家标准的，国务院卫生行政部门应当会同国务院食品药品监督管理部门立即制定、修订	增加“食品添加剂、食品相关产品”
第四章　食品生产经营		
（七）直接入口的食品应当有小包装或者使用无毒、清洁的包装材料、餐具	（七）直接入口的食品应当使用无毒、清洁的包装材料、餐具	删除“有小包装或者”

续　表

2009年《食品安全法》	2015年《食品安全法》	变化
第二十八条　禁止生产经营下列食品： (二)致病性微生物、农药残留、兽药残留、重金属、污染物质以及其他危害人体健康的物质含量超过食品安全标准限量的食品； (七)被包装材料、容器、运输工具等污染的食品	第三十四条　禁止生产经营下列食品、食品添加剂、食品相关产品： (二)致病性微生物、农药残留、兽药残留、生物毒素、重金属等污染物质以及其他危害人体健康的物质含量超过食品安全标准限量的食品、食品添加剂、食品相关产品； (九)被包装材料、容器、运输工具等污染的食品、食品添加剂	增加"食品添加剂、食品相关产品"；增加"生物毒素"
N/A	第四十一条　生产食品相关产品应当符合法律、法规和食品安全国家标准。对直接接触食品的包装材料等具有较高风险的食品相关产品，按照国家有关工业产品生产许可证管理的规定实施生产许可。质量监督部门应当加强对食品相关产品生产活动的监督管理	增加第四十一条
N/A	第六十六条　进入市场销售的食用农产品在包装、保鲜、贮存、运输中使用保鲜剂、防腐剂等食品添加剂和包装材料等食品相关产品，应当符合食品安全国家标准	增加第六十六条

第二部分：为什么要重建并大力发展 PSP（一次性发泡聚苯乙烯）食品包装行业

我们先选取目前市场上流通量最大的几类食品包装进行比较。如表2所示。

表2　几种主要食品包装的对比分析

项目	PSP	纸质餐具	PP/可降解餐具	生物全降解餐具
原料来源	石油	森林	石油+添加剂	淀粉（玉米、土豆、红薯、木薯等）
储存性能	良好	易受潮	良好	易霉变
重量（以PSP为1进行比较）	1	2~3	2~2.5	5~6
垃圾产生量	1	2~3	2~2.5	5~6
能耗（气、电、水等）	1	2~3	2~2.5	2~3
环保性能	70℃以下，可长时间使用；保温性可达4小时以上；不可分解，但可回收利用。生产过程节能减排	以木材为原料，加工造成水污染，生产过程中有害物质排放量大	降解过分依赖外部条件，大片分解成小片后，小片难达全分解效果，不能从根本上消除"白色污染"	全降解
回收利用经济价值	回收塑料可被广泛地用于制造非食用型日耗品，如装饰画、相框、建材、家具等	塑料隔水膜分离难度高，无法再用作造纸原料。回收利用经济价值低，而且消耗宝贵的森林资源	符合标准的产品，可回收再造	无回收利用经济价值，浪费粮食
成本	低	高	高	高

由此可见，PSP 食品包装属于经济实用、节能减排、循环利用附加值高的绿色环保产品。

国外 PSP 产品使用情况分析如下。

我们常说，真正考验产品生命力的地方不是在论文中、理论上、实验室里，而是在市场中。市场优胜劣汰的自然竞争法则是考验产品价值的唯一竞技场。纵观 PSP 的成长历程，我们可以看到，尽管 PSP 在其他发达国家的发展也曾经历一波三折，引起各种争论，但最终因为 PSP 无毒无害、应用范围广、回收再利用价值高等优越性，在地质资源日趋珍贵的现状下，PSP 最大程度上诠释了绿色环保循环经济理念，展现了强韧的生命力，非但没有退出历史舞台，反而蓬勃发展，成为日常生活必不可少的重要组成部分。

国外是这样使用 PSP 产品的：

食品级 PSP 原料（直接接触食品）

（1）一次性餐具，如：餐盘、杯子、汤碗、沙拉碗、刀叉勺等。

广泛使用于：家庭聚会、公司活动、烧烤野餐、餐饮业、快餐业等。

（2）生鲜托盘，如：肉类鱼类吸水托盘、果蔬托盘、寿司托盘等。

广泛使用于：农场、生鲜加工工厂、连锁超市等。

（3）外卖包装，如：汉堡盒、多区餐盒、调料盒、饮料杯、多区小吃盒等。

广泛使用于：餐饮业、快餐业、写字楼/学校/大型活动等集体用餐场所。

PSP 回收再利用制品，如：相框镜框、装饰画、变形椅填充颗粒、浴缸外墙、淋浴房踏板、浴室储柜、展示板、绝缘板、隔热板、堆肥桶、垃圾桶、庭院桌椅等。

广泛使用于：家居建材、装饰装修、公园/游乐园/酒店/园林/展会以及市政配套基础建设。

PSP 回收品和其他材料混合制成品，如：花床、花架、凉亭、餐桌椅、泳池折叠卧榻、宠物屋、装饰性人造石、燃料等。

广泛使用于：家居装饰装修，公园/游乐园/酒店/园林/展会以及市政配套基础建设。

此外，为了保证消费者有充分的知情权，消费要明白放心，国外的循环材料制成品会详细标识原材料构成比例。如：花床——由 60%回收塑料和 40%天然纤维混合制成，回收塑料来自于消费后的餐具、牛奶瓶、洗涤剂瓶子等。

第三部分：中国 PSP 食品包装产业发展的机遇和挑战/历史回顾和前景展望

1. PSP 食品包装产业在中国的发展历程（见表 3）

表 3　PSP 食品包装产业在中国的发展历程

主要事件	阶段特征	企业心态
1999 年以前		
“6 号令”颁布，要求禁产、禁用一次性发泡餐具	(1)行业技术门槛低，质量体系不健全，自动化程度低，企业管理创新认识有限，产品单一。(2)群众卫生习惯有待培养，随手扔垃圾是当时的常态。(3)回收机制实施有难度	企业或转型或转入地下成为“黑作坊”，生产销售“见不得光”，靠花钱打点换取生存空间，掺假料降低成本，产品质量更加无法保证
1999—2013 年 2 月		
真科学和不法分子之间的较量	(1)不法分子气焰嚣张，为谋私利刻意钻营政策缝隙，部分媒体缺乏自律严谨的态度，轻视事实客观性，变相推波助澜，成为不法分子的吹鼓手，误导群众，造成不必要的恐慌，PSP 产品成为了“弃儿”。(2)追溯技术、回收体系、互联网等尚在发展磨合中，PSP 产业建立监管体系的条件尚不成熟	靠企业自身的力量无法达到技术升级、产业升级，以及健康有序地发展的。没有上层建筑的方向性引导，仅凭企业力量难以和伪科学、不法分子抗衡。经营者只求企业能活下来
2013 年 2 月—2015 年 7 月		
真金不怕火炼，真科学取得了胜利，不法分子伏法。“21 号令”为 PSP 开闸放行	(1)不法分子为保私利，频繁借媒体作秀，妄想煽动广大民众以达到推翻“21 号令”，阻碍市场正规化进程，继续趁乱谋财的不良目的。(2)在专家们的不懈努力、辛勤科普下，群众对 PSP 产品开始有了全新认识，但对于回收机制的监管执行心存疑虑，担心回收不到位，非但没有达到资源再利用的效果，反而“白色污染”卷土再来	企业热烈欢迎“21 号令”，振奋人心重燃希望。经营者深知只有整个行业蓬勃发展，自身企业才能迎来生机
2015 年至今		
众望所期，中国食品包装行业协会筹建中	随着食品安全被列入国家治理体系，食品包装安全的重要性日益凸显；信息管理、互联网平台、产品追溯体系等技术的发展完善；物流网络基础建设框架日趋成熟，为 PSP 行业从法制依据、企业准入、质量监管、销售追踪，到回收利用机制的现代化管理体系的建立提供了必要的条件	PSP 制造企业正以欣喜又忐忑的心情期待产业结构调整；PSP 食品包装需求企业，如“今麦郎”集团正积极呼吁用经济环保型的 PSP 包装取代纸质包装

2. PSP（一次性发泡塑料餐具）历史回顾大事年鉴

1986 年，我国从日本引进第一条 PSP 生产线。

1998 年，改革开放催生了快餐业的兴起，与快餐业相配套的餐饮食品包装业也蓬勃发展起来。由于经济实用、性价比高等优势，PSP 餐具在众多类型食品包装材料中脱颖而出，受到市场青睐，发展迅速，全国产量已超过 50 亿只，并开始向美国、欧盟、南非等国家和地区出口，极大地促进了当地就业和出口贸易。

1999 年，由于当时人们环保意识薄弱，随手乱扔垃圾的现象普遍存在，再加上垃圾回收利用体系不完善，对 PSP 行业监管机制的建立落后于 PSP 行业迅猛发展的速度等，原国家经贸委发布了“6 号令”，明确提出于 2000 年年底前在全国范围内淘汰一次性发泡塑料餐具的目标。但由于市场需求依然存在，PSP 的产量和销量有增无减。

2005 年，国家发改委发布“40 号文”，再次将一次性发泡塑料餐具列入“淘汰类”产品，二次禁止生产、销售和使用。然而，由于市场需求量巨大，PSP 产品再禁未绝。2005 年，PSP 销量达到 86 亿只，市场占有率为 70%；至 2010 年，PSP 市场占有率升至 76%以上，经福建、广东、天津每年出口量达 12 亿只（约 6000 吨）。

2010 年，中国“五大协学会”（即中国绿色包装专业委员会李沛生；中国轻工联合会原轻工业部科技发展司司长徐蓓蕾；中国环境科学协会原国家环保总局副总局长王玉庆；中国塑料加工协会；中国包装联合会塑料包装委员会）组织有关专家、学者、院士，经过五次大调查、四次专业研讨会，于 2010 年 10 月向国家发改委进行了正式汇报。两次禁令都没有使一次性发泡塑料餐具从市场上消失，说明我们应该尊重市场规律，强制杜绝不如有效管理，重新审视价值，深入调查研究，进行科学测试，反思管理缺憾，着眼于建立健全管理机制。

2011 年，2011 年 6 月 8 日，国家发改委在产业结构调整指导目录新闻通气会上，对《产业结构调整指导目录（2011 年版）》的重要性和特点进行了解读。在解读中，就一次性发泡塑料餐具的问题做了重点说明：确认一次性发泡塑料餐具为无毒无害、可回收再利用的产品，符合资源节约的方向，并表示有必要将其从淘汰类调整到允许类。

2013 年 2 月，国家发改委颁布“21 号令”，正式将一次性发泡塑料餐具从淘汰类中删除，为 PSP 解禁。至此，历经 14 年，曾引起四位国家总理、副总理亲自过问，八个国家部委、几十位部级司局级干部为之奔走，涉及为数众多的专家、学者、参事、企业为之深入调研，慎重探讨的 PSP 产业终于可以在阳光下发展壮大了。

2013 年 7 月，国家质检总局、国家工商总局、国家食药监局联合发布 2013 年 347 号文《关于切实执行一次性发泡塑料餐具监管工作通知》，中国轻工联合会等五大协学会于 7 月 30 日召开“贯彻三总局通知精神新闻媒体通气会”。发改委产业司、国务院食安办、国家质监总局司法监督司有关领导解读通知精神，会上详细介绍了 PSP 产业的历史发展前景并接受媒体提问。之后，主要负责人李沛生、徐蓓蕾等接受焦点访谈等中央电视媒体采访，对 PSP 产品顺利回归民众视线做必要的科普宣传。

3．中国 PSP 食品包装产业发展的机遇

（1）内销需求呈上升趋势。

PSP 食品包装价格实惠，经济方便，需求量一直很大。据不完全统计，在义乌商品市场一天的 PSP 发泡餐盒的需求量约在 200 万个。在国外，用 PSP 杯子盛水和饮料随处可见，而国内正在大面积地使用森林资源有限，制造过程高污染，回收再利用价值低的纸质一次性杯子。此外，受环保力度加强，纸浆价格走高等因素影响，大型食品集团公司主动积极呼吁政府继“21 号令”出台后续政策支持，发展 PSP 产业，健全回收体系，为 PSP 包装取代纸质包装打下基础。

2015 年第十二届全国人大三次会议上，全国人大代表、今麦郎日清食品有限公司董事长兼总裁范现国提出了“关于鼓励使用发泡塑料食品包装的建议”。作为该行业生产经营的佼佼者，范现国站在食品包装需求方的角度将纸包装和 PSP 包装进行了对比：一是原材料节省，无须辅材，主材是纸包装的一半；二是能耗较少，塑料包装是纸包装的 1/5；三是减排优势，二氧化碳排放只有 1/3；四是环境影响优势，垃圾产生量少，符合循环经济 3R（减量化、再利用、再循环）原则。另外，PSP 的保温性、耐油性/耐水性、湿强度（抗压性）和安全性能良好，是其他材质无法比拟的。

范现国建议，国家应明确发泡塑料食品包装的使用范围，以真正鼓励发展。发泡塑料食品包装（PSP）归属于绿色包装的范畴，国际上快速发展的 PSP 发泡塑料及其一次性餐具是一个自动化程度较高的高新技术产品，建议将 PSP 列入国家包装工业和商品包装改进的发展规划，即《中国包装工业“十三五”发展规划纲要》《食品和包装机械行业“十三五”发展规划纲要》等，作为当前最优异的产品之一鼓励生产及使用。

另外，应及时制定相应的国家标准。范现国建议，工信部牵头制定 PSP 生产的国家标准，卫计委牵头组织相关部门制定发泡塑料食品包装的食品安全国家标准，建立健全生产许可制度，参考美国、日本等发达国家的回收再利用机制，考虑采用或部分选用上海市针对 PSP 回收再利用措施的第 84 号令，建立有效的回收再利用机制，使 PSP 生产行业在国内市场不断壮大，并且走出国门。

绿色环保、循环经济价值更高的 PSP 包装替代

制造过程污染性高、回收利用经济价值低的纸质包装成为未来的趋势。

（2）国际连锁商超对PSP食品包装的需求。

随着电商平台、物流网络的成熟发展，高毛利的生鲜板块成为各大商超巨头各显神通拼命抢占的蓝海。生鲜食杂向来在连锁超市的赢利份额中占很大比重。据《阿里巴巴农产品电子商务白皮书》显示，仅2013年生鲜品类销售额同比超194%，是食品中增长最快的品类。专家预计到2025年，冷链食品的需求将从现在的2亿吨增长到4.5亿吨。再如沃尔玛，其约55%的收入来自生鲜食杂商品，大润发也在大面积扩展生鲜柜台……沃尔玛为了扩大在中国生鲜市场的占有率，投入巨资建立生鲜配送网络，目前沃尔玛在中国建立的20家物流配送中心，有11家全部为生鲜物流配送。每个生鲜配送中心投入大概为1000万~1500万美元，可谓是下了血本。沃尔玛控股的“1号店”也全面展开了生鲜电商布局，以期在生鲜领域大展拳脚。截至2015年1月31日的财季，沃尔玛在中国的净销售额下降了 0.7%，为了提振业务，CEO打算今后两年内在华新开115家新店……这些对于最适合为生鲜食杂做配套包装的PSP行业来说，绝对是个利好消息。基于以下四点原因，我们有充分的理由相信PSP生鲜果蔬包装一定能打入沃尔玛、家乐福等国际连锁超市的采购系统。

①成本方面。沃尔玛、家乐福等为了减少中间环节节约成本，在中国实行“源头直采，中心直送”的方式，PSP包装比目前广泛使用的纸质包装更节约成本。这方面的优势为实行大规模批量采购的商超连锁节约了不少费用。

②保鲜效果方面。PSP吸水托盘是各种类型的肉类和鱼类最理想的包装材料，独有的“多孔点状吸收”，能通过自身高吸附能力的渗透孔将肉类和鱼类的血水迅速吸收并锁在材料里面，避免血水的渗漏，减少细菌的滋生，使肉类和鱼类的保鲜期更长，确保食品长期保持新鲜的外观。这在某种程度上弥补了目前国内冷链资源不足带来的影响。

③接受度方面。为了保证消费者能够买到新鲜卫生的生鲜果蔬，国外普遍采用PSP吸水托盘来包装生鲜果蔬。良好的接受度为我国PSP产品进军国际商超创造了有利的条件。

④技术工艺方面。我国引进与吸收国际先进的高新技术成果，采用优质高效低耗的先进生产工艺，PSP吸水托盘的应用开发已经成熟，具备大规模生产相关产品的条件和经验。

（3）PSP回收再制品的国际需求。

中华传统美德提倡“勤俭节约”，同时也倡导“物尽其用”。我们用环保思维方式可以把垃圾定义为“放错地方的资源”。就像发泡餐具、塑料食品容器等，使用过后回收再循环利用，可以再制成精美的相框、实用的家具以及建筑建材等，真正意义上做到“物尽其用”，珍惜资源、创造经济效益的同时保护环境、美化家园。每年我国有数量庞大的塑料回收再制品出口到北美、欧洲等国家。然而，由于我国十几年来PSP行业发展停滞，造成PSP回收再制品虽有大量国际需求但生产原料匮乏的现状。由此看来，一旦对PSP生产—回收—循环再制的产业链加以规范管理，其步入正轨后，将填补国内PSP再制品出口空白，创造的再就业机会和经济效益不容小觑。

4．中国PSP食品包装产业发展面临的挑战

（1）如何制定PSP企业准入条件，建立PSP行业QS认证监管体系。

使企业获得生产许可，为合格产品进入市场配备“身份证”，为市场的健康发展打下坚实的基础。

“21号令”之前，PSP企业可分为两类。一类是专项出口企业，这类企业综合条件不错，因为PSP产品在国内不允许销售，只能单一出口；另一类是因政策转向而被迫转入“地下”的小企业，质量管理意识有限，掺假料，产品大多销往劳动力密集型区域。“21号令”之后，大量的新企业如雨后春笋般冒出来，由于还未建立企业准入门槛，造成企业素质良莠不齐、产品质量得不到保证、谁生产都合法的尴尬局面。完善企业准入制度，是有效筛选合格企业、建立规范化市场的第一道防线。同时，准入条件为企业升级内部管理、强化尚德守法观念、全面提升整个行业食品包装安全意识指明了方向；最大程度上扶持更多的优质企业，避免了市场恶意竞争价格混乱，材料掺假质量失控，最后导致“劣币驱逐良币”的现象。

大企业通常都有承担社会责任的意识，法制观念强、管理正规化，特别是在中国开设商超连锁的国际零售商巨头，对他们来说，尊重当地的法律法规是在当地生存发展的根本。这些企业要求从原材料到配件采购都符合当地国家相关规定，各类证明齐备。我国2015版新《食品安全法》第四章新增的第四十一条明确规定：生产食品相关产品应当符合

法律、法规和食品安全国家标准。对直接接触食品的包装材料等具有较高风险的食品相关产品，按照国家有关工业产品生产许可证管理的规定实施生产许可。质量监督部门应当加强对食品相关产品生产活动的监督管理。我国的PSP食品包装行业从设备机械、应用研究、设计开发，到生产工艺都已具备了很成熟的条件，特别是生鲜专用环保吸水托盘，无论从技术开发还是生产工艺，都已达到国际水准，但是因为目前暂无PSP行业QS（企业食品生产许可）认证，产品很成熟但苦于没有“身份证”，企业无法提供齐全的认证资料，产品无法进入国际商超的采购体系。

（2）如何完善食品包装材料的回收再利用循环体系，建立长效机制。

研究结果表明，目前中国回收后的垃圾再利用率只有40%，日本等国家要超过60%。由于回收体系的不完善，很多本来可以再利用的垃圾资源被白白浪费了。据广东专门以再生塑料为生产原料的家具出口企业反映，如今随着海外订单量的增长，国内的塑料废料已经远远不能满足生产需求，反而每年要进口成吨的外国塑料垃圾来填补缺口。一组美国国际贸易委员会的数据显示，从2000年至2011年的11年间，中国从美国进口的垃圾废品交易额从最初的7.4亿美元飙升到115.4亿美元。2014年前三季度，中国废塑料进口量达到了663万吨，金额达到49亿美元，比2013年同期增长了19%，中国成了世界最大的塑料垃圾进口国。这些从美国、德国、英国、法国、日本、韩国和澳大利亚进口的塑料垃圾基本上没有经过分拣和清洗处理，生活塑料垃圾中混杂着医药塑料废品，甚至还残留着不明粉剂、不明液体。这些垃圾涌进中国的村庄，村民以低廉的劳动报酬做着最简单的分拣清洗。1吨塑料垃圾的回收率，即便在运气好的时候最多也只有85%可利用，这就意味着至少要有15%的废弃物毫无用处。于是，污水进入河流，杂物直接填埋或者焚烧，村庄到处是垃圾，臭气熏天，池塘多年不见鱼虾，田里种不出庄稼。塑料垃圾从世界各国而来，在中国获得重生，被制造成玩具或者其他产品，又重新回到美国、德国乃至全世界的生活中。塑料废料本身极具循环经济价值，但是以牺牲中国环境和中国人的健康换取塑料再生材料的方式实在太让人心痛!更有黑心企业钻政府监管漏洞，将来路不明的塑料再生料掺加进一次性餐盒，甚至厚颜无耻地假冒“可降解”环保产品欺骗消费者，坏料内销好料出口成了行业“潜规则”。习近平总书记指出：食品安全，首先是“产”出来的，也是“管”出来的，必须完善监管制度，强化监管手段。同样，中国的食品包装安全也到了非管不可的时候了。

PSP使用范围广、回收再利用经济效益大，在整个食品包装回收体系中极具代表性和可操作性。如果政府能将PSP废弃物回收纳入法制化轨道，制定相关的实施办法和管理细则，结合科技创新，用科技手段提升监管水平，进而形成回收体系管理模式，这将对整个食品包装行业乃至于全塑料行业的回收再利用体系产生最有效的示范作用。

第四部分：中国食品包装行业协会（筹备处）当前的工作目标和远景规划

客观地说，评价一个行业是否有生命力，是否有价值，应该纵观整个产业链的各个环节，充分考虑其与相应产业的生态关系，而不是因为某个环节出了问题就简单粗暴地把整个行业都全盘否定。PSP被禁的起源是“白色污染”，被禁的结果是：生产PSP产品的工厂倒闭，工人失业；以PSP回收产品为生产资料的工厂步履维艰，成本上涨，生存困难，在经济大环境波动中相继倒闭，工人失业；为以上工厂做配套的下游企业如彩印工厂、外包装工厂、金属配件工厂等因为失去了上游订单而倒闭，工人失业。中国食品包装协会（筹备处）正在和国家有关部门积极协作，以规范管理PSP行业为工作起点，具体工作目标和远景规划如下：

（1）配合有关部门制定PSP行业企业准入条件细则，确立生产许可标准。建立准入门槛，不仅排除了小作坊跟风的可能，也极大程度地倒逼企业优化管理，提升行业竞争力。任何商品都有对应的价格区间，如果超出了理性范围，那么质量肯定会出问题。由于种种原因，不少企业为了生存不惜掺假，杀价竞争，形成恶性循环。使用这样的食品包装，难以实现有保障的食品安全。所以，建立准入标准以及完善管理制度是保障食品安全的第一道防线。

（2）协同有关部门制定回收再利用的机制及相关标准，细化回收体系措施方案，建立回收利用系统工程，完善相关产业链，加大科技投入，对高效回收、清洗技术、先进回收利用技术及设备进行深入研究开发，为食品包装回收体系顺利融入“智慧城市”，打造生态、低碳、环保、健康的美好城市生活打下坚实的基础。

（3）借助互联网优势和新科技手段完善 PSP 产业链，逐步形成一个科学运行、科技创新、高竞争力的行业。

①实现全国范围内制造工厂营销渠道、回收站点、物流运输的网络化建设。建立“全链条”式数据信息追溯平台，最大程度上配合食品安全的“从田间到餐桌的全过程管理”。

②指导开发新材料、新技术，拓展国际化视野，扶持优秀企业，培养优秀人才。

③合理整合食品包装行业的资源结构，推动区域经济发展，提高就业机会。

（4）以当今中国国际化的程度，不出国门就已经身处国际竞争框架内了。协会将积极探讨食品包装从设备—设计—开发—应用—销售—回收—再利用的整个循环经济模式，借“一带一路”倡议将模式推向国际舞台，实现行业的“中国梦”。

让我们以发展的眼光审视行业，以创新的思维建设行业，以务实的态度振兴行业，中国食品包装协会将带领食品包装企业在中国“全球化、网络化、中国梦、丝绸梦”政治经济社会发展大趋势下，抓住机遇勇于挑战，焕发新的生命力，为中国食品安全保驾护航。

中国托盘标准化发展监测分析报告

（2016 年上半年）

商贸物流标准化是促进降低物流成本、提高物流效率的重要抓手，是推动商贸物流业转型升级的关键举措。自 2014 年起，商务部、财政部、国家标准委开展商贸物流标准化专项行动和物流标准化试点，以标准托盘及其循环共用为切入点，带动提高物流上下游设施设备标准化水平。为加强对试点地区和全国重点推进企业的工作指导、督导，在对第一、第二批试点地区和重点推进企业统计调查的基础上，进行汇总研究分析。据统计，截至 2016 年 6 月，中国托盘市场保有量达到 11.2 亿片，较 2015 年年底增长 3978.7 万片，其中，1.2m×1.0m 标准托盘市场占比达到 25.5%左右，较 2015 年年底提高 0.5 个百分点。标准托盘租赁量达到 1680 万片，较 2015 年年底（1460 万片）增长 15%左右。

近日，商务部流通业发展司、商务部研究院中国商贸物流标准化行动联盟联合发布了 2016 年上半年中国托盘标准化发展检测分析报告。报告指出我国托盘保有量已经突破了 11 亿片，托盘市场标准化率提高了 0.5 个百分点，托盘租赁量达到 1680 万片。报告还分析了上半年试点地区托盘市场发展的主要特点，以及托盘标准化创新发展的五种经验与模式。具体情况如下。

一、全国托盘市场总体情况

1.托盘产量增速小幅下降

据中物联托盘委和中国仓储协会统计，2016 年 1—6 月，全国托盘生产量为 12771 万片，同比增长 5.8%，与 2015 年托盘生产增速相比下降了 2.2 个百分点。上半年托盘产量增速出现下降，主要受到我国经济增速放缓和托盘利用率提高的双重影响。一方面，在宏观经济下行压力加大的影响下，物流市场需求增速放缓，托盘市场需求受到抑制；另一方面，随着托盘质量的不断提高，企业自有托盘的使用寿命延长，特别是随着托盘租赁模式的持续推广，促进托盘循环共用，托盘利用效率明显提高，导致托盘市场需求增速有所下降。考虑到托盘生产旺季集中在下半年的 8—9 月，预计 2016 年全年托盘生产总量将达到 28380 万片。如图 1 所示。

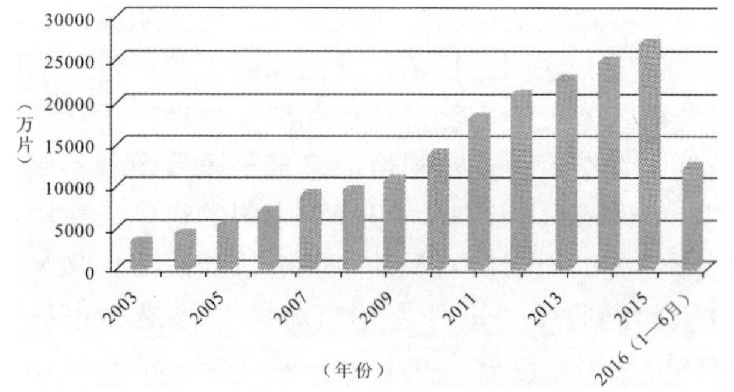

图 1　2003—2016 年上半年中国托盘产量

数据来源：中国物流与采购联合会托盘专业委员会、中国仓储协会。

在物流标准化试点工作的引导下，托盘生产总量中标准托盘产量占比持续增长，2016 年上半年达到 35%，较上年提高了 2 个百分点。如图 2 所示。

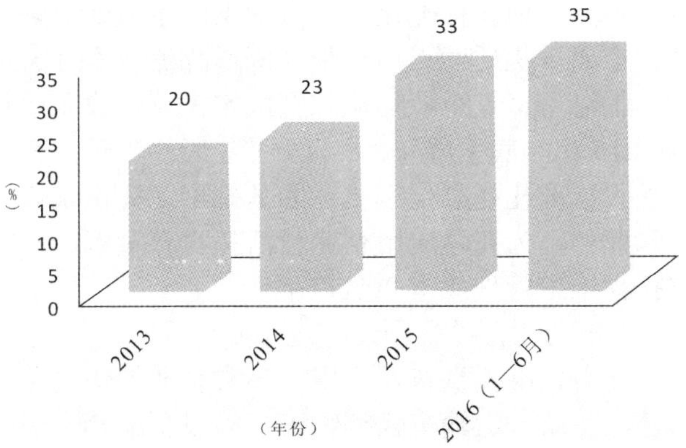

图 2　2013—2016 年上半年中国标准托盘产量占比情况

数据来源：中国物流与采购联合会托盘专业委员会、中国仓储协会。

从托盘材质结构看，木托盘生产量占比超过 3/4，达到 78%；塑料托盘生产增速加快，已由 2010 年的 10%增至 2016 年上半年的 15%（见表 1）。

表 1　各材质托盘产量占比情况　　单位：%

托盘材质	木托盘	塑料托盘	纸托盘	金属托盘	其他托盘
占比	78	15	4	2	1

2.托盘保有量突破 11 亿片

从托盘市场保有量情况看，由于上半年托盘出口订单较少，据中物联托盘委测算，截至 2016 年 6 月，中国托盘市场保有量突破 11 亿片，达到 11.2 亿片，较 2015 年年底增长 3978.7 万片。如图 3 所示。

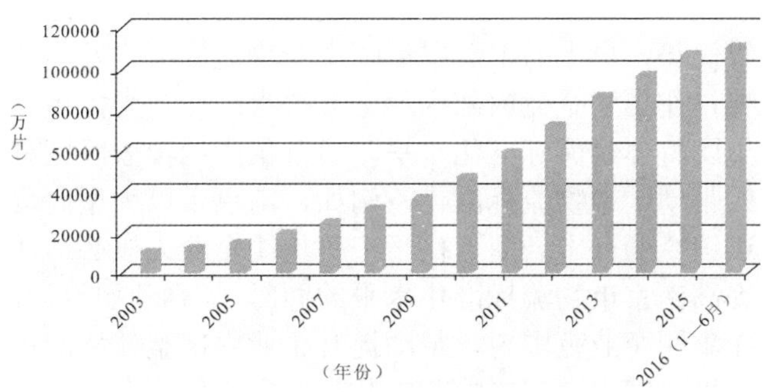

图 3　2003-2016 年上半年中国托盘保有量情况对比

数据来源：中国物流与采购联合会托盘专业委员会、中国仓储协会。

3.托盘市场标准化率提高 0.5 个百分点

在物流标准化试点工作的引领下，近年来，我国托盘标准化更新速度不断加快，标准托盘市场需求持续增长，标准托盘市场占比迅速提升。据中物联托盘委测算，2016 年上半年，1.2m×1.0m 的标准托盘市场占比达到 25.5%左右，较 2015 年年底提高 0.5 个百分点。如图 4、图 5 所示。

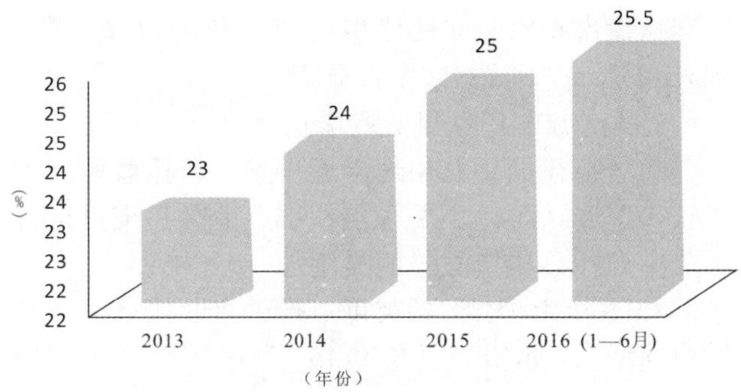

图 4　标准托盘市场占比

数据来源：中国物流与采购联合会托盘专业委员会、中国仓储协会。

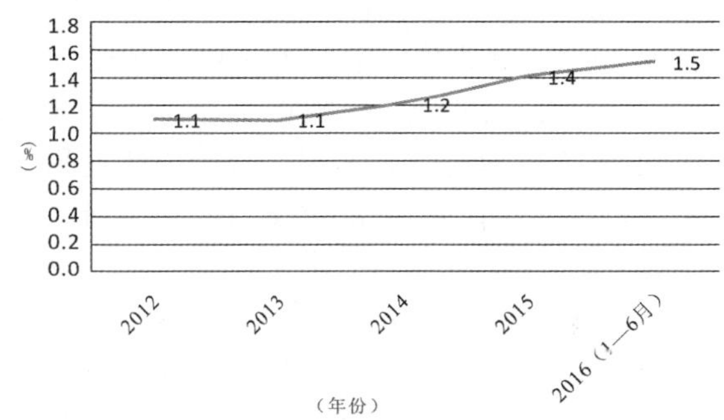

图 5　2012—2016 年上半年托盘租赁量占保有量比率情况

数据来源：中国物流与采购联合会托盘专业委员会、中国仓储协会。

二、上半年试点地区托盘市场发展主要特点

2016 年上半年，各试点城市和重点推进企业积极开展商贸物流标准化工作，标准托盘（1.2m×1.0m）推广应用取得较大进展，企业从使用非标托盘向使用标准托盘、从自购托盘向租赁托盘转变，并逐渐在供应链上下游间开展带板运输，带动相关物流设施设备标准化更新改造，推动标准托盘循环共用，提升物流运作效率，降低社会物流成本。在物流标准化试点工作持续推进下，上半年试点地区托盘市场呈现以下运行特点：

1.试点城市标准托盘占比超过 60%

从托盘生产情况看，2016 年上半年，重点推进企业标准托盘（1.2m×1.0m）产量为 296 万片，标准托盘生产量占托盘生产总量的比例从 2015 年年底的 33.38%提高到 2016 年上半年的 37.61%，半年间提高了 4.2 个百分点。

从托盘自购情况看，截至 2016 年 6 月，重点推进企业自购标准托盘累计量超过 1410 万片，上半年新增标准托盘 108 万片，其中，托盘租赁服务企业新增 86.85 万片，占新增标准托盘总量的比重为 80.4%。14 个试点城市自购标准托盘累计达 640.57 万片，较 2015 年年底增加 112.26 万片，试点城市

标准托盘占托盘总量的比重由2015年的56.7%提高到62.9%，提高了6.2个百分点。

2.试点城市托盘租赁量增长明显

随着托盘循环共用理念逐步推广，托盘租赁模式获得普遍认可，主要表现在试点地区和重点推进企业标准托盘租赁数量明显增加。

2016年上半年，各类重点推进企业托盘租赁数量快速增长，租赁总量超过194万片，是2015年年底的2.2倍。其中，第三方物流企业和大型商贸连锁企业积极推动供应链上下游的托盘共用，标准托盘租赁量快速增长，分别从2015年年底的55.28万片和25.79万片增长到2016年上半年的135.62万片和56.84万片，增速分别达到145.33%和120.39%。值得注意的是，据各地上报数据统计，14个试点城市托盘租赁数量超过1582万片，占全国托盘租赁量的94.2%，这说明物流标准化试点的引领带动作用非常明显。

3.企业物流装卸效率平均提高75%

通过推广使用标准托盘，提高带板运输比率，促进物流作业一贯化、自动化、机械化运作水平提升，物流运作效率明显提高。据统计，截至2016年6月底，重点推进企业带板运输板次累计达到2382.7万次，试点城市带板运输板次累计达到2627.1万次。通过实施带板运输和配套叉车机械化搬运作业，企业装卸效率明显提升，试点城市企业物流装卸效率平均提高75%，车辆周转效率提高1倍以上。例如，天津市通过试点建设，推动试点企业间合作开展带板运输，在收发货环节开通“绿色通道”，提升装车、卸货和收货效率3倍以上，备货效率提升50%以上，车辆周转率提升1倍以上。佛山市试点企业通过开展带板运输、叉车作业，装卸货时间从原来的4~5小时降低到1小时，物流装卸效率大大提高。

4.企业综合物流成本占比下降2个百分点

近年来，我国物流业总体规模快速增长，物流服务水平显著提高，但物流行业总体发展水平仍然偏低，物流成本与发达国家相比仍然居高不下。通过开展商贸物流标准化专项行动计划，支持供应链上下游企业加强协作，实施带板运输作业，物流系统整体效率有较大幅度提升，企业物流成本明显降低。

根据重点推进企业上报数据统计，截至2016年6月底，企业综合物流成本占营业收入的比重平均为16%，同比下降2个百分点。各类企业实施带板运输后，平均货损率为1.29%，平均降低0.3个百分点。各地在标准化试点带动下降本成效显著，杭州市通过优质试点项目带动降低物流成本1.5亿元；上海市试点企业物流综合成本占营业收入比重较2015年年底下降4.6个百分点。天津市试点企业在加大标准化托盘生产比重的基础上，提供维修、回购业务，为托盘应用企业盘活托盘存量资产，节省托盘维护管理成本20%以上。

5.带动社会投资预计超过100亿元

随着标准托盘普及应用，各类企业加快叉车、月台、货架、运输车辆等物流设施设备配套升级改造步伐。据不完全统计，截至2016年6月底，重点推进企业围绕标准托盘应用进行的仓库改造面积57.8万平方米，围绕标准托盘应用进行的设施设备改造量超过80万台，分别较2015年年底增加5万平方米和10万台。两批试点城市已投入设施改造金额超过58.4亿元，较2015年年底增加23亿元；预计带动社会总投资将达到102亿元，取得良好经济效益。

三、创新发展经验与模式

随着物流标准化试点工作的持续推进，区域范围和试点内容不断拓展，各试点城市和企业积极创新工作机制和运营模式，物流标准化理念得到推广，商贸物流标准化水平得到提升，为实体经济转型升级提供有力支撑。

1.依托集团企业发挥辐射带动作用

试点企业以试点项目建设为契机，利用集团网络优势，自上而下制定集团企业物流标准化发展战略，在集团企业内部推动标准托盘循环共用，提高集团整体物流标准化水平，通过集团的覆盖区域有效带动区域物流标准化。例如，南京市以大型商贸连锁企业苏宁云商、孩子王等集团企业为核心，在提高南京市物流标准化水平的同时，加强顶层设计，在集团企业范围内，带动提升企业内部整体标准化水平，试点效应影响范围从南京市拓展到全国范围内的各子公司，对所在区域物流标准化形成辐射带动作用。浙江传化公路港集团通过集团内部在全国的网络布局，建立开放共享全国公路物流网络平台，通过实施物流信息平台标准化建设，实现全国网点间物流信息对接和互联互通，有效扩展物流信息共享覆盖面。

2.区域物流标准化协同发展态势显现

试点城市加强区域间物流标准化创新合作，结合各区域优势产业发展特色，探索建立区域性物流标准化联动机制，加快形成物流标准化区域协同发展态势。在京津冀地区，天津通过开展“组联盟、结对子”的工作方式，以标准化托盘循环共用为主线，鼓励上下游关联企业形成物流供应链小联盟，重点实现标准化托盘生产、租赁、使用、流转、回收、保养、再利用的全流程带板作业工作格局，并不断向北京、河北两地延伸拓展，以加强区域和企业间合作为支撑，推动京津冀区域物流标准化协同发展。如天津雀巢有限公司与京津两地十几家经销商合作实现带板运输，运输量占其北方销量的75%以上，并推动上游国际纸业公司开展包装材料带板运输，实现天津、北京、河北的托盘一贯化运输操作。此外，河北唐山积极探索物流公共信息平台“统计数据端口”的京津冀对接，依托“物流唐山”已有的统计系统，实现与北京、天津物流平台对接，统一统计指标、统一统计口径、统一平台接口，努力形成京津冀区域物流指数。在长三角地区，上海牵头成立长江经济带托盘循环共用联盟，9省市33家物流协会签署倡仪书，探索推广团体标准；南京市依托区位优势，在“南京都市圈”的基础上组建了南京都市圈物流标准化联盟，联盟以标准化托盘循环共用、提升物流技术装备标准化水平、物流综合信息平台互联互通为重点方向，加强城市间联系互动，为区域企业合作架设桥梁，形成联盟间物流标准化发展共同体和新优势，目前已有43家龙头企业和行业协会加入联盟。

3.托盘生产技术加速升级，运营服务能力显著提升

通过物流标准化试点项目建设，标准托盘社会化市场需求有效释放，托盘生产企业引入机器人设备，提高标准托盘生产自动化水平，标准托盘生产效率明显提高。如芜湖宏春木业、中山木业等托盘生产企业引入托盘生产机械手和钉板机器人，减少人工成本，大幅提高生产作业效率。同时，托盘租赁运营服务水平不断提升，集保集团先后投入1900多万元用于标准托盘购置及信息系统升级改造，依托托盘租赁服务，整合商贸物流供应链，为商贸企业提供供应链优化管理增值服务。招商路凯在试点政策引导下，加快全国托盘循环共用体系建设步伐，创新合作模式，引导更多企业逐步实现从自购托盘模式向租赁模式转变，促进带板运输，提高一贯化运作效率，降低物流成本。此外，中包精力、芜湖格勒等托盘租赁服务企业服务能力也在不断提升，市场份额不断提高。

4.智慧物流促进效应日益明显

各试点城市和企业在物流标准化项目建设过程中，不断提高智慧物流发展水平，以标准化夯实智慧物流发展基础，以智慧物流提升标准化发展水平，助推我国物流行业转型升级。唐山成联电子商务有限公司依托“物流唐山”共同配送公共服务信息平台，搭载开放式标准化托盘循环共用信息平台“托盘唐山”系统模块，建设成为第三方托盘循环共用体系社会化服务平台，为各类托盘运营和应用企业提供在线托盘市场信息服务。芜湖市利用托盘生产企业集聚优势，探索建立托盘行业数据分析平台，积极开发托盘行业发展指数，加强对行业发展的统计、分析和预测能力。中储智运依托中储集团优势，打造中国最大公路货运服务电商交易平台，提供标准化的货运管理服务和个性化的货运托管服务，实现与公安系统、保险系统、银行和货主企业系统对接，为供应链上下游企业提供物流信息服务的同时，开展智慧物流大数据分析和预测等增值服务，不断提高智慧物流发展水平。

5.以交流合作提升物流国际化发展水平

各试点城市和试点企业，积极开展物流标准化国际交流和合作，考察和学习国际先进发展经验，与相关机构开展合作，不断提高我国物流标准化国际参与度，助推我国物流国际化水平提升。2016年5月，应法国高效消费者响应协会（ECR）和英国快消品配送协会（IGD）邀请，商务部研究院参与了中英物流标准化与快消品行业供应链物流管理最佳实践研讨会，在物流标准化和供应链管理等方面建设发展经验及趋势与欧洲相关企业和协会开展交流。上海等试点城市拜访欧洲托盘协会（EPAL），通过加强与EPAL等国际行业协会和专业机构的交流与合作，引进先进的管理经验和运营模式，对标国际标准，促进托盘循环共用专业化发展。

部分省市包装行业现状及发展前景

北京市包协2016年工作总结及2017年工作重点

北京市包装技术协会

一、2016年主要工作

2016年，北京包装技术协会（简称北京包协）认真学习深刻领会和全面贯彻党的十八届五中、六中全会习近平总书记讲话及党的经济工作会议精神，按照市委、市政府的要求贯彻实践北京市战略定位、强化首都功能、落实京津冀协同发展纲要的工作部署和要求。在北京市经济和信息化委员会(简称市经信委)的领导下，在市相关部门、兄弟协会、会员企业和全体理事的大力支持下，以党建工作为引领，积极发挥协会联络广泛、易于沟通、多方合作的优势，积极、主动、努力推进各项工作。激发社会组织活力，提升了影响力，圆满完成了2016年工作，并取得了一定成绩。

（一）继续深入贯彻落实京津冀协同发展重大战略思路，把京津冀协同发展作为协会长期的战略任务，打造京津冀包装产业承接与企业转型升级，为企业进行深度对接和精准对接

中共中央总书记、国家主席、中央军委主席习近平2014年2月26日在北京主持召开座谈会，专题听取京津冀协同发展工作汇报，强调实现京津冀协同发展，是面向未来打造新的首都经济圈、推进区域发展体制机制创新的需要，是探索完善城市群布局和形态、为优化开发区域发展提供示范和样板的需要，是探索生态文明建设有效路径、促进人口经济资源环境相协调的需要，是实现京津冀优势互补、促进环渤海经济区发展、带动北方腹地发展的需要，是一个重大国家战略，要坚持优势互补、互利共赢、扎实推进，加快走出一条科学持续的协同发展路子来。

北京包协认真学习习总书记讲话，并结合北京包装产业特点从自身开展做好具体工作。定期召开京津冀三地包协会长、秘书长联席会议，结合市经信委的指导意见研究2016年京津冀包装产业协同发展需要的工作，与国家科技部火炬中心领导共商京津冀科技创新成果转化平台并利用此平台工作。我们分别带领北京地区有意向进行产能疏解的包装企业去天津静海、河北省新乐市、秦皇岛市、卢龙县等工业园区考察并参加座谈会交流，并参观北京三元食品股份有限公司等龙头企业。

协会组织北京地区包装企业参加2016第九届中国河北东光包装机械展览会、2016年北京绿色印刷产业促进商务交流会暨京津冀协同发展绿色印刷产业促进商务交流会并进行企业间的交流。

协会深入研究京津冀包装企业如何利用新华社经济信息社“一带一路”平台进行相关对接，将企业市场面向“一带一路”沿线国家和地区，寻找新的商机转型与升级，使京津冀协同发展与转型升级与“一带一路”相结合落地。

（二）紧密与政府对接，搭建企业与政府交流平台

协会定期向市经信委、北京市科委、北京市新闻出版广电局、北京市旅游委等市政府主管部门领导汇报协会工作及提出北京包装产业“十三五”发展规划建议。

协会陪同市经信委相关领导到协会副会长单位北京纸箱厂、利乐包装（北京）有限公司、奥瑞金包装股份有限公司、北京鑫宏鹏纸业有限公司等包装企业进行调研。协助北京市旅游发展委员会举办2016第十二届北京礼物商品大赛并参与评审工作。协会倡议并牵头组织两次政府政策宣讲会，在市经信委都市产业处、社会信息化处、中小企业处、规划布局处、节能环保处的支持下，联合了10家兄弟协会，由市经信委领导为北京地区企业进行政策宣讲，会议分别对“互联网+新趋势与北京市两化融合发展情况”“中小企业政策解读”“北京市高精尖产业发展资金和基金政策”“节能减排、污染企业退出等相关政策”等内容进行政策解读。协会帮助企业及时掌握相关政策，协助企业在转型、发展升级中运用好政策。

（三）承接政府课题项目，帮助企业做好申报政府项目工作

2016年，协会承接的市经信委《包装行业产业链新模式工作推进》课题，结题并顺利通过市经信委主持的专家验收；帮助协会副会长单位向市经信委申报北京市“互联网+”发展重大项目和企业升级、转型项目。协会推荐奥瑞金包装股份有限公司

“可变二维码技术在三片罐上的开发与应用”申报中国包联科学技术奖项目并荣获三等奖；协会推荐副会长单位盈创再生资源有限公司设计制造的包装自动回收机参加鄂尔多斯工业设计大赛中荣获金奖，并获得奖金5万元。

协会带领奥瑞金包装股份公司、北大方正集团有限公司、北京北大方正电子有限公司、航天万源实业公司、中国包装总公司物流公司等6家北京地区包装龙头企业领导与市经信委规划布局处直接对接“十三五”后4年项目。

（四）加强兄弟协会及企业之间的联系，强化产业链服务一体化

协会联合北京市工业经济联合会、北京市食品协会、北京市酿酒协会、北京市日化协会、北京市工艺美术等10多家兄弟协会召开联谊座谈会，并邀请市经信委都市产业处领导参加，各协会对加强协会及各行业企业及产业链间合作达成共识。会议分析了目前企业在转型升级中遇到的问题和建议，并探讨了协会如何在企业转型中发挥好作用。

由北京市工业经济联合会牵头，北京包协组织安排建材、化工、电子、医药、保健品、电源信息等10余家协会领导和多家企业代表赴北京包协副会长单位转型项目——北京互联网金融安全产业园参观调研并对接。协会组织兄弟协会领导、会员企业代表赴北京包协副会长单位——航天万源实业公司参观学习，重点参观了航天博物馆及运载火箭总装车间，并与企业进行了交流座谈。

由北京市工业经济联合会牵头，北京包协与多家相关兄弟协会参加了北京3D打印技术开发应用联盟成立大会。

（五）充分利用多种渠道和方式加强协会和会员企业领导的学习，获取更多的信息

协会组织会员企业参加全市工业和信息化会议，听取市经信委张伯旭主任关于《深化改革创新，加快转型发展，实现“十三五”时期经济和信息化良好开局》的报告和隋振江副市长的重要讲话；组织会员企业参加中国工业经济联合会举办的2016年经贸形势报告会，听取国家发改委、国家工信部、国家税务总局、中国海关领导关于国内外经济形势分析的报告，帮助企业及时了解和掌握国内外形势和北京市经济发展的综合信息。2016年，协会还参加了市社团办组织的“行业协会改革发展形势报告会”“北京行业协会商会与行政机关脱钩动员部署会议”和诚信长城杯评审委员会办公室举办的“诚信长城杯工作会议”。

（六）对不同类型的企业开展有针对性的服务，解决企业的困难和问题，帮助企业更好发展

协会陪同市经信委都市产业处领导赴奥瑞金包装股份公司考察，同时协助奥瑞金公司领导及技术人员到三元乳业公司进行调研，为三元乳业公司新产品包装的开发做好对接服务。协会赴北京盈创再生资源回收公司、雅昌印刷公司进行调研。协会为华盟企业转型发展问题，邀请北京印刷学院许文才副院长与该企业进行洽谈。北京包协为积极促进学生与行业尽快接轨，与印刷学院共同为学生建立包装设计平台。协会多次赴北京鑫宏鹏纸业有限公司为利乐包回收项目验收进行现场咨询服务。

2016年北京包协组织相关包装行业、造纸行业、塑料行业、印刷行业和环保行业等方面的专家，召开了“利乐包装（北京）有限公司行业类别归属确认”专题研讨会，会议对利乐产品类别划分进行分析属性的明确，为企业在发展中遇到的实际问题排忧解难。

协会组织会员企业参加“第二届包装印刷行业VOCs综合治理技术交流会”“第九届中国国际纸包装工业瓦楞彩盒展及第三届中国国际数字包装印刷展”“智能便民回收站启动仪式和2016中国设计红星奖颁奖典礼及论坛活动”。

北京包协为军需品包装改进搭建对接平台，邀请中国包联军需品包装委员会与北京多家包装会员企业进行交流。

协会协助企业申报台湾金点子奖项目；申报工信部制造业冠军项目；与中国包联机械工程专业委员会张耀权主任和中国包装网云平台共同商讨在北京建立分平台事宜，分平台主要包括有云设计平台、云商城、云教育培训、云展览平台等；与北京印刷学院共同承办了第三届包装技术与科学国际会议暨第十六届全国包装工程学术会议。

（七）不断加强行业自律，协会自身建设

协会积极加强自身党风党建工作，除了组织协会工作人员学习党的十八届六中全会文件和定期学习外还参加市工经联组织的“两学一座”学习教育大会；庆祝“七一”建党95周年大会；纪念中国工农红军长征胜利80周年主题展览活动等；积极参加市经信委组织的关于社会组织党建工作会议。

二、2017 年工作重点

北京包协要进一步深入学习贯彻党的各项工作方针、政策精神，贯彻落实市委市政府各项工作部署要求，全面推进协会各项工作。

（1）协助市政府主管部门继续做好包装产业供给侧结构性改革；产业疏解转移；为企业转型升级做好服务工作。

（2）继续深入做好京津冀包装产业协同发展工作。

①坚持京津冀三地包装协会会长、秘书长联席会制度，及时沟通情况，深入研究产业发展，共同组织活动。

②组织有关包装企业赴河北考察对接。

③积极开展京津冀三地包装企业交流活动。

（3）与新华社中国经济信息社、北京市工业经济联合会合作，积极组织包装企业参与“一带一路”系列活动。

（4）为包装企业、会员企业做好各种服务。

①邀请市科委为包装企业做科技政策宣讲活动。

②组织包装科技项目与市科委项目主管部门进行对接。

③拟邀请市发改委、市环保局为包装企业进行政策宣讲。

④帮助企业做好中国包装科技奖项目申报工作。

⑤联合医药、保健品、食品、酿酒、工美、日化等兄弟协会做好上游产品包装服务对接工作。

⑥为有需求的包装企业做好个性化服务。

（5）为企业搭建信息交流平台。

①组织企业参加 2017 年中国经济联合会主办的 2017 年经贸形势报告会。

②与医药、保健品、食品、酿酒、工艺美术、日化等多家兄弟协会合作，组织用户企业和包装企业参观 2017 年 4 月在上海举办的 2017 中国国际瓦楞展、2017 中国国际彩盒展、2017 中国包装容器展与论坛。

③组织包装企业参加京津冀河北东光国际瓦楞纸箱印刷机械展。

④组织包装企业参加 2017 年北京绿色印刷产业促进商务交流会暨京津冀协同发展绿色印刷产业促进商务交流会。

⑤组织包装企业参加京津冀包装联盟励展博览会纸箱/彩盒行业培训会。

⑥组织包装企业参加其他技术交流活动。

（6）组织包装企业及设计人员参加北京市旅游委主办的 2017 第十四届北京礼物旅游商品大赛活动。

（7）加强学习不断完善协会自身建设。

上海市包协 2016 年工作总结暨 2017 年工作计划

上海市包装技术协会

2016 年，国内外形势面临深刻复杂变化，上海经济转型升级进入攻坚期，不稳定、不确定因素增多，包装行业也面临严峻挑战。在有关政府部门的支持下，在包装行业和会员的共同努力下，协会工作以“改革创新、服务转型”作为发展方向，主动适应经济新常态和新格局，围绕推进包装行业转型升级，完成了如下工作。

一、编制上海包装行业“十三五”发展规划

为准确把握经济“新常态”时期面临的新变化、新机遇和新挑战，明确上海包装行业“十三五”发展方向和目标，提高上海包装的整体水平，协会于 2016 年年初组织业内专家编写规划。经过反复讨论，数次易稿，已正式完稿。

二、开展第五届上海包装行业“星级包装企业”评选活动

2016 年年初，协会开展 2016—2018 年度（第五届）星级包装企业评估及复评活动。共有 71 家企业申报，经评审委员会审核评估评出：五星级 50 家，四星级 19 家，三星级 2 家企业。活动推动了包装行业更好地有序发展。

三、打造“上海品牌旅游产品搭建包装创意设计服务平台”

（1）为提高上海旅游产品附加值和市场竞争力，协会打造跨行业的“上海品牌旅游产品包装创意设计服务平台”。在上海市新闻出版局的支持下，协会成立了项目课题组多次召开工作会议，就落实“服务平台”的任务和工作进行专题研究。

（2）为推动平台建设，协会 2016 年 11 月召开旅游商品包装设计工作交流会。出席会议的有包装企业、设计公司、设计院校、食品企业的代表以及上海食品协会、上海旅游协会、上海食品学会的会长与秘书长。会议就打造跨行业的上海品牌旅游商品包装创意设计服务平台具体内容广泛地听取到会者的意见和建议。

（3）协会启动“上海旅游特色商品大学生命题包装设计大赛”。2016 年 11 月召开“上海旅游特色商品大学生命题包装设计大赛”筹备工作会议。上海市有关高校艺术设计院校领导、部分设计公司代表出席会议。大赛选择十项上海著名商品，通过命题方式，组织各高校学生开展命题创意设计活动。

（4）组织包装专业设计公司攻关设计。协会组织专业设计公司，切实解决 3~5 个旅游商品包装问题。在有关的设计公司积极参与下，对 3 个著名的上海旅游食品包装进行攻关，其中国际饭店“蝴蝶酥”伴手礼礼盒于 2016 年 12 月 9 日正式上市，得到了商家与顾客的一致好评，并有一定的市场效益。

四、协会召开 VOCs（挥发性有机物）排放问题专题研讨暨绿色包装项目颁证会议

2016 年 1 月协会召开“VOCs(挥发性有机物）排放问题专题研讨暨绿色包装项目颁证会议”，上海包装印刷企业、2015 绿色包装产品企业的领导及代表等共 70 多人出席了会议。有关专家对《上海市挥发性有机物排污收费试点实施办法》进行现场解读。会议并为 9 家获得 2015 上海市优秀绿色包装项目的企业发证授牌。通过协会召开的一系列会议和培训，有效地提升了包装行业 VOCs 的治理能力。

五、协会举办“快递包装”研讨会

2016 年 10 月协会召开“互联网经济下，快递包装行业补短板、促发展”的研讨会。邀请相关行业专家、上海市快递行业协会领导 40 余人共同对上海快递包装现状及存在问题进行深层次的研讨。为探讨破解困难、促进快递包装的健康发展搭建了很好的交流平台。

六、协会在包装行业中开展企业诚信创建活动

为了践行社会主义核心价值观，建立完善的“企业诚信”建设长效机制，使企业诚信的创建工作进一步规范化、制度化，协会与上海市企业诚信创建活动组委会共同发起包装行业“企业诚信创建”活动。截至 2016 年年底，已有 11 家企业参与了创建活动。

七、协会举办中韩设计高峰论坛

在 2016 年中国（上海）国际印刷周期间，由协会设计委员会承办的中韩设计高峰论坛成功召开，此次包装设计界高端专业活动以中韩创意设计交流为主题，中韩两国演讲嘉宾的独到见解，吸引了众多创意设计、包装印刷的专业人员、高等院校的师生以及展会参观者前来参与。

八、为现代农业企业解决包装问题

上海赋民农业科技有限公司是一家致力于数字农业设施研发和超有机标准蔬菜生产的高新技术企业，为解决蔬果的包装问题，2016 年 12 月费钧德会长等协会领导带队到企业现场调研，帮助企业解决了实际问题。

九、承办 2016“亚洲学生包装设计大赛”（简称“设计大赛”）大陆地区的大赛事务

“设计大赛”是由日本国际交流基金会发起、日本“设计大赛”事务局承办的亚洲地区包装设计专业在校学生作品评比交流活动。协会受日本“设计大赛”事务局邀请，参与此项活动并受其委托，由协会设计委员会代表中国大陆地区完成了所有活动的组织、作品征集、入围评审、作品推荐等工作。2016 年 2 月“设计大赛”活动上海推广会成功举行。在决赛中，上海学生的作品获得唯一的全场大奖，不仅扩大了上海的影响，也将推动上海包装设计水平的提高。

十、走出国门组织国际观展、考察，与国际同行交流

（1）由费钧德会长带团，协会组团参观 2016 年德国德鲁巴印刷展览会，并考察全球包装设备制造巨头、瑞士洛桑的 BOBST（博斯特）集团总部、瑞士大型纸包装企业——MODEL 等。

（2）木制品包装委员会组团赴加拿大考察与国际同行进行了交流。

十一、协会牵头召开“沪喀印包、物流产业对接会”

由协会牵头，与上海援疆前方指挥部产业发展组共同主办“沪喀印包、物流产业对接会”于 2016 年 11 月在上海市召开。协会包机委、木制品包装委、塑料包装委的秘书长与相关企业代表出席会议。

十二、协会派员出席“第十五届 APD 亚洲包装设计展示交流会”预备会议

2016 年 12 月，亚洲包装设计展示交流预备会议在中国台湾台北市召开。与会代表确定了该交流

会的各项内容和议案，会议定于 2017 年 11 月在中国台湾台北市召开。

十三、《上海包装》杂志编辑团队重组

为了更好地办好《上海包装》杂志，协会对杂志编辑团队进行重组。2016 年 9 月协会召开《上海包装》杂志工作会议，会议就改版后杂志编辑出版的定位问题、上级主管部门关于对杂志编校质量的检查情况和发布广告的规范要求等方面进行了深入的学习和交流。

十四、各专业委员会积极开展活动，服务企业

各专业委员会增强服务意识，深入会员企业，开展调研、服务与指导等工作，积极开展委员会年会、研讨、交流会以及培训活动。

包装机械委员会召开委员会四届三次代表大会暨 2015 年工作总结会议、2016 年会暨主任会议、食品包装设备重点企业座谈会、科技创新政策解读能力培训班等活动。

木制品包装委定期召开主任办公扩大会议，并举办了 2016 年年会。纸制品包装委召开常务委员工作会议，组建新的委员会班子，举办委员会 2016 年会。包装设计委召开第九届设计委员会会员代表大会，召开主任扩大会议和专题工作会议，举办《趋势求新》的设计师沙龙等活动，并协办亚洲学生布置设计大赛、承办中韩设计高峰论坛、参与第十五届 APD 中国台湾预备会议。塑料包装委召开上海包装袋生产企业联谊会暨“创新驱动、转型发展”现场交流会，组织会员企业参观第三十届中国国际塑料橡胶工业展览会。绿色包装委参加 2016 亚洲软包装国际峰会宣传绿色包装理念，开展了以治理 VOCs 排放为中心的技术交流与培训工作。坚持一年一度的上海市优秀绿色包装评选工作，遴选出 13 个项目为 2016 年的上海市优秀绿色包装项目。包装印刷委与常熟市印刷协会开展交流活动，组织部分会员单位赴常熟交流考察，召开企业座谈会。快速消费品委举办“硬质包装尺寸设计”技术研讨会、“中国包联快消品委员会成立大会”及包装行业趋势论坛、开展技术培训；举办“包装之家第七届五周年‘起舞’主题年会”及五场分会场专业技术论坛、包装之家回顾展、优秀包装企业展览会。

十五、2017 年工作计划

1.围绕两部委的《指导意见》，推进上海包装行业转型发展

（1）组织包装行业进行研讨，根据《指导意见》“四个坚持”的要求和七个方面的任务部署，结合上海包装行业“十三五”规划，着手梳理上海包装发展的重点和方向，特别是针对上海的特点。

（2）要求各专业委员会根据专业所面对的日益严重的同质化、低水平的竞争、价格上涨的压力、环保新要求和企业成本不断上升的情况进行调研和座谈，提出应对措施和解决方案。

（3）按照国务院“三品”的要求和工业制造 4.0 的方向，努力提升行业的品牌、品质和品种，同时，适应包装功能的特殊需求，开展包装产业链、产学研、供需链的协调联动，发挥资源整合优势。

2.聚焦热点，抓好重点，组织开展有影响力的活动

（1）继续打造上海旅游特色商品包装设计服务平台。

①围绕 3~5 项上海著名的旅游商品包装更新换代，与 3 家包装设计公司、3 家印刷包装企业、3 家特色旅游商品企业、3 家院校签订协议并联手合作，推动上海旅游商品的发展。

②完成旅游特色商品包装设计项目的攻关课题。

③举行大学生旅游特色商品包装设计大奖赛。

④举办旅游商品包装设计展示会和论坛，做好后续工作。

（2）聚焦热点开展课题研究。

①根据现代农业的特点，组织包装企业对农产品的包装功能要求及材质的创新进行研究与开发，探索资源整合、互惠互利和平台建设，提高农产品包装整体水平。

②深入研讨快递包装的问题，及时向人大反映并提出相关建议，做好相关的信息跟踪和反馈。

③组织有关院校、包装企业的专家，对包装产业延伸、《现代物流与运输包装》课题进行深入研究，共同发展，以期形成新的业态。

④召开交流会，积极探索“互联网+”在包装行业的应用模式。

⑤围绕食品包装安全、绿色包装、包装减量化、包装 VOCs 排放等敏感问题专题进行研讨。

3.开展国内外交流活动，增强为会员服务的力度

（1）组团赴南美参观包装展览会并进行商务考察。

（2）根据约定，组团赴中国台湾北出席亚洲包装设计展示交流会（APD）并派员作交流演讲。

（3）与各省市包协互动交流：①应邀组团赴西部地区考察、交流；②做好外省包协组团来沪参观

交流的接待工作。

（4）组织会员企业参加包装专业展览会，包括第二届包装容器展览会、包装世界上海博览会和橡塑展览会。

（5）在2016年已评出11家并获得相应诚信等级、初见成效的基础上，继续在全行业开展诚信企业创建活动，使企业诚信的创建工作进一步规范化、制度化。

4.充分发挥社团作用，加强协会自身建设

（1）发挥理事会集体领导的作用，协会理事都参与各专业委员会的工作，支持并帮助专业委员会顺利展开和落实工作。

（2）及时与副会长单位联络员沟通、联系，依靠副会长单位并让其参与到协会的重点工作和活动中来，探索共同发展。

（3）重视专业委员会的工作，深入企业，关心企业，服务会员，掌握动态，促使行业有序发展。

（4）发展会员。2017年特别需要在转型发展中有新会员入会，以增强活力，壮大会员队伍。

（5）根据不同阶段的任务和要求，有针对性地开展行业培训工作。

（6）做好协会办事机构的工作。一是要加强对各专业委员会工作的指导和考核，确保各项工作和活动落到实处；二是要完善协会各项制度，促使协会规范、健康发展；三是要完成协会办事机构党支部的改选换届工作；四是要在开展公益性活动和工作的同时，有意识地增强协会经济实力和资产积累，努力增值和保值，以保证协会及办事机构的正常运行。

（7）继续发挥协会专业媒体的作用，包括《上海包装》杂志、上海包装信息报、上海市包装网及微信、微博，质量有新提高，内容有新亮点。

（8）配合上海新闻出版局完成上海包装印刷志撰写任务。

2016年深圳市包协重点工作

深圳市包装技术协会

2016年，深圳市包装工业继续保持平稳发展态势，全年全市包装行业实现工业总产值699.53亿元，与2015年基本持平，占全国同行业总产值6.57%；出口创汇633.27亿元，出口额居全国第一位。至2016年年底，全市包装行业企业数量近4000家，其中，生产企业近3000家，包装设计企业1000多家，从业人员近18万人，全行业在机械设备、产品质量、包装设计、包装工艺、产业规模和配套服务等方面继续保持国内领先地位，达到世界先进水平；拥有中国包装印刷防伪技术研发中心、中国纸包装印刷材料研发中心、中国包装新材料研发中心、中国包装印刷（文化创意）研发中心、中国烟包装研发中心、中国医药包装研发中心、中国酒包装研发中心、中国聚乙烯泡沫包装材料研发中心（深圳）、中国茶包装创意设计研发中心（深圳）、中国酒类包装创意设计研发中心（深圳）、中国环保包装印刷材料与应用技术研发中心11个国家级包装研发中心，是国内拥有最多包装研发中心的城市。多家包装行业企业和商标被认定为“国家高新技术企业”“中国包装优秀品牌”“广东省名牌产品”“广东省著名商标”“深圳市知名品牌”。多家企业科技研发项目获得多项政府政策与资金扶持。

一、举办了“设计之都”包装设计展

2016年12月12日设计展开幕，同期还举办了第十一届“深圳之星”平面包装设计大奖赛与第八届中国（深圳）国际创意、设计、品牌博览会，并作为深圳市第十一届“创意十二月”系列活动之一。本次展会继续以“绿色包装、创意包装”为理念，展示面积达1500平方米以上，集中展示以纸、塑料、金属、陶瓷、玻璃、皮艺、木艺为材料创作而成的独特新颖的优秀包装设计作品和包装创意产品，共征集作品4000多件，参展单位107家，精选378件作品参评参展，其中有历年获奖作品，以及一批优秀设计师的作品和最具行业代表性企业的包装产品。展品以图片加包装实物的形式展出，造型独特，设计精美，呈现出深圳包装设计的整体实力和国内包装设计的最高水平及未来发展趋势。参加此届“深圳之星”大奖赛的作品经专家组评审，评选出“深圳之星”金奖5个、银奖8个、铜奖10个，“设计之星”金奖3个、银奖5个、铜奖7个及“最受市场欢迎奖”和“最佳创意奖”。截至2016年，“深圳之星”大赛已连续举办11届，累计征集参赛作品上万件，获奖参展作品1000余件，在包装创意设计方面具有很大的影响力，为展示深圳包装提供了很好的平台。

二、第十次会员代表大会暨换届大会顺利召开

2016年12月16日，深圳市包协第十次会员代表大会暨换届大会在深圳市人民大厦深圳厅隆重举行。深圳海关、深圳检验检疫局、深圳市经济贸易和信息化委员会、深圳市民间组织管理局等各单位领导，中国包联党委副书记、常务副会长兼秘书长王跃中、副会长王利，广东省包协、中山包协以及深圳市包装行业协会第九届名誉会长、会长、常务副会长、副会长、秘书长、副秘书长、监事长、监事、会员代表等共计300多人出席了会议。大会以无记名投票差额选举方式，选举深圳美新隆制罐有限公司为深圳市包装行业协会第十届会长单位，美新隆董事长吴坚出任会长；贵联控股国际有限公司当选为新一届监事会监事长单位，由贵联集团政策指导顾问李秋光出任监事长；产生了胡少南、池武欣、马伟武、刘绍然、胡军民5位名誉会长，宋智毅、罗少敏、马楚邦、严琪、庄华琳、刘如强、黄琳、王华君、江河、吕伟、赵国义、孙和永、王利婕、徐仁生、黄伟华、彭国意、郭欣、石峰18位副会长，李秋光、管黎华、欧阳宣3位监事的新一届领导班子。大会表彰并颁发了标准化先进单位、具成长潜力企业、创意设计杰出单位、行业领军骨干企业、转型升级先锋企业、行业产品质量优秀奖、新材料研发领先单位、行业研发创新领军企业、自动化工艺改进示范单位、行业热心公益事业先进单位、校企合作突出贡献单位11个奖项，共29家单位获奖。

三、继续做好行业协会沟通与服务工作

2016年，深圳市包协组织业内企业积极参与申报全国“百强企业”“龙头企业”“中国包装优秀品牌”“中国包装联合会科学技术奖”“广东省名牌产品”“广东省著名商标”“深圳市知名品牌”“中国包装行业杰出企业家”等评选活动，增强企业知名度和影响力。组织申报中国包联研发中心、高新技术企业、企业技术中心、重点实验室，不断提升企业的创新研发水平，增强企业竞争力。深圳目前拥有11个包装研发中心，是国内拥有最多包装研发中心的地区。及时将国家、省、市、区扶持政策传达给企业，并协助企业申请政策扶持、资金补贴。根据行业发展需要，组织举办针对性的沙龙、培训，提升企业专业技能，全年策划、组织企业参加包装印刷行业VOCs污染整治技术沙龙、“互联网+包装”分享沙龙、包装行业标准技术分享沙龙、绿色包装印刷技术分享沙龙、包装创意设计与产品市场推广分享沙龙、沙龙走进企业等专题培训、讲座、沙龙活动共18场次，有效地帮助企业在企业管理、包装技术、工艺、设计等方面不断提高，促进行业企业间的交流与合作。组织行业企业参加国内、国际各种展会，加强学习和交流，树立品牌形象。充分发挥深圳市工业行业培训中心、深圳市携创技工学校的教学平台作用，每年为包装、印刷行业培养和输送500名中级技工以上人才，有效缓解了我市行业企业技工人才紧缺问题；建立企业校区，培养实用技术人才的同时，还帮助企业缓解急用之需达3000人次，中心、学校还向全市其他行业企事业单位培养输送各类技术人员，为深圳的经济建设及对口贫困地区的教育扶贫工程做出了较大的贡献。积极调研深圳出入境检验检疫局、深圳市计量质量检测研究院等相关单位，协调解决相关问题。协会不断发挥桥梁纽带作用，整合行业资源，搭建交流合作平台，促进行业健康发展，加快产业转型升级。

山东省包装行业“十三五”发展规划

山东省经济和信息化委员会

一、发展背景与现状

包装产业是与国计民生密切相关的服务型制造产业，对国民经济与社会发展具有十分重要的作用。包装产业现代化和包装产品水平是反映人民生活质量高低及国家文明程度的标志之一，是加快供给侧结构改革，改善供给结构，提高供给质量和效益，推动构建现代产业新体系的重要途径，对推动产业转型升级、提质增效起着极为关键的作用。随着社会经济的不断发展，包装已由商品附属地位逐步演变成为商品的重要组成部分，已经成为世界许多发达国家和国内部分发达地区竞相加快发展的重要产业。经过 30 多年的建设发展，我国已建成较为完善的包装产业体系，产业规模稳步扩大，产业结构不断优化，配套服务能力显著增强，自主创新水平日益提高，产业地位持续上升。截至 2015 年，我国包装企业达 30 余万家，工业年增加值达 1.5 万亿元，位列全国 38 个主要工业门类的第 14 位，世界第二包装国地位进一步巩固。我省包装工业经过几十年发展，从小到大，从弱到强，从低档到高端，行业得到长足发展。已形成了纸包装制品、玻璃包装制品、塑料包装制品、金属包装制品及其他包装制品、包装机械装备制造、包装材料、包装印刷以及包装生产服务业 9 个子产业门类齐全、技术先进、装备优良的现代化工业体系。特别是“十二五”以来，全省包装行业认真贯彻落实国家有关产业政策和《山东省包装工业调整振兴指导意见》，产业规模不断壮大，产业技术不断进步，产业结构不断优化，产业体系不断完善。

（一）产业规模不断壮大

到“十二五”末期，全省包装企业达 13000 多家，从业人数 29.6 万多人，其中，规模以上企业 1151 家，从业人数 14.67 万人，实现包装工业主营业务收入 1984.67 亿元，占全国包装工业主营业务收入的 17.46%，位居全国第二；实现利税 204.03 亿元，利润 128.37 亿元，分别位居全国第一。主营业务收入、利税、利润分别比“十一五”末增长 71.40%、66.50%、65.87%。其中，重点产品完成销售收入分别为：纸及纸板容器 439.52 亿元、塑料包装（包装膜）制品 492.81 亿元、玻璃包装制品 90.90 亿元、金属包装制品 172.66 亿元、包装机械装备制造 33.70 亿元、包装印刷 727.68 亿元、木质包装制品 27.40 亿元。拥有山东名牌产品 30 个、驰名商标 8 件、著名商标 59 件。

（二）产业技术不断进步

到“十二五”末期，积极争取国家财政部和省财政厅包装行业高新技术研发专项资金 1.2 亿元，支持企业技术创新，激发企业内生发展动力，提高了企业创新能力水平。拥有国家级企业技术中心 4 家，建设省级企业技术中心 32 家、省级工业设计中心 3 家、市级技术中心 100 余家，研发资金的投入比例由过去的 1.2%提高到 1.5%，推进企业攻克了一批质量攻关、替代进口材料、进口设备、节能环保包装材料、防伪包装技术、综合利用等关键技术，开发了液体饮料无菌包装原纸、砖型无菌包装、多重防伪包装瓶盖、防伪包装一体化环保型包装材料、轻量薄壁高档药用玻璃包装、再生纤维素镀铝膜、全自动瓦楞纸板联合生产线、全自动模切联动线、智能机器手等一批新产品、新设备，实现了包装材料、装备依赖进口到基本自主化的跨越。包装机械成套装备不仅满足国内市场需求，同时出口到欧洲、非洲、东亚等十几个国家和地区。

（三）产业结构不断优化、产业体系不断完善

通过包装工业调整振兴规划实施，产业资源整合优势日趋凸显，产业布局渐趋合理，产业结构不断优化，产业体系日臻完善。东西部包装产业的销售收入比值为 62 ∶ 38，形成了以青岛、烟台、潍坊区域包装机械装备制造、纸包装制品、包装印刷、酒包装瓶（盖）产业集群；潍坊区域塑料包装薄膜及塑料复合材料产业集群；日照区域塑料非复合膜（袋）产业集群；淄博区域防伪材料及塑料包装容器产业集群；济南区域包装检测设备产业集群。资源的优化，促进了专业化生产能力，产品结构向标准化、多元化、优质化、功能化方向发展。产品细分程度加深，深加工产品比例上升，新产品不断涌现。产品设计水平的提高，促进了产业链延伸和产业体系完善，形成了纸包装制品、玻璃包装制品、塑料包装制品、金属包装制品及其他包装制品、包装机械装备制造、包装材料、包装印刷以及包装生产服务业 9 个子产业体系。

尽管我省包装产业发展较快，包装产业总量居全国前列，但从企业主体意识、人才培养、质量水平、发展潜力等方面相较国外和广东、浙江、上海等发达地区还有较大的差距，与我省工业经济发展水平和现代发展新需要还不相称。主要表现在企业科技创新主体意识不强，研发投入不足，产学研用合作资源互补优势没有显现，人才培养机制不健全，缺乏高端人才。不同程度地存在着自主品牌缺乏、创新能力水平不高、市场核心竞争力不强、产业比较优势不突出和产业发展后劲不足等问题。

二、指导思想与基本原则

（一）指导思想

深入贯彻落实十八大、十八届三中、四中、五中全会、习近平总书记一系列重要讲话和中央“四个全面”总布局和省委总体部署，适应和引领经济

发展新常态，深入实施创新驱动战略，牢固树立创新、协调、绿色、开放、共享的发展理念，开辟新途径，构建新体系，紧紧围绕包装产业转型发展，转变生产方式，激发创新活力，重点突破绿色包装、安全包装、智能包装等领域的技术瓶颈，大力发展绿色包装材料、智能包装装备和包装制品，有效构建“环境友好、资源节约、循环利用、持续发展”的新型产业格局，全面提高包装产业的发展质量、效益和水平，促进我省包装行业持续健康发展。

（二）基本原则

1．市场主导与政府引导相结合

突出市场配置资源的基础性作用和企业的主体作用，充分发挥市场优胜劣汰机制功能。加强产业转型发展的规划引领和政策导向，推动转型升级，促进包装产业融入大战略，与相关产业联动融合协调发展。

2．创新驱动与品牌引领相结合

围绕国家创新驱动战略、《中国制造 2025》和“互联网+”行动计划，分类引导、分层推动不同企业增强自主创新和品牌培育能力，提升核心竞争力，促进大中小微企业互生共长、协同发展。重点支持龙头、优势企业进军国际市场，扶持创新型中小微企业特色化成长。

3．整体推进与重点突破相结合

立足我国包装产业发展现状与特点，针对转型发展做出具有前瞻性的战略安排，明确目标、任务、时间节点与实施路径，统筹引导和全面推进产业的转型升级。重点推动产业节能减排、结构优化和产业集群与生态文明建设，促进绿色、清洁、环保、循环的生产体系构建。

三、发展目标、重点任务与发展重点

（一）总体目标

到“十三五”末，包装行业的两化融合、自主创新、绿色制造、节能减排等水平显著提升，后备专业研究和设计人才的培养机制不断完善，对制造强省建设和国民经济发展的贡献能力与支撑作用持续增强。

——到 2020 年，培育一批绿色、安全、智能包装产业集群，壮大一批拥有自主知识产权的自主品牌企业，发展一批具有国内、国际核心竞争力的龙头包装企业，形成一批省级或国家级企业技术中心或工业设计中心，扶持一批特色化创新成长型的中小微企业，引领企业转型发展带动行业持续健康发展。

——到 2020 年，全省规模以上包装工业主营业务收入实现 2850 亿元、利润 180 亿元、利税 293 亿元，分别年均增长 7.5%、7%、7.5%；主营业务收入达亿元以上的包装企业 180 家以上，主营业务收入达到 5000 万元以上的包装企业 500 家。

（二）重点任务与发展重点

将自主创新作为行业驱动发展战略的基点和转型升级的主要支撑，围绕绿色发展、创新发展、品牌提升、两化融合发展等主要任务，实施四大工程，重点突破制约行业发展的瓶颈技术，全面推动包装产业转型升级、提质增效，不断夯实“包装强省”的建设基础。

1．实施绿色发展工程

围绕减量、回收、循环等绿色包装的核心要素，构建覆盖包装全生命周期的绿色生产体系及开发绿色包装的评价技术与方法。建立健全包装废弃回收网络，以减少环境污染、提高资源利用为目标，组织实施绿色材料、清洁生产、循环利用等专项技术改造，开展环保材料开发、资源综合利用、节能低碳技术等产业化示范。加速推进绿色化、高性能包装材料的自主研发和国产化进程，研发一批社会发展急需、替代进口的关键材料与技术，突破绿色包装材料的应用及产业化瓶颈，提升资源节约、环境友好包装的自主研发与生产水平。

——着力优化资源配置。提出市场资源配置基础作用和企业的主体作用，充分发挥政府引导和市场制约功能，优化资源配置，提高优质原料供给能力。引导和激励企业自愿自主开展兼并重组、控股、参股方式走出去整合木浆原料资源，建设和控制原料基地。充分利用我省 7000 万吨/年的秸秆资源，弥补木浆资源不足，实现循环经济。提高环保、能耗、技术、质量、安全等标准，加快淘汰落后产能，化解产能过剩矛盾。按照产业准入的能耗、物耗、水耗等国家和行业标准，对不达标企业实施差别和惩罚性电价、超定额用水累进加价。重点扶持太阳纸业、晨鸣纸业、华泰纸业、恒联投资、亚太森博等龙头企业。到 2020 年，优质原料供给基本满足，资源配置进一步优化。单位工业增加值能源消耗下降 20%、工业二氧化碳排放强度下降 20%、单位工业增加值用水量下降 25%、主要污染物排放总量下降 10%。

——着力开发包装综合利用技术。牢固树立循环发展理念，大力促进包装废弃物循环利用。加强包装废弃物分类管理，健全包装废弃物回收网络，提高包装制品重复使用率。发展包装废弃物循环利用技术，支持企业围绕包装废弃物的再次高效利用开展技术攻关。重点开发、推广废塑料改性再造、废（碎）玻璃回收再利用、纸铝塑等复合材料分离，以及废纸（金属、塑料等）自动识别、分拣、脱墨等包装废弃物循环利用技术。大力推广自主创新的秸秆及制浆废液综合利用技术和国际上有机酸溶剂法技术，发展非木材清洁制浆；积极采用国际先进技术，加强再生纤维资源回收利用。重点扶持世纪阳光、太阳纸业、泉林纸业、日照环宇外贸、群力塑胶等重点企业。到2020年，废纸回收率力争达到60%、废塑料回收率力争达到70%、其他废包装回收率力争达到50%。

——大力发展绿色包装材料。建立包装材料选用的环保评价体系，重视包装材料研发、制备和使役全过程的环境友好性，逐步推进包装全生命周期无毒无害。倡导包装品采用相同材质的材料，减少使用难以分类回收的复合材料。支持以可降解、可循环等材料为基材，发展一系列与内装物相容性好的食品药品环保包装材料，增强食品药品包装材料智能属性，提高食品药品包装安全性。突破工业品包装材料低碳制备技术，推广综合防护性能优异、可再生复用的包装新材料，增强工业品包装可靠性。促进包装材料产业军民深度融合，推动特殊领域包装材料绿色化提升。重点扶持恒联投资、太阳纸业、山东丽鹏、南山铝业、魏桥铝业、鲁丰铝箔股份、淄博德诺、潍坊仲铂等重点企业。到2020年，绿色化、高性能包装材料国产化率达到35%以上，部分包装材料达到国际先进水平，示范工程参与企业对绿色包装材料的生产和使用占到所使用包装材料总量的50%以上。

2．实施创新发展工程

实施“包装产业创新能力提升计划”，充分发挥企业技术中心和工业设计中心平台作用，加强产学研合作，建立人才培养激励机制，加快发展适度包装设计技术，大力推行减量设计和生态设计，着力推进绿色包装、安全包装、智能包装等前沿关键技术的研发与成果推广应用，重点突破共性关键技术、质量控制技术，力争在重点领域、重点产品等重大共性和关键性研发中取得突破性进展。

——包装机械装备。重点突破包装嵌入信息技术、人机交互技术、信息分析技术等共性技术，加强供送、计量、清洗、裹包、灌装、封合、堆码等主要包装工序自动化关键技术创新和集成，重点开发网络化、智能化、柔性化成套装备，推进包装装备制造业智能化发展。运用信息化设计、过程集成设计、复杂过程设计和系统设计，着力提升自主设计水平和集成能力，自主攻克优化设计、智能检测、协同控制等包装成套装备共性技术，有效提高高速包装生产线及各类先进检测设备的国产化水平。重点发展高端包装印刷装备、包装印刷机器人、远程设计自动化包装印刷装备、清洁能源装备、节能环保装备五大高端新兴装备。重点扶持青岛美光、山东信川机械、青岛佳友、普瑞特机械制造、威海印刷机械、山东明佳包装检测科技、山东昌华造纸机械等重点企业。到2020年，自主知识产权高端智能包装装备市场占有率大幅提升，核心技术对外依存度明显下降，基础配套能力显著增强，部分装备达到国际先进水平。

——纸包装、塑料包装、金属包装、玻璃包装及其他包装制品。重点突破质量可靠性、稳定性、安全性共性关键技术，应用工业设计提高产品的实用性、便捷性、可观赏性，推进企业向轻量化、功能化、个性化、定制化、精细化包装产品发展。突破包装制品防水、防潮、抗菌、阻燃等关键技术，提高易燃易爆品和有毒工业原料的包装安全防护性能。纸包装制品重点发展高端纸浆模塑、微型瓦楞、可折叠纸蜂窝等包装制品及纸制展示包装；塑料包装重点发展以天然材料、生物基材料、可降解材料和环保型助剂等为原料，可定制的环境友好型塑料包装制品，实现购物袋、饮料瓶、快餐盒、泡沫塑料等无公害化；金属包装重点发展高性能特薄板材、铝箔、金铝易拉罐制罐料、高档瓶盖料、药用铝箔材料、覆膜铁、覆膜铝等新型材料生产的包装容器；玻璃包装重点发展轻量化、功能化和智能化包装制品；其他包装制品优先发展战备物资、易燃易爆及有毒产品包装安全防护技术，提高军品、危险品和有毒产品的包装安全防护性能。重点发展防震缓冲、表面处理、气相防锈等技术，减少包装件在流通过程中的破损、泄漏、腐蚀等现象的发生，增强包装防护可靠性，实现工业品保值增效。重点扶持太阳纸业、泉林纸业、恒联投资、山东祥普实业、群力塑胶、山东雷华、济南鲁兴、济南东舜制桶、山东丽鹏、华泰纸业、世纪阳光等重点企业。到2020年，60%以上的高端包装制品实现自主保障，部分高端包装制品及相关技术达到国际领先水平。

——食品、药品包装。加大包装防伪、保质和防护技术的研发力度，提高食品药品包装安全检测和监管水平。重点突破包装中物质迁移快速检测、微量污染物无损检测、包装破损与内容物变质预警等技术；重点开发食品、药品、果蔬保鲜保质新技术，重点研发安全活性包装技术，尤其是活性剂可控释放技术和智能包装技术，有效延长产品货架寿命。将材料、设计与制造技术相结合，大力研究和开发高阻隔等功能性材料与技术，重点提升包装产品的防潮、防霉、抗菌、抗氧化、阻光等性能，保障食品药品安全和质量。重点开发技术含量高和附加值高的大宗和特种型液体包装纸板、食品包装纸及纸板、高性能纸基功能新材料、生物基纤维素膜新材料、小型和重型商品包装用低克重高强度瓦楞原纸，以及各种功能特种纸及纸板等。白纸板类主要向食品包装纸板与容器快速消费方向延伸发展，重点研发高阻隔、安全、卫生食品包装纸及纸板。重点发展易识别、难仿制、低成本的生物型、电子信息型等综合防伪技术包装制品。重点扶持恒联投资、太阳纸业、济南泉华包装、山东悦宾包装、烟台报捷新闻印刷、泉林纸业、青岛人民印刷等重点企业。到 2020 年，实现 60%以上的食品药品包装生产信息可查询、流向可追踪、责任可追溯、过期可召回。

——包装印刷。推广使用现代化和数字化的印刷生产设备和数字化印刷工艺流程，提倡使用清洁生产环保原料，鼓励使用通过中国环境标志产品认证的环保型油墨、胶黏剂、清洗剂。加大无溶剂复合、无胶复合、冷 UV（辐射）固化、UVLED（紫外发光二极管）固化、冷烫印等节能与环保技术应用推广力度。构建基于绿色理念的版基、制版、油墨、工艺、检测等环保印刷产业链，实现包装印刷领域绿色生产全覆盖。依托功能印刷需求形成新的技术工艺体系，重点发展印刷电子、3D 印刷、气味印刷、生物印刷、纳米印刷、无溶剂印刷、高清柔印、高速喷印等先进技术，提升包装印刷品质。利用互联网、大数据、人工智能等技术，发展云印刷、合版印刷、网络印刷及个性化包装印刷等新型印刷方式。重点扶持烟台报捷新闻印刷、日照环宇外贸包装、山东悦宾包装等重点企业。到 2020 年，包装印刷数字化关键技术自主研发水平显著提升，市场占有率大幅增加。

——人才队伍建设。实施包装专业人才培养、培训等人才结构的持续提升计划，培育和弘扬工匠精神，为产业发展提供包装技术、包装设计、包装营销管理的专业性人才储备。依托省级工业设计中心和省级企业技术中心，重点培养战略型人才和创新创业型领军人才。推动院校与企业联合创立包装设计及技术中心或包装设计教育实训基地，促进包装相关学科建设、技能培训与包装行业转型升级协调发展。

到 2020 年，建设国家级、省级以上创新平台（包括企业技术中心和工业设计中心）50 个以上，规模以上企业研发投入与主营收入比重达到 1.6%以上，专业技术人才比重达到 15%以上。

3．实施品牌提升工程

深入贯彻落实创新驱动发展战略和《中国制造 2025》质量品牌建设任务，深化企业品牌培育工作，加强质量品牌专业人才队伍建设，推广现代先进管理方法和品牌培育管理体系，选树质量标杆。开展企业品牌培育试点示范和产业集群区域品牌建设试点示范活动。实施质量强基工程，支持鼓励企业参与国际、国家、行业标准制（修）订工作，研究制定团体标准。支持和鼓励企业加强品牌建设，提高我省在包装界的话语权和在规则制定中的参与权，大力推动包装检验检测技术创新，加快发展各类先进检测设备，通过质量检测体系与手段，保障和强化包装产品的品质。切实提高企业质量和品牌培育能力水平，提升包装制品、包装机械、包装印刷等行业优势，加快推进区域、行业和企业质量品牌建设。

——做大做强骨干企业。培养一批拥有自主知识产权的国际、国内知名品牌和驰名商标。重点支持晨鸣纸业、华泰纸业、太阳纸业、泉林纸业、恒联投资、博汇、亚太森博、世纪阳光等骨干企业，发挥产业比较优势和品牌优势，整合资源，做大做强。

——培育壮大中型企业。培养一批国内、省内知名品牌和驰名、著名商标。积极推进烟台报捷新闻印刷、日照环宇外贸包装、群力塑胶、山东雷华、山东祥普实业、青岛美光机械、山东丽鹏股份、青岛佳友精密机械、山东信川机械、济南鲁兴包装、山东悦宾包装、济南东舜制桶、鲁南、齐峰、东顺纸业等中型骨干企业向新、特、优发展，加强品牌建设，激发企业发展动力，培育壮大企业发展新优势。

——加快区域品牌发展。加快青岛、潍坊、济南、烟台威海、济宁、聊城产业集群园区建设，拉长产业链，从单纯生产型向生产服务型转变，从提供产品向提供服务、提供解决方案发展。强化精细化分工，提高加工深度和产出价值，重点发展包装设计、装潢、制盒、印刷等加工产业。

到2020年，优选50家具有一定基础的企业进行重点培育，打造“山东省品牌培育示范企业”，争取10家企业入选为国家级试点示范企业，选树10个省级或国家级质量标杆。培育5个知名度高、美誉度好、竞争力强、附加值高的产业集群区域品牌，争取2个集群进入国家试点示范区行列。山东名牌产品达到50个，驰名商标达到10件，著名商标达到60件。

4．实施两化融合发展工程

积极运用工业云，加快“互联网+”包装平台建设，促进信息化与包装产业融合，以信息化技术改造提升包装工业，推进信息化、产业化、专业化、集约化发展。

——加强“包装企业两化融合管理体系”系列标准建设和推广，推动包装企业加快信息化建设进程，促进包装企业形成新的生产方式、制造方式、服务模式、商业模式，促进信息技术向设计、生产、流通、回收、循环利用等环节渗透，提升包装制造过程的信息化、自动化、智能化水平。

——实施智能制造专项行动，构建新型制造体系，引导包装制造业朝着分工细化、协作紧密方向发展，推动生产方式向柔性、智能、精细转变，引导并推广集绿色制造、协同制造、虚拟制造、网络化制造等为一体的先进制造模式。

——打造“互联网+”包装产业链。促进互联网、物联网技术在包装产业发展中的推广与应用，发展基于互联网的数据驱动、众包设计、云制造等包装生产服务模式，推动形成基于消费需求动态感知的产业经营方式，建立优势互补、合作共赢的开放型包装生产体系。实现包装设计、材料供应、生产制造与客户订单的最优匹配，提供快速便捷、低价优质的一体化服务，助力包装企业向综合服务商转变。以食品、药品以及重要商品为重点，利用物联网等信息技术，建设以包装为载体的产品可追溯系统，推进追溯体系对接和信息互通共享，提升包装在追溯体系中的综合服务功能。

到2020年，认定一批包装行业两化融合管理体系试点示范企业和智能示范企业（车间），形成一批新技术、新模式、新业态。中小企业应用信息技术比例达到55%以上，企业间电子商务交易额明显提升，行业装备数控化率达到70%以上，推动我省包装行业数字化、网络化、智能化水平进入全国同行业前列。

四、保障措施

（1）加强规划指导，加大政策扶持力度。加强包装行业“十三五”发展规划对各市包装工业发展的行业指导，研究制定《加快我省包装行业发展指导意见》，加大对技术改造、技术创新、品牌建设、两化融合、人才培养等方面给予政策资金支持。

（2）加强部门联动，营造发展环境。加强政府部门合作，建立企业诚信自律机制，加大对重要商品（食品、药品、危化品）包装质量的监管力度，依法严厉打击利用包装产品和技术生产假冒伪劣产品。

（3）发挥行业协会作用，建立行业服务平台。充分发挥行业协会在产业发展、行业自律、标准制（修）定、行业统计、规划制定实施、项目咨询论证、资质认证、人才培训教育和行业诚信体系建设等方面的作用，夯实行业组织服务基础，着力建设产业政策宣贯、行业交流、产学研合作、投融资对接、成果转移、技术推广、服务购买等资源共享的行业服务平台，提高综合服务功能，推进形成政府指导、协会引导、企业主导的产业发展新格局。

（4）加强产学研合作，加快人才培养。建立完善人才培养机制，推进产学研合作，不断创新人才培养模式，扩大具有国际视野的高层次、复合型创新人才培养规模，加大应用型、设计型人才培养力度，加快技能型人才培养步伐，实现人才培养与行业发展的对接与匹配。

宁夏回族自治区包装工业“十三五”发展规划

宁夏回族自治区经济和信息化委员会

包装工业作为服务型制造业，是国民经济与社会发展的重要支撑。“十三五”期间是推进我区现代化建设进程，全面建设开放、富裕、和谐、美丽宁夏的关键时期。为加快全区包装产业结构优化升级步伐，推进我区包装工业发展，充分发挥包装工业对稳增长、促改革、调结构、惠民生、防风险的重要作用，显著提升包装工业对我区国民经济和社会发展的服务能力与贡献水平，根据《宁夏回族自治区国民经济和社会发展第十三个五年规划纲要》，结合全区包装工业发展实际，制定本规划。

一、“十二五”发展成就和存在问题

（一）发展成就

“十二五”期间，我区包装工业主动适应经济发展新常态，不断推动产业结构优化、发展动力转换和发展方式转变，总体保持了持续、平稳、健康发展的势头，服务国民经济和社会发展的能力得到了进一步增强，为“十三五”建设与发展奠定了坚实基础。

1．包装工业持续平稳发展

截至“十二五”末，全区各类包装企业达 160 多家，其中，规模以上企业 45 家，占全区规模以上工业企业的 3.79%。2015 年全区包装工业总产值达 53.2 亿元，占全区工业总产值的 1.4%；工业增加值达 14.8 亿元，占全区工业增加值的 1.5%。在包装工业总产值中，包装印刷 27.13 亿元，纸和纸板容器 13.32 亿元，塑料包装制品及容器 11.57 亿元，金属包装容器 0.72 亿元，包装机械制造 0.64 亿元。形成了以包装印刷、纸和塑料为主的产品结构，为保护产品、促进销售、方便运输和物流管理及提升商品市场竞争力做出了贡献。

2．包装骨干企业不断发展壮大

“十二五”末，我区包装企业主营业务收入超过 1 亿元的有 12 家，超过 2 亿元的有 4 家。宁夏金世纪包装印刷有限公司拥有国内外一流的包装印刷机械设备百余台，主要产品瓦楞纸箱、高档礼盒等销售覆盖甘肃、内蒙古、陕西、山西、新疆等省份，产品质量档次及市场占有率均属西北领先，为国家瓦楞纸箱标准起草单位。宁夏弘德包装材料有限公司引进具有世界先进水平的包装印刷生产线，配套采用自动套准系统和质量控制系统，填补了我区包装行业在烟包生产领域的空白。宁安彩印包装有限公司不断加大技术改造和新产品研发力度，生产规模和市场份额不断扩大，经济效益逐年提高，日生产能力达到 30 万只包装箱。宁夏润龙包装新材料股份有限公司在全国股转系统成功挂牌融资，积极进行扩能改造，进一步提高产品的技术含量和质量，高端塑料编织袋年产能实现 6000 万套。银川富邦印刷包装有限公司纸浆模塑产品品种不断增加，市场占有率逐年提高。宁夏白浪包装股份有限公司在天津股权交易所成功挂牌。引进国内外的先进技术和设备，日生产瓦楞纸箱达到 20 万只。宁夏仓满制桶有限公司引进国内先进的自动化制桶、喷涂和开卷校平剪切生产线，实现流水线加工生产作业，具备了年生产 60 万只不同规格包装钢桶的能力。其中，银川富邦印刷包装有限公司被中国包装联合会评为“2014 年度中国包装百强企业”，形成了“SHAMAIDUN（沙麦顿）”“东星”“圣腾”等一批宁夏名牌产品、著名商标。这些骨干包装企业已经发展成为我区包装工业的中坚力量，也为我区包装工业今后的发展奠定了良好基础。

3．自主创新能力和技术装备水平明显提高

“十二五”期间，全行业通过实施国家包装行业高新技术研发项目计划、自治区支持新型包装材料和包装废弃物资源化利用奖励项目等重点科研项目，科技创新和成果转化能力不断增强，为产业技术水平的提升提供了有力支撑。一是企业积极开展工艺创新和产品创新，促进包装生产过程不断完善和竞争能力持续增强。我区包装企业拥有自治区级企业技术中心 2 个，占全区企业技术中心的 3.4%；清真产品包装智能环保技术工程实验室 1 个、国家清真包装产品研发中心 1 个。二是努力提高包装产业技术装备水平，促进产业劳动生产率迅速提高。我区包装龙头骨干企业生产管理及技术装备水平在西北同行业居先进水平，企业引进德国高宝 7+1、6+1 胶印机、日本秋山 6+1 胶印机、三菱 4 色胶印机、德国罗兰 8+2 胶印机、瑞士博思特 8 色凹印机等一批国际先进设备，提高了产品质量，有力推动了包装印刷产业升级。银川日昌自动包装机制造有限公司的数字化称重计时法多物料给料器的生产与技术居国内同行业前列，研发的多项新产品获得了全国包装行业科学技术奖和宁夏发明奖。塑料包装行业采用现代加工设备，优化配方，改进生产工艺，其中润龙包装新材料有限公司研发的新型高强度、耐高温聚乙烯包装内膜质量各项指标高于 GB/T 4456—2008 技术标准，属于国内先进水平，在国内占有较大的市场份额。银川富邦印刷包装有限公司制定的《清真（HALAL）制品包装通用标准》，被自治区民族事务委员会、质量技术监督局批准发布实施，填补了我区清真产业包装标准的空白。三是经过持续调整，目前区内包装龙头骨干企业的产业技术水平提升明显，缩小了与国内发达地区包装产业的差距。包装印刷西北市场占有率达23%，瓦楞纸箱、塑料编织袋西北市场占有率分别为17%和21%。

4．产业集约式发展初见端倪

我区包装产业坚持以市场为导向，以骨干企业和工业园区为载体，积极推动产业集约式发展。经过多年努力，产业集约式发展已初见端倪。一是区域性产业集聚态势逐步明显。银川、吴忠等地逐步形成了纸包装产业集聚，吴忠、石嘴山形成了一定规模的塑料包装产业集聚，银川、红寺堡形成了一定规模的包装印刷产业集聚。二是区内包装企业加速向中心城市聚集。银川、吴忠等中心城市充分发挥其金融、交通、信息等方面的强大优势，广泛吸引国内大型知名企业入驻，迎来了广阔的包装配套市场。各包装企业纷纷抢抓机遇，及时调整自身发展战略，快速向上述中心城市聚集，提升了这些城市的包装规模与档次，繁荣了当地的包装工业经济。三是包装工业园区加快建设。“十二五”初吴忠包装印刷产业基地建成，开启了我区包装印刷产业整合和聚集发展的新时期，目前基地已聚集25户包装企业，2015年产值突破12亿元，产业集聚效应凸显。

5．贡献能力显著增强

“十二五”期间，我区包装工业配套服务能力不断增强，累计为超过2100亿元国内商品和18亿美元以上出口商品提供了配套服务，配套商品附加值达10%以上。在国民经济中的贡献能力不断提升，仅2015年，全区包装行业完成利税总额7.98亿元，上缴税收2.76亿元。包装工业的技术水平、节能降耗水平、就业消化能力、生态文明贡献度等较“十一五”均有不同幅度的提高，在推动社会发展中的作用越来越显著。

（二）存在的主要问题

我区包装工业虽然取得了较大发展，但是也存在诸多制约产业高水平发展的问题，主要表现如下。

1．自主创新能力有待进一步增强

适度包装、绿色包装理念需要大力普及和深化，节能环保技术、工艺、装备尚未得到系统研发和广泛应用，企业高投入、高消耗的粗放生产模式仍然较为普遍，绿色化生产方式与体系尚未有效形成，环境友好程度不高。我区包装工业除金世纪、富邦、弘德、润龙、机械院、日昌等骨干企业外，大部分企业尚未形成自己的核心技术。原始创新、集成创新、引进消化吸收再创新的能力欠缺。企业技术研发投入和行业重大科技创新投入严重不足，自主研发能力较弱，具有竞争力的自主知识产权技术不多，缺乏科技成果转化的成熟机制和创新服务平台。行业高层次人才比例较低，创新领军人才严重不足，创新团队的培育机制不完善，创新体系不健全。

2．协调发展机制有待进一步完善

低档次、同质化产品生产企业重复建设问题突出，结构性产能严重过剩，无序竞争现象未能有效遏制。资源、技术、信息和人才得不到有效共享，企业成本压力大，融资难度高，抗风险能力不强。上下游产业之间、产业链之间、企业与高等院校和科研院所之间对接意识不强，尚未形成紧密的联盟型发展模式和深度的产学研合作互动机制。企业间协同创新与发展的意识不强。

3．产业信息化水平有待进一步提升

包装制造过程自动化、信息化、智能化水平有待提高，数字化、网络化设计制造模式尚未普遍采用。包装行业缺乏工业化与信息化深度融合(以下简称“两化融合”)的整体规划以及系统、翔实的工业基础数据库与产业运行统计数据等信息共享平台。包装企业采用云计算、大数据、物联网等现代信息技术改造原有产品、转变生产方式、创建电子商务整体解决方案等方面的能力不足。包装产品信息跟踪、质量安全溯源及其流通的实时监测系统仍不健全。

二、“十三五”面临的形势

“十三五”期间，我区包装工业将迎来全新的发展机遇，但也面临着更为严峻的发展挑战。

从机遇看，一是“一带一路”倡议为包装工业配套延伸、产业转移和市场拓展提供了重大机遇。根据国家发展战略，我区将加快融入“一带一路”，作为古丝绸之路上的重要节点，大量工业产品以及社会零售商品需要包装配套，能有效拉动包装工业经济快速增长，必将成为区域经济发展的组成部分。二是工业稳增长、调结构为包装工业提供了发展空间。随着工业进入“稳增长、调结构、促改革”的新常态，企业的生产方式、产品结构、工艺要求有了新的变化，对包装产品有了新的需求，因而必将推动包装工业生产方式的转变和产品的转型。同时，我区大力发展四大主导产业，改造提升五大支柱产业，着力培育六大新兴产业，加快发展生产性服务业，“互联网+”行动计划等重点产业发展计划的实施，必将极大促进包装工业快速发展。三是包装产品的卫生安全和实用性已广泛得到社会关注。随着我区新型城镇化建设的不断发展，城乡居民生活水平的不断提高，人们对商品包装的卫生安全和实用性有了新要求，对包装产品的需求更加注重安全、环保、节约、便捷，这将促进包装产业结构优化升级，为包装工业提供巨大的发展前景。

从挑战看，一是竞争压力增大。由于包装企业投资较少，工艺简单，造成了企业重复建设、产品重复生产，销售随意降价，企业出现无序竞争的局面。二是企业生产经营成本压力加大。由于包装劳动力、原材料、知识产权、土地、能源、税收等“高成本时代”的来临，推动企业生产成本增加，企业赢利能力减弱，对包装企业生产经营将产生较大影响。三是“一带一路”机遇凸显，但在此机遇中，包装行业企业在理念、战略、技术、方法等方面对把握新机遇的准备不足，在新形势下必须尽快解决好长期累积的各种问题，适应经济新常态，建立发展新思维，特别是在质量意识、标准体系、创新能力、品牌塑造、协同发展、互联网思维、国际竞争力培育等方面要从对接国内国际两个市场的高度形成系统、全面的发展战略。

三、指导思想、基本原则与发展目标

（一）指导思想

深入贯彻落实党的十八大和十八届三中、四中、五中全会精神，按照自治区党委十一届七次全会总体部署，紧紧围绕“四个全面”战略布局和“四个宁夏”建设，主动适应经济新常态，把握发展新特征，牢固树立“创新、协调、绿色、开放、共享”的发展理念，以提高发展质量与效益为中心，以深化改革为主线，以转型发展为先导，以科技创新为动力，重点发展绿色包装、安全包装、智能包装，大力倡导适度包装，全力构建资源节约、环境友好、循环利用、持续发展的新型产业格局，有效夯实产业发展基础，不断增强自主创新能力，显著提高两化融合水平，大力促进新型业态成长，通过转型升级和提质增效，促进包装产业保持中高速增长，迈向中高端水平，进一步提升我区包装产业的综合竞争力和在国民经济中的贡献力。

（二）基本原则

（1）市场主导，政府扶持。充分发挥市场配置资源的决定性作用和企业的市场主体作用，有效集合资源要素，激发市场活力和企业创造力。加强政府宏观引导、政策支持，强化行业机构在产业发展中的组织、沟通、协调、服务作用，推动转型升级，促进提质增效，确保产业规模、结构、质量、效益协调发展。

（2）统筹兼顾，突出重点。围绕绿色转型，推进产业结构优化、发展方式转变、体制机制创新，整体提高我区包装工业的内生动力、发展水平和贡献能力。围绕发展重点，分类引导、推动包装工业转型升级能力和核心竞争力建设，形成龙头企业的长效培育机制、大中小微企业协同发展机制，促进包装产业与我区经济重点产业、战略性新兴产业的无缝对接。

（3）创新驱动，品牌引领。加快科技创新体系建设，强化企业创新主体地位和主导作用，切实提高企业的原始创新、集成创新、引进消化吸收再创新能力，有效提高包装制造过程的自动化、信息化、智能化水平。围绕研发创新、生产制造、质量管理和营销服务全过程，引导企业实施品牌战略，增强品牌的引领能力和竞争优势，培育以技术、标准、品牌、质量、服务为核心的经济新优势。

（4）深化改革，扶优扶强。加快形成适应经济发展新常态的体制机制，从发展方式转变、发展动力转换、发展模式构建等方面进行大胆创新。通过结构调整、同业联合、协同创新、项目拉动、品牌培育等手段扶优扶强，推动产业集群建设，重点扶持龙头、骨干、优势企业的发展以及创新型中小微企业的成长，增强我区包装产业的整体合力与发展后劲。

（三）发展目标

1.总体目标

提升我区包装工业的创新力。围绕绿色包装、安全包装、智能包装实施重点项目，建设技术中心，突破关键技术。鼓励企业瞄准瓶颈制约问题，制订系统性技术解决方案，开展基础性前沿性创新研究，支持颠覆性技术创新。强化创新支持服务体系建设，促进科技成果的转化、应用与推广，培育一批具有市场竞争力的创新型领军企业。

提升我区包装工业的竞争力。提升两化深度融合、技术自主创新包装发展水平，进一步增强产业发展动能。开展质量品牌提升行动，支持企业瞄准国内外同行业标杆推进技术改造，全面提高产品技术、工艺装备、能效环保等水平。在主要包装制品、包装印刷、包装机械的制造工艺及质量标准、节能降耗、产出效益等方面达到或接近国内先进水平。

提升我区包装工业的贡献力。进一步构建科技含量高、资源消耗低、环境污染少的产业结构，推动清洁生产、节能降耗、循环利用，加快发展绿色包装产业，提升包装工业在绿色制造体系和美丽宁夏建设中的贡献能力。大力拓展包装工业与我区经济各重点产业融合发展的广度和深度，推动科技创新、模式创新、产品创新、管理创新，不断提升包装工业对国民经济和社会发展的支撑能力。

2．具体目标

（1）产业规模。“十三五”期间，做强做大我区包装行业龙头骨干企业，培育提升成长性好的企业，在此基础上发展宁夏包装产业集群。到“十三五”末，全区包装工业年销售收入达到80亿元，工业增加值22亿元，年均增长8%以上。年销售收入超过4亿元的大型包装企业达到3家以上，年销售收入超过亿元的“小巨人”型包装企业达到20家以上。新增高新技术企业6家左右。在促进大中小微企业协调发展的同时，培育国内知名品牌2个以上，区内名牌产品或著名商标10个以上。

（2）自主创新。大力引进和培养创新领军人才，着力解决我区高端科技人才缺乏和企业技术骨干不足等突出问题，规模以上企业专业技术人才比重提高到15%以上。加大行业研发投入，规模以上企业科技研发经费支出占主营收入比重不低于1.6%、全员劳动生产率年增长不低于7.5%。重点培育建立一批包装行业的国家级行业研发中心、自治区级企业技术中心和产学研合作示范企业。国家级行业研发中心达到3个以上，自治区级企业技术中心达到5个以上。着力推动集成创新、协同创新和创新成果产业化，专利授权总量比“十二五”期间增长50%，科技成果转化率达到或接近25%。

（3）两化融合。依据《全区信息化和工业化深度融合五年行动计划》确定的两化融合发展水平指数，到“十三五”末，包装行业重点大中型企业两化融合水平逐级提升，处于集成提升阶段以上的企业超过70%，中小企业应用信息技术开展研发、管理和生产控制的比例达到50%以上。应用电子商务、工业云、大数据等构建包装关键领域上下游产业链及区域包装经济产业带，企业间电子商务交易额突破20亿元。数字化、网络化设计制造模式广泛推广，行业装备数控化率不低于60%。遴选8家企业作为行业两化深度融合贯标试点企业。

（4）综合利用。继续淘汰包装行业落后产能，对生产过程产生的废渣、废液、废气、余热、余压等加强回收和合理利用；对包装制品消费过程中产生的各种废弃物加强回收和再生利用，初步建立包装废弃物循环再利用体系。到“十三五”末，主要包装物的回收利用率：纸制品达到70%以上，塑料聚酯瓶达到80%以上，塑料编织袋达到70%以上，钢桶达到95%以上，塑料薄膜袋达到30%以上，再利用包装废弃物总量达到20万吨以上。

四、主要任务和发展重点

（一）主要任务

将自主创新作为行业发展的战略基点和转型升级的主要支撑，围绕自主创新能力、两化深度融合、产业发展基础、新兴业态培育、包装品牌塑造等主要任务，全面推动包装产业绿色转型，提升我区包装工业的整体发展水平和市场竞争力。

1．增强自主创新能力

推进行业技术创新体系建设。支持引导企业加大研发资金投入，加强技术中心和创新团队建设。积极培育包装行业的自治区级企业技术中心，支持企业参与国家和自治区科技计划和工程项目，着力推进绿色包装、安全包装、智能包装等前沿关键技术的研发以及创新示范，推动科技成果产业化。加快培养和吸引产业发展急需的专业技术人才、经营管理人才、技能人才。加大领军人才和创新团队的协同培养，强化创新人才的成长扶持，通过建立产业链上下游科技协作体、产业协同创新中心、产学研合作示范基地，为创新型人才培养与成长提供重要平台和有力支撑。

2．提高两化融合水平

推动包装企业加快信息化建设进程，促进信息技术向设计、生产、流通、回收、循环利用等环节渗透，提升包装制造过程的信息化、自动化、智能化水平。引导包装制造业朝着分工细化、协作紧密方向发展，推动生产方式向柔性、智能、精细转变，引导并推广集绿色制造、协同制造、网络化制造等为一体的先进制造模式。

打造“互联网+”包装产业链。促进互联网、物联网技术在包装产业发展中的推广与应用，发展基于互联网的数据驱动、云制造等包装生产服务模式，推动电子商务在行业的推广应用。实现包装设计、材料供应、生产制造与客户订单的最优匹配，提供快速便捷、低价优质的一体化服务，助力包装企业向综合服务商转变。

3．夯实产业发展基础

强化包装工业的发展基础。树立“创新、协调、绿色、开放、共享”的发展理念，引领企业主动融入“一带一路”国家战略，落实《关于融入“一带一路”加快开放宁夏建设的意见》，转变生产方式和发展模式，实现从被动适应向主动服务、传统生产向绿色生产的转型发展。加强现代企业制度建设，促进企业建立适应于产业价值链的精益管理模式。推动大中型企业的联合重组、上市融资，加强与发达省市的区域经济合作，实现一体化经营，构建以大中型企业为骨干、小微企业为重要补充的产业发展联盟。支持具有自主创新能力的科技型企业建立主导产品突出、专项服务卓越的发展体系，培育一批主营业务突出、竞争力强、成长性好的专业化“小巨人”企业。

4．推动绿色转型进程

全面落实绿色发展理念。倡导理性消费，反对过度包装，引导包装用户和包装企业围绕减量、回收、循环等绿色包装的核心要素，积极采用用材节约、易于回收的适度包装解决方案，在包装技术研发、生产工艺创新、资源循环利用中大力推广适度包装。构建从设计、材料、制造、流通、消费到回收循环利用全生命周期的绿色包装工业体系。

大力推广绿色包装技术。大力推行简约化、减量化、精细化、循环化包装设计技术，提升覆盖包装全生命周期的整体设计能力。加大绿色包装关键材料、技术、装备、工艺、产品的研发力度，推动企业生产方式绿色化，形成科技含量高、资源消耗低、环境污染少的产业结构。组织实施绿色材料、清洁生产、循环利用等技术改造项目，加强节能环保技术、工艺、装备的推广应用。推动包装绿色制造企业与示范工程建设，形成一批引领性强、辐射作用大、竞争优势明显的重点企业和产业集群。

推进绿色包装，应用可降解、无污染、可循环利用的包装材料，鼓励网上购物采用减量化、无害化包装。

5．支持新型业态成长

延伸传统包装产业服务链。落实“互联网+”行动，对接上下游产业与终端需求，引导企业围绕包装全生命周期提供一体化制造、一站式服务包装解决方案。按照国家《循环经济促进法》《清洁生产促进法》的有关规定，强化包装生产企业在包装废弃物强制回收中的相关责任，促进企业实现包装废弃物资源化与综合利用。加快推动包装产业与生态农业、快速消费品业、远程物流配送业等领域实现跨界融合，发展现代物流包装产业。

支持包装文化创意产业发展。推动枸杞、葡萄酒、清真食品和穆斯林用品、旅游产品等产品的包装创新，运用互联网金融等手段，加大资本、技术、人才投入，开发具有地方民族风格和传统文化内涵的包装产品，培育建立一批包装创意设计示范企业，大力提高包装创意设计水平和质量，壮大包装专业设计队伍。

6．重视包装品牌培育

培育包装技术品牌。立足包装产业科技前沿，通过自主创新、协同创新，重点发展绿色包装设计、安全包装防护、包装循环利用等技术，形成一批拥有自主知识产权的核心技术品牌，提高我区包装工业在国内包装行业中的地位，增强包装工业整体发展水平和市场竞争能力。

塑造包装产品品牌。以包装制品、包装印刷、包装机械的研发为重点，引导企业围绕主导产品，构建“定位、设计、生产、营销、保护”一体化的品牌发展格局，提高产品科技含量和附加值，打造一批具有较高市场占有率和较强市场竞争力的包装知名品牌。

树立包装企业品牌。支持龙头骨干企业采取联合、并购、控股等方式实施企业间、企业与科研院所间的合作，推动产业联盟建设，提升高端市场的拓展能力。鼓励有条件的骨干企业深度融入“一带一路”倡议和国家开放发展格局，推动产品、技术、标准、服务拓展区外市场，走出国门。

（二）发展重点

结合我区资源条件和产品需求，坚持自主创新，全面推进绿色包装、安全包装、智能包装一体化发展，有效提升包装制品、包装印刷、包装机械、包装产业集群等领域的整体发展水平和综合竞争力。

1．推动绿色包装持续发展

围绕减量、回收、循环等绿色包装的核心要素，加速发展生态包装设计、绿色包装材料和循环利用技术。

切实推进绿色包装设计。大力推行减量设计和生态设计，提升覆盖包装全生命周期的整体设计能力。支持建立包装云设计数据库，深化互联网和先进设计技术在包装设计中的应用，促进发展快速消费品绿色包装技术。突出简约化、个性化、定制化等功能设计，实现包装制品功能性、艺术性与经济性的统一，提升包装创新设计能力和产品附加值。重点扶持金世纪、富邦印刷、和瑞彩印、宁安彩印等有条件的企业建设包装创意设计服务平台，整合各种资源，实现创新发展。

大力发展绿色包装材料。重视包装材料研发、制备和使用全过程的环境友好性。支持以可降解、可循环等材料为基材，发展系列与内装物相容性好的食品药品环保包装材料，提高食品药品包装安全性。突破工业品包装材料低碳制备技术，推广综合防护性能优异、可再生复用的包装新材料，增强工业品包装可靠性。重点支持德信环保年产 2 万吨生物基材料项目建设，加强多品种包装材料研发，实现规模化应用。

大力促进包装废弃物循环利用。发展包装废弃物循环利用技术，支持企业围绕包装废弃物的回收利用开展技术攻关，提高包装制品重复使用率。重点开发、推广废塑料改性再造、纸铝塑等复合材料分离，以及废纸（金属、塑料等）自动识别、分拣、脱墨等包装废弃物循环利用技术，提高包装废弃物回收利用率。重点支持东星塑料包装废弃物回收利用和富邦印刷纸浆模塑产品项目，进一步提高生产能力；改变手工礼盒材料选型，降低生产成本。

2．推动安全包装深入发展

加大包装防伪、保质和防护技术的研发力度，强化食品药品包装安全检测和监管。

发展包装防伪技术。重点发展生物型、电子信息型等综合防伪技术。鼓励支持应用人工智能、生物工程、纳米材料、信息技术等领域最新研究成果，开发具有自主知识产权的先进包装防伪材料、工艺和方法，维护公平竞争的市场秩序。重点支持金科达全息防伪材料的生产，不断提高企业的技术水平，扩大产品应用范围。

发展包装保质技术。支持开发食品、药品、果蔬保鲜保质新技术，有效延长产品货架寿命。大力研究和开发高阻隔等功能性材料与技术，重点提升包装产品的防潮、防霉、抗菌、抗氧化、阻光等性能，保障食品药品安全和质量。重点支持宁安彩印果蔬保鲜保质技术的研发应用，提高农副产品包装技术和质量。

发展工业品包装防护技术。鼓励创新防护结构与工艺，优化包装防护方案。大力发展跟踪和预警商品储运环境变化的包装技术，构建重要工业品包装储运安全实时监控网络平台。重点发展防震缓冲、表面处理、气相防锈等技术，减少包装件在流通过程中的破损、泄漏、腐蚀等现象的发生，增强包装防护可靠性，实现工业品保值增效。重点支持润龙包装、翔龙塑业和中富塑业采用新型原材料、新工艺、新设备发展包装防护技术，拓宽工业品包装的应用领域。

3．推动智能包装快速发展

以智能包装为两化深度融合的主攻方向，推进生产过程智能化，着力发展智能包装产品，大力提升包装产业信息化水平，促进包装系统智能化。推动企业内部信息化建设，加强企业资源计划、订单协同化管理等软件开发和应用。引导包装大数据、工业云创新应用，开展新一代包装信息化与工业化深度融合的集成创新和应用示范。加大智慧型包装制品研发力度，积极推广智能标签、智能终端等包装信息化关键技术，支持建设包装电子商务平台、公共服务平台，完善包装产业信息化技术基础体系。重点支持电通信息 RFID（射频识别）监管智能系统技术，发挥金世纪、富邦印刷、夏进制箱 3 家企业两化融合百家示范作用，推进我区包装行业两化深度融合。

4．推动主要包装领域高端化发展

围绕包装产业转型升级，落实《中国制造 2025 宁夏行动纲要》，调整产品结构，培育自主品牌，重点发展高端包装制品、包装印刷、先进包装机械，着力推进包装产业集群发展。

（1）包装制品。发展高端纸包装制品。支持以再生纸为原料，发展低克重、高强度、功能化、个性化、定制化、精细化包装制品，提升纸包装品质。注重利用低成本技术增强纸包装制品性能，为实现包装减量化提供保障。研发纸包装制品防水、防潮、抗菌、阻燃等关键技术，拓展纸制品的应用范围。重视发展纸制展示包装，重点发展高端纸浆模塑、微型瓦楞、可折叠纸蜂窝等包装制品，提升纸包装的应用性能。

重点支持富邦印刷、金世纪、和瑞彩印、夏进纸箱、宁安彩印、白浪包装、润昌实业、美佳乐、兄弟包装、浩德纸业、宏远正大、兴盛塑化等纸包装制品生产企业。大力提高富邦印刷高端纸浆模塑制品、金世纪新型高档复合纸的生产能力。支持金世纪引进全自动封面机，提升产品装配效率。

发展环保塑料包装制品。鼓励以天然材料、生物基材料、可降解材料和环保型助剂等为原料，发展可定制的环境友好型塑料包装制品。降低塑料包装制品对环境的影响。掌握高阻隔、环境感知、宽幅制备等关键技术，增强塑料包装制品防护、保质和智能属性。推广 PETG（一种透明、非结晶型共聚酯）、PLA（聚乳酸）等环保塑料制品及相关绿色生产技术。重点实现购物袋、饮料瓶、快餐盒、泡沫塑料等无公害化。

重点发展东星塑料、三羊纺织、润龙包装、绿源塑胶、翔龙塑业、汇丰天、富林塑料、华峰塑胶、中富塑业等企业生产的高端塑料编织袋、集装袋产品，天一海腾、同泰印务、仁初包装、圣力达生产的聚酯瓶（PET），恒通塑料生产的大型塑料桶、塑料托盘，金科达生产的塑料薄膜袋、全息防伪材料，德信环保生产的生物基可降解包装材料等产品。

发展轻量金属包装制品。倡导以薄壁金属制造包装制品，有效提高资源利用率。推动节能技术在金属制品生产和加工中的应用，充分降低生产能耗。加强微型卷边技术的应用，提高制造工艺水平。推动高性能复合材料在金属包装容器中的应用，支持大规模应用覆膜铁、覆膜铝等新型材料生产包装容器，提升金属包装容器的抗腐蚀和环保性能。

重点支持仓满制桶开口桶、闭口桶、缩颈桶、钢塑复合桶产品的生产，扩大钢桶的生产规模，逐步形成我区金属桶生产基地。重点扶持鼎恒金属应用覆膜铁生产金属桶，提升金属包装容器的抗腐蚀性。

（2）包装印刷。发展环保包装印刷。推广使用现代化和数字化的印刷生产设备和数字化印刷工艺流程，提倡使用清洁生产环保原料，鼓励使用通过中国环境标志产品认证的环保型油墨、胶黏剂、清洗剂。加大无溶剂复合、无胶复合、冷 UV（辐射）固化、UV LED（紫外发光二极管）固化、冷烫印等节能与环保技术应用推广力度。构建基于绿色理念的版基、制版、油墨、工艺、检测等环保印刷产业链，实现包装印刷领域绿色生产全覆盖。

发展功能印刷。支持包装印刷企业依托功能印刷需求形成新的技术工艺体系，鼓励应用印刷电子、3D 印刷、气味印刷、生物印刷、纳米印刷等前沿技术，大力推广无溶剂印刷、高清柔印、高速喷印等先进技术，提升包装印刷品质。

重点支持弘德包装、电通信息、森源印务、金百瑞科技、东福包装等企业包装装潢印刷品的生产。重点推广电通信息包装数字化监管智能系统技术。大力提高弘德包装卷烟包装的生产能力，逐步形成我区烟包生产基地。

（3）包装机械。发展先进包装机械。充分借助和发挥我区装备制造业技术和人才优势，发展我区包装机械制造。支持发展包装工业中急需的高科技、多规格成套设备，加快推广应用以绿色、智能、协同为特征的先进设计技术，提高包装机械技术水平。以数字信息和自动控制技术提升传统装备性能，延伸产品价值链，推进传统包装机械设备改造升级。

重点扶持机械研究院、日昌包装开发高速分切机、智能化计量包装机等机械设备，增加品种，扩大规模，不断提升包装机械的技术水平与市场竞争力。

（4）包装产业集群。发挥产业特色，整合各种资源，形成专业化生产能力，建设产业集群，逐步形成专业生产的包装工业园，提高产品竞争力。重点支持吴忠包装印刷产业基地发展纸制包装产品、塑料中空容器、塑料编织袋；中国清真产品包装产业基地（银川）发展清真制品包装。利用永宁望远工业园区、青铜峡嘉宝工业园区包装产业集聚优势，辐射带动形成新的包装产业集群，增强企业竞争力。

五、保障措施

（一）加强统筹协调

加强政府宏观调控和行业管理，充分发挥包装行业管理部门在规划引导、标准制定、市场开拓、信息交流、技术服务等方面的作用，加强对包装行业的政策指导，行业动态分析和信息服务。强化包装工业经济运行监测、风险预警，着力做好重点包装企业的协调服务和重点包装项目的推进工作，增强企业竞争力和发展后劲，推动包装工业发展规划的实施。

规范包装行业和产品管理，建立法律、经济和行政手段相结合的监管机制，完善重要商品包装的质量监控、产销衔接、市场准入等调控措施。一是强化标准制定，抓紧研究技术标准，建立完善的包装标准起草、发布、宣传、执行、监督体系，严格实施产品生产许可证制度。二是重视包装名优企业和知名品牌建设，建立企业诚信自律机制，加强涉及人身健康安全的食品包装、危险化学品包装的监管力度。三是贯彻落实《国务院办公厅关于治理商品过度包装工作的通知》和《宁夏回族自治区治理商品过度包装实施办法》要求，切实抓好治理商品过度包装和促进包装业健康发展的工作，减少商品包装中的资源消耗和过度包装废弃物对环境的污染。四是加强组织领导和协调，研究解决包装工业发展中的突出问题，适时开展专项检查，共同做好治理商品过度包装和促进包装业健康发展工作，为包装工业健康发展创建良好环境和氛围。

（二）加大资金投入

一是认真落实财税优惠政策。加大政策宣传、贯彻落实力度，积极引导企业充分用足用好财税优惠政策。二是充分利用和发挥自治区新型工业化专项担保基金、工业运行专项调控资金、工业风险补偿基金、自治区支持新型包装材料和包装废弃物资源化利用奖励资金的引导与带动作用，大力支持企业技术进步，着力推动企业产品结构优化升级；大力支持企业自主创新，着力提高企业核心竞争能力；大力支持节能减排、结构调整和技术改造，着力推进产业发展方式转变。三是对国家确定的重点支持项目，按照国家有关规定，寻求各级政府给予配套资金支持。充分运用银行贷款、资本市场融资、民间投资、外资、现代融资租赁等多种方式筹募资金。通过建立企业投资基金、发行集合债、企业股权融资等创新方式拓宽融资渠道。以投资主体多元化和融资渠道多样化保障包装产业发展的资金来源和投资力度。

（三）加快人才培养

一是采取高等教育、成人继续教育和职业技术培训等多种形式，实施人才培养和人才引进工程。二是鼓励和支持有专业特长的人才投身包装设计创业，开展食品、特色农产品、医药和旅游商品等产品的包装服务。三是创造吸引并留住人才的宽松环境，建立有利于发挥人力资源作用的激励机制，造就一批熟悉生产工艺、善于经营管理、勇于开拓市场的技术带头人、管理当家人、市场开辟者队伍，提高包装行业的整体素质。四是充分利用各方面的力量，举办各种形式的培训班和学术讲座，提高包装从业人员的操作技能，大量培养实用型包装专业人才。

河南省包协 2016 年工作总结暨 2017 年工作安排

河南省包装技术协会

2016 年是我国实施“十三五”的开局之年，也是全面建成小康社会决胜阶段的开局之年，我国经济发展新常态深度体现，经济增长的下行压力不断加大，资源环境的瓶颈制约越来越紧，结构调整、动力置换仍然在路上，我省包装行业去产能、降成本、补短板任务十分艰巨。随着政府职能转变，协会与政府脱钩改革的进程不断深入，协会工作也面临许多新情况和新问题。因此，深入分析包装行业发展现状和趋势，认真总结 2016 年协会各项工作，研究谋划 2017 年协会工作，具有十分重要的意义。

一、2016 年我省包装行业发展基本情况

河南省是全国人口第一大省，是全国经济大省、工业大省、农业大省和文化大省，2016 年经济总量达到 4 万亿元，在全国稳居第五位。省委省政府顺势求进，积极作为，省第十次党代会凝聚全省人民意志，提出了要发挥优势打好“四张牌”、构建“三个高地”、实现“三大提升”、建设“四个强省”的宏伟目标。改革开放以来，我省包装工业与全国一样，经历了一个不断开放、创新、快速发展和转型升级的历史进程。截至 2016 年年底，我省包装工业实现销售收入 1730 亿元左右，比 2015 年增长 8%左右，总量规模连续 10 年稳居全国前五位。已形成包括纸制品包装、包装印刷、塑料包装、金属包装、玻璃包装、包装装备及包装教育、设计、研发、物流配送和资源回收利用等在内的门类齐全的包装工业体系。

从 2016 年我省包装行业分类情况来看，纸制品包装行业稳步发展，企业数量和规模有所扩大，增长速度较快，预计全年纸包装企业完成产量 720 万吨，实现销售收入 560 亿元，占全部包装工业销售收入的 33%左右，较 2015 年增长 23%，利润总额 60 亿元左右。塑料包装工业受到产业结构调整、环保和企业转型升级的压力较大，一些企业出现了较为严重的经营困难，预计全年实现销售收入 360 亿元，占全省的 21%左右。以商务印刷、标签、手提袋和胶印彩箱为主导的包装印刷行业受到新媒体和互联网印刷的影响，增速下降较大，预计 2016 年实现销售收入 250 亿元左右。玻璃容器行业受环保影响，许多企业被要求停产。金属包装工业受下游食品工业快速发展的影响，以两片罐、三片罐、食品杂罐为主导的项目投资快速增加，继福建昇星、宝

钢制罐等大型企业在河南的项目陆续投产外，由俄罗斯企业投资控股的豫联集团年产 60 万吨高精铝建设项目，2016 年 11 月在河南巩义市建成投产。该项目生产的高精铝产品定位于易拉罐、印刷版基等国际高端领域，给河南金属包装产业结构调整注入了新的活力。

从 2016 年整体情况看，我省包装工业经济运行总体平稳，总体好于全国平均水平。但原材料价格大幅上涨，利润摊薄；环保压力加大，拉闸限电较多，生产难以持续等问题成为困扰行业发展的重要障碍。面对这些问题，我省包装企业积极应对，创新发展，取得了积极成效。例如，进入 2016 年，随着雾霾污染天数居高不下，环保部门对包装印刷行业加大了监管力度，我省河南银金达、河南大有等企业积极应对，投入巨额资金建立 VOCs(挥发性有机化合物）回收治理装置；郑州金泰制罐、新乡成林纸品包装等企业走自动化、信息化的道路，加快转型升级步伐，提高了产品质量和效率；河南瑞光、信阳云龙等企业建立包装创意产业园区，构建完整产业链，实现企业集聚化、产业集群化发展，成效显现。2016 年，我省包装行业的综合竞争力和核心竞争力进一步增强，为“十三五”的发展奠定了良好的基础。

二、2016 年河南省包协工作回顾

2016 年，我们按照省委省政府提出的“调中求进、改中激活、转中促好、变中取胜”的总体要求，在张大岭为核心的会长班子领导下，团结带领全省包装行业同人，着力分析形势、共享政策、推动改革，把握适应引领经济发展新常态；着力加强产学研合作，努力推进我省包装行业去产能、降成本、补短板，提高包装供给体系的质量和效率；着力加强行业交流，借助展会平台，走出去、请进来，不断增强企业调结构、促转型的能力；着力加强协会内部改革，抓住政府职能改革机遇，积极承接政府购买服务，拓展新领域、开展新工作。

（1)分行业召开工作会议，促进企业优化升级。分行业召开工作会议既是分类推动企业转型升级的有效手段，也是分类开展行业活动、增强协会活力的重要途径。2016 年，协会分别依托下属的纸制品、包装印刷、塑料包装三个专业委员会，根据行业形势发展需要，共召开了三次重要的行业会议。这些会议大都通过分析形势、明确任务、研究对策、分行业指导工作等方法，促进了结构调整和转型升级。其中，6 月召开的“2016 全省包装印刷及纸制品行业工作会议”和 12 月召开的“2016 全省塑料包装行业 VOCs 治理工作会议”，就国内外包装行业发展形势和前沿技术、工艺、装备及管理等方面进行了深度交流和分享，引导企业抢抓机遇，乘势而上。新乡会议还就推动企业响应环保新要求，促进包装行业持续健康发展进行了政策宣贯。

（2）加强产学研合作，促进企业自主创新能力建设。创新能力强则企业强、行业强。为提升全省包装企业整体科技水平，2016 年协会继续依托直属的包装教育委员会，聚集高校和科研单位科研力量，推进校企合作，搭建产学研平台，促进了企业技术中心、工程实验室、工程研究(技术)中心的建设。

（3）成功举办了第 23 届“河南之星”设计艺术大赛。第 23 届“河南之星”设计艺术大赛由河南省教育厅、河南省工业和信息化委员会主办，河南省学校艺术教育协会、河南省包协、黄河科技学院承办。本届大赛共征集到来自 80 余家设计机构，300 多家企事业单位和 100 余所高、中等院校的近万名师生和设计工作者的参赛作品 6791 件（套）。其中，参赛作品 6265 件（套），学术论文 526 篇。参赛作品数量远远超过了历史上最多时期的 4500 件（套），作品质量有了很大的提高。

（4）成功举办了“2016 中国（郑州）国际瓦楞彩盒展”。由河南省包协主办、中原国际博览中心承办的“首届中国（郑州）国际瓦楞彩盒展”于 2016 年 6 月在中原国际博览中心成功举办，同期还举办了“2016 河南省包装印刷及纸制品行业工作会议”“2016 中西部地区纸包装创新发展高峰论坛”“2016 美印（郑州）纸箱纸盒行业采购/技术经理人培训会”“2016 中国包装联合会胶黏剂技术讲座”等一系列活动，满足了参会人员的多方位需求，达到了预期目的。这次活动不仅全方位地完成了协会的重点工作，同时还提高了河南省包协的影响力，增强了协会的吸引力，拓展了为企业、为行业服务的新渠道。

（5）组织企业参加国内展会，加强行业交流学习。协会组织会员企业参加国内外行业展览会，加强对国内外知名企业的考察学习，是迅速提高我省包装行业技术水平、管理水平，加快企业升级转型的重要措施。2016 年，协会共组织了 7 次活动，分别赴河北东光、上海、广州、长沙、贵阳、成都、吉林等省市参加行业展览会及考察学习活动，得到参加活动企业的一致认可和欢迎。

（6）开展了全省包装行业平版印刷工、印品整饰员两个工种职工技能竞赛活动。2016年，在省总工会、省人社厅的领导下，由省包协与省财贸轻纺烟草工会联合举办了河南省包装行业平版印刷工、印品整饰员技能竞赛。通过竞赛，1名选手按程序申报了河南省"五一劳动奖章"，6名选手获得"河南省技术能手"。这几年，省包协每年都会组织不同工种的职工技能竞赛，不仅带动了职工技能培训工作，为广大职工提供职称晋升通道，而且激发了全行业广大职工学技术、练技能的热情，营造了全行业重视技能型人才和建立学习型组织的良好氛围。

（7）加强行业宣传，积极开展行业发展战略研究。2016年，我们继续发挥"河南省包装网"网站、《中原包装》刊物和"河南包协"微信公众号三大媒体的宣传窗口作用，加强对宏观经济政策、行业政策、规范标准和先进企业、人物以及先进工艺、技术、装备、材料等的宣传。全年共编印《中原包装》内资6期、"河南包协"微信公众号360多期1400多条信息，在"河南省包装网"刊发信息近2000条，为推动行业发展做出了积极贡献。为促进行业发展，在协会领导带领下，协会积极组织开展调研工作，分析我省包装工业发展现状、存在问题，研究行业发展对策，取得了多项研究成果，分别获得省领导的批示和省级奖项。

（8）开展包装行业科技成果评选活动，推动行业优秀人才脱颖而出。2016年7月，我们依据《河南省科协关于选报科技创新成果TOP-3的通知》文件精神，组织专家评委组对包装行业申报材料进行了评审，并表彰了"2016年度河南省包协科技创新成果奖"获奖单位和个人。2016年11月，由河南省包协推荐的河南银金达新材料股份有限公司科技成果项目，荣获"2016年度中国包装联合会科学技术三等奖"。9—11月，协会还根据《河南省企业高级经营管理人才考核认定高级经济师暂行办法》，组织我省包装企业参加"河南省企业高级经营管理人才考核认定高级经济师"的申报工作。这是我协会首次被授权参与组织和初审高级职称材料工作，对于协会承接政府职能、推动优秀人才脱颖而出具有重要的意义。

（9）加强协会建设，完善秘书处和专业委员会组织机构。根据协会秘书处工作需要，秘书处设置了行业工作部、宣传部和办公室等部门，强化了职责分工，增强了秘书处组织协调性。协会还增补陈永强、贾奎雨两位同志为河南省包协副会长；调整了部分专业委员会领导，任命闫银凤副会长兼任塑料包装委员会主任、马建越副会长兼任玻璃容器委员会主任、刘缙同志任玻璃容器委员会秘书长。

三、2017年河南省包协工作安排

根据中央和省委关于经济工作的精神，结合我省包装工业发展实际，2017年协会工作的总体思路是：继往开来，统筹谋划，科学施策，精准发力，促进行业绿色发展和协会自身建设，提升产业素质和协会工作能力，重点做好以下几个方面的工作。

（1）增强信心，积极进取，引导行业提升产业素质，实现绿色发展。全面贯彻落实党的十八大和十八届三中、四中、五中、六中全会和省十次党代会精神，紧紧围绕国家和我省"十三五"规划以及国家工信部、商务部《关于加快我国包装产业转型发展的指导意见》，树立创新、协调、绿色、开放、共享的发展理念，鼓励绿色发展，淘汰落后产能，推动我省包装行业迈向中高端水平。着力培育发展新动能，适应经济发展新常态，提高供给体系质量和效率。认真研究国家和我省的鼓励优惠政策，学习国内外先进企业的成功经验，抢抓发展机遇，发挥优势，补齐短板，加强协会服务体系建设，着力引导行业在困难中增强信心，锐意进取。提倡绿色发展，提高企业自身素质和市场竞争力，促进我省包装行业持续健康发展。

（2）继续分类指导，分行业召开会议，推动企业转型升级。充分发挥协会下属8个专业委员会作用，通过分类指导、分行业召开会议，研究形势，明确任务，加快全省包装行业结构调整和转型升级。于2017年3月召开"全省玻璃容器行业工作会议"；4月召开"全省包装教育工作会议"；5月召开"全省金属包装行业工作会议"；7月召开"2017全省包装设计行业工作会议"；9月召开"2017全省纸制品行业和包装印刷行业工作会议"，同期举办"2017全省胶黏剂行业技术交流活动"；10月召开"2017全省塑料包装行业工作会议"。利用召开行业各类工作会议活动，积极探索开展电子商务、"互联网+"、技术交流研讨会、上市公司操作实务等方面的专题培训活动。

（3）继续实施创新驱动发展战略，推动自主创新能力建设。发挥好包装教育委员会统筹指导作用，根据包装行业发展需求，积极开展专项人才教育和培训工作，为行业输送高级专业技术人才，建立企

业与高校联动培养创新人才机制，做好毕业生校企项目对接及招聘工作；积极开展产学研合作，推动建立技术创新战略联盟，帮助企业技术中心和行业工程研究（技术）中心平台建设；开展新材料、新技术、新工艺、新装备等高新技术项目研发产业化推广应用；积极帮助企业申报高新技术产品和高新技术企业，帮助企业进行企业标准制定、参与行业标准和国家标准制定等标准化建设。同时，针对不同企业面临的不同问题，组织专家组开展一对一的咨询指导服务，为企业解决实际问题。

（4）继续开展全省包装行业职工技能竞赛活动。开展包装行业职工技能竞赛活动是省包装协会的经常性工作之一。2017 年我们将继续做好与省总工会、省人社厅的衔接工作，根据国家有关职工技能的相关政策，做好 2017 河南省包装行业技能竞赛的组织工作。目前，我们已经向省总工会、省人社厅申报包装设计师和纸箱钉箱工两个工种的技能竞赛，活动将依据省总工会和省人社厅的批复通知文件相续开展。

（5）继续办好第 24 届“河南之星”设计艺术大赛，组织参加第 17 届“中南星奖”设计艺术大赛活动。2017 年我们要继续做好第 24 届“河南之星”设计艺术大赛的承办工作。在 2016 年取得成功的基础上，加大宣传力度，提高大赛的社会影响力，加强与设计公司（企业）联络，进一步完善大赛内容和举办方式，加大对外合作开放力度，凝聚社会各界力量共同办好大赛。2017 年我们还将争取增加“河南之星”设计艺术大赛冠名、命题设计及原创大赛等内容，以丰富大赛活动，把“河南之星”设计艺术大赛办得更好。“中南星奖”设计艺术大赛是“河南之星”高一级的区域重要赛事，由中南六省区的包装技术协会设计委员会主办，两年举办一届，六省区轮流坐庄，2017 年将由海南省具体承办，我们将积极组织参赛作品，加强创意设计作品的交流。

（6）继续举办好 2017 中国（郑州）国际瓦楞彩盒展览会。随着国家战略的重大转变，《促进中部地区崛起“十三五”规划》和《中原城市群发展规划》相继出台，郑州必将成为引领中西部地区发展的重要中心城市，我省也必将成为我国瓦楞彩盒行业最具发展活力的地区之一。我们将在 2017 年 9 月继续主办“2017 中国（郑州）国际瓦楞彩盒展”，努力将这个展览会打造成中原地区每年一届的纸包装的展览盛会。

（7）继续组织企业参加国内外展会，加强行业交流与合作。2017 年，协会将组织企业参加 3 月在广州举办的“第二十四届华南国际印刷工业展览会”；4 月在上海市举办的“2017 中国国际瓦楞展”“中国国际彩盒展”“中国包装容器展”；4 月下旬在东光县举办的“中国・东光纸箱机械国际博览会”；5 月在广州市举办的“2017 第三十届中国国际塑料橡胶工业展览会”；9 月在郑州举办的“2017 中国（郑州）国际瓦楞彩盒展”；10 月在郑州举办的“2017 中国（郑州）国际橡胶塑料展”等各类专业展览会及活动。做好“2017 中国（郑州）国际瓦楞彩盒展”前期的招展、策划、组织和宣传等工作。2017 年我们还将积极组织金属、玻璃等行业会员企业参加专业展览会，加强与当地名企的交流。

（8）继续办好“河南省包装网”、《中原包装》刊物和“河南包协”微信公众号协会宣传的三大媒体。一是加强宣传工作，以原创为主，转载为辅，大力宣传我们会长单位、理事会员单位和行业正能量题材。二是加强《中原包装》编委会工作，充分发挥编委会委员单位的作用。三是加强通讯员队伍建设，服务好副会长、理事会员单位，要让三大媒体成为协会为行业服务的重要宣传阵地。

（9）加强同政府部门的联络与沟通，促进包装行业新发展。

2017 年，我们将更加积极地加强与省发改委、工信委、环保厅、人社厅、省科协等政府部门的联络与沟通，积极参与行业政策（标准）制定和宣贯，承接好科技成果鉴定（评价）、专业技术人才评价、行业数据统计、VOCs 环保排放量核定等政府职能转移工作，增加协会服务手段，促进我省包装行业新发展。

（10）开展河南省包装行业信用评价工作，加快建立健全行业信用体系。2016 年 12 月，国家工信部、商务部《关于加快我国包装产业转型发展的指导意见》，明确提出“加快构建以行业组织为主体、第三方机构为支撑、企业广泛参与、政府指导推动、社会监督协作的‘五位一体’行业信用体系，建立包装企业诚信档案、行业信用数据库和企业信用等级评价制度，不断完善行业信用监管体制，创新行业信用评价模式”。协会率先在我省包装行业开展包装行业信用评价工作，加快建立健全我省包装行业信用体系。目前协会已经起草了《河南省包装行业信用体系建设实施意见（草案）》，供大家讨论。

开创协会工作新局面，为新疆包装业做贡献

新疆包装技术协会

为了认真贯彻习近平总书记系列重要讲话精神以及全国科技创新大会、中国科协九大会议和自治区第九次党代会精神，根据“中国包装联合会八届二次理事会议报告”提出的推进产业转型发展进程，夯实包装强国建设基础，努力开创中国包装行业工作新局面的精神。在新一届会长的领导下，协会为会员服务的范围不断拓展，质量不断提高，凝聚力、影响力和知名度有效提升，回顾2016年的协会工作，归纳起来主要做了以下几方面工作。

一、年度目标

新疆包装技术协会从2016年开始，按照中国包联和新疆科协的工作部署，确定了“摸清家底、着眼服务”的工作思路，提出具体的年度目标：

（1）根据协会的实际情况，了解协会各会员单位目前的经营现状，从协会下属的五大门类企业中，分门类、分区域对口了解，找准突破口，以点带面，提高协会为企业服务的能力。

（2）遴选出各门类龙头企业定点走访，同时扎实构建本协会的综合服务平台，以协会QQ、微信群等渠道组建协会信息交流平台，为全面提高协会服务能力做好各方面准备。

（3）协会从协助企业进行项目申报、组织科普讲座、牵线搭桥争取项目资金、向企业提供本地区宏观行业发展咨询等方面开展工作，在能力上，我协会因企制宜，进行个性化指导与服务，做到一企业一对策、各门类各特色，通过多样式、多渠道实现协会服务创新能力、服务社会和政府能力、服务科技工作者能力以及自我发展能力的显著提升。

二、2016年度绩效

（1）参加了自治区科协开展的2015年度自治区协会调研评估工作，被评为A类学会，协会秘书长被评为自治区科协“优秀协会干部”。

（2）组织召开了常委理事会议，研究了协会2016年的主要工作计划和确定召开换届会议的具体事宜。于2016年4月在乌鲁木齐俊发大厦召开了第六届常务理事会议，乌鲁木齐市元德印铁制品有限公司总经理、原协会副会长张俊荣当选为新疆包装技术协会第六届会长。同时在会上传达了中国包联八届二次理事会会议精神，并布置了2016年协会工作任务。

（3）2016年5月协会参加了自治区民政厅和自治区经信委的年审工作。

（4）协会向自治区科协提交了《总结得失、创新思路、服务企业》的“百会万人下基层”重点资助项目申报材料，获得2万元的资助资金。此项活动中我协会邀请了中国包装总公司科技部专家，考察了纸制品包装企业，同时专家们也带来了科技创新项目“大幅面柔版印刷（大幅面纸箱印刷）工艺中的柔版贴版定位仪”和“弘浩生产跟踪精细化管理系统”，协会拟在重点包装企业进行推广。

（5）协会向自治区科协提交了《环保水性漆在新疆钢桶包装行业推广交流活动》“重点学术交流”资助项目申报材料，获得2万元资助资金。协会组织有关专家，进行了水性漆生产线试喷，并在全疆金属包装制造企业进行推广。

（6）协会组织部分重点包装企业参加了“2016年中国（郑州）国际瓦楞彩盒展”。

（7）协会组织部分重点包装企业参加了中国包联八届四次常务理事会扩大会议暨中国包装产业协同创新年会。

（8）2016年8月，协会参加了新疆旅游局和旅游协会在克拉玛依举办的“2016年旅游商品大赛”活动，为我区包装企业与旅游产品生产企业提供了合作商机。

（9）2016年9月协会参加了乌鲁木齐市人民政府与猪八戒网战略合作的八戒新疆云端平台启动仪式。此项活动与中国包联提出的“互联网+与中国包装”运用大数据工程相对应，加快了包装产业升级，给传统制造业带来了机会。推动了“互联网+”创新企业的发展。

（10）2016年9月参加了中国包联在贵阳举办的“2016年首届励展博览集团&美印文化包装行业协会会长&秘书长年会”。

（11）应会员单位伊力特印务公司的要求，协会特邀请中国包装印刷委员会有关专家3次赴疆指导工作，共同为该企业整体搬迁进行设计规划。

（12）2016 年 11 月，协会参加了“中国包装联合会八届三次理事会”“中国快递包装行业创新与可持续发展高峰论坛”。

（13）协会组织了 28 家重点包装企业参加了自治区“2016 年新疆中小企业银河培训工程”培训班。对新疆“一带一路”新经济态势下的中小企业发展机遇、营销创新与卓越顾客价值、任务目标导向的团队管理与过程控制进行了创新思维与实战的培训。

（14）协会参加了自治区质量技术监督审核评价中心举办的审核组长继续教育及经验交流会，同时也参加了自治区技术监督局对食品用纸包装申报生产许可证企业进行审核工作的会议。

（15）协会建立了新疆包装微信群和 QQ 群,为新疆包装企业传递各类信息；为会员提供交流平台。

（16）协会派出专职人员，配合中国质量认证中心新疆评审中心（CQC 中心），多次赴会员单位进行 ISO 9001 质量管理体系标准学习培训。

（17）协会向《中国包装年鉴》编辑部提供稿件。

（18）协会参加自治区科协对专利的推广工作，并组织部分会员单位认真学习进行筛选；参加自治区民政厅举办的新疆社会组织领军人物能力建设培训班和民间非营利组织会计制度培训班等。

（19）2016 年 12 月协会召开了企业培训会及年会，总结了 2016 年工作，布置了 2017 年任务。

三、存在的问题

（1）新疆包装行业的各类企业普遍存在效益不佳、附加值低、劳动力密集的现状，企业面对提升内部管理及技术更新时，资金紧张是一个共性的问题，但是由于目前银行贷款政策限制，许多中小型企业有好的项目却无法实施。

（2）许多企业希望能够得到基层专业技能方面的培训，但是当地的技术人员匮乏，从远处请专家，新疆地域又太远，地方协会的能力有限，使很多专业化的培训需要无法实现。

四、2017 年工作计划

2017 年，我区包装工业产值规模持续扩大，结构持续优化，科技创新能力持续增强，利润总额持续提高，在建设包装强区的道路上迈出实质性的步伐。

（1）继续加快产业结构调整步伐，构建符合我区经济建设需要的现代包装产业体系。围绕包装行业“十三五”发展目标，综合运用高新技术和先进适用技术，改造提升传统包装产业；加快纸制品、塑料包装、玻璃容器、金属容器等传统优势产业转型升级和发展；支持重点企业加快发展步伐，支持企业加快高档包装材料及制品项目建设；进一步完善我区包装产业链条，积极推动包装企业向产业集聚区布局，实现集约化、低碳化、绿色化发展；加强包装基地建设，培育具有特色的区域品牌。

（2）做实做强企业，提高产业集中度和规模效益。鼓励我区包装优势龙头企业兼并重组落后企业、困难企业，充分利用有效资产实现产业升级；引导企业通过股份制改造，建立现代企业制度，增强企业的综合竞争力；鼓励和引导企业向上游和下游发展，延伸产业链条，提高企业抗风险能力。

（3）为了开展行业技术培训，提升行业的技术水平和管理水平，我协会 2017 上半年计划与上海美印文化发展有限公司联合在新疆举办“包装印刷技术培训学习班”，邀请国内知名包装专家来疆授课。

（4）组织包装企业参观 2017 年 4 月在上海举办的“中国包装容器展”“中国国际瓦楞展”与“中国国际彩盒展”。

（5）协会将配合中国包联做好“中国包装百强企业”“中国包装优秀品牌”“中国包装科学技术奖”“2016 年度中国包装行业杰出企业家”和“2016 年度中国包装行业先进集体”等奖项的申报推荐工作。

（6）协会将完善自身建设，配合自治区技术监督局食品相关部门做好“食品包装生产企业准入资格审核工作”的对接。

（7）调整投资结构，避免低水平重复建设。针对我区包装工业产量大、水平低的状况，要严格行业准入条件，更加注重投资结构的调整，改变过去低水平重复建设局面，把宝贵的建设资金投入到新技术、新工艺、新产业的研发和生产上，通过提高产品档次，增加产品品种，提高企业的生产效率和效益。

（8）调整产品结构，满足建设新疆的需要。应不断调整目前偏重的产业结构，逐步实现产业结构的轻型化，构建现代产业体系。这就要求我区包装工业加快发展先进的包装装备制品，开发出更多轻量化、薄壁化、低耗能、高效益、可循环利用的绿色化、低碳化的现代包装产业体系。

（9）调查包装行业产业链的发展方向，寻找包装行业新的增长点和突破口，帮助一些已有意向的企业共同探索包装产业链的发展方向。加强与各省市包装企业跨地区的联系，开拓新的市场。

（10）要牢固树立服务观念，面向企业，不依赖政府，探索行业协会加强自身建设的有效途径，加强信息网络建设方面的投入，让网站更好地为行业服务。协会信息网络建设是协会为行业、为会员服务的重要手段。

五、对今后工作的建议

近年来，新疆包装工业加快技术进步，壮大重点骨干企业，积极引进国外先进技术和设备，整体水平得到了较大提高，但与沿海发达地区同行业相比还有很大差距，新疆的包装行业发展还希望得到政府和有关部门的支持、帮助，在承担政府部门转移的职能上发挥社会组织的作用。

（1）建议政府有关部门采取相应的积极措施，进一步解决职能转移问题，充分发挥新疆包装技术协会在参与行业规划、行业管理、项目评估、技术咨询、贸易仲裁、反倾销与应诉、法律法规及标准制定、市场监管、人才培训等方面的作用，使包装工业的管理健康发展。

（2）建议有关部门对具备自主研发能力，产品具有高科技含量和高附加值的包装行业企业，特别是与环保、节能密切相关的技术研发项目给予重点支持，使我区更多包装企业能够享受到扶持政策。

（3）建议通过协会的评价调研加强银企之间的信任，协会的评价可以给一些好的项目加分，增加信誉等级；另外，每年政府针对不同行业的项目支持资金的评价应进一步公开、透明、放权，让各行业协会也能够参与本行业项目的评审。

为企业服务是协会立会之本，也是协会工作的应尽职责。这一届理事会一定要胸怀全局，牢记使命，始终坚持三个服务的办会宗旨，真正做到情为企业所系，心为企业所想，事为企业所办。不断增强服务意识，提高服务质量，为促进我区包装行业的健康发展做出新的贡献。

2016年江苏省包装工业发展状况

江苏省包装技术协会　孙林　汪立祥

包装产业是江苏省工业经济的重要组成部分。近年来，随着互联网经济的快速发展，省包装产业迎来良好发展机遇，产业转型步伐不断加快，成为一个极具发展潜力的行业。

一、江苏省包装产业发展情况

（1）产业发展稳步推进。2016年，我省包装工业总产值近3600亿元，产业规模与广东、浙江一起位居全国前三甲。“十二五”期间，我省包装工业总产值平均增速约达10%，利税总额列广东、浙江、上海之后，居全国前列。包装产业按苏南、苏中、苏北呈梯次布局，尤其是沿江八市，包装产业起步早，发展快，工业总产值多年保持年均增速19%以上，高于全省包装工业总产值的年平均增长速度。

（2）产业体系逐步完善。我省包装行业主要由纸包装、塑料包装、包装印刷、金属包装、包装机械、玻璃包装六大子行业组成，其中，以瓦楞纸箱为主的纸包装制品和印刷企业数量最多。瓦楞纸板制作设备技术先进，宽门幅、高车速的多层重型瓦楞纸板生产线全国领先。塑料包装制品发展较快，部分企业的技术装备水平、产品档次和产量均在全国居于领先水平，其中，BOPP（双向拉伸聚丙烯）薄膜的产量和质量优势明显。金属包装中的钢桶产量和档次居全国前列。金属瓶盖是目前亚太地区规模最大、技术水平最高的生产基地。

（3）产业结构不断优化。我省现有8000多家包装企业，从业人员约50万人，拥有6家上市公司，居国内同行业之首。许多跨国公司在我省投资建设食品、其他快速消费品、药品等生产企业的同时，也配套建设纸包装、塑料包装、包装印刷等生产线。苏南、苏中是我省包装产业的主要集聚区，包装工业已经成为昆山市、江阴市、常州市武进区的支柱产业。江阴市已成为造纸和纸制品包装、塑料包装原料、包装机械等八类包装骨干产品生产的重要聚集区。目前，我省以龙头企业（企业集团）为引领，大、中、小、微型企业互生共长的产业格局正逐步形成。

（4）技术水平不断提高。近年来，我省包装企业承担了一批国家火炬计划、国家重点新产品、国家科学技术进步及财政部高新技术研发等重大科研项目，包装行业科技创新和成果转化能力不断增强，攻克了一批包装材料、装备、工艺、制品等领域的重大关键技术。江阴市加快中国软塑包装技术中心，与国内外高等院校、科研机构建立了广泛的、长期的技术合作关系，形成了“科工贸一体”的可持续创新体系。人才培养体系不断完善，我省6所高等院校（江南大学、南京林业大学、南京艺术学院、江苏大学、南京工业大学、淮南工学院）设立了包装或与包装相关的院（系），研发了大量的科研成果，每年可培养上千名本科以上包装专业人才。江南大学的包装工程系是我国最早设立包装专业的院（系）之一，也是全国率先获得包装工程硕士学位点、博士学位点资格的专业院（系）之一，为产业技术水平的提升提供了有力支撑。

当前，我省包装工业发展也存在一些不足，一是有的企业技术水平低，生产成本高，产品利润少，经济效益差，管理水平相对落后。二是部分企业自主研发能力不足，抗风险能力不强，高技术、高附加值产品和知名品牌产品较少。三是高档、多功能产品生产能力不足，技术含量低的包装制品生产能力过剩，重复建设较多，如瓦楞纸板生产线和包装机械等行业以中低档产品居多。四是区域发展差异较大，苏南地区包装工业较为发达，苏中地区存在一定基础，苏北地区仍处于发展初期。

二、推进江苏省包装产业发展的主要做法

（1）科学谋划包装产业发展。省委省政府加强顶层设计，统筹包装产业发展。近年来，先后出台了《中国制造2025江苏行动纲要》《加快建设具有国际竞争力的先进制造业基地意见》《关于降低经济企业成本的意见》和《企业互联网化提升计划》《企业制造装备升级计划》等文件，把包装工业发展纳入全省工业经济和信息化发展全局，统一谋划发展举措。通过实施工业强省建设“六大行动”，突出抓好制造业创新中心建设、智能工厂推进、两化深度融合等工作，扎实推进企业转型升级、结构调整，指导包装工业突破技术瓶颈，实现创新发展。各地区加强资源整合，加快发展先进包装装备、包装新材料和高端包装制品，积极制定本地区包装工业的发展规划，确保了本地区包装工业高水平、高质量全面发展。

（2）积极推进产业结构优化。充分发挥工业转型升级专项资金的引导作用。推动行业融合创新，引导企业开展大规模技术改造，突出抓好智能制造，提升包装企业技术设备水平。围绕新一代信息技术，积极实施两化融合“百千万”工程、“大中型企业智慧化推进”工程，加快互联网与包装工业融合发展。加快共性关键核心技术攻关，支持企业“省级技术中心”建设，重点加强废旧包装物资源化利用技术与装备的研发，推广应用新型包装材料和制品，促进包装行业新技术、新材料、新工艺、新设备的研发和产业化发展。加强产学研用协同创新，促进包装企业与高校院所深度合作，强化产业链上下游资源整合，让各种创新要素加快向企业集聚。实施科教兴包战略，充分利用全省高校院所的教育资源，结合包装企业的生产实践需求，加强包装专业综合型人才培养与引进，提升包装从业人员综合能力素质。

（3）扎实推进产业绿色发展。我省注重绿色产业和循环经济发展，先后出台了《江苏省“十二五”节能减排综合性工作方案》《进一步加快发展循环经济的意见》等文件，部署推进工业绿色发展工作。近年来，我省工业资源利用水平不断提升，主要指标位居全国先进水平，工业污染防治成效明显，累计关停生产规模小、环境安全风险较高的生产企业6000多家，工业固体废弃物综合利用率连续多年稳定在96%左右，远高于全国平均水平。在包装工业领域，指导工业企业在生产各环节全面推行清洁生产，使用环保型材料，应用资源循环利用新技术，推广适度包装，督促企业执行《限制商品过度包装通则》《限制商品过度包装要求　食品和化妆品》等规定和要求。支持企业规范产品包装参数，优先采用简易包装。我省包装行业单位工业增加值综合能耗以及主要污染物排放量均有不同程度下降，绿色发展初见成效。

（4）加强适度包装政策宣传。我省积极倡导文明、节约、绿色、低碳消费理念，认真落实《国务院办公厅关于治理商品过度包装工作的通知》和《工信部办公厅关于在消费品生产领域倡行勤俭节约、反对奢华浪费的通知》要求，持之以恒落实中央八项规定精神，坚持从源头抓起，指导工业企业在产品设计、生产环节勤俭节约精神、反对奢华浪费风气。引导广大包装工作者从实际出发，倡导合理设计，提倡经济实用、美观大方的包装理念。同时，加大相关政策的执行力度，积极配合监管部门对企业生产、仓储、销售等环节的监督检查力度，及时纠正违规超标的追求奢华、过度包装等行为，整顿和规范生产秩序。

三、下一步发展思路

“十三五”开局之年，我省包装工业按照省委省政府决策部署，牢固树立和贯彻落实创新、协调、绿色、开放、共享的发展理念，以实现包装强省为目标，以《中国制造2025江苏行动纲要》为统揽，着

力推进供给侧结构改革，全力促进融合发展，加快培育发展新动能，努力保持包装工业持续健康发展。

（1）实施创新驱动发展战略，推动产业实现双中高。进一步把创新贯穿到包装产业发展的各个领域和全过程，加快实施“江苏行动纲要”和制造装备升级、互联网化“两个计划”，推动两化深度融合发展，推动产业向高科技含量、高附加值、高增长率领域发展。

（2）狠抓供给质量效率提升，促进产业优化升级。进一步研究苏南、苏中、苏北地区区域经济特点和产业现状，大力实施质量和品牌建设工程、强化有效投入，培育新增长点，促进产业改造升级和新产业、新业态、新模式发展，积极构筑国际化的包括制造高地和科技、绿色包装研发中心，促进包装工业的健康快速发展。

（3）加快构建绿色制造体系，推动产业节能低碳发展。进一步实施绿色发展推进行动和绿色制造工程，扩大包装产业使用环保型材料范围，推广资源循环利用新技术，加强节能和清洁生产改造，推进包装企业实施绿色生产方式，积极营造崇尚节约、反对浪费、理性消费、绿色消费的良好社会风气。

（4）加快人才培养步伐，确保可持续发展后劲。进一步实施科教兴包战略，充分发挥高校院所的教育资源优势，依托企业岗位生产实践培训，培养一批高技能包装专业人才和管理人才，引进一批业内外、国内外复合型人才，全面提升包装从业人员能力素质。加强区域合作，发挥行业协会作用，主动拉近相关产业，协同发力，齐抓共建，推动形成江苏包装产业健康和谐、可持续发展的良好环境。

包装与相关行业现状及发展前景

2016 年包装行业发展回顾与 2017 年展望

天津科技大学　韩永生

2016 年是我国“十三五”开局之年，供给侧结构性改革的攻坚之年，也是全面实施“中国制造 2025”“互联网+”等国家重大战略的重要之年。我国包装工业着力推进供给侧结构性改革，在国家“十三五”计划和“中国制造 2025”行动计划的指引下，全行业团结奋斗，努力拼搏，巩固提升传统优势，加快培育发展新动能，努力保持包装工业持续健康发展。2016 年我国包装产业达到年产值 1.7 万亿元，行业企业达 25 万家，从业人数达 1000 万人，年增长率高于全国工业的平均增长水平，位列 38 个主要工业门类的第 14 位，在国民经济发展中占据了重要位置。

一、2016 年我国包装行业发展回顾

1.两部门发文推动包装强国建设进程，致力 4 年增 7000 万亿元营收

2016 年 12 月 19 日，工信部及商务部发布《两部委关于加快我国包装产业转型发展的指导意见》（简称《指导意见》）。指导意见指出：包装产业是与国计民生密切相关的服务型制造业，在国民经济与社会发展中具有举足轻重的地位。为进一步提升我国包装产业的核心竞争力，巩固世界包装大国地位，推动包装强国建设进程，依据《中华人民共和国国民经济和社会发展第十三个五年规划纲要》《中国制造 2025》（国发〔2015〕28 号）和《关于开展消费品工业“三品”专项行动营造良好市场环境的若干意见》（国办发〔2016〕40 号）等文件，制定了《指导意见》。

经过 30 多年的建设发展，我国包装产业已建成涵盖设计、生产、检测、流通、回收循环利用等产品全生命周期的较为完善的体系，分为包装材料、包装制品、包装装备三大类别和纸包装、塑料包装、金属包装、玻璃包装、竹木包装五大子行业。“十二五”期间，包装产业规模稳步扩大，结构日趋优化，实力不断增强，地位持续跃升，在服务国家战略、适应民生需求、建设制造强国、推动经济发展中的贡献能力显著提升，我国作为世界第二包装大国的地位进一步巩固。目前，包装工业已成为中国制造体系的重要组成部分。

但在快速发展的同时，包装产业仍存在大而不强的问题。行业自主创新能力弱，重大科技创新投入和企业技术研发投入严重不足，高新技术难以实现重大突破，先进装备和关键技术进口依赖度高；企业高投入、高消耗、高排放的粗放生产模式仍然较为普遍，绿色化生产方式与体系尚未有效形成；包装制造过程自动化、信息化、智能化水平有待提高；产业区域发展不平衡、不协调；低档次、同质化产品生产企业重复建设问题突出，无序竞争现象未能得到遏制。

《指导意见》的指导思想是：深入贯彻落实党的十八大和十八届三中、四中、五中、六中全会精神，牢固树立“创新、协调、绿色、开放、共享”的发展理念，以提高发展质量和效益为中心，以推进供给侧结构性改革为主线，以科技创新为动力，对接消费品工业“三品”专项行动，推动生产方式转变和供给结构优化。实施军民融合发展战略，构建军民包装标准通用、产品共用、技术互通的发展格局。产业保持中高速发展，迈向中高端水平，逐步实现由包装大国向包装强国转变。

其基本原则为，坚持市场主导，政府引导；坚持创新驱动，品牌引领；坚持协调发展，重点突破；坚持绿色发展，适度包装。到 2020 年，实现包装产业年主营业务收入达到 2.5 万亿元，形成 15 家以上年产值超过 50 亿元的企业或集团。加强自主创新，增加包装产品品种，提升包装产品品质，培育包装产品品牌。加强技术创新，构建创新体系，突破关键技术，强化示范应用。两化融合，加快信息化建设进程，提升包装智能化水平。节能减排，开展绿色生产，构建循环发展体系。

强化绿色发展理念，发展绿色包装材料，推广绿色包装技术。军民融合加快军地协调、需求对接、信息互通、资源共享以及技术共用等体系建设，实现包装产业军民融合发展体制机制上的横向衔接和纵向贯通，开展标准建设，促进包装标准体系建设，推动包装标准国际接轨。

通过完善包装管理体系，加大政策支持力度，强化教育科技支撑，发挥行业组织作用来保障上述

措施的实施。推动包装产业转型升级、健康发展。

2.中国包装联合会充分发挥桥梁、纽带、参谋、助手的作用，打造“五个服务平台”

中国包装联合会全力打造了网络信息服务平台、科技创新服务平台、人才培养综合服务平台、面向政府的服务平台和国际交流合作平台“五个服务平台”，提升了“五个服务平台”的运行质量，充分发挥“五个服务平台”的作用，取得了一定成绩。尤其是围绕“网络信息服务平台”建设，中国包联在经济信息统计、行业运行分析等方面完成了《2014 年、2015 年包装行业经济运行报告》（含纸包装、塑料包装、金属包装、玻璃包装容器、竹木包装、包装机械）和《2015 年包装行业经济运行指数》（含以上各子行业）。

3.食品接触材料安全要求新国标密集出台

2016 年 11 月 18 日，国家卫生计生委和食品药品监管总局根据《中华人民共和国食品安全法》和《食品安全国家标准管理办法》规定，经食品安全国家标准审评委员会审查通过，发布了《食品安全国家标准 食品接触材料及制品通用安全要求》(GB 4806.1—2016）等 53 项食品安全国家标准。包括 GB 4789.15—2016 食品安全国家标准 食品微生物学检验 霉菌和酵母计数；GB 4806.1—2016 食品安全国家标准 食品接触材料及制品通用安全要求；GB 4806.3，4，5，6，7，8，9，10，11—2016 食品安全国家标准 搪瓷制品，陶瓷制品，玻璃制品，食品接触用塑料树脂，食品接触用塑料材料及制品，食品接触用纸和纸板材料及制品，食品接触用金属材料及制品，食品接触用涂料及涂层，食品接触用橡胶材料及制品，以及 GB 5009.156—2016 食品安全国家标准 食品接触材料及制品迁移试验预处理方法通则；GB 9685—2016 食品安全国家标准 食品接触材料及制品用添加剂使用标准；GB 14934—2016 食品安全国家标准 消毒餐（饮）具。还包括 GB 31604.11~49—2016 食品安全国家标准 食品接触材料及制品、1,3-苯二甲胺迁移量的测定等 39 项特定物质的含量及迁移量的测定标准。

从内容上看，我国已构建了一个从原料、添加剂到产品，以及生产过程和检测方法全覆盖的标准体系。该系列新标准，不仅对食品接触材料通用安全要求、原材料和添加剂授权使用的物质清单及限制要求、各材质产品的安全要求以及相关检测方法进行了详细规定，还对生产企业的良好操作规范给出了通用要求。

4．全国性纸荒致原纸价格失控

为了确保 2016 年 9 月杭州 G20 峰会的顺利进行，中国政府在峰会前数月即采取了严格的环保管制。在峰会进行的前后 3 周时间，以主场馆 300 千米范围的造纸企业被要求停产限产。同时，山东、江苏、上海、安徽、江西、河南等周边 7 省市协同停产限产。

G20 峰会引发的大面积停产限产，不仅导致原纸的持续上涨，而且导致中国纸厂和贸易商对纸浆与进口废纸的采购出现了延后，同时受到煤炭暴涨、汇率贬值、停产限产和公路治超的叠加影响，从 2016 年 10 月起国内原纸价格出现疯涨，到 2016 年 11 月演变成为全国性的纸荒。近 30 年来，很多纸板和纸箱生产企业首次出现了无纸下锅的局面，玖龙、理文等龙头纸业的库存也达到史上最低。 据业内人士透露，在成本上涨 30%的影响下，灰板纸每吨涨 1000 多元，牛皮纸每吨涨了近 2000 元，白板纸也有每吨 1000 元左右的涨幅。鉴于 2017 年人民币贬值和大通胀预期仍然存在，不排除出现再次疯涨的可能。

在原纸大涨之际，二级纸板厂普遍出现抬价过高和停止接单的现象，令众多三级纸箱厂陷入了接单即亏损，不接单就丢客户的两难境地。面对纸板行业的碾压式行为，体量微小的纸箱企业被迫抱团，纷纷成立协会来共同应对。2016 年 11 月 19 日，珠三角纸箱包装行业宜春商会率先成立；2016 年 11 月 26 日，莞惠深纸箱同业抱团会成功召开；2016 年 11 月 28 日，深圳纸箱联盟协会成立，抱团后的纸箱联盟对部分声称“不遵守商业规范”的纸板供应商进行了集体抵制。

5.环保龙卷风重创包装印刷业

北方雾霾挥之不去，南方掀起环保风暴，2016 年下半年，全国上下、大江南北都受到了环保风潮的影响，无数造纸及包装印刷企业受到波及。从 7 月河南掀起史上最严环保风潮开始，运动式的环保风潮席卷了全国，北方日趋严重的雾霾更是加重了停产和限产。而 11 月底开始的广东环保风潮更是发龙卷风一般吹袭了珠三角地区，数万家企业受到波及。

环保是人心所向，获得了社会的广泛支持，但对于包装印刷企业来说，则需实实在在地投入。北京安姆科投资 1200 万元环保设施，成都宝柏则一举投入 2000 万元。而在珠三角地区，有企业称自己的纸箱厂需要花将近30万元才能搞定环保。

6.环保部发布18项鼓励推广应用的VOCs污染防治先进技术

环保部发布18项鼓励推广应用的VOCs污染防治先进技术，与包装行业相关的技术如下。

（1）包装印刷行业氮气保护全UV固化技术。凹印工艺中使用UV油墨的承印材料在进入干燥区前，先采用不含氧的气体对承印材料表面进行吹扫处理，使其在充有保护气体N_2（氮气）的紫外线干燥箱中进行干燥，防止干燥过程中油墨与空气接触反应，避免添加抗氧剂，从源头减少VOCs的使用与排放。

（2）包装印刷无溶剂复合技术。该技术使用聚氨酯胶黏剂通过反应固化实现不同基材的黏结。全部工艺在低温或常温（35℃～45℃）状态下完成；使用多辊涂布，胶层薄，涂胶量只有溶剂型干式复合的1/3～1/2。相比溶剂型干式复合工艺VOCs减排率可达99%以上。

（3）活性炭吸附—氮气脱附冷凝溶剂回收技术。利用颗粒活性炭吸附有机废气，活性炭吸附饱和后采用高温氮气脱附再生，脱附产生的溶剂经冷凝分离后回收。VOCs净化效率≥96%（一级吸附若不能达标则需采用两级）。适用于包装印刷、石油化工、涂布、制药等行业。

（4）固定式有机废气蓄热燃烧技术膜。采用多床固定式蓄热室，经预热后的有机废气进入燃烧室高温氧化分解，净化后的高温尾气经蓄热体降温后达标排放，蓄热体预热进口废气，节省能源。设备运行温度800℃左右，阻力≤5000Pa。当采用两床时，VOCs净化效率≥90%；当采用三床及以上时，VOCs净化效率≥97%，热回用率≥90%。适用于石化、有机化工、表面涂装、包装、印刷等行业中高浓度VOCs废气净化。

（5）旋转式蓄热燃烧净化技术。旋转式蓄热燃烧系统主体结构设有多个蜂窝陶瓷蓄热室和燃烧室，每个蓄热室依次经历蓄热、放热、清扫程序。控制系统控制驱动马达使回转阀按一定速度旋转，实现蓄热体吸附—放热的循环切换。VOCs净化效率≥97%，热回用率≥90%。适用于石化、有机化工、表面涂装、包装、印刷等行业中高浓度VOCs废气净化。

以上示范技术具有创新性，技术指标先进、治理效果好，基本达到实际工程应用水平，具有工程示范价值；所推广的技术是经工程实践证明了的成熟技术，治理效果稳定、经济合理可行，鼓励推广应用。

7.利乐涉垄断被罚6.68亿元

2016年11月16日，经过历时4年多的漫长调查，“利乐公司”因被国家工商总局判定涉嫌垄断，处罚款计667724176.88元人民币。利乐中国对此次处罚做出回应，称“尽管对结果感到遗憾，但利乐公司接受国家工商总局的处罚决定，并决定不提起上诉”。

2012年1月17日，国家工商总局根据《中华人民共和国反垄断法》，对利乐涉嫌垄断行为进行立案调查；2013年7月，国家工商总局对利乐涉嫌滥用市场支配地位行为予以立案，并组织20个省市工商机关进行调查；2014年，国家工商总局方面表示调查工作已经取得阶段性结果，并于当年9月透露对利乐公司的反垄断调查已到最后认定阶段。工商总局在通报中指出，根据举报，工商总局于2012年1月对利乐涉嫌垄断行为进行立案，并开展了持续4年多的全面深入调查。“其间，工商总局通过现场检查、市场问卷调查、询问调查等调查措施，调取了当事人及相关企业的书证和电子数据资料，就案件涉及的专业技术、经济学、法律等问题进行了深入的研究、论证和专家咨询，并多次与当事人当面沟通，当事人也进行了充分的陈述说明。”工商总局认定，在2009—2013年期间，利乐在中国大陆液体食品纸基无菌包装设备(简称设备)、纸基无菌包装设备的技术服务(简称技术服务)、纸基无菌包装材料(简称包材)三个市场，均具有市场支配地位。“2009—2013年期间，利乐凭借其在设备市场、技术服务市场的支配地位，在提供设备和技术服务过程中搭售包材；凭借其在包材市场的支配地位，通过限制原料纸供应商与其竞争对手合作、限制原料纸供应商使用有关技术信息，妨碍原料纸供应商向其竞争对手提供原料纸；凭借其在包材市场的支配地位实施追溯性累计销量折扣和个性化采购量目标折扣等排除、限制竞争的忠诚折扣，妨碍包材市场的公平竞争。”最终，利乐的上述行为因违反了《中华人民共和国反垄断法》的有关规定，构成了该法第十七条第一款第（四）项、第（五）项和第（七）项规定的没有正当理由搭售、没有正当理由限定交易和其他滥用市场支配地位行为。依据《中华人民共和国反垄断法》，工商总局责令利乐停止违法行为，包括不得在提供设备和技术服务时无正当理由搭售包材，不得无正当理由限制包材原纸供应商向第三方供应牛底涂布液包白卡纸。

其实早自2003年起，就有一些包装企业指出，利乐利用市场强势地位，把“捆绑销售”写进合同，与客户约定，若干年中客户使用约定数量的包装耗材来抵扣包装设备余款，并且客户在合同约定的期限内无权选择其他包装材料公司，从而达到排斥竞争对手的目的。业界对利乐的这种垄断质疑，也曾引起市场监管部门和学界的注意，但并未有实质性的改变。直到2012年1月，工商总局开始对利乐公司立案，2013年7月，对其涉嫌滥用市场支配地位行为正式予以立案，并组织20个省市工商机关进行调查。反垄断机关毕4年之功，终于对利乐长达数10年、涉及数家企业的垄断经营行为给出了它应得的结论。根据我国《反垄断法》相关条款，利乐近6.7亿元罚单自有计算的标准和依据。可以说，既起到了惩罚的作用，也稳定了市场。

打击垄断行为是为了维护市场公平竞争，一个法治化的市场，才是一个更具活力和公平竞争力的市场。中国市场足够大，包括利乐在内，都可以在这个市场找到自己的位置，但是滥用市场地位，人为限制下游、消费者的选择权，阻碍整个行业良性发展，也不利于自身的发展。

8.快递包装使用呈井喷式爆发，包装废弃物处理亟待解决

据统计，2016年，快递业务量约达310亿件，比上年增长 50%，其中电商物流快递业务量突破235亿件。据推算，2016年全国电商物流仅包装箱使用量为141亿个，快递塑料袋使用量约117亿个，编织袋27亿条，消耗胶带203亿米。

电商快递包装箱的巨量使用，使其使用后的包装物的回收利用面临很多问题，电商快递包装物常常被消费者丢弃，是最大的电商包装垃圾源之一。近年来，随着电商快速发展，电商包装箱回收越来越得到重视，部分电商公司已经开始尝试通过建立包装箱回收体系，以及积分奖励组织回收，取得了巨大成效。此外，也有部分消费者把电商快递包装箱做废物利用，当作家庭收纳使用，或者通过废品回收系统实现回收再利用。

在电商物流包装的耗材中，根据统计分析，胶带的使用量快件远远超过了非电商快件，达到87.10%，且每个电商包裹基本上都被胶带层层包围。根据调查，平均每件电商快递使用胶带大约为1米，据此计算，2016年我国235亿件电商包裹中，电商物流使用的胶带的总长度超过230亿米。

与其他包裹材料不同，胶带作为产品包装的辅助用品，在产品包装中作为一次性使用产品，一部分被消费者直接当成废品抛弃，此外还有一部分与纸箱、产品等相混合，加大了纸箱回收利用的难度。使用量大、回收难，是胶带回收利用的现实写照。

物流包装不仅仅只是电子商务配送末端的物流包裹问题，电子商务物流系统上游，在商品的采购、运输、仓储、分拣、加工、配送等各环节也都涉及产品包装，在拆箱、分拣过程中存在着重复包装、过度包装、包装规格杂乱无章等问题。物流包装浪费带来了巨量包装垃圾，其中电子商务物流的包裹包装问题是社会关注的焦点。

二、2017年包装行业展望

2017 年是我国各项重大改革举措的持续推进之年，也是包装“十三五”规划组织实施的关键之年，包装行业则应该立足服务型制造业的产业特征，根据《工业和信息化部、商务部关于加快我国包装产业转型发展的指导意见》和《中国包装工业发展规划（2016—2020年）》，下大力气夯实产业发展基础、提升产业发展品质、增强转型发展能力，形成推动产业保持中高速、迈向中高端的强劲动力。

1.在2017年中国包装行业将实施“1510行动计划”

1510行动计划，即落实一个指导意见、完善五大服务平台、推动发展规划中的十项重点工作：

一个指导意见——围绕《工业和信息化部关于加快我国包装产业转型发展的指导意见》，制订包装产业转型发展的路线图。重点做好宣传贯彻、政策对接、配套规划、组织实施等工作。

五大服务平台——进一步夯实以推进包装产品研发设计、生产流通、两化融合与军民共享为目标的“网络信息服务平台”；以推进科技成果孵化、鉴定、推广、应用、奖励紧密衔接为目标的“科技创新服务平台”；以推进包装学科建设与发展、包装人才培养与使用需求配套为目标的“人才培养综合服务平台”；以推进政策对接、委托管理、服务购买等职能一体融通为目标的“面向政府的服务平台”；以推进服务于企业项目衔接、投资洽谈、技术引进、产品展销、资源共享为目标的“国际交流合作平台”。

十项重点工作——围绕《指导意见》，重点推动发展理念、管理模式、组织自身、研发中心与产业基地、人才队伍、包装标准、行业智库、军民融合、绿色发展、包装文化十个方面的建设。同时包装行业要继续建立包装行业数据统计体系。

2.包装标准继续完善建设

根据《指导意见》要求，2017 年将启动现有 14 大类包装标准的系统优化和水平提升工作。深入研究标准规范，完善国家、行业、企业等多层次包装标准体系。着力提高国际标准的采标率和转化率，完善包装标准推广应用机制，开展标准化试点示范工作。在完成既有国家标准、行业标准编制工作的基础上，加大培育团体标准发展力度。

3.智能包装将得到迅速发展

随着技术的进步和商品流通的新需求，相对于传统的只起到保护、隔离、定量装潢等功能的普通包装来说，智能包装将得到迅速发展，智能包装在包装中采用了机械、电气、电子和化学等技术的包装技术，使其具有更多的智能化技术成分，以满足日益复杂的流通系统的要求和用户对商品流通和贮存的特殊要求。

在食品和饮料领域，智能包装指通过检测包装食品的环境条件，提供在流通和储存期间包装食品品质的信息。如时间—温度显示包装，新鲜度显示包装，包装泄漏显示包装等。

随着产品价格的下降和性能的提高，主动式智能包装市场将进一步发展。主动式智能包装指人们通过创新思维，使这些包装的特殊性能恰好满足商品的特殊要求和特殊的环境条件的动态变化。

此外，公众对食品安全的高度重视以及对易腐食品的保护需求将为智能包装的增长提供强劲动力。除了要延长食品、饮料、药品和其他产品的保质期以外，这些智能包装还承担着提高产品可追溯性的重任。

毫无疑问，主动式智能包装的增长速度将变得越来越快，而且将在时间温度指示器（TTIs）和其他主动式智能包装系统的推动下取得跨越式的发展。据了解，目前新兴的很多主动式智能包装都能以最合理的价格提升产品的差异化水平，并为它们提供追踪和各种互动功能。

4.电商物流包装合理化将加速

电商物流包装解决方案必须是标准先行、综合治理，其中标准化是综合治理的基础。通过宣贯和实施物流包装规格的系列标准，对杂乱无章的物流包装，尤其是电子商务包裹包装进行规范，为提升物流效率和推进绿色物流包装打下基础。在此基础上，通过推动可循环包装、减量包装和可降解包装等绿色包装解决方案，促进物流包装绿色化发展。

可循环包装解决方案：根据电子商务物流配送的实际需要和产品特点，在电子商务物流配送中广泛采用可循环使用的编织袋、标准纸箱、标准塑料箱，采取现场回收或定点回收模式实现循环使用。鼓励电子商务平台结合会员奖励积分和优惠促销等相关策略，全面推进电子商务物流包裹的可循环包装。

减量包装解决方案：①鼓励电子商务企业与产品供应商合作，从生产厂的产品包装开始，就考虑电子商务物流配送的包装问题，在电子商务物流配送时，充分利用产品原包装，减少二次包装的浪费；②支持智能包装技术创新，根据产品的尺寸与配送数量，智能选取最适合的标准包装箱，减少填充物和包装箱尺寸，实现减量包装；③鼓励电子商务企业借助智慧物流技术手段，合并客户订单，对客户同一批次不同产品订单实行一起打包配送，减少包裹数量和配送次数；大力推广电子运单，减少电子商务物流包裹运单的浪费等。

可降解包装材料解决方案：大力推进电子商务物流企业使用可降解的包装材料，如可降解的包装填充物、运单、编织袋、塑料袋、封套、内部填充物等。鼓励企业、行业协会积极制定相关标准，禁止不符合安全标准的胶带、塑料袋、编织袋的使用。

电子商务物流包装问题是一个新问题，需要发动社会力量，全面推进技术创新和管理模式创新，加强对绿色包装技术创新的引导和奖励支持，积极推进物流包装的标准化和绿色化发展。

5.绿色包装仍然是包装行业发展模式

在国家系列环保政策倒逼机制下，包装产业绿色、循环发展，企业围绕“由被动适应向主动服务、由要素驱动向创新驱动、由传统生产向绿色生产”三个转变，采用绿色包装材料，应用循环利用技术，创新生产经营模式。其总的趋势是生态包装及可持续包装，主要特点是包装材料生态化，食品包装材料安全化，加工生产降低能耗、低碳排放，强化 3R1D：Reduce 即减少包装材料消耗；Reuse（或 Refill）即包装容器的再填充使用；Recycle 即包装材料的循环再利用；Degradable 即包装材料具有可降解性，适应物流电子商务包装的新需求。

2016 年中国食品和包装机械行业发展报告

中国食品和包装机械工业协会

在主要食品产业的生产领域，我国基本上实现了食品装备的国产化，其中在共性技术和常规装备方面已形成较为完善的产品体系。农产品深加工、食品原料及过程的破碎、压榨、萃取、过滤处理、液态食品灌装、高精尖肉类屠宰加工装备、清洁生产关键技术、各类全自动高速包装设备、食品高速在线检测设备、食品污染物及包装的高新检测技术与装备、食品追踪与溯源技术等关键领域快速缩短了差距，基本可满足国内大部分食品工业化生产的需要，部分领域达到国际先进水平。

随着我国食品工业整体的快速发展，我国消费者逐步从“吃得饱”向“吃得好”阶段转变，消费者对我国食品的品质和安全提出了更高的要求。“十三五”期间，随着我国食品工业品质和安全标准的不断提升，对国产食品装备在智能化、自动化、安全性和生产效率方面要求更高。尤其是在后工业时代，工业互联网、大数据、云计算等智能化食品工业生产环境下，对食品制造数字化管控技术、食品生产整线中机器人应用技术、食品生产整线智能供应链系统、高端食品制造节能环保智能控制技术、高端食品装备全生命周期制造物联等技术、食品安全在线管控技术、食品安全全流程追溯系统等领域将成为食品技术装备提升的主要方向。在这样的宏观、微观背景下，当前我国的食品装备行业已经上升为国家战略性新型产业的重要组成部分，也是食品制造业大国向强国转变的实力象征和根本保障，对我国实现第一个百年奋斗目标具有重要意义。

一、行业概况

（一）主要经济指标

根据国家统计局发布的数据显示，对 2016 年行业限上企业 1080 家的统计资料分析，2016 年 1—12 月食品和包装机械行业经济增速仍持续放缓，主要经济指标实现正增长；行业利润总额的增速低于主营业务收入 4.33%，出口交货值 109.84 亿元，同比增长 8.45%（见下表）。

截至 2016 年 12 月底，行业限上企业亏损 85 家，亏损面同比增长 7.87%；包装机械亏损企业 35 家，亏损面同比增长 12.15%；食品机械 50 家，亏损面同比增长 6.31%。

据海关统计，2016 年中国食品和包装机械进出口总额 72.85 亿美元，比上年同期增长-8.85%，其中食品机械进出口总额 25.73 亿美元，比上年同期增长-12.03%。包装机械进出口总额 40.67 亿美元，比上年同比增长-6.74%。食品和包装机械出口总额 39.10 亿美元，比上年同比增长-0.94%。食品和包装机械进口总额 27.30 亿美元，比上年同比增长-22.82%。贸易差额 11.80 亿美元。

2016 年 1—12 月食品包装机械行业主要经济效益数据

指标 行业	主营业务收入		主营业务成本		利润总额		主营业务利润率（%）
	主营业务收入（亿元）	比上年增长（%）	主营业务成本（亿元）	比上年增长（%）	利润总额（亿元）	比上年增长（%）	
包装机械	377.84	7.21	310.34	8.66	20.07	-4.23	5.31
食品机械	1259.73	9.89	1042.75	10.38	89.41	7.27	7.10
其中：烟草生产专用设备	105.14	-0.18	82.04	3.01	7.71	-12.19	7.33
食品、酒、饮料及茶生产专用设备	335.15	8.15	277.25	7.97	23.78	9.36	7.10
农副食品加工专用设备	775.01	11.98	648.65	12.31	55.26	10.19	7.13
商业、饮食、服务专用设备	44.42	13.92	34.82	13.31	2.66	-0.69	5.99
总计	1637.56	9.26	1353.09	9.98	109.48	4.96	6.69

（二）行业综合分析

行业企业积极推进产业转型升级、加大科研投入、开拓市场，继续保持行业经济运行态势快速平稳发展。

1.食品装备行业整体表现稳定，利润率相对较高

我国的食品装备行业面临国内、外经济环境和需求结构深刻调整，国际产业分工体系加速重塑的诸多发展机遇和挑战，食品装备行业面临多层次、多方位的转型压力。特别是食品工业增速下降直接影响到食品装备行业整体发展速度，倒逼业内企业更加重视创新驱动和转型升级。服务于不同细分食品领域的装备企业受到上游行业发展状况的影响，生存状况存在较大差异。总体来看，科技水平较高，可以替代进口产品的食品装备整体领域表现较好，而科技含量较低，进入门槛低，产品同质化严重的细分领域，则竞争激烈，同时需求增速也出现下降。每年有相当数量的企业进入或者退出食品装备制造领域，与此同时也涌现出一批研发能力较强、具有一定规模、营业收入突破 10 亿元的重点骨干企业。

2.行业兼并整合趋势明显，产业集中度进一步提升

由于各食品装备领域，尤其是液态包装、乳制品加工处理、畜禽产品加工、酒类和调味品酿造等领域普遍存在一定的技术壁垒，行业的利润率相对其他行业较高，因此，域外资本争相进入食品装备领域，具体表现在行业内大规模的股权融资、上市融资，以及相关产业链内的并购整合潮，资本市场对这一领域的关注度持续提高，2014—2016 年上半年表现的尤为突出。从达意隆上市开始，新美星、普丽盛、威海远航、杭州中亚、杭州永创、山东鼎泰盛、湖南博雅智能等 20 多家食品装备企业陆续登陆创业板、新三板。大规模的资本市场介入为行业提供了大量资金支持，对企业创新产品、调整产业结构、突出竞争优势帮助很大：进一步扩大了生产能力、规模，提高了企业基本设施投入；一批适应食品行业发展需要，技术上有突破性进步的标志性产品陆续投放市场；企业发展模式进一步优化、创新能力持续提高，同时对加速食品装备行业的并购整合起到了强烈的催化剂作用。

从另外一个角度来看，我国食品装备行业经过 20 多年的高速发展，数量庞大、良莠不齐的企业在经济整体放缓、市场竞争加剧的背景下，低价、恶性竞争成为行业的普遍现象，从经济学角度来看，一个产业一旦发展到这一阶段，就会掀起行业的并购潮，从而形成垄断竞争的局面，行业的亏损数据也非常清晰地印证了上述判断。食品装备企业分化明显，强者越强，弱者越弱，在食品工业高速发展的黄金阶段，无论技术优势明显的中大型企业还是具有价格优势的小型企业，都能在市场分一杯羹，因此，从行业的整体利润率来看，都会表现得不错。但是，从 2014 年开始，行业的亏损数据越来越清晰地显现出行业集中度提升的趋势，再加上本轮资本市场的大规模介入，未来一段时间，食品装备行业内的大规模并购重组不可避免。

3.一批关键技术装备取得新突破

食品装备的各领域掌握和开发了一批具有自主知识产权的核心技术和先进装备，推出了诸多水平较高的整线、单机技术装备，在食品非热加工、可降解食品包装材料、在线安全检测及品质监控、覆盖全产业链的食品安全追溯、基于物联网技术的远程控制和诊断等关键技术的研究方面取得重大突破：小曲酒机器人自动识别上甑系统，调味品谷物固态智能发酵机组及其成套装备关键技术；220 千克/小时智能化半干面生产线；12000 只/小时肉鸡自动屠宰加工生产线；600 头/小时生猪自动化屠宰加工生产线等一批关键技术和装备。

4.构建起相对完善的产学研一体化的食品技术装备创新体系

“十二五”以来，在国家有关部委政策支持下，我国食品装备行业已基本形成依托（国家）食品装备产业技术创新战略联盟、以大中型骨干企业为主体、以科研单位和高等院校为支撑、产学研相结合的技术创新模式。在各个细分领域扶持了一批具有较强科技创新能力的食品装备企业。在技术创新过程中，产学研合作不断向纵深发展，合作层次不断提高，合作模式不断创新，人才队伍不断壮大，整体素质普遍提高，开展食品装备相关教学与科研的高校数量有所增加，新成立了一批国家级、省级研发中心、示范基地。在优化科技资源、提高创新效率等方面发挥了重要作用，突破了一批产业共性关键技术和重大产品技术，解决了部分影响行业发展的技术瓶颈。

在产业结构方面，培育形成了一批市场占有率高、辐射带动能力强、发展前景好、具有明显竞争优势的行业骨干企业和龙头企业，提高了重点产品与关键装备的生产集中度，有效地提高了国产关键

装备和成套装备的技术水平。对中小食品装备企业，发挥企业专、精、特、新的优势，逐步实现良性循环，形成了各类企业分工协作、共同发展的新格局。

相关政府部委的大力支持，相对完善的创新科研体系、持续的科研投入，食品装备企业在产品结构向多元化、优质化、功能化方向发展，高科技、高附加值产品的比例稳步提高，并且建立起梯队型的完整产业链，产品的综合性能逐步改善，部分装备产品填补了国内诸多领域的空白，缩短了我国食品装备技术与国际先进水平的差距，高端的关键装备、成套装备的技术水平与国际先进水平逐步接近，部分产品性能达到或超过国外先进水平，部分产品已替代进口并开拓国际市场；实现了关键成套装备从长期依赖进口到基本实现自主化并成套出口的跨越，中端产品已基本实现国产化，整机的技术水平和可靠性已逐年提高；低端产品由于存在技术配置低、故障率高、能耗高等缺陷，在结构调整中正逐步改造或淘汰。

5.食品装备企业走出去战略初见成效

在经历了20多年的发展之后，我国的部分食品装备产品已经具备了国际竞争力，“走出去”战略初见成效。海关的统计数据显示出我国食品工业整体投资增长率的下降。我国食品工业整体在经历了20多年高速发展之后，进入阶段性的调整期，即食品工业的“新常态”。从2015年的进出口数据可以看出我国的食品和包装机械进出口额首次实现贸易顺差，顺差额达到了近十年的顶峰6.09亿美元。一方面，显示出在国内经济不景气的情况下，食品包装机械行业外汇有净收入；另一方面，也体现出我国的食品装备在国际上已经有一定的竞争力，在国际市场上处于有利的地位。

从我国食品装备企业的具体情况来看，随着国家“一带一路”倡议的稳步推进，具有一定竞争实力的食品装备企业普遍迈出了“走出去”步伐。从行业企业调研的情况来看，国内各领域顶尖的食品装备企业在2015—2016年上半年，来自海外市场的销售收入较往年普遍提升了10%以上，如乐惠集团的海外市场营业收入已经超过其总营收的60%，国际化程度已经很高。

除此之外，为了更加迅速地获得国际竞争优势，国内食品装备企业的海外并购案例异常增多，如乐惠集团收购英国Microdat（米高）公司资产，同时也收购了Microdat公司拥有的全部知识产权，中集安瑞科收购世界啤酒酿造装备提供商德国吉曼集团（Ziemann Group），广东达意隆包装机械股份有限公司的商标已获得10个马德里成员国的授权许可等。

（三）细分相关装备行业现状

整体来看，受各细分食品工业领域的发展不均衡、技术难度高低、系统集成性复杂程度等影响，我国的食品装备在各细分领域表现不一。在自动化、信息化程度较高的液态食品领域整体进步较快，乳制品无菌灌装、包材等方面发展迅速；啤酒、饮料装备的部分领域已经具备了国际竞争力；白酒装备从无到有，包装设备已经系列化、产业化，白酒前酿造在部分领域已经实现智能整线突破；葡萄酒装备在后段包装环节很多已经国产化，但在前破碎、压榨、过滤、处理等方面还有很长的路要走；酱油、醋、黄酒等谷物酿造方面近几年发展神速，随着传统工艺研究的日趋标准化、体系化，酿造装备已经开始出现智能化趋势；酒精装备方面已经初具国际竞争实力，还需在整线智能方面提升。

1.乳制品装备行业

乳制品的前处理领域，普遍被GEA（德国基伊埃集团）和利乐垄断，在二、三线乳制品企业中，中轻机、龙强、立高等具有整线设计施工能力的企业发展迅速。而一线乳制品企业普遍采用利乐或GEA的整体解决方案，主要原因并不在于罐体、管件、阀门、杀菌等单机设备的性能，更多地在于规模化工厂的整体设计、施工经验，以及国际企业拥有的智能化、自动化较高的整线系统集成能力，对规模化工厂来讲，整线的效率才最为重要。

当然，由于国内的乳品企业受到资金的限制，在选购设备时，很多时候以价格为先决条件。这使得设备在材质、控制系统等方面与国外差距明显。至于阀门、管接件等配套零部件，国内的产品问题更多，质量很难得到保证。

无菌灌装领域，近几年发展迅速，以普丽盛、碧海、铭慧机械为代表的国内纯牛乳高速无菌智能灌装设备发展迅速，市场份额不断攀升。以中亚为代表的酸奶、乳酸菌饮料高速智能无菌灌装设备，在智能化、信息化、自动化、整机性能、精度、稳定性等各方面，均代表了国内乳制品装备的最高水平。

后段包装领域，以杭州永创、武汉人天、广州万世德、澳昆机器人等为代表的国内企业已经初步具备了国际竞争实力，乳制品装箱、码垛等技术已经非常成熟。

以奥瑞金、中粮制罐为代表的粉状金属制罐技术已经非常成熟，水平已经具备国际竞争力。

尽管如此，利乐、克朗斯、西得乐等欧洲液态包装巨头依然占据高端产品的绝大部分市场份额，从技术角度来讲，国内的乳制品装备与其相比仍然存在技术代差。

2.酿酒装备行业

我国的酿酒工业涵盖白酒、啤酒、葡萄酒、黄酒以及其他酒种五大领域。由于五大酿酒领域的原料处理、酿造工艺、包装形式等各方面存在较大差异，因此不同酒种的技术装备千差万别。

（1）白酒行业装备。

新中国成立之后，现代白酒工业作为我国传统酿酒工艺的升级和衍生，其很多的酿造工艺都受到诸如粮食原料、温度、湿度、生物菌群、水质、窖泥等各方面的限制，在白酒的机械装备现代化方面一直没有很大改进。然而近年来，随着劳动力成本不断提高，消费者对白酒产品的品质、包装等提出更高的要求，白酒的机械化、自动化甚至是智能化开始蓬勃发展，尤其是在我国当前产学研一体化的创新体制下，相关协会、科研院所、装备企业形成合力，从白酒的微生物体系开始研究，逐步实现白酒前处理、酿造、包装等几乎所有生产环节的自动化。尤其是在以劲酒为代表的国内酿酒企业，主动联合相关领域的装备厂商，共同推动酿酒过程的整体自动化、智能化。

目前，我国以小曲清香为代表的白酒细分领域已经可以实现从粮食前处理、酿造、包装等所有生产环节的自动化，甚至是局部的智能化，以智能机器人上甑为代表的白酒前酿造装备代表了我国目前白酒装备在智能化、信息化集成度的最高水平。

其他香型的大部分白酒种类，如浓香、酱香等含有更为复杂微生物菌群的酒种，由于还未研究清楚其工艺过程精度控制和发酵结果之间的复杂关系，或者这些企业由于担心自动化装备所带来的不可控风险，在其酿造环节还没有实现机械化、自动化技术装备。但在包装环节，绝大部分企业都已经实施自动化灌装、贴标、码垛等装备。白酒灌装、贴标等智能设备单机普遍可以达到 10000 瓶/小时左右的生产速度。

白酒装盒机作为自动化、信息化集成程度较高的装备，近几年发展迅速，早期需要从德国、意大利、加拿大等引进，目前已经开始采用国产化的设备。

在包装环节，随着越来越多的企业意识到瓶型标准系列化优势之后，白酒智能灌装、贴标系统，智能装盒、装箱、码垛等智能包装生产线发展迅速，已经成为具有完整工业门类的技术装备产业。

需要说明的是，白酒装备是我国在没有可以从国际借鉴的前提下，与协会、科研院所协作科研攻关，并与啤酒、乳制品、饮料、酿造等领域的相关产业链企业不断合作，共同研发设计，在此基础上逐步形成了门类齐全的技术装备产业，可以说是我国食品装备产学研创新体系一次成功实践，对我国其他食品装备领域的技术装备智能化具有重要的借鉴意义。

（2）啤酒行业装备。

整个液态领域在前处理、酿造、粉碎、压榨、糖化、发酵、萃取、杀菌、过滤、灌装、贴标、压盖、装箱、码垛等各个工艺环节的装备或多或少地学习借鉴了啤酒装备。这样的行业发展背景决定了我国的啤酒装备整体水平相对较高，以乐惠、威海远航、中集安瑞科、秦皇岛中德、潍坊现代、杭州永创等为代表的完整啤酒装备产业链初具国际竞争力。

其中，以威海远航为代表的啤酒原料前处理装备基本上占据了国内的大部分市场份额，也体现出过硬的产品品质；以威海远航为代表的前处理系统解决方案在国内啤酒行业市场占有率超过 90%；以乐惠、中集安瑞科为代表的智能糖化系统装备已经具备国际竞争实力，多次中标百威、喜力等国际企业的交钥匙工程；以乐惠、南京轻机、广二轻为代表的啤酒灌装设备也大量出现在全球各地的啤酒工程；以秦皇岛中德、山东德隆、潍坊现代、山东同力等为代表的啤酒贴标设备已经占据国内大部分市场份额；以杭州永创、北京永创通达为代表的后端包装已经非常成熟，市场的认可是对产品品质的最好说明。

从另外一个角度来看，中国的啤酒装备之所以能够走出去，也得益于我国在整厂设计、基础设施建设等整线的配套能力，所以有越来越多的国际啤酒企业开始选择性价比较高的中国啤酒装备商提供的交钥匙工程。从技术指标来看，国内瓶装啤酒生产线最高可以达到 80000 瓶/小时，易拉罐啤酒生产线可以达到 72000 罐/小时，与国际最先进水平差距日益缩小。

值得说明的是，近几年，随着啤酒消费市场的不断分化，部分高端消费群体对精酿啤酒的需求越来越旺盛，由此带动了精酿啤酒技术的迅速发展。宁波沪港、乐惠等相继推出了整套的精酿啤酒解决方案，目前发展已经非常成熟。尽管如此，精酿啤酒的定位依然没有完全稳固，从消费者到投资商对精酿啤酒还没有特别清晰的认识，可以说，精酿啤酒的未来发展之路还有待观察。尽管啤酒装备已经取得很大的进步，但是与克朗斯等国际巨头依然有一定的差距。

（3）葡萄酒行业装备。

近年来，随着我国食品装备工业技术的整体提升，葡萄酒装备技术进步明显。采摘、传送、粉碎、压榨、发酵、过滤、冷冻、灌装等每一环节，都涌现出相应技术装备。比如，应用计算机技术开发的筛选机，可以对不同大小的葡萄粒进行筛选，还开发了国产新型螺旋输送装备、节能破碎机系列和高效组合式选粒机以及系列压榨机等。

以鹏程包装机械为代表的国产葡萄酒智能灌装生产线目前已经开始在张裕、莫高等葡萄酒企业大量应用，效果反馈良好，成为葡萄酒装备领域具有代表性的水平装备。

前处理方面，以河南新乡地区为代表的葡萄破碎、压榨设备有所突破，但是产品的各项指标以及设备的原材料、加工工艺、产品稳定性与意大利设备仍有不小的差距。葡萄酒包装方面，以山东菏泽地区为代表的玻璃瓶，以浙江温州、山东青岛地区为代表的橡木塞、橡木桶是目前我国葡萄酒包装的主要来源。后段包装方面，国内的设备基本上占据了90%以上的市场份额，以浙江杭州永创为代表的国内包装装备在整个液态食品装备领域都大量应用。

总体来看，我国的葡萄酒装备企业普遍提升了产品质量与服务水平，引进管理和技术人才，进行技术改造，增添必要的技术手段，装备质量改善，葡萄酒生产企业对国产设备的信任度进一步加强，装备国产化率明显提高。值得一提的是，我国的很多葡萄酒装备生产企业对客户的诸多特殊需求、个性需求非常重视，通过不断的技术攻关，持续提供非标、个性化服务。

3.肉类加工装备行业

国产肉类加工机械已经呈现出专业化、系列化、标准化、安全节能等特点，可基本满足各类用户不同层次、多样化的需求，近几年呈现出爆发式增长趋势，许多原来依赖进口的技术装备，比如自动灌肠机、自动包装机、烟熏炉等，现在全部实现自主生产，在屠宰、分割、肉制品、调理食品、综合利用等所有加工领域，国产装备开始接近国外同类产品。随着国产肉类加工机械与国际先进水平差距进一步缩小，肉类冷加工等成套技术与装备实现了重大跨越，出口量持续递增，有些设备甚至还进入了肉类机械最先进的德国市场。我国肉类加工和技术装备，正在逐步实现由进口为主向自主研发和自主生产转变。

2016年，屠宰加工机械在自动化、智能化方面取得进展，如机器人劈半系统的智能化应用，提高了生猪胴体劈半的精度，降低了损耗，降低了劳动强度，减少了人力成本，提高了经济效益。家禽加工方面，每小时12000只鸡的自动化屠宰线和家禽自动掏膛技术也取得突破。这些先进装备的国产化，为我国肉类食品加工业的设备采购和运行大大地降低了成本，提升了行业竞争力。其中，济宁兴隆食品机械制造有限公司的全自动屠宰生产线，已经将开膛、劈半等多个流程都升级到了机器人操作，代表了我国生猪屠宰生产线的最高水平；河北晓进、浙江瑞邦等为代表的搅拌、滚揉、切片、绞肉、熏蒸等方面的机械已经开始批量出口。

4.饮料工业装备行业

经过多年的发展，我国的饮料工业装备已经全面进入技术水平较高的无菌时代，无菌灌装设备集中应用了计算机数控、电气控制、机械部件的精密制造、无菌处理技术、食品工程、微生物学等先进技术，属于技术密集型行业，并且全线的自控水平高和全线效率高，能自动检测各项参数、计量精确，集机、电、气、光、磁为一体，涉及精密零部件及配件成千上万个，尤其是全自动高速运转的设备，对制造工艺以及系统集成能力要求极其苛刻。行业内厂商必须通过长时间积累和尝试，并且需要大量的人力和物力投入才能掌握该类产品的核心技术。因此，在产品研发、精密零部件制造、系统集成等方面对拟进入企业的技术门槛较高，行业外企业进入本行业存在较高的技术壁垒。

目前，以饮料为主的液态食品包装机械水平较高的国家主要是德国、法国、日本、意大利和瑞典等，国际几大巨头如德国仍占据着全球大部分市场份额。在发达国家，无菌包装已占整个饮料包装的65%以上，且平均每年以 5%~10%的速度增长。国际上无菌包装机械的主要市场被利乐公司、克朗斯集团、法国西得乐、KHS公司、SIG康美等企业占据。20世纪90年代后期，国内一些企业如达意隆、新美星等在PET瓶包装机械等领域开始打破国外厂商的垄断。进入21世纪，我国液态饮料工业装备的技术水平与国外先进水平的差距在逐渐缩小，部分设备出口到其他国家。尤其在无菌冷灌装技术领域，我国企业取得了突破性的进展，打破了国外厂商对液态食品无菌冷灌装技术的垄断。

目前，我国企业在PET高速无菌吹灌旋一体机、无菌共挤材料灌装技术领域、无菌纸铝复合材料灌装技术已经接近或达到国际先进水平，其他领域如PE（聚乙烯）材质饮料灌装、高速易拉罐灌装等方面也进步很快，与国外先进水平的差距正在逐渐缩小。以新美星、达意隆、廊坊百冠等为代表的企业在含气饮料灌装、无菌冷灌装、热灌装、含果粒高速灌装、高速饮用水灌装、PET瓶高速吹灌旋包装设备等多技术等多类型的饮料灌装已经非常成熟，凭借明显的性价比优势初步具备了国际竞争实力。在含乳饮料灌装方面，普丽盛、碧海等少数国内领先的无菌乳制品包装机械生产企业，通过多年来的技术积累和市场开拓，在中高端纸铝复合材料无菌灌装机械产品市场形成了一定的竞争优势。在挖掘和开拓潜在市场的同时，逐步开始参与国内高端市场的竞争。

5.烘焙装备行业

整体来看，我国烘焙食品装备以中小企业为主，缺乏科技研发能力，使大部分企业还停留在仿制、消化、吸收的阶段，装备整体水平不高，产品附加值低，主要以低端产品为主，与液态食品领域相比，与国际水平相差较大，尤其是在曲奇饼干全自动智能生产线，与丹麦等欧洲国家的装备水平差距明显。尽管如此，随着多年在仿制、消化、吸收的基础上，在层炉、转炉、热风炉、隧道炉、摇篮炉、旋转炉、热风循环炉、全自动燃气烤炉、全自动电烤炉、和面机、搅拌机、打蛋机、分割机、切片机、滚圆机、醒发房、起酥机、整形机、面包生产流水线等领域能够满足低端以及部分中端的市场需求，以往各种简单的手工操作机械日趋被中央厨房化的全自动面条、包子、水饺、糕点等自动化甚至智能化生产线所替代。

6.调味品装备行业

由于我国饮食结构多样化，调味品产品种类繁多，调味品加工工艺千差万别，产品形态和包装形式更是种类繁多，有很多领域属于果蔬加工、发酵酿造、烘烤等诸多领域和范畴。因此，系统地探讨我国食品装备需要庞大的体系调查研究，而且我国的调味品大量存在手工工艺与简单机械加工结合的领域，研磨、粉碎、烘烤等简单机械设备大量使用，如果全部上升到系统装备的高度，需要很长的篇幅进行系统分类和调查研究，因此，本报告只对酱油、醋等近几年技术装备水平提升较快的前处理装备进行探讨。酱油、醋等液态调味品的后包装阶段与乳制品、饮料、啤酒、白酒有诸多相似之处，国内从事相关灌装、贴标、装箱、码垛等企业已经在其他液态食品细分领域进行了分析，所以此处不再赘述。

我国的调味品主要有四种形式，第一种是液态，从前酿造到后包装与酿酒有很多类似之处；第二种是乳状，目前前酿造方面自动化程度不是很高，后段灌装在液态基础上研发了很多个性化装备；第三种是固液混合，如以老干妈为代表的辣椒酱；第四种则是粉状或颗粒形式，如辣椒粉、味精、鸡精等。

从整个调味品装备情况来看，近几年在酱油的前酿造方面进步非常快，对产能提升、技术升级有很大的促进作用。如加加酱油、李锦记等引入了日本酱油酿造工艺，实施连续蒸煮和圆盘制曲系统，并仿照啤酒工业的技术标准，实施信息化程度较高的自动控制连续发酵系统，实现了酱油的连续性生产，大规模提高了生产效率，提升了产品的品质。与此同时，调味品在发酵理论方面成果涌现，如微生物发酵基础、精细化控温发酵技术、减盐提鲜、酱油酿造专用耐盐乳酸菌、微生物菌株研发、通过基因组学分离选育高效米曲霉、现有酵母菌改良等研究领域有很大的进展，从工艺控制的角度对酱油酿造装备大规模应用提供了现实的条件。

以宁波味华为代表的国内装备企业与加加等国内调味品龙头企业深入合作，从工艺参数定量规范到装备对工艺过程控制的详细研究和匹配，形成了目前国内最为先进的酱油酿造装备系统。其自动化、智能化程度已经达到新高度，进一步缩小了与调味品生产强国日本的差距。

目前来看，除了酱油和味精等少数领域之外，其他方面的技术装备水平还有很大的提升空间，并且在调味品生产的很多领域，都是我国所独有的，并没有国外先进的技术装备可以借鉴，因此，大量的技术水平提升只能依靠调味品企业与国内相关技术装备企业深入合作，共同研究工艺的定量和规范，在技术装备的提升上取得成绩。

7.罐头食品装备行业

目前我国的两片罐、三片罐已经成熟应用，需要提升的是适合各种肉类、果蔬类等内容物的自动灌装机械，以及相应的完全工艺加工配套设备。从包装形式的角度来看，罐头由于其独特的杀菌工艺，传统的包装形式分为硬包装和软包装，硬包装包括马口铁、铝等金属容器和玻璃容器，软包装包括高阻隔塑料、铝箔等包装袋。我国在金属、玻璃材料制罐的技术水平已经非常成熟，已接近国际先进水平。近几年，安全性较高的覆膜铁技术由于其耐加工、耐腐蚀和阻隔性比较好的优点，受到行业青睐，应用越来越广。

8.食品安全技术装备行业

按照中国食品和包装机械工业协会食品安全技术装备委员会的定义，食品安全检测涵盖三大领域：一是食品安全实验室检测；二是快速检测领域，快速检测领域这几年发展较为迅速，很多传统的实验室检测技术已经大量转化为快速检测仪器；三是在线检测领域。近几年来，食品在线检测市场增长非常快，尤其在液态领域，高端产品被德国海富等国外企业垄断，中低端产品由成长较快的明佳、浩克等企业提供。

食品安全追溯是食品工业发展的阶段性产物，对于实现数字化工厂的企业，食品安全追溯只是其中的一个必备模块，加上原料段的数据信息，那么所有的食品生产过程数据即可全部呈现。

由于信息技术、传感器技术、控制系统、大数据等最新技术的快速应用，食品安全追溯领域的发展非常快，形成了以爱创、中商、弥特等一批国内解决方案提供商，在液态、生鲜、肉类、土特产等领域建设的速度和成效显著，尤其在工信部的大力支持下，我国婴幼儿配方奶粉追溯体系建设标准较高，体系较全，法律、法规的配套也较为完善。

9.食品工业互联网行业。

在基础食品装备领域，农产品加工、前处理、灌装、包装、仓储等环节的装备正在或者已经实现联网或者智能化，如国内主流的灌装机基本都实现了远程监控、远程维护、远程预警等功能；再如，在线检测的各种数据都可以实时传输到企业云或者第三方的云平台等。所以，对于食品工业互联网的范畴而言，接入标准的工业互联网条件已经非常成熟。

从当前全球发展趋势来看，主流食品工业属于典型的流程性工业，欧美食品工业很多已经实现了数字化工厂，对于降低生产成本，提升企业效率意义重大。我国的食品工业已经具备了标准的数字化工厂建设标准规范，而且在当前我国整体经济转型的形势下，食品工业互联网体系建设已经箭在弦上。

二、行业面临的问题分析

尽管我国的食品装备行业取得了很大的成就，但与欧美发达国家相比，因为行业发展起步较低，发展时间较短，受相关基础加工技术工业、基础零部件、冶金材料、控制系统、高分子材料等各方面因素的制约，摆在行业面前的现实是食品装备行业整体的发展水平与德国、瑞典等最先进国家相比，仍有较大差距，一些关键的技术装备仍需要高价从国外引进。并且，我国食品装备行业的企业规模普遍偏小，数量众多，大量的中小食品装备生产企业普遍存在研发投入不足，市场恶性竞争，产品科技含量低等行业特征。在我国总体经济形势下行压力的影响下，食品技术装备工业必须面对产业的转型升级和结构调整。整个行业面临国内、外经济环境和需求结构深刻调整，国际产业分工体系加速重塑的诸多发展机遇和挑战，食品装备行业显现出多层次、多方位的转型压力。特别是食品工业增速下降直接影响到食品装备行业整体发展速度，倒逼业内企业更加重视创新驱动和转型升级。

（一）乳制品装备行业

（1）与国际水平存在代差。完全具有自主知识产权的国产乳制品装备整体与国际水平相比，存在5~8 年时间的代差，不仅仅是在装备的各项技术指标上的差距，更多的在于国内的乳制品装备企业普遍还停留在学习跟进的阶段，仅仅是包装形式的创新，国际巨头就可以自信地引领行业的技术发展方向，这对我们国家的乳制品装备企业来说任重道远。

（2）科研投入比例不足。与欧洲的国际企业相比，我国的乳制品装备企业无论在规模还是科研创新体系上都存在巨大差距，在不断追赶过程中，国际企业在新技术创新、系统集成方面已经有了下一代产品，像高压杀菌等世界尖端技术，目前国内还没有企业着手去开发，这种前沿技术的开发需要大量资金和人才投入，企业不愿投入，科研机构又没有力量，长此以往，将会使中国与国际先进水平之间的差距越来越大。因此，如果不能快速地扩大市场规模，做大做强企业，在本来就落后的技术创新储备方面加大创新投入的比例，建立高效的创新体系，这种差距反而有扩大的趋势。

（3）信息化智能化集成度较低。我国的乳制品装备企业在信息化集成方面的短板是影响国内装备企业承接大型项目的门槛，无论是前处理领域还是在后包装段，高效率的信息化集成能够提升整线的效率、管控能力、预警能力。

（4）适应市场变化能力较差。我国乳品装备企业应当及时跟进最新的乳制品加工技术和工艺，适时推出相应的解决方案，对产品结构进行调整和更新，增加设备品种，开发多效蒸发器，降低能耗，开发高温短时杀菌和超高温瞬时杀菌设备，提高分离机械技术水平，提高消毒乳、低脂奶、风味奶、酸奶、奶油、干酪的成套设备水平。

（二）白酒装备行业

（1）研发投入严重不足。白酒装备产业发展时间短，起步低，因此，从事白酒装备研发生产的企业普遍规模偏小，最大的企业年销售额也仅在 1 亿~2 亿元，与啤酒、饮料、乳制品等细分领域的装备企业相比，显然规模要小得多，在这样的前提下，企业在新产品研发、创新，外观设计，新材料应用等方面投入不足，绝大部分白酒装备企业都在模仿、低价竞争，最终整个行业的销售利润下滑，造成研发投入的缩减，使整个行业的创新步伐趋缓。

（2）恶性竞争现象严重。白酒装备在信息化集成、智能化控制方面与啤酒、乳制品、饮料等领域差距很大，技术门槛相对较低，主要的加工工艺基本停留在机械加工方面，而白酒行业的旺盛需求又吸引了大批白酒装备企业不断出现，在这样的竞争机制下，白酒装备的价格普遍偏低，再加上新产品很容易被模仿，因此行业存在较为严重的恶性竞争，价格被不断压低，利润不断压缩，从而使企业在控制成本方面不遗余力，这又造成了产品的稳定性、耐受性等方面问题增多，白酒装备的整体质量不能提升，甚至下降。利润的下滑又使企业没有更多资金投入到研发领域，造成研发不足，创新产品不足，更加剧低价竞争的恶性循环。

（3）白酒装备的信息化和智能化水平亟须提升。白酒装备虽然发展时间很短，但是发展迅速，目前几乎涵盖了白酒酿造的所有工艺环节，但是由于白酒装备企业普遍出身于机械加工行业，所以基于白酒装备整体产线的智能控制系统、信息化集成系统等普遍实力不足，造成的结果就是白酒企业还需要高价引入信息解决方案提供商。当然白酒装备的单机和产线价格提不上去，也是造成白酒装备目前低层次恶性竞争的最主要原因。

综上，白酒装备今后发展需要在研发投入、解决恶性竞争、提高信息化、智能化方面多努力，不能因为有很好的客户关系就忽略了产品本质的因素。

（三）啤酒装备行业

（1）我国啤酒装备整体作为国际先进技术跟进者的角色还未发生根本性改变。尽管我们国家的啤酒装备已经批量走出国门，走向国际市场，但是啤酒整线的各个关键技术装备水平依然属于第二梯队，如糖化技术、工艺控制、灌装技术、封盖机、贴标、后段包装的机器人应用等都还处于追赶阶段，关键的技术参数还有一定的差距。之所以能够批量走入国际市场，啤酒商主要还是看重的中国啤酒装备的性价比，而不是从单机性能的对比中获胜，尤其是我国在整线输出方面还有很多欠缺，国际客户在很多关键技术装备的配置上还是优先选择欧美甚至中国台湾的装备。所以，我国的啤酒装备企业要戒骄戒躁，须知要与国际巨头正面竞争，还有很长的路要走。

（2）关键性单机还需要很多突破。在高速易拉罐灌装、压盖机，高速瓶装纯生灌装、贴标，高速后段包装集成等领域与国际巨头仍然有不小差距。虽然在糖化发酵工艺阶段，通过不断的海外并购，已经掌握了诸多核心技术，与国际水平已经非常接近，如中集收购吉曼，但是信息化、智能化所体现出的整线效率还有待进一步提升，尤其是在能耗、绿色排放、智能控制等方面差距不小。

（3）信息化、智能化程度还有待进一步提高。尽管在整个液态食品装备领域，啤酒生产线的信息化、智能化程度已经非常靠前，但是与国外整线的信息化、智能化程度相比还有待进一步提升。从单机智能到整线优化，从设备生命周期到备件耗材的模块化信息管理系统，从整线大数据到工业互联网，中国啤酒装备既然已经走在液态食品装备领域的前沿，就要继续引领，在食品工业领域树立工业 4.0 的新标杆。

（4）鉴于我国近年来精酿啤酒领域的快速发展，小型瓶装啤酒灌装生产线是目前市场需求的热点。建议国家有关部门重新审议 2013 年修订的产业结构调整目录中限制生产 18000 瓶/小时啤酒灌装生产线、淘汰 12000 瓶/小时啤酒灌装生产线的规定，适时放开。对适合精酿啤酒灌装的小型啤酒生产线赋予新的要求和生命。

（四）葡萄酒装备行业

（1）缺乏高精尖装备产品。目前，葡萄酒装备领域还缺乏真正体现行业竞争力的高精尖加工工艺和重大技术装备，如自动化程度较高的葡萄种植、采收机械，高端筛选、破碎、压榨机械等都与国际水平差距较大。此外，一些装备在能耗、智能控制、运转率、可靠性等方面，都不同程度地落后于国外先进水平。国内葡萄酒品牌企业在开展高端生产线时依然优先选择贝托拉索、克朗斯等欧美品牌。

（2）自主发展能力薄弱，关键技术依赖国外。研发投入不足，原创性技术创新成果就很少。模仿、引进技术仍是解决当前我国葡萄酒装备技术来源的主要途径，引进技术后又忙于应付消化吸收，缺乏二次开发能力，往往陷入重复引进的被动局面。

（3）成本高、效益差。目前国内专业生产葡萄酒装备的企业并不多，大部分同时做白酒、黄酒，甚至是啤酒装备，主要原因是多数企业的订单少，任务不饱满，成本费用高，流动资金困难，经济效益不高。与发达国家的大公司相比，竞争力明显较弱。近年来葡萄酒行业进入战略调整期，一些葡萄酒企业投资减少，葡萄酒技术装备行业受影响巨大，相当一部分企业设备订单的交货时间推迟、取消，无预付款供应设备的现象也存在。此外，技术、经营、人才、资金、管理等装备行业受到瓶颈制约，短期内还不能消除。

（五）肉类加工装备行业

（1）产品研发投入不足。与液态食品领域相比，我国的科研院所在肉类装备方面研究偏少，长期对肉类加工机械比较忽视。目前肉类加工机械的开发主要依靠肉类装备企业自身的研发投入为主，并根据市场的需求进行调整，真正能全新自行开发研制的肉类加工机械制造企业比较少。

（2）我国的肉类加工装备企业规模不大，而开发产品所需的投入却较大。所以大部分厂家都不愿意投入开发，而更多地在仿制和改制环节下功夫。注重低成本、易制造，并能短期产生效益的简单设备。

（3）行业知识产权意识薄弱，开发出来的产品得不到有效的知识产权保护。一些企业在投入较多的财力、物力、精力开发研制的新产品，上市不久就被仿制，致使企业不愿投入更多资金去进行技术创新。

（4）加工设备落后，产业链配套能力不足。很多企业没有能力加工大型和高技术配件或加工出来技术精度不够；另外，我国的整体机械加工配件制造业和原材料提供的技术水平也造成了肉类机械与欧美同类设备相比所存在的差距，如轴承精度差、不锈钢热处理加工技术差、电动机体积大、控制系统成本高、特种材料在达到国外相同水平时价格要比国外高等。

相比较食品行业的其他细分领域，肉制品加工的自动化程度仍逊于其他食品加工业。这是由于肉制品是来自天然的、复杂的产品，对加工流程和工艺有着更高的要求。创新的自动化解决方案不仅可以提高肉制品行业的经济效益，也可改善加工过程中的卫生状况，从而保障产品稳定性和高质量，同时优化加工厂的工作环境。食品加工领域向半自动化、自动化生产转变是一个不可逆转的大趋势，未来工业生产都将是高度自动化甚至是智能化的生产模式。“十二五”规划明确，肉类工业加快淘汰手工作坊和半机械化的小型屠宰厂场，应用现代化屠宰工艺技术，促进屠宰企业的标准化改造与升级；大力发展肉类精深加工，优化产品结构，创建知名品牌；通过实施品牌化战略，加快推进肉类产品分类分级和优质优价，逐步解决产品同质化、单一化和低水平恶性竞争问题。例如，通过蜘蛛手机器人或者非标自动化设备实现包装、摆盘以及装箱码垛等环节；用自动定量加水来替代人工称重加水，可避免或减少不洁净水对肉制品的污染；用机械直接加工冻肉，可避免肉类解冻所产生的污染；用较健全的温度控制，可限制和监督有害微生物的生长；用多环节的自动控制，可提高机械操作的安全性；用自动化和智能化来替代人工，可提高机械操作的安全性。

（六）饮料装备行业

（1）创新人才缺乏。长期以来，我国饮料装备跨学科、复合型以及创新型专业人才匮乏。虽然经过不断的吸收创新和自主创新，部分企业在技术研发以及生产工艺方面取得了较大突破，并培养和积累了一批经验丰富的专业人才，但相对于我国庞大的市场需求而言，专业人才匮乏仍然是行业发展的重要瓶颈之一。饮料装备尤其是无菌灌装领域跨越多个专业领域和学科，从业者需要同时掌握计算机数控、电气控制、机电一体化、食品工程、微生物学等专业知识。与此同时，该类产品生产组织复杂，生产周期较长，生产工艺复杂，在产品进行产业化生产时，对技术指导人员、一线技术工人、设备检测人员等各类职工的素质要求较高。除此之外，饮料行业新产品推出的速度越来越快，频率越来越高，饮料装备企业需要不断研发新产品以满足饮料企业的个性化需求。

（2）系统信息集成能力相对较弱。饮料食品生产线需要数百种不同类型的设备组合和调试，整条生产线需要采用大量的非标设备，这些非标设备的质量及其与系统的匹配能力是影响饮料产品的重要因素。供应商整线产品的生产和集成能力，不仅决定了整条生产线的成本，更关系着生产线的协调运转。因此，具有系统集成能力、可以研发、制造并能够提供一体化饮料生产全面解决方案的厂商少之又少。尤其是进入工业 4.0 时代，在工业互联网、大数据的概念和模式下，集合了先进信息技术并为用户提供面向未来的智能工厂解决方案，成为当前我国饮料装备企业的重要战略方向。

（3）还未形成真正具有国际影响力的品牌企业。品牌知名度和美誉度的建立需要较长时间的技术研发投入，持续的产品质量改进以及不断提高的售后服务能力。近年来，我国饮料装备发展迅速，在一些领域取得很大突破，但并未真正形成具有国际影响力的品牌企业，还需要国内企业继续努力。一体化的全自动智能饮料装备单位价值较高，使用寿命较长，饮料客户企业在选择供应商时，除了考虑设备本身的质量和性能外，也非常关注供应商的品牌和口碑。在国内，很多企业靠着较高的性价比快速进入市场，但进入中高端市场后，尤其是参与国际竞争时，往往需要较长时间的考核才能得到客户的认可。较高的品牌知名度和美誉度意味着饮料企业客户的认可，但装备性能、质量以及售后服务等需要经过较长时间的积累。这也是为什么克朗斯、利乐、KHS 等国际巨头频频获得国际大单的重要原因。因此，国内的饮料装备企业如果想真正走出去，参与正面的国际竞争，在品牌方面还需要很大努力。

（七）烘焙食品装备

（1）中小企业为主，产品缺乏创新。我国烘焙制造业装备基本以中小企业为主，长期以来一直以模仿生产模式为主，产品同质化现象严重，整体技术含量不高，研发能力不足，创新没有及时跟上市场发展的步伐，大都处于价值链的低端，市场需求的大部分自动化装备缺乏自主品牌，主要利润与主动权始终掌握在国外企业手中，导致企业往往陷入低价竞争的恶性循环，生存状况堪忧。面对消费需求的新变化，如何走出困境，提高产品技术含量，抢占高端烘焙设备市场和满足市场个性化需求是摆在机械企业面前的一道难题。

（2）以单机操作为主，高端智能化、自动化生产线装备少。当前，我国烘焙糖制品装备主要产品还是以单机为主，人工操作、效率低下以及间断式作业为主要特征，可以满足部分中小企业的生产需求。而融合高智能数控系统、编码器及数字控制组件等新型智能设备，实现数据记忆调取、计数、无料停机的自动化和智能化，集光、电、液、自动化控制技术等综合实现自动化、智能化的生产线少之又少。这些高端生产线主要掌握在欧美装备企业，而这些装备又是附加值较高、综合服务能力较高的领域。由连续式生产设备代替间歇式生产设备，由专业化生产设备代替通用化生产设备，由人性化生产设备代替中小型生产设备是大的发展趋势，尤其是在当前人工成本不断攀升的今天，作为劳动力密集型的烘焙食品糖制品势必会掀起机器换人的潮流，如果不能加快创新，中国的烘焙装备与国外差距会越来越大。

（3）知识产权意识差，相互模仿，恶性竞争。从目前来看，国内的中小烘焙装备生产企业普遍存在模仿和互相抄袭的行为，用劣质原材料来降低产品成本，以争夺更大的市场份额，而这种做法只能解燃眉之急，长期下去只会把企业带入死胡同。从国际环境来看，国外不断涌现出来的烘焙机械替代产品，国内烘焙机械高端产品的更新替代会将继续吸引国外技术，国外主要竞争对手凭借其技术优势、质量优势和先进的营销策略吸引了国内很多中高端用户，对中小烘焙装备企业的发展更加不利。

综上，我国的烘焙装备行业要积极发展和扶持一批拥有名牌产品的重点骨干企业，加快现代企业制度的建立和完善，形成行业排头兵。提高生产集中度，成立跨部门的企业集团，进行组织结构优化组合，树立大行业的全局观念，实现行业资产优化配置，统一思想，强化管理，形成优势互补、分工合作、共同发展的新格局，从而促进专业化、系列化生产，提高产品质量和对市场的适应能力，参与国际市场竞争，加快产业提升。装备企业应该实施合作战略，加强质量管理，改变内部条件和环境，调整产业结构，加快技术创新，企业之间也应该多交流合作；上规模的企业必须带头向高端产品方向努力，从价格竞争中走出来，改变目前产品结构中以低技术含量为主的状况，转向修炼内功；着重产品结构的优化、产品品质的提升、核心技术的掌握和创新以及企业品牌影响力的扩大；加大研发投入，淘汰一批低效高耗、低档次、低附加值的劳动密集型产品，开发生产高效低耗的、产销对路的大型成套设备和高新技术产品；中小型企业，则要关注专业化生产，做精做强，下功夫改善管理，完善工艺，提升产品质量和品位及竞争力。

（八）调味品装备

目前来看，除了酱油和味精等少数领域之外，其他方面的技术装备水平还有很大的提升空间，并且在调味品生产的很多领域，都是我国所独有的，并没有国外先进的技术装备可以借鉴，因此，大量的技术水平提升只能依靠调味品企业与国内相关技术装备企业深入合作，共同研究工艺的定量和规范，在技术装备的提升上取得成绩。

（九）罐头食品装备

高阻隔塑料主要应用于水果罐头，但是目前市场上高阻隔包装的质量良莠不齐，不良包装产品对杀菌、封口和贮存带来很多后续问题，影响食品质量和安全。从装备的角度来看，罐头生产原料品种多、规格不一、生产规模小和手工操作等一直是制约我国罐头装备发展的障碍。随着近几年我国劳动力成本的不断攀升，企业对机械化、自动化甚至是智能化的连续生产线的需求越来越大。罐头装备发展的前景越来越明朗。

近几年，随着市场需求的增加和企业不断投入技术研发，诸多高新技术在罐头装备的应用越来越广泛，具有高度自动化特征的生产线越来越多地被应用到罐头生产企业。如果蔬加工领域的芦笋去皮机、黄桃去核机等自动化机械应用广泛。但我国与国际上先进的自动化生产还有较大差距，许多原料处理装备在国内还是空白，严重制约了生产的自动化进程。

（十）食品安全技术装备

随着我国社会整体的进步，消费者对食品工业提出了更高的要求。根据当前我国的食品工业发展现状，要达到完全的数字化工厂显然还有很长的路要走，针对当前我国食品安全事件频发的现状，食品安全追溯系统的实施建设刻不容缓。当前，由工信部等牵头建设的行业或者地方追溯平台发展很快，但实现的功能和可追溯的信息还有很大的拓展空间。此外，食品行业缺乏统一的追溯管道和面向终端消费者与政府的统一端口，这是当前食品安全体系建设的重中之重。

三、发展趋势分析

未来5年，食品装备工业将保持稳定发展的局面，并随着国民经济调整的步伐进入结构调整，转型发展阶段。具体来看，食品装备行业将呈现以下几个发展趋势。

（一）智能制造将引领行业发展潮流

从全球工业的发展趋势来看，食品工业和食品装备制造业已经到了智能制造实施的关键阶段。推进信息化与智能化融合，构建现代设计技术体系，采用创新设计、智能设计、可靠性设计等先进设计方法，实现信息化和智能化的深度融合。运用融合互联网、物联网、云计算、数字设计、先进制造等技术的智能平台，在产品设计、生产制造、管理与服务等方面实施智能制造，实现离散制造非标装备的互联，生产流程断点的消除，实现智能化设计与分析、标准化集成、互联服务增值，提高装备产品开发与设计质量，满足用户个性化需求将成为行业发展最新的标准。

（二）绿色制造将成为食品装备发展的方向

随着对食品工业产品品质和安全标准的不断提升，绿色制造将逐步成为食品装备必备的条件。随着我国逐步进入中等收入国家，消费者对产品以及生态环境提出了更高的要求，国家在下大力度实施“美丽中国”战略，“十三五”期间，食品工业部分领域高能耗、高污染的传统制造方式将得到极大的改变。因此，对于与生产过程中资源节约、环境友好相背离的生产方式和生产装备将面临淘汰，取而代之的将是智能化、低能耗、低排放甚至零排放的食品装备，这将成为食品工业发展的主流。

（三）跨界、融合、创新成为行业发展的主题

无论是在液态食品的各细分领域，还是在涵盖广泛的果蔬加工领域，只要是在前段处理、中段复杂工艺流程、后段包装三个阶段相近、相似的领域都将会相互跨界、相互融合、相互创新发展。在吸取了啤酒、调味品、药品甚至是工业机器人等诸多领域的无数工艺控制、技术装备、控制单元等元素之后才可能创新出小曲清香白酒的整线智能制造，这是跨界融合之后的再创新，在今后的5年内，这样的案例会越来越多地出现，目前酱油工业的智能制造已经初具雏形，这也完全是集合了谷类酿造工程、制曲工程、液态灌装等诸多领域的最新工艺、装备，才能实现智能化、连续化、自动化的酱油生产线。

（四）食品装备各细分领域将会出现具有国际

竞争力和品牌的企业集团

随着食品装备各细分领域的市场格局不断明朗，行业的兼并重组潮将会出现，逐步形成“强者越强、弱者退出”的局面，在各细分领域形成寡头垄断竞争的格局。随着我国在各工业技术领域不断向世界一流发起冲击，我国的食品装备在产业链配套、国际竞争环境等方面会逐步显现出强劲的竞争实力。在这样的背景下，将会出现3~5家具有国际竞争力的食品装备企业集团。

（五）食品安全检测装备将受到广泛重视

实验室检测设备向快速检测转变。随着食品安全检测要求的不断提高，以往更多依靠抽样到实验室检测的项目逐步开始向快速检测方向转移，也就是检测的便捷化和快速化。

食品检测的在线化趋势。食品安全在线检测技术迅猛发展，包括包材检测、液位监测、漏液检测、异物检测，甚至是部分内容物检测已经开始成为在线检测的内容。从某种意义上讲，在线检测是保证食品安全的重大技术提升，在线检测实现了产品逐一检测，不存在漏检，不是抽样抽检，保证了每一件产品的标准高度统一。

在线品质分级检测将成为行业新热点。在线品质分级检测是针对肉类、禽蛋、粮油加工、果蔬等农产品初加工环节的产品进行在线大小、品质等扫描，然后进行产品分类、分级的技术装备，摆脱了大量使用人工进行分拣、分类的高成本，对我国食品工业企业降低成本、提高生产效率有着重要的意义，预计将成为行业新的增长点。

（六）食品安全追溯将实现食品生产过程数据化

食品安全追溯口是实现数字化工厂的一个必备模块，加上原料段的数据信息，那么所有的食品生产过程数据即可全部呈现。食品安全追溯建设将推动数字化工厂建设的高潮。随着食品安全追溯体系的不断建设，食品数字化工厂已经成为今后的重要方向，推动传感器、工业互联网、云存储、大数据领域的繁荣。通过大规模的互联网技术和大数据技术，食品安全追溯已经开始升级为食品大数据的综合服务，如在食品安全追溯体系的基础上衍生出的消费者兑奖、营销、目标客户分析、市场预测等多种衍生服务，为企业提供了营销和决策的技术与数据支持。

行业食品安全追溯统一平台将逐步建立，2015年12月30日，国务院办公厅“关于加快推进重要产品追溯体系建设的意见(国办发〔2015〕95号)”指出，支持有条件的行业协会建设追溯信息平台，采用市场化方式引导会员企业建设追溯体系，形成行业性示范品牌。支持有条件的行业协会提升服务功能，为会员企业建设追溯体系提供专业化服务。从行业发展趋势来看，食品安全追溯平台建设的重要节点是在协会，是沟通和联结企业与政府的重要桥梁，因此，行业协会主导建设的行业统一追溯平台将是今后发展的重要趋势。

（七）食品工业互联网任重道远

食品基础装备智能化突破是当前一大趋势。食品基础装备的智能化是当前我们实施食品工业互联网的基础，作为食品工业互联网的一个智能终端，在食品生产工艺环节起到执行、反馈、再执行的作用。

食品数字工厂的整体解决方案将成为热点。数字化工厂是实现工业4.0的基础，也是智能工厂或者智慧工厂的基础，而食品工业互联网是数字化工厂的基础技术支撑。基础加工装备的智能化又是食品工业互联网的基础。

大数据将成为食品工业互联网最重要的衍生产品，包括各种食品生产加工智能装备所产生的庞大生产数据、食品产品数据、食品的物流数据、食品的消费数据。在大数据技术的支撑下，这些数据将成为企业级最重要的衍生产品，不仅可以为自身服务，还可以为行业提供重要的决策参考。

机器人在食品工业的创新应用将成为爆发点。当前，机器人已经开始在汽车、食品等领域大规模应用。以往，机器人在食品包装阶段的码垛装箱应用广泛，酿造机器人、分拣机器人、灌装机器人等会如雨后春笋般涌现。如白酒前酿造阶段的机器人应用发展迅速，澳昆开发的冰激凌灌装机器人已经成熟应用等。智能机器人作为工业互联网的重要智能制造终端将成为今后一段时间内的增长点。

塑料软包装行业“十三五”发展规划建议

黄山永新股份有限公司　　王学文　张和平　胡鸿波　胡继超

摘　要：塑料软包装材料作为包装材料产业的主力军，在食品、医药、日化等包装领域发挥着不可替代的作用。根据国家宏观经济形势和业内外相关技术、市场以及产品的发展趋势，该建议在总结回顾中国塑料软包装行业“十二五”发展概况的同时，简析了行业发展面临的问题，明确了“十三五”期间，塑料软包装行业全面依据“调结构、转方式、促发展”的政策指引，提出了行业未来五年发展的总体目标、发展方向和政策支持等方面的建议。

关键词：塑料软包装；食品包装；“十三五”；建议

Suggestion to the 13th Five-Year Development Plan for Plastic soft-packaging Field

Xue Wenwang He Pingzhang Hong Bohu Ji Chaohu

（HuangShan NOVEL Co.,ltd）

Abstract：Plastic soft-packaging materials as the main force of the packaging materials industry, play an irreplaceable role in food, medicine, cosmetic and other packaging areas. According to the national macroeconomic situation and related technologies, markets and product development trends, this proposal summarizes the development of China's plastic soft-packaging industry during the “12th Five-Year Plan”, a brief analysis of the industry development problems at the same time. During the period of the “13th Five-Year”, the plastic soft-packaging industry will comprehensively base on the guiding policy of adjusting the structure, turning the way and promoting development, and put forward the suggestions on the overall goal, development direction and policy support of the industry in the next five years.

Keywords: Plastic soft-packaging；Food packaging；The 13th Five-Year Suggestion

一、前言

我国是世界包装材料的制造和消费大国，塑料软包装材料在包装材料产业总产值中的比例已超过30%，成为包装材料产业中的主力军，在食品、医药、日化等包装领域中发挥着不可替代的作用。“十一五”期间，在国家刺激性经济政策的大力支持下，塑料软包装材料实现了快速增长，其中2010年增速达到15%以上。“十二五”开年以来，受总体经济环境不景气影响，加之包装薄膜产能过剩问题突出，行业增速逐步下滑，同时薄膜销售利润率由2010年的5.6%下降至2013年的3.6%左右，全行业陷入发展的低谷时期。“十二五”期间，塑料软包装材料平均增速为10%左右，比“十一五”的年均增速下降约5%，塑料软包装行业正进入中低速增长的新常态。随着人们生活节奏的加快以及环境问题日益突出，安全、便利、环保的塑料软包装材料越来越受到推崇。除了广泛应用于食品包装，塑料软包装材料在医药包装、化妆品包装、建材包装等领域的应用量也逐年增加，其使用范围和前景越来越广阔。

二、发展现状

（一）现状分析

1.主要原料

塑料软包装行业所用原材料品种较多，主要原材料有聚合物树脂及加工助剂、聚合物薄膜、铝箔、纸、油墨、胶黏剂。

聚合物树脂有PE（聚乙烯）、PP（聚丙烯）、PET（聚酯）、PA（聚酰胺）、PVDC（聚偏氯乙烯）、EVA（乙烯-乙酸乙烯酯共聚物）以及乙烯共聚离子型聚合物树脂等。国产塑料软包装用树脂生产商有中石化、中石油，产品类型主要是PE和PP树脂。目前，部分茂金属聚乙烯（m-LLDPE）、茂金属聚丙烯、嵌段共聚聚丙烯（PP-B）、PA以及乙烯共聚离子型聚合物树脂等多依靠从国外公司进口，如陶氏、三井、杜邦、帝斯曼等。据卓创咨讯统计，2014年，PE树脂国产约1256万吨，进口911万吨，进口依存度达到42.53%；PP树脂国产约1374万吨，进口363万吨，进口依存度21.05%；PET树脂国产约563万吨，进口4万吨，进口依存度0.97%。塑料软包装材料所用到的加工助剂有开口剂、滑爽剂、含氟助剂、抗静电助剂等，国产生产商主要有北京亚伦、江阴精良等，国外生产商主要有舒尔曼、安配色等。加工助剂发展状况主要是分散性更好、多功能并存，如同一助剂母粒中既有开口剂，也有滑爽剂。塑料软包装用聚合物树脂性能发展方向主要是取决于所加工薄膜的性能要求，如透明性、耐寒性、低温热封、柔韧性等。

塑料软包装材料中用的聚合物薄膜主要有拉伸类薄膜，如 BOPP（双向拉伸聚丙烯）、BOPET（双向拉伸聚酯薄膜）、BOPA（双向拉伸尼龙薄膜）薄膜等；非拉伸类薄膜，如 PE 薄膜、CPP（未拉伸聚丙烯薄膜）薄膜以及 EVOH（乙烯醇共聚物）、PVDC、PA 多层共挤阻隔薄膜等；湿式涂布类薄膜，如化学涂布膜和 PVDC 涂布膜（常称 K 膜）等；蒸镀类薄膜，如镀铝膜、氧化铝镀膜、氧化硅镀膜等。拉伸类薄膜的物理机械性能好，主要用于印刷、镀铝，在塑料软包装材料中多用于外层或中间层材料，目前薄膜的应用发展状况是轻量化和多功能性。如 15μm 的 BOPP 代替 18μmBOPP，10μm 的 BOPET 代替 12μmPET；高阻湿镀铝 BOPP、热封型 BOPET 等。近两年来，BOPP、BOPET 薄膜产能都处于严重过剩状态，设备开机率约 70%。2015 年国内年产量：BOPP 薄膜约 360 万吨；BOPET 薄膜约 140 万吨。BOPA 薄膜市场运行较平稳，2015 年国内年产量约 10 万吨。拉伸类薄膜国内生产商主要有大东南、国风塑业等。非拉伸类薄膜主要用于塑料软包装材料的封口，目前的性能发展状况是低温热封、抗污染热封、高热封强度、耐蒸煮、高阻隔等，这些性能的改善主要是通过调整薄膜配方来实现，其过程又推动了弹性体树脂、离子型聚合物树脂、嵌段共聚 PP 以及阻隔树脂的应用和发展。2016 年国内年产量：CPP 薄膜约 100 万吨；PE 薄膜约 200 万吨；多层共挤薄膜约 14 万吨。非拉伸类薄膜国内生产商主要有黄山永新、江阴升辉等。湿式涂布类薄膜是指在 BOPET、BOPP、BOPA 等薄膜表面进行一种丙烯酸、PVDC、PVA（聚乙烯醇）等物质涂布而成的复合薄膜，涂布厚度一般在 0.5~3μm，可在线涂布，也可离线涂布。目前，应用较广泛的是 PVDC 涂布膜和化学涂布 BOPET 膜。湿式涂布类薄膜国内生产商主要有天津万华、无锡勃力等。蒸镀类薄膜属于干式涂布类薄膜，是在高真空度状态下将铝、氧化铝、氧化硅等物质蒸镀到薄膜基材表面，可以蒸镀的薄膜基材有 BOPET、BOPP、BOPA、CPP 薄膜等，镀层厚度一般在 8~80nm，基材蒸镀后阻隔性显著提升。蒸镀类薄膜国内生产商主要有海宁长宇、永新股份（黄山）包装等。近年来，国内蒸镀铝薄膜的发展主要是在生产效能、铝层附着力方面提升。镀铝膜复合后很容易发生铝层转移，黄山永新引进的 Camplus（自动装配数据输出模块）处理技术和内部配套的 CPP 薄膜生产技术，开发了高铝层附着力的 VMCPP-A 产品。

塑料软包装行业中用的铝箔一般厚度有 7μm、9μm、20μm，通常不独立成包装材料，需要与其他聚合物薄膜或纸复合。铝箔最突出的包装特性是高阻隔，相对其他包装原材料，9μm 以上的铝箔对水蒸气和氧气可以做到零透过。但是铝箔有一个致命的缺陷——弯曲后容易产生断裂，影响铝箔的阻隔性，同时价格昂贵、回收处理困难以及无法应用于要求透明的包装中。目前，铝箔的生产工艺主要有铸轧（CC）和热轧（DC）。

纸在塑料软包装材料中主要用于印刷，部分也作为增加挺度功能而复合在中间层。常用的纸材料有牛皮纸、包装原纸、双胶纸、铜版纸等，纸材料在塑料软包装中的应用比例较小，国内生产商主要有浙江仙鹤、王氏纸业等。

塑料软包装行业用油墨曾主要以聚酰胺型表印油墨、聚丙烯型复合油墨以及聚酯类油墨为主，但因食品软包装生产禁用含苯、酮类溶剂的油墨，目前以聚氨酯油墨、无苯油墨、溶剂型柔印油墨、水性柔印油墨、UV/EB 柔印油墨为主。塑料软包装用油墨生产企业超过 300 家，软包装用油墨年产量达到 20 多万吨。国内生产商主要有新力油墨、新东方油墨等。

国内塑料软包装用胶黏剂主要有溶剂型聚氨酯胶黏剂、水性丙烯酸酯胶黏剂和无溶剂型聚氨酯胶黏剂，其中溶剂型聚氨酯胶黏剂年消耗量近 20 万吨。75%以上固含量的双组分聚氨酯胶黏剂占据 70%的市场份额，50%以下固含量的双组分聚氨酯胶黏剂的市场份额正在逐渐缩小。近年来，国内的无溶剂复合胶黏剂发展趋于成熟，并得到了广泛应用。据相关资料报道，2013 年国内无溶剂复合胶黏剂产量达 9665 吨。国内胶黏剂生产商主要有北京高盟、欧美化学等。

2.生产工艺及设备

塑料软包装行业的基材薄膜生产工艺主要有双向拉伸工艺、吹塑工艺、流延工艺。双向拉伸工艺生产的塑料薄膜有 BOPP、BOPET、BOPA 等。双向拉伸生产工艺流程如图 1 所示。

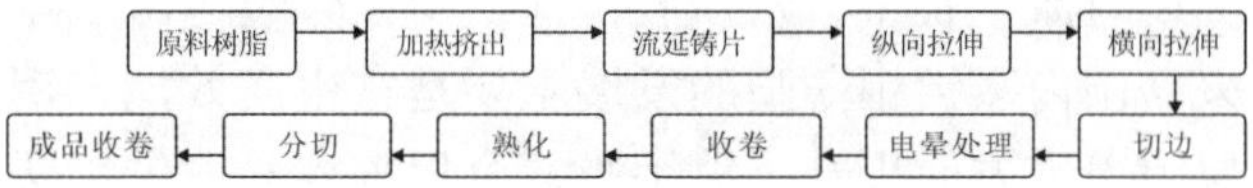

图1　双向拉伸生产工艺流程

近年来，我国的塑料薄膜双向拉伸生产设备发展速度很快，各种塑料薄膜双拉生产线已有上百条，进口设备主要是布鲁克纳、三菱，国产设备商主要有青岛顺德、南通三信。随着设备生产技术和自动化控制技术的进步，设备效能显著提升，目前生产线速度可达到 500m/min 以上，母卷幅宽可达 10m 以上，且生产设备已基本形成全自动控制操作，作业人员只需在控制室进行电脑操作。吹塑工艺和流延工艺，主要用于加工 PE、PP 以及多层共挤薄膜。吹塑工艺和流延工艺的流程分别如图 2、图 3 所示。

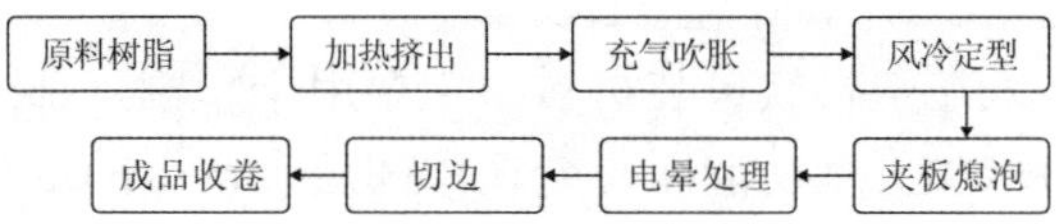

图2　吹塑工艺流程

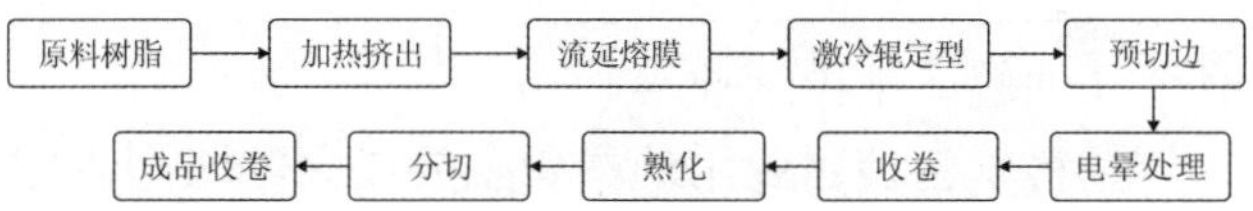

图3　流延工艺流程

吹塑进口设备主要是巴登菲尔，国产设备主要是广东金明；流延进口设备主要是科林斯、三菱重工，国产设备主要是佛山仕诚。吹塑和流延的热封薄膜（如 PE 膜、CPP 膜）挤出机层数主要有三层或四层，也可以用五层、七层、九层、十一层挤出机生产。吹塑和流延的阻隔薄膜挤出机层数主要是七层，目前，国内七层挤出生产线约占 50%，九层和十一层挤出生产线也已投产使用。随着设备加工工艺的技术提高，吹膜和流延设备已进入高速发展阶段，各大设备产商对设备的更新换代越来越快，从离线混料加工到全自动计量喂料，从手动调节厚度到全自动测厚，从手动调节宽度到自动宽度测量。多层共挤生产设备可以生产更加灵活多样的配方设计薄膜，并在保证原有薄膜的性能不降低的前提下，有更大的减薄空间，更多的成本节约空间。

塑料软包装材料中离线涂布膜主要有 PVDC 涂布膜和 PVA 涂布膜，其中应用较多的是 PVDC 涂布膜，如 KPET、KOP、KPA，可单面的涂布或双面涂布。涂布工艺流程如图 4 所示。

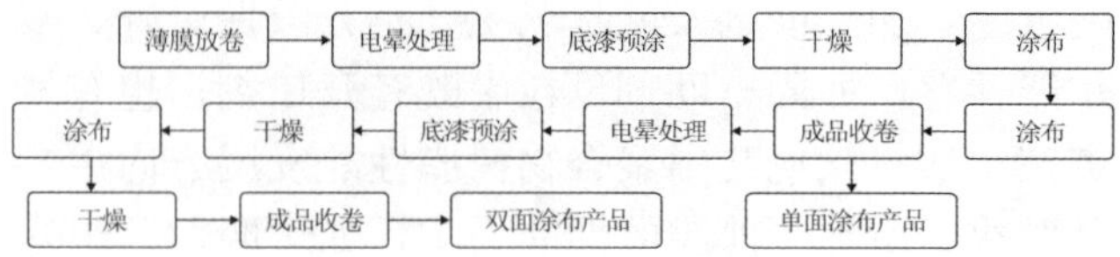

图4　涂布工艺流程

K 涂布薄膜是使用 PVDC 乳液涂布，过程中使用的预涂液、PVDC 乳液、添加剂都主要依赖进口。预涂液有双组份聚氨酯型和水溶性两种黏合剂，聚氨酯型黏合剂使用比例大，用网纹辊涂布。PVDC 乳液的涂布是使用网纹辊逆转吻涂方法，涂布厚度在 1.5~2μm，涂布液的国外供应商主要有 Motton（摩托）、Basf（巴斯夫），国内供应商主要有浙江巨化、南通化学。涂布进口设备生产商有 Bush（博士）、Rotomec（罗托）、Musashino（蒙赛）株式会社等，国产涂布机生产商最具代表性的是陕西北人。PVA 的涂布工艺流程与 PVDC 相同，水溶液网纹辊逆转吻涂，由于 PVA 的耐水性较差，“十二五”期间，对其耐水性做了一定的改性，但成本较高，且下游推广欠缺，使 PVA 涂布膜在塑料软包装材料中应用比例较小。

真空镀铝薄膜是在高真空度条件下，通过高温作用，将金属铝蒸镀在薄膜基材的表面而形成复合薄膜的一种工艺。蒸镀示意及工艺流程分别如图 5、图 6 所示。

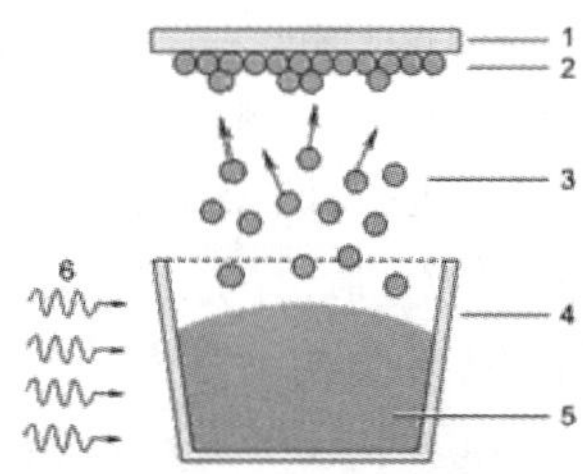

图5　蒸镀示意

1—基材薄膜；2—沉积蒸镀物；3 和 5—蒸镀物；4—蒸发舟/坩埚；6—加热

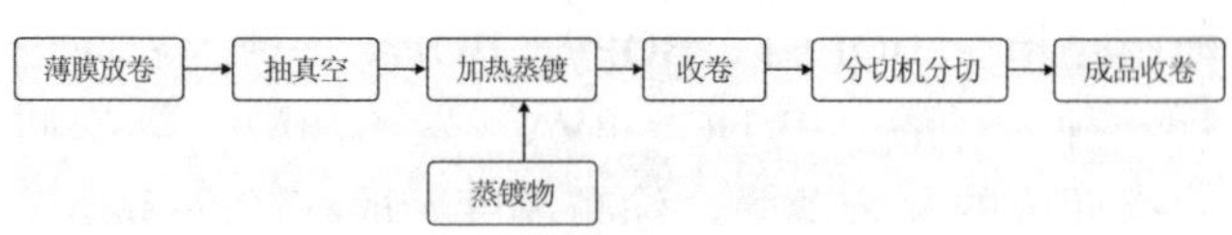

图6　蒸镀工艺流程

塑料薄膜的真空镀铝设备主要有缠绕式和悬浮式两种类型，但无论是缠绕式还是悬浮式，一般都是由真空系统、蒸发系统、薄膜卷绕系统、冷却系统、控制系统等主要部分组成。真空镀铝膜设备国外生产商主要有德国莱宝、意大利伽利略等，国内设备主要生产厂家有国投南光、上海曙光等。尽管氧化物镀膜（透明镀膜）是“十二五”的一个发展要求，但近五年来，国内几乎没有成熟的生产厂家。氧化物蒸镀薄膜是将氧化物(SiO_x或AlO_x)通过物理气相沉积(PVD)或化学气相沉积(CVD)的方法，沉积到基材(BOPET、BOPA、BOPP、CPP等) 表面而制成的一种薄膜。氧化铝镀膜可以用电阻式蒸发舟蒸镀，在蒸镀过程，精确补充氧气来实现形成氧化铝的沉积，如图7所示。

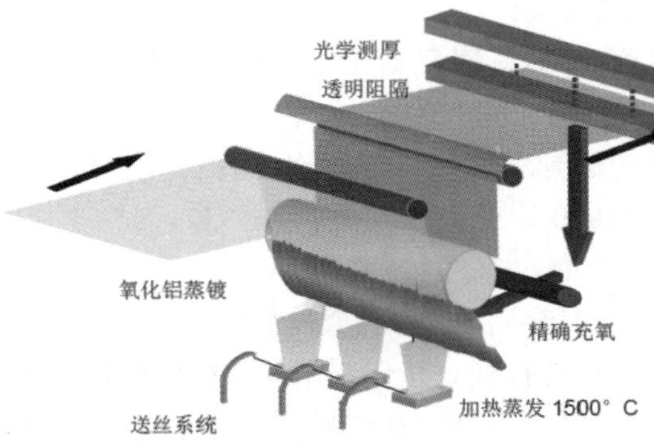

图7　氧化铝镀膜的蒸镀过程

氧化物镀膜的蒸发源有电阻式和电子束两种，电阻式蒸发源以电阻通过发热的原理来加热蒸镀物，最高加热温度可达1700℃。电子束蒸发源利用加速电子碰撞蒸镀物而使其蒸发，蒸发源配有电子枪，用磁场或电场加速并聚集电子束，使电子束集中在蒸发材料的局部位置上而形成加热束斑，束斑温度可达 3000℃～6000℃，能量密度最高可达15~20kW/cm^2，不仅可以完成Al（铝）、Si（硅）的氧化物蒸镀，还可以镀Cr（铬）、Cu（铜）、Ni（镍）、等物质，塑料软包装阻隔材料主要是应用 Al、Si的氧化物镀膜层。氧化物镀膜的生产技术主要决定于生产设备、原材料以及保护涂层材料等。目前的设备生产商主要是莱宝、博斯特等。保护涂层材料有三聚氰胺、丙烯酸，涂层方式可在线蒸涂和离线化学涂。国内塑料软包装行业的龙头企业——黄山永新股份,“十二五”末引进一条可蒸镀氧化铝的生产线，预计“十三五”开年就有商业化产品。

“十二五”期间，塑料软包装材料的印刷仍是以凹版印刷工艺为主，随着对环保的重视，柔版印刷工艺的产品已开始占有一定比例。印刷工艺流程如图8所示。

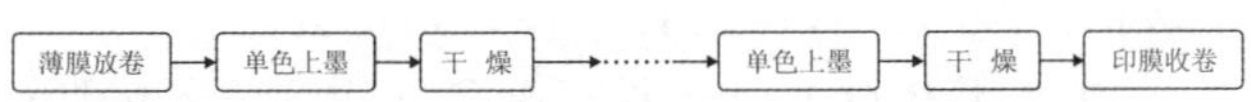

图8　塑料软包装材料的印刷工艺流程

凹版印刷和柔版印刷的工艺流程是相同的，区别在于：凹版印刷是使用金属凹版直接传输油墨到基材薄膜上完成印刷；柔版印刷是使用树脂凸版，通过网纹辊传墨到印版再压印到基材薄膜上完成印刷。目前，凹版印刷设备可以一次完成14色印刷，印刷速度达到350m/min，可正反套印；柔版印刷可以一次印刷14色，印刷速度可达500m/min。塑料软包装材料印刷的迅猛发展,推动了国产凹印设备的发展，除国营、合资企业外，不少民营、个体企业也加入了凹印机的生产行列，国产凹印机制造企业有陕西北人、温州神力、瑞安跃华等40多家。进口设备主要是日本富士、德国 W&H。我国柔印设备的发展起步较晚，但柔印以其在包装印刷领域独特的优势在我国得到了长足的发展，柔性版印刷方式已逐渐从卫材包装印刷推广到食品包装的印刷。塑料软包装用柔印设备主要是从西班牙康莫西、德国W&H等引进的卫星式柔印设备，国产陕西北人2009 年开始生产卷筒料卫星式柔印机。2014 年 4月，陕西北人展示了一批柔印设备的创新成果，其中，包括已经在卫星式柔印机上得以成功应用的数字化张力控制系统、无轴控制系统、热泵干燥技术、全自动上下卷、全自动接换卷技术以及未来将要实施推广应用的基于云中心创建的“机联网”。

塑料软包装材料的复合工艺主要有干式复合、挤出复合、无溶剂复合。近三年来，无溶剂复合以其环保、节能、成本低、无溶剂残留等优势得到了近乎井喷式的发展。无溶剂复合工艺流程如图9所示。

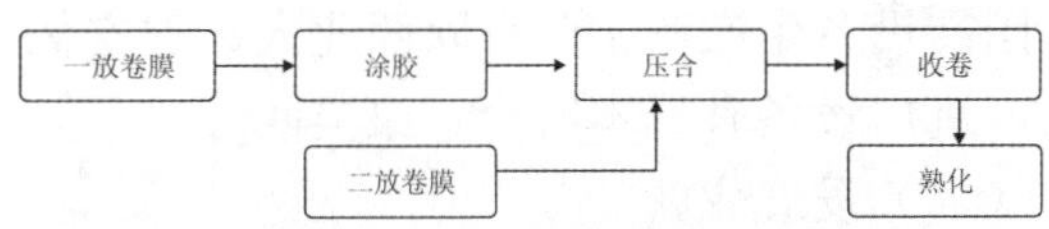

图9　无溶剂复合工艺流程

2013年，国内无溶剂复合设备装机总量约467台，意大利诺德美克设备市场占有率最高（约 200台），广州通泽紧随其后（约150台），深圳田乐、重庆鑫仕达等发展速度也较快，另外，中国台湾等地的无溶剂复合设备也开始逐渐进入内地市场，预计“十三五”期间，无溶剂复合比例将会占比超过50%。在塑料软包装材料生产中，挤出复合的应用也较广泛，特别是对纸的复合，既可省去胶水，还会有较好的剥离强度。在塑膜复合中，挤出复合（简称“挤复”）工艺的上胶量一般只有干式复合的15%~25%，而且大多为水性胶水，有一定的环保优势。另外，挤复设备还可以淋膜，直接做包装材料的热封层。挤复工艺流程如图10所示。

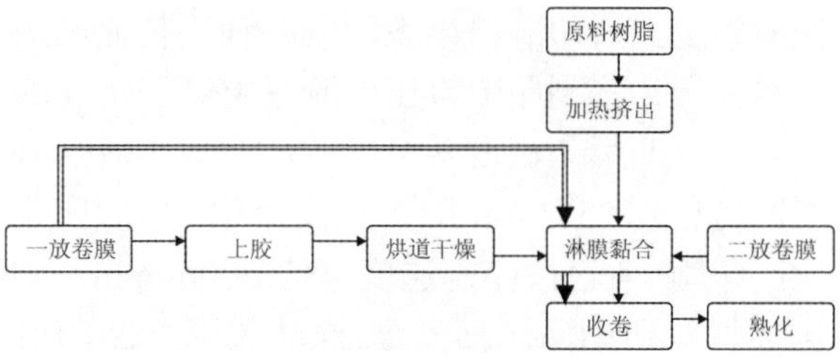

图 10　挤复工艺流程

近年来，挤复设备发展平稳，新上设备大部分是国产设备，如江门辉隆，进口设备有日本摩登、美国戴维斯等。近年来，挤复设备在提高剥离力和提升效能方面改进很多，如电晕表面处理装置、臭氧辅助氧化装置等，部分设备还增加在线测厚和自动模头间隙调节等装置。尽管干式复合（简称“干复”）在环保方面相对弱势，但很多塑料软包装产品的成熟生产工艺还是使用干复，如高温蒸煮类包装产品、液体乳油农药类包装产品等。干复生产工艺流程如图 11 所示。

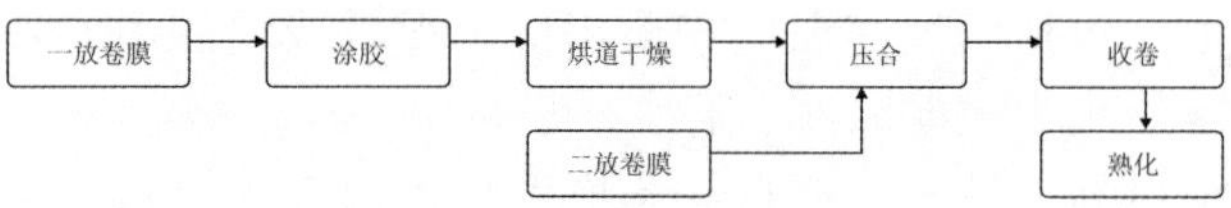

图 11　干复生产工艺流程

国产干复设备技术发展较成熟，纠偏、张力控制、涂胶等系统已达到进口设备水平，同时部分设备还配备电晕处理装置，有效提升复合剥离力，但生产速度一般不超过 250m/min，设备效能有待提升。国产设备生产商主要有陕西北人、瑞安亿立机械等，进口设备有日本富士、康莫西等。

（二）发展成就

1.生产能力

目前，塑料软包装企业采用的生产工艺主要以印刷、复合、分切、制袋为主。在印刷工序中，国内软包装企业拥有的生产线数量从1条到10多条不等，有些大型软包装企业的生产线多达 20 条。拥有的印刷设备以凹印机为主，约占 96.4%，柔印机约占 3.6%；印刷设备色组数以 5~12 色为主，其中，6~8 色的印刷机约占 88.6%，9~12 色的印刷机约占 10.2%，5 色以下的印刷机约占 1.2%；印刷速度 80~300m/min 不等。在复合工艺中，干式复合仍占优势，约占 45.7%，挤出复合约占 23.4%，共挤复合约占 13.8%，无溶剂复合约占 7.2%，湿式复合约占 5.6%，涂布等工艺复合约占 3.3%；复合材料的层数从最初的 2 层增加至最多达到 9 层；复合的阻隔层材料与内层的热封材料的品种也在不断增加。软包装行业后加工工艺（分切、制袋）中，直接分切成成品膜卷的比例在不断上升，而制袋产品的比例在下降，这主要是为了适应自动包装的要求，同时，分切速度也从原来的 200~250 m/min 提高到 280~350 m/min，制袋的袋型日趋多样化和异型化，除了常见的背封袋、三封袋外，自立袋、拉链袋、侧封袋、带嘴袋等不断增多。

2.体系建设

目前，许多软包装企业已建立 ISO 9000、ISO 14000、ISO 22000 三大体系验证，随着国家监管体系的进一步规范，许多软包装生产企业开始建立 ISO 18000 职业健康安全管理体系。

3.标准制定

塑料软包装行业是一个发展迅速、产品应用范围广泛的重要行业。由于采用的原料种类非常之多，产品的质量参差不齐，这就导致市场标准比较难以确定。为了进一步规范塑料软包装产品市场，提高产品品质，国家逐步进行一些相关标准的新增和修订。

从 2010 年至今制定了如下标准：

（1）2011 年制定的国标有：

GB/T 26708-2011 双向拉伸聚丙烯激光全息防伪膜

GB/T 28118-2011 食品包装用塑料与铝箔复合膜、袋

（2）2014 年制定的国标有：

GB/T 30768-2014 食品包装用纸与塑料复合膜、袋

（3）2010-2015 年对以下国标进行了修订：

QB/T 1014-2010 食品包装纸

GB/T 7718-2011 预包装食品标签通则

GB/T 2828[1].1—2012 计数抽样检验程序 第 1 部分：按接收质量限（AQL）检索的逐批检验抽样计划

GB/T 17497—2012 柔性版装潢印刷品

QB/T 2024—2012 凹版复合塑料薄膜油墨

为贯彻《中华人民共和国环境保护法》，保护环境，保障人体健康，提高环境管理水平，规范环境监测工作，制定了五项国家环境保护标准。对包装用镀铝薄膜行业标准进行了修订讨论会。

2014 年 6 月 1 日正式实施 7 项印刷国家标准：《印刷技术术语 第 8 部分：数字印刷术语》《数字印刷的分类》《精装书籍要求》《平装书籍要求》《印后加工一般要求》《印后加工材料分类》《印刷技术

四色印刷油墨颜色和透明度 第1部分：单张纸和热固型卷筒纸胶印》。

4.知识产权

随着知识产权意识的增强，塑料软包装企业专利申请量呈逐年提高的发展态势。2011年以前，塑料软包装领域的设备以及设备相关的专利技术申请量较大，在2011年以后，油墨、胶黏剂、薄膜配方、工艺技术等方面的发明专利数量呈现快速增长的势头。这说明，塑料软包装行业进一步加大了新产品、新技术的研发和投入，对专利布局方面有了更好的认知。

（三）存在的问题

1.行业结构发展欠缺

普通塑料包装产品所占比重较大，功能性包装产品发展不够；重产品轻原材料，重设备轻技术，重生产轻研发；产品更新换代慢，导致产品结构不合理，不能完全适应市场需求变化。企业结构上，塑料软包装企业总体规模小，产业集中度较低。地区结构上，西部地区包装工业比较落后，而东部的上海、江苏、浙江、山东、福建塑料软包装工业非常发达。产能结构上，结构性、阶段性产能过剩顽疾仍未得到有效缓解。目前低端产能过剩问题仍未有效解决，区域市场需求，盲目引进而引发的阶段性过剩产能，尚未有效化解，而高端产品仍需大量进口。双向拉伸产业在普通包装膜产能严重过剩尚未化解的情况下，锂离子电池隔膜产能已经大大超过全球需求量，又形成新的产能过剩，而高端隔膜进口比例达90%，整个隔膜进口率达70%。

2.企业利润微薄

塑料软包装市场的逐年增长，产生的诱惑较大，很多书刊印刷企业也开始或已经转型生产塑料软包装材料，所以对这个行业的投资越来越多，导致总体生产能力过剩，市场竞争越来越激烈，企业订单相比下滑明显，利润极其微薄。另外，面对越来越高的人工成本、原材料成本的相对上涨，塑料软包装材料的利润空间也越来越小，塑料软包装行业已成为一个十分微利的行业。

3.自主创新能力薄弱

目前，塑料软包装行业里对“自主研发”，依然存在一些问题：首先，企业缺少自主创新的战略规划。其次，缺少市场调研的导向指引和信息反馈的支持。最后，缺少需求创造，不一定要先有需求，才来研发产品，还应该适时的创造需求，用产品来引领需求、引领消费。通过对行业未来发展发向的把握，研发符合市场发展趋势的新产品则必然可以填补市场空白、创造消费，甚至推动上下游产业链的发展，企业也可以从中名利双收。我国多数的企业在此方面比较欠缺，如能引导消费，无疑会使企业主动起来。

4.环保压力大

近年来，大气污染形势日益严峻，印刷行业尤其是塑料软包装印刷企业VOCs的排放问题，引起了国家环保部门的高度关注，在我国相继出台的大气污染治理政策法规中，屡次被列为重点治理行业之一。2013年下半年，国务院发布了《大气污染防治行动计划》，各省份也都在制定印刷行业 VOCs排放控制标准，目前已经有4个省市颁布地方排放标准，分别是广东省《印刷行业挥发性有机化合物排放标准》、天津市《工业企业挥发性有机物排放控制标准》、北京市《印刷业挥发性有机物排放标准》和上海市《印刷业大气污染物排放标准》。自2014年3月1日北京市颁布《北京市大气污染防治条例》之后，北京市环保局将2014年3—12月的每个月第一周作为每个月的环境执法周，进行全市统一的检查任务，其中涉及锅炉、餐饮、印刷、汽车制造及维修、电子企业等行业。这些严酷的现状形势，无疑对塑料软包装行业造成巨大的压力。

三、指导思想与基本原则

（一）指导思想

贯彻落实党的十八大和十八届三中、四中、五中全会精神，贯彻落实习近平总书记系列重要讲话精神和《中共中央国务院关于加快推进生态文明建设的意见》，以《中国制造2025》为纲领，把准产业升级的路径方向，推进信息化与塑料软包装工业深度融合，提升包装工业基础能力，并着力增强自主创新能力，全面推广绿色制造，实现塑料软包装行业持续发展、健康发展。

（二）基本原则

（1）坚持创新驱动原则；

（2）坚持质量为先原则；

（3）坚持绿色发展原则；

（4）坚持优化产业结构原则。

四、规划目标

（一）总体目标

“十三五”末，我国塑料软包装工业发展目标是：产业规模在“十二五”末基础上产值增加65%

以上，产业规模稳居世界首位；技术创新能力有显著提升，通过自主科技研发，使重要基本原料树脂、基础薄膜和产成品的生产技术、产品质量达到国际领先水平；结构调整稳步加快，淘汰落后产能和生产模式，初步形成布局趋于合理，绿色环保、低碳高效的塑料软包装工业新体系。

（二）具体目标

（1）紧紧围绕以提高生产效率为核心培养新的竞争优势，保持塑料软包装材料总产值增长速度与国民经济发展同步，建设成为具有国际影响力的世界塑料软包装制造大国，同时为建成世界强国打下坚实基础。

（2）加快加工装备智能、数字化改造力度，大力发展小型、超高精度、超高速和智能控制的加工设备，为智能制造、数字制造、网络制造提供先进装备和生产线，推动“互联网+”塑料软包装行业的转型升级，并不断创造出新产品、新业务与新模式。

（3）加快绿色、节能、高效新型加工成型工艺的开发，提倡无溶剂排放生产工艺，规定有溶剂排放工艺的回收装置必须配套使用，奖励节能创新，加快热泵技术、电磁感应节能技术等的推广。

（4）普及生产企业的质量管理体系、环境管理体系、职业安全健康认证体系建设，规范产品的生产过程。从行业层面，对产品结构、规格、质量和检验方法进一步完善技术规定，制定健全、有效的行业产品标准，使产品质量更有保障。

五、塑料软包装行业发展方向

“十三五”期间，在国家“调结构、转方式、促发展”的政策指引下，中国经济将进入稳定增长新周期，塑料软包装行业也将面临增速放缓、结构调整加速的新形势，未来行业发展将越来越依赖技术能力的创新和提升，塑料软包装行业应大力发展以下六个方向：加快产业结构转型升级，拓宽或延伸产业链；加快“互联网+”信息化发展，创造新的发展生态；大力建设体系、标准，规范产品生产过程、保障产品品质和提升品牌建设；增强知识产权保护意识，及时完成专利布局；改善装备及生产工艺，实现进一步的节能、环保；结合纳米材料技术创新，开发更安全、更智能、功能更丰富的新塑料软包装材料。

（一）加快产业结构转型升级，拓宽或延伸产业链

“十三五”期间，塑料软包装行业的产业将以龙头包装企业为基础，从包装制造到包装创造的重大转型，转型的必由之路是强推产业结构转型升级。塑料软包装行业作为中国制造的一个细分类别，要按照中国经济已达成共识的合理轨迹去运行，才能有效完成转型升级。就塑料软包装行业而言，可以通过延伸产业链来实现上、下游的跨界转型升级和拓宽行业领域实现个性化、智能化生产来平行转型升级。

延伸塑料软包装行业产业链，首先在软包装高新技术企业建立“包装制造+包装物流+包装服务”的“三位一体”的整体运行模式，使包装产业的目标从客户延伸到客户的客户，实现服务型制造业的转型升级。服务型制造业的优势：容易形成市场竞争差异化；产品利润、附加值高；市场发生变化，制造业随之应变；与客户和前方行业的接触期延长；后期服务的利润更高。

利用自动化智能制造技术组合而成的个性化生产线，制造出每一件都完全不同的个性化产品，是《中国制造 2025》对于智能化生产的愿景之一。如可变二维码，是未来物联网的主要入口，其背后隐藏着的是每一个产品的独特 ID（身份识别），塑料软包装行业的印刷要及时跟上这一巨大的变革。

（二）加快“互联网+”信息化发展，创造新的发展生态

从行业角度看，我国塑料软包装企业的现状是民营企业较多，行业分散，信息渠道不畅，导致一些产品产能过剩，需及时建立有效的互联网信息交流平台。通过信息交流平台，可以在很大程度上促进各个企业之间快速了解行业发展的现状，并可以直接反馈市场给出的真实信息。

“互联网+”是工业化和信息化融合的升级版，将互联网作为当前信息化发展的核心特征提取出来，并与工业、商业、金融业等服务业的全面融合。未来，更深层次的结合将会是全自动、智能伸缩的个性化产品生产流水线与互联网的深度、紧密的结合。塑料软包装行业“十三五”期间，要从基于互联网的生产管理系统、数字资源云平台、互联网营销系统等方面进一步完善，将设备、生产线、工厂、供应商、产品和客户紧密地联系在一起，逐步实现从 2.0、3.0 的工厂转型到 4.0 的工厂，整个生产形态上，从大规模生产，转向个性化定制，形成整个生产过程更加柔性化、个性化、定制化的新发展生态。

（三）大力建设体系、标准，规范产品生产过

程、保障产品品质和提升品牌建设

健全的体系、匹配的标准是产品质量保证的技术支撑，是企业规范生产过程、制造合格产品的基本保证。我国目前缺乏独立、完善的包装法规体系，缺乏强有力的政策干预和法律处罚手段，劣质包装、假冒包装、欺诈包装、过度包装等现象严重扰乱了市场秩序，损害了消费者利益，造成了严重的环境污染和资源浪费，严重影响塑料软包装行业的品牌声誉。特别是有的不规范企业一味地追求效益，大量使用不合格的原料来进行加工生产，从而导致了市场混乱；另外，一些小型作坊式工厂，本身使用的原料是正规的，由于在工艺流程中，达不到食品包装生产的工艺要求，其所生产的最终产品不符合要求，给整个市场带来误导。

多年来，塑料软包装行业产品标准和质量、环境、安全体系正在不断完善，但仍然存在部分法规标准的滞后和缺失。新型食品包装材料和加工助剂缺乏有效的准入和管理机制；部分标准中存在一些指标规定得不够明确、不够细致的问题。目前，还没有建立相应的技术法规对接触食品的材料进行科学分类、统一管理，很多材料中有害物质的迁移检测标准还没有制定，需要参考欧美标准来进行检测。新产品的研发和应用往往由发达国家引导，一些新材料的安全性评价资料往往掌握在欧美等发达国家政府或一些跨国企业手中。我国在新原材料生产食品包装材料的安全评价和检测技术标准方面与发达国家还有一定差距，影响了对新物质和新材料的食品安全评价能力，导致了部分食品包装材料和加工助剂的监管还处于空白状态。欧美发达国家关于包装材料的法规标准中，对潜在影响国民身体健康的物质做了明确的规定，而我国只对允许使用的材料做了规定，但对不允许使用的材料规定得不清楚，使一些食品包装材料中隐含的有害成分得不到控制，造成了按现行规定检测是合格的，但事实上却不安全的问题。较为突出的问题是，现行部分食品容器、包装材料及加工助剂标准的标龄较长，标准的部分内容已达不到保障食品安全的要求，也不适应行业发展的需要。

“十三五”期间，可以通过对比研究欧美发达国家与我国的塑料软包装材料标准，建立明显的范围和定位，包括食品安全法规、各种相关生产工艺要求，以及材料中成分和迁移测试的检验标准。加快、加强食品包装材料法规与标准制修订步伐，根据当前生产技术发展现状，参照或借鉴发达国家的成功经验，制定更为严格的理化检测项目，提高我国塑料软包装材料质量。管理部门应尽快完善新材料的安全性评价程序和评价机制，强化风险管理机制建设。亟待制定或完善的标准方向有：透气膜/保护膜等新产品的标准的制定；塑化剂/双酚 A/壬基酚等检测方法的完善修订；复合膜制品不同材质的产品标准；修订食品用复合膜行业准入制度；复合膜制品的检测标准；增加或涵盖欧盟薄膜标准。

（四）增强知识产权保护意识，及时完成专利布局

(1)提升塑料软包装行业整体知识产权战略管理能力。引导企业制定实施与其商业竞争策略相匹配的知识产权战略，将知识产权作为企业战略管理的重要内容，建立与其战略目标相匹配的知识产权管理体系与管理模式，提高知识产权战略决策能力，以知识产权为导向优化企业技术创新路径、资源配置和业务链条。

（2）提升塑料软包装行业知识产权产出能力。以知识产权为利益纽带促进产学研协同创新，提高创新效率、提升创新质量，促进高质量知识产权产出，加强国内外知识产权战略布局。引导企业健全知识产权激励机制，将知识产权以投资入股、股票期权等形式参与企业利益共享，实现企业技术创新的良性循环。

(3)提升塑料软包装行业知识产权国际运营能力。引导企业持续运用知识产权参与全球战略竞争，实现专利运用高端化、规模化、国际化。引导企业以开展专利导航工作试点、构建产业专利联盟等协同运用形式，运用专利强化对产业链的整体控制力和全球资源的整合配置力，促进知识产权与资本市场的高效对接，实现运用知识产权支撑中国企业向全球价值链高端攀升的目标。

(4)提升塑料软包装行业知识产权风险管控能力。引导企业建立贯穿立项、研发、采购、生产、销售全过程的知识产权侵权预警机制和风险监控机制，有效降低知识产权风险，综合运用法律救济途径和手段维护企业合法权益。引导企业开展专利与标准前瞻研究，积极参与标准化工作，提升知识产权风险应对能力，为企业参与市场竞争提供法律保障。

（5）提升塑料软包装行业知识产权创造和运用。提升塑料软包装行业运用知识产权制度的能力，积极推进企业实施知识产权战略，加强面向中小企

业知识产权政策引导和信息服务。进一步完善塑料软包装行业知识产权管理工作规范，推动制定知识产权资产评估和财务核算制度。鼓励塑料软包装企业利用知识产权参与市场竞争，支持有条件的企业实施“走出去”战略，参与国际标准的制定，大力培育知识产权优势企业。

（6）加强塑料软包装行业人才培养机制。加强塑料软包装行业知识产权人才队伍建设，持续开展有针对性的多层级知识产权工作培训交流。开展专业性质较强的知识产权实务培训，加强企业知识产权战略规划、资本运作、法律事务等实务人才培养，推进塑料软包装行业知识产权人才队伍的专业化、国际化。

（五）改善装备及生产工艺，实现进一步的节能、环保

1.节能

（1）设备节能化改造。设备节能化改造，主要是通过替换能源及其供给系统，并运用智能化的及时控制，来达到提升能源的利用率。目前，应用于塑料软包装行业的加热方式主要有电加热、蒸汽加热（包括燃煤锅炉、燃气锅炉、生物质锅炉等）、热泵加热、太阳能辅助加热等。其中，电加热是最传统，也是应用最广泛的加热方式，但因电费昂贵，已有部分被其他加热方式所替代。近年来，热泵技术在塑料软包装行业开始得到应用。该技术没有燃煤锅炉的污染问题，能在较大程度上降低烘箱加热成本，现已有部分企业成功应用。印刷高温冷热联供热泵不仅可以同时满足印刷复合设备风箱加热烘干、新风预热和工艺制冷的要求，还可以满足车间冷气提供和恒温除湿要求。与太阳能、生物质等新能源相比，印刷高温冷热联供热泵在加热高温热水满足设备烘干要求的同时，伴生的恒温冷水可输送至印刷机冷却辊或车间进行降温处理，而这部分功能的实现是免费的，尤其是热泵为车间提供的免费空调系统，不仅可以有效降低有机溶剂挥发，还可以省去空调设备采购及运行成本。热泵空气处理系统可以同时生成一部分热水（或热空气）和一部分冷水（或冷空气），热水或热空气主要用于凹印机、复合机、涂布机等设备印刷复合有机废气的排放控制。

（2）材料节能化开发。塑料软包装行业的材料节能化开发的直接方向就是轻量化和减量化，其实质是能源的高效率利用，以及改变大量依赖于资源投入的问题解决模式。轻量化的塑料包装产品——微孔发泡塑料材料。它的泡孔直径只有 1～10μm，泡孔密度达到 10^9～10^{12} 个/立方厘米。与不发泡塑料相比，微孔发泡塑料使用寿命延长 5 年，断裂韧性提高近 5 倍，冲击强度提高 6～7 倍，吸收的能量增加 5～7 倍，比强度、比刚度均可提高 3～5 倍。减量化就是减少过度包装、降低塑料原材料的使用量。目前塑料软包装材料设计采用的安全系数普遍偏高。在保证材料质量、性能使用要求前提下，通过计算机软件进行强度等性能优化设计，将材料厚度减薄，达到质优价廉、节约原材料的效果。

（3）工艺节能化提升。为满足材料节能化的开发，必然需要工艺节能化提升。如薄膜的发泡技术改善推广，不同材料共混以及多层共挤工艺的进一步改进，聚乙烯薄膜拉伸减薄工艺等。

2.环保

（1）开发应用环保原材料。大力推广应用可降解性塑料薄膜、水溶性塑料薄膜、可食性包装膜等环保材料。可降解性塑料分为光降解塑料和生物降解塑料，光降解塑料分为共聚型和添加型两类，前者是用一氧化碳或含碳单体与乙烯或其他烯烃单体合成的共聚物组成的塑料。由于聚合物链上含有碳基等发色基团和弱键，易于进行光降解。后者是在通用的塑料基材中加入如二苯甲酮、对苯醌等光敏剂后制得，制造技术简单。生物降解塑料可分为完全生物降解塑料和生物崩解性塑料。前者如天然高分子纤维素，人工合成的聚乳酸、聚己内酯等。后者生物崩解塑料是在塑料基材中加入如木质素、纤维素、淀粉、甲壳粉等天然高分子材料助剂而制成。水溶性塑料薄膜，其主要特点是：降解彻底降解的最终产物是 CO_2（二氧化碳）和 H_2O（水）可彻底解决包装废弃物的处理问题。这种薄膜力学性能好，可热封，而且有较高的热封强度。可食性包装膜，如壳聚糖可食性包装膜、玉米蛋白质包装膜、改性纤维素可食性包装膜及复合型可食性包装膜等，可以用于各种食品的内包装，如裹包糖果、黏性糕点的衬垫，或制成肠衣、果衣与胶囊等。随着环境友好材料需求的增长以及包装减量化的趋势，可食用薄膜和水溶性薄膜成为活性包装中具有代表性的新型包装材料。过去可食用薄膜是用纤维素制成的，最新的进展是用牛奶中的一种成分——乳清蛋白来生成。乳清可食用薄膜既可制成水溶的，还能提供对气味的高阻隔效果，它光滑、透明、气味很淡。针对乳清蛋白制成可食用薄膜的研究还在进一步研

发当中。可以预见，这将是未来非常成功的一种软包装薄膜。

在欧美及日本，无溶剂胶黏剂和水性油墨等包装辅料能大量降低 VOCs 排放，其中，无溶剂胶黏剂的使用已占据塑料软包装的 50%以上。我国最近 5 年才开始大力引进与研发无溶剂技术产品。由于产能不足，无溶剂胶黏剂是“十三五”期间重点发展的产品与技术。相比，环保胶黏剂产品还有：醇溶型、水溶型和水性胶黏剂，这些环保产品也将会推广应用。发展过渡期的酯溶胶黏剂的发展方向是朝高固含量同时保证低黏度方面发展。塑料软包装行业的印刷油墨环保型产品主要有：无苯无酮油墨、水性油墨、紫外光固化油墨、水性 UV 油墨、电子束固化油墨等。历经多年的技术验证，水性油墨将在“十三五”期间得到大力推广。过渡期的溶剂性油墨发展方向是尽量使用单一溶剂的油墨，利于溶剂回收后的再次利用。

（2）普及环保装置。2015 年环保部门在制定重点行业 VOCs 排放标准时将印刷包装行业纳入了监管范围。据调查分析，塑料软包装协会已有近 20%的企业安装或部分安装了 VOCs 治理设施。其中，印刷和复合工序都安装了 VOCs 治理设施的企业只有 10%，有 40%企业表示计划安装或增加治理设施，余下企业处于等待观望、尚无意向的状态。调研过程中，企业普遍认为开展 VOCs 综合整治是必要的，特别是复合膜专委会的理事、会员单位认识较高，且行动积极。“十三五”期间，国家和地方环保部门会加大监管力度，构建合理有效的倒逼机制，行业协会会加大宣传力度，加强沟通协调，推动企业增加 VOCs 治理意识，提高治理工作的自觉性、主动性，必要时，将会强制企业普及 VOCs 治理装置。

（3）推进环保工艺。目前，食品包装印刷已全部采用无苯油墨进行印刷，复合工艺除了溶剂型黏合剂复合，也拓宽了环保的挤出复合和无溶剂复合的应用范围。塑料软包装行业的两大污染工艺为印刷和复合。在印刷环节，一是推动更加环保的柔印工艺的应用；二是尽快突破凹印水墨的技术难点。这需要设备制造商、油墨生产商和塑料软包装企业，甚至终端客户的共同努力。复合环节，无溶剂复合、共挤出复合、水性胶黏剂复合工艺的推广应用，也大大减缓了复合工艺对环境的污染。多层共挤是生产环保薄膜的工艺之一。多层共挤工艺实现了多功能集成化、材料减量化、二次复合省略化的目的，既提高生产效率，也降低综合包装成本，并形成无排放、易回收的环境保护作用。

（4）加快废料回收利用。近年来，塑料软包装材料在得到广泛应用的同时，废弃塑料的“白色污染”问题也引起了世界各国的广泛重视。据报道，塑料回收率，德国为 27%，日本为 26%，美国为 20%，中国为 9.6%。加快塑料包装废弃材料回收利用步伐，也是“十三五”的一个重要环保发展主题。塑料软包装的新价值化主要是指通过化学处理和能源再生使废弃物获得新的使用价值的过程。近年来，人们对废弃物的新价值化逐渐重视，并在垃圾发电技术、热分解技术、化学分解技术方面有所进展。

（六）结合纳米材料技术创新，开发更安全、更智能、功能更丰富的新塑料软包装材料

（1）纳米材料被称为“21 世纪最有发展前途的材料”，它是由金属氧化物、无机非金属或聚合物的纳米级微粒及它们的凝聚态固体和复合体组成。由于纳米微粒尺寸极小，所以具有独特的量了尺寸效应、表面效应、界面效应、体积效应、宏观量子隧道效应、小尺寸效应等。由纳米微粒构成的纳米塑料体系提高了塑料的力学性能和耐热性能，增强了塑料的阻隔性，使氧气、二氧化碳的透过率下降，并提高了塑料的透明性、颜料的着色性能，还提高了塑料的阻燃性和材料的尺寸稳定性能。常见的纳米材料是改性纳米矿物材料，将非金属矿物经物理或化学方法制成纳米材料，如膨润土经提纯、改性和分散处理后获得纳米蒙脱石。在聚丙烯或高密度聚乙烯 / 纳米碳酸钙体系中，采用适当分散处理方法，纳米碳酸钙的质量分数仅 3%～4%，塑料制品的抗冲击强度提高了 4 倍。日本研制成功的 PA6（尼龙）纳米复合包装材料与普通复合 PA（聚酰胺）包装材料比较，拉伸强度和拉伸模量分别提高 110MPa 和 2.1GPa，热变形温度提高到 150%，热膨胀系数和吸水率大幅度降低。“十三五”期间，塑料软包装行业将会大力研制新型的纳米复合包装材料，并投入规模生产。

（2）对现有成熟的塑料软包装材料加强安全分析，对可能产生危害的物质，要能测试、能控制、能消除。如聚乙烯中的壬基酚物质主要是来源于聚合时的抗氧剂，要求树脂供应商要选用新的安全的抗氧剂成分。食品安全管理体系发布了 22 项专项技术规范，新《食品安全法》已于 2015 年 10 月 1 日实施。未来，软包装企业生产食品包装必须经过 QS

认证后，才能进行食品包装生产。随着包装企业的产品类型拓展，大多都经过了 QS 认证。但是由于连续发生食品问题，国家对 QS 的认证工作进行了加强。要求企业必须具备出厂检验能力，原已拿证的企业，属于委托检验的必须在 2015 年年底前建立自己的实验室，否则将取消其 QS 证；食品药品监督管理局每年对 QS 企业进行严格监督检查，若发现有严重不合格项就将吊销其 QS 证。塑料软包装的安全问题一直是人们最关注的，尤其在与人们健康关系紧密的食品、药品包装方面。“十三五”的塑料软包装安全控制主要是：油墨和胶黏剂的溶剂残留；添加助剂中有毒成分向食品的迁移；聚合物树脂及其中未聚合的游离单体、裂解物、降解物及老化产生的有毒物质控制；运用纳米技术材料，达到生产过程中材料自身可以排斥可能接触到的不安全物质。北京印刷学院开发的功能性薄膜新材料——果蔬保鲜用包装材料、熟食保鲜用包装材料，通过纳米技术，有效改进了包装材料的食品安全性能。一般的聚乙烯或聚丙烯薄膜特别容易吸附印刷油墨或胶黏剂中的有机溶剂，而经过纳米工艺改进后，则可实现有机溶剂零残留，大大提高了包装材料的卫生安全性。

（3）智能包装技术充分体现了高新技术在包装领域中的优势。它不仅能反映包装物的质量信息和商品流通信息，而且给物流管理和消费者带来了很多方便，还能监测包装物的质量，警示食品等包装产品的保质保鲜程度，从而保证食品卫生安全。智能包装材料将会是“互联网+”时代的主流产品。目前智能化包装有以下几类：

①自适应包装。自适应包装技术就是模拟食品所需的环境参数，而自动调节食品在储藏与转移中的环境变化，使包装中的环境能最大限度地实现食品的储藏与保质要求。

②可跟踪性运输包装。可跟踪性运输包装是指在运输和流通中包装物品及容器被全程跟踪，以便管理者及时完成对其流通渠道和运输路径的优化调整的包装。这种包装技术是在容器或托盘上装有电子芯片，可以追踪记录各种信息，能够在任何时间和地点被读出。可跟踪性运输包装的目标是开发一种有利于自动化管理的运输包装技术形式，使运输容器在流通路线上能被全程跟踪，方便控制中心完成对运输路线和在线商品的调整和管理，达到商品流通运输的快捷化、最佳路径化和低运输成本的目的。

③智能标签。智能标签的核心是含有 IC（集成电路）芯片的射频电路和传感器，内部装有可程序化的集成电路和天线。它可通过无线射频信号与读写装置进行信息的接收和传输，具有产品鉴别、防伪、防盗、管理等多种功能。它是目前广泛使用的产品条码标签升级和更新的产品。智能标签具有小、薄、柔等优点，还具有读取数据信息快，并可依特殊命令读取 ID 号码和一些特殊信息等特点。智能标签有防冲撞的读写特性，并且能同时读写多个电子标签。智能标签可以携带数据，并可将其芯片中存储的数据通过专门的读卡器以无线的方式快速读取，在工作过程中还可非常方便地对其数据进行改写。智能标签在使用时可以做到无须连线、无须电源、无须接触，还可在射频频率上进行变化。在智能标签中，可植入多种材料内部的特性和可读取的功能，广泛应用于无线识别领域，如产品识别、质量监控、票证、资产管理和提供系列追踪管理等应用。智能标签为防伪、物流管理领域提供了多变的新工具。

④食品智能包装。食品智能包装的主要作用是可以警示食品的保鲜程度，指示食品是否变质，保证食品的食用安全，还能延长食品保鲜期，从而更好地保证食品的安全和原有风味。

⑤活性包装。活性包装又称 AP 包装，是指在包装袋内加入各种气体吸收剂和释放剂，以除去过多的 CO_2、乙烯及水蒸气，及时补充 O_2（氧气），使包装袋内维持适合于鲜切蔬菜贮藏保鲜的适宜气体环境。

⑥微波炉自动加热包装。智能型微波加热包装是一个良好的信息载体，可以实现食品、包装和微波炉之间信息互通。包装物上的条码（或其他数码）携带了重要的信息，微波炉上配备的条码扫描仪和微处理器可以在微波加热过程中用得到的逻辑信息加以控制，包括控制微波炉的磁控管功率与加热时间。

（4）功能丰富的塑料软包材料，是适应市场需求的发展方向之一。我国塑料软包装行业，经过近 30 年的发展，包装的功能要求越来越丰富。不仅要求有共性的宏观物理保护功能，而且在不同领域、不同终端客户群等条件下有一些针对性功能要求，“十三五”期间，塑料软包材料功能性发展方向主要有以下几类：

①易封易拆、重复开启功能。容易封装、容易拆卸、使用更方便，将是塑料软包材料的一个方便

终端客户功能要求。如：1 kg砂糖小包装，原用平口袋热封装，现改用拉链自封袋外加一道热封装。用户使用前剪去热封，倒出需用的砂糖，留在袋内砂糖可用拉链条封上备用。这样人性化处理的包装商品，使用方便。高阻隔任意点可手撕条包膜，也将会在小克重内容包装上广泛应用。

②新型保鲜功能。生鲜食品包装很重视气体的透过性，并以此选择不同的塑料材料。随着食品工业的发展以及材料科学的进步，作为食品包装材料不仅要求高阻气性，而且进一步要求发展选择透过性的功能，即根据包装内容物的要求，仅仅允许需要的（或不需要的）气体分子通过，建立一个适宜的气调环境。这类选择透过性包装材料在国外已进入实用化阶段，主要有添加溶解气体物质的薄膜，添加多孔沸石或氧化硅等粉末的薄膜，用γ射线照射使薄膜性质发生变化以及利用扩散系数对含水率的依存性、引入含有羟基基团和酰胺基基团的薄膜等。此外，还可以在薄膜中加入一些抗菌剂和防腐剂，来抑制细菌和霉菌的生长繁殖。近年来备受关注的保鲜技术就是通过微孔或改进薄膜配方结构、改良包装袋内的气调环境以及使用除氧剂与选择性透过薄膜组合的方法，以改善气体的透过率。

③硅窗气调功能。硅窗气调保鲜袋是在塑料薄膜袋上装上合适面积的硅橡胶薄膜。硅橡胶薄膜对氧气、二氧化碳和氮气有选择性的渗透，这种硅窗气调保鲜袋在水果储藏上取得了良好的效果。应用它在一定的储藏条件下，确定好适宜的硅窗面积，封闭一定时间后，即可将包装内的氧气和二氧化碳的浓度自动调节到自动需要的水平。一般储藏1000kg苹果，设硅窗面积0.6m^2，可使氧气和二氧化碳维持在适宜水平，呼吸作用产生的过多二氧化碳可通过硅窗排出，袋内氧气不足时，又可由硅窗透入。硅窗气调技术，关键是选用硅窗膜，确定硅窗面积和适合的储藏量及储藏的温度。

④无菌抗菌功能。无菌包装可以在无菌条件下，不用添加防腐剂，在常温下就能最大限度地保留食品原有的营养成分和风味。可延长货架寿命，方便运输和储存。无菌包装主要应用于食品、调味品、医药及化妆品等领域。所使用的软包装材料为纸、塑、铝塑复合膜，含高阻隔性塑料的多层共挤无菌包装片材等。抗菌塑料包装材料则是对塑料包装材料赋予一定的抗菌性能，现在已经开发了以含银离子为无机抗菌剂的全新型母料，银离子具有显著的抗菌作用，其特点为抗菌效果持续时间长，不会因气化和迁移而衰减，不会污染环境。用添加含银离子的母料（含量1%～3%）制得的薄膜或表面复合一层这种薄膜的容器，经试用表明，在无营养源的情况下，含1%银离子母料的薄膜能在1～2天内完全杀死会引起食品中毒的菌类，广泛用于熟食肉类、水产品和液体食品包装。另外，添加某些植物的提取物作为抗菌剂的薄膜在国外也已有生产，这类抗菌膜主要用于新摘蔬菜及水果等包装。

⑤防伪功能。防伪发展主要集中于以下几个方面：防伪标识；特种材料工艺；印刷工艺；包装结构和其他方法。当前居于主流地位的防伪包装有：激光全息图像、激光防伪包装材料、隐形标识系统、激光编码、凹版印刷防伪、特种工艺与材料防伪等。

⑥透明高阻隔功能。高阻隔性是一个传统的功能要求，塑料包装材料是随着食品工业的迅速发展而发展起来的，高阻隔包装材料在包装工业特别在食品包装行业获得了迅速发展和广泛应用。它对食品起到了保质、保鲜、保风味以及延长货架寿命的作用。保存食品的技术多种多样，像真空包装、气体置换包装、封入脱氧剂包装、食品干燥包装、无菌充填包装、蒸煮包装、液体热充填包装等。作为透明高阻隔性的包装材料被广泛应用的PVDC，由于其废弃物在燃烧处理时会产生二噁英而导致环境污染问题，已有被其他包装材料替代的趋势。“十三五”期间将大力发展替代材料，如氧化硅或氧化铝蒸镀薄膜。同时，在其他透明高阻隔性包装材料，如乙烯乙烯醇共聚物（EVOH）、聚偏氯乙烯（PVDC）、聚酰胺（PA）、聚对苯二甲酸乙二醇酯（PET）的多层复合材料及硅氧化合物蒸镀薄膜等方面也会得到进一步的开发，其中尤以下列产品更为引人注目：MXD6聚酰胺包装材料；聚萘二甲酸乙二醇酯（PEN）。

⑦其他功能性。其他具有特殊功能性软包装材料包括有脱臭、除味、抗静电、防锈、阻隔紫外线、释放或吸附挥发性气体等材料。如近年来开发的在PE（聚乙烯）、PP（聚丙烯）、PVC（聚氯乙烯）中加入铁、抗坏血酸等化合物或活性炭、沸石等制得的薄膜，具有可除氨气、硫醇、硫化氢、二甲胺等恶臭的效果，适用于包装特殊气味的农副产品、水产品、生鲜食品等，不会串味，另外也适用于垃圾袋等。

六、政策支持

（1）期待国家对塑料包装材料和印刷产品的生产过程及市场投资的清洁、安全，提供最基本的认证，引导市场有序竞争。包装印刷产业中，传统的纸板生产是高噪声和高能耗的，而印刷过程是高污染的。产业将向低能耗、低污染方向发展，大力推进环保、清洁、安全生产。如以电改气或以煤改气降低能耗，进行初级排放物的回收利用减少污染。

（2）期待“十三五”期间国家和社会对绿色发展有落到实处的支持。为了实现绿色制造，企业要进行较大的投入，如改造生产线，做好废水和废气的回收处理等，从而导致产品成本提高。若国家没有实施绿色制造的政策保障，会率先执行绿色制造的企业。呼吁国家加快绿色制造的立法，细化落实优惠政策，按企业治理投资的一定比例给予补贴支持，加强监管、公平执法，避免守法者吃亏的现象发生，维护行业竞争的公平、有序。

（3）期待加大违法行为处置力度，打击各种投机违法行为，切实维护食品塑料软包装材料安全。我国《食品安全法》第85条和第92条规定：食品经营者以假充真或销售不安全食品，除赔偿消费者的损失以外，消费者还可以要求其支付价款10倍的赔偿金；情节严重的，吊销许可证。这种低价的犯罪成本导致国内部分食品包装材料生产企业受到利益驱使铤而走险，以次充好，以假充真。而欧盟规定，被查处的企业在未来若干年内不能以任何形式涉足食品行业，情节严重的甚至会遭到起诉。美国法律规定，发现产品存在缺陷的企业如不及时召回，可能会面临巨额罚款、查封产品，严重的会导致企业倒闭。

（4）期望出台塑料软包装专项法规，抓好塑料软包装行业和产品的规范管理，建立法律、经济和行政手段相结合的常规监管机制，建立和完善重要商品塑料包装的质量监控、产销衔接、市场准入等调控制度，逐步将塑料软包装工业的发展纳入法制管理的轨道，实行依法监管。

（5）期望建立塑料软包装质量安全技术法规体系，完善塑料软包装生产和产品的标准体系及许可证制度。重点解决标准滞后、制定周期长、标准水平偏低的问题，解决有的标准与国际包装标准不接轨的问题，提高我国在国际标准领域的地位。要建立强制性的包装产品认证制度，通过强有力的政策干预和行政处罚手段，限制包装制品的违规生产，打击伪劣产品以假冒包装做掩护严重扰乱市场秩序的行为，保护消费者的利益，保护环境和资源，保护民族工业。

（6）期望工商、质量与技术监督等部门及新闻单位相互配合，加大监控塑料软包装市场的力度。争取建立反应灵敏、运作灵活、体系完善的塑料包装标准起草、发布、宣贯、执行、监督体制。鉴于目前塑料包装安全存在问题较大，要积极支持塑料包装产品高新检测技术的研究，特别是质检部门，要加大对包装安全检测设备的投入，尽快建立和完善与国际包装检测先进技术相适应的我国包装安全检测体系。同时，国家应列专项计划支持质检等有关部门加快建立和完善我国包装质量监督体系，严格市场准入制度，确保包装质量安全。

中国钢桶包装的现状

中国包联钢桶专业委员会技术专家　辛巧娟

2015年，全国有规模的钢桶企业有500余家，参加协会的会员单位有230余家，集中了行业中主要的生产企业。钢桶生产企业分布在全国各地，其中，江苏、浙江、上海、山东、天津、广东、新疆企业相对较多。包括钢桶相关的配件、涂料、密封胶、设备工装生产企业100多家。全国有30余家钢桶制造企业在近两年进行了较大的技术改造，其生产能力有装备技术已接近国际水平，全套生产线生产率已达到每分钟12只以上。预涂钢板已经开始在行业中得到应用。

钢桶系列国家标准中的最后两部分GB/T325.4—2015《200L及以下全开口钢桶》和GB/T 325.5—2015《200L及以下闭口钢桶》正式发布。

2016年，制定并实施中国钢桶行业有史以来第一个工艺标准《钢桶水性涂料涂装工艺标准》，解决了国内制桶企业全面应用环保水性涂料的困难，有力地推动了钢桶行业的环保进程。钢桶用预涂彩钢卷板及彩印平板技术及设备已基本成熟，开始在全行业推广应用。

中国钢桶包装网2016年对398家钢桶制造企业2015年的生产情况统计结果：2015年全国200升钢桶总产量已超过1.2亿只。总产量分布情况如表1、图1所示。

表1　2015年200升钢桶总产量分布

序号	产量范围（万只）	企业数量	总产量（万只）
1	$P \geqslant 500$	3	1620
2	$500>P \geqslant 300$	4	1370
3	$300>P \geqslant 100$	22	2620
4	$100>P \geqslant 50$	41	2260
5	$50>P \geqslant 30$	65	2310
6	$30>P \geqslant 10$	122	1490
7	<10	141	700
8	合计	398	12370

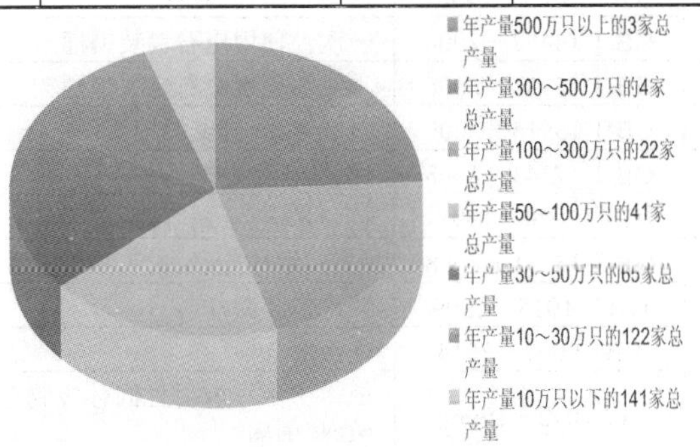

图1　2015年200升钢桶总产量分布

自1950年至今65年期间，中国钢桶行业呈加速度发展，主要产品200升钢桶从年产100万只增加到年产1.2亿只。发展过程如表2、图2所示。

表2　中国钢桶业的发展过程产量统计

时间（年）	200～210升钢桶产量（万只）	200升以下钢桶产量（万只）
1950	100	20
1960	420	90
1970	990	320
1980	2100	760
1990	3200	1080
2000	5150	1980
2010	8090	3060
2015	12370	5120

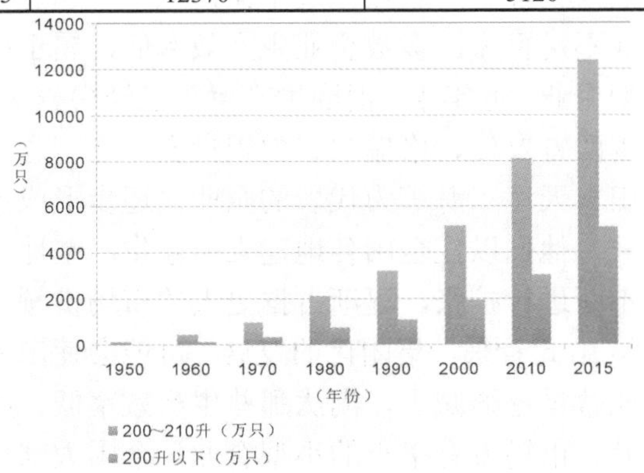

图2　中国钢桶业产量发展

一、中国钢桶包装业发展规划

对于钢桶包装业未来的发展，我们充满信心。近年来，中国包装联合会钢桶专业委员会，每年都由秘书长带队，不断走访行业企业，了解行业企业的需求、市场需求和行业发展情况，针对行业企业及市场的发展要求，不断调整行业发展目标，根据国家的大方针、大目标，制订行业发展的计划，引导企业、引导市场不断向世界最先进、国家最需要的方向发展。

1.水性漆的推广

为了解决钢桶涂装的环境污染问题，我们将大力在行业内推广水性漆的使用。在制定好《钢桶水性涂料涂装工艺标准》的同时，继续举办以水性漆的推广使用为主题的技术培训班，继续在行业内推广节能环保新技术、新设备、新材料。

2.镀锌板缝焊及补缝技术

因为钢桶电镀生产对环境污染较大，作为替代材料，采用原镀锌钢桶生产钢桶成为必需。由此出现的缝焊问题和焊缝补锌等技术、工艺、设备的新问题将成为我们需要解决的关键。目前国内已出现全自动焊缝补锌机和焊缝补涂涂料，相配套的一些技术和设备也要进一步研制。镀锌桶缝焊机虽然在国内已经出现，但使用范围还比较有限，还需要进一步研制，全面解决镀锌板焊接问题。目前正在研发的焊缝补涂设备，还将用于覆膜铁、预涂卷板及彩印板生产的钢桶。

3.覆膜铁的普及

覆膜铁是目前国际上的发展趋势，该技术很好地解决了钢桶涂装污染问题，而且还能实现钢桶的彩色化，使钢桶包装上一个更高的档次。目前已有国内制桶企业使用这一技术和设备，但还有一些尚待完善的问题，还需要进一步研制和推广。

4.节能环保炉的推广

为了解决钢桶涂装的环境污染问题，我国目前已有多家企业采用了节能环保炉，减少污染废气的排放，同时节约能源。这是一项利国利民的好事，但目前国内多数企业还未采用。现在又有国际更先进的环保设备和技术介绍到国内，我们要继续推广这一技术。

5.彩色印铁及预涂卷钢板的应用

近年来，印铁及预涂钢板，在国内钢桶行业的应用发展较快。江苏华宇已经攻克了钢桶板印铁技术，并将在天津东海制桶厂首次应用。预涂钢板在江苏及浙江已开始应用，可以实现双色和多色的整卷预涂，有望大批量投入生产。印铁及预涂钢板的应用，将使钢桶行业摆脱长期在钢桶涂装生产环保问题上的困扰。

6.立式钢桶生产线设备

立式钢桶生产线设备是国际最高水平的制桶设备，目前国内已有多家进口，也有少数制桶设备制造企业进行试制，已研制成功。立式制桶线不仅能够实现钢桶更高的生产效率，而且在生产过程中，钢桶表面不受损伤，尤其适用于先进行印铁或覆膜的钢桶生产。

7.钢桶涂装前的预处理技术

钢桶涂装前预处理，一直都是采用磷化工艺，但磷化工艺产生的废水对环境有较大的污染。目前，在国内已有无磷处理工艺出现，需要在制桶行业大力推广使用，其中主要技术是锆化处理和无磷转化处理两种，这将成为当下的主要推广工艺。

8.七层矩形卷边技术

七层矩形卷边是目前国际上出现的最新钢桶卷边形式，是七层圆形卷边的进一步强化。我们要积极研制并在全行业推广此技术，以使我国的钢桶制造技术达到或超越世界先进水平。

9.先进钢桶封闭器的研制

钢桶封闭器是钢桶质量的重要保障，也是钢桶防伪技术的集中承载区。近年来我国钢桶封闭器生产技术已经有了突飞猛进的发展，不仅实现了全自动化生产，而且产品质量也达到了国际先进水平。但国际上近年来出现的一些最新的技术和设计在我国还没有被采纳，而且防伪设计也还有很多的工作要做。首先，我们要全面按照国际标准进行标准化生产，进一步推进国际化采标水平。

10.钢桶标准国际化进程

近年来，我国的钢桶标准已经实现了系列化，而且将ISO国际标准引入国家标准中，标准化程度基本完整，目前采用的钢桶系列标准已有18项。但是全面标准国际化进程还没有完成，例如钢桶的拱形桶顶结构、钢桶的容量测试要求、钢桶的排放能力测试要求、桶塞扳手的标准应用、A型封闭器法兰结构、封闭器保护环的使用、B型封闭器类型等，都没有采用国际标准，这是制约中国钢桶业发展的一大弊病，是长期闭关自守形成的落后观念，今后将进一步全面采用国际标准。这是今后标准化工作的主要目标。中国钢桶标准化系列如表3所示。

表3 中国钢桶标准化系列

序号	标准编号	标准名称
1	GB/T 325.1—2008	包装容器 钢桶 第1部分：通用技术要求
2	GB/T 325.2—2010	包装容器 钢桶 第2部分：最小总容量208L、210L和216.5L全开口钢桶
3	GB/T 325.3—2010	包装容器 钢桶 第3部分：最小总容量212L、216.5L和230L闭口钢桶
4	GB/T 325.4—2015	包装容器 钢桶 第4部分：200L及以下全开口钢桶
5	GB/T 325.5—2015	包装容器 钢桶 第5部分：200L及以下闭口钢桶
6	GB 16473—1996	黄磷包装桶
7	GB/T 14492—2008	一次性使用电石包装钢桶
8	GB/T 15956—2008	重复性使用电石包装钢桶
9	GB/T 15915—2007	包装容器 固碱钢桶
10	GB/T 17343—1998	包装容器 方桶
11	GB 13040—1991	包装术语 金属容器
12	GB/T 13251—2008	包装 钢桶 嵌入式法兰封闭器
13	GH/T 1015—1999	蜂蜜包装钢桶
14	BBT 0067—2014	钢塑复合桶
15	FJ 1042—1996	低、中水平放射性固体废物包装容器 钢桶
16	HG 2823—1997	一氟三氯甲烷包装钢桶
17	NY/T 1131—2006	浓缩天然胶乳包装容器 钢桶
18	LY/T 1145—1993	松香包装桶

11.清洁钢桶生产技术的推广

由于近年来钢桶用户对钢桶的清洁度要求日益严格，于是在国内少数企业形成了清洁桶生产的特有工艺和技术。比如桶内清洁方法、清洁度检测方法、钢板清洗技术、桶内纯水清洗、充氮技术、生产过程清洁度保障方法等，这些技术和工艺的形成，已经逐渐成为钢桶生产的标准过程，可以在全行业进行推广。

12.行业集团化发展模式已逐步形成

国内钢桶生产企业已过千家，但产量超过百万的企业不足百家，多数企业生产效率低，属于市场补缺型企业。近年来，钢桶生产巨头已经崭露头角，以无锡四方友信、格瑞夫、中粮投资、杰富意、天津大田、天津东海等为代表的企业已逐步形成集团化生产，他们以在全国各地建立多家生产基地为手段，不断进行扩张，逐渐占据更大的市场份额（见表4）。由此看来，集团化的发展，可能会使国内制桶企业数量逐渐减少，淘汰那些生产效率低、产品质量差、市场占有率小的小型企业，全国大部分市场，可能会掌握在少数几个集团化巨头手中。

表 4　集团化企业布局一览

序号	集团化企业	企业分布
1	格瑞夫（6家）	格瑞夫（上海）投资管理有限公司
		格瑞夫（太仓）投资管理有限公司
		格瑞夫（惠州）投资管理有限公司
		格瑞夫（珠海）投资管理有限公司
		格瑞夫（天津）投资管理有限公司
		格瑞夫（宁波）投资管理有限公司
2	天津大田（8家）	天津大田包装有限公司（钢桶）
		天津乐意包装有限公司（钢桶）
		东莞市大田金属容器有限公司（钢桶）
		营口大隆兴包装有限公司（钢桶）
		太仓大田铭博包装容器有限公司（钢桶）
		天津大威容器制造有限公司（钢提桶）
		天津滨海铭博商贸有限公司（制桶设备）
		天津爱迪尔包装容器有限公司（旧桶翻新）
3	中粮投资（4家）	中粮包装（昆山）有限公司
		中粮包装（山东）有限公司
		中粮包装（天津）有限公司
		中粮包装（广州）有限公司
4	杰富意（4家）	杰富意金属容器（上海）有限公司
		杰富意金属容器（浙江）有限公司
		杰富意金属容器（江苏）有限公司
		杰富意金属容器（重庆）有限公司
5	无锡四方友信（4家）	无锡四方友信股份有限公司
		无锡四方制桶有限公司
		南京四方制桶有限公司
		太仓四方友信制桶有限公司
6	天津东海（6家）	天津东海制桶有限公司（钢桶）
		平原泰达包装容器制桶有限公司（钢桶）
		天津东海顺源钢铁贸易有限公司（钢板）
		天津东鑫泰隆焊机有限公司（焊机）
		天津市元圣达金属制品有限公司（封闭器）
		天津鸿业顺商贸有限公司（焊缝补锌）
7	自贡中粮（5家）	自贡中粮金属包装有限公司
		自贡中粮（富顺）金属包装有限公司
		自贡中粮（安县）金属包装有限公司
		自贡中粮（开县）金属包装有限公司
		自贡中粮（昆明）金属包装有限公司
8	兰州兴业（3家）	兰州兴业金属容器有限责任公司
		兰州兴业金属容器（成都）有限责任公司
		兰州鑫华容器附件有限责任公司（封闭器）

13.行业技术及管理培训日益重要

由于技术、工艺、设备的快速发展，以及企业的不断扩张，技术人员的知识水平日益赶不上企业发展的需要，企业管理人员也适应不了企业快速扩张的需要。所以，近年来，行业内部的培训工作已日显重要。几年来，中包联钢桶专业委员会已举办了 5 期技术培训班，对企业技术人员进行新技术、新工艺、新设备的培训工作，受到了企业的欢迎。今后，委员会还将持续承办培训工作，包括企业管理、生产管理、质量管理等内容，以适应国内行业企业的实际需求。

14.钢桶产品的多样化已成趋势

在钢桶业产品的发展历程中，形式单一的 200 升钢桶占据了大半时期，其他类型产品则成为凤毛麟角。但是近 10 年来，钢桶产品已逐步形成了多样化的发展趋势。不仅 200 升钢桶已出现多种不同的形态需求，而且其他容量的钢桶更是显现了百花齐放的繁荣景象。彩色桶、缩径桶、W 筋桶、钢塑复合桶、内衬桶、核废料桶、锥形桶及种种不同封口形式的钢桶等五花八门，异彩纷呈。随着钢桶应用范围的不断扩大，钢桶的类型也会越来越多。

15.旧桶翻新业面临极大的困难

多年来，中国的旧桶翻新业都是由众多的小型企业组成，对环境造成了很大的污染，因此大多数旧桶翻新企业都被迫关停了。到目前为止，中国的旧桶翻新企业为数不多，而且都没有生产许可证。由于政府相关部门不支持旧桶翻新业，所以中国的新钢桶基本都不考虑回收问题，为了降低成本，厚度也从原来的 1.2mm 降低为 1.0mm 或更薄，而使用过的旧桶一文不值，已经泛滥成灾，这种状况也造成了资源的浪费。旧桶翻新业在中国遭遇围剿的原因主要还是环境保护问题，这种状况目前还没有太大的改观。希望在今后，通过旧桶翻新技术的进步，能够完善解决环保问题，给旧桶翻新业一个好的发展机会。

中国钢桶包装行业自 1985 年成立行业协会到现在，已经 30 年历史。在这 30 年中，行业协会始终走在行业发展的最前沿。近几年来发展速度更是越来越快。自 2008 年到现在，委员会一改过去协会的工作作风，采取“走出去，接地气”的工作态度，每年对全国行业企业进行走访，深入企业，了解需求，掌握家底，有目标有计划地进行行业服务，受到了行业各企业的大力支持，会员单位每年增多，协会活动频繁开展，既增添了行业的活力，也提高了企业的技术管理水平，使中国钢桶包装行业有了快速健康的发展。

二、结语

中国钢桶包装行业正在经历着翻天覆地的变化。

中国的制桶技术、工艺、设备正在与世界最先进的水平接轨。

中国已经是世界钢桶生产大国，并且正在努力成为世界制桶强国。

我们欢迎国外同行来中国投资、合作，共同发展。我们希望与世界同行有更多的交流和学习。

“十三五”运输包装发展规划

中国包联运输包装委员会

简述本包装工业领域在国民经济中的地位，“十三五”发展规划制定的历史背景、规划依据和规划意义。

运输包装属于工业包装，是中国包装工业中的一个重要部分，将为实现《中国制造 2025》，促进制造业的发展起到保驾护航的重要作用。工业包装的目的是保护产品在运输、装卸和储存期间的完整无损，在流通过程中确保货物的安全性是运输包装的首要作用。包装标准是衡量包装质量的技术法规，是包装生产和质量检测的准则，实现运输包装工业标准化是提高流通效率的重要内容。同时，运输包装工业的发展还要符合低碳化和保护环境的要求，实现运输包装工业绿色化发展。

一、发展现状与发展环境

（一）发展现状

1.发展成就

（1）“十二五”期间运输包装材料的发展成就。

运输包装是包装行业的重要组成部分，产品流通过程中存在引起包装件损坏的各种危害，在储运过程中确保产品的安全性是运输包装的基本要务，而运输包装材料直接影响运输包装设计、运输包装件可靠性，在保护产品、避免运输中机械冲击、物理化学环境影响方面发挥作用。

目前，国内市场运输包装材料种类主要有木包装、纸箱、塑料容器、金属容器。

在现代物流体系中，木包装多用于重型机电产品的运输包装。我国的木箱包装制造主要划分为服务于大型机电产品企业的自有木包装制造商和服务于中小客户的私有木包装制造商。其中木质快装箱采用人造板材包装，节约资源，加快货物流通速度，降低包装成本，近年来人造木质拼装箱年产值发展迅速，具有广阔的应用前景。

纸制品运输包装发展迅速，瓦楞纸箱在运输包装中所占比重越来越大，已经成为运输包装中使用最多的包装方式之一，在国家标准（GT/T 6543—2008、GB/T 16717—1996）中规定了瓦楞纸箱箱型，瓦楞纸箱仍然是现代商业和贸易中使用最广泛的包装容器。蜂窝纸箱以及蜂窝复合纸箱，以坚固质轻而且内层富有弹性为特点，大大提高了保护商品的性能。因此，它比传统的包装有着更强的竞争力，主要应用于重型产品的封装。纸制品运输包装领域新产品层出不穷，其市场范围越来越广阔，而且更加注重节能、低碳、无污染等新技术，并不断将新技术应用于开发功能独特的运输包装制品。

塑料容器运输包装是物流运输包装的重要部分。近年来，塑料制品包装成本较低，符合企业追求利润的要求，市场对塑料运输包装的需求的增长率大于纸制品运输包装的增长率。聚乙烯（PE）是塑料运输包装材料中生产量最大和消费量最大的一类热塑性塑料。聚丙烯（PP）、聚氯乙烯（PVC）、聚苯乙烯（PS）以其各自优异的性能广泛应用于塑料制品运输包装中。塑料周转箱不仅能够满足强度要求，而且更具有灵活性强、可循环使用、节约材料、节省空间、降低成本等一系列优良特性，在商业短途运输、生产车间之间、生产厂家之间扮演着越来越重要的角色。塑料桶、钙素瓦楞箱、塑料散货箱塑料散货箱等在装配和流通作业中应用越来越广泛。塑料缓冲包装为保护产品在流通过程中免遭冲击、振动，在内装物与包装容器之间添加的隔离物。常见的缓冲塑料包装有发泡聚苯乙烯（EPS）、发泡聚乙烯（EPE）、发泡聚氨基甲酸酯（EPU），其中 EPE 在运输包装流通过程中应用最为广泛。充气袋、气柱缓冲包装作为 21 世纪使用自然空气填充的新式包装系统将会逐渐走进人们生活的视野。

金属容器运输包装为传统的包装材料之一，常见的金属运输包装容器有金属盒、金属罐、金属桶，用量仅次于纸制品和塑料制品。新型包装材料不断出现，竞争激烈，钢桶包装材料在某些方面的应用已部分被塑料或复合材料所替代，但金属包装容器有其优良的综合性能，用作需要长期保存的商品包装是非常理想的，所以金属包装容器仍然保持着生命力。其中钢材占金属运输包装材料的首位，包装用钢材主要为低碳薄钢板。

（2）“十二五”期间运输包装主要技术的发展成就。

①运输包装测试技术。

在木箱包装设计技术方面，中国包装联合会运输包装委员会代表中国与日本运输包装联合会、韩国工业包装协会经过友好协商，于 2008 年 12 月 20 日在东京宣告成立亚洲工业包装会议。为落实《东京宣言》，亚洲包装会议的第一件工作是制定了中、日、韩三国的框架木箱亚洲共同标准 *Wooden Framed Box for Packing in Asia*。从 2010 年起，又成立了运输包装准则专家委员会，着手制订三国的运输包装准则 *Packaging Guidelines in Transport Packing*。《运输包装准则》旨在提供防止和预防运输包装货物损失的指南。该准则是提供给运输包装业界和运输业界的，其主要内容反映了这些业界的从业人员所必须了解的事项，提示了使运输包装货物损失最小化的指南，以达成恰当的包装和安全运输的目标。因为运输包装货物在从生产商送到用户的物流过程中，会受到极端气候条件和各种运输方式若干因素的影响，所以包装的设计和作业应该是为了克服一切可以预想到的运输、储存、装卸等物流过程的不利因素，并且能够从实际发生的各种影响下保护产品不受损害。因此，运输和仓库业者如果不充分了解包装的功能的话，也就不能确保运输的安全。

运输包装测试技术是运输包装质量评估的科学方法,通过对运输包装件的运输安全性测试,判断产品在实际物流中的破损率,同时,通过对运输包装的改进可以降低包装货物破损率和运输成本、削减包装成本。运输包装测试技术的发展主要取决于运输包装测试设备，如振动仪、压力机、跌落机、斜面冲击机、环境气候箱等。我国在上述设备的研发和制造方面已有多家企业涉足，其中不乏国有企业和民营企业。但与国外先进设备相比，我国国产品牌设备还存在精度较低、稳定性差、分析软件不健全等问题。

②运输包装环境监控技术。

在运输包装领域,产品包装物的设计者为了预防包装件在流通过程中的损坏,在包装物设计完成之后通常采用计算机模拟的方法掌握各种数据，或者采用在包装动力学基础之中的各种测试方法来获得所需数据，现在所采用的方法主要通过计算机的模拟以及在包装动力学基础上所谓缓冲包装 5 步法（确定环境、确定产品的脆值、选用适当的缓冲垫、设计与制造原型包装、实验原型包装），但是这种方法每一步都存在设计保守的问题。在产品/包装件定型之前，进行性能测试是必不可少的。目前所采用的方法是通过实验室模拟真实运输环境。中国包装科研测试中心、兵器工业第五九研究所、铁道部标准化研究所、外贸包装研究所等单位在这方面有完整的测试手段并且作了大量的工作。但由于真实环境有很大的随机性，较难预测和模拟。故实验室模拟真实运输环境代替不了真实运输环境。对于那些低价值的产品可以通过跌落试验确定产品的脆值，从而利用产品的脆值设计产品的包装；然而，对于价值较高的产品，通过跌落试验确定产品的脆值本身会损坏产品，因而是不可取的。

③运输包装标准制定。

围绕“十二五”技术标准科技发展的指导思想、基本原则和发展目标，分析当前国内外科技创新、产业发展面临的形势，结合我国包装产业发展现状、特点及发展趋势，“十二五”期间运输包装相关标准完成了十三项国家标准修订，四项国家标准制定、一项行业标准制定的工作。“十二五”期间运输包装相关标准的制修订工作呈现出运输包装容器材料产品检测标准居多，试验方法较少。代表运输包装测试技术的试验方法标准包括随机振动试验方法、蠕变特性试验方法、可控水平冲击试验方法、大型运输包装件试验方法和包装 完整、满装运输包装件编制性能试验大纲的通用规则。纵观我国运输包装试验方法标准基本采用 ISO 标准，更新速度较慢，每个试验方法相对独立，在标准的系统性、适用性方面有待提高。2012 年修订的随机振动试验方法大量吸取国际先进的数据采集、分析方法，标准中提供了较为实用的附录参考。

（3）“十二五”期间运输包装从业人员的培养情况。

2015 年 4 月人社部完成的《中华人民共和国职业分类大典（修订版）》，其中第六大类，生产、运输设备操作人员及有关人员涉及包装人员、产品可靠性能检验工、产品安全性能检验工、包装材料检验工、瓦楞纸箱制作工、纸盒制作工。运输包装属于服务供应链的系统化的工业产品，支撑供应链管理和物流管理等职能。从事运输包装的从业人员在广义上可定义为包装系统工程师，在狭义上也可视为包装结构工程师。因此，运输包装工程师应有其职业分类，并区别于物流师和供应链管理人员。运输包装在“十二五”期间的全国高等教育统编教材中是一门重要的专业课程，制造行业的绝大多数企业中设有包装部门和职位。由于运输包装与实际生产运营息息相关，实际工作中存在着行业差异，从业人员在继续教育方面缺乏进修资源和有效指导。

（4）“十二五”期间运输包装质量监管的发展成就。

在进出口方面，国外采购方通常要求我国出口产品提供运输包装质量认证，在包装件的运输安全性、包装物的环保性能两方面有法律要求。在国内生产经营中，运输包装质量没有强制性监管，企业之间可自主制定收货标准，货损通常由承运商或保险公司赔付。由于货损标准无依据，企业的诚信等级无评判，导致托运商、承运商以及保险公司在出现大量货物运输破损后无裁定准则，也使商务环境日渐混乱。此外，相对国外对我国进口产品包装的严格要求，我国在产品进口环节除了延续之前对木质包装的熏蒸要求外暂无其他质量门槛。

我国应用于危险货物包装的检验规范、标准较为复杂，同时并行国家质量监督检验检疫总局的《危险化学品包装物、容器产品生产许可证实施细则》，原铁道部的《铁路运输出口危险货物包装容器检验管理办法（试行）》，国家出入境检验检疫局的《中华人民共和国进出口商品检验法》第十七款，交通运输部的《国内水路包装危险货物运输规则》（将由《水路危险货物运输管理规定》替代），《中华人民共和国民用航空法》和MHT相关行业标准，《道路危险货物运输管理规定》等。同时，参照联合国《关于危险货物运输建议书规章范本》，国际海事组织《国际海运危险货物规则》以及国际民航组织《空运危险货物安全运输技术规则》。

2.存在问题

（1）在运输包装标准制定方面缺乏对市场需求的了解，部分标准的实际应用性差。我国运输包装工业缺乏通用性强、数据更新及时的技术标准。国内的运输包装行业标准管理不完善，对于技术标准除了强制性标准需要国家、行业协会来组织制定外，缺乏企业制定标准。企业是商业合作的基本单元，很少企业与企业之间在商业法律法规的基础框架相互密切联系，企业之间也缺乏企业标准的沟通合作。对于企业技术标准的管理，国家、行业协会采取鼓励的方式给予积极有效的指导与管理。提高企业技术标准，重视技术标准管理，促进产业环境良性循环，促进国家在国际贸易的竞争力和竞争地位提升。

（2）运输包装知识体系需要补充更多发达国家的专业教学内容，突出实践教学的重要性，同时在高等教育中知识更新不及时，在职业教育中运输包装专业无专项分类以及在继续教育中缺乏可靠的学习资源和有效指导都是当前在运输包装教育培训方面存在的主要问题。

（3）我国运输包装测试设备的制造科技水平在测量精度、分析方法方面有待提高。同时，设备的研发机构在产品研制生产方面分布零散，针对整体运输包装测试设备的研发、生产企业罕有。我国运输包装测试装备落后，同时，运输包装检测设备软件与硬件契合不紧密，加强运输包装测试装备生产商与终端用户之间的学习交流是提高运输包装技术的重要环节。

（4）我国应用于危险货物包装的安全检验监管体系、检验规范、标准较为复杂。对于包装危险货物的全供应链管理存在漏洞，在国内水运包装危险货物运输方面无有效实施的管理规定。我国没有统一的危险货物运输管理规定，各个交通方式参照自有的管理规定和标准，面临越来越多的铁水联运、空水联运，以及多种交通方式联运的物流配送模式，还没有能够满足市场经济的需求，适应复杂且立体的物流配送网络的监管体系。

（5）我国每年因物流安全问题造成的损失达900亿元，给国家、企业造成巨大的经济损失和环境影响。当前我国危险化学品运输事故频繁发生，安全形势不容乐观。包装货物一旦发生泄漏、侧翻事故，就会影响环境，影响身体健康。有关部门也缺乏相关专业知识、专业设备等。危化品包装泄漏的肇事车辆会涉及多个管理部门。出现事故时，往往职责不清，互相推诿，造成监管缺失。同时，很难做到试剂包装与计算机信息技术融合，通过建立物流安全智能监控系统，实时监控和记录产品经历的各个物流环节，发现问题及时报警，可以保证运输安全，减少货损，但是企业很少能够建立化学试剂包装运输安全监控系统。

（6）我国在运输包装减量化、碳足迹排查环保方面的行动与欧盟发达国家比还有很大差距。我国运输包装产业链环节的多元化发展、基础材料来源复杂、产品质量等级认定不明确等原因造成碳排放核算的准确性较差。交通环境和物流产业的服务质量多层次加大了运输包装减量的风险，运输包装新材料的发展速度也是阻碍包装减量化的因素之一。

（二）发展环境

1.发展机遇

2015年3月国务院《深化标准化工作改革方案》的改革措施涉及培育发展团体标准、提高标准国际化水平，鼓励具备相应能力的协会等社会组织和产业技术联盟，协调相关市场主体共同制定满足市场和创新需要的标准，增加标准的有效供给。积极参与国际标准化活动，推动与主要贸易国之间的标准互认，大力推广中国标准，以中国标准“走出去”带动我国产品、技术、装备、服务“走出去”。

运输包装标准制定应根据市场需求，抓住运输包装系工业包装的特点，在B2B商业模式下服务于物流产业。同时，根据《中国制造2025》的核心目标实现制造业强国的精神，运输包装工业应加快对重点制造行业的标准制定，提供实用性强的技术标准来保障物流配送中的产品质量，促进重点制造行业的健康发展。

根据《2014—2017年全国人力资源社会保障系统干部教育培训规划的通知》（简称《规划》）提出全面推进干部网络培训，开发建设全国人社系统干部网络在线学习培训系统的要求，为提高系统干部教育培训工作信息化、科学化、标准化水平，顺应“互联网+”与干部教育培训工作深度融合的新趋势，借助国家继续教育公共服务平台在线学习资源优势，建立“中国运输包装教育培训平台”。2014年，继教网在线培训达到380万人次。依托继教网过硬的培训软件设计能力、较为完善的服务保障体系、较为丰富的实践经验，运输包装继续教育培训可开辟与多行业交叉的在线课程，同时利用B2C的模式获得课程需求，明确运输包装服务的重点行业。

根据《中国制造2025》两化融合的主线，运输包装资源平台有待整合。目前,我国在运输包装的行业教育培训、包装设计以及检验认证机构等领域涉及多层次、多种类的机构，国有、外资、民营以及个人，由于运输包装与供应链管理、物流管理结合紧密，也不乏各类咨询公司、国外技术协会在华服务机构以及知名行业专家涉足，市场质量良莠不齐，也较为混乱。建立运输包装规范的资源平台，营造出一个健康友好的运输包装生态圈，特别是在培训、检测、设计以及物流企业评价方面的资源整合。顺应“互联网+”的经济发展趋势，运输包装资源平台对本行业的各项统计指标将提供大数据获取途径。

危险货物包装的质量监管、危险货物包装件的安全性监管的发展机遇如下。

中华人民共和国交通运输部《水路危险货物运输管理规定》即将出台，它是针对国内港口间水路危险货物运输全过程，包含了对货主、港口、托运商、物流等的管理要求。我国危险货物包装不规范，危险货物的货主缺乏安全意识。包装贯穿于整个物流过程，没有符合标准的包装就没有安全的运输。建立将包装的生产质量与使用功能相结合的认证体系是有效的、符合企业需求的包装质量认证。加强危险货物包装产品的质量认证，利用市场经济驱动力来替代行政许可，鼓励企业主动参与危险货物包装质量认证，依靠良性经济、科学手段推动危险货物包装质量认证的发展。

“8·12”天津港危险品仓库爆炸后，国家加大检查整治危险货物运输品措施，深入贯彻落实习近平总书记、李克强总理的重要指示精神，深刻汲取天津港“8·12”瑞海公司危险品仓库特别重大火灾爆炸事故教训，国务院安委办也发布了关于深入开展危险化学品和易燃易爆物品安全专项整治的紧急通知。

在加大危险化学品和易燃易爆货物安全检查的同时，对危险品货物包装的严格检测是确保货物安全的重要环节。从运输包装学来讲，执行更加严格、合理、科学的危险品货物包装检测技术标准与设计规范是控制危险化学品和易燃易爆品安全的重要部分。危险品具有特殊的物理、化学性能，运输中如防护不当，极易发生事故，并且事故所造成的后果较一般车辆事故更加严重。GB/T 15098—1994规定了危险品运输包装中危险性质的分类；GB 5944规定了危险货物的不同类项及有关的定量值，确定其包装类别；GB 190—1990规定了危险货物包装标志，指出危险货物的类别及危险等级。检测技术标准和操作规范作为安全监管体系的基础，加强这方面的工作也成为一个长期的工作重点。同时，智能化、高效化的检测设备研发是检测危险品包装的保障。从危险货物包装角度来讲，包装材料的选用符合被包装物的性质和要求，包装容器强度或硬度等机械性能符合要求，包装件的规格、重量和形式符合物流安全作业要求，危险品包装必须按规定设置表明货物危险性质的包装标志和提示装卸、储存、运输等安全注意事项的包装储运图示标志，合理的危险品包装设计和防护包装方法是确保危险品安全的重要因素。

天津 8 • 12 事故之后，国务院安全生产委员会关于印发《国务院安全生产委员会成员单位安全生产工作职责分工》的通知（安委〔2015〕5 号），人力资源社会保障部在安全生产工作职责分工中涉及会同有关部门制定和实施安全生产领域各类专业技术人才、技能人才规划、培养、继续教育、考核、奖惩等相关政策。交通运输部的分工涉及指导危险货物道路运输、水路运输的许可以及运输工具的安全管理和从业人员资格认定。按照职责范围组织拟订危险货物有关标准。质监总局分工涉及依法负责保障劳动安全的产品、影响生产安全的产品质量安全监督管理。负责危险化学品及其包装物、容器生产企业的工业产品生产许可证的管理工作，并依法对其产品质量实施监督，负责对进出口烟花爆竹、危险化学品及其包装实验检验。《国务院安全生产委员会关于深入开展危险化学品和易燃易爆物品安全专项整治的紧急通知》（安委明电〔2015〕3 号）强调了严格落实危险化学品和易燃易爆物品生产经营企业安全生产主体责任。其中，危险货物港口要根据储存介质的危险和禁忌特性进行储存，建立危险化学品物流、储存、装卸管理台账，严格落实港口内装卸、过驳、储存、包装危险货物或者对危险货物集装箱进行装拆箱等作业活动的相关法规标准要求，确保危险化学品和易燃易爆物品生产经营安全可控。此外，严格危险货物港口经营从业人员的从业资格管理，加强对危险货物港口经营单位主要负责人、危险货物港口经营单位主要负责人、危险货物装卸管理人员、申报人员、集装箱装箱现场检查员以及其他从业人员的培训教育，增强经营从业人员遵章守法意识和安全防范意识，提高安全操作技能。

建立危险货物运输包装检验认证的市场化运行机制。保障公众生命财产安全、保护环境等公共利益。

根据 2013 年 4 月，欧盟《产品环境足迹 PEF》［发布“建立绿色产品统一市场”政策，并颁布了统一的、完全基于生命周期评价方法的绿色产品评价规范——产品环境足迹（PEF），其中包含产品碳足迹、水足迹等 14 类资源环境指标］，2014 年 12 月商务部、环保部、工信部《企业绿色采购指南（试行）》［绿色供应链是指将环境保护和资源节约的理念贯穿于企业从产品设计到原材料采购、生产、运输、储存、销售、使用和报废处理的全过程（全生命周期理念）］。2015 年 6 月，财政部、国家发展改革委、工业和信息化部、环境保护部《环保“领跑者”制度实施方案》（“推行绿色供应链环境管理，注重产品环境友好设计，采用高效的清洁生产技术，达到国际先进清洁生产水平，全生命周期污染排放较低。”）对运输包装全产业链的碳足迹统计提出了迫切的需求，包装废弃物应作为促进循环经济发展的重点研究产业。发起各个行业使用运输包装减量化的倡议也是实现绿色包装的一个有效途径。

2.发展挑战

合理地使用包装材料是运输包装过程中重要的环节，木箱是一种重要的运输包装容器，但是我国森林资源不足，在提高木箱利用率的同时，应该开发新的运输包装材料；瓦楞纸包装在各国应用最为广泛，在纸质运输包装中占 57%左右。塑料制品与金属制品运输包装发展较早，不断完善，优化塑料制品和金属运输包装材料与结构，降低运输成本，提高运输效率。同时，发达国家越来越注重包装所产生的负效应，已把重点转移到绿色物流的层次上来，更加注重绿色包装，选择可降解或可循环使用的材料，将生态效应考虑其中，从包装材料的生产直至最终的降解回收进行封闭式设计。

运输包装材料制品大规模生产导致产能过剩，浪费有效资源，导致环境恶化，从市场化角度来讲，必须合理规范运输材料规格，限制及约束无需求运输包装。随着社会的发展，很多运输包装工业产品已经不符合运输包装发展的潮流，国家政策引导运输包装材料开发使用的同时，约束无需求纸制品、塑料制品、金属运输包装是不可忽视的环节。

美国检测包装件可靠性时，采用多种系统化的标准，如 ASTM D—4169 为运输包装件试验大纲标准（ASTEM D7386 提及一些新的检测项目），ISTA 标准，ISO 标准体系中有关包装的标准（ISO 4180）及美国交通部 item180 和 item 181 测试标准。其中，《美国联邦法规》第 49 条同样也涉及针对危险货物的运输包装法规，很多发达国家的大公司一般都有自己的运输包装标准，如联邦快递标准 FedEx，沃尔玛标准 Sam’s Club，当供应商的包装和产品符合了相应包装测试要求时，即进入市场销售。我国借鉴国际标准和经验，制定了运输标准国家标准，国家标准 4857 系列中，17、18 是两个试验大纲标准，分别规定了编制运输包装件性能试验大纲的一般原则和定量数据，是编制试验方案的依据，其余的标准均为试验方法标准，同时，我国参照 ISO 标准，先后制定了一系列运输包装试验标准。国内很少有企业能够把最终的运输包装测试标准变得和欧美国家那么完善和严格。我国物流包装的趋向标准化，与国际接轨，才能组织高效率的国际物流，减少国际物流争端，降低损耗，减少运输费用，提高运输效率，进而提高产品在国际市场上的竞争能力。在社会团体标准制定方面，我国缺乏推行标准广泛实施的方法和经验，往往出现制定出的标准难以为全行业认可并推广实施。

二、指导思想、基本原则与发展目标

（一）指导思想

“十三五”时期中国将把服务业主导作为“十三五”约束性目标。专业性的社会团体组织将在服务业市场开放和政府购买服务中得到激活。运输包装在社会生产活动方面充分发挥其实现货物安全配送，维护品牌信誉的意义，为中国制造业出口保驾护航；在工业发展和商务经营方面利用其保护的功能性和促进物流标准化的最基本单元特性为我国物流业中长期发展奠定基石。

（二）基本原则

（1）坚持包装本质是保护产品、保障物流安全的原则。

（2）坚持包装提供标准化运输的功能性、减量化和环保性的原则。

（3）坚持服务于物流产业科学、有序发展的原则。

（4）坚持借鉴国际运输包装先进技术，结合我国物流产业、检测设备制造、包装材料产业的发展水平开展运输包装质量监管的原则。

（三）发展目标

1.总体目标

加强运输包装在各类教育领域的专业知识普及，针对危险货物包装的市场化检验认证体系逐步推广，针对重点制造行业开发对行业发展有促进作用的社会团体标准，打通出口产品包装的技术通道，利用“互联网+”的技术手段实现运输包装工业大数据统计与线上资源应用，促进运输包装行业信息化发展。

2.具体目标

着力开发运输包装行业社会团体标准，5 年内做好对运输包装行业社会团体标准统计、归类，由运输包装委员会梳理运输包装相关标准，并做归口工作，约束及限制无需求运输包装相关标准运输。开发制造产业有行业代表性的社会团体标准，并形成标准应用的生态圈，促进检测设备的研发。统计运输包装标准可以作为信息化的一项基础工作，加大运输包装标准的推广力度。在高等教育、职业教育、继续教育领域加强运输包装知识、技术的普及。加强危险货物包装教育培训、检验认证、知识体系建立。建立运输包装产业链全生命周期碳排放统计平台，通过运输包装减量化降低碳排放。完善生产者责任延伸制度，结合“互联网”+行动计划实施，推行绿色供应链管理，推进绿色包装、绿色采购、绿色物流、绿色回收，大幅减少生产和流通过程中的能源资源消耗和污染物排放。

三、主要任务与发展重点

（一）主要任务

（1）加强运输包装继续教育、包装工程高等教育、包装专业职业教育。使用社会团体组织的平台功能，组织委员单位、会员单位以及专家团队建立师资队伍，面向从事危险化学品生产、经营、运输物流等业务相关企事业单位的负责人以及生产业务、健康、安全和环境管理人员开展教育培训活动。同时，从企业岗位需求角度出发，培训专业运输包装人才，进一步有效指导高校运输包装专业毕业生从业方向。

（2）运输包装委员会将依据市场需求，配合交通运输部水运局有关部门，为加强规范水路运输的监督管理工作，对包装危险货物运输作系统规划。该项工作将涉及政府部门、产业链主要环节以及社会团体组织，包括：交通运输部水运局有关部门、交通运输部水运局下属运营监管机构、运输包装委员会、危险货物物流商、第三方检测机构、危险品制造商、包装制造商以及危险品采购商。加强对危险货物的包装与运输的监管，强化相关标准的贯彻实施，建立可持续有效的管理规定与机制就显得至关重要。危险货物运输包装方面的检验、认证、标准更新以及人员上岗资格等方面亟须完善。

（3）结合《危险化学品目录》2015 年版、交通运输部发布的《危险货物运输规则》、环保部 2010 年发布新修订的《新化学物质环境管理办法》（环保部令 7 号），借鉴工业发达国家较为完备的危险化学品管理法规体系，建立危险货物（非散装货物）生产、储存、单一运输和多式联运、销售、回收全产业链的包装知识体系。

（4）建立运输包装资源整合平台。联合包装用户企业（托运方）和物流服务提供商（承运方）共同建立系统的成本模型指导、评估和持续优化改进。同时，迫切需要从质量理念和实践上去提升改进，并营造一个有序且和谐的产业价值链生态环境，避免低层次价格竞争恶性循环。

（5）建立运输包装产业链全生命周期碳排放统计平台，通过运输包装减量化降低碳排放。实地落实运输包装工业环保，大量创新运输包装绿色化发展。

（6）开发制造产业有行业代表性的社会团体标准，促进保险、制造业或者电商、快递健康发展的商业模式，形成社会团体标准应用的生态圈，促进测试设备的研发和测试方法的研究，明确社会团体标准的制定方向和安装行业分类制定标准，改善运输包装标准现状，统计运输包装标准的同时可以作为信息化的一项基础工作。

（7）通过建立物流安全智能监控系统，实时监控和记录产品经历的各个物流环节，发现问题及时报警，可以保证运输安全，减少货损。系统包含物流环境数据采集系统、数据采集处理软件部分、远程控制软件（数据库）、分析软件部分（自动识别算法）等。数据采集系统：感知单元，采用了各种测量传感器与嵌入式系统相匹配的技术方法，以满足动态捕捉、测量、自动识别、存储、无线传输等实际使用功能的要求。在同一台感知单元上测量、监控各种不同类型的专项物流危害。用户应用软件平台是用户面对整个数据监测系统的窗口。用户在这一平台下，对物流监测的项目、内容、数据和结果进行各种设置和分析，对所应用的每一个物流监测感知单元的各种监测参数进行设置。分析软件，采用了自动判断采集数据所属事件类型和强度的自动识别算法，以满足自动识别温度、湿度、跌落高度、冲击值等各种动态危害类型和强度的要求。

综合实时监控记录仪的研究是将物联网引入物流产业的一项具体应用，它以感知单元为传感器终端，以网络为载体，形成了物流安全监控网络。在社会各行各业都有其应用需求：通过综合实时监控记录仪应用于公路、铁路等物流形式进行大量监测，把与物流安全相关的大量基础数据，经过统计分析，建成基础数据库，可以为国家相关部门管理及其他相关研究工作提供基础。综合实时监控记录仪可通过感知单元和网络平台对货物从生产、入出库、物流到配送等整个流通过程进行一般性的运输状况实时监控报警、货物定位追踪、智能仓储管理等，实现整个运输过程的“可视化”，使物流工作安全且令人放心，为货物运输安全和提高资源利用率提供保证。利用建立的专网模块，根据不同安全服务等级，提供运输安全预警、实时监控和危险报警以及运输状态数据储存分析和汇总服务，为上述物品的安全运输提供全面的运输安全监控服务。

（二）发展重点

（1）借鉴工业发达国家较为完备的危险化学品管理法规体系，建立危险货物（非散装货物）生产、储存、单一运输和多式联运、销售、回收全产业链的包装知识体系，推动危险货物运输包装检验认证体系。

（2）开发制造产业有行业代表性的社会团体标准。

（3）开展危险货物包装相关国家强制标准解析、从业人员资格认证和水平评价的教育培训，发展运输包装在高等教育、职业教育和继续教育中的专业培训认证。

（4）建立运输包装资源整合平台。注重保护创新者知识产权，建立机制解决知识产权防护和知识产权识别的难题。

（三）政策措施

（1）在现有《危险货物岸上管理人员上岗资格证书》《危险货物现场管理人员上岗资格证书》和《危险货物现场作业人员上岗资格证书》三种持证上岗的基础上，申请交通运输部和人力资源社会保障部对危险货物包装从业人员上岗资格制定职业标准，实行严格的资格认证制度。

（2）争取交通运输部水运局《水路危险货物运输管理规定》（征求意见稿）的修订，提供关于从业人员教育培训、检验认证、知识体系等方面的可行性建议。

（3）与国际安全运输协会联合建立运输包装资源整合平台，借鉴美国在社会团体资源整合的模式和方法实现运输包装检测认证、运输包装设计、培训以及企业信誉评价的资源整合和大数据应用。

（4）建立危险货物（非散装货物）生产、储存、单一运输和多式联运、销售、回收全产业链的包装知识体系，与人民交通出版社联合编辑出版，作为危险货物运输的技术指导手册服务于危险货物包装全产业链。

玻璃容器（瓶罐）现状及发展路径思考

中国包联玻璃容器委员会高级顾问　李宏洲

据国家有关部门提供的数据显示，2016年全国日用玻璃规模以上企业总产量约2964万吨。其中玻璃包装容器（瓶罐）总产量约为2064万吨，累计同比增长-0.89%。全国日用玻璃制品和玻璃包装容器（瓶罐）的主营业务收入为1557亿元，累计同比增长3.68%；利润总额96.5亿元，累计同比增长-0.38%。

在对国内玻璃包装容器（瓶罐）企业所作观察与思考，并经梳理归纳后，形成了一些值得关注的问题，仅供玻璃包装容器（瓶罐）同行们参考。

一、行业现状（存在的部分问题）

1.行业发展秩序的乱象

（1）行业发展秩序把握的缺失。行业规模建设指导上的失序乱象，导致了国内玻璃包装容器（瓶罐）行业的发展理念走入了单纯追求产量、轻质量的误区。

（2）前几年，国内玻璃包装容器（瓶罐）行业呈全面“规模扩张”型低水平的重复建设，从而导致全行业出现严重的结构性产能过剩。

（3）这种无序的产能扩张“乱象”，几乎是国内玻璃包装容器（瓶罐）行业的一种“行业生态”，从而陷入了互相压低产品价格去进行竞争的恶性循环。

（4）啤酒业对玻璃包装容器（瓶罐）产业发展的深层次制约是主要因素。①国内啤酒业从行业的自身利益出发，在多次重复使用回收旧啤酒瓶的利益驱动下，以及对物流安全等因素的考虑，它们对玻璃包装容器（瓶罐）产业提出不合理的诉求。例如，国内啤酒业一直在极力压低瓶子的价格，并从其自身利益出发，增加瓶子重量等一些非理性要求。因此，留给玻璃包装容器（瓶罐）产业仅有极微薄的利润空间，个别企业甚至出现亏损。从而导致玻璃包装容器（瓶罐）行业只能维持生存，更无力再投入资金进行技术改造升级。②玻璃包装容器（瓶罐）行业，其本身就存在“自律”（行业“不抱团”“不争气”）较差的问题。一些企业不顾市场规律，盲目无序地扩大产能规模。在产能严重过剩状态下，又以非市场经济游戏规则相互压价竞争。加之本行业缺乏正确的市场引领，从而造成并加剧了“价格大战”的恶性循环，直接影响了玻璃包装容器（瓶罐）产业的良性发展。

2.产能过剩的危机

（1）严重产能过剩是行业结构性矛盾，它直接造成的是行业内部相互压价的恶性竞争。导致产品价格与价值的严重背离，直接影响企业改造资金的投入。融资成为企业发展的最大瓶颈。

（2）融资难题，直接影响的是企业装备的改造提升，从而延缓了企业技术进步和生产效率的提高。导致企业自身进入了恶性循环，更拉大了与国际水平的差距。

（3）淘汰落后产能的政策措施，实际上在玻璃包装容器（瓶罐）行业并没有取得实质性进展，“规模扩张”型的重复建设仍在继续。

（4）国内玻璃包装容器（瓶罐）的行业整体水平进步不明显。与国际同行业的差距在增大，目前甚至落后于印度、泰国和菲律宾等发展中国家。这是具有讽刺意味的现实。

3.核心设备的窑炉落后

（1）玻璃包装容器行业的重要设备，是能源消耗大和对环境构成污染的玻璃窑炉。国内普遍存在窑炉规模较小和窑炉寿命极短的共性问题。单个窑炉的年产能规模大部分在3万吨以下，少有超过5万～10万吨的。

以国内本行业的现有案例，某大型企业15座窑炉的年产量在120万吨；而另一中型规模企业，其年产量还不足35万吨却有着13座玻璃窑炉。两者的产能相差将近3倍之巨。

一般来说，国际先进水平是每座窑炉的日产能大多都超过350吨/天。它们选取这种大规模的玻璃窑炉，是从多方面要素考虑并经过多年实践验证的。这应为我们所借鉴或系统思考。

（2）国内这种低效率的小规模玻璃窑炉，无论从经济合理性还是环保的视角审视，这种结构性的行业生态都是不可持续的。从而导致玻璃包装容器（瓶罐）产业全方位地呈现能源消耗高、污染环境的恶性循环。

（3）与欧美发达国家同行业的横向比较。

国外日产360吨/天的典型窑炉的单位热能消

耗仅为 800～960 kcal/kg。最先进的当属印度 HNG 的175m^{2}马蹄焰窑炉，其平均单位热能消耗仅为 785 kcal/kg。

据业内窑炉专家给出的数据，国内玻璃包装容器（瓶罐）产业，以不同燃料、不同规模窑炉案例的交叉比对，其单位热能消耗平均在 1100～1150 kcal/kg。其热能消耗比国外要高出 15 %以上。

（4）从窑炉运行全程的经济合理性观察。

①以窑炉寿命和综合运营成本的视角分析，目前国内窑炉平均寿命 4～5 年，一般造价为 18 万～20 万元/平方米。每次检修所需要的费用平均为 16 万～18 万元/平方米。

②综合算账，国内窑炉的总造价与国际水平对比，其单位造价的绝对值与国际水平基本上是持平的。

③若把检修时的停工损失，以及检修时所增加的现金流量，还有在检修期间其他不可见的实质性消耗等多项损失用这些经济要素来统筹计算，窑炉综合运营成本的经济合理性就值得推敲了。

④若以窑炉寿命和窑炉的周期熔化率作分析要素，那么，国内窑炉与国外的差距就很明显了。

4.能源（燃料）结构的不合理

国外玻璃包装容器（瓶罐）行业都是采用洁净的天然气或石油液化气（因其气、电单位价格普遍远低于国内）作为主导燃料。

国内受清洁能源的价格和成本因素的强力制约，多年来大多是采用燃煤（发生煤气）或石油焦粉的特殊情况。

①国内因洁净能源的制约，在某种意义上阻碍了窑炉大型化发展和玻璃料液匀质的提高，以及对行之有效的电辅助等技术措施的推进。

②这种行业现状，难以得到实质性的改变。有个别企业“探索性”（掺合配制）采取能源结构调节的改变措施（例如，“掺混性结构调节”的实验），却没能得到国家政策的有效支持或提倡。

5.动力消耗矛盾突出

玻璃包装容器（瓶罐）行业，由于传统思维观念的束缚，并没能按系统工程的集成化理念去推进工程设计。电力消耗较大的两个突出重点如下。

（1）一是空气压缩站，它占据总电力消耗量50%左右。问题是空压站的空气压缩机和冷冻干燥机等设备的匹配和科学配置的缺失。行业共性地存在空压机设备选型的误区，设备标牌的参数在实际运行中其效率是极大地打了折扣。还有没能按照回形管网与合理流速的理念进行管网设计和安装，从而导致了严重不合理的电力消耗。

（2）二是耗电量较大的窑炉冷却风和制瓶冷却风系统的风机设备，在这两个大项的风机匹配和选型上，普遍存在节能效果和设备效率都比较差的局面。冷却风机耗电量较高，这在国内玻璃容器（瓶罐）行业存在的几乎是共性问题。

6.效率与系统设备匹配的欠佳

（1）玻璃包装容器（瓶罐）行业的共性是效率不高的问题。尤其是实物劳动生产率普遍较低的实质现状，在某种意义上，它制约了行业的可持续发展。其主要原因是系统设备装备与国外相比水平较低。更为重要的是生产系统设备的合理匹配和性能优化配置的缺失所致。

（2）玻璃包装容器（瓶罐）行业仍属于较为艰苦作业的劳动密集型产业，其人力资源系统管理的不重视，企业团队精神的欠缺，乃至企业文化建设缺位等，这些软实力问题都是导致效率较低的重要原因。

7.人力资源问题

可以预见的最大难题是全行业劳动力的匮乏，特别是招工难和技能型人员的不稳定问题。加之行业普遍存在的人员素质相对较低和一些企业对职业教育重视的缺乏，都是玻璃包装容器（瓶罐）行业共性的难题。这些或许是制约本行业发展的又一个瓶颈。

8.企业系统管理水准较低

（1）玻璃包装容器（瓶罐）行业共性的第二个大问题，是现代企业的系统管理水平有弱化趋势。规范的 ERP 管理和企业管理的智能化，以及企业内部信息系统建设等，都尚处于认识的初始期。更加令人揪心的是行业的整体水平有与国外同行业差距逐步拉大的危机趋势。

（2）玻璃包装容器（瓶罐）行业的某些企业，由于企业系统管理的集成能力不足，使生产过程的工艺稳定性和更换产品品种时的重复性欠佳，从而导致了产品质量的不稳定，客户质量投诉和产品质量纠纷时有发生。这种情况极大地困扰着企业有秩序的运营。

（3）从深层次上看，全行业普遍存在的是企业文化建设存在的问题。对企业品牌和产品品牌建设不够重视。大多数企业对企业文化建设几乎还处于一种漠视的状态。这是非常可怕的，也是企业整体素质较低的原因之一。

（4）国内玻璃包装容器（瓶罐）行业中某些企业的共性问题是急功近利的思维方式，在某种意义上是思维定式或“思维堕性”束缚了观察问题的视野。或许这也是制约行业发展的深层次原因。

综上所述，这些问题应引起国内玻璃包装容器（瓶罐）行业的高度关注。

二、行业发展方向（趋势）的思考

鉴于玻璃包装容器（瓶罐）行业的验证成本极高，国内本行业的发展应有正确的发展理念作指导，紧扣加快本行业转变发展方式这个主题。着眼解决行业发展面临的突出矛盾和制约行业发展的瓶颈，着力提升行业的基础能力建设。

当今国际上已经进入工业 4.0 大趋势，国内进入“中国制造 2025”和“互联网+”时代，向以信息化和智能化“两化融合”的制造业迈进，必须有大数据的强力支撑。

应以“国际化的视野，开放的意识，系统工程思维”的创新观念，来思考玻璃包装容器（瓶罐）行业的发展路径是必要的。

从危机意识理念的视角出发，对国内玻璃容器（瓶罐）行业发展路径进行理性思考，以寻求正确的行业发展方向和路径。

1.借鉴他人

（1）玻璃包装容器（瓶罐）行业在发展方向，应借鉴欧美成熟经验和发展模式，结合我们的实际情况，走高效能的大型化的发展路径。

（2）在产业集中度上，重点培育能与世界同行业发展水平相当的龙头企业。例如，发达国家欧洲的阿达 ARDAGH 集团、发展中国家印度的 HNG 集团、泰国的 BGI 等先进的同行业。

2.优化配置

（1）玻璃包装容器（瓶罐）行业“心脏设备”的玻璃窑，在伴随着大型化发展的同时，应实施“精品长寿窑炉”的发展战略，改变燃料结构和优化燃烧技术。使窑炉的使用寿命，由目前 5 年延长至 10 年乃至 10 年以上。这不仅可显著节省能源消耗，更为重要的是可降低氮化物排放，是有利于提高环境保护水平的。

（2）着力提高劳动生产效率，是玻璃包装容器（瓶罐）企业良性发展的前提。倡导“窑炉大型化+一窑多线多模腔”的优化发展理念和国际上欧美国家高效能的发展路径。例如，成型机的“多段多滴”（含大中心距机型）、大宗量产品选用串联机组合等技术装备措施。此两项可视为玻璃包装容器（瓶罐）行业重要的技术发展方向之一。

3.走出去

随着国家“一带一路”倡议的实施，玻璃包装容器（瓶罐）这种资源消耗型行业的转型，可适度考虑稳步实施“走出去”的战略。谨慎思考如何向周边欠发达国家和地区去转移这种资源消耗型产业。尤其是要探索向东南亚地区、东北亚的远东和中亚等地区转移。

这些国家有着丰富的天然气资源、电力和劳动力等资源的优势（原则上要尊重民族和宗教以及当地税收），从而减少本行业对环境污染的压力。

4.注重特色发展

（1）国内市场产品质量标准需求高水平（例如，化妆品瓶、特种包装用的小型瓶）的玻璃包装容器（瓶罐）企业，在产能规模上可考虑“小而精、小而专”的特色发展模式。

（2）国际上早就有多家这种发展路径的成熟典型案例的支持。例如，法国 S·W GLASS 的“两个极端”（最大的+最小的）模式的产品发展战略；再如，法国 P·S GLASS 高精级的产品和德国的 H.NZ GLASS 等国际知名玻璃包装容器企业的精细化产品。所有这些案例都可作为我国玻璃包装容器（瓶罐）行业发展路径的参考或借鉴。

5.推进两化融合

推进玻璃包装容器（瓶罐）生产过程的自动化、智能化、信息化的“两化融合”战略实施。在“人少人精，高效率”的理念原则指导下，着力减少人员，从而达到高效率、高收益率的目的。

（1）大宗量的玻璃包装容器（瓶罐）倡导以“效率优先”的发展路径。即倡导以窑炉大型化+精品长寿窑炉战略，实施“一窑多线多模腔”的发展理念。同时又重点科学地实施系统设备的合理匹配与性能配置上的优化组合，建立起各种软饮料和食品大宗量玻璃包装容器（瓶罐）高效率的生产体系。这不仅能够提高玻璃包装容器（瓶罐）产业集中度，也会促进行业总体水平的提升，从而缩小或拉近与国际同行业的差距。

（2）小批量多品种的独特玻璃容器（或特种瓶罐），因为属于劳动密集型的生产，应以逐步向选用智能机器人操作的方向去着力推进。或许也将是这种独特玻璃容器企业必须走的正确技术发展路径。

6.建立系统工程思维

玻璃包装容器（瓶罐）产业在企业管理和系统设备的装备方面，无论是局部生产线改造或新建工厂，都应以“系统工程”思维的理念来安排。而每一个生产环节又是一个“单元系统工程”（Unit system Engineering Stem）。这是在当今企业转型升级中必须要冲过去的“一道坎”。

（1）对国内玻璃包装容器（瓶罐）行业来说，建立系统工程的思维方式已刻不容缓。必须转变传统观念和思维方式，尤其是思维的定式和某些堕性思维。

（2）推进信息技术与管理过程的智能化融合。着力发展高智能化的 ERP 管理模块化的企业内部系统管理体系。在推行 ERP 管理方面应依据各自企业管理的实际状况，统筹谋划精准选择 ERP 管理的品牌，专业地处理各个管理模块之间的接点，并分步骤进行实施适合自己企业的实用管理模块。

（3）推进生产过程智能化的同时，还要注重着力发展高智能化的生产设备，并思考系统设备的合理匹配和性能配置的优化组合。例如，配料、窑炉匹配的生产线、成型工艺的系统设备、产品检验包装的智能化等。

（4）在能源尤其是电力消耗较大的设备，例如，窑炉、空压站、冷却风机、环保设备等方面，要冲破本行业以往传统观念，以国际化视野，针对国外成熟可靠的案例，进行理性的学习。借鉴它们的一些先进做法为我国玻璃包装容器（瓶罐）行业所应用。

7.加强品牌建设

提高玻璃包装容器（瓶罐）行业国际化发展水平，企业要着重于品牌建设。聚焦本行业的战略重点，攻克行业的共性难点和个性课题，实施稳步推动行业整体发展的理念，促进品牌建设并拓宽国内玻璃包装容器（瓶罐）行业走向世界的视野。

8.加强企业文化建设

企业文化和人力资源建设方面，历来是玻璃包装容器行业的短板。鉴于本行业自身属于艰苦作业的客观条件，在如下两个方面应给予适度的重视。

（1）坚持正确的企业文化建设发展方向。企业文化建设是企业综合软实力的多年积累与沉淀。大量事实证明，一个没有企业文化的企业必定是短命的企业。

（2）国内玻璃包装容器产（瓶罐）业的招工难和技能型人才缺乏的矛盾，将越来越显现。可预见人力资源管理将是制约本行业发展的瓶颈。因此：一是在“人少人精，高效率”理念指导下，要厚植“大国工匠精神”，倡导本行业特色“精英工匠”的建构，把提高全员素质和培育团队精神纳入企业发展战略的重点。二是要舍得在智力上的高额投资。要以国际化视野，全方位地强化管理人才和技能人才的培训。要十分注重培育高技能型的精英蓝领人才队伍和企业团队建设。

三、政策措施要点的思考

（1）鉴于玻璃包装容器（瓶罐）产业属于资源消耗型的污染环境的产业，因此，要在政策措施上去推动，促进产业的创新和转型升级。思考应把握如下四个重点：

①国内玻璃容器（瓶罐）企业，要采取切实有效的措施，使窑炉污染物排放必须达标。欧美玻璃容器生产企业主要采用天然气（或石油液化气）+电辅助+从源头上解决能源消耗和烟气排放的废气处理装置等综合技术措施治理污染物排放。我们根据国情，不断积极探索，走出一条创新之路，使其接近或达到国际先进水平。

②倡导窑炉大型化。以此作为淘汰落后产能重要手段。可硬性规定窑炉的年产能应在 5 万～10 万吨或更大。倡导“精品长寿窑炉”（适度限定窑炉寿命 10 年以上）的技术发展方向，并要“严把坚守”这两项政策措施。以此推进本产业进入节能降耗、减少污染环境的良性循环。

③改变能源消耗考核标准和考核办法。以“综合能耗量为单位，所产出的玻璃容器产品个数”为衡量技术进步的重点。促进玻璃容器的轻量化，减少资源消耗，提高容器的使用效率和使用价值。

④解决融资难的思路是建议国家实行（是恢复性）“窑炉复制金”制度。这种在 20 世纪 70 年代，由山东省发起并逐步推广到全国的玻璃容器行业，极大地促进了全国玻璃容器行业的较好发展。历史经验证实，这种对特殊行业的扶持性制度，比较符合行业发展的实际需求。建议国家对窑炉规模和运行寿命两项实行硬性规定（国家对浮法玻璃、钢铁等产业实施的政策）和带有限制性政策，这样或许能够促使企业加速窑炉折旧。此政策可视同为缓解企业融资的一条有效途径。这种发挥企业自身“造血功能”，不仅可适度缓解检修期间现金流量的压力，更为重要的是可增加窑炉改造升级的资金投入，减轻能源消耗和环境污染。

（2）建议国家有关部门检查落实各地执行工信部《日用玻璃行业准入条件》的实际情况。鼓励玻璃包装容器（瓶罐）产业做大做强，提高玻璃包装容器（瓶罐）生产企业的集中度。对产量小、品种单一、市场狭窄、管理落后、资源消耗高、污染环境严重的企业一定要限期整改，对整改不达标者要限制生产或强制性关停。

（3）对轻量瓶生产和提高技术水平而引进国外先进技术、系统设备的企业，要争取国家在税赋上给予一定的扶持优惠政策。还有通过本行业的高端用户对玻璃包装容器（瓶罐）生产企业的审核认证，倒逼本行业的减重瓶和轻量化产品的进程。

（4）对废旧碎玻璃的回收和碎玻璃处理，这些涉及国家环境保护层面上的问题。随着时间推移，国家必将加大投资力度。据有关资料显示，我国每年的废旧碎玻璃量有2000万吨左右。因此，在分类垃圾回收方面可效仿发达国家有序回收的做法。除此之外，应积极争取国家给予优惠政策和扶植，从而促进玻璃包装容器（瓶罐）产量大的企业或地区，建成专业的碎玻璃处理工厂，保质保量提供合格的废旧碎玻璃原料。

（5）提倡综合利用尾矿型原材料，使之有益于环保和节能减排。对玻璃行业可以综合利用的尾矿型原材料，应从国家层面给予政策性支持。

（6）加强市场监管，对产品质量检测不合格的企业，应建立停产整改制度，整改那些能源消耗高和环保不合格的企业。建立不允许这类企业继续生产的管理机制，逐步形成优胜劣汰的良好氛围。

家电产业稳健增长　助推包装产业发展空间

中国包联电子工业包装技术委员会常务副主任兼秘书长　叶柏彰

在政策推动和市场驱动双重作用下，我国家用电器制造业的结构调整加速，产业进入平稳增长发展态势，给我国包装产业带来勃勃生机。

2016年是我国实施“十三五”规划开局之年。家电行业整体运行呈现稳中有进态势，增速保持领先，结构调整加快，在国民经济和社会发展中发挥了积极的支撑引领作用。

国家统计局发布数据显示，2016年1—12月我国家用电器行业主营业务收入14605.6亿元，同比增长3.8%。2016年1—12月家用冰箱累计生产9238.3万台，同比增长4.6%；房间空调累计生产16049.3万台，同比增长4.5%；家用洗衣机累计生产7620.9万台，同比增长4.9%。2016年，我国电子家电在世界贸易份额已经超过30%，家电产品年度出口规模近650亿美元，累计同比增长7.9%。计算机、手机等电子信息产品年出口额达1000亿美元左右。

2017年我国经济形势仍处于大有作为的战略时期，不确定因素仍然很多。专家们分析，2017年消费电子中国零售市场规模预计在20150亿元左右，比上一年有3%的增长。如彩电消费，2016年零售突破4800万台，预计2017年平板电视销量5300万台，同比增长10%以上。2017年定制家电将是一个趋势，向品质高端转型，消费市场将保持稳定增长态势，这为包装产业的发展提供了新的空间。据美的、格力、中兴、华为、海尔、海信等14家不完全统计，这些品牌产品2016年包装材料的需求量累计超过287亿元，2016年整个电子工业产品包装需求量约在500亿元。2017年需求量将超过530亿元，这必定给包装行业带来勃勃生机和生命力。

《2016年中国家电网购报告》显示，2016年我国B2C家电网购市场（含移动终端）规模达到3846亿元，同比增长27.9%，网购成为消费增长的新力量。在实物商品网上零售额中，家电类产品的占比依旧居高不下，领跑网购市场。2017年中国家电网购市场的增速有望接近28%，为包装行业带来了更多的挑战和商机。但是，专家们认为在电商发展中对于家电，尤其是大家电网购市场环境来讲，实际上还有很多与之不匹配的因素。比如包装、物流配送是关键环节，是目前大家电网购所遇到的最大瓶颈。尤其是大家电产品有较高的产品附加值，在配送过程中，由于体积大、单价高、重量重、容易损坏，不同于一般日用小商品小包裹可以通过集体运输和批量操作，进行优化配送。家电产品对物流的要求很高，所以用户对“大家电最后一公里服务”抱怨颇多。因此，专家们建议要进一步做好物流整合，提升包装与物流专业化的服务水平提上日程，可归结为：安全、快捷、环保、低成本。

一、诚信务实，做好家电包装服务

设立和不断完善加强包装工作机构是开展包装工作的有力保证。

随着中国制造业不断发展，为中国经济社会及电子工业产品包装行业创新、协调、绿色、开放、共享发展提供技术支撑，中国包装联合会电子工业包装技术委员会（简称中国包联电子包装委）于2017年2月组建了专家工作团队，拟将成立电子工业包装技术委员会专家工作室（简称专家室），并已向中国包装联合会提出了申请。专家室将在中国包联电子包装委的领导下，以创新活动为载体，依托优势资源，组织相关专家为加强电子工业产品包装行业服务生态圈相关方的合作与交流，实现相关包装行业有机融合，按照“自愿、平等、合作、共赢”的原则，形成以市场信息为导向，研究、咨询、交流、开拓为支撑，产学研用相结合的创新性专家室。专家室的宗旨是搭建跨地区、跨行业、跨学科的创新服务平台，集聚和整合各方面资源优势，推动技术、成果、信息、人才、标准等创新要素深度融合，破解电子信息、电子家电包装及其他产品包装的难题，注重设计、制造、培育技术人员、传承工匠精神，将“尽善尽美、尽心尽力”理念融入服务工作，促进电子工业产品包装创新健康发展。

1.推行绿色包装，践行社会责任

包装行业是一个与环境、资源和可持续发展息息相关的行业，发展循环经济、低碳经济、绿色包装是社会发展的一项重大战略举措，节能环保已是众多企业发展的共识。

国务院办公厅最近印发的《生产者责任延伸制度推行方案》（简称《方案》）指出，实施生产者责任延伸制度，把生产者对其产品承担的资源环境责任从生产环节延伸到产品设计、流通消费、回收利用、废物处置等全生命周期。《方案》率先对电器、电子、汽车、铅蓄电池和包装物等产品实施生产者责任延伸制度。

电子、家电产业快速发展，其产品包装决不能逆势而行，中国包联电子包装委及专家室要积极引领新兴产业高起点绿色发展，努力在新兴领域打造绿色全产业链，增强企业绿色设计、绿色生产、绿色技术、绿色管理能力，提高产品绿色运行。以提高资源利用率为核心，降低包装废弃物回收再生费用，取得最大的社会效益。并同供应链互动，从实现社会责任、社会效益、生态效益、经济效益的角度出发，做出不懈的努力去推进这项工作，以科学发展观为指导，坚持节约资源和保护环境的基本国策，以科技为先导，以研究开发和示范推广电子、家电产品包装新材料为重点，采取有效措施。通过转型升级，化解过剩产能，调整产业结构、提升创新能力，推进产品包装材料革新和技术进步。

2.完善标准体系，推动产业升级

当今时代，技术标准已成为企业特别是高科技企业制定游戏规则，主导产业发展的关键因素。进一步完善技术标准体系，对推动我国包装产业结构调整与优化升级、提高自主创新能力具有重要意义。

近年来，包装标准越来越受到政府、行业主管部门以及企业的重视。《国家战略性新兴产业发展规划》中，多处提到要加强技术标准体系建设，指出要制定并实施战略性新兴产业标准发展规划，加快基础通用、强制性、关键共性技术、健全标准体系。

30年来，中国包联电子包装委与原电子部标准研究所包装标准试验室作了大量的试验验证工作，共同完成电子工业产品包装国家标准16项，行业标准18项。近几年又组织、参与起草和修订“纸浆模塑”“EPE”“蜂窝纸箱”“蜂窝纸芯”“蜂窝纸板”及“纸蜂窝建筑墙材”等国家行业标准。进一步促进了包装行业标准与国际标准化接轨，增加知识产权筹码，防范知识产权壁垒，提升企业在国际市场的话语权。为我国电子、家电产品外贸出口保驾护航打开了一条畅通的绿色通道，我国电子、家电产品源源不断漂洋过海，走向世界，不仅降低了损失，而且提升了产品品牌形象和市场竞争力及附加值。

包装标准化是一项很重要的基础工作，是包装工作建设的重要内容，“十三五”期间中国包联电子委及专家室在宣贯和完善标准化的同时，对现行包装标准进行调研和修订，进一步加强标准化工作顶层设计，引导鼓励企业标准制定和引用，促进电子、家电产品包装向标准系列化、智能化、集装化、国际化方向发展。

3.推进产品整体包装技术，提升家电产品包装水平

整合资源意味着产业链和创新链的协调，针对产业发展上、中、下游不同环节存在的技术瓶颈，相应地策划基础研究和应用开发，既要疏通产业链各个环节，也要促进产学研用协同创新。因此，中国包联电子包装委及专家工作室要引导、协调包装

企业积极参与电子、家电产品包装的革新、依靠科技给力、优化结构、推陈出新，进一步推进产品整体包装技术解决方案，改变某些包装企业目前所存在的自主创新能力不足、企业品牌影响力不强、品种单一、技术含量低、产品结构不合理等问题，促进企业朝着多方位、多元化方向发展。与此同时，推动企业加快结构调整步伐，走科技含量高、经济效益好、资源消耗低、环境污染少、人力资源优势得到充分发挥的新型工业化之路。这不仅给企业带来双赢，而且更重要的是提升企业的社会责任，同时也意味着电子、家电产品包装供应链发展模式的转变。

与此同时，产品整体包装技术服务也是包装企业战略性转型、扩大业务的体现，对产业升级、提升整体水平有效支撑产业技术进步，推进产业化，提高竞争力，创造培育新生态，构建研发、生产运营及其应用的创新产业链都有积极意义。从某种意义上讲，产品整体包装技术服务，是加快企业生产环节的技术创新步伐，是提高生产制造过程中附加值的战略抉择。

产品整体包装技术服务战略性的兴起，为加强质量品牌建设、推动包装工业由大到强，为全面提高电子、家电产品包装技术水平稳中求进、实现共赢，加快中国包装产业整体水平超过世界先进，必将对保护环境、节约资源、推动低碳、绿色包装，实现经济可持续发展意义深远。

4.明确发展思路，强化服务理念

电子工业是国民经济战略性、基础性、先导性的支柱产业，是我国工业部门中发展速度最快、产业规模最大、外贸出口最多的行业。我国已成为世界电子工业产品制造大国和出口大国。

电子工业产品包装工作不仅是电子信息工业中不可缺少的组成部分，也是整个包装行业中具有特殊性和不可分割的组成部分。中国包联电子包装委是我国电子工业产品包装唯一的全国性行业组织，在政府、主管部门的关心指导和会员单位以及社会各界的大力支持下，更好发挥行业组织的桥梁和纽带作用，努力为企业发展，为我国电子工业产品包装发展营造良好的环境。坚持“服务企业、服务行业、服务政府”，进一步“提升能力、提升水平、提升形象”，成为受会员单位欢迎，受行业、企业尊重的行业组织。

二、2016 年山东省包装行业数据分析

2016 年是“十三五”发展规划的开局之年，全省包装行业认真贯彻落实《中国制造 2025》战略任务总部署和省政府提出的《山东省推进工业转型升级行动计划（2015—2020 年）》，坚持以加快实现我省包装产业转型升级、提质增效的目标任务为中心，全面落实山东省包装行业“十三五”发展规划相关要求，主动适应经济发展新常态，提高我省包装工业发展水平，保持全省包装工业平稳发展的态势。

1.经济运行持续向好

根据省统计局数据统计，截至 2016 年年底，全省包装企业达 13000 多家，从业人数 30 万多人，其中规模以上企业 1189 家，占全国规模以上企业数的 15.68%，实现包装工业主营业务收入 2078.6 亿元，比“十二五”末增长 4.52%，位居全国第四（前三为广东、浙江、江苏），占全国包装工业主营业务收入的 17.77%，增长 0.34 个百分点，实现利润 132.6 亿元，比“十二五”末增长 3.20%，占全国包装行业利润总额的 18.53%，与“十二五”末持平。

2.行业效益平稳回升

2016 年重点产品完成销售收入分别为：纸及纸板容器 370.1 亿元（占全省的 17.81%）、塑料包装（包装膜）制品 493.4 亿元（占全省的 23.74%）、玻璃包装制品 98.7 亿元（占全省的 4.75%）、金属包装制品 161 亿元（占全省的 7.75%）、包装机械装备制造 43.4 亿元（占全省的 2.09%）、包装印刷 886.7 亿元（占全省的 42.66%）、木质包装制品 25.3 亿元（占全省的 1.22%），分别比“十二五”末期增长 -18.76%、0.12%、7.90%、-7.24%、22.35%、17.93%、-8.30%。

3.进出口出现负增长

根据济南海关数据统计，2016 年全省包装行业完成累计进口额为 26.18 亿元，比“十二五”末增长-26.15%，占全国包装行业完成累计进口额的 4%，比“十二五”末下降 0.27%。出口额为 177.58 亿元（全部数据），比“十二五”末增长-9.17%，出口交货值为 66.97 亿元（中包联统计规模以上企业数据），比“十二五”末增长 21.81%，居全国第四位（前三位为广东、浙江、江苏），占全国包装行业完成累计出口交货值的 6.36%，比“十二五”末增长 1.31%。

气雾剂行业驶入发展的快车道

中国包装联合会气雾剂专业委员会

一、中国气雾剂行业的发展势头强劲

2016 年我国气雾剂行业继续保持两位数的增长趋势，尤其是 2016 年下半年开始，气雾剂市场需求大幅增长。城镇化进程加快、电商模式的成熟、生活水平的提高、“90 后”与“00 后”逐渐具有消费能力，这些诸多利好因素刺激我国气雾剂行业再一次走上快车道。

1.个人护理用品的异军突起

人们对气雾剂相关产品的认识正出现前所未有的改变。“保湿水”“防晒喷雾”“口腔清洁”“香体止汗”这些产品名词越来越多地出现在百姓生活中。方便快捷、卫生安全、个性化十足是这一系列产品的重要优势，这符合当代年轻人高品质生活的要求。这一变化的开始首先源于电商的兴起，电商以效率高、成本低、个性化服务为特点，迅速占领市场空间，在“大众创业，万众创新”的感召下各种气雾剂产品的新创意、新设计层出不穷，电商公司出设计，制造与灌装企业负责生产，百姓用着方便、安全，良性循环的链条已经初具规模。另外，个人护理气雾剂产品由于多使用不燃烧的气体做抛射剂免去运输难的困扰，顺理成章地成为电商的宠儿，其中黄晓明与杨颖共同开发的 AH 保湿喷雾产品即是佐证。城镇化进程加快、生活水平的提高意味着卫生条件的大幅改善和有更多的预算购置个人用的产品，原来大家熟悉的气雾剂产品，诸如杀虫剂、空气清新剂等逐渐淡出城市百姓的家庭，这些产品在商用领域与城乡地区依然生机勃勃。大家变得更关心自身的美化与健康，哪种产品方便、可靠、有效，哪种产品就会得到市场的芳心，诸如防晒喷雾逐渐抢占涂抹式防晒产品市场，方便的使用方式是受市场青睐的原因。“90 后”与“00 后”出现在个人护理气雾剂的消费大军中是可预见的，中西方交流已畅通无阻，我国个人生活习惯将会出现改变。按气雾剂产品在国际上发展情况，个人护理用品是比重最大的种类，我国还远未到平均水平，这个差距预计将会由“90 后”与“00 后”来弥补。

2.食品与药品气雾剂是未来的发展明星

食品气雾剂是欧美市场的一个重要气雾剂品种，特点是:方便，均匀，卫生;少吃油，健康，不粘锅;节省食物的准备时间，减少浪费。食品气雾剂最早出现可追溯到 1882 年，发展至今主要种类有：食用油、厨具润滑、奶油气雾剂、涂抹式奶酪、调味剂、为食物上色等，以澳洲市场为例，近 2400 万人年消费食用油气雾剂约 2000 万罐，全球食品气雾剂的种类繁多，例如，墨西哥推出的气雾剂浓缩咖啡、西班牙公司制造的煎炸小食气雾剂，印度也于 2015 年推出首只厨具润滑油气雾剂，而大家最熟悉的还是咖啡上的雪顶，是由气雾剂产品带来的。中国目前取得食品气雾剂生产许可的企业不足 5 家，但随着百姓健康理念的提升以及休闲产业的高速发展，保守估计中国使用油气雾剂年需求量不会低于 5000 万罐/每年，烧烤油、脱模油很可能是未来发展的重点。

医药气雾剂，这是气雾剂行业皇冠上的明珠。由于使用的特殊性造成了它对生产的环境、工艺、质量等要求异常严格。药用气雾剂起步于 20 世纪 50 年代，气雾剂首先用于皮肤病、创伤、烧伤和局部感染等，1955 年被用于呼吸道给药。主要剂型分为气雾和粉雾，我们最常见到的就是云南白药气雾剂。应该说我们国家在这个领域与欧美发达国家还有较大差距，尤其在吸入制剂与给药装置方面，医药包装“十三五”规划明确提出药用气雾剂包装是重要发展领域。中国包装联合会气雾剂专业委员会正积极联合中国医药包装协会共同努力推动中国药用气雾剂行业取得突破性发展。

二、我们遇到的一些问题

1.原材料涨价与行业发展

2016 年开始，煤碳、铁矿石、造纸、化工原料等大宗原材料价格迅速上涨，身处传统制造业中的气雾剂企业被卷入此次疯狂的原材料涨价狂潮中而面临严峻考验。

以马口铁和铝材为例。马口铁和铝是制造气雾罐的主要原材料，其价格的变化直接影响气雾剂制造成本。2015 年马口铁气雾罐约占我国气雾剂包装的 80%，是气雾剂产品制造成本的重要组成，2016 年马口铁的大幅涨价压缩了我国铁质气雾罐生产厂家的利润。

2016年的最后两个月，化工原材料价格持续走高，传统涂料企业华润、嘉宝莉、创宇等相继发布涨价函，气雾漆、聚氨酯泡沫生产企业在硬生生消化了前几轮原材料上涨的压力后终于相继开始涨价。

纸以及PE（聚乙烯）均有不同程度的上涨。以纸为例，从2016年9月初以来，原纸价格一路飙涨，9月涨价3轮，每吨共上涨150元，10月涨价4轮，每吨共上涨300元，11月截至11日涨价3轮，每吨共上涨500元，两个多月以来共上涨950元/吨，涨幅在35%以上，对纸箱包装行业造成了致命的打击。

以上各种与气雾剂制造息息相关的原材料相继进入涨价通道，严重影响了气雾剂企业的正常生产经营。故如此行情下，部分企业选择涨价，实属无奈，但涨价难以解决全部问题。此番提价背后，更多是不堪成本压力的无奈。尤其是对于议价能力偏低的中小企业，原材料成本的飙增，令其面临“不涨价难生存，涨价丢失价格优势”的困境，可谓雪上加霜。

2.各地法规趋严，安全与环保投入持续增加

《超限运输车辆行驶公路管理规定》于2016年9月正式实施。根据新规，超载货车将被处以“一超四罚”，堪称“史上最严治超措施”。部分物流公司已陆续发出运费上调公告，涨幅在30%~50%。燃油价格的上涨也助推了运输成本的增加。

各地环保限停措施相继出台，气雾剂不属于重污染行业，但是作为精细化工行业的一员依然受到限停的影响，VOCs受到各地严厉监控，许多气雾剂企业根据要求安装了活性炭吸附装置以及催化燃烧装置。

2016年广东省依据新版危化品目录、《气雾剂安全生产规程》开始针对省内气雾剂企业现状及安全生产情况进行摸底和隐患排查，据了解绝大部分企业需要进行整改。

江苏省政府发布的《关于深入推进化工行业转型发展的实施意见》（简称《意见》）已经下发，《意见》中提出“沿江地区重点实施压减、转移、改造、提升计划。从区域、资源、环境、运输、市场等方面综合考虑，有序推进区域中心城市周边和沿江两岸化工企业向有环境容量的沿海地区转移”。沿湖地区“开展化工企业基本情况排查，实施‘一企一策’，明确淘汰关闭、搬迁入园、整治提升要求”。“一律不批新的化工园区、一律不批化工园区外的化工企业。”

山东省在2015年年中已经开展了全省的安全生产大检查，危险化学品生产与使用的单位是重点检查对象，共检查化工企业10819家次，发现问题和隐患56747处，立案查处企业188家，责令停产停业整顿207家，提请关闭110家。

总体来看，2016—2017年我国经济平稳回暖，随着个人用品市场需要不断增长，气雾剂再次走上快速发展通道，当然我国气雾剂行业也面临着法规及原材料涨价的双重压力。气雾剂产品是美化生活、提高效率、保护健康的必需品，符合国家的产业和环保政策。呼吁国家与各地方政府应更多支持这个创造了大量就业，但身处严厉的法规政策、原材料狂涨、高企的人力成本等几座大山重压下的气雾剂行业，企业迫切需要减负和政策扶持。我国气雾剂企业面对当前严峻的形势，安全生产是首要任务，通过精益化管理要效益，不断提升产品品质，满足市场需求。谁能首先走出以研发带动企业发展、迅速缩短与国际先进企业的距离参与国际竞争，谁就将获得市场议价权，反之则深陷价格竞争的泥潭。

机电产品节材代木，势在必行

中国包联机械工业包装技术委员会秘书长　李蓓红

作为装备制造业十二大行业的包装食品机械暨农产品深加工技术装备行业和机电产品包装行业，是整个包装工业的重要组成部分。多年来，国务院领导和相关部委领导十分重视这个“弱势”行业，多次在关键时刻给予重要批示，使其在市场决定资源配置和与国际市场接轨的后现代工业化过程中，得到了快速健康发展。

按照《中国制造2025》的总体要求，为进一步做好包装食品机械暨农产品深加工技术装备的包装，我委员会组织编制了《农产品深加工（含机电产品包装）技术装备“十三五”发展规划》，为“十三五”期间，装备制造业包装行业工作奠定基础和指明方向，受到国务院领导与工信部领导的充分肯定。

2016年是“十三五”规划的开局之年，我委员会

主要开展的工作如下。

一、实施《机电产品包装用农秸秆资源化综合利用研发和产业化专项建议》

早在2005年7月，我委员会在向国务院上报《开展机电产品包装节材代木情况的报告》中就提出建议以速生林加工的“单板层积材”和废弃农秸秆加工的“农秸秆板材”，作为机电产品包装代木材料。国务院领导高度重视。

按照报告内容，我委员会积极推广“单板层积材”技术，使该项技术发挥了作用。至2015年年底，我委员会已完成了《机电产品包装节材代木“十二五”发展纲要》规划的主要目标：重点试点企业节材代木率达到90%以上，全行业节材代木率达到40%左右，每年为国家节约天然木材400万立方米。

“农秸秆板材”技术，由于加工设备落后、工艺不成熟、价格较高，而难以大面积推广应用。工信部部长苗圩为此曾多次批示，要求提高该项技术的质量、降低设备价格、进行重点推广。2014年，我委员会了解到德国专家使用其本土成套设备，在陕西省杨凌地区建厂生产“麦秸秆板材”。我委员会将该项技术在中国二重德阳万路运业有限公司、太原重工股份有限公司、东方汽轮机有限公司、航天科技集团万源实业有限公司等重点企业试用，其产品完全符合机电产品包装节材代木的要求。但由于该产品价格偏高，仅可用于特殊要求产品的包装，如大面积使用“农秸秆板材”，目前还需要加工设备国产化，以降低“农秸秆板材”成本价格。

据农业部提供的数据：2015年我国农作物秸秆资源总量为10.4亿吨，可收集资源量为9亿吨，秸秆原料化综合利用量为0.2亿吨，仅占可收集资源量的2.7%。相比美国、加拿大、澳大利亚、德国等和我国种植面积相当的先进工业国家，它们的秸秆原料化利用量为10%以上，每年生产农秸秆板材300万立方米左右，而我国不到20万立方米，材料主要用于家具、建筑模板等，用于机电产品包装的材料不到2万立方米。我国目前仍有10%以上的农秸秆被直接焚烧，既浪费资源，又污染环境。

按照2016年《政府工作报告》中所提出“鼓励农秸秆资源化综合利用”要求，为改变这种现状，我委员会及时将关于《机电产品包装用农秸秆资源化综合利用研发和产业化专项建议》（简称“专项建议”）上报国务院，马凯副总理给予了重要批示。

2016年7月，国家发改委按照国务院领导的批示，组织了农业部、工信部、财政部、国资委等有关部门，召开了“机电产品包装用农秸秆资源化综合利用研发和产业化专项建议”座谈会，我委员会到会并做了专题发言。会议一致认为“专项建议”是为全面建成小康社会、精准脱贫服务；为治理焚烧秸秆污染环境服务；为拓展秸秆资源化综合利用服务；为机电产品包装节材代木供给侧结构改革服务的有效措施，具有十分重大的现实意义。

会后，国家发改委将会议情况和有关部委分工呈报国务院。我委员会负责具体实施。

二、《机电产品包装用农秸秆资源化综合利用研发和产业化专项建议》的主要内容

按照《机电产品包装节材代木“十三五”发展规划》提出的目标任务：我委员会组织以南京林业大学产学研用结合的“机电产品包装生物质材料国家地方联合工程研究中心”牵头，会同东方汽轮机有限公司、太原重工股份有限公司木模分公司、航天科技集团万源实业有限公司、江苏前程工业包装有限公司4个企业设立的面向西南、中原、京津冀、长三角地区的4个“机电产品包装节材代木产业化示范中心”，建设3~5个综合利用农秸秆研发、生产和推广应用示范点。

同时，我们组织太原重工股份有限公司会同合肥通用机械研究院、中国二重集团等国内重大装备制造企业，与加拿大国家木材研究院和德国制造企业合作，研发适合中国国情、性价比较高、专供生产机电产品包装节材代木用农秸秆智能化加工成套设备，此研发项目已纳入《中国制造2025》专项计划，并获得国家支持。

此外，我委员会请农业部协助，积极发挥地方政府在处理废弃农作物秸秆的主导作用。在以上4个地区，选择县级区域创办“农秸秆综合利用回收公司”。我委员长会商请财政部研究将现行处理废弃农秸秆回填补贴资金问题，以适当提高金额补贴给“回收公司”，以调动对农秸秆资源化综合利用的积极性。

经过5年的努力，按照大型、精密、贵重、单件、小批量机电产品包装节材代木的需要，预计到2020年，我国将实现年生产300万立方米农秸秆板材或秸秆复合材，达到先进工业国家综合利用废弃农秸秆加工水平，使机电产品包装节材代木率在现有基础上提高25%，即达到60%左右，为《中国制造2025》补上短板。

该专项计划的实施，具有十分重大的社会意义：全国每年将有600万亩农田可回收废弃农作物秸秆，就地进行加工，为 2.5 万名农村剩余劳动力创造就业机会，每年可为农民增收 10 亿元以上，为全面建成小康社会做出贡献。

三、重点研发内容和产业化任务

1.研发农秸秆前期快速处理技术和相应设备

农作物秸秆含糖、含水，易霉变。在农作物秸秆收割后的第一时间，应进行适当的技术处理，进行初步干燥、去糖、打包、储藏、运输。目前急需研发农秸秆前期处理技术和相应设备。

2.研发无毒、环保、高强度胶黏剂

目前，我国制造农秸秆板材常用的黏结剂，主要有酚醛树脂胶、脲醛树脂胶、环氧树脂胶、环氧酚醛树脂胶、聚氨酯胶等。但这些黏结剂有的价格昂贵，有的存在甲醛溢出，耐水性差、毒性大等问题，采用进口黏结剂价格昂贵，不利于秸秆板材的推广应用。

根据机电产品包装节材代木性能要求，高强度、防水、防潮、防盐、防雾、防霉变、抗老化、抗撕裂以及循环复用等特点，目前急需研究出利用纳米技术，生产机电产品包装节材代木用秸秆黏结剂，满足不同功能要求，且价格合理，便于广泛推广应用。

3.研究发挥地方政府主导作用，建立农秸秆回收、储藏、运输机制

当前，影响农秸秆资源化综合利用的最大障碍是社会对农秸秆回收工作的认识。要发挥好地方政府的主导作用，建立以县域为单位的股份制回收公司，财政给予适当补贴的运行机制。

4.研发适合我国国情和地方农情的农秸秆回收加工成套设备

在当前实施《中国制造 2025》强国战略规划时，发挥装备制造业现有制造能力，实施工业反哺农业，是实现新型城镇化、建设现代农业的必由之路。

针对我国农村剩余劳动力资源丰富、农秸秆资源量大面广的特点，研发适合我国农村农情，价格适中、性价比高、智能化农秸秆加工成套设备，迫在眉睫。应按照设备规模适中、易于操作、维修方便、投资不大，年生产农秸秆板材 5 万~10 万立方米，每台套在 1500 万立方米左右的要求，积极研发。设备先供 4 个试点地区使用。到 2020 年年底生产 50~100 套农秸秆加工成套设备，并适时研发升级版成套设备，供替代升级用。

5.研究建立农秸秆加工标准体系、质量管理体系和法规体系

近期要建立各项标准体系和综合利用法制体系等。

发展中的中国纸包业

中国包联纸制品包装委员会

2016 年中国纸包装业，面对错综复杂的国际环境和艰巨繁重的国内改革发展稳定的新常态，全行业顽强拼搏、开拓创新，总体保持了健康、可持续发展的势头，开创了我国纸包装业发展新局面

一、2016 年纸包装业基本情况

2016 年全国箱纸板完成产量 1095.28 万吨，同比增长 3.83%，产量排在前五位的地区依次是福建省 191.89 万吨（占 17.52%），同比增长 12.14%;安徽省 184.74 万吨（占 16.87%），同比增长 19.66%;浙江省 145.25 万吨（占 13.26%），同比增长-1.36%;山东省 127.62 万吨（占 11.65%），同比增长-2.04%;河北省 116.91 万吨（占 10.67%），同比增长-6.51%。

2016 年全国纸制品完成产量 7190.28 万吨，同比增长 3.06%，产量排在前五位的地区依次是广东省 1078.91 万吨（占 15.01%），同比增长 10.46%;浙江省 799.43 万吨（占 11.12%），同比增长 4.41%;河南省 724.83 万吨（占 10.08%），同比增长 2.02%;江苏省 606.56 万吨（占 8.44%），同比增长 5.96%;福建省 425.52 万吨（占 5.92%），同比增长 4.75%，其中，瓦楞纸箱完成产量 4027.58 万吨，同比增长 0,11%，产量排在前五位的地区依次是浙江省 523.5 万吨（占 13%），同比增长 4.13%;河南省 481.23 万吨（占 11.95%），同比增长 0.72%;江苏省 351.53 万吨（占 8.73%），同比增长 6.59%;广东省 335.45 万吨（占 8.33%），同比增长 1.03%;河北省 232.28 万吨（占 5.77%），同比增长-4.05%。

2016 年全国纸和纸板容器行业规模以上企业实现主营业务收入 3580.06 亿元，同比增长 4.94%，增速比 2015 年同期提高了 0.73 个百分点。全国纸和纸板容器制造行业 2016 年实现利润 193.21 亿元，同比增长 1.11%，增速比 2015 年下降了 2.07 个百分点。

2016 年全国纸和纸板容器制造行业进出口总额 45.49 亿美元，同比增长-11.96%。其中，出口额 43.85 亿美元，同比增长-11.96%；进口额 1.64 亿美元，同比增长 11.92%。对外贸易仍旧保持较大的顺差。

中国是一个幅员辽阔的大国。各省市区经济发展的不同特点，不同优势造成了各地纸包装业分布和发展的不均衡性。我国纸包装产业主要集中在珠江三角洲、长江三角洲、环渤海湾经济区。这条沿海产业带约占全国纸包装行业的 50%。它主要得益于先进的理念、先进的技术、先进的装备和现代化的管理手段及较成熟的市场优势。随着西部地区的大开发和东北老工业基地的振兴，纸包装业发展整体不平衡的状况已有明显的改善，如河南、湖北、重庆、成都等地区将成为包装业发展的新亮点；并将加快包装业从沿海向中西部梯度转移的步伐。

二、过去的“十二五”期间，我国的纸包装产业的特点和问题

我国纸包装产业的特点：一是产业规模实现持续稳定增长。“十二五”的 5 年间，纸包装业产值增加值年均增速达 10.02%，全行业资产规模、利润总额、产品创新、进出口等创历史新高。

二是产业格局逐步优化。近年来，随着国家战略的实施，各类企业向中西部转移带动了纸包装业在中西部的发展，使产业布局趋向合理；并将带动扩大今后总量的增长。大中型企业所占比重逐步上升，一批优型企业、上市公司和具有较强国际竞争力的企业集团快速成长，以龙头企业为引领，大中小企业共长互生的组织格局正在逐步形成。

三是适应市场变化能力不断增强。随着我国工业化初中期向中后期阶段转变，纸包装业增速进入平缓增长的新时期；同时，适应市场需求变化的能力不断增强。长期以来，我国纸包装行业走上了一条与欧美国家不同的发展之路。经过 30 多年的发展，已奠定了中国纸包装业世界大国的地位。但是，我们必须清醒地认识到，我们是用近 5 万家企业，5000 多条生产线，几百万名员工来实现的，所付出的代价是沉重的。党的十八届三中全会提出全面深化改革的决定，为我国包装业的发展指明了时间表和路线图，改变陈旧的发展理念，改变经济增长方式已成为全行业的共识。

四是企业发展路子与模式的多样化。我国的纸包装企业长期以来习惯于单打独斗，以一己之力应对上下游的挤压；并且还要应付同行竞争，这往往使我们的企业发展步履维艰，困难重重。而当今，整体发展，分工合作、资源共享、共同赢利越来越成为企业家的首选。许多企业与上下游有不同程度的合作，建立良好关系减少压力；通过合资合股、整合兼并、收购等方式扩大规模。有的与用户紧密合作，使产品包装进化为包装一体化服务。一批纸包装企业汲取历史经验，强强联合、股份合作、产业链延伸、对外企收购、中外企业合作。东西合作、南北合作、上下游融合、新型资本进入纸包装业。造纸企业加快延伸纸制品包装业，印刷企业在书刊印刷剧减的形势下转型纸包装业等，探索出了一条具有中国特色的发展之路。

五是行业转型发展迈出新步伐。智能制造“互联网+”已经开始起步。自动生产线、数字化车间、现代物流等兴起并形成一定规模；新生态、新模式不断出现，“互联网+包装”将产业链各方主体连接至同一平台。信息化、大数据、智能化生产将大幅提高运营效率、降低成本，为客户提供快速便捷、价廉优质的一体化服务。东经科技正在打造中小企业降本提效、价值倍增的智能化包装服务平台。胜达集团与猪八戒网联合打造了云印刷服务平台，并正在筹划建设纸包装业的智能工厂。合兴股份成立了联合包装网，从事“互联网+包装”的开发，短短半年时间发展很有起色。另外，美盈森、劲嘉、裕同、长荣等均已注入互联网基因，进军智能制造领域或者“云”印刷等市场。纸包装及印刷产业的互联网化将掀起巨变，行业整合将迎来新的力量。

同时，我们还有许多不足，主要体现在五个方面：一是中小企业偏多，准入门槛低，投资规模相对较小，布局相对比较分散，低档次重复建设等现象严重。二是劳动效率较低，人均生产率仅是发达国家的 1/10 左右。三是地区发展不平衡，有的区域产能严重过剩，造成资源浪费和阻碍企业的健康可持续发展的能力。四是装备整体水平还不是太高，技术含量高的成套设备仍然依靠进口。五是生产成本提升较快，业内竞争异常激烈。归纳起来实质是两大问题，第一是产业集中度低；第二是两化融合度低。造成我们这个行业往往处于上下游挤压的被动地位，缺失发言权。

三、认清形势、顺势发展

2017 年是我国各项重大改革举措持续推进的一年，也是供给侧结构性改革深化推进的重要一年。“十三五”规划纲要是在我国经济发展进入新常态情况下，对我国未来经济发展做出的重大战略部署，将会形成对我国经济增长具有中长期持久推动作用的力量。其中，“一带一路”、京津冀协同发展、长江经济带、军民融合四大国家战略的布局和实施，标志着我国经济发展在空间格局上的重大创新和突破，将会充分利用我国经济的巨大韧性、潜力和回旋余地，凝聚起对我国经济增长具有中长期持久推动作用的力量。“十三五”时期有可能进入新常态下的新一轮上升周期，新一轮上升周期不是单纯地让经济增速适度回升，更不是要重回到过去两位数的高增长状态，而是要实现有质量、有效益、可持续的回升。要借回升之势，营造良好的宏观经济运行环境，更好地实现稳增长与转方式、调结构、促改革、惠民生的有机结合，更好地实现全面建成小康社会的伟大奋斗目标。

2017 年也是包装“十三五”规划组织实施的关键之年。更是深入开展《国家工信部、商务部关于加快我国包装产业转型发展的指导意见》（简称《指导意见》）的宣传、贯彻、落实的重要一年。我们认为包装“十三五”的发展环境是立足经济新常态和新格局。发展理念是创新、协调、绿色、开放、共享。发展主题是转变观念、调整结构、稳定增长、消化产能、降耗减排、弥补短板、提高效益。发展路径是“一带一路”、区域经济、自贸区、两化融合、“互联网+”、“中国制造 2025”、军民融合、创新驱动、品牌培育、信誉体系建设、适度包装、产品可追溯。发展手段是国家用政策支持，行业用标准引领，企业靠差异化发展。

面对新形势、新任务，在新常态下纸包装业新突破的方向在哪里？对这个问题仁者见仁，智者见智。我认为，全行业要从根本上解决五个意识：

一是创新意识，纸包装业发展重点在六个方面：个性化包装（包装解决方案），快递包装，农副产品包装，高端包装，跳出包装范畴的新产品开发，数字化印刷。

二是规模意识。从规模意识到质量效益，纸包装业的重组合作趋势正在健康发展。

三是品牌意识。两部的《指导意见》中提出了三品战略，即品种、品质、品牌。这是行业特点决定的，更是未来市场需求决定的。

四是社会意识，绿色、环保，从理念上真正解决单纯的包装制造转变成包装服务与包装制造相结合，这也是我们行业的定位。

五是国际意识。有条件、有实力的企业，应突破思路，让包装业走出去。同时，我们还要遵循企业的发展，一定要坚持量力而行，稳定发展的原则。既要避免和减少风险，又要重视苦练内功，提高管理水平，提升企业的整体素质。

中国改革开放在继续深化，经济与社会正在健康和有序推进，我们对纸包装业发展前景充满信心，中国包装工业的明天会更加美好。

物流配送技术的现状及发展趋势

陈希荣

对于配送系统的要求，有多种提法，但是本质上讲就是准确、快速、高效及个性化。其中，准确与快速是配送企业生存之本，只有在满足了快速、准确的前提下，才能发展个性化配送服务，才能谈到提高企业运作效率。在企业竞争空前激烈的今天，为了在以时间为基础的竞赛中占据优势，必须建立一整套对环境反应敏捷和迅速的配送系统。

敏捷和迅速的配送系统的实现，一方面要依靠配送业务的优化，另一方面要依赖于配送技术的发展，其中大多数表现为日益先进的信息技术。配送中心的作业流程为：入库—保管—拣货—分拣—暂存—出库。在这些环节中，已有诸多的现代化的配送技术投入了实际使用。

一、配送的应用现状

（一）电子票签拣货技术

每张用户订单中都至少包含一种以上的商品，将这些种类和数量不同的商品从配送中心取出并集中起来，就是拣货。由于用户在同一时间提出的订货品种不完全相同，订货数量也不等，同时提供商品的时间也不一致，这就要求配送中心有能力将专门供货系统提供的商品进行汇集，然后再根据用户的要求进行分拣和分送。这一功能主要是靠电子票签拣货技术实现的。配有电子票签拣货技术系统（即电子票签拣货系统）后，配送中心在保管商品时，一般是根据种类、规格的不同分区存放商品，拣货时，在操作台上把客户的订单输入电脑，存放各种商品的货架上的货位指示灯和品种显示器会立刻显示出拣选商品在货架上的具体位置及所需数量，作业人员便可从货架上取出商品，放入周转箱，配齐订单商品的周转箱由输送带送入自动分拣系统。电子票签拣货系统自动引导作业人员进行拣选作业，任何人不需特别训练，即能立即上岗作业，可大大提高处理速度，减轻作业强度，而且还可使差错率大幅度下降。

目前，电子票签拣货技术广泛应用于医药、化妆品等行业以及连锁超市、便利店的配送中心。

（二）自动识别技术

近年来，配送理论与相关的信息技术交互发展、互相促进，对配送科学的发展起到了重大作用。首先值得关注的就是自动识别技术的发展。自动识别技术广泛应用于配送过程中的各环节，以条码为代表的自动识别技术从诞生的第一天起，就与配送系统结下了不解之缘。最实际的例子就是超市中一维条码的广泛应用。条码技术对于配送应用的意义在于配送与信息流的结合。在没有应用条码的时代，不管是人工系统还是计算机系统，都存在一个问题，那就是操作中出现差错的概率非常大，如出入库、盘点等。这实际上就是由于配送与信息流脱节，在生成与配送对应的信息时易于出错。条码则紧密地将配送与信息结合在一起，大大减少了出错的可能性。比如在配送中的分拣过程中，自动识别技术能将不同方向、不同地点、不同渠道运输的不同物品按照类型、品种、尺寸、重量以及特殊要求进行分拣，然后输送到指定的主库或货架上，其分拣率可达 6000～12000 件(箱) / 小时，分拣误差率极低。

条码在配送管理上的应用可以分为三类，即类别管理、批次管理和单品管理。类别管理是一维条码的典型成功应用之一，其管理单位是一个商品类别，它适合的是超市之类的整进零出，并且只关心数量的场所。批次管理的管理单位是某个商品的某个批次，一般也由一维条码实现。批次管理不仅可以得到数量信息，同时还可以实现一些批次应用，例如，食品的保质期处理或商品的先进先出策略。单品管理在批次管理上又进了一步，使它保存了更多的管理信息，这些信息可以根据具体的业务需求来定制。

可以看出这三类管理的差别在于货品信息的精细程度越来越高，从而可以引出更多的可管理特性。条码技术是一门有相当历史的自动识别技术，进入 20 世纪 90 年代以来，已经高度成熟的条码技术又焕发出新的生机。其中主要代表就是 SYMBOL 公司的 PDF417 二维条码技术，它具有高于一维条码数十倍的容量和极高的纠错率，在美国等发达国家很快得到推广应用。

单品管理中需要存储的信息量很大，同时这些信息中可能存在非字母数字的情况，在这种情况下一维条码很难应用到单品管理中。PDF417 二维条码为单品管理提供了可能。在利用 PDF417 后，配送系统从条码中可以得到更多的管理信息，而不是像过去一样只局限于类别及数量这样简单的特性。单品管理所提供的这些额外管理特性对构造敏捷配送系统提供了坚实的基础。条码在配送领域的应用不仅仅限于货品的标识管理上，对于配送过程中的单据，也可以生成相应的条码。这种条码一方面可以起到防伪作用，另一方面也在一定程度上防止了录入差错的出现，对于提高系统运作的效率有相当大的作用。条码还提供了信息反向流动的渠道，例如，对于生产厂家来说，销出的产品如果出现质量问题，可以利用条码快速将相关信息返回，这是信息反向流动的一个典型应用。条码在这里直接创造了新的信息价值。

（三）EDI 技术（信息交换技术）

EDI 在发运环节也得到了广泛应用，制造者可以通过应用 EDI，即通过计算机网络来完成标准的商务交易，使得在同一天能够向其所有零售地发送货物。产品经过生产后自动被码垛、解包并暂放在输送机巷道上，其中的信息完全由 EDI 提供并控制。

（四）GIS（地理信息系统）

GIS 是 Geography Information System 的简称，即地理信息系统，它是一种能把图形管理系统和数据管理系统有机地结合起来，对各种空间信息进行收集、存储、分析和可视化表达的信息处理与智能系统。GIS 提供的信息不仅仅是简单的街道乃至地面上的一个点位，其都能以直观、方便、互动的可视化方式，实现数据信息的快速查询、计算、分析和辅助决策。因此，可利用 GIS 强大的地理数据功能做配送分析。比如，一个起始点、多个终点的货物运输应使用多少辆车，每辆车的路线；如果将货物从 N 个仓库运送到 M 个商店，确定由哪个仓库提货送给哪个商店，所耗的运输代价最小。这些问题都可利用GIS技术加以解决。GIS技术在降低作业费用、保证服务质量方面有着不可低估的作用。

（五）电子商务下的配送技术

随着电子商务的兴起，与之相配套的配送模式成为支撑电子商务的关键因素。电子商务下的配送技术如下。

1.交叉配送技术

在电子商务条件下，网络贸易实现了零售商各分销点需求量与供应商产品的随时掌握，使得零售的同时，批量组织各分销点的物资配送成为可能，为降低成本，减少库存，提高快速反应能力，可以采用交叉配送，即先按所掌握的所有分销点产品总量在各批发商处统一装载，运输物资，然后在零售商流通中心按发送店铺迅速进行分拣装车，向各个分销点发货，实现零售业配送。在这种方式中，通过流通中心的分拣装运功能，降低产品交纳周期、减少库存、提高周转率，节约网络销售成本，不啻为企业物流的一个优化配送方式。

2.准时制配送

电子商务的主要优势就是即时性，用户需求响应时间非常短，要体现这种优势，开展准时制配送是一个途径，即随时根据用户要求的送货时间、数量等，进行配送。此种配送是以牺牲配送费用来换取配送时间，通常以当天完成为标准。西部地区交通条件相对较差，开展准时制配送的难度较大，可以通过在人口密集地区，经济相对繁荣地区适当增加配送中心配置密度，运用电子商务平台实现多个配送中心或仓库的统一管理与调配，通过就近配送实现准时制配送。准时制配送的开展，可以充分利用西部物流企业长期积累、渐成网络的仓库、配送中心等资源，规范配送组织与管理，提高配送中心等，规范配送组织与管理，提高配送反应速度，从而在与外地或国外物流企业的竞争中处于有利地位，最终提高整个西部物流发展水平。

3.ABC配送

根据ABC管理方法，将存货物资分为ABC三类，即15%～20%的少量物资占其总物资价值的65%～80%，划分为A类物资；30%～40%的物资占总物资价值的15%～20%，划分为B类物资；40%～55%的物资占总物资价值的5%～15%，划分为C类物资。可以针对三类物资确定配送模式，即对于A类物资，为减少占用资金，保证用户收货，宜采用准时配送，单独作业，反馈跟踪。对于B类物资，可实行批量正常配送，即在规定的延迟期内，将物资组合成批量，配送供货。对于C类物资，由于价值最低，其配送的延迟期最长，可以充分利用社会配送或共同配送实现。在电子商务中，运用ABC配送方式，可以使不同层次用户的需求在超过供货方配送能力的条件下得到充分满足，有效增强用户运用电子商务的信心，促进电子商务的物流作用。

4.配送管理信息系统

作为电子设备的管理平台，配送管理信息系统是调配资源、优化管理、组织实施的中枢，通过和电子商务平台无缝结合，实现信息的统计、分析、预测与辅助决策等，可以有效弥补交通等其他条件的不足，优化配送流程，选择低成本的运输方式或路径实现配送，如通过配送管理信息系统和电子商务平台，可以大大缩短收到客户订单的时间，从而可在不改变定货期的条件下，延长配送中的运输时间，选择低成本的运输方式，如水运、铁路等。在配送系统的建设中，结合西部资金和物流发展状况，贯彻软件先行的原则，利用有限的资金物力条件以及相对廉价的人力优势，瞄准国际先进水平，开发出较先进的配送计算机管理信息系统软件，通过迅速提高管理决策水平带动西部物流的持续健康地发展。

5.JIT（准时制生产）

JIT（Just in Time），又称准时制生产，其基本原理是以需求决定供应。即供给方根据需方的要求(或称看板)，按照需方需求的品种、规格、质量、数量、时间、地点等要求，将物品配送到指定的地点。不多送，也不少送，不早送，也不晚送，所送品种要个个保证质量，不能有任何废品。JIT原理虽简单，但内涵却很丰富，具体如下：

（1）品种配置上，保证品种有效性，拒绝不需要的品种；

（2）数量配置上，保证数量有效性，拒绝多余的数量；

（3）时间配置上，保证所需时间，拒绝不按时的供应；

（4）质量配置上，保证产品质量，拒绝次品和废品。

JIT供应方式具有很多好处，主要有以下三个方面：

（1）零库存。用户需要多少，就供应多少，不会产生库存、占用流动资金。

（2）最大节约。用户不需要的商品，就不用订购，可避免商品积压，过时质变等不良品浪费，也可避免装卸、搬运以及库存等费用。

（3）零废品。JIT 能最大限度地限制废品流动所造成的损失。废品只能停留在供应方，不可能配送给客户。

JIT 具有普遍意义，既可适用于任何类型的制造业，也可适用于服务业中的各种组织。本人也认为，对于发展初期的电子商务，尤可采用和吸收 JIT 技术，以降低成本，使物流成为电子商务中的重要利润源。

6.GPS（全球定位系统）

GPS 是 Global Positioning System 的简称，即全球定位系统。该系统具有在海、陆、空进行全方位实时三维导航与定位功能。GPS 技术应用在配送领域，可用于汽车自动定位及跟踪调度，如果我们开发出一套基于 GPS 的货物跟踪信息系统，就可以实时收集全程车辆、集装箱及所运货物的动态信息，实现货物追踪管理，只要知道货车的车种、车型、车号，就可以立即从运输网上流动着的几十万辆货车中找到该车，还能得知这辆货车现在何处运行或停在何处，以及所有的车载货物发货信息。运用这项技术可大大提高运输网及其运营的透明度，为货主提供更高质量的服务。

利用 GIS、GPS 技术，开发配送中心的配车计划与车辆调度计算机管理软件(这类软件在美、日等国已商业化)，能大大缩短配车计划编制时间，提高车辆的利用率，减少闲置及等候时间，合理安排配送区域和路线等。我国邮政科研部门利用 GPS 技术、无线通信技术、GIS 和计算机技术等研制开发的 VGPS 卫星定位车辆跟踪管理系统已投入实际使用。

二、配送技术的发展趋势

配送技术的未来发展将以网络化、智能化为特征，具体表现为对多维仿真技术、无线网络技术、电子网络技术、BI(商业智能技术)的实践应用。实际上，这些技术已经在一些有实力的公司得到应用，鉴于技术、观念、资金等方面的局限性，还未在配送领域得到推广。

（一）虚拟技术

随着全球卫星定位系统的应用，社会大配送系统的动态调度，动态储存和动态运输将逐渐代替企业的静态固定仓库。由于配送系统的优化目的是减少库存直到零库存，这种动态仓储运输体系借助于全球卫星定位系统，充分体现了未来宏观配送系统的发展趋势；随着虚拟企业、虚拟制造技术不断深入，虚拟配送系统已经成为企业内部虚拟制造系统一个重要的组成部分。

例如，多维仿真技术在配送路线、车辆调度的规划上就具有低成本和高效率的优势。仿真软件将凭已嵌入的算法和专家经验库，结合操作者的实际需求，选择最优配送方案。在屏幕上，操作者可以观察不同的场景，通过不同的配送需求对各种配送方案进行评价，并可以假设一些条件，比如某街道阻塞后，观察可能发生的情况，进行方案调整。英国一家公司采用三维仿真系统对拟建的一条汽车装配线及其相关的仓储输送系统进行了虚拟仿真，经过不断完善和修改，最终的系统降低了成本，提高了效率。仿真软件的开发者们也继续在提高软件的水平，最新的软件通过四维(x、y、z，时间)设计，使系统更加接近现实世界。更加复杂的软件倾向于软件不但在设计时是一个很好的帮助，在现实中也成为一个操作控制工具。

最近的虚拟技术的发展趋势包括动态存储系统的发展。例如 VLM(Vertical Lift Modules)的应用，将原来的存储区域减少至原来的 1/10，工具的提取时间由原来的 3~5 min 减少至 45 s，库存控制软件现在也能跟踪工具在何时、何地被何人领取，也因此可以将库存降低到原来的一半。并且操作由原来的人上下移动来取工具，变为工具上下移动到人适合提取的位置。再比如通过一个振动的汽缸将负载从流动的巷道中向下移，由于不是通过重力，所以不需要有斜坡，负载是在一个水平面上移动，大大节省了空间。

（二）无线网络技术

GPS 与 GSM（全球移动通信系统）/ CDPD（蜂窝数字式分组数据交换网络）/ GPRS（通用分组无线业务）的组合，可以提供实时或接近实时的车辆位置信息，这些信息对于运力调配有着重要意义。无线网络也可以与条码相结合，如在仓储过程中，保管员可以利用无线手持终端接受业务中心的盘点或备货指令，并利用终端扫描条码完成盘点或备货工作。相对于过去利用单据下达盘点或备货指令，手工进行盘点和备货记录的方式，无线方式减少了中间环节，减少了差错，提高了配送效率。

（三）电子网络技术

电子网络技术最明显的特征就是因特网的广泛使用。比如，从拣货到运送过程，均可通过条码扫描或射频标签识别货物或配送信息，并将得到的信息输入仓库管理系统(WMS)或制造执行系统(MES)；当货物运送任务结束后，订单的状态被送到信息系统的最高层——企业资源计划(ERP)；ERP又将这一信息发布给供应链软件和电子数据交换(EDI)。目前通过因特网进行EDI已成为现实，一些人预测用因特网完全代替传统的EDI电话连接只是时间问题。

在全球处于领先地位的快递和配送公司中外运敦豪近日正式推出快递服务解决方案的创新方式——“DHI网上发件”(DHIJ Web Shipping)与“DHL短信跟踪”(DHL SMS Yacking)。业内认为，配送公司对电子网络的直接运用标志着快递行业的信息化进程在加速。

（四）BI（商业智能技术）

商业智能（Business Intelligence, BI）是一种定量数据分析管理技术，将存储于各种商业信息系统中的数据转换成有用的信息，向企业各个层次的经理人提供战略和战术层面的决策支持。商业智能技术应用在配送过程中，可以协助配送方案规划者进行配送中心的布局分析、配送成本分析、车辆调度分析、配送路线可行性分析等，为实现快速、准确、低成本的配送服务提供科学的决策信息。

这是自动化、信息化的一种高层次应用，配送作业过程涉及大量的运筹和决策，如运输路径的选择、自动导向车的运行轨迹和作业控制、自动分拣机的运行、配送中心经营管理的决策支持等问题都需要借助于大量的知识才能解决，在配送的自动化进程中，智能化是不可回避的技术难题。好在专家系统、机器人等相关技术在国际上已经有比较成熟的研究成果，为了提高配送自动化的质量，配送智能化已经成为配送技术发展的一个新趋势。

包装及相关行业

政策、法规、标准

国务院印发方案促进 3D 打印等领域技术标准研制

国务院办公厅日前印发《中国科协所属学会有序承接政府转移职能扩大试点工作实施方案》(简称《方案》)，在技术标准研制方面，将促进 3D 打印等领域标准研制。

《方案》对扩大试点工作的总体要求、工作原则、主要内容、组织实施、工作制度、工作流程、保障措施作出明确规定。《方案》强调，扩大试点工作要服务大局、稳妥有序，“切实提升服务意识和质量，坚决避免‘红顶中介’‘二政府’现象。”《方案》明确，以首批试点工作成果为基础，围绕相关科技评估、工程技术领域职业资格认定、技术标准研制、国家科技奖励推荐四项重点任务开展扩大试点工作。

在相关科技评估方面，充分发挥科技社团在科技评价中的独立第三方作用，推动建立健全科技评估制度，提供宏观层面的战略评估，促进科技评价的公平、公开和公正，形成决策、执行、评价相对分开的运行机制。接受科技部等部门委托，今后以评估为重点，开展国家科研和创新基地评估、科技计划实施情况的整体评估、科研项目完成情况评估三个方面的试点探索。

在工程技术领域职业资格认定方面，重点开展专业技术人员专业水平评价类而非行业准入类职业资格认定，以区分学会和行业协会的差异与合理分工。选择信息工程、软件开发等专业性、技术性较强的领域，遴选具备能力要求的学会，经有关政府部门审核确认，参与或承担水平评价类职业资格认定工作。在有关政府部门的指导下，试点探索开展非公有制经济组织的专业技术人员职称评定工作。

在技术标准研制方面，选择 3D 打印、物联网、工业机器人、新能源汽车、中医药等专业领域，鼓励学会面向新兴交叉学科和市场需求空白，协调相关市场主体共同制定满足市场和创新需要的团体标准，促进形成产学研相结合的团体标准研制模式。

在国家科技奖励推荐方面，完善国家科学技术奖励推荐提名制度，完善学会推荐的遴选和动态调整机制，在确保质量的前提下，扩大专业学会推荐范围。

中国科协党组书记、常务副主席尚勇表示，上述扩大试点的四项重点任务均涉及改革的“深水区”，是科技社团承接政府转移职能中有价值、有意义、有影响的业务领域，有较大“含金量”。

发改委：我国未来 2~3 年将建成一批环保领域创新平台

为贯彻落实《国家发展改革委关于实施新兴产业重大工程包的通知》(发改高技〔2015〕1303 号)，着力提高环保领域自主创新能力，促进环保产业快速发展，满足环境污染综合治理和环保产业升级发展的需要，针对当前大气、水、土壤、固废污染的突出问题，以及污染防治成套技术、装备和材料的重大需求，按照坚持问题导向、防治结合、全过程控制和协同治理的原则，围绕先进环境监测、污染治理、资源循环利用、环境修复等环节建设布局相关创新平台，加强重大技术装备及产品的研发和工程化，以提升环保产业的整体创新能力为着力点，推进我国环保产业又好又快发展，发改委决定组织实施环保领域创新能力建设专项，构建环保领域创新网络。

未来 2～3 年，将建成一批环保领域创新平台，为环保领域相关技术创新提供支撑和服务。以推进经济发展方式转变为着力点，通过建立和完善环保领域的技术创新平台，集聚整合创新资源，加强产学研用结合，突破一批关键共性技术并实现产业化，促进环保产业的快速发展，为培育和发展战略性新兴产业提供动力支撑。

专项建设内容和重点：

(1) 提升大气环境污染防治能力。建立：①大气环境污染监测先进技术与装备国家工程实验室；②烟气多污染物控制技术与装备国家工程实验室；③挥发性有机污染物污染控制技术与装备国家工程实验室；④移动源污染排放控制技术国家工程实验室。

(2) 提升水环境污染防治能力。建立：①水环境污染监测先进技术与装备国家工程实验室；②湖泊水污染治理与生态修复技术国家工程实验室；③高浓度难降解有机废水处理技术国家工程实验室；④城镇污水深度处理与资源化利用技术国家工程实验室。

（3）提升土壤环境污染防治能力。建立：①农田土壤污染防控与修复技术国家工程实验室；②污染场地安全修复技术国家工程实验室。

（4）提高废物处理处置与资源化技术水平。建立：①污泥安全处置与资源化技术国家工程实验室；③垃圾焚烧技术与装备国家工程实验室；③畜禽养殖污染控制与资源化技术国家工程实验室。

国家新闻出版广电总局部署2016年印刷复制发行监管工作

国家新闻出版广电总局日前下发《关于做好2016年印刷复制发行监管工作的通知》（简称《通知》）。《通知》提出了2016年印刷复制发行监管工作总体要求，明确了主要任务及2016年检查重点。

（1）组织开展专项行动和日常抽查。今年重点检查内容：一是出版物印刷企业承印验证制度落实情况，严格检查印刷委托书备案和验证内部资料性出版物准印证的情况。二是印制销售重大选题出版物的情况，严禁制售含有淫秽色情、暴力恐怖、封建迷信等内容出版物及非法少儿出版物，涉军类非法出版物，盗版的十八届五中全会学习辅导读物等。三是光盘复制企业光盘模具蚀刻来源识别码（SID码）以及报送样盘的情况。四是网上书店出版物销售情况，特别是党和国家重要文献、领导人著作的盗版图书销售以及非法进口出版物销售的情况。五是无发行资质单位销售出版物的情况，特别是违法违规销售宗教类出版物或宗教类内部资料性出版物的情况。六是报刊摊亭销售情况以及依法纳入管理、规范经营的情况。

（2）查办一批违法违规重点案件。各地要重点查办群众反映强烈、问题线索指向集中的印刷复制发行违法违规案件。对触犯“底线”、踩踏“红线”的企业，要坚决依法打击，该吊销的吊销，该移送的移送；对无委托书备案手续承印出版物、无准印证承印内部资料性出版物的印刷企业，一律从严从重处理；对轻微违规的企业，要通过约谈、教育等方式，及时“纠正”违规行为。同时，各地要加强行政执法与刑事司法的衔接配合，严禁有案不移、以罚代刑。各地要向总局报送本地区查办的5个违法违规典型案例。

（3）创新监管工作机制和手段。一是加快推进印刷复制委托书网上备案系统全国联网。2016年浙江、四川、湖南、安徽等地的自建系统要与全国主干系统连通。二是积极开展“3·15”质检活动，加大对质量违规的查处力度，加强质量监管，开展印刷复制质量提高活动，解决质量突出问题。三是探索建立“双随机”抽查机制，对本地的重点区域、重点企业要开展双向随机抽查。四是有条件的地区可试点将年度核验工作与工商部门的年度报告公示制度相结合，实现统一核报数据。

（4）构建全方位的监管体系。推进印刷复制发行企业信用体系建设，建立“黑名单”制度，取消违法违规企业申报中国出版政府奖印刷复制奖、国家印刷复制示范企业、新闻出版改革重大项目库等资格。推动部门之间监管信息共享，实现企业“一处受罚、处处受限”。

直接接触药品的包装材料和容器注册等7项省级食品药品行政审批事项取消

国务院印发《关于第二批取消152项中央指定地方实施行政审批事项的决定》（国发〔2016〕9号），规定取消从事第三方药品物流业务批准、对国家食品药品监督管理总局负责的麻醉药品和精神药品研究立项审批的初审、对国家食品药品监督管理总局负责的国产保健食品注册的初审、对国家食品药品监督管理总局负责的特殊用途化妆品审批的初审、对国家食品药品监督管理总局负责的处方药转换非处方药申报资料的初审、对国家食品药品监督管理总局负责的药品注册补充申请的初审、对国家食品药品监督管理总局负责的直接接触药品的包装材料和容器注册的初审7项省级食品药品监督管理部门实施的审批事项。

《印刷业管理条例》修改八项　现已全面施行

日前，中华人民共和国国务院令（第666号）公布了对66部行政法规的部分条款修改结果，其中涉及《印刷业管理条例》八项修改。以下是修改后以及修改前的条款：

（1）《印刷业管理条例》增加一条，作为第七条："印刷企业应当定期向出版行政部门报送年度报告。出版行政部门应当依法及时将年度报告中的有关内容向社会公示。"

原无此条款。

（2）第八条改为第九条，第一款中的"设立印刷企业"修改为"企业从事印刷经营活动"。第二款中的"审批设立印刷企业"修改为"审批从事印刷经营活动申请"。

（3）第九条改为第十条，修改为："设立从事出版物印刷经营活动的企业，应当向所在地省、自治区、直辖市人民政府出版行政部门提出申请。申请人经审核批准的，取得印刷经营许可证，并持印刷经营许可证向工商行政管理部门申请登记注册，取得营业执照。"

"企业申请从事包装装潢印刷品和其他印刷品印刷经营活动，应当持营业执照向所在地设区的市级人民政府出版行政部门提出申请，经审核批准的，发给印刷经营许可证。"

"个人不得从事出版物、包装装潢印刷品印刷经营活动；个人从事其他印刷品印刷经营活动的，依照本条第二款的规定办理审批手续。"

原为：设立从事出版物、包装装潢印刷品和其他印刷品印刷经营活动的企业，应当向所在地省、自治区、直辖市人民政府出版行政部门提出申请；其中，设立专门从事名片印刷的企业，应当向所在地县级人民政府出版行政部门提出申请。申请人经审核批准的，取得印刷经营许可证；并按照国家有关规定持印刷经营许可证向公安部门提出申请，经核准，取得特种行业许可证后，持印刷经营许可证、特种行业许可证向工商行政管理部门申请登记注册，取得营业执照。

个人不得从事出版物、包装装潢印刷品印刷经营活动；个人从事其他印刷品印刷经营活动的，依照前款的规定办理审批手续。

（4）第十条改为第十一条，第一款修改为："出版行政部门应当自收到依据本条例第十条提出的申请之日起60日内作出批准或者不批准的决定。批准申请的，应当发给印刷经营许可证：不批准申请的，应当通知申请人并说明理由。"

原为：出版行政部门受理设立从事印刷经营活动的企业申请，应当自收到申请之日起60日内作出批准或者不批准的决定。批准设立申请的，应当发给印刷经营许可证；不批准设立申请的，应当通知申请人并说明理由。

（5）第十一条改为第十二条，第二款修改为："印刷业经营者变更名称、法定代表人或者负责人、住所或者经营场所等主要登记事项，或者终止印刷经营活动，应当报原批准设立的出版行政部门备案。"

原为：印刷业经营者变更名称、法定代表人或者负责人、住所或者经营场所等主要登记事项，或者终止印刷经营活动，应当向原办理登记的公安部门、工商行政管理部门办理变更登记、注销登记，并报原批准设立的出版行政部门备案。

（6）第三十四条改为第三十五条，第一款修改为："违反本条例规定，擅自设立从事出版物印刷经营活动的企业或者擅自从事印刷经营活动的，由出版行政部门、工商行政管理部门依据法定职权予以取缔，没收印刷品和违法所得以及进行违法活动的专用工具、设备，违法经营额1万元以上的，并处违法经营额5倍以上10倍以下的罚款；违法经营额不足1万元的，并处1万元以上5万元以下的罚款；构成犯罪的，依法追究刑事责任。"

原为：违反本条例规定，擅自设立印刷企业或者擅自从事印刷经营活动的，由公安部门、工商行政管理部门依据法定职权予以取缔，没收印刷品和违法所得以及进行违法活动的专用工具、设备，违法经营额1万元以上的，并处违法经营额5倍以上10倍以下的罚款；违法经营额不足1万元的，并处1万元以上5万元以下的罚款：构成犯罪的，依法追究刑事责任。

（7）删去第四十三条。

原为：第四十三条　印刷业经营者被处以吊销许可证行政处罚的，应当按照国家有关规定到工商行政管理部门办理变更登记或者注销登记：逾期未办理的，由工商行政管理部门吊销营业执照。

（8）第四十六条修改为："出版行政部门、工商行政管理部门或者其他有关部门违反本条例规定，擅自批准不符合法定条件的申请人取得许可证、批准文件，或者不履行监督职责，或者发现违法行为不予查处，造成严重后果的，对负责的主管人员和其他直接责任人员给予降级或者撤职的处分：构成犯罪的，依法追究刑事责任。"

原为：出版行政部门、公安部门、工商行政管理部门或者其他有关部门违反本条例规定，擅自批准不符合设立条件的印刷企业，或者不履行监督职责，或者发现违法行为不予查处，造成严重后果的，对负责的主管人员和其他直接责任人员给予降级或者撤职的行政处分；构成犯罪的，依法追究刑事责任。

国家发改委发通知整治11省市33个开发区造纸等行业

2016年6月2日，国家发改委正式对外发布《关于建设长江经济带国家级转型升级示范开发区的通知》（简称《通知》），《通知》称同意将苏州工业园区等33个开发区确定为建设长江经济带国家级转型升级示范开发区，坚持生态优先，推动开发区发展由要素驱动、投资驱动向创新驱动转变。

《通知》指出，将限制在长江沿线开发区新建石油化工、煤化工等化工项目，强化环评管理，新建、改建、扩建项目实行主要水污染物排放减量置换，严控新增污染物排放。坚决取缔"十小"企业，整治造纸、制革、电镀、印染、有色金属等行业。严格排放标准，对不能达标排放的企业一律停产整顿。

根据《通知》要求，这33个示范开发区不久将成为"严控区"。一旦排污不达标，区内企业将面临停产。33个示范开发区主要覆盖上海、江苏、浙江、安徽等11个省市。面积约205万平方千米，人口和生产总值均超过全国40%的区域。

覆盖11省市包括：华东地区（上海市、江苏省、浙江省、安徽省、江西省）；华中地区（湖北省、湖南省）；西南地区（重庆市、四川省、云南省、贵州省）。

国家烟草专卖局通报2016年1—5月行业卷烟包装箱循环利用情况

日前，国家烟草专卖局通报了2016年1—5月行业卷烟包装箱循环利用情况。

根据通报，1—5月，行业商业企业累计向工业企业返还卷烟包装箱4870.47万只，总体返还比例为91.54%，同比增长5.42个百分点；工业企业累计使用循环利用包装箱包装生产卷烟641.5万箱，完成全年循环利用任务总量的47.52%，同比增长1.46个百分点。浙江、辽宁、重庆、云南、福建、北京等省市级商业企业总体返还比例较高，返还率均超过100%；陕西、贵州、广西、浙江、福建、山东、河南、湖北中烟工业有限责任公司及中国烟草实业发展中心所属的黑龙江烟草工业有限责任公司、海南红塔卷烟有限责任公司、内蒙古昆明卷烟有限责任公司、山西昆明烟草有限责任公司循环利用任务完成进度较快，已累计完成全年任务核定量的50%以上。

通报显示，1—5月，重点品牌非毗邻省份卷烟包装箱返还、塑料包装箱行业应用及片烟箱循环利用情况总体较好。行业重点品牌非毗邻省份卷烟包装箱累计返还126.99万只，累计使用塑料包装箱包装生产卷烟38.74万箱，累计返还片烟箱9.14万只，折合卷烟包装箱45.7万只。

通报指出，5月当月，行业商业企业共向工业企业返还卷烟包装箱897.67万只（不含重点品牌非毗邻省份返还量，下同），总体返还比例为94.37%；工业企业使用循环利用包装箱包装生产卷烟127.9万箱，完成全年循环利用任务总量的9.47%。大连、宁夏、陕西、江西、贵州、福建、四川、江苏、吉林、湖南、山东、安徽、云南、北京等省市级商业企业总体返还比例较高，返还率均超过100%：福建、湖南、安徽、浙江、重庆、广西中烟工业有限责任公司及中国烟草实业发展中心所属黑龙江烟草工业有限责任公司、海南红塔卷烟有限责任公司、内蒙古昆明卷烟有限责任公司、甘肃烟草工业有限责任公司、红塔辽宁烟草有限责任公司、山西昆明烟草有限责任公司循环利用任务完成进度较快，单月完成全年任务核定量的10%以上。

2017年7月起我国化妆品包装标识不再标注“QS”标志

据悉，2015年9月，国家食品药品监督管理总局发布了《食品生产许可管理办法》通知，通知中规定，2018年10月1日起，食品生产者生产的食品不得再使用原包装、标签和“QS”标志。2016年5月，食药监总局办公厅就中国香料香精化妆品工业协会（简称“香化协会”）《关于化妆品是否取消生产许可标志标注的请示》做了复函，复函中指出自2017年7月1日起生产的化妆品必须使用标注了《化妆品生产许可证》信息的新的包装标识，新的包装标识不再标注“QS”标志。化妆品生产企业原有包装标识可以使用到2017年6月30日，此前使用原包装标识生产的化妆品，在保质期内可以继续销售。

何为“QS”？

“QS”标志，即企业生产许可标志。起初，“QS”标志广泛用于食品行业，直到2005年，化妆品也被纳入了“QS”认证的队伍。自2006年5月1日以后生产的产品，必须加有QS标志，因此，化妆品标注“QS”标志实施至今已有10年之久。

何故取消“10年之规”？

增加“QS”标志是为了方便消费者区别，加强化妆品质量管理，但在执行期间并没有让消费者获得实质性的好处，却迫使所有化妆品生产企业必须在短时间内修改包装。显然，这中间所产生的费用是巨大的。除此之外，化妆品企业因前后包材报废的损失及个别产品增加蓝白的印刷费用，以100亿元以上的损失为计量。

据了解，不少化妆品企业及业内人士认为，此次香化协会《关于化妆品是否取消生产许可标志标注的请示》得到国家食药监总局的批复，是为生产企业做了一件值得称赞的好事。

国家邮政局：2020年建成社会化的快件包装物回收体系

日前，国家邮政局出台《推进快递业绿色包装工作实施方案》（简称《实施方案》），提出快递业包装要在绿色化、减量化、可循环等方面取得明显效果。

《实施方案》明确，要在绿色化、减量化、可循环方面取得明显效果，“十三五”期间，力争在重点企业、重点地区的快递业包装绿色发展上取得突破。

为此，《实施方案》提出了推进快递业包装法治化管理、加快快递业包装绿色化发展、鼓励快递业包装减量化处理、探索快递业包装可循环使用、实施快递业绿色包装试点示范工程五大重点任务，并将其细化为强化快递业包装日常监管、制修订快递业包装国家标准和行业标准等12项具体任务。

具体而言，“十三五”期间，快递业电子运单使用率年均提高5%，希望2016年主要快递企业品牌协议客户电子运单使用率达50%，2020年超过90%，大幅降低面单纸张耗材用量。《实施方案》还提出具有较强指导作用的部分绿色包装标准2017年制定完成，到2020年基本淘汰有毒有害物质超标的包装物料，基本建成社会化的快件包装物回收体系。

操作性方面，《实施方案》对电商企业、快递企业和包装企业，以及政府、高校、科研院所等快递绿色包装相关要素的各自定位和功能作了清晰界定。

在治理体系方面，《实施方案》提出在“十三五”期间基本建立快递业包装治理体系。健全快递业包装环保技术标准、统计监测、信用体系、用品用具管理制度和事中事后监管；完善绿色包装产学研体系；增强快递企业使用绿色包装、消费者参与包装分类回收再利用的环境保护意识。

针对反映较多的“过度包装”问题，《实施方案》提出通过增加培训力度、规范操作流程，避免不必要的过度包装。此外，充分发挥大数据作用，加强快递企业与电商、制造业和服务业的融合，在重点领域和关键环节大幅减少不必要的二次包装。

关于快递包装回收，《实施方案》从政策法规上将包装物回收和再利用等纳入《快递条例》和《循环经济促进法》中。实际操作上，将主要通过建立社会化的快递包装物回收体系，在源头上鼓励快递企业使用易于回收的包装物，推动包装物的生产方、使用方和终端消费者共同参与包装分类和回收。

值得一提的是，《实施方案》对快递业科技创新提出了较高要求，要求快递业联合高校、科研院所开展绿色包装材料方面的研究，要成立快递业产学研协同创新基地，推动一批包括绿色包装新设计、新材料和新功能在内的科技创新成果向行业转化。

快递包装2016年将全面实行实名收寄　试点环保包装分类回收

从1月4日召开的2016年全国邮政管理工作会议上获悉，2015年快递业务量完成206亿件，同比增长48%；快递业务收入完成2760亿元，同比增长35%。其中农村地区收投快件量超过50亿件，带动农副产品进城和工业品下乡超过3000亿元，国际小包和国际E邮包出口近7亿件，同比增长70%。全国农村地区直接通邮率达到94%，乡镇快递服务营业网点覆盖率提升至70%，主要城市安装智能快件箱逾6万组。

国家邮政局局长马军胜在会上介绍，“十二五”期间，邮政业业务总量和业务收入分别增长2.9倍和2.1倍，快递业务量和业务收入分别增长7.8倍和3.8倍，5年新增就业岗位超过100万个。如今已有6家快递企业年营业收入超过200亿元。预计2016年邮政业将完成业务总量6340亿元，同比增长25%；业务收入将完成4820亿元，同比增长20%。其中，快递业务量将完成275亿件，同比增长34%；快递业务收入将完成3530亿元，同比增长28%。争取到2016年年底全国乡镇快递服务网点覆盖率达到80%。

2016年将全面实施实名收寄和物品信息登记制度，出台《邮件、快件实名收寄实施办法》，严格执行用户身份核对和信息登记，企业要尽快建立用户信息数据库，确保寄递用户信息可录入、可查询、可核对、可追溯。同时将开展绿色包装试点工程，倡导适度包装，试点环保包装材料应用和分类回收处理。邮政管理部门鼓励各类资本依法进入快递领域，支持企业上市融资。

“今后5年邮政行业发展将高位运行，但结构性矛盾突出，快递企业基础仍比较薄弱，同质化竞争严重，跨境服务能力不强。我们要坚持创新引领，推进结构改革，推进合作开放，巩固安全基础，不断满足亿万商家和广大人民群众日益增长的用邮需求。”马军胜说。

国家邮政局:《中国快递领域绿色包装发展现状及趋势报告》正式发布

由国家邮政局新闻宣传中心与北京印刷学院青岛研究院、印刷与包装工程学院联合推出的《中国快递领域绿色包装发展现状及趋势报告》（简称《报告》）正式发布。

《报告》指出，鉴于当前的市场竞争环境与现状，快递包装无论是在可降解、循环等环保材料的使用上，还是在回收、处理与再利用上，均存在难以克服的困难。为此，《报告》给出了一套绿色可行的包装方案：

一是做好源头把控。做好减量化，从生产原料、包装设计和包装使用等方面进行减量化，同时还要严把采购关，充分考虑采购的物料环保性，选购环保的包装产品。对于消耗量较大的塑料袋和编织袋，不使用有毒有害材料的制成品。尤其是编织袋，可以部分采购能够循环使用的帆布袋或者塑料中转箱，逐渐替代和减少一次性编织袋的使用。根据测量，一条帆布袋的成本为15元左右，相较于1元左右/条的编织袋，两者的采购成本虽然差距很大，但一条帆布袋能够重复使用约20次，平均成本可以降到0.75元/条。

二是提升环保意识。规范快递员和快件包装员的操作习惯，指导操作人员科学地对产品进行适度包装。

三是建立回收体系。一方面，快递企业应鼓励企业内部循环使用，对于使用过的封套、包装箱等，都可以二次利用；另一方面，多方要共建回收体系，不仅采取措施鼓励快递员回收包装，与快递网点定点回收相结合，而且将回收的包装统一出售给相关生产企业，进行再利用。报告问卷调查显示，79.69%的快递员表示愿意配合快递包装回收工作。其中，69.07%的快递员更倾向于定点回收的回收模式，20.31%的快递员更倾向快递员上门回收。

四是推行新兴技术。包装生产环节应当加大产品技术研发力度，研发非环保材料的替代产品，优化现有技术及工艺，提高再生料在产品中的使用比例及产品性能。在包装使用环节，应借助信息化手段减少或避免过度包装。

五是加强监管力度。首先应对相关标准进行实施更新，与行业发展相匹配。其次可增设强制性条款，相关部门需要加强对快递包装所有参与者的监管，对不合格不安全的包装企业采取严厉监管措施，从而确保合格产品在市场流通。最后，还要消费者树立快递包装低碳化理念，增强全社会的绿色意识，将快递包装通过回收渠道进行回收。

国家邮政局发布《推进快递业绿色包装工作实施方案》(简称《实施方案》)

我国快递业发展迅猛，2015年超过206亿件，稳居世界第一，但总量庞大、种类繁多的快递业包装及其带来的环境问题也引起社会高度关注。《国务院关于促进快递业发展的若干意见》中将“绿色节能”作为快递业发展目标之一。在此基础上制定的《实施方案》，将对节约资源、保护环境和促进快递业可持续发展具有重大意义。

《实施方案》明确了快递业包装工作的总体目标，提出要稳步推进快递业包装的依法生产、节约使用、充分回收、有效再利用，实现“低污染、低消耗、低排放，高效能、高效率、高效益”的绿色发展。《实施方案》明确，要在绿色化、减量化、可循环方面取得明显效果，“十三五”期间，力争在重点企业、重点地区的快递业包装绿色发展上取得突破。到2020年，基本淘汰有毒有害物质超标的包装物料，基本建成社会化的快件包装物回收体系。

绿色包装的实现离不开科技的创新和应用。《实施方案》提出，“十三五”期间，快递业电子运单使用率年均提高5%。预计到2020年，主要快递企业品牌协议客户电子运单使用率达到90%以上，大幅降低面单纸张耗材用量。符合标准要求的环保箱、环保袋和环保胶带使用率大幅上升，并推广使用中转箱、笼车等设备，进一步减少编织袋和胶带的使用量。

《实施方案》还要求，在“十三五”期间基本建立快递业包装治理体系。快递业包装环保技术标准、统计监测、信用体系、用品用具管理制度和事中事后监管更加健全；绿色包装产学研体系更加完善，试点示范工程建设取得可复制、可推广经验；快递企业使用绿色包装、消费者参与包装分类回收再利用的环境保护意识明显增强。

为实现上述目标，《实施方案》部署了推进快递业包装法治化管理、加快快递业包装绿色化发展、鼓励快递业包装减量化处理、探索快递业包装可循环使用、实施快递业绿色包装试点示范工程五大重点任务，并将其细化为强化快递业包装日常监管、制修订快递业包装国家标准和行业标准等 12 项具体任务。

针对快递用户反映较多的“过度包装”问题，该方案提出，鼓励企业探索简约包装，减少二次包装。在邮政企业和若干家快递企业开展简约包装试点，鼓励试点企业在条件成熟时制订简约包装的企业标准并在业内推广。充分发挥大数据作用，推动企业发展包装定制化、仓配一体化、运输标准化服务，在重点领域和关键环节，大幅度减少不必要的二次包装。

对于快递包装回收，《实施方案》强调，推动将快件包装物纳入资源回收政策支持范畴，积极配合有关部门和地方开展快件包装分类回收利用试点，鼓励企业重复利用塑料箱、纸箱和编织袋等封装容器，提升包装物品再利用率。

进口食品须贴中文标签

新《食品安全法》对进口食品作了严格的要求。新法规定进口的预包装食品、食品添加剂应当有中文标签；依法应当有说明书的，还应当有中文说明书。针对目前跨境电商，跨境的食品必须有详细的企业信息和联系方式，否则消费者可要求赔偿，同时提醒消费者注意不要从境外购买或委托购买禁止携带、邮寄的物品，以免被退回或销毁。

湖南省食药监局一名负责人介绍，新法着重强调了进口食品合格证明材料的检测、食品召回力度的规定以及中文标签的规范，在监管方面明文强调了有关政府的责任。

新《食品安全法》对进口食品违法行为的处罚金额大大增加，同时增加了对拒不召回进口食品的处罚。此外，对进口不符合食品安全国家标准的食品和进口尚无食品安全国家标准的食品，两类行为的处罚设置了条件，前者为提供虚假材料，后者为未提交所执行的标准并经国务院卫生行政部门审查。此举不仅完善了法条，也便于认定。

需要指出的是，今后在国内市场发现进口食品中文标签存在问题时的法律责任，应由县级以上人民政府食品药品监督管理部门予以追究。拒不改正的，处2000元以下罚款。

国家新闻出版社总局颁布七项印刷领域行业标准

国家新闻出版广电总局陆续颁布了七项印刷领域的新闻出版行业标准，这些标准均由全国印刷标准化技术委员会归口管理并组织制定。

目前，这些标准已由全国印刷标准化技术委员会向国家标准化管理委员会提出备案申请。待备案完成后安排其出版发行。七项标准的名称是：

①CYT 129—2015《绿色印刷术语》；② CYT 130.1—2015《绿色印刷通用技术要求与评价方法第1部分：平版印刷》；③CYT 131—2015《绿色印刷产品抽样方法及测试部位确定原则》；④CYT 132.1—2015《绿色印刷第1部分：阅读类印刷品》；⑤CYT 109—2014《书刊装订用反应型聚氨酯热熔胶（PURHM）使用要求及检验方法》；⑥CYT 127—2015《用于纸质印刷品的印刷材料挥发性有机化合物检测试样的制备方法》；⑦CYT 128—2015《印刷技术匹配颜色特征化数据集的印刷系统调整方法》。

网版印刷标准化分技术委员会首个行业标准正式颁布实施

日前，国家新闻出版广电总局发布“关于批准发布《书店读者管理规范》等16项行业标准的通知”（新广出函〔2015〕486号），其中由全国印刷标准化技术委员会网版印刷分技术委员会组织制定并申报的《网版印刷感光胶使用性能要求及检验方法》CY/T144—2015行业标准正式批准颁布实施。

此项行业标准是网版印刷标准化分技术委员会自2012年成立以来，自行征集项目、组织制定、申请上报、获批的首个标准化项目，标志着我国网版印刷标准化工作取得了实质性的进展。

《网版印刷感光胶使用性能要求及检验方法》行业标准规定了网版印刷感光胶通用的术语和定义、分类、使用性能要求及检验方法。适用于感光胶的使用和检验。该标准的制定，不仅为感光胶使用企业对其性能管控和评价提供了依据，对促进我国印刷工业的发展，引领行业的科技进步，倡导环境保护，减少企业风险等方面均将产生良好的效果，并为整个网版印刷行业提供了感光胶使用的相关依据。

目前，网印分会通过全国印刷标准化技术委员会正在申报的项目还有3个。2016年网印分技术委员会开展了5个项目的制订工作。

药包材药用辅料关联审评审批新政落地

2016年8月10日，国家总局发布了《关于药包材药用辅料与药品关联审评审批有关事项的公告》（简称《公告》）以及两个配套的附件，“关联审评审批”政策终于落地，药包材和药用辅料已正式步入和药品关联审评审批的时代。

根据公告，简化了药品审批程序，对在中华人民共和国境内研制、生产、进口和使用的药包材、药用辅料，不再单独注册申请，不再单独核发相关注册批准证明文件。而是药品注册时，国家食品药品监督管理总局按照风险管理的原则在审批药品注册申请时对药包材、药用辅料实行关联审评审批。

同时附件《实行关联审评审批的药包材和药用辅料范围》也列明了实行关联审评审批的药包材剂型类别：经口鼻吸入制剂、注射制剂、眼用制剂、透皮制剂、口服制剂、外用制剂、药用干燥剂7类；药用辅料包括境内外上市制剂中未使用过的药用辅料等5类。

在《公告》中，对于仿制药质量一致性评价也有涉及：仿制药质量一致性评价中涉及需要变更药用辅料种类或供应商的，变更后参照本《公告》要求，与仿制药质量和疗效一致性评价相关申请关联申报。

总之，药包材、药用辅料关联审评审批制度试行不仅仅影响整个药品研发、审评、注册与申报全过程，更是对药品注册申请人、药包材和药用辅料生产企业提出了双方的责任要求，改变了过去药品注册申请人对药包材和药用辅料生产企业过于放任自流，强化了药品注册申请人的主体责任。

国家环保部编制塑料包装制品环保新标准

近日，国家环保部开展了《环境标志产品技术要求塑料包装制品》（征求意见稿）的国家环境保护标准的编制工作。该编制主要针对《环境标志产品技术要求包装制品》（HJ/T 209—2005）进行修订。

调整标准名称和适用范围。原标准的名称定义为“包装制品”，而随着塑料包装在包装业的四大材料中占据了1/4的比例，并有逐年递增的趋势，且塑料的重点环境影响因素在使用和废弃阶段，新标准拟将名称定为“塑料包装制品”，将范围锁定在塑料包装类别。

增加了原材料和生产过程的要求。不使用热固型塑料和发泡塑料作为原材料；产品生产过程不适用偶氮染料；产品生产过程不添加 GB/T 21928-2008 中规定的邻苯二甲酸酯类增塑剂。

调整了产品要求。可降解类塑料应符合 GB/T 20197—2006 中降解性能的要求；不可降解类塑料中生物碳含量应大于20%，且焚烧时废气中有害物质排放量应符合 QB/T4012—2010 中 5.2.8 的要求；产品中重金属铅、镉、汞、六价铬及其化合物、多溴联苯、多溴二苯醚、溶剂残留等应符合 GB/T 10004—2008 的要求；聚氯乙烯（PVC）产品中氯乙烯单体含量应符合 GB 9681 的要求，聚苯乙烯产品中苯乙烯单体含量应符合 GB 9692 的要求；产品凹版印刷过程应符合 HJ 2539—2014 的要求。

虽然目前尚未正式发布《环境标志产品技术要求塑料包装制品》最终版本，但是从征求意见稿中已可见新标准将对塑料包装制品的原材料、生产过程、降解性能、生物碳含量、印刷、标签和贮存等方面做出重要调整。

我国关税税则委员会发通知调整进口印刷设备关税

国务院关税税则委员会印发通知，自2016年9月15日起，对《中华人民共和国加入世界贸易组织关税减让表修正案》附表信息技术产品最惠国税率表所列201项信息技术产品的最惠国税率实施首次降税。

其中，与印刷行业有关的关税调整：

1.印刷版材类产品关税普遍下降2.5个百分点

2016年9月15日前，“激光照排片（任何一边超过255mm），用纸、纸板及纺织物以外任何材料制成”“PS版（预涂感光版，任何一边超过255mm），用纸、纸板及纺织物以外任何材料制成”“CTP版”“柔性印刷版”等印刷版材类产品实施的最惠国税率均为10%，9月15日后，这些产品的关税均降至7.5%，下降了2.5个百分点。

2.印前设备类产品关税普遍下降1.7或2.2个百分点

2016年9月15日前，“铸字机”“计算机直接制版设备”“去制版机器、器具及设备”“其他铸字、制版用机器、器具及设备”等印前设备类产品实施的最惠国税率均为9%，9月15日后，这些产品的关税均降至6.8%，下降了2.2个百分点。

“活字、印刷用版、片及其他部件”“铸字、排字、制版机器的零件”等印前设备类产品实施的最惠国税率均为7%，但在9月15日以后，这些产品的关税均降至5.3%，下降了1.7个百分点。

3.数字印刷设备类产品关税普遍下降超过1个百分点

2016年9月15日前，“可以网络连接的喷墨印刷机”“可以网络连接的静电照相印刷机（激光印刷机）”“可以网络连接的其他数字印刷设备”等数字印刷设备类产品实施的最惠国税率均为8%，9月15日后，这些产品的关税均降至6.7%，下降了1.3

个百分点。

2016年9月15日前,“其他独立的喷墨印刷机”“其他独立的静电照相印刷机（激光印刷机）”“其他独立的数字印刷设备”等数字印刷设备类产品实施的最惠国税率均为8%，9月15日后，这些产品的关税均降至7%，下降了1个百分点。

4.印刷设备零配件及辅助设备的关税普遍下调1~2个百分点

除了印刷板材类产品、印前设备类产品、数字印刷类产品的进口税率下降以外，一些传统和数字印刷设备的零配件、辅助设备等也进行了调整。

其中，“卷筒料给料机”“其他传统印刷机用辅助机器”“数字印刷设备用辅助机器”等产品在9月15日前实施的最惠国税率均为12%，9月15日后，这些产品的关税均降至10%；“传统印刷机用零件及附件”“热敏打印头”“数字印刷设备的其他零件”等产品9月15日前实施的最惠国税率均为6%，9月15日后，这些产品的关税均降至5%。

我国主导制定的首个印刷领域国际标准正式发布

近日，由我国主导制定的首个印刷领域国际标准ISO 16763《印刷技术—印后加工—装订产品要求》由国际标准化组织（ISO）正式发布。这是我国于2010年成为国际标准化组织/印刷技术委员会（ISO/TC130）印后工作组（ISO/TC130/WG12）召集人和秘书处承担国后完成的首个国际标准。该标准的发布标志着我国印刷业主导制定国际标准实现了零的突破，是我国印刷业实质性参与国际标准化工作的直接表现。

本次发布的ISO 16763规定了装订产品印后生产过程中的质量要求和允差值，适用于需进行工业装订的产品。我国专家何晓辉和刘霞担任项目负责人，来自中国、美国、德国、英国、瑞士、巴西、日本、瑞典、意大利等国家的多位专家参与制定工作。该工作组以我国印后的实际情况为基础，在归纳总结我国印后领域成熟经验与国家标准的基础上，提出立项国际标准项目，执笔起草各阶段标准草案并组织多个国家专家参与讨论，以此引导和推进国际标准的制定工作，最终成功完成此国际标准的制定。

河南银金达集团

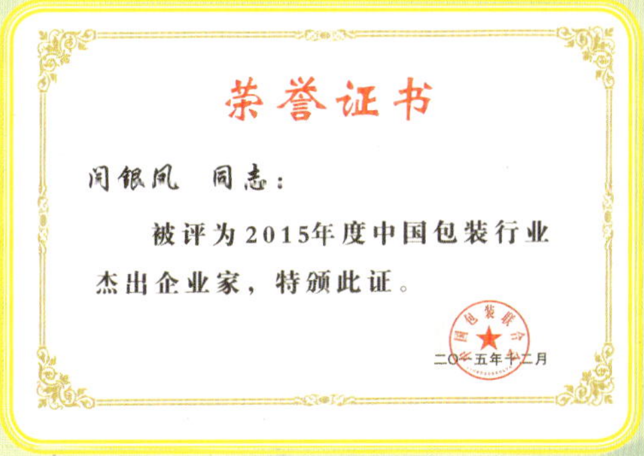

荣誉证书

闫银凤　同志：

被评为2015年度中国包装行业杰出企业家，特颁此证。

二〇一五年十二月

荣誉证书

闫银凤董事长：

荣获第四届河南工业行业突出贡献奖

河南工业突出贡献奖组委会
河南省工业经济联合会
二〇一五年十一月十六日

闫银凤同志　女，河南省卫辉市人，出生于1962年10月，中共党员，研究生学历，2002年创建河南银金达彩印股份有限公司，现任河南银金达集团（以下简称“银金达”）董事长、党委书记。经过15年创业、创新、奋斗、发展，银金达已经成为在全国拥有7家分公司、资产达15亿元的大型高新技术企业，建有彩印、复膜、分切、拉膜等20余条现代化生产线，在全国软包装领域名列前茅，拥有国内外食品、饮品、电子产品、洗化产品等大量高端客户，并具有良好信誉。2015年全国包装行业评比排名，河南银金达彩印股份有限公司位列100强包装企业第43名，在彩印软包装企业中更是名列北方地区第一名，PETG包装新材料产品占国内企业市场份额20%以上。闫银凤同志是中国包装联合会副会长、河南省十二届人大代表、河南省包装技术协会副会长、河南省工商联常务委员、中共卫辉市委委员、卫辉市人大常委。她先后荣获中国杰出包装企业家、中国包装优秀科技工作者、河南省包装行业先进工作者、河南省优秀中国特色社会主义建设者、第四届河南省工业行业突出贡献奖、新乡市劳动模范、新乡市优秀中国特色社会主义事业建设者、新乡市首届十大青年民营企业家、新乡市优秀政协委员、新乡市三八红旗手、卫辉市科技拔尖人才等50多项荣誉称号。

银金达集团
YINJINDA GROUP

诚实守信 科技创新 服务客户 合作共赢
Honesty Innovation Service Cooperation
科学发展银金达 壮大产业报国家
To develop better, to contribute more

银金达集团·全国软包装行业龙头企业

银金达集团简介

Y · J · D GROUP PROFILE

河南银金达集团是中国包装联合会副会长级单位，是全国软包装行业龙头企业，所属7家公司主要从事彩印软包装、包装新材料研发和生产，在助力全国食品、医药、日化、电子等工业发展方面具有重要地位。企业以“精包细装，产业报国”为宗旨，以“成为全球包装行业的赢领者之一，为守护地球健康质量尽最大贡献”为使命，以“成为中国最大的包装新材料生产基地”为目标，以“成为国家实现聚氯乙烯（PVC）完全可替代提供产业支持”为己任。2012年，银金达在保持彩印行业优势的同时，经过组织攻关，独创PETG原料专利配方和PETG融溶直拉工艺，双双填补国内空白，并采用自主研发双向拉伸技术，引进德国布鲁克纳公司目前世界最先进的拉膜生产线，建成年产1.2万吨功能性新材料公司并投产。目前，投资13.5亿元年产3.6万吨功能性新材料二期工程正在加紧施工。银金达建有国家级的功能性聚酯热收缩膜研发中心和省级功能性聚酯材料工程实验室等，拥有50余项国家专利技术，其中单收缩、双收缩、可降解等专利技术处于国际领先水平。企业均为河南省高新技术企业，是可口可乐、苹果、达能、农夫山泉、恒大冰泉、联合利华、康师傅、统一、今麦郎、白象、立白等国际国内高端一线品牌主要供应商，产品覆盖全国34个省、自治区、直辖市和特别行政区，银金达新材料公司生产的PETG功能性聚酯热收缩膜远销亚洲、欧洲、非洲、北美、南美20多个国家和地区，银金达环保产品广受客户欢迎和好评。银金达先后获得中国包装联合会优秀包装品牌、河南省工业行业突出贡献奖、河南省节能减排科技创新示范企业、河南省方便面制品著名品牌等各级各类荣誉称号100余项。

河南银金达集团以“党的建设、文化建设、队伍建设”为三大战略保障，集团党委的“党建服务创新，创新驱动发展”经验引起中组部和河南省委组织部重视；集团工会2016年获评河南省工会工作规范化建设示范点、河南省职工代表大会建设示范单位；集团团委先后获得河南省和新乡市五四红旗团组织；银金达加强企业文化建设，成为河南省、新乡市民营企业文化建设示范点；银金达加强学习型组织建设，获得新乡市学习型组织建设标兵单位第一名；银金达加强职工队伍建设，注重职工队伍整体素质提高，目前大专以上学历职工在新材料公司占比高达85%，2016年企业创新团队共获国家专利16项，创历史新高。

行业领军企业

·厂区风貌· 品质就是硬道理

彩印公司大门外景

新材料公司大门外景

广场喷泉

达新源包装厂区

源宏新材厂区

·公司活动· 品质就是硬道理

党支部换届选举会议

工商局领导调研

政金企对接会签约仪式

拓展活动

运动会

银金达集团
YINJINDA GROUP

·集团荣誉·

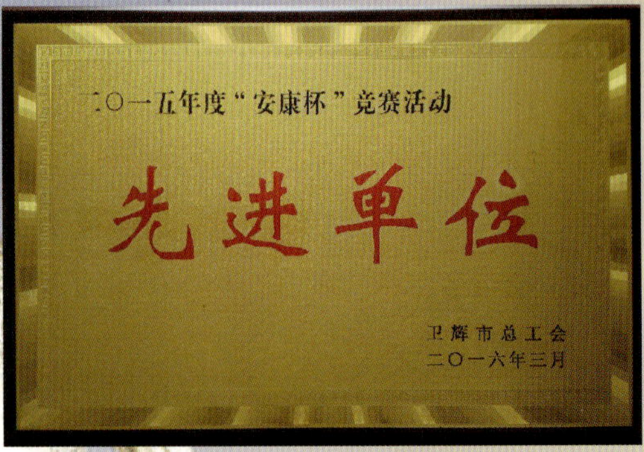

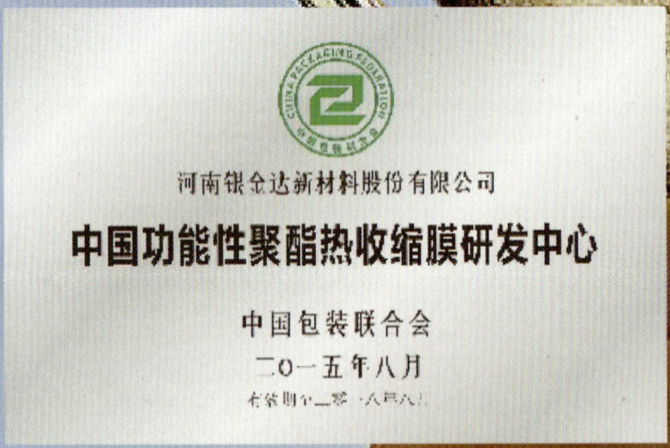

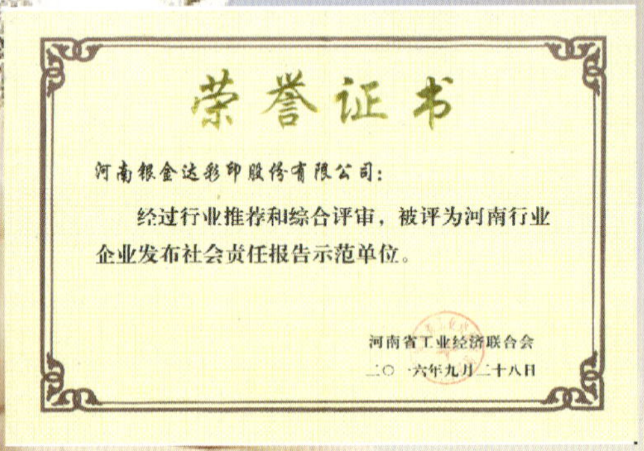

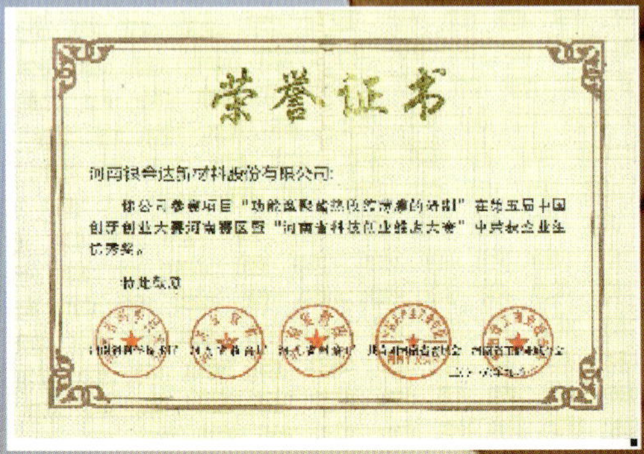

·集团实力·公司设备

Your Vision, My Mission.
您的梦想　我的使命

以建成中国最大的包装新材料生产基地为目标
为国家实现聚氯乙烯（PVC）完全可替代提供产业支持
全球包装行业的赢领者之一，为守护地球健康质量尽最大贡献

聚酯生产线

聚酯薄膜生产线

十三色彩印机

意大利进口镀铝机

干式复合机

聚酯中试设备

品检生产线

高速分切机

·集团实力·公司产品

Your Vision, My Mission.
您的梦想　我的使命

国际国内高端一线客户主要供应商；
河南省工会工作规范化建设示范点、河南省职工代表大会建设示范单位；
河南省新乡市民营企业文化建设示范点。

聚酯原料

产品展示
洗化类
产品展示
卫材类

产品展示
瓶标类

聚酯薄膜

产品展示
食品类

COOKED
SHRIMP
PEELED & CLEANED WITH TAIL ON
CHIPS
Barbecue
ECONOMIC REFILL
Just pour the content into the bottle
SAMBAL
Asli
Biscuit
竹盐
FRESH CHICKEN
Without Head and Feet
Tender & Juicy
GOLD
Mi Segera
Mi goreng
TOOTHPASTE
Herbal
Sambal Terasi
Shampoo
Sun lite
Refined Sunflower Oil
GUM
LYCHEE FLAVOUR
まるで生めん
Learn more. The Human Element at Work.
Performance Packaging / www.dow.com/packaging
DOW

BNM博升
Bosun New Material Co. LTD.

Product introduction
产品介绍 »

铝箔易撕盖 Peel-off End

铝箔易撕盖是指由金属盖圈与铝箔或铝箔复合封口膜封合而成，具备易开启功能的盖。它是一种成熟的包装形式，具有便捷、安全、省材等多种特点，应用范围非常广泛，受到国内外市场普遍欢迎。

现在，博升公司创始人带领的研发团队依托强大的封口材料研发实力，在国内率先开发出成套易撕盖系列产品，可应用于奶粉、咖啡粉、婴幼儿食品、保健食品、干果等产品的包装，也可应用于肉类、蔬菜和水果等需高温蒸煮类杀菌食品的包装。

Peel-Off End, the new Can End form, is made of a piece of Aluminum foil sealing together with a tin plate circle. This item has the feature of Easy to Open, Safe, Environmental, etc, and now is widely used in the market all over the world.

Zhejiang Bosun New Material Co., Ltd Is professional in the sealing material for more than 20 years. Under the lead of the R&D team, we have developed serials of POE products, which could be applied to the powder or nuts packing. Meanwhile we also developed the POEs which could be retorted as the packaging of meet, seafood, vegetable and other fruits.

易撕铝箔 The Easy Teared Off Aluminum Foil

博升铝箔易撕盖所采用的易撕铝箔，是国内首家自主研发生产的，质量可控，生产周期短，且可满足客户各种印刷需求。

产品通过TUV、SGS等检测机构检测认证，卫生性能符合国家相关卫生标准规定。三聚氰胺、BPA、16项领苯二甲酸等无检出。

The Aluminum foil we BOSUN use for the POE is developed by our own R&D team, and also produced by our own manufacture. So we have the advantages of: Quality Controllable, Production Lead Time Controllable, Printable and so on.

TUV and SGS certificated. Hygienic property meets the State Standard.

产品特点 Product Feature

- 具有低撕拉力，易开启
  Easy to open
- 具有优良的阻隔性
  Good barrier properties
- 具有优良的密封性
  Excellent sealing feature
- 无启封后的棱角，无金属碎屑，安全卫生
  Clean & Safe, with no edge or corner, no scrap
- 节省包装材料，降低能耗
  Economic
- 可印刷、压印文字和图案，丰富包装色彩和产品信息
  Printable, could show the logo, words, barcode or other informations

Chumboon
赛邦股份

赛邦金属包装股份有限公

赛邦金属包装股份有限公司（以下简称赛邦股份）是一家专注于金属压力容器包装品的研发、销售及贸易的高端制造型企业。成立于1997年，现有员工700余人，总部位于千年商都广州市。布局广东省广州市、佛山市、浙江省、天津市四个高端制造基地，业务辐射珠三角、长三角、环重要经济区和对外贸易区。公司主营业务为：金属印刷、气雾罐、工艺罐、饮料罐等金属包装产制加工服务。

赛邦股份拥有国内先进的六色金属印刷机、360只/分钟气雾罐生产线和RTO环保处理设施，队占总人数的12%，与著名高校华南农业大学合作成立“金属包装联合研发中心”，形成与高校商、客户上下游产业链协同研发机制，攻克材料轻型化、产品环境友好型、防伪技术、高效生产技术难点，具备生产模具自主开发能力，获得授权专利50多项，并通过知识产权“贯标”认证，定自主知识产权的竞争优势，被认定为高新技术企业、省级企业技术中心（佛山南海赛邦）、广业领先企业、制造业转型升级示范企业、市级企业技术中心。

赛邦股份成立20年来，一直以“赛一流品质，以产业兴邦”为责任和使命，利用品牌的价值力，在金属包装领域深耕，耐高压、防爆型气雾罐细分市场占有率位居国内前列，2015年市场占有售额跻身全国首位，2016年位列广东省制造业企业500强（第359位），客户遍布北美、欧洲、80多个国家和地区，铸就了中国制造包装精品。

2011年，广州赛邦股份进出口贸易有限公司成立，为赛邦股份海外市场开拓注入新的力量，年20%的增长率增长，获得了广大客户的信赖与支持。同年，赛邦股份股改完成，今后，会凭借力量，持续扩大产能，调整和优化产品结构，不断开拓国际市场，成为行业领先的金属包装一体化

赛邦股份以“科技创新提高人类生活品质”为企业愿景。我们的产品属性是为终端消费品提供质的包装，不断为客户提供高品质的产品，做主动的、引领性的高端服务制造商，铸造赛邦股份竞争力！

广州市增城朱村街朱村大道中7号 020-

特邀协办理事单位
赛一流品质，以产业兴邦
科技创新提高人类生活品质
行业领先的金属包装一体化解决方案提供商
广东省高新技术产品
证书
知识产权管理体系认证证书
赛邦金属包装股份有限公司
认定：赛邦金属包装股份有限公司
广州市行业领先企业
高新技术企业
证书
授予：佛山市南海赛邦印铁制罐有限公司
省级企业技术中心
荣誉证书
55 / 020-61737222
www.chumboon.com

特邀协办理事单位
包装+互联网
降本提效
价值倍增
www.djcps.com
纸板团购
一路好运
包装铺子
包装自动化
热线 / 0577-8539 9999
地址 / 温州市瓯海经济开发区东经一路1号

健康
安全
健康
安全
健康
无菌
新巨丰包装
XINJUFENG Pack
品质 · 信任 · 未来

中国环保包装名镇(桥头)

东莞·桥头

桥头镇概况

桥头镇位于东莞市东部，总面积56平方千米，下辖17个村（社区），常住人口20万人，其中本地户籍人口3.4万人，先后获得了“全国综合实力千强镇”“中国环保包装名镇”“中国荷花名镇”“国家卫生镇”“中国包装优秀产业基地”“广东省技术创新专业镇”“广东省中心镇”“广东省教育强镇”“广东省摄影之乡”等荣誉称号，是珠江三角洲腹地一个非常适宜创业发展和生活居住的城镇。2015年，全镇实现国内生产总值110.2亿元，同比增长7.3%；规模以上工业增加值48.5亿元，增长5.2%；出口总值35.1亿美元，增长15.6%；固定资产投资总额23.3亿元，增长4.8%；社会消费品零售总额27.1亿元，增长6%；各项税收收入15.8亿元，增长9.4%，桥头镇综合实力不断增强。

桥头镇区位条件优越，配套设施完善。镇区东部有博深高速公路，北部有广惠高速公路、东部有快速干线与广州、东莞市区相连，西南部有潮莞高速公路与莞深高速公路、广深高速公路和京珠高速公路互交，距离大京九、广梅汕、广深三线交会的铁路运输站有约10分钟车程，距离中国香港、广州、深圳等机场和葵涌、盐田、黄埔等港口有约1小时车程。桥头镇资讯发达，水、电供应充裕，是东江流经东莞境内的第一镇，同时也是供水中国香港的东深供水工程源头所在地。同时，桥头邻近谢岗粤海产业园，将受到交通、产业配套等方面的辐射带动作用。

桥头镇经济蓬勃发展，实力稳步增强。大力发展高质量经济，深入推进招商引资，加强创新驱动发展，经济发展水平不断提高。目前，全镇规划建设了东部工业园桥头园区、桥东工业园等园区，吸引了中国台湾、中国香港、日本、韩国、欧洲和美国等地的客商前来投资置业，初步形成以环保包装为特色产业，以电子信息、五金机械、模具纺织等产业协调发展的现代工业体系。

桥头镇以招商引资为突破口，推动外源型经济持续快速发展；以扶持引导、加强创新驱动发展为着力点，促进民营经济不断做强做大；以统筹协调为抓手，推动镇村集体经济稳步发展，逐步形成了

中国荷花名镇　中国包装优秀产业基地

特邀协办理事单位

外源型经济、民营经济、集体经济三大经济同步协调发展的良好局面，经济发展方式不断转变。目前，全镇规划建设了东部工业园桥头园区、桥东工业园、牛埔现代农业示范园、荷花种植产业园区4个园区，吸引了中国台湾、中国香港、日本、韩国、欧洲和美国等地的客商前来投资置业，拥有企业1000多家，初步形成以环保包装为特色产业，以电子信息、五金机械、模具纺织等产业协调发展的现代工业体系。2015年全镇共有环保包装及其上下游企业369家，环保包装产业年产值97亿元以上，占全镇工业总产值的34.3%，主导地位更加突出，集群效应日益显现。

桥头镇环保包装产业发展态势良好，已经形成了以美盈森、力嘉(嘉颐)、汇林、凯成、汉维新材料、骏兴机械、睿泰、新望为代表的环保包装产业集群效应，产业经济规模较大，经济效益明显。这些龙头企业已经由传统的包装企业发展成为了能提供综合一体化包装解决方案服务的供应商。

桥头镇着力深化“广东省环保包装专业镇”“中国环保包装名镇”和“中国包装优秀产业基地”建设，有效引导环保包装产业集聚快速发展。镇政府积极采取“政府引导、企业为主体、市场化运作”的模式，依托高校的技术、人才与信息优势，联合组建“环保包装产业协同创新中心”（包含以下10个子中心：①环保包装材料应用研发中心；②环保包装装备制造创新中心；③环保包装创意文化设计中心；④环保包装印刷技术研发中心；⑤环保包装产品检测中心；⑥环保包装技术成果转化与孵化中心；⑦环保包装应用人才培训中心；⑧环保包装产业电子商务服务中心；⑨环保包装产品品牌创新与推广中心；⑩环保包装产品展示与交易中心），为企业创新提供多方面的服务和技术支持，不断提高桥头镇环保包装行业技术创新水平和技术创新能力。

招商单位：东莞市桥头镇人民政府经济科技信息局

电话：0769-82363938　82823288

0769-83348307　81023278

地址：东莞市桥头镇桥光大道1号政府大院主楼5楼

邮箱：qtjkxj@126.com

网址：http://www.qiaotou.gov.cn

SUZHOUHONGQUAN

公司简介

COMPANY INTRODUCES

宏全企业（苏州）有限公司成立于1993年9月，生产瓶盖、标签、抗静电薄膜等各式包装材料，且质量皆达国际水平。公司先后经国际可口可乐及百事可乐公司认证合格，为中国地区指定供应商。随着饮料市场的迅猛发展，2003年2月起宏全集团陆续在各地设立饮料加工厂，以扩大对客户的服务范围。目前在我国的江苏省、湖南省、山东省、山西省、广东省、湖北省、吉林省、河南省、云南省、陕西省、福建省、安徽省、天津市等地区设立了18个生产基地，可实现产制瓶盖、标签、瓶坯及PET耐热结晶瓶的生产以及连同对客户的饮料灌装代工等，可提供一条龙全方位的整体配套服务。宏全国际集团已通过ISO 9001、HACCP及相应产品的QS认证，以及百事可乐和可口可乐的认证。客户有可口可乐、百事可乐、达能、怡宝、康师傅、统一、中粮、东鹏、恒大、加多宝、王老吉、今麦郎等著名企业。对于现今末端品牌产品竞争激烈的市场而言，客户可专心在品牌、广告和行销通路上进行拓展，而产品的生产可无后顾之忧地交由宏全专业代工厂生产，这样无形中提高了客户的竞争优势。

宏全集团以用心、细心、责任心、品质意识、成本意识的服务理念，满足客户的最大需求。

特邀协办理事单位

宏全企业（苏州）有限公司

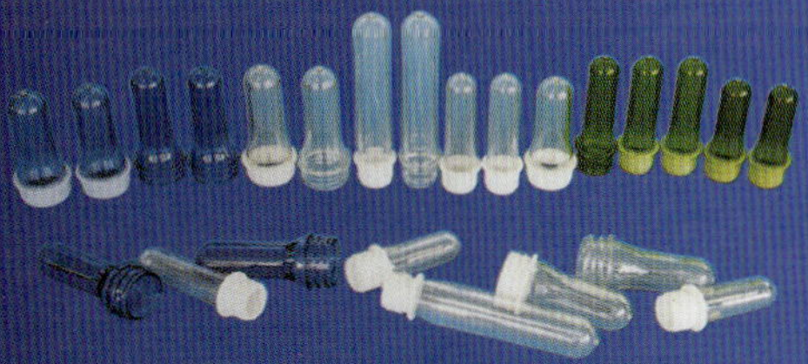

Corporate responsibility

Build Brand

Based on the market

打造品牌

立足于日益竞争的市场

地址：中国苏州市吴中区甪直经济开发区迎宾路58号

Add: No.58 Yingbin Road,Luzhi Economic Development Zone Wuzhong Area,Suzhou City,China

邮编/Postcode：215127　　电话/TEL：86-512-65010680（代表号）

传真/FAX：86-512-65010683　　网址/http：//www.sz-honchuan.com

公司简介

南通御丰塑钢包装有限公司位于江苏省南通市，东临黄海，南依长江，紧挨沿海高速和南通机场，与国际大都市——上海一桥相通。公司占地面积35000平方米，注册资本2800万元人民币。

御丰公司作为中国首家研发生产棉花新型包装材料的企业，自2004年以来，不断在磨炼中成长，在创新中发展，公司是国家级高新技术企业，公司是中国棉花协会理事单位，全国棉花加工标准化技术委员会副主任委员单位，全国棉花加工标准化技术委员会棉花包装工作组秘书单位，中国棉花协会棉花加工分会副会长、特聘专家单位，南通市资源综合利用协会理事长单位，常州大学研究生工作站。企业通过ISO 9001：2008质量管理体系和ISO 14001:2004环境管理体系认证。公司主导并参与起草了《棉花包装》(GB 6975-2013)、《棉花包装聚酯捆扎带》(GB/T 32340-2015)等8项国家标准和行业标准。

填补国内空白的新型棉花包装材料通过全国供销合作总社科技成果鉴定，先后获得国家专利36项。非棉布棉包包装新型材料研究开发、棉花再包装技术和设备的研究开发列入“十一五”国家科技支撑计划棉花物流搬运技术研究及技术集成与示范项目。

御丰公司主要生产各种规格薄膜、套袋、聚酯捆扎带、电动气动焊接设备等。“御丰”注册商标被评为中国驰名商标、江苏省著名商标，公司被认定为国家级高新技术企业，系列产品被认定为江苏省高新技术产品、江苏省名牌产品、江苏省自主创新产品、南通名牌产品。

御丰公司集棉花、包装及附属配套设备产销于一体，技术力量雄厚，先后获批了江苏省企业技术中心、江苏省企业工程技术研究中心，与常州大学、南通大学等科研院所建立了长期合作关系。

“选择‘御丰’，选择放心”是御丰人永远的承诺。公司总经理蔡光泉携全体员工热忱欢迎海内外朋友携手合作、共创未来！

御丰 YUFENG

南通御丰塑钢包装有限公司

NANTONG YUFENG PLASTIC PACKING CO., LTD.

公司地址：江苏省南通市先锋工业园区

联系电话：0513-86678668

0513-86678258

传　　真：0513-80166998

0513-80166988

网　　址：www.yfsg.com

邮　　箱：nt@yfsg.com

特邀协办理事单位
御丰
YUFENG
选择御丰 选择放心

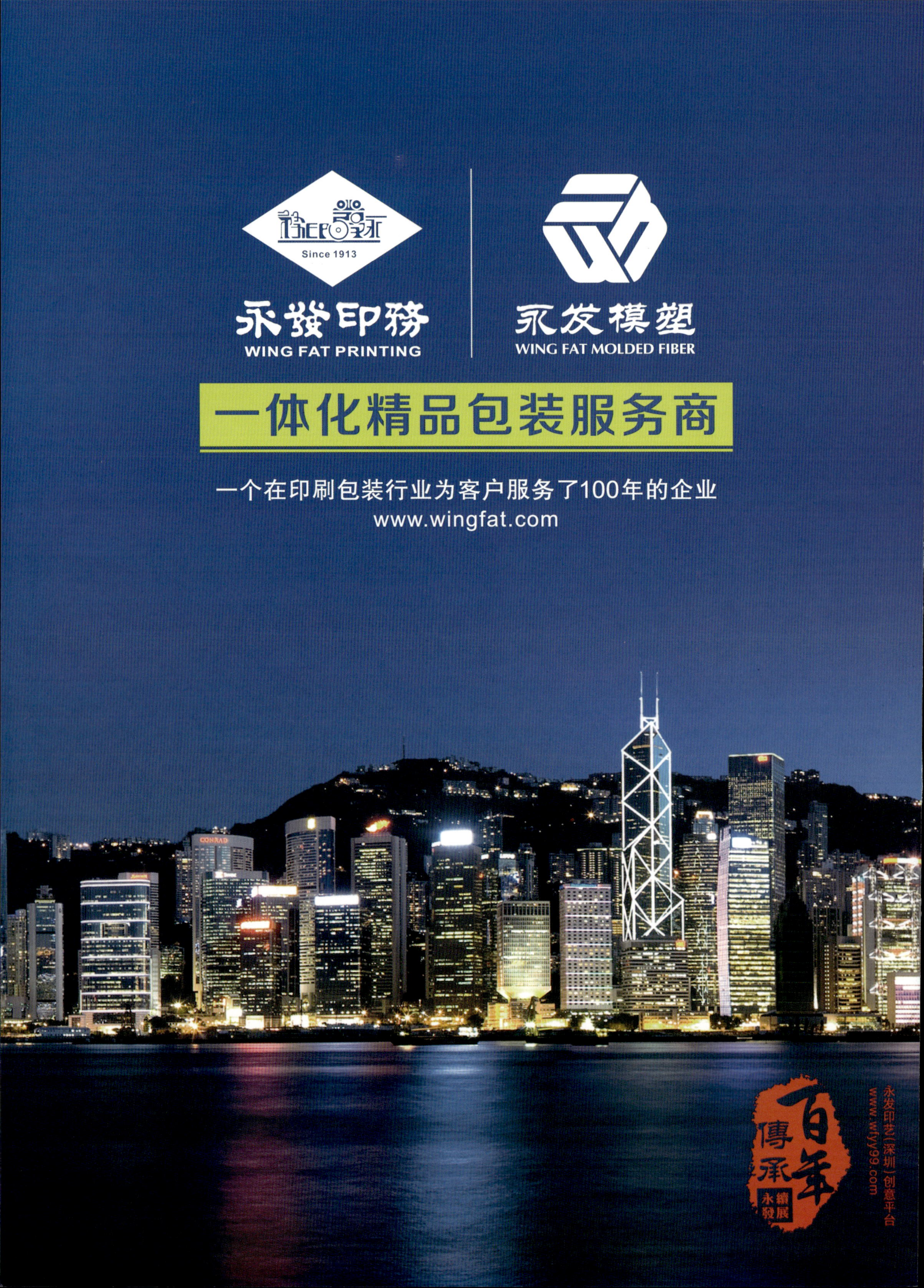
Since 1913
永發印務
WING FAT PRINTING
永发模塑
WING FAT MOLDED FIBER
一体化精品包装服务商
一个在印刷包装行业为客户服务了100年的企业
www.wingfat.com
百年傳承
永續發展
永发印艺（深圳）创意平台
www.wfyy99.com

永发产品 PACKGING

一体化包装（彩盒+模塑）

纸浆模塑产品

纸浆模塑产品

纸浆模塑产品

一体化包装（彩盒+模塑）

纸浆模塑产品

永发介绍 INTRODUCTION

永发印务于1913年在中国香港成立，现已成为产业广布全国、业务辐射全球的一体化精品包装服务商。公司是上海市人民政府在中国香港的窗口公司和海外企业集团——上海实业集团成员企业，为消费类电子产品、卷烟、酒类、食品、药品等领域的客户提供行业领先的包装产品及服务。

公司产品包括纸模内托、纸模外托、精品彩盒及各类精品印刷，公司以向客户提供从设计研发、生产制造到供应链管理的一站式服务、一体化精品包装为使命。

公司在中国香港、广东、上海、四川、江苏、浙江、河南、山东等多个省市全资或合资设立了多间技术先进的工厂，业务范围遍及全国大部，生产基地具有网络化优势。

公司是中国包装联合会副会长单位、中国包装优秀品牌，拥有国家高新技术企业、中国包装印刷防伪技术研发中心、中国酒包装材料研发中心、深圳永发印艺（创意研发平台）、中国CNAS检测实验室等专业资质。公司拥有近百项实用新型及发明专利，屡获国内外行业大奖，如中华印制大奖、世界之星（设计）等。下属各工厂均通过ISO 9001、ISO 14001等国际体系认证。

烟草产品包装

酒类产品包装

永松纸

金属产品包装

医药产品包装

永發印務有限公司
THE WING FAT PRINTING CO., LTD.

地址：中国香港湾仔告士打道39号夏悫大厦26楼
电话：852 25295652（总机） 传真：852 25200128
电邮：printing@wingfat.com 网站：www.wingfat.com

中山火炬职业技术学院

ZHONGSHANHUOJUZHIYEJISHUXUEYUAN

中山火炬职业技术学院（以下简称“学院”）创办于2004年4月，坐落于国家级中山火炬高技术产业开发区，被开发区八大国家级产业基地天然簇拥。学院始终秉承“高（高端）、新（创新）、特（特色）、精（精品）”的办学理念，与园区企业深度合作，以“院园融合”为核心的高职教育“中山火炬模式”得到了社会的广泛认可。

经过十多年的发展，学院成为国家骨干高等职业院校、广东“一流高职”立项建设单位、广东职业教育先进集体、广东成人教育先进集体、“一带一路”产教协同联盟广东省发起单位、全国包装职业教育教学指导委员会第一副主任单位、高职工作委员会主任单位。2017年4月，教育部职业技术教育研究中心、广东省教育厅、中山市人民政府三方举办的“华南职业教育产学研合作实验基地”正式落户学院。

包装印刷系是学院最早建立的教学系之一，紧密依托火炬高技术产业开发区中国包装印刷生产基地，开设有包装策划与设计、印刷媒体技术、产品艺术设计、广告设计与制作4个专业。其中，包装策划与设计专业为国家批准单独招生专业，广告设计与制作专业和印刷媒体技术专业为广东省批准的自主招生资格专业。

学院的特色是包装教育，学院荣获中国包装先进教育单位，包装策划与设计专业被确定为国家骨干高职院校重点专业，并立项第二批广东省高职教育一类品牌专业，印刷媒体技术专业被确定为广东省重点建设专业。学院建有中国包装联合会华南地区包装人才培训基地、中国包装联合会塑料制品包装委员会塑料包装技能鉴定与培训中心、中央财政支持的包装技术与设计实训基地。

学院包装印刷系与行业企业加强合作，积极探索高职教育与行业协同发展的新型合作模式；充分利用中国包装联合会、包装行业教育指导委员会等平台，提高人才培养与行业企业用人的吻合度。2016 年全国包装设计职业技能大赛专家会议暨培训会议在学院顺利举行；2016 年 12 月，学院成功承办首届全国包装设计职业技能大赛，并获得大赛一等奖。

学院与中国包装联合会塑料制品包装委员会紧密对接，举办塑料包装检测技术培训班，提升了学院的社会服务能力，推动了行业企业的发展。依托中山中荣纸类印刷制品有限公司申报的包装印刷技术专业培训项目（项目代码：19132019）被列入国家首批高等职业学校骨干教师国家级培训项目，扩大了专业知名度。学院与中国包装印刷生产基地 100 多家企业实现合作办学、合作育人、合作就业、合作发展，实现优质资源共享、行业分布合理，建成集教学、技能提升及职业素质教育于一体的校外实训基地，在实践教学、实习就业方面取得社会资源的有效补充。开设了现代学徒制班，与多家知名企业合作办班，并提供企业奖学金，定向培养包装印刷人才，开展工作室培养模式，注重工学结合，用企业真实生产设计项目培养学生，开创了高职包装印刷新型人才培养之先河。毕业生就业质量高，就业率达 99% 以上，学生在国家级、省级、市级各类职业技能大赛中频获大奖。

学院　荣誉

2016 年中国包装创意设计大赛一等奖证书

全国机械职业教育教学指导委员会 2016 届工业设计大赛二等奖证书

第八届省长杯入围奖获奖证书

火炬职院党委书记林艳芬（右二），纪委书记、副院长高慎淦（左二），包装印刷系主任陈新（左一）到包装印刷企业进行调研

2016 年 12 月，学院成功承办首届全国包装设计职业技能大赛，学院获得大赛一等奖。图为火炬职院院长王春旭（前左一）与中国包装联合会副秘书长吴红军（右一）为一等奖获奖者颁奖

通业控股

TONGYEKONGGU

通业控股是国家重点高新技术企业，拥有省级企业技术中心和省级高新技术研发中心，研发、制造和销售大型胶印机、品检机、喷码机和输纸机等印刷包装机械产品，先后承担国家火炬计划等 17 项国家重点项目，拥有 8 项重点发明专利和 57 项实用新型专利，是国家标准和行业标准负责起草单位，是中国包装联合会副会长单位。

下属浙江通得数字印刷设备制造有限公司，是一家印刷包装行业高端装备制造企业。总投资 3.8 亿元，在浙江省诸暨市高新技术园区内建成 5 万多平方米建筑面积的现代化制造基地。引进东芝五面体龙门加工中心等国际高端加工设备，会聚了日本、上海、浙江等地研发精英，历时 5 年成功开发出涵盖 5 项发明专利和 13 项实用新型专利的创新一代高效绿色智能化的大幅面高速多色单张纸平版印刷机——CB58。2013 年，CB58 被国家发改委列入传统产业更新改造升级产品项目，被国家工信部列入战略储备项目。2016 年，CB58 通过省级科技鉴定，产品质量达到国际先进水平。2017 年，CB58 荣获全国印刷设备科学技术一等奖。

下属浙江通业印刷机械有限公司，是国家高新技术企业。从1986 年开始，公司成立自有专业化研究所，专业从事研发、制造和销售单张纸输纸机产品，已成功开发胶印、模切、覆膜、凹印、上光、丝印和数码印刷七大类 160 多个品种的单张纸输纸机系列产品，产品规格齐全（330~1670 毫米）。“通业”牌单张纸输纸机产品在我国印刷包装机械行业同类产品市场占有率极高。通业 SP 系列高速输纸机产品为“浙江名牌”产品，系列产品多次列入国家火炬计划项目、国家重点新产品计划项目，曾获“国家质量管理协会用户满意产品”称号。累计拥有输纸传动的变形椭圆齿轮变速机构等核心发明专利 5 项，实用新型 35 项以上。公司 2000 年负责起草《单张纸输纸机》行业标准，2009 年负责起草《单张纸输纸机》国家标准。

特邀协办理事单位

主打产品

CB58 大幅面胶印机

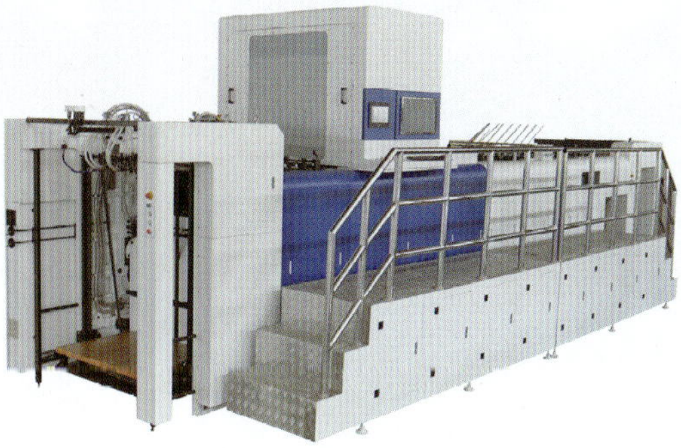

检品机

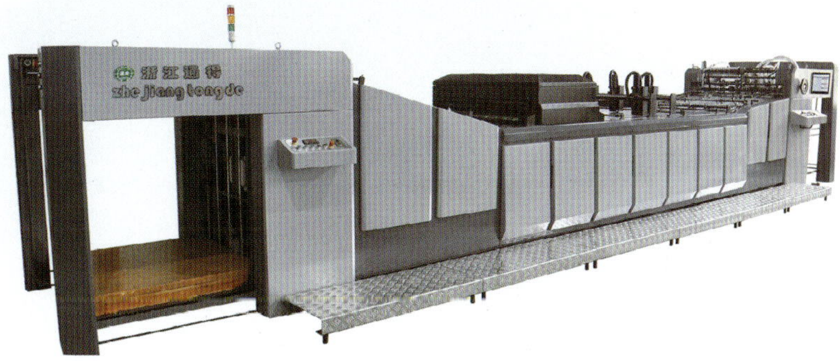

喷码机

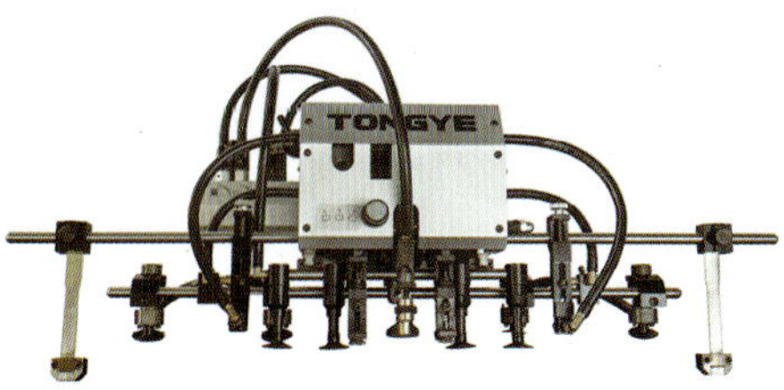

S26 模切飞达头

大胶印飞达

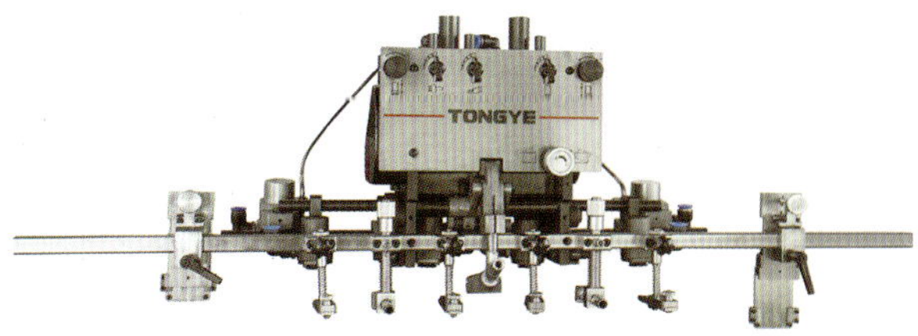

S18 模切飞达头

S20 大幅面飞达头

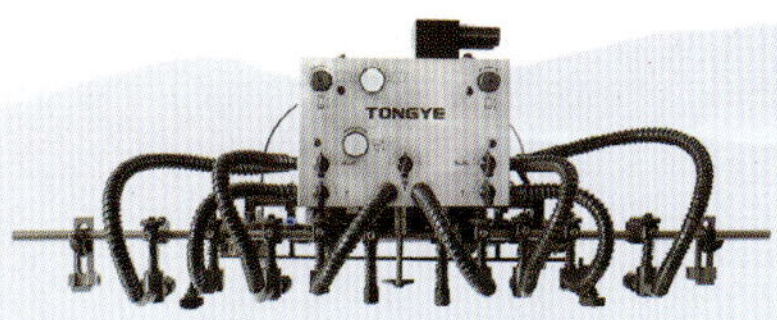

S16 三菱飞达头

S08A 飞达头

地址：浙江省诸暨市西二环路 302 号
电话：021-33582261
0575-87305022 87305003
传真：0575-87305018
邮箱：tongye@zjtongye.com
Http://www.zjtongye.com

SK SCREEN PRINTER®
SCREEN WHEEL
多功能全自动印刷系列
WUTUNG HOLDING CO., LTD.
互通集团有限公司
互通工业城：广东省广州市南沙区东涌镇鱼窝头细沥村(南沙大道旁) 电话: +86 20 84911886 网址: www.wutung.com.hk
more than just printing...

特邀协办理事单位
SCREEN PRINTER®
SCREEN TRAIN
全自动紫外线固化丝印系列
WUTUNG HOLDING CO., LTD.
互通集团有限公司
互通工业城：广东省广州市南沙区东涌镇鱼窝头细沥村(南沙大道旁) 电话: +86 20 84911886 网址: www.wutung.com.hk
more than just printing...
www.wutung.com.hk
WUTUNG MACHINE
FLEXO PRINTING

中粮 COFCO
自然之源 重塑你我

吉林中粮

拉丝生产线 Wire drawing production line

成品生产线 Finished production line

吉林中粮生化包装有限公司创建于1995年年末，隶属于中粮集团生化能源事业部。厂址位于吉林省东丰县经济开发区，占地面积 10 万平方米，建筑面积 3.5 万平方米，现有员工 600 人。

公司拥有雄厚的技术力量，生产设备先进，检测手段完备。主要产品有塑料编织袋、塑料中空容器、集装袋等塑料包装制品及阀口纸袋等纸包装制品。年产纸塑包装物 1 万吨。2004年，公司通过ISO 9001质量管理提醒认证；2007年8月，阀口纸袋产品获得两

特邀协办理事单位

生化包装有限公司

项国家专利权；2008年公司通过国家QS认证。2010年公司实现销售收入2亿元，实现利税2000万元，成为东北地区规模较大的食品级包装骨干企业。

公司始终如一地贯彻“以人为本”的经营理念，秉承“诚信、团队、专业、创新”的中粮企业精神，坚持“奉献营养健康的食品，高品质的生活空间及生活服务，使客户、股东、员工价值最大化”的中粮使命，以实现双赢为目的，不断推陈出新，以上乘的品质、良好的信誉，为客户提供优质的服务。

编织生产线 Knitting production line

纸袋生产线一角 A corner of the production line for paper bag

集装箱液袋 Flexitank

电话：0437-6222639　网 址：www.cofco-mc.com　邮编：136300　地 址：吉林省东丰县经济开发区

看得见的包装
看不见的生态圈
小蓝圈，大梦想。利乐致力于令地球上的生态圈生生不息。每个利乐包装从原料、生产到消费后回收利用都遵循可持续发展原则。利乐包装主要的原料——纸板来自负责任经营的森林：2014年在业务增长7%的情况下，全价值链的碳排放比2010年减少8%，回收包装总量超过65万吨。保护好品质，就是保护食品、保护人类、保护未来，这就是利乐周全的保护。
"利乐""Tetra Pak"均为利乐集团拥有商标。欢迎访问利乐网站：www.tetrapak.com.cn。
利乐
Tetra Pak®
保护好品质

everpack
小鲜屋
小巧易提的时尚包装
新鲜屋纸盒
100%自有原纸纸板，专利阻隔技术。从180~1750毫升规格齐全，全面满足消费者从个人饮用到家庭分享的新鲜生活所需。提供不同类型的吸管孔和加盖服务等，提升产品价值。
新鲜屋
灌装设备和灌装容量
50年专业屋顶包设备制造经验，全球统一标准，符合美国3A标准，为满足新鲜饮品的高品质需求量身打造。
从3000包/小时到20400包/小时，高效多样的设备和性能配置，满足多样的市场所需。
唯绿包装，拥有百年纸品包装经验和超过50年的新鲜饮品包装技术，是全球范围内一流的屋顶包整体解决方案供应商，也是全球屋顶包加盖系统和屋顶包灌装设备供应商之一。
选择唯绿，选择新鲜。
唯绿包装(上海)有限公司 中国上海浦东金海路450号 网址：www.evergreenpackaging.com
邮编：201206 电话：+86 21 80225888 传真：+86 21 5031 5006

自贡中粮金属包装有限公司

ZIGONGZHONGLIANGJINSHUBAOZHUANGYOUXIANGONGSI

重合同、守信用

自贡中粮金属包装有限公司坐落于享有“盐之都、龙之乡、灯之城”的四川省自贡市，公司两大主要生产基地分别位于自贡市沿滩工业集中区和自贡市富顺县晨光工业园。是西南地区钢桶销量大、品种多、市场覆盖面广的金属包装容器生产企业。

公司成立于 2003 年 6 月，是一家以制造金属包装容器、机械产品等为主营业务的企业，公司是全国知名金属桶专业生产厂家，在四川省制桶行业中首家取得“全国工业品生产许可证”，并在西南片区首家荣获“出口电石包装钢桶”生产资质，具有“出口危险货物包装容器许可证”“铁路危险货物运输包装准运证”等资质，公司于 2003 年通过了 ISO 9001 质量管理体系认证。并按 ISO 14001 环境管理体系认证和 OHSAS 18000 职业健康安全管理体系的要求进行管理，产品质量达到《国际海运危规》Ⅰ类标准，200 升钢桶在国家举办的各项质量检测中名列同行业前茅。

公司现有员工 158 人，其中管理人员 39 人（含技术及研发人员 9 人，质检人员 4 人），生产工人 119 人。公司具备各类钢桶研发制作能力，能独立开发客户所需的各类产品。公司现占地面积 72 亩，已建成具有国内先进水平的 200 升（216.5 升）钢桶生产线 4 条，25～150 升中小桶生产线 5 条，年生产能力达 450 万余只（包括沿滩新建年产 200 万只 216.5 升高清磷化桶生产线产能）。2015 年投产新建了一条 22 升以下制罐生产线，年生产能力可达 150 万只。公司坚持“立足川渝、面向全国”的市场发展目标，以“优质的产品、精诚的服务”赢得了云、贵、川、渝及新疆、西藏、宁夏等省内外市场，与诸多知名大型企业有着良好的业务往来（如中国石化、巴斯夫聚氨酯有限公司、立邦涂料、诚信化工、长兴化工等），公司在中西部地区的市场份额逐年增加，企业规模不断壮大。

公司坚持“搏击市场扩规模、追求卓越树品牌、精细管理增高效”的企业方针，以“专业的队伍、成熟的工艺”铸造高品质的产品。公司先后荣获了商业部全国粮食系统 200 升闭口钢桶质量检测第一名；“四川省包装行业先进单位”“四川省金属包装龙头企业”，四川省“质量监管、质量提升”示范推广工作先进企业、“全国制桶龙头企业”等称号，“中粮”商标被评为自贡市知名商标。2016 年 7 月在参加中国石化 200 升包装用闭口钢桶框架协议项目的招投标中荣获第二名。

公司是“重合同、守信用”的企业，将致力于提升企业品牌竞争力，携手各界人士同创未来，共铸辉煌！

氦试漏设备

新型冲压设备

自动缝焊、组合装置

生产车间

河北省东光县立飞包装机械有限公司

HEBEI DONGGUANG LIFEI PACKING MACHINERY CO.,LTD

公司介绍

河北东光立飞包装机械有限公司地处环渤海经济圈中部，北接京津，南依济南，水陆交通都非常便利，是**一家现代化专业生产纸箱包装机械、印刷机械的企业。**

立足现在，放眼未来，我们始终坚守“重质量，讲信誉”的经营宗旨；秉承“开拓进取，求实创新，严抓管理，精益求精”的企业精神；确立“以人为本”的经营思想和“客户至上”的经营策略。

本公司生产的产品规格齐全，外形美观大方，机械型号齐全，能满足各类客户的要求。我们的产品素以交货及时、服务周到赢得客户的好评，今后我们将以市场为导向，以科技发展为主动力，竭诚与广大客户合作，不断更新产品，不断提高产品质量，完善售后服务，真诚回报社会！

地址：河北省东光县郑园工业区　电话：0317-7751098　13903277257

永利
河北省著名商标
Famous brand by Hebei Province

河北胜利纸箱设备制造有限公司

HEBEI SHENGLI CARTON EQUIPMENT MANUFACTURING CO.,LTD

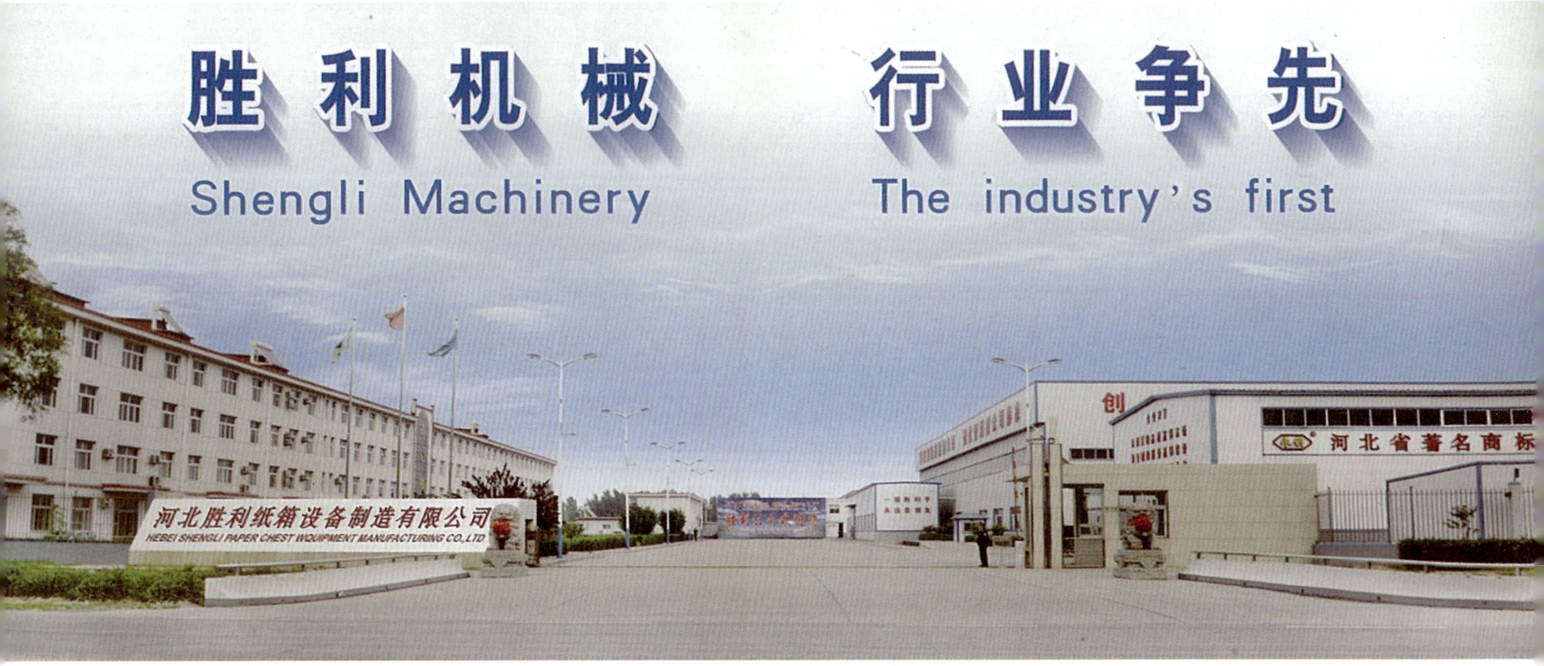

企业简介

创建于1985年的河北胜利纸箱设备制造有限公司，至今已有30多年的历史，是国内较早生产纸箱包装机械的企业。公司地处京、津、冀环渤海经济圈，京沪铁路、京沪高速铁路、京沪（福）公路（104国道）、京沪（福）高速公路纵贯南北，地理位置十分优越。公司占地总面积86000多平方米，拥有三个生产厂区和先进的生产加工设备。多年来相继开发生产了高速瓦楞纸板生产线，高速单面瓦楞纸板生产线，高速伺服印刷粘箱捆扎联动线，低、中、高速瓦楞纸板印刷分压切角开槽模切机、自动、链条圆压圆模切机、自动、链条分纸滚线切角开槽机、钉箱机、半自动钉箱机等纸箱机械系列几十个品种规格的配套纸箱包装设备。公司在全国各省、自治区直辖市设有30多个办事处和售后服务处，产品行销全国各地，并拥有自营进出口权，产品已出口到欧洲、亚洲、非洲等多个国家和地区。公司多次获得省、市、县“政府质量奖”“质量信得过产品”“守合同重信用企业”“消费者信得过单位”“光彩之星”“明星企业”等荣誉称号，并已通过了ISO 9001：2008国际质量管理体系认证和CE认证，公司获得多项国家专利，被评为河北省科技型企业，注册的“永利”牌商标为河北省著名商标。公司的产品被评为河北省名牌产品和优质产品。

多年来，公司始终坚持“以诚为本、精益求精、追求卓越、崇尚一流”的经营理念，推行卓越绩效管理模式，不断优化产品结构，提高产品的科技含量，使企业得以不断发展壮大，并赢得了良好的社会信誉。在今后的发展中，胜利公司将继续秉承创“一流员工、一流技术、一流产品、一流服务”的企业宗旨，以科技为依托，以质量求生存，以管理求效益，以创新求发展。

诚实守信是胜利公司永恒的主题，优质服务是胜利公司不变的宗旨。一握胜利手，永远是朋友，让我们携手从胜利走向更大的胜利！

地址：河北省东光县城南104国道290公里+200米处路东　电话：0317-7809888　7809666

HUALI 华力机械 MACHINERY

鹏科®

公司简介 COMPANY INTRODUCTION

东光华力纸箱机械厂地处环渤海经济圈中部，北接京津，南依济南，水陆交通便利，是一家现代化专业生产纸箱包装机械，印刷机械的企业。公司具有独立开发和研制能力，能够利用高科技，具备不断完善国际国内包装机械设备存在的不足，向生产高速、高效、耐用、节能、降耗、安全的自动化机械设备方向迈进。

公司技术力量雄厚，拥有高科技设计人员、精密的生产设备、先进的检测手段、严格的质量管理体系和技术过硬的生产队伍，为确保生产质量奠定了坚实的基础。

立足现在，放眼未来，公司始终坚守“重质量，讲信誉”的经营宗旨，秉承“开拓进取，求实创新，严抓管理，精益求精”的企业精神，确立“以人为本”的经营思想和“客户至上”的经营策略。公司生产的产品规格齐全，外形美观大方，机器型号齐全，能满足各类客户的要求。公司的产品素以交货及时、服务周到赢得客户的好评，今后公司将以市场为导向，以科技发展为主动力，竭诚与广大客户合作，不断更新产品，不断提高产品质量，完善售后服务，真诚回报社会。

地址：河北省东光县四维工业区号 电话：0317-7726555 网址：www.dghlzxjx.com

东光县华力纸箱机械厂

DONGGUANG HUALI CARTON MACHINERY FACTORY

鹏科®

荣誉证书

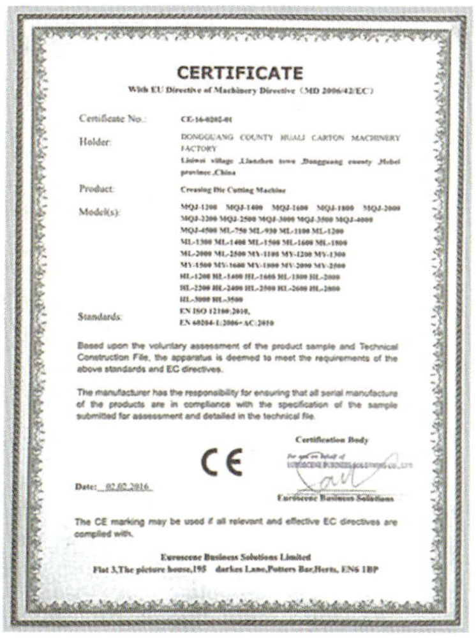

公司高层合影留念

Company Leader With Customer

突破创新

见人之所共见　思人之所未思

地址：河北省东光县四维工业区号 电话：0317-7726555 网址：www.dghlzxjx.com

东光县劲翔包装机械厂

DONGGUANG JINXIANG PACKING MACHINERY FACTORY

公司简介

卓越的东光县劲翔包装机械厂坐落于素有“印机之乡”美誉的京津腹地——河北东光。本企业是印后设备的专业生产厂家，主打产品为裱纸机系列，以极高的性价比深受客户的好评；产品以优异的质量、高效的生产效率和较高的安全系数引领纸箱裱纸机新的发展方向。

企业依托优秀的设计人员，不断改进，在裱纸机系列产品领域拥有多项自主创新成果，依托高素质的技术人员，服务客户，为客户消除后顾之忧，树立良好的企业形象；依托专业的组装人员，精雕细琢，以对艺术品的完全追求雕刻我们的产品；依托精良的检测设备，确保品质，使生产的产品不出现质量瑕疵。

优秀的劲翔机械着眼未来，脚踏实地，志存高远、品牌劲翔、拼搏务实、以诚为本的企业宗旨，全力书写中国印后领域的新华章，以回报社会、服务用户。

企业理念：

Corporate Identity

劲翔管理：

制度化 专业化 标准化 网络化

劲翔服务：

真诚合作，解决客户每一个疑难，关注客户的每一个细节，视客户服务为己任

劲翔机械

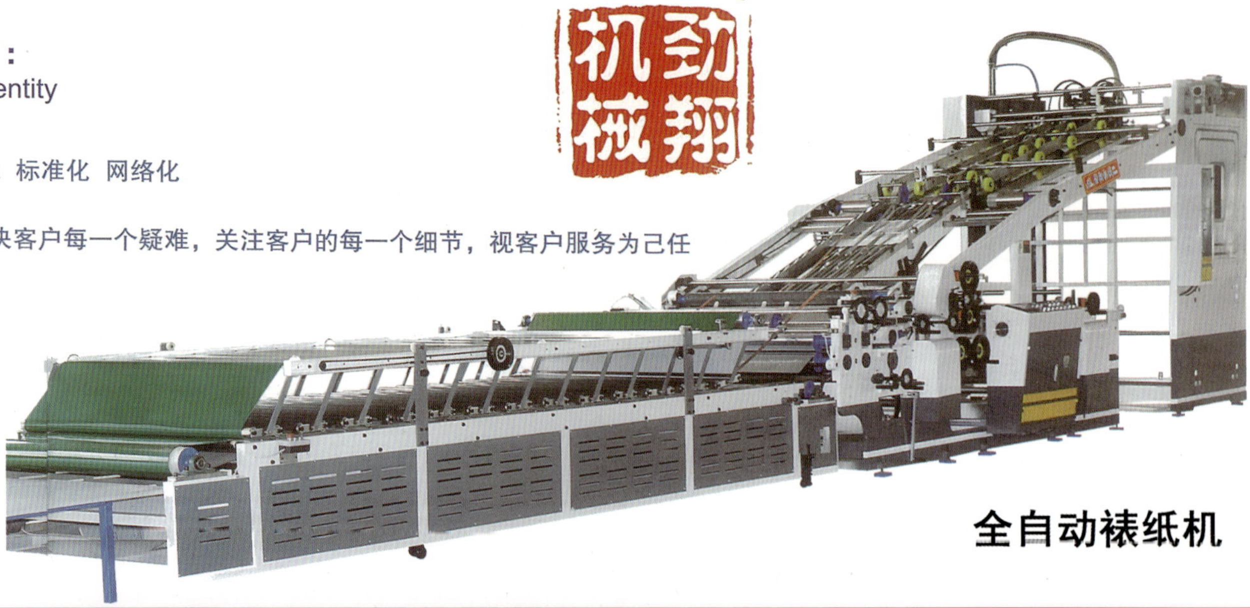

全自动裱纸机

地址：河北省东光县104国道城南开发区 电话：0317-7891918 15231751777

日照市金宝包装制品有限公司

JINBAO

公司简介

Company profile

日照市金宝包装制品有限公司创建于2000年3月，位于日照开发区无锡路86号，注册资本5000万元，公司固定资产1.6亿元，总建筑面积约46000平方米。职工286人，其中专业技术人员76人。公司现拥有先进的七层高速瓦楞纸板生产线，德国高宝四色全开胶印机一台，2000型多贝克(6+1)高速水墨印刷机一台以及高档四色水墨印刷机两台，高速模切机两台等先进的瓦楞纸箱生产设备，主要生产出口用瓦楞纸箱、纸板、彩盒等包装制品，产品销往上海、青岛、潍坊、连云港等省内外城市，拥有中粮集团、益海嘉里、娃哈哈、日照美佳集团、日照荣信集团、联邦速递(UPS)等稳定的大中型国内外客户。公司已成为集加工生产到开发设计一条龙服务的综合性现代化印刷包装企业，先后被日照市政府授予"先进单位""文明单位""AAA级信用企业"等荣誉称号。2005年通过ISO 9001国际质量体系认证，是国家商品进出口检验检疫局在编注册认证企业。

随着企业规模的不断扩大，根据国际市场需求，公司压缩了初级加工型产品的比例，扩大精深产品的生产规模，加快产品向技术密集型、高附加值型转化。为进一步优化产品结构，在完善原生产规模的基础上，公司实施新的企业发展战略，积极发展网络营销，以市场为导向，为客户提供更高层次的服务，优先发展UPS、中粮等稳定的高端客户。公司以追包装卓越，求包装满意，塑包装形象，造包装品牌为质量方针，努力成为提供全球化优质服务的印刷包装制造企业。

在做好传统印刷包装的同时，公司积极响应市政府"十二五"绿茶发展规划，为打造"北方绿茶之乡"城市名片，依托自身发展优势，联合中国印刷科学技术研究院、北京印刷学院、日照市文化广电新闻出版局、日照经济技术开发区管理委员会等单位合作共建日照绿茶包装印刷研究中心，开展技术创新、创意设计和生态绿茶包装的互联网平台建设，提高日照茶叶包装的供给质量和水平，提升日照绿茶的品牌文化价值，管理运营日照绿茶包装的数据资产，提升日照包装印刷骨干企业茶叶包装的配套服务水平，实现优势互补、协调发展的共赢格局。

根据对市场的预测和需求，坚持绿色环保、低碳低排的环保路线，公司积极响应国家可持续发展的战略方针，引进了意大利阿格纳蒂公司（量子系列）微型瓦楞纸板生产线，幅宽1800毫米，瓦楞楞高0.46毫米，纸板总厚度0.9毫米，产品平整度极佳，可直接进行胶印印刷，同时适合各种水墨印刷机，可完全替代400~500克实芯卡纸，投资国外设备350万欧元，附属配套设备国内采购额约为3500万人民币，该生产线总投资6000万人民币，各项工作已稳步进行，项目于2017年下半年投产，投产后可增加年销售收入2.5亿人民币。产品以鲁东南为中心向周边辐射，覆盖山东、江苏、河南、河北等大部分地区。企业规模将迅速扩大，集聚区域内包装企业群体，形成绿色环保印刷包装工业园区，公司愿同社会各界有识之士携手发展，共同打造区域性绿色印刷包装产业链，为实现国家"十三五"战略规划以及2025制造强国贡献绵薄之力。

联系我们

Contact us

联系电话：0633-8369345 8369678

传　　真：0633-3603968

地　　址：山东省日照市无锡路86号

邮　　箱：rzjinbao@126.com

网　　址：www.rzjinbao.com

文 件 汇 编

工业和信息化部　商务部关于加快我国包装产业转型发展的指导意见

工信部联消费〔2016〕397号

各省、自治区、直辖市及计划单列市、新疆生产建设兵团工业和信息化、商务主管部门，中国包装联合会，中国轻工业联合会：

包装产业是与国计民生密切相关的服务型制造业，在国民经济与社会发展中具有举足轻重的地位。为进一步提升我国包装产业的核心竞争力，巩固世界包装大国地位，推动包装强国建设进程，依据《中华人民共和国国民经济和社会发展第十三个五年规划纲要》《中国制造2025》（国发〔2015〕28号）和《关于开展消费品工业“三品”专项行动营造良好市场环境的若干意见》（国办发〔2016〕40号）等文件，制定本指导意见。

一、重要意义

经过30多年的建设发展，我国包装产业已建成涵盖设计、生产、检测、流通、回收循环利用等产品全生命周期的较为完善的体系，分为包装材料、包装制品、包装装备三大类别和纸包装、塑料包装、金属包装、玻璃包装、竹木包装五大子行业。2015年，全国包装企业25万余家，包装产业主营业务收入突破1.8万亿元。“十二五”期间，包装产业规模稳步扩大，结构日趋优化，实力不断增强，地位持续跃升，在服务国家战略、适应民生需求、建设制造强国、推动经济发展中的贡献能力显著提升，我国作为世界第二包装大国的地位进一步巩固。目前，包装工业已位列我国38个主要工业门类的第14位，成为中国制造体系的重要组成部分。

但在快速发展的同时，包装产业仍存在大而不强的问题。行业自主创新能力弱，重大科技创新投入和企业技术研发投入严重不足，高新技术难以实现重大突破，先进装备和关键技术进口依赖度高；企业高投入、高消耗、高排放的粗放生产模式仍然较为普遍，绿色化生产方式与体系尚未有效形成；包装制造过程自动化、信息化、智能化水平有待提高；产业区域发展不平衡、不协调；低档次、同质化产品生产企业重复建设问题突出，无序竞争现象未能得到遏制。

立足现有基础，补齐发展短板，提升品质品牌，必须加强转型发展的全面引导和系统设计。加快推进转型发展，是促进包装产业适应现代制造业发展要求，强化对国民经济支撑地位的必然选择；是解决制约产业发展“瓶颈”，有效增强核心竞争力的根本出路；是引领产业由被动适应向主动服务、要素驱动向创新驱动、传统生产向绿色生产转变，全面提升产业整体发展水平，推进包装强国建设进程的重大举措。

二、总体要求

（一）指导思想

深入贯彻落实党的十八大和十八届三中、四中、五中、六中全会精神，牢固树立“创新、协调、绿色、开放、共享”的发展理念，以提高发展质量和效益为中心，以推进供给侧结构性改革为主线，以科技创新为动力，对接消费品工业“三品”专项行动，推动生产方式转变和供给结构优化。实施军民融合发展战略，构建军民包装标准通用、产品共用、技术互通的发展格局。产业保持中高速发展，迈向中高端水平，逐步实现由包装大国向包装强国转变。

（二）基本原则

坚持市场主导，政府引导。强化企业市场主体地位，充分发挥市场在配置资源中的决定性作用，更好发挥政府规划和政策支持作用，优化市场秩序，完善监管体系。

坚持创新驱动，品牌引领。加快科技创新体系与服务平台建设，提升关键技术的创新能力。加快传统产品升级换代，大力培育包装品牌。

坚持协调发展，重点突破。构建包装产业与制造业、包装上下游产业、军用包装与民用包装、包装企业与科研院所以及包装各子行业之间的协同发展机制。加强要素优化配置、发展模式转变和产业集群建设，持续促进产业提质增效。

坚持绿色发展，适度包装。构建覆盖生产、流通、消费、回收与资源循环再利用的包装全生命周期绿色化网络体系。反对过度包装，采用设计合理、用材节约、回收便利、经济适用的包装整体解决方案，引导全社会树立适度包装理念。

（三）发展目标

保持产业发展增速与国民经济增速同步，产业发展规模与配套服务需求相适应。到2020年，实现以下目标：

产业规模。包装产业年主营业务收入达到2.5万亿元，形成15家以上年产值超过50亿元的企业或集团，上市公司和高新技术企业大幅增加。积极培育包装产业特色突出的新型工业化产业示范基地，形成一批具有较强影响力的知名品牌。

自主创新。行业研发投入不断增大，规模以上企业科技研发经费支出明显增加。着力推动集成创新、协同创新和创新成果产业化，部分包装材料达到国际先进水平。

两化融合。大中型包装企业两化融合水平处于集成提升阶段以上的超过80%，中小企业应用信息技术开展研发、管理和生产控制的比例由目前30%提高到55%以上。数字化、网络化设计制造模式广泛推广，以数字化、柔性化及系统集成技术为核心的智能制造装备取得较大突破。

节能减排。全行业单位工业增加值能源消耗、二氧化碳排放强度、单位工业增加值用水量均下降20%以上，主要污染物排放总量明显下降。初步建立包装废弃物循环再利用体系。

军民融合。军民通用包装数量和质量显著提升，标准达到国际先进水平，逐步形成体系完善、创新引领、高端聚集、高效增长的发展态势。建成一批军民融合包装基地，包装技术军民通用水平显著提升。

标准建设。深入开展包装基础标准、包装专业标准以及产品包装标准的研究，形成相关性、集合性、操作性强的包装标准体系。建设全国包装标准推进联盟和包装标准信息化专业网站，建成5个以上包装标准创新研究基地，遴选一批标准化示范试点企业。

三、主要任务

（一）实施“三品”战略，集聚产业发展优势

增加包装产品品种。围绕包装产业供给侧结构性改革，在优化传统产品结构、扩大主导产品优势的基础上，主动适应智能制造模式和消费多样化需求，增强为消费升级配套服务的能力。通过创新设计方式、生产工艺以及技术手段等，大力研发包装新材料、新产品、新装备，推动产品品种增加和供给服务能力提升。重点发展绿色化、可复用、高性能包装材料，加快发展网络化、智能化、柔性化成套包装装备，大力发展功能化、个性化、定制化的中高端产品，通过丰富产品品种、优化产品结构拉动需求、驱动消费。

提升包装产品品质。引导企业从设计、选材、生产、检测、管理等各环节全面提升包装产品品质。积极采用低成本和绿色生产技术，发展低克重、高强度、功能化纸包装制品，增强纸制品防水、防潮、抗菌、阻燃等性能，拓展纸包装的应用范围；鼓励采用环保型原料和助剂，发展可定制的环境友好型塑料包装制品，应用高阻隔、选择透过、环境感知以及宽幅制备等新技术，增强塑料包装制品防护、保质和智能属性；倡导以薄壁金属和覆膜铁、覆膜铝等新型材料生产金属包装制品，提升金属包装材料的利用率和抗腐蚀性能；创新包装计量、检验与检测技术，加快发展各类先进检测设备，不断完善质量检测体系与手段，有效强化包装产品的品质保障。

培育包装产品品牌。以绿色包装材料、智能包装装备、高端包装制品的研发为重点，加强品牌培育、评价、服务与引导，构建定位、设计、生产、营销、传播、保护一体化的品牌发展格局，打造一批具有较高国内市场占有率和较强国际市场竞争力的包装材料、包装装备和包装制品品牌。推进包装企业国际化战略的实施，支持有条件的企业推动装备、技术、标准以及服务走出国门，在境外设立研发、生产基地和营销网络，深度融入全球产业链、价值链和物流链，重点培植一批具有较强创新能力和国际竞争力的品牌企业。

（二）加强技术创新，增强核心竞争能力

构建创新体系。围绕国家战略，重点实施包装产业创新能力提升计划，引导企业建立研发资金投入机制，加强技术中心、创新团队和众创空间建设，着力落实“双创”行动，鼓励包装企业构建创新创业融合孵化的平台与机制，切实提高企业的原始创新、集成创新、引进消化吸收再创新能力。优化科技资源配置，积极培育包装行业的国家级技术创新中心，重点建设一批面向产业前沿共性技术的技术创新联盟、协同创新中心、科技成果孵化基地以及成果推广与应用、公共技术服务、技术和知识产权交易等平台，形成系列具有自主知识产权和较强国际竞争力的核心技术群。加大领军人才和国家级创新团队的协同培养，强化创新人才的成长扶持，通过建立产业链上下游科技协作体、产业协同创新中心以及产学研合作示范基地，形成创新人才共育、

共享机制。

突破关键技术。围绕绿色包装、安全包装、智能包装领域的关键技术，制订系统性技术解决方案，促进重大科技成果的孵化、应用与推广。加快建立包装云设计数据库，重点推行减量和生态设计，着力加强包装废弃物综合循环利用技术的研发与应用，全面提升绿色包装应用与创新水平。积极发展新型保质保鲜、包装防伪以及生产过程在线检测与监控等技术，重点突破食品药品包装中有害物质识别和迁移检测等技术瓶颈，显著提升食品、药品及军品包装安全保障能力。注重包装设计与信息技术的结合，积极应用环境感应新材料，实现包装微环境的智能调控，推进生产过程智能化，重点开展前瞻性的计量测试技术研究，满足包装产业全产业链、全寿命周期、全溯源链的计量测试需求。

强化示范应用。采取项目投入、应用示范、绩效奖励等方式，支持行业组织开展重大示范工程建设，主要包括实施食品药品包装安全化工程，启动食品药品包装清洁安全生产和质量检测监管等重大专项，大力提升现有食品药品包装检测机构的技术水平，创建一批食品药品包装质量检测中心，建设食品药品质量包装安全追溯管理网络信息平台。实施包装制品高端化工程，在适度包装理念的指导下，组织一批包装制品设计创新、工艺优化和产业化重大专项，积极发展轻质高强纸、生物基高阻隔塑料、抗腐蚀超薄金属、轻量节能玻璃等材料，重点开发个性化、定制化、精细化、智能化的高端包装制品。实施包装印刷数字化工程，构建先进包装印刷数字化体系，利用互联网、大数据和人工智能等技术，发展云印刷、合版印刷、网络印刷及个性化印刷等新型包装印刷方式。实施包装产业信息化工程，启动包装大数据和工业云等重大专项，推广智能标签和智能终端等包装信息化关键技术，开展新一代包装信息化与工业化深度融合的集成创新和工程应用示范。实施包装装备智能化工程，组织开展高端包装装备关键技术及集成技术攻关，重点开发食品药品自动包装生产线、包装印刷集成制造装备以及现代物流全自动包装系统等重大智能制造成套装备，着力推动包装智能工厂、数字化车间应用示范。

（三）推动两化融合，提升智能制造水平

加快信息化建设进程。加强包装企业两化融合管理体系系列标准建设和推广，推进信息技术向设计、生产、流通以及回收循环利用等环节渗透。依托互联网和物联网技术，加强包装电子商务、工业云和大数据等平台的构建，发展基于互联网的数据驱动、网络化协同制造、个性化定制、服务型制造、众包设计、云制造等包装生产服务模式，推动形成基于消费需求动态感知的产业经营方式，促进包装企业形成新的生产、制造、服务及商业模式。推广商品包装的箱码，推动全球统一编码标识（GSl）作为商品生产和流通的“身份证”与“通行证”，实现与国际信息数据的接轨。

提升包装智能化水平。以互联网和物联网技术为核心，建立设计、制造、技术与标准的开放共享机制，推动生产方式向柔性、智能、精细转变，大力推广集协同制造、虚拟制造及网络化制造等于一体的先进制造模式，构造智能包装生态链。大力开发网络化、智能化、柔性化成套装备和高性能包装机械手、包装机器人等智能装备，加快智能化包装设备及生产线技术标准研制，自主攻克优化设计、智能检测、在线计量和协同控制等包装成套装备共性技术，积极应用具有传感、判断与执行动作的智能端，研发包装专业软件和嵌入式系统，着力提高主要包装工序自动化程度和高速包装生产线及各类先进检测设备的制造水平。重点开发具有商品真伪鉴别、食品变质预警、居家用药提醒及儿童安全保障等功能的智慧型包装制品。

（四）加强标准建设，推动国际对标管理

促进包装标准体系建设。深入研究标准规范，完善国家、行业、企业等多层次包装标准体系，推广包装基础模数（600mm×400mm）系列，以包装标准化推动包装的减量化和循环利用。支持行业建设标准推进联盟和标准创新研究基地，围绕反过度包装行动，对现已制定的建材、机械、电工、轻工、医疗机械、仪器仪表、中西药、食品、农畜水产、邮电、军工等14大类包装标准进行系统优化和水平提升，解决标准体系不完整、标准互相矛盾、标准水平滞后、可操作性不强等突出问题。

推动包装标准国际接轨。支持企业、高校和科研院所参与国际标准的制定，增强我国在国际包装界的话语权和在规则制定中的参与权。着力提高国际标准的采标率和转化率，完善包装标准推广应用机制，支持行业开展标准化试点示范，推进包装标准在产业发展中的应用与实施。加强标准化重大政策和重点工作的普及性宣传，有效强化包装企业的标准管理意识，以及通过标准化建设实现降本增效的能力。

（五）优化产业结构，形成协调发展格局

调整产业组织结构。大力拓展包装工业与国民经济各产业融合发展的广度和深度，推动技术、模式、产品、业态以及管理等各领域的创新，增强产业跨界融合发展能力。支持混合所有制经济发展，推动大中型企业的股权分置改革和细分市场的产业链整合，推动龙头企业采取联合、并购、控股等方式实施企业间、企业与科研院所间的资产重组，形成一批上下游一体发展的企业集团。组建以大型企业为龙头、中型企业为骨干、小微企业为重要补充的产业发展联盟，建立产业联盟示范区，逐步解决包装企业小、散、乱问题。发挥中小企业特色鲜明、机制灵活等特点，重点培育包装工业领域主导产品突出、专项服务卓越、竞争优势明显的专业化“小巨人”企业，形成大中小企业分工协作、互利共赢的产业组织结构。鼓励包装工业单项冠军企业树立“十年磨一剑”精神，长期专注于企业擅长领域，走“专、特、优、精”发展道路。

促进产业协调发展。适应国家制定的东部地区率先发展战略，进一步发挥包装产业在本区域集聚度高、发展步伐快、辐射带动作用强的先发优势，遴选一批科技型、创新型中小企业和龙头骨干企业（集团），建设具有示范性的国际化研发中心、总部基地和包装制造产业园区。利用中部地区崛起、东北地区振兴和西部地区大开发契机，立足区位优势和区域发展需要，引导包装企业根据区域资源环境承载能力，合理承接转移产能，优化市场配置，设立一批产业转移示范区。扶持包装企业深度融入“一带一路”倡议和国家开放发展格局，搭建国际产能和装备制造合作服务平台，加强国际市场拓展和产能国际合作。

（六）培育新型业态，拓展产业发展空间

促进新型业态生长。大力发展服务型制造，利用现代信息网络技术，引导企业重塑生产方式与制造模式，重构与用户、市场之间的关系，拓展产业领域，延伸服务链条。对接上下游产业与终端需求，引导企业由传统包装制造商向包装整体解决方案提供商转型，推动企业由生产型制造向服务型制造转变。加快推动包装产业与生态农业、快速消费品业以及远程物流配送业等领域的跨界融合，发展现代物流包装产业。创新企业经营模式，构建网络营销平台和系统解决方案，积极发展包装电子商务产业。积极推进产业集聚，着力打造包装创意文化等特色产业集群，增强集群的资源集约效应、产业品牌效应、资本溢出效应以及技术共享效应，拉长产业链。

促进军民包装融合。统筹考虑产业发展需要和国防建设需求，从顶层设计、力量布局、技术创新、标准体系、监督评估等方面构建军民融合包装产业发展格局，提升包装产业军民通用化水平。加快军地协调、需求对接、信息互通、资源共享以及技术共用等体系建设，实现包装产业军民融合发展体制机制上的横向衔接和纵向贯通。促进军民融合的科研、生产与服务保障体系建设，重点推进包装产业军民信息与资源共享、技术开发与成果转化、知识产权保护与技术交易等工作。加强军地协同创新，增强军民通用技术转换能力，重点解决联合投送、多式联运等大型装备防护包装、应急物资软包装和特殊功能性包装的关键技术问题。开展包装装备及其运输网络的创新研究和军民融合包装示范工程建设，引领军民融合包装技术核心能力聚集，显著提升遂行多样化军事任务的防护包装保障水平。

（七）开展绿色生产，构建循环发展体系

强化绿色发展理念。充分发挥包装企业在推广适度包装、倡行理性消费中的桥梁、纽带和引导作用，促进设计、生产及使用者在包装全生命周期主动践行绿色发展理念，选择合适品种率先落实生产者责任延伸制度。落实国家循环发展引领计划和能源、资源消耗等总量与强度双控行动，完善计量、监测、统计等节能减排的基本手段，从原材料来源、生产、废弃物回收处理等全生命周期的资源消耗、能耗、排放等方面开展对包装品的环保综合评估。研究制定包装废弃物回收利用促进政策，依托再生资源回收体系，利用互联网、大数据和云计算等现代信息技术与手段，优化包装废弃物回收利用产业链。鼓励有条件的企业与上游生产商、销售商合作，利用现有物流体系，尝试构建包装废弃物逆向物流体系。

发展绿色包装材料。加速推进绿色化、高性能包装材料的自主研发进程，研发一批填补国内空白的关键材料，突破绿色和高性能包装材料的应用及产业化瓶颈。研究制定绿色包装材料相关标准，建立包装材料选用的环保评价体系，重视包装材料研发、制备和使役全过程的环境友好性，推动绿色包装材料科技成果转化，推行使用低（无）VOCs 含量的包装原辅材料，逐步推进包装全生命周期无毒无害。倡导包装品采用相同材质的材料，减少使用难以分类回收的复合材料。以可降解、可循环等材料为基材，发展系列与内装物相容性好的食品药品环保包装材料，提高食品药品包装安全性。突破工业品包装材料低碳制备技术，推广综合防护性能优异、可再生复用的包装新材料，增强工业品包装可靠性。促进包装材料产业军民深度融合，推动特殊领域包装材料绿色化提升。

推广绿色包装技术。推行简约化、减量化、复用化及精细化包装设计技术，扶持包装企业开展生态（绿色）设计，积极应用生产质量品质高、资源能源消耗低、对人体健康和环境影响小、便于回收利用的绿色包装材料，提升覆盖包装全生命周期的科学设计能力。加大绿色包装关键材料、技术、装备、工艺及产品的研发力度，支持企业围绕包装废弃物的再次高效利用开展技术攻关。大力推广应用无溶剂、水性胶等环境友好型复合技术，倡导使用柔板印刷等低（无）VOCs 排放的先进印刷工艺。重点开发和推广废塑料改性再造、废（碎）玻璃回收再利用、纸铝塑等复合材料分离，以及废纸（金属、塑料等）自动识别、分拣、脱墨等包装废弃物循环利用技术，采用先进节能和低碳环保技术改造传统产业，加强节能环保技术、工艺及装备的推广应用，推行企业循环式生产、产业循环式组合、园区循环式改造，推动企业生产方式绿色化。加强包装绿色制造企业与园区示范工程建设，建设一批绿色转型示范基地，形成一批引领性强、辐射作用大、竞争优势明显的重点企业、大型企业集团和产业集群。

四、保障措施

（一）完善包装管理体系

完善包装法律制度，从市场秩序、技术标准、信用体系等方面规范包装企业的生产经营行为，健全商品包装的生产、流通、销售、回收、利用等体系。推进以“节能减排，环境友好”为核心的绿色包装制度与法规建设，制定《包装行业清洁生产评价指标体系》，开展包装企业清洁生产水平的系统评价，推行包装绿色评估和绿色认证制度。加强包装企业和包装产品市场规范管理。加大包装知识产权的保护力度，加强对假冒伪劣产品、侵权行为的打击，协同上下游产业完善市场治理体系、优化产业发展环境，确保包装产业稳定、健康、可持续发展。

（二）加大政策支持力度

研究制定包装分类回收利用支持政策，支持将绿色包装产业列为国家重点鼓励发展的产业目录，加大对取得绿色包装认证的企业、创新型企业以及低成本、低能耗、近零排污包装工艺与设备研发的政策扶持力度，强化对核心技术的支持和品牌产品的推广，提高包装循环利用率。采取奖励、补助等方式，支持公共服务平台和应用示范项目建设。引导产业投资、风险投资等基金，支持创新产品研发和创新成果产业化，促进技术研发和成果孵化。支持行业组织搭建包装企业信用平台和金融服务平台，开展多种类型、多种形式的规范融资活动。

（三）强化教育科技支撑

推动包装教育体系的不断完善，加快包装产学研合作战略联盟建设，分类引导包装高等教育、职业教育、终身教育的有序发展，不断创新校企合作人才培养模式，扩大具有国际视野的高层次、复合型创新人才培养规模，加大应用型、军地两用型人才培养力度，加快技能型人才培养步伐，实现人才培养与行业发展的对接与匹配。支持建设包装产业技术研发中心、协同创新中心、产学研示范中心（基地）和科技成果孵化中心（基地）等，促进重大科技成果培育；加快产出与转化，为包装产业的转型发展提供强劲支撑。

（四）发挥行业组织作用

推动行业组织建设网络信息服务、科技创新服务、人才培养综合服务、面向政府的服务、国际交流合作等多元化、全链式的服务平台，建立包装行业数据库和信息共享机制，引导包装产业信息化示范区建设，提升行业组织的综合服务效能。加快构建以行业组织为主体、第三方机构为支撑、企业广泛参与、政府指导推动、社会监督协作的“五位一体”行业信用体系，建立包装企业诚信档案、行业信用数据库和企业信用等级评价制度，不断完善行业信用监管体制，创新行业信用评价模式。支持行业组织实施品牌战略，加快包装品牌的培育与推广。

五、组织实施

各地工业和信息化、商务主管部门要加强组织协调，可依据本指导意见，研究制订适合当地包装产业转型发展的具体实施方案或配套政策措施。各地行业组织要按照本指导意见，加强调查研究、协调沟通，围绕转型发展，编制包装产业发展规划，并加强规划的组织领导和有效实施，确保任务落实、措施到位。各企业要切实承担起落实本指导意见确定的各项任务的主体责任，结合企业实际细化落实，增强改善供给责任意识和主体作用，激发活力和创造力，推动包装产业转型升级、健康发展。

《关于加快我国包装产业转型发展的指导意见》解读稿

2016年12月19日，工业和信息化部和商务部以工信部联消费〔2016〕397 号文件发布了《关于加快我国包装产业转型发展的指导意见》（以下简称《意见》），这既是包装产业的战略部署，也是包装行业的行动指南。如何深刻理解《意见》的精神实质和丰富内涵，推动我国包装产业供给侧改革、发展提质增效？近日，两部委对《意见》进行了解读。

问：两部委出台这个《意见》，主要基于什么样的考虑？

答：包装产业是与国计民生密切相关的服务型制造业，在国民经济与社会发展中具有举足轻重的地位。近年来，随着我国国民经济快速发展，带动我国消费市场不断扩大，对包装产品的需求大幅增加，包装业发展迅速，取得了巨大成就。但同时也累积了很多问题，比如产能严重过剩、高消耗与高能耗、区域发展失衡、自主创新能力较弱、核心竞争力不强等，这些影响产业可持续发展的突出问题，必须通过转型发展来解决。《意见》的出台，主要基于三个方面的考虑：一是在包装领域落实国家供给侧结构性改革和“三去一降一补”精神。二是通过转型发展，积极服务于“中国制造 2025”重大战略。三是坚持问题导向，解决大而不强的问题。《意见》站在建设“包装强国”的高度，科学规划并引导包装产业健康发展。

问：《意见》是我国政府在包装工业史上出台的第一个系统性指导文件，其重大意义主要表现在哪些方面？

答：如果用一句话来表述，就是“对包装产业实现更高质量、更有效率、更可持续发展具有十分重大的现实意义和深远的历史影响”。具体来说，一是《意见》从总体要求、主要任务、保障措施等方面明确了转型发展的指导思想、基本原则和技术路径，奠定和提升了包装产业在国民经济和社会发展中的地位。二是《意见》首次明确将包装产业定位为“服务型制造业”，确立了包装产业在中国制造体系中的定位，解决了长期以来产业属性模糊以及因定位不准导致的方向不明等问题。三是《意见》将“推动生产方式转变、供给结构优化、过剩产能化解和增长动力培育”作为包装产业转型升级的重点，形成了核心竞争力建设的顶层系统设计。

问：《意见》围绕“转型发展”这个关键词进行系统设计和全面引导，其路径选择是什么？

答：转型升级，是爬坡过坎关键时期包装产业发展的迫切需求和必然选择。《意见》从对接消费品工业“三品”专项行动、落实国家循环发展引领计划、推动创新驱动发展战略实施等方面提出了具体要求和明确指引，其路径选择可以用“一二三四”来概括：

一条主线：按照服务型制造业的产业定位，适应供给侧结构性改革要求，以有效解决制约包装产业发展的突出问题、关键技术与应用瓶颈为重点，全面推动产业的转型发展与提质增效。

二个目标：一是围绕绿色包装、安全包装、智能包装、标准包装，构建产业技术创新体系。二是围绕清洁生产和绿色发展，形成覆盖包装全生命周期的绿色生产体系。

三个转变：推动包装产业由被动适应向主动服务转变，由资源驱动向创新驱动转变，由传统生产向绿色生产转变。

四个提升：一是产业的标准化和绿色发展水平；二是产业的智能制造水平；三是产业的自主创新能力；四是产业的国际竞争能力。

“一二三四”的总体思路和战略思维，具有很强的系统性、目标性和引领性，从根本上确立了产业转型发展的指导思想和主体目标，清晰给出了转型升级的明确方向和立足重点，解决了为什么要转型、向哪里转型的问题。

问：立足“三个转变”，《意见》在发展目标中明确了六个方面的具体指标，这些指标设计重点在于解决包装产业的哪些问题？

答：《意见》在六个方面的指标既有定性的，也有定量的，也就是说，既明确了方向，又明确了目标。其中，“产业规模”目标重在确保产业保持中高速增长的同时提升集聚发展能力和品牌培育能力；“自主创新”目标重在加大研发投入，提升关键技术的自主突破能力和国际竞争力；“两化融合”目标重在适应“互联网+”要求，提高产业的信息化、自动化和智能化水平；“节能减排”目标重在摆脱包装产业的高消耗与高能耗，建立和形成绿色生产体系；“军民融合”目标重在引领军民融合包装技术核心能力聚集，提升遂行多样化军事任务的防护包装保障水平；“标准建设”目标重在优化产业标准体系，以包装标准化带动物流供应链的标准化，增强标准管理水平和国际对标率。

问：《意见》确定了产业发展的七大任务，这七大任务能否有效补齐填平目前包装产业发展的主要短板？

答：应该说，《意见》的任务设置具有十分明确的指向性和针对性，指向的是“包装强国”建设的迫切需求，针对的是包装产业的突出问题，具体来说：

任务一：实施“三品”战略，集聚产业发展优势。针对的是我国包装产业存在的主导产品优势不明显、产品整体品质亟待快速提升、品牌的国际影响力和话语权不强等问题，旨在解决好如何适应多样需求、强化品质保障、培育国际品牌三大核心问题。

任务二：加强技术创新，增强核心竞争能力。针对的是行业重大科技创新投入严重不足，原始创新、集成创新、引进消化吸收再创新能力欠缺，高新技术难以实现重大突破，先进装备和关键技术进口依赖性强等关键问题。旨在通过构建创新体系、突破关键技术、强化示范应用，切实提升自主创新能力和核心竞争力。

任务三：推动两化融合，提升智能制造水平。针对的是制造过程自动化、信息化、智能化水平亟待提高，基于互联网技术促进产业变革和企业创新的能力不强等问题，旨在通过构建包装电子商务、工业云和大数据等平台，推广集协同制造、虚拟制造及网络化制造等为一体的先进制造模式，大力发展新型生产服务模式和智能工厂、智能装备与智能产品。

任务四：加强标准建设，推动国际对标管理。针对的是标准体系不完整、标准互相矛盾、标准水平滞后、可操作性不强等突出问题，旨在完善包装标准体系和标准推广应用机制，以包装标准化带动物流供应链的标准化，提高国际标准的采标率和转化率。

任务五：优化产业结构，形成协调发展格局。针对的是产业区域发展不协调，中小微企业的成长支持体系不健全，低档次、同质化产品生产企业重复建设现象突出，产能严重过剩等问题，旨在通过引导产能转移、集群发展和海外布局等方式，优化市场配置，调整产业格局。

任务六：培育新型业态，拓展产业发展空间。针对的是上下游产业之间、产业链之间合作发展意识不强，跨界融合能力较弱，军民融合发展基础薄弱等问题，旨在拓展产业领域，延伸产业链条，增强跨界融合能力和协同发展水平。

任务七：开展绿色生产，构建循环发展体系。针对的是产业高投入、高消耗、高排放的粗放生产模式较为普遍，绿色化生产方式与体系尚未有效形成，环境友好程度不高等问题，旨在通过倡行绿色理念、发展绿色材料、推广绿色技术、强化绿色评价，全力构建资源节约、环境友好、循环利用、持续发展的新型产业格局，实现包装产业的绿色转型。

问：面对七大任务，包装企业应该如何有效推动任务的实施？

答：包装企业是实施《意见》的责任主体，也是《意见》的受益主体，因此，必须认清趋势、找准定位、有所作为，通过“三个对接”有效推动《意见》的落地实施。

一是对接三大发展方向。《意见》全面贯彻落实“创新、协调、绿色、开放、共享”的发展理念，明确将绿色包装、安全包装、智能包装和标准包装作为包装产业发展的主攻方向，不仅是《国民经济和社会发展第十二个五年规划纲要》中“加快发展先进包装装备、包装新材料和高端包装制品”定位的全面升级，更是服务国家重大战略、推动产业全球对接、回应民生共同期待的一种战略选择，包装行业和企业必须在新的目标中适应新要求，培育新动力，厚植新优势，做出新贡献。

二是对接五大发展领域。《意见》围绕包装材料、包装制品、包装装备三大类产品和纸包装、塑料包装、金属包装、玻璃包装、竹木包装五大子行业，从产品升级、技术创新、重点突破、品牌培育等几个关键点上分别确定了发展线路图。特别是根据消费品工业“三品”专项行动，着重从包装产业各细分行业如何增加产品品种、提升产品品质、培育产品品牌提出了明确要求，给出了明确方向；根据包装产业长期存在的技术短板和国际前沿技术发展方向，梳理了各领域关键核心技术突破重点，通过实施“包装产业创新能力提升计划”，形成了转型发展的技术路线图。包装企业要依据自身在产业链中的定位，主动强化转型理念，落实转型要求，遵循转型路线，提升转型能力。

三是对接六大发展工程。《意见》提出，在“十三五”期间，全面实施“食品药品包装安全化工程”“包装制品高端化工程”“包装印刷数字化工程”“包装产业信息化工程”和“包装装备智能化工程”，并着重要求推动先进技术和重大成果的应用示范。这六大工程是确保实现产业发展能力和发展水平全面提升的重要基石，也是确保《意见》确定的政府各项产业扶持政策有效落地的重要载体。包装企业要做六大工程的参与者、力行者和推动者，在工程实施过程中主动作为、创新争先、引领示范。

问：目前，网上购物的盛行导致产生大量快递包装，《意见》是否对快递包装有新要求？

答：《意见》对包装产业的转型发展要求具有普适性，快递包装也不例外。比如《意见》中明确了推广包装基本模数（600mm×400mm），构建包装废弃物逆向物流体系，落实生产者责任延伸制度，推行简约化、减量化、复用化及精细化包装设计技术等，这些都将对快递包装提出新的要求，引导向标准化、信息化、绿色化及循环共用发展。

问：电子商务是互联网时代迅速发展的全新服务模式，包装企业如何适应电商模式，形成新的发展空间？

答：尽管包装产业的整体信息化程度不是很高，但近年来，电商包装发展可谓是“快马扬鞭”。适应电商模式，拓展发展空间，包装企业要把握两个重点：一是要大力发展基于互联网的数据驱动、网络化协同制造、个性化定制、服务型制造、众包设计、云制造等包装生产服务模式，推动形成基于消费需求动态感知的产业经营方式。二是要利用现代信息网络技术，重构与用户、市场之间的关系，对接上下游产业与终端需求，实现由传统包装制造商向包装整体解决方案提供商、由生产型制造向服务型制造的转型。

问：包装物的回收利用关乎民生与环境，这个问题一直得不到有效解决。《意见》（见表 1）在促进包装物的回收利用上有什么新的举措？

答：包装物的回收利用问题长期得不到有效解决，主要基于两个原因：一是回收责任不明；二是强制约束缺失。我们注意到，《意见》针对这一问题，提出了三个方面的解决办法：一是大力推行减量和生态设计，支持应用生产质量品质高、资源能源消耗低、对人体健康和环境影响小、便于回收利用的绿色包装材料，重点开发和推广废纸（金属、塑料等）自动识别、分拣、脱墨等包装废弃物循环利用技术。二是促进设计、生产及使用者在包装全生命周期主动践行绿色发展理念，从原材料来源、生产、废弃物回收处理等全生命周期的资源消耗、能耗、排放等方面开展对包装品的环保综合评估，选择合适品种率先落实生产者责任延伸制度。三是研究制定包装废弃物回收利用促进政策，依托再生资源回收体系，利用互联网、大数据和云计算等现代信息技术和手段，优化包装废弃物回收利用产业链。这三大举措，从设计要求、材料选用、技术研发、评估手段、责任延伸、政策体系等多个维度打出了包装废弃物回收利用的“组合拳”，有望取得较好效果。

问：在《意见》的保障措施中，最值得关注的有哪些？

答：主要有两个方面：一是推进以“节能减排，环境友好”为核心的绿色包装制度与法规建设，制定《包装行业清洁生产评价指标体系》，开展包装企业清洁生产水平的系统评价，推行包装绿色评估和绿色认证制度。二是加大对取得绿色包装认证的企业、创新型企业以及低成本、低能耗、近零排污包装工艺与设备研发的政策扶持力度，强化对核心技术的支持和品牌产品的推广，提高包装循环利用率。为什么值得关注呢？因为这两条分别从制度建设上和政策手段上明确了实现包装产业绿色转型的强力保障与支撑，是刚性措施和柔性手段的有机结合，对包装产业、行业和企业来说，既是一种强制约束，又是一种有效激励。

中国包联全面贯彻落实《意见》2017 年行动计划如表 1 所示，中国包联 2017 年专项工作如表 2 所示。

表 1 中国包联全面贯彻落实《意见》2017 年行动计划

序号	任务		工作内容	负责人	配合人	牵头部门	配合部门	外联部门
1	准备工作	制订行动计划	制订 2017 年度行动计划	敖雯楠	吴红军	培训部	规划委会员部	
2		确定相关工作安排	明确工作内容、完成时间、负责人、实施主体、外联部门					
3		内部动员	3 月 6 日召开内部各部门动员会					
4		行业座谈会	3 月 14 日在北京召开专委会及部分地方协会座谈会					
5		重点沟通	3 月中下旬以通讯方式征求部分院校及企业意见					
6	启动	行业讨论《意见》行动计划	4 月 10 日在上海召开八届六次常务理事扩大会暨全面贯彻落实《意见》工作启动会，分组讨论					
7	宣贯培训	全面开展《意见》和《规划》宣贯培训工作	组建宣贯培训团队，进行集中宣贯、区域宣贯、企业宣讲					
8	三品战略	增加包装产品品种（增品种）	支持创建 1~2 家国家级包装工业设计中心	王利	朱婧	技术部		工信部
9		提升包装产品品质（提品质）	启动开展国际对标和产品品质对比，支持企业参与制定行业标准、国家标准和国际标准			质量部	总公司	工信部 国标委
10			开展我国安全包装发展路径及战略研究			湖南工大	技术部	工信部
11		培育包装产品品牌（创品牌）	完善“中国包装优秀品牌”评估体系，新增评审 20 个“中国包装优秀品牌”，为企业品牌创建提供咨询服务	敖雯楠	吴红军	培训部	规划委	工信部
12			扶持品牌培育和运营专业服务机构，帮助 1~2 个大型龙头包装企业讲述“中国包装品牌故事”					
13			举办中国包装产业战略发展年会（品牌专题）					
14			表彰和宣传品牌建设成就突出的企业和企业家					
15			设立“三品”战略专题网页，开展“三品”战略宣传活动					
16	技术创新	构建创新体系	培育 1~2 家国家级技术创新中心	王利	朱婧	技术部	质量部	科技部
17			开展双向拉伸共聚尼龙纳米复合包装材料的制备与性能研究			湖南工大	技术部	
18	两化融合	加快信息化建设进程	开展包装两化融合管理体系贯标工作，培育贯标企业	王利	朱婧	网信部	行业部	工信部
19			开展基于现代信息技术的《中国包装工业发展规划宣贯方案》实施路径与模式研究			湖南工大	包教委 网信部	
20	军民融合深度发展	构建军民融合包装发展创新体系和运行机制	启动建立军民融合评价认证服务体系	王跃中	吴红军	军民融合委	质量部	工信部
21			启动建立满足军民融合包装发展需求的预警机制				行业部	
22			启动建立军民融合优势企业与高层互动的长效机制					
23		打造军民融合龙头工程、精品工程，建立军民融合包装产业发展格局	以五大战区为核心辐射形成军民融合物流包装保障服务体系，继续推进军民融合现代物流园建设				质量部	
24			继续推进军民融合应急药品器材包装标准体系建设					
25			建立 1~2 个区域性军民融合包装发展建设基地				技术部	
26			继续推进军民融合运输集装化建设示范工程					
27			启动军民融合包装标准化示范工程，初步形成军转民、民参军标准化建设机制				行业部	
28		组办、参加军民融合重大活动	组织优秀包装企业参加国家和军队有关部门组织的第三届（北京）军民融合技术装备博览会等重大活动				行业部 会员部	
29			继续举办军民融合包装高峰论坛和民参军、军转民等专项研讨					

续　表

序号	任务		工作内容	负责人	配合人	牵头部门	配合部门	外联部门
30	标准化	促进包装标准体系建设，推动包装标准系统优化和水平提升	完善包装标准体系，编制完成包装“十三五”标准体系	王利	朱婧	质量部	总公司	国标委
31			围绕过度包装、电商包装、包装减量化和循环利用等热点制定相关标准					工信部 国标委
32			开展包装行业团体标准工作，先行启动5~10项团体标准制定工作					工信部 国标委
33		推动包装标准国际接轨	支持企业、高校和科研机构参与国际标准制定，着力做好包装与环境相关国际标准的制定	王利	朱婧	质量部	总公司	
34		完善包装标准推广应用机制	开展标准化示范试点，启动建立1~2家标准化示范中心				技术部	
35		加强标准化重大政策和重点工作的普及性宣传	对即将修订出台的《标准化法》进行宣贯				总公司	国标委
36			开展标准申报信息系统培训				总公司	
37	协同创新	组建重点包装产业链发展联盟	启动组建食品包装、电商包装产业链创新联盟	敖雯楠	朱婧	行业部	规划委	
38		搭建协同创新示范平台	启动建立以企业为主体、市场为导向、政产学研用相结合的“中国包装产业链协同创新示范平台”	敖雯楠	吴红军	培训部	规划委	
39		关注消费者包装体验	开展消费者包装体验相关研究，举办消费者包装体验论坛			江南大学	培训部	
40	示范基地	优化产业结构，促进产业协调发展	建设1~2家具有示范性的国际化研发中心	王利	朱婧	技术部	行业部	
41			建设2~3家具有示范性的总部基地或产业园区					
42	新型业态	积极推进包装产业与文化产业的结合	开展包装文化创意产业的研究	敖雯楠	吴红军	湖南工大	包教委 培训部	
43			开展包装工业文化推广相关活动，培育创意文化机构			培训部	规划委	
44	绿色包装	加强绿色包装示范工程建设	启动建设包装绿色制造企业示范工程	王跃中	刘国靖	专项小组	各部门	发改委 工信部
45			启动建设包装绿色制造园区示范工程	王跃中	刘国靖	专项小组	各部门	发改委 工信部
46			启动建设包装绿色转型示范工程	王跃中	刘国靖	专项小组	各部门	发改委 工信部
47		选择合适品种率先落实生产者责任延伸制度	启动某产品生产者责任延伸制度制定工作	王跃中	刘国靖	专项小组	各部门	发改委 工信部
48		依托再生资源回收体系，优化包装废弃物回收利用产业链	联合开展相关项目示范试点			专项小组	各部门	发改委 工信部
49		推行使用低（无）VOCs含量的包装原辅材料，倡导使用低（无）VOCs排放的先进印刷、复合工艺	遴选企业及地区，开展VOCs治理试点示范			专项小组	各部门	环保部
50		开展绿色包装相关研究	农产品绿色包装设计策略、方法与关键问题研究	王跃中	吴红军	湖南工大	包教委 培训部	
51			基于循环经济的中国包装经济发展新战略研究					
52			我国包装产业绿色化发展现状及未来模式探索研究					
53			整体包装解决方案的广义绿色度评价及绿色包装认证方法研究					
54			包装废弃物制备高质垃圾衍生燃料的研究					
55			基于可降解生物基包装的安全性分析与应用研究					

续 表

序号	任务		工作内容	负责人	配合人	牵头部门	配合部门	外联部门
56	企业培育	培育一批规模和品牌俱佳的上市公司和核心竞争力强的企业	联合开展企业社会责任定制化服务，推动企业可持续发展	敖雯楠	吴红军	规划委	培训部	
57			鼓励、支持 2~3 家企业上市，初步形成“以主板、中小板和创业板为重点，新三板为支撑”的新格局					
58			支持企业申报“制造业单项冠军示范（培育）”企业，争取扶持 1~3 家企业入围	敖雯楠	吴红军	培训部	规划委	工信部
59	法规保障	推进绿色包装相关法律法规体系制度	启动制定《包装某细分行业清洁生产评价指标体系》	刘国靖	朱婧	专项小组	行业部	发改委 工信部
60			启动推行包装绿色评估和绿色认证制度			专项小组		
61			我国包装法律法规与标准建设推进策略研究			湖南工大	包教委 培训部	
62	教育支撑	开展相关研究	中国包装工业“十三五”发展战略与实施机制研究	敖雯楠	吴红军	湖南工大	包教委 培训部	
63			“十三五”中国包装教育发展战略与政策研究					
64			面向“双一流”的包装学科内涵与体系研究					
65			湖南工业大学“绿色包装与安全”博士培养项目的建设机制研究					
66			湖南工业大学“绿色包装与安全”博士培养项目建设的比较研究					
67		大力开展包装职业教育相关工作	12 月底前完成《高等职业学校专业教学标准》包装专业教学标准第一部分制订			行指委	培训部	教育部
68			9 月下旬在中山举办“2017 全国包装设计职业技能大赛”					
69			12 月中旬举办中国包装产业协同创新年会暨全国包装职业教育教学指导委员会 2017 年工作会议					
70		加快包装产学研合作平台建设	举办包装产学研对接活动			培训部	规划委 行指委	
71		创新校企合作人才培养模式	联合相关院校开展包装专业相关学历教育及职业培训、举办“中国软包装培训交流总裁班”					
72		完善人才招聘与交流综合服务平台	举办校企互动国内外包装人才专场招聘会					
73	信用体系	加快构建以行业组织为主体、第三方机构为支撑、企业广泛参与、政府指导推动、社会监督协作的“五位一体”行业信用体系	启动建立行业信用数据库	刘国靖	朱婧	会员部	行业部	商务部
74			启动建立企业信用等级评价制度					
75			启动建立包装企业诚信档案					
76			启动搭建包装企业信用网络平台			网信部	会员部 行业部	
77	行业组织	研究制订《指导意见》中适合地方包装产业发展的具体实施方案	支持 2~3 个相关地方包协（包装办），制订本地区实施方案或配套政策	敖雯楠	吴红军	培训部	规划委	
78		鼓励、表彰地方行业组织	评选优秀地方行业组织及负责人	刘国靖	朱婧	会员部	行业部	

表 2　中国包联 2017 年专项工作

序号	任务	工作内容	负责人	配合人	牵头部门	配合部门	外联部门
1	开展产业政策研究工作	组建中国包联专家库，统一颁发专家聘书，各分支机构共建共享	敖雯楠	朱婧	行业部	会员部 培训部	
2		成立包装产业政策研究中心（中国包联政策研究室）	敖雯楠	吴红军	专项小组	行业部 培训部	
3		联合相关单位，启动成立中国包装产业高端智库			培训部	规划委 湖南工大	
4	开展过度包装相关工作	配合工信部开展过度包装治理工作	王跃中	刘国靖	专项小组	行业部	工信部
5	开展容器展相关工作	与励展集团合办“2017 年中国包装容器展”	王跃中	朱婧	行业部	会员部	
6	开展全国质量奖相关工作	配合中国质量协会在包装行业开展质量评比、选送	王利	朱婧	质量部	行业部 会员部	中国质协
7	开展中国工业奖相关工作	配合中国工业经济联合会在包装行业开展中国工业大奖的选送	刘国靖	朱婧	会员部	行业部	中国工经联
8	开展百强评比相关工作	行业百强评比、发布	王利	朱婧	网信部	会员部	
9	开展科技奖相关工作	中国包装联合会科学技术奖的评审、发布	王利	朱婧	技术部	行业部	科技部
10	开展统计相关工作	开展行业信息统计、运行分析，发布运行报告和指数	敖雯楠	吴红军	统计部	网信部	统计局
11	编纂包装工业史相关工作	编纂中国工业史・包装卷	敖雯楠	朱婧	行业部	各部门	中国工经联
12	编辑包装年鉴相关工作	编辑 2016 年度中国包装年鉴	敖雯楠	吴红军	贸促包装	各部门	中国财富出版社

2016 年军民融合包装发展建设工作要点

2016 年 1 月 29 日

军民融合作为国家战略已列入规划重点。2016 年，作为“十三五”规划开局之年，我国包装领域军民融合发展建设工作部署如下。

一、总体指导思想

深入贯彻落实党的十八届五中全会提出的“推动经济建设和国防建设融合发展，坚持发展和安全兼顾、富国和强军统一，实现军民融合发展战略，形成全要素、多领域、高效益的军民深度融合发展格局”的战略决策，努力践行习近平总书记提出的强化大局意识、强化改革创新、强化战略规划、强化法治保障的“四个强化”要求，全面推进军民融合深度发展。

二、主要目标任务

加快建立军民融合包装工作机制、供需预警机制和创新成果评价机制，建立平战结合、军民一体的科研生产与服务保障供应体系，建立满足军民融合包装的通用化、集装化、信息化、减量化等技术标准体系，建立以示范项目为牵引、以优势包装企业为龙头、以技术研发中心为支撑的军民融合包装产业基地，致力研发解决联合投送、多式联运等关键包装技术，围绕当前军民融合协调机制不健全、政策法规与技术标准体系不完善、信息交流与成果共享渠道不顺畅、科技创新与激励措施不到位等问题，研究提出建议和措施，逐步形成机制顺畅、体系完善、标准配套、资源互补、产学研一体、可持续发展的军民融合包装产业发展的新格局。

三、工作要点

落实规划纲要、加强机制建设、构建标准体系、加快军民共用技术成果转化、拓展技术交流活动等8个方面、25项重点工作，具体如下。

1.制订军民融合包装发展建设“十三五”规划落实方案

认真抓好军民融合包装发展建设“十三五”规划的落实工作，将军民融合包装发展建设纳入国家规划，取得国家发改委、工信部、科技部、国家质检总局、国家标准化管理委员会等部门对军民融合包装发展建设的项目支持和政策支持，不断把军民融合包装发展建设工作做实做强。一是加强顶层设计，增强宏观决策和组织协调能力，做好各部门、各系统之间的协调工作，发挥军民融合包装服务平台作用，形成第三方服务主体。二是积极沟通协调，及时掌握和认真落实军队及中国包装联合会的有关指示和要求，形成以产学研用相结合为支撑的互动系统。三是组织开展国际军民融合包装研究工作，做好情报信息的收集分析，及时掌握国外包装行业发展动向；组织国际技术交流活动，助推包装新技术、新材料、新工艺的研发、引进和推广应用，提升我国军民融合包装发展建设水平。

2.召开军民融合包装建设工作专家顾问会议

就军民融合包装发展建设“十三五”规划中的目标、任务、重点提出实施意见和建议；对国家有关包装领域军民融合的支持政策和法规保障提出建设性意见；对国际国内军民融合包装发展趋势进行跟踪研究和前瞻性研究；开展国内外专家和咨询机构间的交流；开展军民融合包装科研标准化咨询研究；围绕推进军地包装资源开放共享和军民两用技术相互转移，增进军民融合包装深度发展的科学化提出建设性意见。上半年拟组织召开军民融合包装专家顾问工作会议。

3.组织军民融合包装示范工程推广应用会

推进军民共用技术转化应用，举办示范工程推广应用展会，并结合专题研讨交流和商务活动进行组织。通过军民融合包装创新成果试点示范工程的经验推广，为提高包装领域军民融合通用技术的军事效益、社会效益、经济效益、环境效益发挥积极的示范引领作用。展会拟分6个方面专题：①军民融合运输集装化示范工程；②军民融合覆膜铁材料示范工程；③军民融合软包装材料示范工程；④军民融合纺织品再生材料示范工程；⑤军民融合特种纸板包装示范工程；⑥军民融合应急药材包装示范工程。

4.建立军民融合包装示范基地及工程中心

依据鼓励支持环保、低碳、节能、节材代木、循环使用的军民融合包装新技术、新材料的研发和推广应用的原则，进一步加大军民融合包装示范基地及工程中心的建设。包括：①军民融合产业化基地论证与建设；②联合投送、多式联运关键包装技术工程中心建设；③物流集装化工程建设。

5.组织军民融合包装高峰论坛暨高新技术成果展

依据“推进军民融合深度发展”战略方针，加快我国包装领域的军民融合发展步伐，结合军队建设发展需求，从理论、组织、机制、体系、技术等方面，实现军地协调、需求对接，推进军民共用技术的转化应用，下半年在国家有关主管部门和中国包装联合会的支持下，组织举办首届军民融合包装高峰论坛暨高新技术成果展。

6.研究建立军民融合包装标准体系

认真学习贯彻习近平总书记提出的“要加紧在国家层面建立推动军民融合发展的统一领导、军地协调、需求对接、资源共享机制，加强政策法规建设，完善军民通用标准体系，既强化国家主导作用，又充分发挥市场的作用，努力形成全要素、多领域、高效益的军民融合深度发展格局”的要求，结合国家标准化管理委员会确立的“加快军民标准融合。坚持统筹兼顾，优势互补，研究制定进一步推动军民融合标准化工作的有关政策措施。研究建立军民标准化工作的会商协调机制，协调解决重要问题。积极推动通用领域‘民标军用’和关键领域‘军标转民’，搭建军民一体化的标准化工作平台，加快推进军民标准化资源共享”的目标任务，进一步加快军民融合包装标准体系的研究工作。2016年，重点完成以下研究任务：①《军民融合包装标准体系表》编制，形成平战结合、科学完备、总体协调、适用性强的包装标准体系框架；②深化《减量化军民融合包装标准体系建设及示范工程》课题研究，以国家循环经济发展战略为着眼点，以减量化为突破口，提出减量化军民融合包装标准体系建设方案，构建军民一体化的绿色包装体系；③开展军选民用标准研究，重点围绕民用包装领域通用基础、专业工程等现有的国家标准和行业标准进行分析研究，提出军队可直接采用的民用标准目录。同时开展军转民用标准研究，重点围绕军队包装领域技术管理标准、行业通用标准、集合包装（托盘、集装箱）等国家军用标准进行分析研究，提出军队标准可直接转化为民用标准目录。另外，注重对包装领域术语、标志、尺寸、防护方法、材料与容器、检验与试验方法等国家军用标准和国家标准进行分析，提出整合与修订标准项目，为国民经济发展和国防现代化建设提供技术支撑。

7.组织专题培训及研讨会

组织举办军民融合包装专题培训及研讨会，包括：①保障军品包装建设需求与提供优质服务专题培训；②法规政策与军民融合深度发展专题研讨；③财税政策与军民融合深度发展专题培训。大力宣传军民融合战略方针，普及军民融合包装知识，明确军品包装建设的重点、难点及对策办法，探讨军民融合的新途径、新方式、新领域，促进军民融合在包装领域的全面展开，构建军地资源共享的可持续发展的教育培训平台和军地互动对接平台。

8.拟制军民融合包装国家标准并提出立项标准

一是承担并组织开展《军民融合包装技术评价导则》《军民通用包装要求》《功能性抑菌保鲜包装膜（袋）》《循环复用物流运输包装箱》4 项国家标准的制定工作。二是做好 2016 年国家标准制修订项目计划的立项申报，完成新标准项目的研究和申报，科学组织标准草案起草工作，为推进军民融合深度发展提供技术支撑。

2016 年度中国包装联合会科学技术奖获奖项目

中国包联技字〔2016〕46 号

2016 年 10 月 17 日

序号	项目名称	主要完成单位	主要完成人
		一等奖（2 项）	
1	高端制药自动化生产线感知控制技术及数字车间应用	湖南大学 湖南工业大学 湖南千山制药机械股份有限公司	王耀南、张昌凡、刘祥华、毛建旭、朱　青、梁桥康、吴成中、张　辉 冯明涛、周显恩、张　耀、易　国 王海洲、曾　凯、吴昊天
2	高品质乳制品无菌生产的关键技术集成与系列高性能自动化成套装备的研发	杭州中亚机械股份有限公司 浙江大学 浙江大学宁波理工学院	吉永林、刘东红、史　正、侯高强 周建伟、周强华、孙志芳、刘虎林、姚　辉、李振华、王正发、胡明伟
		二等奖（12 项）	
1	冷鲜肉活性包装新技术推广与应用	湖南工业大学 湖南新五丰股份有限公司	邓　靖、汤建新、李　文、邱　卫、胡舜钦、周庆华、罗杰沛、曾晓红
2	气相防锈塑料缓冲包装片材技术研究与应用	沈阳防锈包装材料有限责任公司	白　芳、唐艳秋、徐欣轶、沈　萍、周　红、杨　冕、赵玉凯
3	XG-800 系列焊缝补涂涂料应用技术及产业化	徐工涂料技术（烟台）有限公司	唐茂强
4	全自动钢板双面铣边机生产线关键技术研发及应用推广	西安重友机电自动化工程有限公司 西安生产力促进中心	侯　斌、党继强、贾　凯、李心安 马润刚、景志平、李武斌、刘建国、王　宁、严随民
5	局部转移镀铝膜基材循环使用关键技术与装备开发	广东壮丽彩印股份有限公司	段华伟、汤树海、许日勤、李振华、何陆军、陈晓枫、段清辉、刘慧敏、姚怀远
6	智能包装成套设备技术及产业化	华联机械集团有限公司	蒋　琪、朱政明、薛瑞洪、柯君阳 陈　伟、刘　薇、刘　毅、董蓓华、陈伯贵、张月多
7	UV 金属印涂品关键技术及应用	上海宝钢包装股份有限公司	张　清、郭文渊、徐红波、李　刚 郭莹莹、夏科峰、阮如意、顾　婕 王严奇、张　露

续 表

序号	项目名称	主要完成单位	主要完成人
8	大容量耐高压铝罐关键技术研究及应用	广东欧亚包装有限公司	连运增、章耀平、杜国生、朱靖宇、田玉珍、王大洲、连克光、连梓豪
9	高分子材料流变行为控制机理及其在包装材料制备中的应用	湖南工业大学	刘跃军、陈　一、黄宇刚、刘文勇 曾广胜、李祥刚、刘小超
10	环保智能型 200L 钢桶材料彩色胶印生产线技术及产业化	江苏华宇印涂设备集团有限公司	沈宾义、胡玉兵、陈忠兵、费和超
11	超高稳定高速全自动钢桶焊机的研制	江阴五星焊接铜业有限公司	王金东
12	绿色环保水墨印刷机高精度机械支撑关键技术	湖南工业大学 株洲三新包装技术有限公司	姚齐水、刘为成、余江鸿、王　勇 刘志军、赖见方、杨　文、李　超
	三等奖（**25** 项）		
1	蒸发残渣恒重测试仪的研制	济南兰光机电技术有限公司	姜允中、陈　宇、陈　欣、李宪昌 陈　曦
2	充气式缓冲包装关键技术的开发	上海艾尔贝包装科技发展有限公司	张嘉盈、杨华正、吴志伟、谢　斐
3	六层复合瓦楞纸板生产技术开发	达成包装制品（苏州）有限公司	张惠忠
4	胶印润版液全自动配方过滤系统研发及产业化	广东轻工职业技术学院 广州绿印家环保科技有限公司	廖志浩、杨伟柱、苏　静、官春平、贾春江
5	一种高精度高可靠高稳定大型纸箱抗压试验机研制	杭州品享科技有限公司	郭利斌、王　军、苏红波、王传贤 赵鹏程
6	无机复合抗菌纸包装材料的研发与产业化	广东壮丽彩印股份有限公司	段华伟、汤树海、何陆军 符秀科、连俊华
7	中空吹塑成型机关键技术研发及应用	无锡四方友信股份有限公司 南通大学	茆林凤、朱志松、严晓照 鞠春明、龚晓燕
8	非线性螺旋式方形纸管制造设备研发及制品推广	广州海方科技股份有限公司	蓝诗理、王殿海、王　涛、何易培、陈鹏久
9	低耗材高强度二层白瓷涂料结构耐腐蚀易拉盖的研制	广东英联包装股份有限公司	柯丽婉、陈锐勇、郭桂强 翁伟武、邱锡辉
10	M8 系列 200~208L 钢桶高速自动生产线技术研究及应用	营口北方制桶设备科技有限公司	綦德平
11	我国钢桶包装容器标准化研究及应用	广州质量监督检测研究院 无锡四方友信股份有限公司	卢　明、鞠春明、何渊井、唐复胜、朱丽萍
12	具有感知智能的码垛机器人关键技术研究及应用	常州轻工职业技术学院 常州荣创自动化装备股份有限公司	吴志强、陈春栋、陈晓林、徐　莺、袁　锋
13	涂装连续生产线废气焚烧集中供热系统应用研究	常州市鼎龙环保设备有限公司	许言午
14	生物可降解流延拉伸热收缩膜的研制	卫辉市达新源包装材料有限公司 河南银金达新材料股份有限公司	闫银凤、阮德谦、张启纲 周宏涛、张方方
15	R 光栅的研制及其在立体包装中的应用	四川省宜宾普什集团 3D 有限公司	熊　建、李　陶、阳培翔、周立权 刘　强
16	全自动预涂膜覆膜机关键技术与设备研究	北京印刷学院 玉田县盛田印刷包装机械有限公司	王　燕、房瑞明、叶理明 蔡吉飞、王新利
17	高阻隔、抗迁移绿色包装薄膜产业化关键技术研究	北京印刷学院	陈　强、杨丽珍、刘忠伟 王正铎、桑利军
18	溯源易撕防伪 RFID 标签的制造技术研发	杭州电子科技大学	黄爱宾、刘彩凤、陈浙泊
19	电磁感应罐身焊缝补涂烘干机关键技术研发及产业化	广东韩江轻工机械有限公司	李蓝翎、汪小平
20	全自动大包装生产线关键技术开发	武汉人天包装自动化技术股份有限公司	陈　羿、马　永、程　亮
21	高速错位堆叠吊篮堆码机的开发	青岛开拓数控设备有限公司	崔金宝、王　青、王建峰、王志坚、李　环
22	全自动电脑伺服错位堆码机研制	青岛佳友精密机械有限公司	宋佳琳、王苏革、谷晓杰 任大全、闫大海
23	可变二维码技术在三片罐上的开发与应用	奥瑞金包装股份有限公司	陈玉飞、宋　莉、华钟山、栾　宾 安培元
24	铝盖压痕烫金工艺及技术研究	山东丽鹏股份有限公司	刘久平
25	七层方形卷边钢桶关键技术的开发	吴江市吴氏制桶有限公司	吴国飞

2016 年度包装行业两化融合管理体系贯标试点企业名单

厦门合兴包装印刷股份有限公司
山东省药用玻璃股份有限公司
三河市亿丰伟业纸业有限公司
福建友谊胶黏带集团有限公司
烟台长裕玻璃有限公司
赣州市绿野包装有限公司

2016 年度中国包装优秀品牌名单

品牌名称	企业名称
大亚	江苏大亚新型包装材料有限公司
亨 DAILY CHEMIC	泉州华硕实业有限公司
天原	蚌埠天成包装科技股份有限公司

专 著 论 文

我国包装高技术市场的发展与“互联网+”

陈希荣

摘要：本文是作者在“互联网+”包装领域研究的成果，包装承载的不仅仅是商品，还包括物流、信息流、商流、资金流和供应链。没有合理而科学的包装将零散的商品成组化和信息化，就没有现代的物流系统。中国下一个15年将是“互联网+”和移动网络的天下，电子商务正在引发一场“按需定制”的生产模式革命、“线上销售”的销售模式革命、“创业式”的就业模式革命、“货比三家”的消费模式革命、“无领式”的生活模式革命。在向大工业转变的过程中，国内快递电商市场国际化已成为包装业发展的主要特征。摒弃传统加工包装方式，寻求新的包装服务方式，是一大新课题。

关键词：包装；高技术市场；模式革命；互联网+；包装电子商务物联网技术

一、我国包装高技术市场产业基本现状分析

国际上对现代包装的定义是“物品从生产到消费者手中所经历的运输、保管、装卸、使用等过程中为了保持物品的质量、价值、使用方便、促进物品的销售而对物品施加的技术或状态”。新概念的包装技术也将出现。如防辐射性污染的包装技术、非外加能源的速冷（速热）包装技术、化学污染及重金属离子消除包装技术、食品环境自适应（温度、湿度等）包装技术等。

随着世界加工制造业重心向中国转移，中国仍然是世界上经济增长最快的地区，预计到2020年，中国经济规模比2000年增长4倍。2008年全国（除中国港、澳、台地区）包装工业总产值达8600亿元人民币，相当于1260多亿美元，已经成为世界第二包装大国。我国包装工业总产值突破17600万亿元大关。包装产品已基本满足了7万亿多元国内社会消费品零售总额和6万亿多元国内社会消费品零售总额及6000亿美元出口商品的包装配套需求。按照这样的发展势头，到2020年可以再造一个中国包装，达到25000万亿元。

网赢天下，企业触网是必然选择。2013年中国电子商务总规模9.8万亿元，如何发挥企业网站就是企业网上公司的价值；网站就是企业的网上公司，是企业触网的根本，5年内不触网，企业一定没希望，2013年电商模式异军突起，电商系统将全面地指导传统企业如何踏上电商时代的潮流，帮助企业实现转型升级，形成新的利润增长点。未来10年中国采用传统运营的生产模式的企业都有可能遭遇前所未有的大挑战，包装承载的不仅仅是商品，更是物流、信息流、商流、资金流和供应链。“中国互联网下一个15年是电子商务的15年。”电子商务正在引发一场“按需定制”的生产模式革命、“线上销售”的销售模式革命、“创业式”的就业模式革命、“货比三家”的消费模式革命、“无领式”的生活模式革命。

互联网骨干网络进入规模发展时期：“宽带中国”战略加速；互联互通扩容力度加大；国际网络布局初具规模；云计算、无线网络基础设施快速发展；大型互联网企业引领自建基础设施潮流。中国下一代互联网提升至国家战略。

中国的互联网企业经过15年的发展，已经形成年直接营收逾百亿元的庞大产业规模，而且也间接带动了IT（信息技术）、信息产业、家电、物流、金融、包装等诸多行业的发展，这其中电子商务类企业贡献尤为显著。我国“互联网大国”的规模已经初显。无疑，今后将是互联网和移动网络的天下，目前我国中小企业中电子商务及网络营销相关的互联网应用利用率已达到42.1%。商务部预计，未来5年我国电子商务交易额将保持年均20%以上的增长速度，2015年将达到12万亿元的规模。

在向大工业转变的过程中，国内快递电商市场国际化已成为包装业发展的主要特征。摒弃传统加工包装方式，寻求新的包装服务方式，是一大新课题。卓越的商业模式就是一个增值模式。包装印刷企业还将协调产业链中上游企业和下游终端用户企业的关系，实现从原材料供应到成品交货运行的理想状态，提高整个系统的运行效率和质量，建立标准采购/供应模型。国家邮政局发布《中国快递领域绿色包装发展现状及趋势报告》，2015年，全国快递消耗快递运单约207亿枚、编织袋约31亿条、塑料袋约82.68亿个、封套约31.05亿个、包装箱约

99.22 亿个、内部缓冲物约 29.77 亿个。2016 年，全国快递业务量不断刷新纪录，累计完成 313 亿件。

一份国外权威的技术报告指出的当前 8 个高技术包装市场分别是：①数字化包装印刷（Digital printing for packaging）；②活性包装（Active packaging）；③保护防伪包装（Brand protection devices）；④高阻隔材料（High-barrier materials）；⑤智能包装（Intelligent packaing）；⑥射频识别标签（Radio frquency identification tags）；⑦防盗装置（Tamper-evident devices）；⑧生物降解材料（Biodegtadable materials）。

二、包装技术创新链的解决方案

一个技术上、经济上都比较理想的包装，应该是经济和技术两个方面有机地结合，既达到技术上先进，又要使经济上合理，有较高的性价比和投入产出比，这样才能以最少的包装费用，获得最好的包装效果。包装设计将直接影响物流活动的生产率，没有合理而科学的包装将零散的商品成组化和信息化，就没有现代的物流系统。所以如何从包装设计的角度来合理有效地提高物流各个环节的生产率，已经成为包装设计中的一项非常重要的工程。CPS 是英文 Complete（整体）、Packagjng（包装）、Solutions（解决方案）的缩写，意思是整体包装解决方案，是国际流行的包装服务新概念。

三、互联网的发展将引发一场包装物流业革命

（一）整合产业链的物联网技术

物联网是新一代信息技术的重要组成部分，也是中国“十三五”规划当中的一个重要技术组成部分，其发展关系到国计民生。

物联网（The Internet of things）是物物相连的互联网。其有两层意思：第一，物联网的核心和基础仍然是互联网，是在互联网基础上的延伸和扩展的网络；第二，其用户端延伸和扩展到了任何物品与物品之间，进行信息交换和通信。

物联网详细而言是指通过射频识别（RFID）、红外感应器、全球定位系统、激光扫描器等信息传感设备，按约定的协议，把任何物品与互联网相连接，进行信息交换和通信，以实现对物品的智能化识别、定位、跟踪、监控和管理的一种网络。

（二）供应链信息集成

供应链方面，部分物流公司在自身的供应链服务基础上开展供应链金融等业务，寻求新的增长点。为了在竞争中脱颖而出，一些物流公司已经向 B2B（Business To Business）和 O2O（Online To Offline）等模式转变，这些转变成为 2016 年的大趋势。建立区域性供应保障体系的供应链管理模式，是我国流通的电子商务和物流配送体系改进的新思路。

所以包装与第四方物流的整合与合作便成为未来的高端抢占先机的重点所在。作为一个全新的概念，第四方物流的提出整合了诸多现代管理思想。从本质上讲，“第四方物流供应商”是一个供应链的集成商。

（三）智慧物流一站式服务平台

电子商务物流又称网上物流，就是基于互联网技术，旨在创造性地推动物流行业发展的新商业模式；通过互联网，物流公司能够被更大范围内的货主客户主动找到，能够在全国乃至世界范围内拓展业务。

所谓“四网一体”，打造智慧型第三方物流体系平台、多式联运转平台和电商物流产业示范平台，以及全国的信息化网点可视化布局平台。

目前数字化、网络化、信息化成为物流发展的一大主体，物流与电子商务结合更快地促进了包装信息化的进程。如物流信息收集数据库化和代码化，物流信息处理的电子化和计算机化，物流信息存贮的数字化、电子订货系统（EOS）、电子数据交换（EDI）等技术的广泛应用，均需要产品包装走向信息化，将自动识别系统、条码技术适当地应用于包装上。物流的自动化，如条码/语言/射频自动识别系统、自动分拣系统、自动存取系统、货物自动跟踪系统都需要在包装上有明确的标识及可以识读的信息码才能实现。

（四）未来宏观配送系统的发展趋势

随着全球卫星定位系统（GPS）的应用，社会大配送系统的动态调度、动态储存和动态运输将逐渐代替企业的静态固定仓库。这种动态仓储运输体系借助于全球卫星定位系统，充分体现了未来宏观配送系统的发展趋势。例如多维仿真技术在配送路线、车辆调度的规划上就具有低成本和高效率的优势。仿真软件将凭已嵌入的算法和专家经验库，结合操作者的实际需求，选择最优配送方案。在屏幕上，操作者可以观察不同的场景，通过不同的配送需求对各种配送方案进行评价。英国一家公司采用三维仿真系统对拟建的一条汽车装配线及其相关的仓储输送系统进行了虚拟仿真，经过不断完善和修改，最终的系统降低了成本，提高了效率。仿真软件的开发者们也继续在提高软件的水平，最新的软

件通过四维（x、y、z，时间）设计，使系统更加接近现实世界。

实现快速、准确、低成本的配送服务，提供科学的决策信息，这是自动化、信息化的一种高层次应用，在配送的自动化进程中，智能化是不可回避的技术难题。好在专家系统、机器人等相关技术在国际上已经有比较成熟的研究成果，为了提高配送自动化的质量，配送智能化已经成为配送技术发展的一个新趋势。

包装物流电子商务及其发展趋势：物流运输配送技术的应用，EDI（信息交换）技术，GIS（地理信息系统），电子商务下的配送技术，GPS（全球定位系统），电子商务快递业，BI（商业智能技术）。

陈希荣先生简介

国际科学研究院院士（终身）教授，国际生态学会会员，中国管理科学研究院特约研究员，北京印刷学院客座教授，中国包装联合会电子委副秘书长，全国高级包装工程师培训专家委员会主任，《中国包装工业》专家顾问、全国理事会理事，《全球包装工业》编委，历任海尔集团GO包装专家、职能部长，美的集团中央研究院包装技术专家，华为中央硬件工程院包装专家顾问，现任首钢集团包装专家顾问，中国快递电商包装首席专家顾问，阳光印网研究院技术专家顾问，“中国科学家论坛”特邀嘉宾。

冷冻技术在包装中的应用及发展

王　伟

（中国包装科研测试中心，天津 300457）

摘要：随着时代的进步以及人们生活水平的日益提高，人们对生活中的各个方面都有了较高的要求，冷冻包装就是在这一需求下产生的。冷冻技术的进步不仅使我们的生活更加便利，同时使我们的生活更加健康。本文首先简要地介绍了冷冻包装的定义，然后就应用食品冷冻包装和疫苗的冷冻包装进行了详细的介绍，也就相应技术的发展历程以及相应领域的最新技术进行了简要的介绍。

关键词：冷冻包装；食品冷冻；疫苗运输

食品的冷藏和冷冻包装是一种古老的食品保存方法。借助于冷冻剂，可以在较低的温度下降低生鲜细胞的呼吸作用，防止过熟；还可以降低微生物的生长繁殖，从而防止食品因细菌的生长繁殖而引起食品腐败变质；冷藏和冷冻还可以降低食品中的水分活性，水分活性降低，有利于防止食品过熟而腐败。通过冷藏和冷冻保存食品，可以较长时间地保存各种新鲜蔬菜、水果、鱼类、肉类等，因此冷藏和冷冻包装食品是很重要的一种食品包装方法。

除了在食品包装上的应用以外，冷冻包装技术在疫苗的冷藏与运输中也有巨大的应用价值。

一、冷冻包装发展

冷冻包装在很多方面都有广泛的应用，但是主要的应用领域是食品的冷冻包装以及药物的冷链运输。

1.食品冷冻包装发展

冷冻食品于1946年最早在英国形成，在冷库、冷藏车以及食品冷藏柜的大规模发展背景下，冷冻食品1962年得到迅速发展，发达国家冷冻食品业在整个食品工业中日益占有重要的地位。我国于19世纪60年代初开始有冷冻食品出现；70年代小批量生产；80年代进入起步阶段；90年代产品除速冻蔬菜以外，还有小包装冷冻畜产品和速冻糕点、冷饮食品。到了2004年，中国冷冻冷藏食品工业的总产值达到456.56亿元人民币，总产量达1200万吨，年销售额约100亿元。经济越发达，消费水平越高，速冻食品的消费量就越大。

2.药物冷冻包装发展

近年来，我国制药行业得到迅猛发展，冷藏药品冷链运输物流行业迎来了广阔的发展空间，以疫苗、血液制品等为代表的冷藏药品冷链物流发展较快。以疫苗为例，SARS（严重急性呼吸系统综合征）疫情激发了我国对流感疫苗的需求，2002年消费量不超过500万人/份，而2004年则突破了1500万人/份。中央财政2008年和2009年分别投入国家免疫规划专项费用27.2亿元和29.2亿元，相当于2006年的10倍左右。由此可见，我国冷藏药品冷链物流有着广阔的发展空间。但是我国冷链药品冷链物流的硬件设备与国际相比差距巨大，主要表现为冷链设施和冷链物流装备不足。在冷藏装备方面，我国的保温车辆约有3万辆，而美国拥有20万辆，日本拥有12万辆左右。在冷库容量方面，我国的冷库总容量为700多万立方米，但是很多的冷库只限于肉类和鱼类的冷冻储存。

二、食品方面冷冻包装技术发展

食品最初的冷冻技术只是裸露地保存在制冷剂［水、冰块、液氨（NH_3）等］中，随着科学技术的发展尤其是冰箱、微波炉以及电磁炉的大量应用，食品冷冻包装开始由原来的简单包装发展到现在使用各种先进技术来进行包装。

1.食品冷冻技术与包装技术的结合

冷冻包装技术是将冷冻技术与包装技术相结合的一种包装技术。现有的包装技术中被用于冷冻包装的主要是真空包装、充气包装以及无菌包装。真空包装减少了包装内O_2的含量，防止食品的变质，特别是高级冷冻食品的保鲜，采用真空包装后再加上冷冻保藏的话，就能更长期保持质量。充气包装在冷冻食品包装中主要是少量嫩牛肉采用这种包装。1982年出现了虹肉换气包装，使用CO_2和O_2混合气体，在热成型充满密封机上包装即能达到这一目的。同时在冷冻运输包装箱上使用有隔热的瓦楞纸板也是一个研究热点，同时瓦楞纸板进一步增加防水性能，这种形式的冷冻包装可以代替原来使用的塑料包装材料，增加环保性能，材料更易回收。

2.食品冷冻技术与包装材料

1984年，加拿大最先出现利用真空冷冻包装袋对虾进行保鲜包装。由于高分子材料的不断发展以及其优良的性能和加工方便、价格低廉，使用高分子材料进行的冷冻包装成为一种大趋势，但是高分子材料在低温环境下强度降低以及耐冲击性能降低，使其包装很容易破损，很多研究者在这方面进行研究以提高高分子材料在低温下的力学性能。

由于冷冻食品越来越为人们所接受，冷库容量也不断增大，冷冻食品日益增多，人们对冷冻食品的要求也在不断地增加，这时对冷冻技术的要求也就越来越高了。食品的冷冻技术与食品的品质有很大的关系，最新的食品冷冻技术包括被膜包裹冻结法、超声冷冻技术、高压冷冻技术、冰核活性细菌冻结技术、生物冷冻蛋白技术、即时冻结系统、食品减压冷冻技术。这些技术决定着食品中的细小微米及纳米结构，进而影响口感。同时，食品的微细结构会在微波等加热方式下产生其他形式的改变，这也是研究人员的研究热点。

同时，食品在冷冻包装下的其他问题的出现也是研究人员要解决的问题，如“返霜”问题，这种问题会影响食品的品相以及口感，进而影响销售，解决这种问题也是一个重要的研究方向。

三、疫苗保存冷冻包装技术发展

生物制品具有生物活性，因此储运过程中需要冷藏或冷冻。冷冻包装是生物制品生产厂家应重视的问题之一。计划免疫用生物制品，通过各级卫生防疫部门的冷链系统下发到用户，冷链系统的运行也是行之有效的。但是，由于生产计划免疫用品利润低，生产厂家一直用普通包装材料。所以，国家为保证疫苗质量大量发放、普服、接种工作都安排在冬季，但是南方地区或疫情突发时期，疫苗的包装运输就成了问题。因此，采用冷藏包装就很有必要了。

目前，我国在医药研发和生产环节上已经具有较高水平，有些甚至达到或超过国际水平，但是储存和运输环节仍得不到保证，特别是需冷藏的药品，经常发生断链的情况，影响最终使用，而冷藏药品需要以低温方式保存和运输，因此，冷链物流已经成为保证冷藏药品品质、保障人民群众用药安全的关键环节。

1.药品冷冻包装材料发展

在疫苗的冷链运输方面，我国最初使用双层木箱、夹层填充锯末等保温材料，保温性能虽好，但笨重，不便于运输，防水防潮性能较差。现在采用泡沫塑料箱，轻便、抗震、防水、防潮，配合使用冰袋，保温效果良好。泡沫塑料箱越厚越保温，但是包装体积也越大，成本越高。目前大多数使用高吸水溶剂加水成胶质状，塑料膜封装的冰袋，或用塑料容器装盐水的冰排，能反复使用。

冷藏车虽然能够起到很好的冷藏效果，但是缺点也是很明显的：

（1）无论货物多少，都需要发一台冷藏车，导致物流的成本居高不下。

（2）在配送的过程中需要多次打开车门，车内的温度就会不断上升，冷藏的意义就失去了。

（3）不同温度的货物不能一起运输，这样车上只能运输一种温度的货物，配送的效率很低。

（4）冷藏车需要由车载电动机不断提供电力，能源消耗严重。

2.药品冷冻包装方式发展

蓄冷箱的最大优势是无须制冷就能够实现长时间保冷。采用蓄冷箱后，只需使用普通货柜车就可以实现冷冻冷藏物品的运输和配送，并可以实现常温货物、冷冻货物、冷藏货物同车运输，从而大大节约了运输成本。

蓄冷箱是20世纪80年代初从发达国家发展起的一种高效物流技术。但是蓄冷箱的保冷能力研究以及保冷材料的研究在我国还不够完善，这就造成在疫苗等的运输过程中有断链的情况，有些时候疫苗送到目的地后已经不能使用。从2000年左右，我国有许多学者致力于蓄冷箱的保温效果以及蓄冷材料的研究。这些研究主要包括制冷剂的材料以及其制冷性能等方面（见图1）。

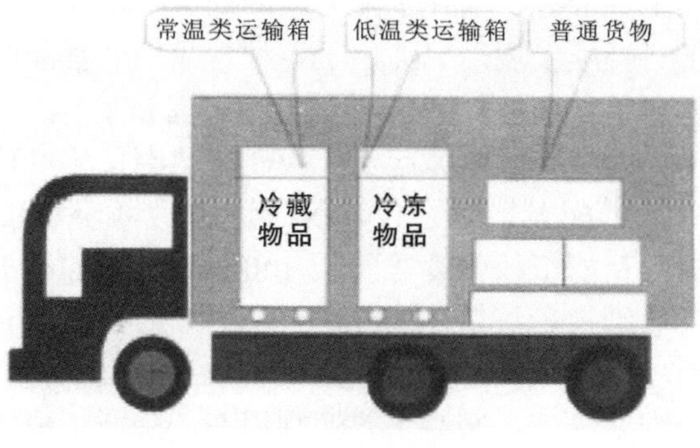

图1 普通货物、冷冻货物以及冷藏货物的混装技术

四、冷冻包装技术发展趋势

冷冻包装技术发展到今天虽然有很多的进步，但仍存在着许多的不足和需要改进的地方。在食品冷冻包装技术方面存在的主要问题是低温下的包装材料性能与常温情况下有很大的不同，以及食品在现有的冷冻技术下存在许多性能上的缺陷。在疫苗的冷链运输时遇到的主要问题是在运输过程中温度的波动会对疫苗的性能造成很大的影响。所以在运输过程中的温度保持与实时监测上要进行进一步的研究。

参考文献

[1] 陶宏。我国冷冻包装材料的现状与发展[J]。中国包装报，2009。

[2] 易静薇。我国冷冻药品冷链物流的现状及问题研究[J]。物流科技，2009。

[3]解通。冷冻包装食品“返霜”原因探讨[J]。制冷，2014。

[4] 陶泓。生物制品的冷冻包装问题[J]。中国生物制品学杂志，1999。

[5] 白美丽。疫苗的冷链运输与保持[J]。中国临床医学，2000。

[6]冯自平。采用蓄冷恒温箱实现混装的冷藏配送技术研究[J]。物流技术，2005。

[7]刘秀娟。蓄冷箱在疫苗运输中的应用研究[J]。物流技术，2008。

[8] 洪乔荻。疫苗运输用蓄冷材料性能研究[J]。制冷技术，2013。

新型材料与现代化技术在食品安全包装中的发展应用

祁书艳　陈　欢

（宁波大红鹰学院，浙江宁波 315175）

摘要：本文从人们日益关注的食品安全问题出发，介绍了当前绿色环保包装材料、绿色印刷油墨及绿色印刷工艺在食品包装中的发展趋势，着重阐述了适于食品包装的新型包装技术应用情况，指出智能化包装及防伪包装是保障食品安全包装的有效途径，有着广阔的发展空间和前景。

关键词：食品包装与安全；包装材料；印刷油墨；现代化包装技术

在这个食品安全与身体健康息息相关的时代，包装技术的好坏严重影响到食品安全，迫于人们日益追求的绿色健康可持续发展及市场的压力，食品包装新技术和新材料越来越多的被开发出来，使食品具有传统的功能之外，还具有更多的功能（智能杀菌、调节温湿度、延长保质期、防伪包装印刷等），食品包装也逐渐走向高端化，使食品安全得到了进一步的保障。

项目来源：教育部人文社会科学研究青年基金项目资助 12YJCZH168。

作者简介：祁书艳（1981—），女，河南平顶山人，硕士，宁波大红鹰学院讲师，主要从事包装印刷技术与设计的教学和研究工作。

一、食品包装材料的发展

随着国家经济的发展及消费观念的改变，人们已经从过去对食品的视觉、触觉、味觉的保护要求转向对环境、对人类生存无害的绿色包装材料，食品等快速消费品包装材料的发展呈现以下发展趋势。

1.包装材料无害化

食品包装材料是食品安全控制的重要环节，包装材料中的有害物质迁移会直接威胁到食品，导致食品不安全。随着环保意识的强化、法规的健全及社会监管力度的加大，目前国内外新开发的食品包装材料不仅要求具有较高的使用性能、便捷性能，还要具有绿色环保、无毒无害。食品企业为提高市场的竞争力，加大了自身产品的安全生产控制力度和监管力度，严格要求包装材料的卫生和功能安全，扩大包装材料的防护范围，以满足市场的要求。目前很多企业要求包装材料生产商提供由权威部门出具的包装材料生物安全性和化学稳定性证明。在外国，有些企业甚至要求包装材料供应商提供材料对人体敏感性的测试等项目。

2.包装材料天然可再生化

环保的包装材料从最初的选材、设计、加工、生产、包装、销售，直至废物利用与回收再生整个生命周期有着良好的性能，不污染环境、不损害生命健康。天然植物蔗渣，动物的毛皮可以制成各种不同功能的外包装，且经过使用后可降解可回收，对环境不会产生压力，同时一些由淀粉、蛋白质、多糖、脂肪、复合类物质生产的可食性包装，连其包装一起食用，其中的淀粉和蛋白质不仅对人体无害，甚至还会有利。

在米兰世界博览会上，可口可乐展示了使用创新技术制成采用可再生植物原料的完全可回收塑料瓶（见图 1），其包装材料采用植物所含天然糖分转化为聚酯塑料瓶制作原料。该包装材料可用于包装水、汽水、果汁和茶饮料等产品。如今，可口可乐公司使用甘蔗以及甘蔗生产过程产生的废料生产植物环保瓶，其外观、功能、可回收性与传统聚酯相同，但所用资源更少，全球碳足迹更轻。

图 1　可口可乐再生植物可回收塑料瓶

3.包装材料减量化

材料的薄型化、轻量化已成为当今包装行业发展的一种趋势。塑料软包装占据食品包装市场大部分，超薄塑料包材将会成为市场新宠，如添加茂金属的聚烯烃等，简化了配方、降低了挤出能耗、实现了可持续发展，已经用于各种食品、非食品的复合软包装；纸包装行业，“低定量、高强度”的瓦楞纸箱性能在行业内掀起了一股研究热潮，生产商通过对原纸配方、工艺技术等改进后，可使 $90g/m^2$ 左右的瓦楞纸板强度等同于 $140g/m^2$ 左右的纸板强度，原纸定量每增加 $1g/m^2$，箱纸板可降低 $1g/m^2$，从而使瓦楞纸板总量减少 70%，成品质量在符合国家标准要求下，减少了资源利用率，降低了成本，实现了轻量化包装。

4.包装材料多功能化

随着物质生活的日渐丰富，人们对商品包装的要求已不仅仅是简单的保护功能，同时还要求其具有多种功能，于是各种全新概念的包装材料应运而生。比如热功能包装材料（保温纸）——它能将太阳能转化为热能，用这种材料包装的食品放在阳光下照射，便可将食品加热，只有将包装打开，热量才会散去；生物功能包装材料（生物降解塑料）——它是一类可被环境中的细菌、霉菌、藻类等微生物分解，最终变成对环境无污染物质的塑料；化学功能包装材料（防腐纸）——用这种纸包装食品，可在 38℃的高温下存放 3 周而不变质。

二、食品包装印刷技术的发展

传统油墨中含有大量有毒有害化学物质，而食品包装又具有一定的透气性能，食品包装上的印刷油墨的化学迁移对内容物造成污染，存在安全隐患。随着人们环保意识的不断增强，全世界的印刷企业都加紧了绿色材料和无公害印刷的研发，呈现以下发展趋势。

1.印刷技术无苯化

目前，我国食品包装袋基本上以凹印为主，各种各样的食品包装袋基本上采用氯化聚丙烯类油墨印刷，极易污染包装内的食品或用品。为降低或消除其残留和污染，顺应环境保护和食品安全的要求，采用醇溶性凹印油墨替代苯溶性油墨，具有低气味、少含苯或不含苯、对环境污染较小等优点。在日本、韩国和东南亚等国家醇溶凹版油墨已经代替甲苯类油墨；在欧洲，人们大力提倡使用柔性版印刷，而凹版印刷只能使用醇溶性油墨；在国内，醇溶性油墨凹印现已得到逐步应用。而“醇溶油墨”还不能应用于高温蒸煮的复合包装袋，并且印刷效果（特别在浅版和高光部分）仍不尽如人意，目前推广无苯无酮凹印油墨和水性黏合剂任重而道远。

2.印刷油墨无毒化

（1）水性油墨——散发 VOCs（挥发性有机化合物）几乎为零

水性油墨是替代苯溶性油墨的最佳“绿色”印刷油墨，特别适用于烟、酒、食品、饮料等卫生条件要求严格的包装印刷产品，在数量和规格相同的情况下，水性油墨的消耗量较溶剂型油墨减少了约10%。目前，欧美国家绝大部分包装产品都是使用水性油墨进行印刷，以美国为例，80%的凹版印刷品采用水性油墨，95%的柔性版印刷品采用水性油墨，塑料薄膜印刷品中有40%采用水性油墨。

（2）低迁移 UV（紫外光固化）油墨——“绿色”没有上限

现在的 UV 油墨已能够实现无溶剂挥发、气味低等诸多环保特性，并广泛应用于各类食品的外包装印刷。但使用普通原料配置而成的 UV 油墨往往由于不能很好地控制自身的迁移性，而引发食品印刷油墨对食品的污染。油墨制造商通过筛选大分子量引发剂、高纯度的活性单体和树脂以及符合法规的颜料粉，并将这些物质的迁移数量控制在一个很小的范围，甚至是接近零迁移，积极研发出了具有较好发展前景的低迁移 UV 油墨，将会大有前途。

（3）大豆油墨——绿色印刷的号角

用植物油——大豆油全部或部分取代矿物油，有效减少了油墨中 VOCs 含量（大豆油油墨 VOCs 含量只有传统油墨的 17%）。和传统油墨相比，大豆油墨除了浓度高、光泽好、较好的水适应性、稳定性、耐摩擦、干燥等性能，更重要的是，大豆油墨内部不含铅、铬、镉、汞、砷、钡等有害金属元素，尤其适合幼儿产品。且采用大豆油油墨印刷的印刷品在废弃后，回收利用时更容易脱墨，可以制造出质量更好的再生纸。中国香飘飘奶茶曾经表示，其纸杯全部采用大豆油墨的印刷工艺。

3.印刷技术可食化

该技术将天然植物或食物作为印刷核心要素，从植物或农产品以及动物体内获取油墨所需溶剂和色料，如黄色为黄栀子、黑色为黑豆或山果、绿色为绿豆或蔬菜等，加上可食性包装材料，如淀粉类可食性纸、可食膜、蔬菜纸等，采用一定的印刷设备和印刷方式，实现印刷包装的整体可食性，既健康又环保，这必将成为今后印刷行业的发展方向。

KFC（肯德基）推出的这个能被吃掉的杯子被称为 Scoff-ee Cup（可食性咖啡杯）（见图 2），采用可食性的威化饼材料，外附糖纸，内衬缓慢融化的白巧克力，加上环保的印刷油墨，注入咖啡后，白巧克力缓慢融化，可口美味，使用这款杯子相当绿色，没有丢弃物以及重复使用的问题。

图 2　KFC 可食性咖啡杯

三、现代包装印刷技术在食品包装中的发展

随着人们安全意识的不断增强，要求商品（尤其是食品）包装不但要外观精美且整体结构要合理，更要有良好的保鲜保质和防伪功能。研发人员一直在研制开发新型包装技术和包装材料，很多企业努力运用现代科学技术的包装成果去宣传自己的产品，给企业带来了更强的竞争力。

1.智能包装技术

智能包装是指通过新型的包装材料、结构与形式对商品的质量和流通安全性方面进行积极干预与保障，并利用信息收集、管理、控制与处理技术，及时将信息传递给消费者或管理者，有利于食品的储藏和运输，具有广阔的市场需求与应用前景。

（1）自适应包装

模拟食品所需的环境参数，自动调节食品在储藏与转移中的温度、湿度、压力、气体组分等环境变化，使包装中的环境能最大限度地实现食品的储藏与保质。在一些蔬菜包装袋内加入各种气体吸收剂和释放剂，以除去过多的 CO_2、乙烯及水汽，及时补充 O_2，使包装袋内维持适合于鲜切蔬菜贮藏保鲜的适宜气体环境，延长保质期。目前这种技术虽比较圆满，但是过程最难实现和控制。

（2）可跟踪性运输包装

可跟踪性运输包装是指在运输和流通中包装物品及容器被全程跟踪，以便管理者及时完成对其流通渠道和运输路径的优化调整的包装。在容器或托盘上装有电子芯片，可以追踪记录下各种信息，能够在任何时间和地点被读出，此种包装技术尤其适合于自动化运输管理和电子购物送货方式。食品包装中采用此种方式，可以很清楚地了解到运输过程中的状态，以便于管理者及时优化调整包装方式，满足保质的需求。

（3）方便包装

在社会生活节奏日益快速的时代，方便包装顺应了现代社会的发展需求，如何利用光能、化学能及金属氧化原理，使食品在短时间内实现自动加热或自动冷却，满足各行各业各种人群的需要，是食品包装发展的另一种形式。如美国的自冷式饮料罐，内装有压缩 CO_2 的小容器，在开启时 CO_2 体积迅速膨胀，可在 9s 内使饮料温度下降到 4.4℃。日清公司利用金属氧化原理开发了一种自热方便罐头，可使罐内面条 5min 内煮熟。

（4）智能警示包装

智能警示包装可提示食品是否变质：如果食物感染了某些能导致疾病的细菌，这些细菌就能穿过最内层的多孔渗水层，到达中间层。细菌能与中间层凝胶体中的一种抗体发生化学反应，从而改变颜色。随后细菌就会进入最外层，与其表面上的另一种抗体发生作用，以 X 形状散布开来，让食用者能够发现食物已变坏。

澳大利亚包装材料专家研制出一种新型电子变色智能标签（见图 3），当易腐败的食物在高温下受热，其质量已不能得到保证时，包装上的传感条便改变颜色，电子芯片即发出警报，提示食物已经变质。相比较而言，"变色智能标签"性能更可靠，安全性高，并且其原料无毒副作用，具有很高的潜在应用价值。

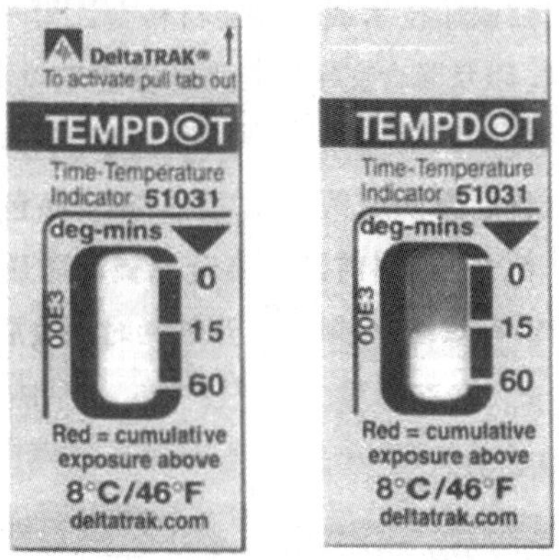

图 3　温度—时间警示包装标签

2.新型防伪技术

假冒伪劣产品给食品安全带来了重大安全隐患，不仅危害消费者的身心健康，扰乱市场秩序，而且损害正品商家的信誉。食品防伪包装也正在向包装材料防伪、包装结构设计防伪、包装印刷防伪、新型包装防伪技术方向转变。随着智能手机的普及，基于移动设备的新型防伪技术在保证食品安全的活动中发挥了重要作用。

（1）包装材料防伪——三位一体防伪技术

三位一体防伪技术即是纹理防伪、安全线防伪纸技术、移动互联网技术三者结合，在纹理防伪（以包装材料本身固有的斑纹记号为防伪识别标记的一种防伪技术）或是安全线防伪（消费者可以通过辨认安全线是否嵌埋在纸张中间来轻松实现真伪识别）的随机原理的基础上，针对智能手机等现代新型的通信技术，利用二维码作为标识方法，从而使消费者直接使用手机一扫，便可以获得防伪产品对应的信息（见图 4），从而降低了消费者的查询难度、辨识难度，实现了"极难复制，一眼识别"的防伪效果。可将防伪标识制作成防伪标签，防伪瓶贴用在食品包装中，从而保证产品的货真价实，打击假冒产品，保证食品安全。

图 4　手机自动查询纹理防伪样标

（2）包装结构设计防伪——内外兼顾

外包装防伪技术——采用精美的特殊纸类或塑料类等材质，经过特殊的工艺加工成异形的包装盒，使他人难以仿制。封口处可采用一次性防伪封口标识（如全息图文、缩微印刷、荧光字符、密码等）和拉线、火漆、铅封以及防伪封箱胶带等。

内包装防伪技术——内包装的容器可选用独特的材料、形状、颜色及隐含的暗记制成，其封口的技术基本与外包装相同。酒和饮料类容器为防止真瓶装假品，已有各种各样的一次性防伪瓶盖和只出不进的防灌瓶盖，杜绝了假冒产品的流通，相应地也就能够追根溯源，保证食品的安全。

（3）包装印刷防伪——全息定位烫印与二维码结合

印刷防伪技术包括防伪设计制版、精密的印刷设备和与之配套的油墨、纸张等。单纯从印刷技术的角度来看，印刷防伪技术种类较多，在包装盒上局部采用全息定位烫印技术或与包装材料合而为一的特殊标识技术，以及隐含文字或图形的安全压纹技术，可以起到很好的防伪效果。全息定位烫印技术是目前较为安全和新颖的防伪技术之一，在食品包装及酒类包装中广泛采用，目前国内将全息烫印防伪技术与二维码防伪有效结合，顺应了互联网时代发展的要求（见图5）。

图5　全息定位烫印与二维码结合防伪技术

（4）包装技术防伪——三维码防伪技术

三维码防伪技术是从传统的二维码防伪技术发展而来的，采用了色彩和灰度来表示第三维，能够对任意进制的数据进行编译，其防伪载体的信息容量和安全性更高。首先对原包装的图像信息进行定位提取，并编译到三维码中，然后在印刷时先印刷原有图像，再使用隐形油墨定位印刷相应的二维码即可，几乎不增加任何成本费用。正常情况下，隐形的二维码不可见（见图6），在特殊光照或加热等条件下才能显现出来，与原图像组成完整的三维码，实现防伪功能，且不影响原包装的美感，并保证食品可追根溯源。

图6　正常光照下的食品包装与特殊光照下的食品包装

四、结语

随着社会物质财富的日益丰富，科学技术的不断进步，生活水平的逐步提高，消费者不断要求政府和食品制造商在食品质量、食品安全、消费者保护方面承担更多的责任，人们对于食品安全也越来越重视，新型包装材料、环保油墨的研发，智能包装、新型防伪技术的出现，巩固了食品安全的防线。但目前国内食品包装技术发展水平与国际先进水平相比仍存在较大的差距，应进一步加强技术研发及产业化转化工作，深入挖掘市场价值，促进包装新技术为食品安全把关，为共同迎接一个食品更加安全、人民生活更加幸福的明天而努力！

参考文献

［1］黄志刚，刘凯，刘科。食品包装新技术与食品安全［J］。包装工程，2014，35（13）：161-164。

［2］邱赞业，高文超。食品包装新技术巩固食品安全防线［J］。印刷技术，2015（8）：16-18。

［3］戴宏民，戴佩燕。提高食品包装材料安全性的途径［J］。包装学报，2014，6（1）：1-4。

［4］姜剑萍。绿色印刷——食品包装安全的保证［J］。广东印刷，2014（3）：7-8。

［5］黄大川。食品包装材料对食品安全的影响及预防措施探讨［J］。食品工业科技，2007，28（4）：188-190。

［6］张莉。食品包装印刷技术及安全卫生性分析［J］。印刷质量与标准化，2008（4）：63-66。

［7］和东芹，位玉灵。浅析包装材料对食品安全性的影响［J］。邯郸职业技术学院学报，2004，17（1）：41-44。

基于纸浆蛋托的绿色包装技术研究

曹旭东　方　健
（北京林业大学，北京 100083）

摘要：针对现有的鸡蛋所采用的纸浆蛋托包装的特点，阐述了纸浆模塑材料的概念、生产工艺、性能及应用，研究了绿色包装的基本理论和具体内涵，分析了绿色包装分析评价体系和我国的绿色包装评价标准。

关键词：纸浆蛋托；纸浆模塑；绿色包装；评价分析

绿色包装是对生态环境无污染、能够持续利用和发展的包装。纸浆蛋托作为一种以纸浆模塑为原材料的环保托盘，是典型的绿色包装，它不仅在外型结构上与鸡蛋具有很好的吻合性，还具有良好的缓冲性能和独特的保护作用，保证了鸡蛋在运输贮存过程中的安全性。绿色包装是中国由包装大国跨向包装强国重要的发展战略，因此，了解和认识绿色包装技术势在必行。

一、纸浆蛋托及纸浆模塑

1.纸浆蛋托

（1）原材料

市场上常见的蛋托分为两种：一种是以废纸为主要原材料的一次性纸浆托盘；另一种是以 PVC（聚氯乙烯）或 PP（聚丙烯）为材料的塑料托盘。本文主要介绍纸浆托盘，其占有市场份额的 90%，被广泛用于鸡蛋远距离的运输中。

（2）规格

鸡蛋承装的规格以 30 枚最为常见，此外还有 45 枚和 15 枚两种，其中，45 枚的常见于日本，15 枚的在西班牙比较普遍。由于经济和工业的迅速发展，市场上纸浆托盘的规格越来越多元化，并不局限于以上几种规格。

（3）特点

在防止疾病传播的问题上，纸浆蛋托有很大优点，同时也节省了清洗和消毒的环节。另外，纸浆蛋托还可以通过涂抹保鲜液，来达到延长鸡蛋保鲜时间的效果。纸浆蛋托具有成本低、污染小、堆码性能好等优点，但其缓冲效果较弱，对鸡蛋的保护作用并不理想。

2.纸浆模塑

（1）纸浆模塑的技术原理

纸浆模塑是指利用植物纤维加入水和助剂等得到的浆水，在一定压力下通过特定模具成型，再经干燥、整形等工艺完成制造纸浆模塑制品的加工方法。

（2）纸浆模塑制品的概念

纸浆模塑制品是以一定浓度的纸浆，加入适量化学助剂，在带有滤网的模具成型机中通过真空或加压的方法使纤维均匀分布在模具表面，从而形成具有拟定几何形状与尺寸的湿纸模坯，经过进一步脱水脱模，干燥整饰而成的制品。

（3）纸浆模塑的生产工艺

纸浆模塑制品生产工艺流程分为：

废纸分选—碎纸打浆—浆料配制—纸浆施胶—调配浆掖（浓度）—湿成型—冷挤压—热烘燥—定型整饰—入库。

（4）纸浆模塑的优点

①价格低廉、安全环保。

对于纸浆模塑制品而言，其原材料来源广泛，纤维素的含水浆可用废旧的纸制品、造纸的下脚料、回收的短纤维等制作，因此其成本低廉。制成品使用完毕后经回收打浆又可重复使用，不会造成环境污染。即使撒落在野外或埋于地下，也能自行分解、回归大地，因此，纸浆模塑材料和制品是理想的绿色包装材料。

②制造简单、生产高效。

纸浆模塑制品主要工序一般有四道，即制浆—脱水—干燥—成型。近几年，纸浆模塑生产已基本实现了现代化和自动化，生产线生产效率高，耗能少，国内生产线年生产能力可达 3300 吨以上，即日产 10 吨左右，国外有些机种的生产率甚至可达每天 18 吨以上，具有很好的经济效益。

③性能优越、应用广泛。

作者简介：曹旭东（1995—），男，本科生，北京林业大学，主要从事绿色包装材料方面的研究。
通信作者：方健（1978—），女，副教授，北京林业大学，主要从事绿色包装材料方面的研究。

纸浆模塑制的产品具有质量轻、抗压强度大、缓冲性能好、防静电、抗震性和透气性强、良好的可回收性等优点。作为包装制品，可用于一次性快餐盒、电子产品、工艺品、医疗器械、机械设备部件、禽蛋、水果、花卉及易碎产品的内包装，从而代替了污染性的聚苯乙烯泡沫塑料（EPS）。

3.纸浆模塑制品具体性能的应用

（1）防震性能

纸浆模塑制品有良好的防震性，不仅可以制作鲜蛋、水果的托盘，还可以制作运输家具或其他的器具时包装箱里用的三角形护角垫。

（2）防水性能

在纤维浆中加入一定含量的胶液，可以提高纸浆模塑制品的湿强度，并使新纤维改变成包装食品所必需的防水产品。通常采用的胶液为松脂乳胶。

（3）表面美观

由于回收的废纸往往有印刷痕迹，因此为了使纸浆模塑制品更美观，可以在纤维浆中加入染料。另外，纸浆模塑制品经过二次加热压实后，具有良好的印刷性能，使其外观更吸引人。

（4）特殊性能

需要特殊应用效果时，在纤维浆内加入各种添加剂，如阻燃剂、改性淀粉或湿强度树脂等，可以有效增大其应用范围。除此之外，纸浆模塑制品经过特殊加工，还能制成防油餐盘、汽车行李箱内衬材料等。

二、绿色包装技术

纸浆模塑作为如今市场上很常见的环境友好型材料，是典型的绿色包装材料。随着我国包装工业的迅速发展，发展绿色包装越来越引起我国包装行业的重视。

1.绿色包装基本理论

绿色包装是指可以回收利用的、不会对环境造成污染的包装，其内涵为资源的再生利用和生态环境的保护，是在包装产品的生命周期中首先考虑环保因素的一种生产模式，其思路是最大限度地减少对环境的负面影响和污染，同时使原材料和能源的利用率达到最高，实现可持续发展。

绿色包装技术是指包括绿色包装材料、绿色包装生产工艺、绿色包装助剂、包装废弃物的回收利用四个方面在内的技术。

2.绿色包装的具体内涵

绿色包装是能够循环复用或再生利用或降解腐化，且在产品的整个生命周期中对人体及环境不造成危害的适度包装。绿色包装以“减量化”为首要原则，提出从生产源头减少包装废弃物，重视生命周期整个过程中的“再利用”“再循环”及废弃后的“可降解”，既能够做到循环利用、减少垃圾，又能够节约资源、保护环境，实现包装的可持续发展。

3.绿色包装的五绿模型

（1）绿色材料

绿色材料是指在制备、生产、使用、废弃以及回收再利用的整个生命周期过程中，对环境和人体不造成危害，能节约资源和能源，废弃后能迅速自然降解或再利用，不会破坏生态材料，而且来源广泛，易回收且再生循环利用率高的材料或材料制品。

常用的绿色包装材料种类为：

①可重复再用或再生的包装材料，如玻璃瓶包装。

②可食性包装材料，如可食用保鲜膜、可食性包装膜等。

③可降解材料。

（2）绿色设计

与材料有关的准则：

少用稀缺的原材料；

尽量减少产品中的材料种类，尽量采用相容性好的材料；

尽量减少使用有毒有害的原材料；

优先采用可再生利用或再循环的材料；

优先采用可降解或易降解的材料。

与产品造型有关的准则：

不应过分追求产品的个性化；

在造型中树立“简而美”的设计思想，尽可能简化包装；

赋予产品合理的使用寿命。

（3）绿色加工

在不牺牲产品的质量、成本、可靠性、功能和能量利用率的前提下，充分利用资源，尽量减轻加工过程对环境产生有害影响的加工过程，其内涵是指在加工过程中实现优质、高效、无公害、低能耗和清洁化。

（4）绿色消费

绿色消费是当今世界的潮流，国外将绿色消费归纳为“3R和“3E”：

“Reduce”：减少不必要的消费；

“Reuse”：修旧利废；

“Recycle”：消费可再生和可循环使用的产品；

“Economic”：经济实惠，节约资源；

“Ecological”：讲究生态效益，不使用污染环境、破坏自然和野生动植物的产品；

“Equitable”：符合平等及道德原则，不使用非道德推销及使用非人道动物试验的产品。

（5）绿色处置

绿色处置主要指对于废弃物的合理治理、回收和重复利用。

三、绿色包装分析评价

1.绿色包装的分析原则——“3R、1D”原则

“3R、1D”原则是指 Reduce、Reuse、Recycle、Degradable。其具体含义为：

“Reduce”：包装减量化，也称为节省资源化技术；

“Reuse”：包装再使用；

“Recycle”：包装回收再生，与 Reuse 合称再资源化技术；

“Degradable”：包装材料降解腐化。

2.绿色包装的评价体系——生命周期评价（LCA）

（1）定义

生命周期评价（LCA）是指按照减少环境污染或节约资源消耗的目标要求，从产品的整个生命周期即原材料的提取、生产加工、运输、销售、使用、废弃、回收利用直至最终处理的全过程，其主要采用量化比较，对产品环境性能进行分析研究的方法。

（2）步骤

①研究目标和范围的界定。明确研究对象、研究目的、研究范围，人为界定研究的产品系统边界，并建立产品系统统一的功能单位，对进行产品环境性能的比较提供条件。

②清单分析。即对产品在生命周期各个阶段对环境所造成的负担进行评估量化，并列出数据清单。

③影响评价。即对清单分析中列出的各项输入输出数据对环境造成的影响进行评估。

④结果解释。即对清单分析和影响评价的结果进行分析和评价，给出改进建议。

（3）优点

生命周期评价是评价产品环境性能的科学方法，具有很强的系统性。该方法全面地考虑了产品生命周期全过程对环境造成的负担，修正了之前仅局限在某一阶段对产品进行环境评价的片面性的弊病。

量化比较是 LCA 方法的最显著特点，通过对“环境负荷”指标量化计算，数值化直观地表征了产品在整个生命周期中的环境性能，避免了专家经验评价法的主观性和随意性的缺点。

（4）缺点

生命周期评价是贯穿产品“摇篮到坟墓”整个生命周期的评价方法，因此需要大量复杂的计算操作和统计工作，数据庞大，难度较高。

该方法需确定各种权重及当量系数。当量系数的研究需要针对各种环境影响类型进行研究；权重的确定多采用层次分析法和目标距离法，但是模型误差导致权重计算的准确度较低。

四、我国绿色包装评价标准

目前我国开展生命周期评价的条件尚不完全具备，故尚不宜用 LCA 方法来普遍对绿色包装的环境性能进行评价。因此我国应在对绿色包装实行分级的基础上确定不同的分级评审标准。

AA 级绿色包装，应在我国包装企业较多地开展清洁生产，通过 ISO 14000，以及较普遍地对资源消耗和污染排放进行数据收集后再正式推行。AA 级绿色包装可利用 LCA 制定认证标准或直接利用其清单分析和影响评价数据作为评审标准，并授予相应的环境标志。

A 级绿色包装，根据其定义有 5 条操作指标。

（1）包装实行减量化，杜绝过度包装。减量化是国际公认的发展绿色包装首要途径，它能从源头上节省材料，减少废弃物。包装减量化可通过包装结构设计减量化，包装材料轻量化、包装容器薄壁化的方式来达到。杜绝过度包装是实行包装减量化的基本要求。

（2）包装材料有毒有害成分须达标。在包装材料整个生命周期内，包装物不得释放对环境和人身健康有害的物质，不得将有毒物质迁移到食品而危害人体健康。

（3）为了对使用者和环境负责，企业生产的包装产品上必须印有企业的“自我环境声明”，其内容应包括：①包装产品的材料成分是否含有毒有害物质，含量是否符合国家标准；②是否可回收；③是否可自行降解；④固态废弃物数量。

（4）包装产品能回收利用（重复利用或回收再生），并明确回收方是企业本身还是委托其他方，被委托方须有回收标志。

（5）包装材料可自行降解，对环境无污染。

五、结语

纸浆模塑对于鸡蛋具有良好的保护效果，其生

产工艺简便，性能优越，发展迅猛，符合我国保护环境的基本国策，是一种绿色环保的材料。

绿色包装是一种包装理念，其内涵是不断充实发展的。目前对绿色包装进行全面科学的定义应以生命周期评价理论作为基础。

我国的发展现状目前并不适合采用生命周期评价，因此应根据国情，对我国绿色包装实行分级标准。

参考文献

［1］戴宏民，戴佩燕。中国绿色包装的成就、问题及对策［J］。包装学报，2011，4（2）：7-13。

［2］安泓。鸡蛋包装在国外的发展现状［J］。中国禽业导刊，1999（3）：31。

［3］池东明。纸浆模塑制品及其应用［J］。陕西科技大学学报，2003，8：120-123。

［4］邱丽萍。绿色包装与纸浆模塑制品［J］。中国包装，2005，30（5）：16-18。

［5］戴宏民。绿色包装发展的新趋势［J］。包装学报，2016，8（1）：82-87。

［6］戴宏民，戴佩燕。中国绿色包装的成就、问题及对策（上）［J］。包装学报，2011（1）：1-6。

［7］戴宏民。包装与环境［M］。北京：印刷工业出版社，2007：12。

［8］戴宏民。绿色包装技术：渐行渐近。春意正浓［J］。中国包装。2009，2：12-16。

［9］陈昌杰。绿色包装论略［A］//长三角包装发展论坛论文集［C］。2005：46-47。

［10］吴伟，陶德良，贺全国。绿色包装材料和技术的应用及展望[J]。包装工程，2007，3：30-34。

［11］杜来红，房亚东。面向新世纪的绿色包装技术［J］。包装工程，2004（23）：134-135。

［12］刘言松，曹巨江。我国绿色包装研究进展［J］。包装与食品机械，2014，1：60-65。

［13］顾炎辉。包装绿色技术和绿色设计［J］。包装工程，2006，2：16-17。

［14］王澜，杨梅。从 3R 原则分析绿色包装设计［J］。包装工程，2008，2：162-165。

［15］戴宏民，戴佩华。绿色包装的评价标准及环境标志［J］。包装工程，2005，10:14-20。

电商专用纸箱一体化包装机的创新设计

庞高阳

（湖南大学，湖南长沙 410082）

摘要：针对网店开业初期，人手过少而又频繁包装商品的特殊需求，设计了一种“电商专用纸箱一体化包装机”。本作品集纸箱开箱、右下翼板折叠、左下翼板和下底面前后翼板折叠、下底面贴胶及胶带切断、右上翼板折叠、左上翼板和上底面前后翼板折叠、上底面贴胶及胶带切断、包装计数等功能于一体，采用一个步进电机为动力源，单片机程序控制电机运动。系统主要机构有连杆机构和同步带传动。本作品操作简单，能较大程度减轻电商包装人员的劳动强度，提高包装效率，具有良好的市场前景。

关键词：网店；纸箱；开箱；包装；计数

一、研制背景和意义

经过对纸箱生产厂商和网店经营者的调研，我们发现，目前使用的快递纸箱绝大多数为小型邮政纸箱。邮政纸箱箱坯是平板状的，而市场上没有适合包装这种箱体的小型设备，大多数网店经营者都采用手工折叠纸箱并封贴胶带的形式，效率低，工作量大，人工成本高。

在现有设备中，公开号为“CN 204737056U”的中国专利文件公开了一种“折盖封箱机”，将下底面翼板折叠好的纸箱放入机器入口处，电磁铁带动摆杆完成上面翼板的折叠，在传送带的带动下前移，触碰机芯完成胶带封装。现有技术中的折盖封箱机与上述专利类似，必须由其他机器或者人工完成纸箱开箱的任务，再经由传送带送入折盖封箱机，流水线占用空间大，设备成本高。

作者简介：庞高阳（1995.6—），男，汉族，河南省南乐县，湖南大学，本科，主要研究方向为电商专用纸箱一体化包装机的研究与设计制作。

公开号为“CN 201457778U”的中国专利文件公开了一种“自动折底封箱机”，它的后半部分结构与之前的专利相似，前半部分增加了开箱和折下侧翼板的功能。先将纸箱坯放到导槽的一侧，利用气压泵产生吸力，吸住纸箱完成开箱动作，再用电磁铁或气压缸带动两侧摆杆完成底面翼板的折叠，并通过两侧皮带摩擦传动，带动箱子进入折盖、封箱机构范围内完成上翼板的折叠和胶带封装。此种“自动折底封箱机”虽然完成了开箱和折叠底面翼板的任务，但是折叠底面之后，没有立即粘贴底面胶带，且底面没有有效支撑。而且结构中利用了气压泵，噪声大，利用了多个动力源，使机器的成本增高。

公开号为“CN 203268335U”的中国专利文件公开了一种“一体式装箱设备”，可以完成纸箱的开箱、填充货物、折叠翼板、封装胶带等整套包装过程，这是目前自动化程度最高的一体式纸箱封装设备。但是，其采用侧面填装货物的方式，在纸箱没有折叠任何翼板的状态下，用推板从侧面将货物推入箱内。一方面不能充分利用纸箱空间，为了避免物品从托板两侧和纸箱另一侧底面开口滑落，只能码放少量规则形体的货物。另一方面为了配合装填货物的机构，需要另外配置一台理货机器，且要有一整套的物流、数据传送体系，来输送每次装填的商品，不适合电商经营者使用。

综上所述，市场上需要一种低成本、小型一体化、高效率、低维护的邮政纸箱包装设备。

二、需求分析与功能设计

基于对纸箱生产厂商和网店经营者的调研，我们对“电商专用纸箱一体化包装机”（以下简称“包装机”）作如下的功能设计。邮政纸箱箱坯是平板状的，由快递员将纸箱放入包装机进料口，包装机先将纸箱撑开，然后弯折纸箱的下底面的翼板，并将折叠好的下底面翼板用胶带封住。在封装完下底面之后，再由网店经营者将快递物品放入箱内，然后包装机完成弯折上底面翼板和封贴胶带的动作，并且将封装好的包裹箱推出包装机。

在以大数据为特征的信息时代，未来包装机也应该具有数据收集的能力，可以记录当天包装次数，以及各个包裹的包装时间。通过计算机对订单与包装机数据的核对，可以分析包装效率，统计包装总量，避免遗漏订单。

本文主要以7号邮政纸箱为例，邮政纸箱在本文中的相关结构说明如下图所示。

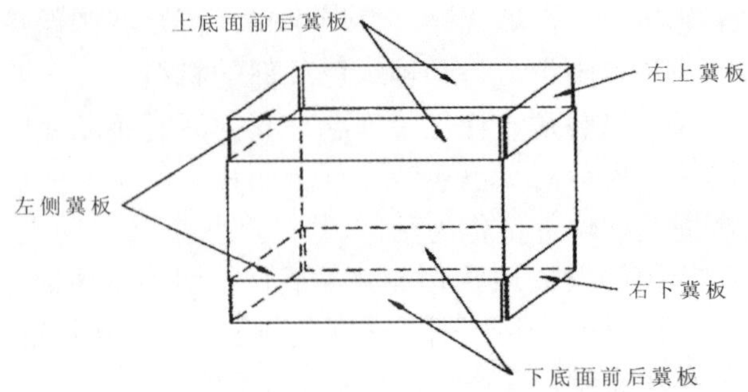

纸箱结构及部分命名示意

三、系统运动方案设计

1.确定执行构件及运动循环

为了节省电机的使用，达到运动协调的目的，方便控制，采用步进电机输入动力，驱动各机构运动，实现相应功能。

2.执行机构设计

（1）纸箱开箱机构

采用触发方式，以下是对此方案的详细介绍。

此机构采用摆动推杆与推板组合，将摆动推杆固定在机芯上，当机芯运动时，由于摆动推杆是封闭结构，具有一定转矩，可以将推板直线轨道推动到纸箱长度尺寸位置，此时箱体初步被撑开，呈筒状。

（2）翼板折叠机构

①折左侧翼板及前后翼板机构。原理方案设计。上底面和下底面的折左侧翼板及前后翼板机构采用相同的折叠原理。将八字口形状的钣金件和弧形推板组合，并固定于机芯上，弧形推板推折左侧翼板；利用八字口钣金件的特殊结构形状折叠翼板翻折。

②折右下翼板机构。原理方案设计。采用偏心曲柄滑块机构，利用电磁推杆做滑块，用单片机控制电磁推杆运动时序，折叠右下翼板。

③折右上翼板机构。原理方案设计。采用曲柄滑块机构，利用电磁推杆做滑块，用单片机控制电磁推杆运动时序，实现右上翼板的折叠。

（3）贴胶及切断机构

①原理方案设计。采用铰链连杆机构以及弹簧的组合。

②机构尺度设计计算。

四、系统结构设计

在结构方案设计中，尽量用简单结构实现所需功能，零部件设计充分考虑强度、刚度和寿命，以及经济性和可靠性等因素，尽量采用标准件和通用零部件，非标件选材多为型材和板材。充分考虑零部件加工工艺性，尽量采用普通机械加工的方法如钻车、铣、钻和焊接等工艺来实现。充分考虑安装调试与使用维护需要，零件均可拆卸，有利于后期维护，延长产品的使用寿命。

1.二维装配

根据上述的方案设计，利用 AutoCAD 软件建立二维装配图。

2.三维建模

根据上述的方案设计，利用 UG 软件建立三维模型。

五、控制系统设计

1.控制系统软件设计

由于整个系统运动精度要求不高，且每次包装过程结束后系统回零位，故采用开环控制。

2.控制系统硬件设计

六、结语

本作品运用触发方式，只通过一个电机实现作品的诸多功能，机构运用巧妙；利用下机芯双向运动往返工作，有效缩短作业空间。本作品操作简单，能较大程度减轻电商包装人员的劳动强度，提高包装效率，具有良好的市场前景。

参考文献

［1］浙江顶页机械设备有限公司。折盖封箱机［P］。中国专利：CN204737056 U，2015-11-04。

［2］陈能文。自动折底封箱机［P］。中国专利：CN 201457778 U，2010-05-12。

［3］江苏江鹤包装机械有限公司。一体式装箱设备［P］。中国专利：CN203268335 U，2013-11-06。

运输包装振动试验方法的使用和选择

张卫红[1]　陈振强[2]　赵新伟[2]

（1. 中国包装科研测试中心，天津

2. 天津中包包装科技发展有限公司，天津）

摘要：我国运输包装测试标准分为正弦定频、正弦变频和随机振动试验三种。本文对这三种试验方法的操作和选择做些介绍，以便选择更加符合实际情况的振动试验项目。

关键词：正弦定频；正弦变频；随机振动

引言

运输包装检测是通过包装试验对包装件的性能进行确认，以判断包装件是否能够适应流通环境中出现对应的运输危害。自 20 世纪 80 年代，我国国标 4857 系列陆续制定了 23 个包装件测试标准。测试标准大致可以分为四类：温湿度试验、振动试验、中击试验、压力试验。

其中，运输包装件振动试验分为三类：第一类，GB/T 4857.7—2005 正弦定频振动试验方法；第二类，GB/T 4857.10—2005 正弦变频振动试验方法；第三类，GB/T 4857.23—2012 随机振动试验方法。这三类试验方法的试验原理和试验目的各不相同，在选择使用过程中需要明确试验目的，避免选择不合适的试验方法而不能达到预期的目的。

在运输过程中，振动试验是一种能量小、持续时间长的疲劳试验。汽车、火车和飞机运输时都不可避免会产生振动，这是包装件必须面对的一种运输危害，无法从技术手段消除运输振动的产生。因此，包装必须有足够的能力减少外界振动传递给内装产品，或者产品设计强度足够承受外界的振动危害。振动试验不仅评价包装的缓冲保护性能，同时也能发现产品的设计缺陷，为改进产品提供依据。

一、三类试验方法简要介绍

1.正弦定频振动试验

正弦定频振动试验用于评定运输包装件在正弦振动情况下的强度及包装对内状物的保护能力。

将试验样品按预定的运输状态居中放置在振动台台面上。如果样品不固定在台面上，可以使用围栏，

作者简介：张卫红（1978—），女，汉族，天津市人，中国包装科研测试中心检验实验室副主任，主要从事包装材料、包装辅料、运输包装方面的工作。

既可以做单个样品，也可以在样品顶部添加载荷。

方法 A：选定 0.5~1g 的加速度后，在选定振动峰峰值位移对应的频率进行振动试验。

方法 B：选定振幅，2Hz 频率下开始振动，逐渐提高频率，直到样品按照规定要求跳离台面。

试验结束后按照有关规定检查包装及内状物的损坏情况，并分析试验。

2.正弦变频振动试验

正弦变频振动试验用于评定运输包装件在正弦扫频或共振情况下、振动情况下的强度及包装对内状物的保护能力。

将试验样品按预定的运输状态居中放置在振动台台面上。如果样品不固定在台面上，可以使用围栏，既可以做单个样品，也可以在样品顶部添加载荷。

方法 A：扫频范围 3-100-3Hz，扫频速率 0.5oct/min，扫描 2 次。

方法 B：方法 A 确定共振点后，选取 0.2~0.5g 一个加速度值，在共振频率的±10%范围内进行共振试验，每个点试验 15min，这种方法又称驻频试验。

试验结束后按照有关规定检查包装及内状物的损坏情况，并分析试验。

3.随机振动试验

随机振动试验评定运输包装件经受随机振动时，包装对内状物的保护能力。

将试验样品按预定的运输状态居中放置在振动台台面上。一般情况下样品不固定，四周安装护栏，护栏与样品有 10mm 的间隙。只有包装件在实际运输过程中需要固定时，样品才固定在台面。

按照选定的随机振动图谱进行随机振动试验，试验时间推荐 180min。

当知道运输距离时也可以根据公式 $t=S/K$

式中：t 为试验时间，单位为分（min）；S 为运输总距离，单位为千米（km）；K 为试验时间估算常数，K 取 6，单位为千米每分（km/min）。

试验过程中，如需对产品进行观测，可以在外包装上不重要的位置开观测孔。试验结束后按照有关规定检查包装及内状物的损坏情况，并分析试验。

二、三类试验方法使用注意事项

1.正弦定频振动试验的问题

方法 A 中根据加速度和位移，并且样品不跳离台面进行振动试验，按照标准给定的图形可以有很多种选择，没有给定具体的试验参数，试验目的不明确。

方法 B 中选定的振幅没有给出一个推荐范围值，所以选择多大的振幅就存在争议。另外，两种试验方法都没有给定试验时间，需用户自行确定。

结合 ASTMD999 中方法 A1 和 ISTA 测试程序中固定位移振动试验，建议国标正弦定频振动试验参数确定为：振幅 25.4mm，在频率 2~5Hz 范围内确定样品按规定跳离台面，振动时间 1h。样品四周安装护栏，不能限制样品垂直方向的运动。

2.正弦变频振动试验的问题

方法 A 中没有给定振动加速度值；方法 B 加速度给定了一个范围。

结合 ASTMD999 的规定，建议国标正弦变频振动试验参数确定为频率范围 3-100-3Hz，加速度 0.5g，扫频速率 0.5oct/min，扫描 2 次；共振试验加速度为 0.5g，试验时间每个共振点 15min，样品通过适当方式与振动台面刚性连接在一起。

3.随机振动试验的问题

随机振动试验的试验方法和试验要求是完善的。只是振动时间方面写得比较笼统。ASTM D4169 中规定了随机振动的推荐时间是 180min，推荐时间范围是 30min~6h。因为有些情况下产品在 3h 内就会出现过应力或磨损，而有些疲劳失效的时间多于 3h，但试验时间最长为 6h。ASTM 对试验时间做出了更明确的说明，有助于更好地确定试验时间。

试验过程中，样品一般不固定在台面，并且按照实际运输层数进行试验。

三、试验方法的选择

正弦定频振动试验建议的试验参数更适合包装件，严格意义上来说并不是振动试验振动，而是一种连续冲击试验，因为试验过程中包装件会与振动台面发生连续的碰撞。直观表象为包装件在台面上发生了弹跳。这个试验不是对真实运输过程的模拟，虽然包装件在运输过程中也会发生弹跳，但却不是恒定频率和振幅的弹跳。该试验方法用于评定运输振动显然不合理，但是作为筛选试验是一种非常不错的方法。

正弦变频振动试验是平滑的振动，在包装测试中主要用于寻找产品敏感部件、关键部件等的共振点，然后通过驻频试验确定共振点的潜在危害。这类试验方法不适用于评价运输危害，更加适合考核产品的结构强度。

随机振动试验是一种非确定性振动，它的振动物理量随时间的变化规律无法用确定的数学关系式来表达，而只能用概率论和统计学的方法来描述，需将实际的时域信号通过傅里叶变化转化为频域信号来实现实验室随机振动试验。这个试验更加符合实际的运输振动情况，这种振动与实际的车辆振动情况比较接近，也是目前实验室用于评定包装件振动性能的主要试验方法。

四、结语

综上所述，随机振动试验是评价运输包装件抵抗振动的最有效的试验方法。因为它能够最接近模拟真实的运输情况。需要注意的是，不同的运输工具和运输条件，随机振动的 PSD 图谱都不一样，所以在选择随机振动 PSD 图谱时一定要结合实际的运输条件和工具来选择。

最重要的一点是，如果在实际运输过程中，样品在运输工具上没有固定，那么试验过程中样品也不能固定在振动台台面上。否则在试验与实际运输过程中就会出现偏差，不能正确评估包装件的抗振性能。

参考文献

［1］GB/T 4857.7—2005。包装运输包装件基本试验第 7 部分：正弦定频振动试验方法［S］。

［2］GB/T 4857.10—2005。包装运输包装件基本试验第 10 部分：正弦变频振动试验方法［S］。

［3］GB/T 4857.23—2012。包装运输包装件基本试验第 23 部分：随机振动试验方法［S］。

关于国家战略储备物资包装标准化研究的思考

何晓伟　　郭　红　　李　威　　王　妍

（国家物资储备局研究所，北京　100834）

摘要：本文通过对国家战略储备物资包装现状的分析，综合国内外包装产业的发展趋势，展示了构建战略储备物资包装标准化研究框架和路径，以期能对做好战略储备物资管理工作有全方位思考，更好地开展战略储备工作。

关键词：战略储备物资；包装标准研究

引言

国家物资储备经过 60 多年的积累和发展，储备实力不断增强，在支持国防建设、经济建设、抗灾救灾等方面发挥了重要作用。随着现代物流业的飞速发展，国家物资储备也面临着仓容结构性不足、收储作业时间过长、信息化管理滞后等问题。从当前国家战略储备物资情况看，现存包装通常适用于企业短周期生产需要，无法适应储备长期储存要求，防护能力也较低。分析原因主要有：一是现有部分包装不适应储备长期存放要求。目前战略储备物资采购以市场方式采购为主，采购产品包装设计一般以短期交易或直接进入生产领域为前提，而不太适用远距离运输和长期存储。特定品种包装物防潮、防锈性能一般，造成物资储存期间锈蚀、霉变，既加大了维护保养难度，又造成大量经济损失。二是现有包装结构设计不利于高效的装卸搬运。现有包装结构设计以生产厂家经济为原则，编织物等长时间储存后易损坏，韧性等指标不适合机械作业，影响作业效率，也不利于操作人员安全，简易框架托盘、木箱等自身强度不够，长时间储存易损坏，导致塌垛等储存安全隐患。同时，现有一些包装设计与国家节能环保等法律法规适用性还需进一步深入论证。

一、国内外包装标准化发展情况

1.国际包装标准化发展

据世界包装组织（WPO）近几年的统计，全球包装行业的工业总产值超过 6000 亿美元，占全球 GDP 的 1%左右。北美地区、欧盟和日韩等国十分重视包装标准化建设，分别于 2012 年、2014 年更新技术标准。其中，美国企业对商品的包装和包装技术非常重视，包装和与包装相关的技术标准无论是技术水平还是数量都占据国际领先的地位。美国当前主要执行的包装技术标准 ASTMD3951 商业包装规程、ASTMD6198 运输包装设计指南、ASTMD4169 运输包装箱系统性能检测规程、ANSI/UL969 标识和标签系统安全标准、ASTMD3892 塑料包装和包装件规程、ASTMD5663 确定包装纸和纸板再生含量指南等，包装机械化程度高。

日韩等国对包装和关联包装的法律分为国家法令（Act）和政府法规（Regulation）。国家法令规定了包装和关联包装的法律框架、目标、定义、基本政策、企业和消费者的责任、政府的职责、实施人、实施程序、免责、惩罚和量刑。如日本食品卫生法（Food Sanitation Law in Japan）设备和容器/包装（Apparatus and Containers/Packages）、韩国《节约资源促进再利用法》等。

WPO 等国际标准化组织关注包装可持续发展：包装可持续发展问题受到全球关注，尤其在发达国家。2009 年成立了包装与环境分技术委员会，以 CEN 标准为资源，制定一系列包装与环境标准。

2.国内包装标准化发展

近年来，我国一批具有重要指导作用的国家、行业包装标准相继颁布实施，包装标准体系不断完善。据中国包装联合会有关统计显示，目前我国至少拥有包括包装储运图示标志（GB/T 191—2008）、包装容器钢桶（GB/T 325—2008）、包装容器木构件（GB/T 18926—2008）等在内的 153 项国家标准，有包装材料蜂窝纸板〔BB/T 0016—2006（2012）〕、包装容器钢质手提罐（BB/T 0064—2013）、包装容器 lma 金属中型散装箱〔BB/T0038—2006（2012）〕等在内的 67 项行业标准。这些标准涉及包装管理标准、包装材料标准、包装容器标准等，为包装设计提供了可靠的依据，推动了包装技术水平和管理水平的提高。

从有色金属和稀土等一些重点行业包装标准化情况看，目前稀土行业暂时没有出台专门的包装标准，但在相应的国家标准、行业标准里有“标志、包装、运输、贮存及质量说明书”等内容，对包装外观、净重等要求进行了简要说明。据中国有色金属标准质量信息网统计数据显示，钕镁合金（GB/T 28400—2012）、镧镁合金（GB/T 29915—2013）等稀土国家标准，镧镨钕氧化物（XB/T 224—2013）、金属钆（XB/T 212—2015）等稀土行业标准中都有关于包装标准的相关表述。另据全国稀土标准化技术委员制定完成国家标准《稀土产品的包装、标志、运输和贮存》（征求意见稿）已于 2014 年年底制定完成，尚未开始实施。正式出台后将作为推荐国家标准，与《稀土术语》《稀土产品牌号表示方法》等基础标准配套，从总体上规范稀土的生产与贸易。其中包装部分，按照从上游稀土矿产品至下游稀土材料的顺序，针对产品特点分别给出了具体要求，如对于稀土矿产品的要求是“对于粉状稀土精矿产品，内包装采用聚乙烯吹塑薄膜袋（C 型），每件净重 50kg、250kg、500kg、1t、2t。外包装为塑料编织袋（C 型）”。标志部分，提出了装箱单内注明“生产企业名称、稀土矿产品、单一稀土化合物、混合稀土化合物、单一稀土金属、混合稀土金属需注明原料矿产品生产企业名称”等要求。

与稀土行业类似，有色金属行业的包装标准也分散在相关国家标准和行业标准中，如锆及锆合金废料（GB/T 26931—2011）、氧化钨（GB/T 3457—2013）等有色金属国家标准，镍精矿（YS/T 340—2014）、钨精矿（YS/T 231—2015）等有色金属行业标准中均有“标志、包装、运输、贮存及质量说明书”等相关内容的表述。除此之外，2014 年修订完成的《重有色金属加工产品的包装、标志、运输、贮存和质量证明书》（GB/T 8888—2014）结合部分主要生产厂家企业标准，完善了包装通则、包装材料及质量要求，对管材、棒材、线材等包装分别增加了相关规定，满足了当前国际国内市场对于包装的要求，目前作为有色金属行业的推荐国家标准实施。

从期货交易合约看，目前我国有色金属行业的期货包装标准也缺乏完整、系统的说明。以上海期货交易所为例，交易品种主要有铜、铝、锌、铅等。其中铜标准执行《阴极铜》（GB/T 467—1997），规定了阴极铜应包装成适合装卸重点的捆，每捆阴极铜必须有明显的标志等要求。铝标准执行《重熔用铝锭》（GB/T 1196—2002），规定了铝锭应采用井字形或其他形式打捆包装，打捆材料应具有防锈性能，推荐使用经过防锈处理的钢带等要求。锌交易执行《锌锭》（GB/T 470—2008），规定了锌锭应打捆集装，禁止用带酸、碱、盐等腐蚀锌锭的包装物包装和运输工具装运等要求，铅交易执行《铅锭》（GB/T 469—2005）。

二、战略储备包装标准化研究构想

基于上述问题，应根据不同品种物资理化特性、储存、装卸运输要求，采用问题导向，分析现有物资包装，各类型包装特点及其存在的问题，并结合物资存储要求，充分借鉴并尽量对接社会生产流通企业通用包装标准，提出战略储备物资包装标准化设计方案，制定符合储备要求的包装标准。

由于战略储备物资品种多，也应考虑按照循序渐进分步实施的工作思路，选取部分稀土、有色金属，稀贵金属和天然橡胶等品种制定既能符合现代化物流运输、引领期货合约等要求，又能够满足国家战略物资长期存储需要的相应包装标准。具体研究思路如下图所示。

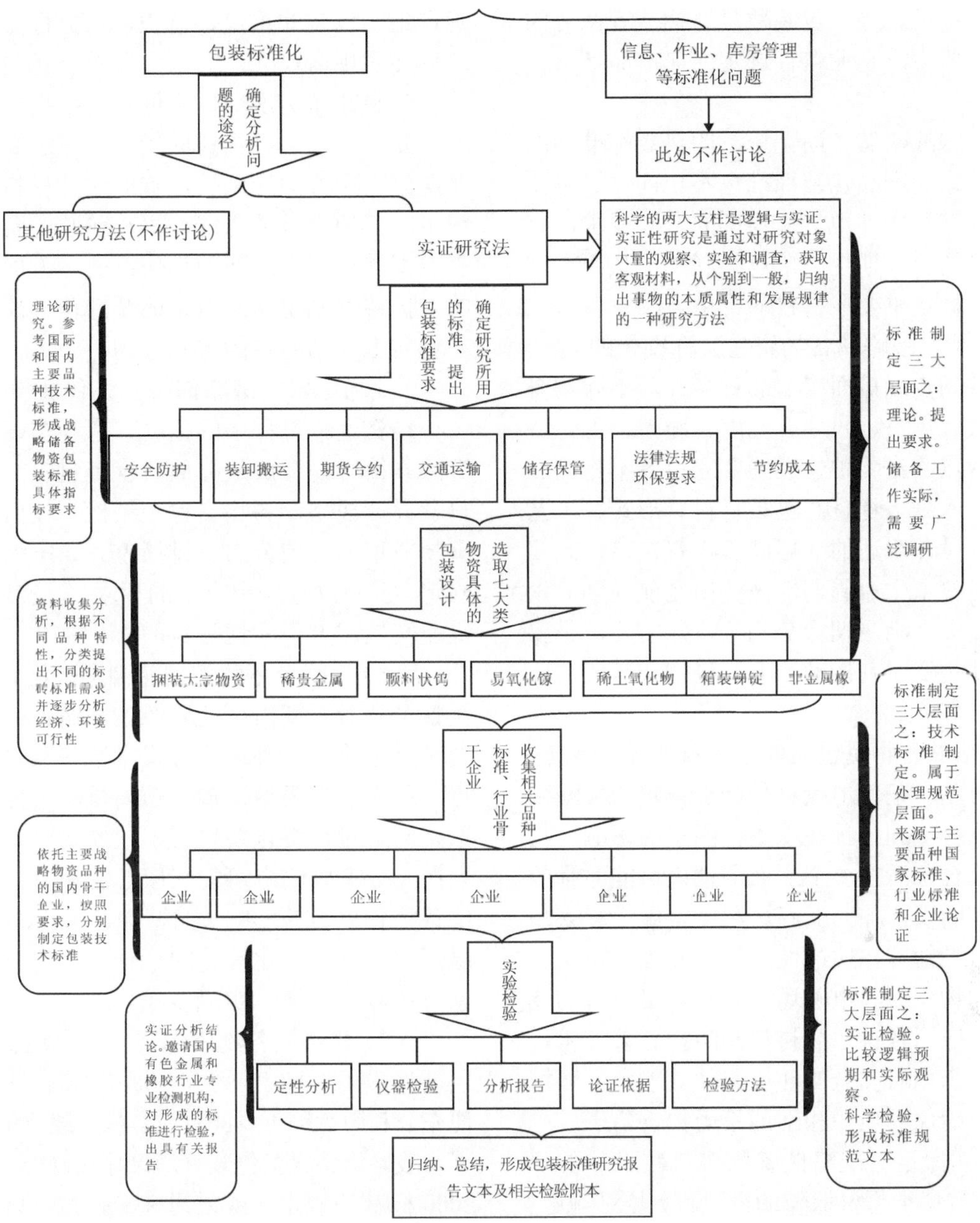

战略储备包装标准化研究思路

三、包装设计应考虑的影响因素

战略物资包装设计是指在现有包装材料、机械和工艺基础上，为实现包装保护战略储备物资、便于流通、方便保障及使用功能而进行的设计活动。战略储备物资从出厂到紧急动用、正常轮换消耗过程中，要经过装卸搬运、交通运输、储存保管、物流配送等流通环节，容易受到运输条件、装卸手段、储存环境及战场恶劣环境条件等的影响而损坏。为确保战略储备物资从封闭包装到最终使用或达到包装设计时限打开包装为止的整个过程中，质量不发生变化，功能不受影响，战略储备物资包装设计过程中应当系统考虑包装防护、装卸搬运、交通运输、储存保管、政策法规，以及包装效益等方面的影响因素，选用适宜的包装形式、材料、容器和工艺方法，设计科学合理的战略储备物资包装。

1.期货合约对战略物资包装标准化的要求

战略物资包装标准应满足适合交易所交割要求，符合期货交割标准。国家战略储备物资轮换出库的一个主要流向是国内的期货、现货交易所，交易所对于期货、现货的交割包装标准有明确规定。

以上海期货交易所交割的铝锭为例，交易所规定铝锭的交割单位为25吨。每一交割单位的铝锭应当是由同一生产企业生产、同一注册商标、同一质量品级、同一块形、同一包装数量（捆重近似）的商品组成。注册生产企业自行选定注册产品捆重，但要利于组手。

目前，国家战略储备尚无统一的包装标准，同一品种不同厂家的产品包装标准也不相同。战略储备物资包装标准衔接期现货交易所的交割要求，有利于战略储备物资与期现货市场的联动，从而有利于调节供求，稳定重要原材料的价格。

2.安全防护对战略储备物资包装标准化的要求

战略储备物资涵盖面广、品种多样，不同物资的形态、形状、重量、尺寸、强度、脆值、理化特性等都各有特点，对防护包装的要求也各不相同。包装设计应深入分析物资对包装材料、形式、工艺的特性要求，设计合适的战略储备物资包装，既要能防止物资在整个生命周期内被使用之前受到质量或数量上的损失，满足期货交割等特殊需要，也要能防止危害性物资对其接触的人、生物和环境造成危害。

（1）战略储备物资包装要适应自然环境条件。物资在任何时刻、任何地点总是处于一定的环境条件之中，必然会受到各种环境条件因素的影响。包装设计应当综合分析在整个生命周期内可能面临的各种自然环境因素（如高低温、湿度、雨雪、太阳辐射、低气压、盐雾、腐蚀性大气、砂尘、霉菌、白蚁、啮齿动物、铟、电磁场等）对物资包装的要求，通过灵活应用各种包装材料和防护包装技术，为物资创造一个相对安全的环境，使其能承受环境因素的考验，确保其质量和性能不受损害。

（2）装卸搬运对战略储备物资包装设计的要求。装卸搬运贯穿于物资保障的全过程，是对输送、保管、包装、流通加工等物流环节的有效衔接，也是为日常的检验、维护、保养所进行的必要准备。装卸搬运过程中很容易造成战略储备物资包装损坏，严重时甚至会损坏内装物资，因此，包装设计应当依据装卸搬运方式确定最恰当的包装形式。战略储备物资包装应该满足机械作业要求。装卸搬运作业过程中物资的损伤主要是由于搬运人员的失误和包装方式不够合理造成的，要降低物资在搬运时受损伤的概率，最有效的方法就是取消人力搬运，尽量用机械作业来取代。为适应机械装卸要求，包装设计应重视托盘、集装箱等集合包装形式的应用，要与叉车、吊车、起重装置等搬运工具及辅助运输工具相匹配，要依据仓库搬运机械的性能指标合理确定集合包装的重量、体积，依据标准托盘尺寸确定包装的规格尺寸，力求实现组合化包装，减少单件包装装卸搬运次数，降低包装破损概率。

此外，包装设计还应考虑野蛮装卸和不规范作业现象，一方面应采用适宜的缓冲材料吸收装卸过程中产生的大量冲击能，提高包装的防护能力，减少人工搬运失误造成的损伤；另一方面应针对物资的防护特性制定明确可行的装卸作业注意事项，并在包装上加贴醒目的警示标识。

3.交通运输对战略储备物资包装设计的要求

物资运输过程中的摇动、急刹车、颠簸、跌落等因素很容易造成战略储备物资包装的损坏。应当科学设计战略储备物资包装结构，使内装物资符合满装成型、均匀分布、排摆整齐、压缩体积、内货固定、重心位置居中靠下的要求，以实现可靠防护、快速交接、方便配送等目的。

（1）战略储备物资包装要适应运输方式。物资在整个生命周期内可能要经过铁路、公路、水路或者航空运输等多种运输方式，这些运输方式各有特点，运送工具类型、输送距离长短、道路情况等各不相同，对物资包装也有不同的要求。包装设计应当在充分考虑物资可能采取的运输方式及其对战略储备物资包装的影响（如振动、摆动、冲击、货压、温湿度、气压变化等）的基础上合理设计战略储备物资包装，以便于实现多式联运。

（2）战略储备物资包装要适合运输工具。物资包装件的外形尺寸应尽量与通用运输工具相适应，以便充分利用运输工具的有效容积和载重量。一般情况下，战略储备物资包装外形尺寸应符合 GJB 182A—2000 标准的规定，或采用标准托盘、集装箱等集合包装形式以便于实现集装化运输。

（3）战略储备物资包装要具备合适的强度。物资包装件在运输过程中，不可避免地要经受多种因素的影响，如汽车、火车的启动、变速、转向、刹车会使包装件的速度改变，路面状况、路轨接缝、发动机振动、车辆防震性能、水面风浪、气流强度等会产生周期性上下颠簸和摇晃，包装件固定不当易与车厢或相邻包装件发生碰撞等，包装件的结构强度应能适应这些不利条件而不损坏。同时需考虑运输过程中的各种严酷环境条件，如气候、生物、机械等对包装结构及材料的劣化与侵蚀作用，避免包装结构强度降低而造成内装物品损坏。

4.储存保管对战略储备物资包装设计的要求

在储存过程中，堆码的稳定性直接关系到储存空间的高效利用和内装物资的安全，长期的储存也会造成包装质量的下降，进而影响内装物资的质量，因此，包装设计必须充分考虑物资储存堆码及长期储备的要求。

（1）战略储备物资包装应满足稳定堆垛要求。物资通常堆码存放在仓库内，物资的包装容易因堆垛而变形、破损。为了保证堆垛的稳定性，避免堆垛下部的容器变形影响内装物资，防止发生坍塌现象，需要战略储备物资包装有合理的结构和强度。包装设计所选择的包装材料和结构应具备能承受高层堆叠的强度，包装容器的上表面不能有突起物和起鼓现象，与上面所堆叠的容器底面成平面接触，尽量使包装件的荷重均匀地分布在底面上，还要明确标示堆垛方向和堆码层数极限。如果本身就有偏重，还应在包装容器的外表面做出明显标志。

（2）战略储备物资包装应满足长期储备要求。物资往往需要长时间的储存直至被使用或作报废处理。在长期的储备过程中，受库房内各种条件因素（如温度和湿度等）的影响，包装质量会逐渐发生变化。以最常见的瓦楞纸箱为例，其抗压强度通常是在纸箱刚生产出来时测定的，但是在实际储存过程中，纸箱受温湿度、紫外线等因素影响之后会逐渐变质，包装强度逐渐降低，容易变形破损。因此，包装设计过程中还需要考虑包装质量变化的因素。

（3）战略储备物资包装应适应储存地域要求。我国幅员辽阔，气候环境多样，分处于不同地区的仓库对战略储备物资包装往往有特殊的需求。例如，沿海仓库容易受到盐雾的侵蚀，会对库存物资，特别是稀贵金属造成损害，必须采取防盐雾措施；南方经常遇到很长的梅雨季节，仓库内的物资易受潮发霉，物资包装需要满足防潮功能；高原环境大气压强较低，充气包装必须考虑压强变化情况，防止包装因压强变化而膨胀破裂等。

5.法规标准对战略储备物资包装设计的要求

战略储备物资包装设计必须遵守国家、行业包装相关的法规政策，认真贯彻执行各类相关的标准规定。

（1）战略储备物资包装设计应遵守相关政策法规。随着战略储备物资包装的不断发展，包装相关政策法规也在逐渐地建立和完善，如《中华人民共和国环境保护法》《中华人民共和国固体废物污染环境防治法》《中华人民共和国清洁生产促进法》《中华人民共和国食品卫生法》《中华人民共和国药品管理法》《中华人民共和国进出口商品检验法》《危险化学品包装物、容器定点生产管理办法》《包装资源回收利用暂行管理办法》等。在战略储备物资包装设计过程中，在包装材料的选择，包装箱的制造、使用、回收和废弃的各个环节，都必须严格落实国家的政策法规要求。

（2）战略储备物资包装设计应贯彻实施包装标准。包装标准是战略储备物资包装设计、生产、制造的技术依据，是提高和保证战略储备物资包装质量的重要手段，是战略储备物资包装科学管理的重要组成部分。战略储备物资包装标准主要包括包装管理标准、包装材料标准、包装容器标准、包装贮运环境标准、包装技术标准、包装试验方法标准、通用设备及零件包装标准等。在战略储备物资包装设计的各个环节，必须重视战略储备物资包装标准的贯彻实施，不断提高战略储备物资包装的系列化、通用化和规范化水平，进而促进战略储备物资包装水平的全面提高。

6.节约成本对战略储备物资包装设计的要求

随着物资科技含量的提高，对战略储备物资包装防护的要求也在不断提高，随之而来的是包装成本的不断增加。包装设计过程中应该系统分析包装“全寿命周期”中的费效比，在确保物资质量和流通方便性的同时，通过灵活选用合适的材料、机械和工艺，努力降低包装成本和后期管理维护的费用，实现战略储备物资包装经济效益的最大化。

（1）战略储备物资包装设计应追求适度包装。适度包装是现代包装设计的基本要求。在战略储备物资包装设计过程中，既要避免包装不足造成物资质量下降或损坏，又要防止过度包装增加包装成本和包装废弃物回收处理的费用，应当努力实现适度包装。适度包装要求包装对物资的保护性能恰好达到所需要的保护程度，体现为保护功能得当、使用材料适宜、体积及容量适量、标识和标签完整、费用成本合理。

（2）战略储备物资包装设计应考虑整体效益。考察战略储备物资包装的整体效益，就是要结合物资整个生命周期，从整个系统的角度来分析包装投入与绩效的关系，既要考察社会效益，又应考虑经济效益，实现社会效益、经济效益的统一。在实现社会效益的前提下也应兼顾经济效益，努力降低包装成本，使运输费用和储存保管费用降到最低限度，并尽力延长物资的储存期限。

参考文献

［1］王利辉，刘景，孙铭鸿。推进包装标准化的思考［J］。山西青年，2013（24）。

［2］罗少锋，郭宝华，闫济军。对军品包装设

计要求的系统思考［J］。包装工程，2010（1）。

［3］刘振华，周听，陈文阁。加强我军军品包装标准化工作的对策与建议［J］。包装工程，2009（10）。

［4］张志刚，刘振华，陈明杰，等。新时期军品包装标准化建设的理性思考［J］。包装工程，2008（04）。

［5］吴国荣。加快我国包装标准化建设［J］。中国包装，2004（3）。

［6］郭宝华，马宏亮。二十一世纪我国军用包装标准发展方向［J］。中国包装，2001（1）。

［7］马宏亮。我军军用包装标准未来发展方向［J］。中国包装工业，2000（1）。

［8］郭洪仙。关于包装标准的几点思考［J］。中国包装工业，1994（6）。

绿色包装在汽车发动机物流包装中的应用

董文亮

（甘肃畜牧工程职业技术学院，甘肃武威　755006）

摘要：汽车发动机在汽车行业发展中发挥了重要的作用，而发动机包装在发动机物流中发挥了重要的作用。传统的包装方法相对比较普通，更多的是以满足汽车发动机包装的基本要求为主，并且这种包装理念并不符合绿色、环保的要求。随着我国绿色环保以及资源节约型社会建设的不断推广，人们对汽车发动机的绿色包装也提出了更高的要求，并根据发动机的特点、结构等构建了一套绿色包装理念。本文将以绿色包装为起点，分析绿色包装发展的基本现状，探讨绿色包装在汽车发动机中运用时存在的问题及解决对策。

关键词：汽车发动机；汽车行业；发动机包装；绿色包装；解决对策

引言

汽车发动机在汽车行业中的发展相对较重要，该行业能促进钢铁、音响、橡胶等行业的发展，能促进我国国民生产总值的提高。而汽车包装在发动机的转运中发挥了重要的作用。传统的包装方法虽然能满足汽车发动机的基本需要，但是包装时相对比较废料。同时，随着我国环境问题的日益加剧，产品包装产生的污染占据很大　部分。绿色包装理念的提出更加符合我国可持续发展要求，采用绿色包装能节约包装资源，减少对环境的破坏和资源的浪费。

本文将以绿色包装为起点，分析绿色包装发展的基本现状，探讨绿色包装在汽车发动机中运用时存在的问题及解决对策，现综述如下。

一、绿色包装发展现状

绿色包装是指采用天然植物和有关矿物质作为原料制成的，对生态环境以及人类健康无伤害，能够对包装材料进行回收，容易降解的一种环保型包装，该包装理念的目标是最大限度地节约自然资源，降低包装材料对环境的污染。绿色包装从大的角度来说可以认为是无危害包装，并且在整个包装过程中均符合绿色环保的要求。同时，绿色包装理念的使用更加能满足包装需求，使材料能重复循环使用。

我国绿色包装发展速度相对较慢，但其在包装行业的发展中取得了长足的进步，并且汽车发动机在生产工艺中均得到明显的提高，包装材料的使用也更加趋于多元化发展。但是，我国汽车发动机绿色包装起步相对较晚，科技水平与一些发达国家相比尚存在较大的差距。由于包装不善造成的经济损失近年来也呈上升趋势，并且绿色包装发展在一定程度上受到限制。

二、绿色包装在汽车发动机物流包装中的应用

绿色包装在汽车发动机物流包装中使用时应该遵循一定的原则，包装绿色设计理念在使用时能更加完美。

一方面，绿色设计包装必须在整个环节中无污染，形成一种环境友好型链条；另一方面，绿色包装在汽车发动机包装生产过程中必须遵循能源节约型包装，尽可能减少材料的使用，尽可能使用容易

作者简介：董文亮（1985—），男，甘肃定西人，讲师，研究方向为车辆工程、汽车电器构造与维修、汽车发动机构造与维修。

降解的可再生资源。此外，绿色包装设计的使用必须保证包装能够量化，尽可能使用可循环再生材料，提高包装材料的利用价值。

1.包装样式的设计

汽车发动机形状相对比较特殊，绿色设计理念应该根据发动机的尺寸、形态进行设计，样式在设计过程中尽可能使用不同的方案进行优化，绘画出立体感鲜明的视觉效果。同时，绿色设计理念应该根据发动机的装配图、零件图的尺寸进行精确设计，避免包装材料的浪费。设计过程中对于有条件的包装厂可以模仿现有的成品或通过电脑三维仿真进行有效的模拟，保证设计出的方案更具有针对性。

2.技术要求

汽车发动机性能相对较特殊，包装时对技术要求相对较高，如防水、防潮等，绿色包装设计时必须考虑发动机的性能、适用环境等，包装设计时必须严格根据要求注明周转的次数、维护方法以及包装的有效期，保证汽车发动机在包装时既能够符合包装的要求，又不会影响汽车发动机的性能。

3.包装造型设计及回收

汽车发动机属于容器型包装，绿色包装理念设计必须了解容器的容量、用途等基本参数，并且能根据每一款汽车发动机的使用环境对其性能、材料等设计相应的造型，设计时必须严格遵循绿色设计理念相关原理进行，且设计时还应该综合考虑汽车发动机包装材料的回收和再利用问题，汽车发动机的包装必须符合绿色、环保理念。

三、汽车发动机绿色包装材料的选择

绿色包装材料在汽车发动机中相对比较重要。汽车包装在设计后选择绿色包装材料显得至关重要。包装材料在选择时应该根据发动机的结构、生产方式等选择相应的包装材料，并且选择的包装材料应该尽可能符合绿色包装标准要求，尽可能选择可再生材料、无污染材料以及可降解材料。绿色材料的选择应该采用新型的绿色环保材料，既能够符合汽车发动机的包装要求，又能提高企业的总体形象。最后，汽车发动机绿色包装理念应该选择无毒性的包装材料，避免使用一些含有铅、汞等重金属材料，减少包装材料对环境的影响。

为了进一步提高汽车发动机绿色包装效果，相关部门应该加大投资力度，明确绿色设计理念的基本含义，这样才能在绿色包装设计理念下完成对发动机的包装设计。

同时，汽车发动机在设计过程中应该积极推进环境友好型、资源节约型包装设计，保证汽车发动机的包装设计能与环境和谐相处。

四、结语

综上所述，绿色包装对生态环境、资源等产生积极的推动作用，绿色包装设计理念的实施能进一步加快绿色物流的建设，能积极推动生态物流的发展，能保证汽车发动机的包装更加科学化、合理化，能进一步促进汽车行业的飞速发展。但是，绿色设计理念在使用过程中尚存在一些问题，在绿色设计理念包装过程中应该正视这些问题，并且能根据包装设计中存在的问题提出针对性的解决对策，加大绿色包装设计的认识，建立更加完善的法律、法规，不断优化汽车产业以及包装产业结构，提高绿色包装设计的总体水平，促进绿色包装能得到更好的发展，保证汽车发动机包装科学、合理，减少对环境的影响，节约资源，促进绿色包装在物流企业中飞速的发展。

参考文献

［1］张潇，吴永红。论绿色设计理念在布老虎礼品包装中的运用［J］。包装工程，2013，02：87-90。

［2］Mestres C，Dorthe S，Akisso é N，et al.Prediction of sensorlal properties（color and taste）of amala，a paste from yam chips flour of west Africa，through flour biochemical properties［J］。Plant Foods for Hu man Nutrition，2014，59（7）：93-99。

［3］张琦。现代工业物流企业竞争优势构建模式：价值链物流［J］。中国流通经济，2010，45（11）：73-76。

［4］郭筱兵，丁利，李节，等。纳米包装材料及其安全性评价研究进展［J］。食品与机械，2013，29（5）：249-251。

［5］严义芳，陈福北，张良军，等。废聚苯乙烯泡沫塑料回收利用研究进展［J］。广西轻工业，2010（3）：22-23。

食品用软包装塑料材料水蒸气透过性检测技术的研究分析

陈美珍
（广州质量监督检测研究院）

摘要：随着食品用软包装塑料材料的迅猛发展，相配套的水蒸气透过性检测技术也在不断改进，本文在水蒸气透过性检测技术的发展历程的研究基础上，详细阐述现行水蒸气透过性检测技术的原理，并进行专业的对比研究分析，得出结论。

关键词：食品用软包装材料；水蒸气透过性；检测技术

食品包装材料传统材质有金属、玻璃、陶瓷、纸等，而如今常用软包装材质为高分子材料，高分子材料也称为聚合物材料，是以高分子化合物为基体，再配有其他添加剂（助剂）所构成的材料。高分子材料作为食品软包装材料，起到食品的保质保鲜功能，主要体现在：一是阻隔性能，阻碍食品所含的水分、挥发性香气、油脂等不向外渗透，阻碍外界的水分、热量、尘埃、气体、微生物等不向包装内食品渗透。二是保护性能，减少食品在运输、贮存过程中，受到如振动、冲击、挤压等外力导致的破损。

基于食品对于塑料软包装材料的保质、保鲜、保香的依存度较高，本文侧重于研究食品塑料软包装材料的阻隔性能检测技术，以便更好地指导检测单位对食品用塑料软包装材料的阻隔性能检测工作：阻隔性能检测分为水蒸气透过性能、气体透过性能，本文主要通过不同检测方法的适用范围、使用特点、技术要点等方面进行对比分析，研究阻隔性能中的水蒸气透过性能检测技术。

一、食品软包装用塑料材料的水蒸气透过性能检测技术的发展历程

1970 年，我国发布了 GB 1037—1970《塑料透湿性试验方法》，开创了塑料透湿性能检测的首份方法标准，经过十几年的实践经验，结合国际检测技术水平发展，1988 年我国参照采用美国试验与材料协会标准 ASTM E 96—80《材料透过水蒸气性试验方法——杯式法》，推出了传统经典的 GB 1037—1988《塑料薄膜和片材透水蒸气性试验方法——杯式法》，俗称称重法，沿用至今。称重法是透湿性测试方法的基础方法，无论国内还是国外的标准制修订中，都被认定为透湿性测试数据体系的基准。随着食品软包装行业的迅猛发展，产品琳琅满目，而水蒸气透过性能检测手段还停留在单一的称重法上，无法满足日常检测需求。为了更好地促进和规范食品软包装行业的生产和发展，我国于 2008 年正式发布 GB/T 21529—2008《塑料薄膜和薄片水蒸气透过率的测定——电解传感器法》，该标准修改采用 ISO 15106—3:2003《塑料薄膜和薄片水蒸气透过率试验方法第 3 部分：电解传感器检测法》（英文版）。时隔两年，我国又发布了 GB/T 26253—2010《塑料薄膜和薄片水蒸气透过率的测定——红外检测器法》，该标准修改采用 ISO 15106—2:2003《塑料薄膜和薄片水蒸气透过率试验方法第 2 部分：红外检测器法》（英文版）。电解传感器法、红外检测器法的出现，大大提高了检测结果的准确度，拓宽了食品软包装产品透湿性能测试手段的可选择性、可比较性。

二、食品包装用塑料材料的水蒸气透过性能检测标准

水蒸气透过性能检测标准较多，我国国家强制性标准有：GB 1037—1988《塑料薄膜和片材透水蒸气性试验方法——杯式法》，国家推荐性标准有：GB/T 21529—2008《塑料薄膜和薄片水蒸气透过率的测定——电解传感器法》、GB/T 26253—2010《塑料薄膜和薄片水蒸气透过率的测定——红外检测器法》、GB/T 31355—2014《包装件和容器水蒸气透过性测试方法——红外传感器法》，国际标准有：ISO 15106—3:2003，Plasties—Film and sheeting—Determination of water vapour transmission rate part 3：Electrolytic detection sensor method、ISO 15106—2:2003，Plastics—Film and sheeting—Determination of water vapour transmission rate—Part 2:Infrared detection sensor method。

综上，水蒸气透过性检测方法有三种，分别为杯式法、电解传感器法、红外检测器法，本文将通过适用范围、使用特点、技术要点等方面进行对比、

分析。

三、现行水蒸气透过性检测技术的对比研究分析

1.水蒸气透过性检测方法的原理对比

杯式法：将装有无水氯化钙粒的透湿杯、覆盖样品，用密封蜡密封，称量封好的透湿杯（透湿杯组装见图 1），在规定的温湿度条件下，间隔一段时间进行称量，应注意的是：称量时的温湿度、顺序、时间间隔及操作应一直保持一致，称量时间不得超过间隔时间的 1%，干燥剂吸湿总增量不得超过 10%，直至前后两次质量增量相差不大于 5%时，试验结束。

而经过调研，检测机构目前使用的杯式法测试仪的操作原理是：在特定的温湿度条件下，装在透湿杯的蒸馏水形成水蒸气，透过被测样品被干燥剂吸收，通过称量透湿杯中蒸馏水的减少量来推算被测样品的水蒸气透过率，原理是一样的。

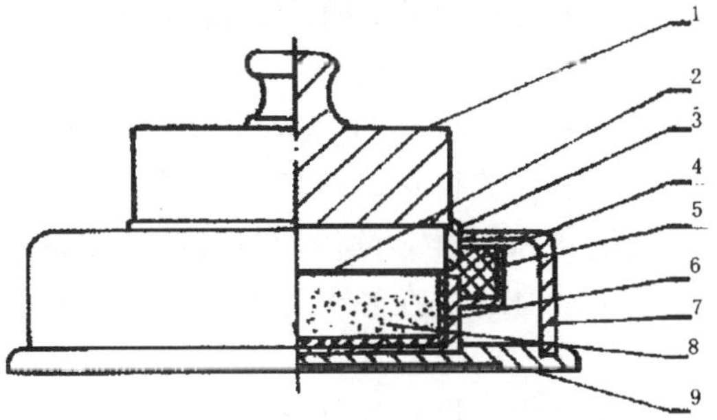

图 1　透湿杯组装

1—压盖（黄铜）；2—试样；3—杯环（铝）；4—密封蜡；5—杯子（铝）；6—杯皿（玻璃）；7—导正环（黄铜）；8—干燥剂；9—杯台（黄铜）

电解传感器法：将试样装夹到渗透腔内后，试样将渗透腔分为干腔和湿腔，在干腔中有干燥的载气流通过，从湿腔透过试样的水蒸气由载气携带到电解池内，电解为氢气和氧气，根据电解电流计算单位时间内透过单位面积试样的水蒸气量（仪器结构示意见图 2）。该标准首次引入了标准膜，是已知水蒸气透过率的薄膜或是由重量法测试得到水蒸气透过率的薄膜，增加了可溯源性，也使电解法和杯式法测试结果有了可比性，还明确了平衡状态的判定条件：当相邻三次电流采样值波动幅度不大于 5%时，可视为电流已保持恒定，水蒸气渗透达到稳定状态。

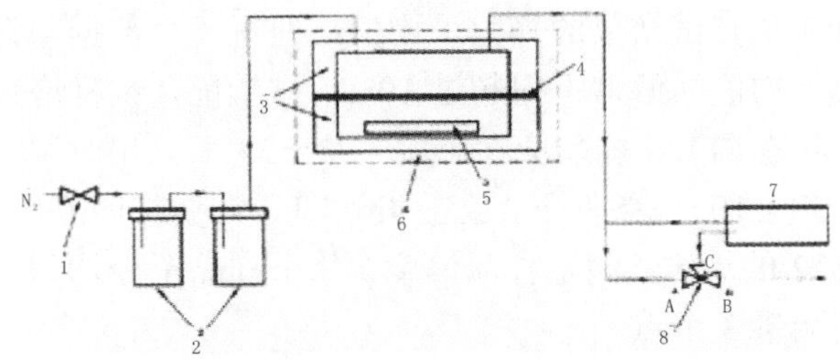

图 2　电解传感器法水蒸气透过率测试仪器结构示意

1—流量调节阀；2—干燥管；3—渗透腔；4—试样；5—多孔盘；6—控温装置；7—电解池；8—换向阀

红外检测器法：样品将测试腔分为高湿腔和低湿腔，由于湿度差，水蒸气进行流动，由载气传送到红外检测器产生一定量的电信号，通过电信号计算出样品的水蒸气透过率（红外透湿仪示意见图 3）。同红外法，该标准也引入了试验用参考膜，可与称重法进行数据比对，注意载气流量应保持稳定，流量示值偏差应在 5%以内。

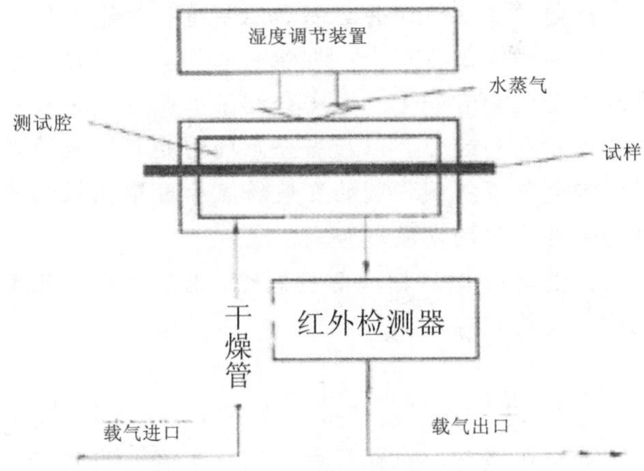

图 3　红外透湿仪示意

2.适用范围

杯式法也叫称重法，量程广，是水蒸气透过性测试的基准方法，在摸索样品透湿量过程中推荐使用。但测试时间长，测试结果受操作人员经验、操作方法以及干燥剂、密封蜡等因素影响大，精度相对低，建议水蒸气透过率 2g/（m^2 • 24h）以上的食品软包装材料使用此方法。

电解传感器法和红外检测器法是在杯式法的基础上，利用高科技手段进行测定，适用于塑料薄膜、含塑料的多层复合膜、片材等材料水蒸气透过率的测定，具有测试时间短、精度高、重复性好等特点，适合高阻隔性材料的检测。

3.实际检测过程的几点建议

样品的选取上，应具有代表性，无褶皱、针孔、折痕。每份样品至少测试 3 片，出具 3 个数据，并

取 3 个测试结果的算数平均值，但每一个数据与算数平均值的偏差不得超过 10%。试验前，试样应进行状态调节，样品应在温度（23±2）℃，相对湿度（50±10）%条件下，放置 4h 以上；还要按照 GB/T 6672 的规定，测定样品厚度，每个样品至少均匀间隔测量 3 个点。

参考文献

［1］李奇，陈光石。材料化学［M］。2 版。北京：高等教育出版社，2010。

［2］GB 1037—1988。塑料薄膜和片材透水蒸气性试验方法杯式法［S］。

［3］GB/T 21529—2008。塑料薄膜和薄片水蒸气透过率的测定——电解传感器法［S］。

［4］GB/T 26253—2010。塑料薄膜和薄片水蒸气透过率的测定红外检测器法［S］。

［5］ISO 15106 — 3:2003，Plastics Filmandsheeting — Determination of watervapour transmission rate—Part 3:Electrolytic detection sensor method［S］。

［6］ISO 15106—2:2003,Plastics—Film and sheeting—Determination of water vapour transmission rate—Part 2:Infrared detection sensor method［S］。

工业 4.0 和包装机械智能化

戴宏民　戴佩燕

摘要：工业 4.0 开启以智能制造和智能工厂为目标的第四次工业革命：智能制造要求工厂的设备更加自动化和智能化。本文介绍了工业 4.0 的基本概念、特点和运作，以及当今市场对包装机械的要求，四大包装机械强国的发展特点和世界包装机械自动化智能化的发展趋势。

关键词：工业 4.0；智能制造；智能工厂；包装机械；发展趋势

在 2013 年 4 月汉诺威工业博览会上，德国提出了工业 4.0 概念，意即开启和引领当前第四次工业革命。前三次工业革命分别是 18 世纪以蒸汽机带来的“机械化”为代表的第一次工业革命，1870 年以“电气化”为代表的第二次工业革命，第三次是以可编程控制器和 IT 为代表的“自动化”工业革命。工业 4.0 所指的第四次工业革命则是以“生产制造智能化”为代表。我国随即跟进，于 2015 年 5 月公布了未来十年制造业发展的《中国制造 2025》，其基本思路是以促进制造业创新发展为主题，加快新一代信息技术与制造业深度融合，积极推进智能制造，促进产业转型升级，并将中德“工业 4.0”合作作为中德合作新时代的核心内容。美国则早于 2009 年 12 月就提出“工业互联网战略”，要求在自动化基础上实现生产智能化——建立“智能工厂”。“工业 4.0”“中国制造 2025”“工业互联网战略”三者本质是一致的，均是借助互联网调整产业结构，打造新的制造业的国家战略。

一、工业 4.0 的基本概念、特点和运作

1.工业 4.0 的基本概念

“互联网+制造”就是工业 4.0。它也被定义为制造业的电子计算机化，包括更高层次的互联性、更智能的设备和机器（设备）与机器（设备）之间的通信。工业 4.0 是在当今工业自动化的基础上实现生产智能化，依靠高级的软件和能够通信的机器设备，使工业生产进一步优化，其核心目标是智能制造和智能工厂，侧重点是生产制造过程智能化和通过互联网进行分散式的个性化服务。智能制造（Intel ligent Manufacturing，IM）是一种由智能机器和人类专家共同组成的人机一体化智能系统，它在制造过程中能进行智能活动，诸如分析、推理、判断、构思和决策等，通过人与智能机器的合作共事，去扩大、延伸和部分地取代人类专家在制造过程中的脑力劳动；它把制造自动化的概念更新、扩展到柔性化、智能化和高度集成化。智能工厂则是将智能制造延伸到具体的工厂，它是一条基于高科技、适应性强、符合人体工程学的生产线；它能整合客户和业务合作伙伴的需要，制造和组装定制产品，以最快速度满足客户和市场的需要。

2.工业 4.0 的特点

（1）互联。互联是指为两个物理网络之间的数据交换提供可能性。智能工厂采用信息通信技术（ICT，Information Communication Technology）为厂内外两大网络数据（信息）交换提供可能性，工厂内部的信息通信称为 M2M（Machine to

Machine），即机器设备之间的智能协调；工厂与外界的信息通信则通过已熟悉的互联网（Internet of Services）和物联网（Internet of Things）来进行。实现互联就将设备、生产线、工厂、供应商、产品和客户联系在一起，为完成产品研发、生产、销售、供应链管理等工作提供了可能性。

（2）数据。数据是信息的表现形式和载体，可以是符号、文字、数字、语音、图像、视频等。数据是信息的表达，信息是数据的内涵。工业 4.0 中将产生大量的数据，包括产品数据、设备数据、研发数据、工业链数据、运营数据、管理数据、销售数据、消费者数据。这些数据可通过工厂智能网络的传感器进行采集、统计和分析，并通过执行器对机器设备运作进行控制，从而使生产变得更精益、更节能。

（3）集成。集成（integration）是使孤立的事物产生联系，构成一个有机整体。互联仅提供了两个物理网络间数据交换的可能性，而只有当两个网络的通信协议相互兼容即能集成时，数据（信息）才能实现交换。智能工厂是靠信息物理系统（Cyber Physical Systems，CPS）来实现集成的。该系统包含无处不在的传感器、嵌入式计算系统、网络通信和网络控制系统等，形成一个智能网络；利用这个智能网络空间，信息物理系统可通过执行器操控物理实体（机器人、机器设备等），从而使人与人、人与机器、机器与机器、服务与服务之间形成横向、纵向和端到端的高度集成。

（4）转型。工业 4.0 要求传统制造业在生产形态上从大规模生产转向个性化定制，使整个生产过程更加柔性化、个性化，这是工业 4.0 的一个重要特征。同时，也要求在智能制造的实施过程中不断创新发展，包括制造技术、产品、模式、业态、组织等方面的创新。

3.智能工厂的运作简况

智能工厂使用信息通信技术 ICT 和信息物理系统 CPS，在厂内将人—机对话转化成机—机的智能对话与协作；在厂外则与网购支付平台、智能物流平台以及远程产品开发设计平台等网联起来，形成智能化制造体系和全自动智能生产的开放性平台，通过该平台的信息通信，工厂可接收外部产品制作的订单和指令；根据订单和指令首先加工制品毛坯，毛坯带有数字化的信息标识，标识内集成了动态数字存储器、感知和通信能力，储存着在其整个供应链和生命周期中所需的各种必需的信息以及整个的生产流程，带有信息标识 CPS 的制品毛坯通过互联网能寻找到加工的车间和工位。

智能工厂的所有机器设备均拥有独立的“大脑”，并全部智能化连通（M2M）。工厂的信息物理系统 CPS 依据毛坯的数字化的信息标识，可了解该毛坯制品的制作要求，并智能地安排加工设备和加工工序；制品加工制成后通过现代物流发送到客户手中。

智能工厂除能进行批量化生产外，最大特点是能根据任何人的个性化设计生产个性化产品，只需通过网络发送指令到智能工厂即可，完工后可通过网络付款。

智能工厂运转需要软件和硬件。软件有工业物联网、工业网络安全、工业大数据、云计算平台、MES 系统（制造企业生产过程执行系统）、虚拟现实、人工智能、知识工作自动化等；硬件是工业机器人（包括高端零部件）、传感器、RFID（射频识别或射频标签）、3D 打印（快速成型技术）、机器视觉、智能物流（AGV）、PLC（可编程逻辑控制器）、数据采集器、工业交换机等。在工业 4.0 时代，软件的重要性胜于硬件，软件定义机器，软件定义一切；所有智能工厂都是软件企业，都是数据企业，工业软件至关重要；人虽然仍是制造工艺的核心，但更多地是起到控制、编程和维护的作用，而不是在车间进行作业。

目前典型的智能工厂，在德国有西门子电子工厂（Siemens Electronic Works），该厂面积达 10.8 万平方英尺，其内部有一组智能机器，拥有超过 16 亿个机器组件，其产品种类多达 950 种，可靠率超过 99%，每百万件产品中只有 15 件缺陷产品。美、英和我国都十分重视推进智能制造和智能工厂，为此拨出了专项资金和制定发展规划。有人预测，未来十年会有 300 家工业 4.0 上市公司。但对于大多数企业，向工业 4.0 的转变仍是一个渐进的演变，而非一种迅速的革命。未来几年，旧系统对制造业仍然是必要的。

二、世界包装机械的智能化发展趋势

工业 4.0 要求智能工厂的设备更加自动化和智能化；转向个性化定制又要求设备柔性化。实际上，包装机械目前已经在朝着这些要求迈进。

1.当今市场对包装机械的要求

随着全球新兴市场人均收入增加和城市化水平

提高，各类食品及饮料日趋多样化和高端化，从而对包装机械也提出越来越高的要求。

（1）要求生产效率越来越高。现代快节奏的生活提高了人们对于速度的要求，高生产率可以满足交货期，又能降低生产成本；同时，高速包装机还要求与前道工序快速自动衔接，不需搬运环节：整条生产线要按生产及包装工序排列做到倒序启动、顺序停机，以保证高生产率。

（2）要求生产具有柔性和灵活性。为适应人们对食品和饮料在口味、外形、包装等方面越来越高的要求，要求生产线允许产品在一定的尺寸范围内变化，允许包装材料在一定材质及厚度范围内变化，即要求生产线或设备具有较高的柔性和灵活性，使产品及包装变更时不至于更换昂贵的食品及包装生产线。

（3）要求生产中具有智能性。包装机械在高效率生产中常需自动识别包装材料的厚度、硬度、反弹力等；或通过自动识别将生产线无序传递过来形状各异的点心有规律地排列在同一盒中；还要求在生产过程中能自动识别并诊断设备故障，降低废品率。

（4）要求生产绿色环保。在当今环保大潮的推动下，要求食品和包装机械必须保证加工的食品安全：遵守国际标准化组织《关于食品和包装机械的安全卫生规定》和欧盟《用能产品生态设计框架指令》（简称 EUP 指令）规定，实行节能和低碳生产。

2.四大包装机械强国的发展特点

美、德、日、意是世界公认的四大包装机械强国。近年来，它们引入航天、微电子、信息处理、网络、工业机器人、图像传感器、新材料等高新科技，不断研发生产出高自动化、高生产率的包装机械，其技术和品质代表了世界包装机械的发展趋势。

四大包装机械强国近年发展的共同特点是：①大力提高包装机械的自动化和智能化程度。如以创新为主导的美国生产的高度自动化、集成化的制罐及灌装生产线，通过控制系统改变灌装方式，一台设备就可实现重力灌装、压力灌装以及正压移动泵式灌装；德国包装机械以精密著称，智能化的计量设备和远程诊断及监控、高度自动化的成套啤酒灌装生产线均属世界一流。②全面进行包装机械的更新换代。更新换代步伐最快的首推日本，它将对服电机控制的全数字型交流伺服系统应用于包装机械，实现了从机械装置向电脑程控为主的技术升级，在世界市场上获得了大量利润；意大利则通过采用关键技术，局部更换零部件或关键部件，使原有机型、性能、效率、生产能力和组装方式得到更新，不仅节省了原材料和大量劳动力，降低了成本，还促进了组装化和联机化。③适应大用户需求变化，使用计算机仿真设计。德国企业重视为大企业服务，根据用户要求采用计算机仿真设计，满足了大用户需求的柔性灵活、集成性好的包装机械设备。意大利包装机械更以灵活柔性见长，为用户提供个性化、多功能的包装机械，性能优良、外观考究、价格便宜，深受国际市场欢迎。

3.世界包装机械的发展趋势

依据市场对包装机械的要求和世界四大包装机械强国的发展现状可以看出，包装机械今后的总体发展趋势是自动化、智能化、集成化、柔性化和绿色化。自动化是“五化”的基础，智能化需建立在自动化之上，而集成化、柔性化和绿色化均与智能化紧密相关。

自动化技术一般由控制系统、传动系统、运动系统、人机界面、传感器及机器视觉五部分组成。控制系统目前主流采用可编程逻辑控制器 PLC 系统，通过数字输入/输出控制生产过程；同时利用现场总线网络通信技术为整个生产线的无人化智能操作及检测提供无缝衔接。传动系统用于调整主工艺速度和控制电机速度的周期性变化，常采用变频器调速系统，它的调速范围宽、精度高、响应快、节能效果好。运动系统广泛采用将电压信号转化为转矩和转速，驱动控制对象的伺服电机，它能非常精确地实现位置控制和速度同步，对要求速度、扭矩、精度和动态性极高的连续流水生产线十分重要。人机界面是系统和用户之间进行交互与信息交换的媒介。传感器及机器视觉对智能化包装机械必不可少，传感器有电感、压力、光电、电容等类型；机器视觉由 1～2 个图形传感器组成，常用于包装机械的灌装封装、冷却及加温和粘贴包装标签等工作。

智能化常用于对生产线的监控和进行自动识别。如自动识别包装材料的厚度、硬度、反弹力等，通过电脑反馈到机械手，以利于调整动作幅度；又如自动识别生产线无序传递来的不同形状物料（如巧克力或点心）的位置，再反馈到不同的机械手，即能准确无误有规律地将物品按要求的位置及方向放入托盘（或点心盒）中。智能化还用于在线监测，严格控制食品及包装材料的细菌含量，同时减少生产中人对食品的接触污染，确保食品安全。智能化也常用于排除设备故障和进行远程诊断。前者是将排除设备故障的方案预先输入电脑，出现故障时，电脑即进行自动诊断，并迅速排除故障，从而降低废品率及故障率；后者是通过无线网络建立的高速网络进行的，它由远程支援中心、维修网络中继站和远程支援终端组成。通过远程维修中心，可以实现远程监控、数据共享、文件传输、应用程序共享以及为终端用户提供简单易用的操作界面。

集成化是指将若干功能集中在一台设备上，或将具有不同功能的设备连接成一个有机整体。设备或生产线的成套完整性是保证连续作业、均衡生产以及加工性能和产品质量的重要保障。系统集成技术通过结构化的综合布线系统和计算机网络技术完成，它将各个分离的设备、功能和信息等集成为一个相互关联、统一且协调的系统之中，以实现集中、高效和方便的管理。集成系统是一个多厂商、多协议和面向各种应用的体系结构，为解决系统之间的互连和互操作性问题，各设备控制系统使用的可编程逻辑控制器 PLC 系统必须采用同一品牌，以保证主设备与各子设备之间的接口、协议、数据交换畅通无阻，确保生产过程中数据不丢失、信号不受干扰。目前物联网广泛流行，包装机械的自动化，集成化必将更多引入物联网技术，如语音识别和无线射频识别技术等，这就要求不同的设备或产品之间使用的标准更须趋于一致，方能建立起效率高且具有可扩充性的集成化系统。

柔性化技术是为适应产品更新周期越来越短、大批量生产方式受到挑战的形势产生的。柔性自动化生产线一般由自动加工系统、物流系统、信息系统和软件系统四部分组成。柔性和灵活性表现在四个方面，具体如下。量的灵活性：既能包装单个食品，也能适应不同批量食品的包装；构造的灵活性：整台设备采用模块单元组成，换用一个或几个单元，即可适应食品品种、形状和大小的变化；供货的灵活性：选换不同的最终包装设备，即能满足市场对相应食品的包装需求；柔性化也反映在计算机仿真设计上，仿真设计最能满足客户个性化的订货需求，设计人员可在计算机三维模型上修改并对生产率、废品率、能耗等进行演示，直到客户完全满意为止。

在保护环境、节约能源的当代，建立在高度自动化基础上的绿色化已成为包装机械的主流。模块化是包装机械实现柔性化，增加可回收和可拆卸性，节能减废的重要途径。通过模块的选择和组合构成不同的产品，或通过更换某模块而使产品升级，从而节约资源与成本，减少废弃物。安全卫生规定是食品和包装机械必须遵守的标准。安全隐患源自设备运动部件的动能、势能和不良结构所造成。为此需要对运动部件的速度、质量、振动和噪声予以限制，对运动或受力部件需要设计超负荷安全保护装置。卫生隐患则源自机械零部件镀（涂）层和包装材料上有害化学物质向被包装食品“迁移”，以及机械结构设计不合理导致细菌或微生物超标。为此，要求包装和机械材质符合卫生要求，机械零部件的构造应避免凹坑、折痕、裂缝等缺陷，并适应在线清洗消毒。

三、结论和思考

（1）工业 4.0，引领当前世界第四次工业革命，也是整个中国时代性的革命。包装机械和包装产业均应紧跟时代步伐，朝向智能制造和智能工厂的目标迈进。但是对于我国大多数包装机械企业来说，目前的技术水平还较低，向工业 4.0 的转变还需要一个渐进的过程。当务之急仍应努力提高包装机械的自动化和智能化水平。

（2）我国包装机械企业应将当代的热管、微电子、电脑、工业机器人、图像传感器、新材料等高新科技应用于包装机械中，不断提高自动化和智能化的技术水平，尽快与世界包装机械的自动化、智能化、集成化、柔性化和绿色化的发展趋势接轨。

（3）为使我国包装机械在技术上升级换代，针对当前产品成套性差、品种数量少、技术含量低、元器件和基础件质量差等问题，我国应采取：①进行顶层设计，即引进“五化”先进技术，参照国际标准，制定我国包装机械的新标准。②夯实基础，提高包装机械的元器件质量。③积极推进模块化设计。④发展网络技术，实施计算机仿真设计和远程故障诊断。⑤加大研发投入，重视集成创新，尽快按新标准生产升级换代的包装机械。

包装从多方面保障食品安全

戴宏民 戴佩燕

摘要：包装是食品供应链中一个主要环节，对保障食品安全负有重要责任。本文在分析了包装影响食品安全的三个主要因素后，重点探讨了食品包装从减少材料“迁移”的危害，选用适宜阻隔性材料，使用真空、气调和无菌包装技术，提高食品包装机械的自动化及安全卫生性能，研制有预警功能的智能包装、包装信息技术和射频标签等多方面来保障食品安全的举措。

关键词：食品安全；食品包装；迁移；安全卫生性能；预警功能

《中国食品安全发展报告（2015）》指出，2005年至2014年十年间，全国发生食品安全事件20多万起，处于高发期。食品供应链各主要环节均不同程度地发生了食品安全事件，60.16%的事件发生在食品生产与加工环节，其中以不规范使用添加剂引发的事件最多，占总数的31.24%。2014年我国食品安全态势总体稳定、逐步向好，但食品安全事件仍时有发生，食品安全治理水平仍有待提升。

包装是食品供应链中一个主要环节，对保障食品安全负有重要责任。包装影响食品安全的主要因素有三个：①食品包装材料和包装油墨的溶剂残留中的有害化学物质在较高温度、较长时间的条件下，可能向食品内迁移。②食品包装内细菌滋长或因材料阻隔性选择不宜引起食品腐败变质。③食品包装或加工操作中，微生物、灰尘、润滑油等痕量污染物对食品的污染。

随着科学技术的发展，高科技被引入包装，包装更利用智能技术、信息技术、防伪技术去预警和主动保障食品安全。

一、减少食品包装材料“迁移”的危害

1. 食品包装材料的选用

从避免“迁移”对被包装食品危害的角度看：塑料包装材料中的有害物质最易发生“迁移”，纸包装材料次之，玻璃、陶瓷、金属包装材料由于属于惰性物质，故较塑料，玻璃不易发生迁移；其中，金属包装由于阻隔性能优良，能完全阻隔氧气、水蒸气、光线以及外界污染物，且能进行高温杀菌，加之不易向食品发生迁移，故金属包装越来越受到人们的青睐，成为保证食品安全的首选，尤以饮料和肉食、水果罐头最多选用。

选用塑料作食品包装材料时，为避免最易发生迁移的物质，应用环保的无苯型增塑剂（柠檬酸酯类增塑剂）取代易迁移的含苯的邻苯二甲酸酯类化合物作增塑剂DEHA等；禁用易在聚合中产生氯乙烯单体残留的聚氯乙烯塑料，常用聚酯（PET）取代聚氯乙烯（PVC）；禁用易受低分子肮脏物污染的再生材料作食品包装材料。选用纸作食品包装材料时，其原纸禁用可能致癌的荧光增白剂；且为避免化学法制浆造纸时产生的极毒物质多氯联苯对水源的污染，需用氧化法漂白取代含氯物质漂白。

由于玻璃高温熔炼后形成不溶性盐类物质具有极好的化学惰性，不与被包装的食品发生作用，故玻璃食品包装具有良好安全性，但是必须避免使用可能带来的有毒物质溶出的熔炼不好的玻璃制品作食品包装；同时还应避免使用含有可能迁移的重金属颗粒的着色剂的有色玻璃作食品包装。金属包装材料具有高阻隔性和耐高/低温性，但是耐酸碱性差，故用作食品包装时不宜包装可能影响食品风味的高酸性食品；同时容器的内壁涂料应禁止含有可能迁移的有害物质如BPA（双酚-A）、BADGE（双酚-A 二缩水甘油醚）、NOGE（酚醛清漆甘油醚）等。陶瓷食品包装最能保持食品的风味，用以包装酒类饮料，越久越醇香，但要使用烧制质量好的陶瓷容器，否则釉层中着色颜料中的铅、砷、镉等有毒成分时间长后可能向食品迁移。

2.包装油墨及黏结剂的选用

包装印刷中如果使用含苯、甲苯、二甲苯和甲醇等有机溶剂稀释油墨，或薄膜复合时采用含苯有机溶剂型黏合剂，由于印刷或黏结过程中苯类溶剂挥发不完全，可能造成苯类物质在包装材料中残留，这些溶剂残留可能通过渗透、迁移到被包装食品里，故食品包装不能使用含苯类物质的有机溶剂型油墨和黏结剂。油墨须以无毒害的水溶剂型油墨或挥发性有机化合物（VOCs）含量低的醇性油墨，或无溶剂型的UV油墨取代之，同时为避免油墨中有害重金属（如锌、铬、铅）超过限定的量，切忌过分印刷装潢；塑料薄膜复合时的黏结剂也须用水溶剂型

黏合剂、或无溶剂复合工艺（热熔胶）取代之。

3.消费习惯合理化

为避免食品包装中有害物质迁移，应在较低温度下储存食品。为此，许多国家实行了食品标签制度，标签中除有尺寸、体积、价格、产地、成分、口味、生产日期、有效期等基本信息外，还标明食品及包装中可能存在的有害物质、允许储存的最高温度等信息。如加拿大规定储存温度为50℃以上的食物不能用普通的含有易迁移物质或未加厚的食品塑料袋包装。

某些生活习惯，如用印刷后的纸、塑料去包装刚烧烤或油炸后的食品，或用手指从舌头上醮取口水后翻阅书报，或食用油墨味重的包装食品，则油墨中的有害物质均可能通过迁移进入口中而伤害身体。脂肪类的食品包装（如火腿肠等）应实行冷藏。在冷藏或室温下保存食品，不要采用 PP 覆膜纸，可选用厚涂层的 PE 覆膜纸。使用微波炉加热塑料袋食品时，最好将食品取出放在碗中加热。改变上述不良的消费生活习惯，将最终摆脱油墨迁移带来的污染。

二、选择阻隔性适宜的包装材料保障食品安全

为使食品包装内细菌难于繁殖滋长或使食品保鲜，选择适宜阻隔性的食品包装材料十分重要。阻隔性能指对氧气和水汽的阻透性能，它包括透气阻隔和透湿阻隔，是食品包装的一项核心检测项目；包装材料透气阻隔性能好，可以阻止气体侵入，避免商品受潮霉变；但有些食品又需要有较好的透气性和透湿性，以利于包装内外的气体交换，使食品保鲜而不变质。

食品和包装材料阻隔性之间需要科学搭配，应按照食品包装功能选择对氧气和水汽阻隔性的包装材料，不适当的选择会引起食品安全问题，如包装液态奶，选择材料的氧气阻隔性差，就会因外界氧气进入使细菌繁殖，从而缩短液态奶的保质期甚至短时间内引起变质。而对于果疏保鲜膜来说，膜的阻隔性又不能太强，如果没有适量的透气量蔬菜就无法保证新鲜而腐败。当前在食品包装中广泛应用的 PVDC（聚偏二氯乙烯）是一种阻隔性高、韧性强以及低温热封、热收缩性和化学稳定性良好的理想包装材料（薄膜或袋），特别是其具有阻湿、阻氧、防潮、耐酸碱、耐油浸和耐多种化学溶剂等性能，在包装行业独树一帜，用于火腿肠、奶酪、肉食品、饼干及谷类食品以及药品、军品的包装，在高湿环境不会引起产品变质。利用其低渗透性，又可防止香味损失，且不吸收残余气味和不正常味道，保证气味的完整性。经美国食品药品管理局认证，PVDC 安全环保，符合食品卫生要求，可为食品包装安全保驾护航。

三、使用包装技术保障食品安全

为避免包装内食品细菌繁殖或腐败变质，还可采用真空包装、充气包装和无菌包装等包装技术来保障食品安全。

1.真空包装和气调包装

真空包装是将包装容器内的空气全部抽出再进行密封，并维持容器或袋内处于高度减压状态，让空气稀少到低氧效果，从而使微生物没有生存条件，达到保新鲜、无病腐、防止包装食品霉腐变质的目的，从而保持食品的色香味，延长保质期。

气调包装通过充气或置换气体，阻止微生物繁殖，达到食品保鲜、延长货架期、提升食品价值的目的。充气或置换的气体有 N_2、O_2、CO_2、混合气体 O_2+N_2 或 $CO_2+N_2+O_2$。瑞典一家公司采用充满 100% CO_2 气体的包装袋贮藏肉类，由于高浓度的 CO_2 阻碍需氧细菌与霉菌等微生物繁殖，使猪肉不需冷冻就可保存 120 天。充氮（N_2，理想的惰性气体）包装能极大地抑制细菌、霉菌等微生物的生长繁殖，减缓食品的氧化变质及腐变，从而使食品保鲜，还能防止食品的挤压破碎或粘缩成一团，保持食品的几何形状和干、脆、色、香味等优点。

2.无菌包装

无菌包装是指产品、包装容器、材料或包装辅助器材灭菌后，在无菌的环境中进行充填和封合的一种包装方法。在我国，使用无菌包装纸板和铝箔、外形呈砖形的无菌纸包装在液态乳制品（如牛奶的常温包装）和非碳酸饮料方面获得了广泛应用。无菌纸包装能完好保存食品的营养成分和口味，使保质期大为延长。同时无菌纸包装的复合包装材料和真空状态可以使产品免受光、气、异味和微生物的侵入，使食品不必加防腐剂，运输、仓储不需冷藏。

无菌纸包装优点突出，在我国有良好的发展前景。随着生活水平的提高，国民对无菌纸包装的果汁饮料及茶饮料的需求也将逐年增加；各种挥发性液态产品如白酒、红酒等随着阻隔技术的进一步完善，也将陆续进入液体包装盒下游应用领域。

四、提高包装机械性能，保障食品安全

1.提高自动化性能

在当前食品加工与包装一体化趋势下，由控制系统、传动系统、运动系统、人机界面、传感器及机器视觉五部分组成的食品和包装机械的自动化不仅是实现高速高效生产的关键，而且也是减少人手接触引起污染、保证食品清洁卫生的重要措施。自动化的食品和包装机械还能通过集成工序，在获得主产品外尽量收获副产品，如玉米加工除获取淀粉外，同时获取玉米油、色拉油、人造黄油、葡萄糖、玉米蛋白及饲料等副产品，并自行处理污水，获得的副产品价值大大超过了玉米淀粉的价值。

2.提高安全卫生性能

安全卫生规定是食品包装机械必须遵守的标准。食品包装机械的安全隐患源自设备运动部件的动能、势能和不良结构。为此，需对运动部件的速度、质量、振动和噪声予以适当限制，对外露运动部件设置防护罩，对运动或受力部件设计超负荷安全保护装置，对高速旋转件进行静、动平衡试验等。卫生隐患则源自包装材料和机械零部件镀（涂）层上的有害化学物质向被包装食品“迁移”，以及机械结构设计不合理或人工操作而导致细菌或微生物超标。为此，要求包装和机械材质符合卫生要求，机械零部件的构造应避免凹坑、折痕、裂缝等缺陷，适应在线清洗消毒，输送管道和连接部分应避免滞留食品，设备的关键部位采用卫生型传感器和执行器等。

五、预警食品安全的食品包装

1.智能包装

智能包装技术是指使用智能标签，感应或测量环境和包装产品品质变化，并将信息传递给消费者或管理者的新型包装技术。在食品包装中设置特殊的智能标签，如具有光敏、温敏、气敏、微生物反应等特性的标签，能够准确、直观地反映食品的质量状况和气调包装的氛围；如某品牌食品设置温度—时间智能标签后，其标签中所含化学成分随温度升高而发生聚合反应，引起标签颜色发生相应的明暗变化，消费者就可据此来选择更合适的储藏环境；又如肉类食品包装贴上新鲜性标签后，当肉类食品品质变差时，因标签中含有可与气体、微生物发生反应的材料，标签的颜色就会随气体浓度和微生物含量的变化而改变，以提醒消费者注意食品的新鲜程度。智能包装还可以利用一些材料的热收缩性原理，依据温度变化改变包装的透气性，使不同的食品保持在最佳的气调氛围之下，达到延长食品保质期的效果。

智能包装技术的出现，更便于消费者选择放心的食品，同时有利于食品的储藏和运输，因而具有广阔的市场需求与应用前景，只是目前成本较高，限制了推广应用，故降低智能包装成本是未来的研究重点。

2.包装信息技术

随着智能手机和食品包装上二维码的普及，只要用手机扫描食品包装上的二维码，消费者就能获得食品生产日期、产地、营养成分等信息，从而让消费者了解应如何储存或加工食品。食品包装上的二维码信息还可以成为食品与厨具之间的信息通道，如在微波炉中设置相应的扫描识别程序，就可直接获取智能包装上的食品加工信息，实现自动控制食品的加热效果。

3.射频标签（RFID）防伪技术

射频标签（RFID）系统由电子标签、阅读器和天线组成。射频标签（RFID）目前已广泛应用于物流，它使每一件商品在物流中具有唯一的编码序号，以实现识别的唯一性，当商品流通到某一地时，通过设置于当地的阅读器即可追踪到商品流通的信息。

由于 RFID 承载的是电子式信息，其数据内容可经由密码保护，使其内容不易被伪造及变更，因此 RFID 也可用于食品的防伪。

食品包装上应用了 RFID 技术，从信息追踪和防伪上巩固了食品安全的防线，有利于保障食品安全。

一次性医用耗材包装设备应用现状概述

张富强

（天津市塑料研究所有限公司，天津 300350）

摘要：一次性医用耗材的主要特点为仅一次性使用，不能重复使用。按照国家食品药品监督局公

布的《医疗器械分类目录》，一次性医用耗材所涉及的品种涵盖医疗器械分类目录中的6866《医用高分子材料和制品》、6864《医用卫生材料及敷料》、6845《体外循环及血液处理设备》、6856《病房护理设备及器具》、6877《介入器材》等类别中的耗材品种。本文即是将上述类别中最常用的耗材所使用的包装设备罗列出来，并根据适用场合、用途以及特点加以分类整理，以期达到和医疗器械生产行业内相关人员交流学习以及提高的目的。

关键词：医用耗材；一次性医用耗材；封口机；瞬热式；直热式；转盘式；平移式；脚踏式

医用耗材是指消耗性医疗器械。医用耗材产品非常广泛，从价格上分为高值耗材和低值耗材；从品种上可分为输液器、注射器、医用棉球、医用缝合线等普通耗材，支架、起搏器、人工晶体、骨科材料等植入性耗材。止血钳、手术刀、手术剪、手术镊子等手术器械，都属于医用耗材范围。而一次性医用耗材又是医用耗材中的一个最大品种。其品种涵盖静脉输液耗材、血液净化耗材、一次性卫生材料、护创敷料、一次性医用手套、医用纺织品、外科手术用耗材、心内手术用耗材、血管手术耗材、产科耗材、麻醉耗材等。具体品种多达千余种。其中，中心静脉导管、留置针、旋塞、输液接头、延长管、透析器、透析液、灌流器、针筒、输液器、脱脂棉、绑带、医用服装、医用手套、口罩、急救箱（包）等耗材的用量非常大。

众所周知，作为医疗器械产品，最基本的要求就是安全有效和保障人体健康与生命安全。而包装作为一次性医疗器械（除灭菌外）的最后一道工序，其加工水平高低对整个产品质量具有决定性作用。因此，选用适合耗材包装的包装机械对于提高包装物加工制作水平、提升和保证医疗器械的安全就起到了不可替代的决定性作用。

狭义地说，将填充物装入塑料包装袋、纸塑包装袋或者吸塑盒等外包装物内进行封口的机械称之为封口机。

医用封口机是将医疗器械充填进灭菌袋（吸塑盒或泡罩等）后进行封口的机械。也可以认为在医用耗材装入包装容器后，为了使产品密封免受细菌侵蚀得以保持产品质量，需要对包装容器进行封口，这种操作是在封口机上完成的。

医用封口机分类有很多种方式。

若按照运行方式区分，大体上分为间歇式和连续型封口机。

若按照加热方式区分，可分为瞬间封口机和恒温封口机。

若按照工位方式区分，可分为单工位和多工位封口机。

若按照闭合方式区分，可分为手动和脚踏式封口机，电磁吸合和气动闭合式封口机，以及连续封口机。

另外，还可附带设计有打印、抽真空等功能的封口机等。

随着21世纪的到来，全球经济的快速变化，使得世界医疗器械行业进入到了一个迅猛发展的时期。中国医疗器械行业的发展同样伴随着中国经济高速发展而迅速驶入了快车道。

据中国医药物资协会医疗器械分会抽样调查统计，2015 年全年中国医疗器械市场销售规模约为3080亿元，比2014年度的2556亿元增加524亿元，平均增长率约为20.05%。而作为医疗器械中有着举足轻重作用的一次性医用耗材行业的发展，更是得力于我国经济的快速发展以及人民生活水平的提高，使得市场需求不断扩大。因此也极大地促进了我国医用耗材市场的快速增长，给我国一次性医用耗材行业提供了广阔的发展空间。

以下将从几个方面对一次性医用耗材包装设备应用现状进行总结、探讨，不准确之处，希望各位同行不吝指正。

一、一次性医用耗材包装分类

一次性医用耗材品种繁多，据不完全统计达千余种，但具体到其使用的包装，形式并不是很多，主要有以下几种。

1.按材料分

塑料袋：（LDPE 或者 HDPE）；纸塑袋：塑料袋-透析纸（PET/CPP；PE/PET-透析纸）；

吸塑盒-透析纸：（PVC、PETG、APET,HIPS、PP-透析纸）；

泡罩：复合膜（PE+PA）+透析纸。

2.按形状分

袋类：平袋，中封袋，透析孔袋，顶头袋，立体袋。

3.适用范围

平袋：适用于平面，高度（厚度）不是很高的低值耗材且对于体积不大的产品。其中平袋中纯塑料袋由于灭菌剂解析较难，应用较少；中封袋透析孔灭菌剂解析难度一般，应用于注射器输血器较多；顶封袋尺寸可大可小，而且由于透析纸通常采用Tyvek（高密度聚乙烯），故强度较高，既可用于诸如“一次性血液透析器”的包装，也可用于较大体积的“一次性体外循环血管路”，或者具有一定体积（高度）的“膜式氧合器”的包装。平袋中的纸塑袋应用最为广泛，诸如医用手套/手术衣/注射器/输液（血）器/尿袋/导尿管/连接管等产品的包装。

立体袋：适用于具有一定高度（厚度）的低值耗材。

吸塑盒：适用于具有一定高度（厚度）的高值耗材。此类型包装多用于小外科手术包和手术盒之类的产品上，同时也用在一些三类高端的植入式医疗器械上，其总体成本较高，如口腔包/妇科包/器械包等。

泡罩：适用于具有高度（厚度）不是很大、体积较小的中值耗材。

综上所述，伴随着现代医学对于医疗器械包装灭菌要求的不断提高，由于平袋其本身除了具有的灭菌剂易于渗透且易于解析，同时既能承载较重的重量，又具有透明性，还可以方便临床护士看清包装内所盛放器械，价格也较为经济，故平袋中的纸塑袋成为传统纯塑料袋的替代品，越来越广泛地应用于一次性医用耗材包装中。

二、封口包装设备

（一）适用于袋类的封装设备

1.瞬热系列：该款所介绍手动封口机以及脚踏式封口机系列通常采用下部脉冲加热带加热方式。

（1）手动台式（间歇式）封口机（见图1）。

图1　手动台式（间歇式）封口机

①此款机型结构简单，仅依靠变压器经过变压整流后，通过常开开关，电阻控制电路进行时间的调节而达到瞬间加热。

②特点：这类机型主要应用于各种单层较薄的塑料袋封口的场合。由于该款设备无温度指示，结构简单故价格低廉。据了解在少数临床科室、手术室和不少规模较小的加工企业等处仍有应用。但由于该设备封口时间控制随意性强，封口宽度仅为2mm左右，既不具备温度和时间仪表显示，更无精密的时间温度控制，因此笔者认为只适合非食品医药类的对密封性要求不高的其他工业品的企业或者商家使用，同时应杜绝临床科室和医疗耗材加工企业的使用。

（2）脚踏式封口机：属于瞬热封合的（见图2、图3）。

图2　脚踏式封口机　　图3　新款脚踏式封口机

常规型号设计只含有温度显示，虽具有加热温度显示控制，但因缺少热合时间选择及加热温度精密控制显示，不适合医疗器械加工企业使用。

①原理同手动式封口机。

②特点：这款机型应用于封口宽度较大、厚度较厚的纯塑料袋封口。封口机前可根据需要加装台面（见图3），便于整理包装袋内器械以及封口部位平整度。同样由于采用脚踏式控制方式，因此无法准确控制封口质量，故不适合医疗器械加工企业使用。

（3）进口产品：所见到的为日本生产（见图4）。

图4　日本生产的封口机

①瞬热/自动/台式。

②特点：质量稳定，售价偏高。设有加热温度控制系统，热封时间显示且可调。控制精准，耐用。可替代手动瞬热封口机。

这款产品有别于市场上绝大多数产品的设计，

采用上侧加热布局，为专门用于医疗灭菌袋封口的台式电动封口机。由于该机采用的是上侧加热方式，因此可对只有一侧是薄膜的灭菌袋进行准确封口（薄膜向上放置时，可准确判断里面产品位置，避免产品被夹受损）。客户可选择带有抽真空装置的型号。

2.恒温加热（直热）式：也有人称之为牙科包装机（见图 5）。

（1）手动间歇式：多用于批量较小的纸塑包装袋封合场合，效率低。

①手动/下加热/直热方式。

②设有加热温度控制，封合时间设置等功能。多用于医院牙科需自行灭菌或生产批量小的场合等。

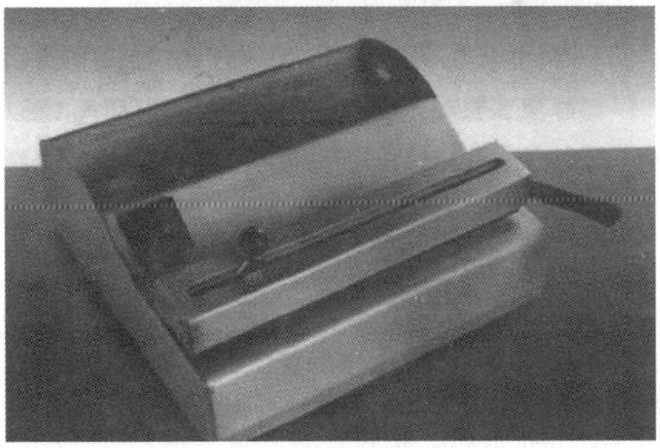

图 5　手动间歇式封口机

（2）自动连续式封口机：也称履带式封口机（见图 6）。

连续式封口机采用电子恒温控制和无级调速传动系统，可以自动连续封口，其封口长度不受限制。印字封口机在封口的同时打印生产日期，换字方便。主要应用于纸塑复合膜袋，以及较厚的单层膜袋的封口。

该款式为较早生产的机型，广泛用于食品医药和其他工业品塑料袋封口的场合。

图 6　自动连续式封口机

特点：该款机型也是目前国内中小型企业最常用的封口机。效率高，还可以加装打码，如压印、墨轮等，用于日期、批号的标识。但温度压力控制不够精密，机体材料也不易于清洁，不建议医疗器械包装企业使用。

（3）医疗专用包装机（见图 7）。

①自动/恒温/连续。

②特点：近年来，随着国内外交流的日益增多，国内多个厂家仿照国外生产出了专门用于医疗器械产品封口的机型。

医用封口机已经在越来越多的医疗器械加工企业得到应用，不但极大地提高了封口包装的劳动效率，更重要的是实现了热合精准的温度、时间控制，使封口的稳定性、均一性和安全性能得到了大幅度提高，有效地降低了灭菌过程中因包装封合质量不佳带来的安全风险，而且封口速度快。很大程度上杜绝了人为因素和不确定因素对封口质量产生影响。同时机体结构和材料的设计更加简洁，注重了不易污染和易于清洁的洁净度因素。

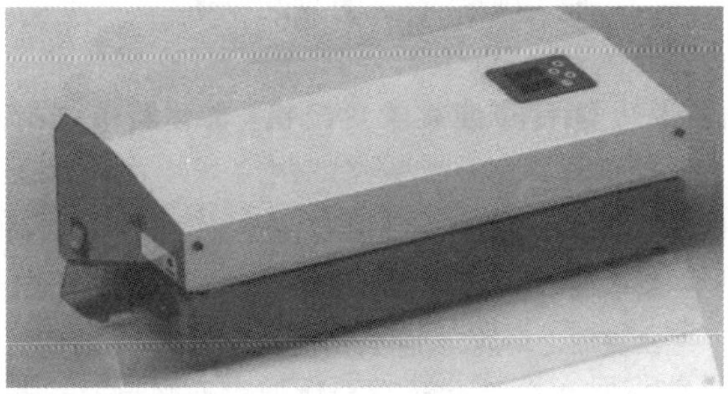

图 7　医疗专用包装机

（4）国外产品：主要有德国、意大利等产品品牌（见图 8）。

该款机型不论从外观设计还是性能，以及加工都与国内产品的水平相差无几。

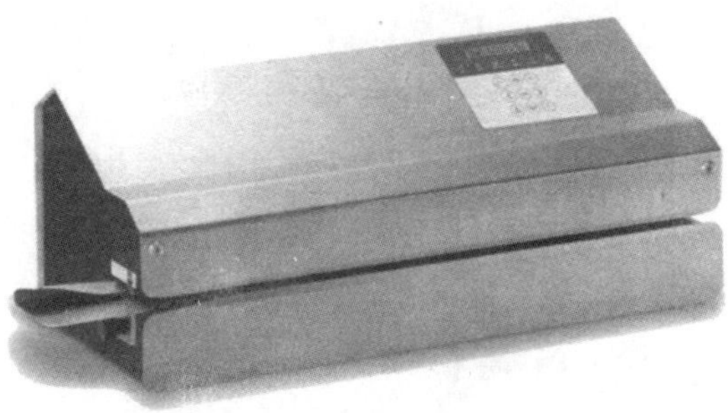

图 8　国外包装机

（二）适用泡罩类的封装设备（见图 9）

泡罩包装机：平板式自动泡罩包装机用于吹塑包装物，通过上下加热板将 PVC 薄片材料加热，然后压缩空气产生压力，按照模具尺寸成型，产品放入凹槽，通过后部气动牵引向后移动，进入铝塑复合膜热封区，通过一定压力、温度将透析纸与泡罩四周黏合，产品将被密封，再经过冲裁站对连续的包装进行分割。

可用于医疗产品一次性无菌包装的泡罩包装机，分为适用于软膜加热或者硬膜加热，以及同时适用于软膜和硬膜加热成型的不同款型。

更多的场合适用于注射器、留置针、三通旋塞等产品的包装。

图 9　适用泡罩类的封装设备

注：典型模具最大工作效率可达 10 模/分～15 模/分

（三）适用吸塑盒类的封装设备

吸塑盒封口机主要分为特卫强/吸塑盒和吸塑盒盖/吸塑盒两种的封合。应用最多是特卫强/吸塑盒的封合（吸塑盖/吸塑盒的封合采用高周波热合机，这里暂且不予讨论）。

1.直热/间歇式封口机（见图 10）。

封合前先将模具置于封合位置的一侧位置后，将吸塑盒放入模具并装入器械后将盖材放好，然后移动模具至加热板下，按下开始封口按键，此时操作加热板下降至封合处位置并施以加热温度压力，设定时间满足后，加热板抬起，完成一次封合。模具回到初始位置后，另一侧放置好模具内吸塑盒、器械和盖材重复上述动作。

图 10　直热/间歇式封口机

2.医用特卫强封口机

吸塑盒封口机由于是在洁净间内使用，因此需采用满足于医疗器械 ISO 11607 规定要求的设计：整体设计更加简洁，机体采用易于清洁、不易生锈产生脱落物质的洁净金属材料，驱动装置中的气动元件和压缩空气调控装置都应优先考虑选配高精度、具有过滤功能装置元器件，对参数显示精密可控而且当监控压力、温度、封合时长周期等指标偏离设定区间时要设计有报警装置。

由于医疗器械采用硬质吸塑盒包装是最终灭菌包装用的封口热合设备，因此，现多数包装机制造企业使用医用无菌包装封口机，亦称为特卫强吸塑封口机。

（1）直热式/上模板加热（见图 11）。

①需有可盛放吸塑盒凹模支持。

②该机型主要适用于吸塑盒和特卫强或其他类透析纸的封口。

图 11　医用特卫强封口机（国产）

③操作：拉出模具，放入吸塑盒后装入器械，放好特卫强，将抽屉推入指定位置，按下封合按键，设置封合时间到，将模具拉出，取出制品，封合完成。

（2）进口机型（见图 12）。

图 12　医用特卫强封口机（进口）

国外厂家设计的机型，加热原理与国产机型基本相同，机体材料与国内相比同为洁净的不锈钢材料，稳定性高，结构和外观设计更为美观新颖，但价格更加昂贵。

三、讨论

封口机的选择，首先应符合医疗器械的基本要求：安全有效，同时根据 ISO 11607 中《成型、密封盒装配过程确认要求》中需要对封口设备进行安装鉴定和运行鉴定（OQ）。有鉴于此，封口机的选购必须满足以下条件：①设有精确的加热温度、热封时间或者压力显示和精准控制功能；②机体选用洁净钢材制造且易于清洁；③若含有打印功能的话，还需考虑油墨的卫生性和迁移性能否满足相关的法规要求；④封口机的自动功能应为优先考虑的第一要素。

目前直热或者瞬热式台式机不论是国内还是国外，其封口长度均在 400mm 以下，封口宽度在 400mm 以上的台式自动（瞬热）封口机的生产还是空白，希望相关厂家能够设计出物美价廉的此款机型，以填补这片空白。

四、展望

伴随着全球医疗器械行业快速迅猛的发展，国内越来越多商业巨头通过兼并重组进入到了医疗器械行业，因此今后相当长一个时期内，医疗器械行业的两极分化趋势将越来越明显。大型企业走平台化成长路线，依靠其雄厚的资本、人才以及综合研发能力强的优势，可以获得更多的政府支持，发展更快。而中小企业在某一细分领域不仅依靠“船小好掉头”灵活的技术优势，紧跟市场变化，和市场有效对接，凭借十分专业的技术综合运用，依旧能够长时期立足于快速发展的医疗器械加工领域。“大繁荣、快增长、大发展”已经成为不可逆转的大趋势。因此，不论“大而强”的巨头企业还是“小而精”的小型医疗器械加工企业，若想在激烈的市场竞争中立足，满足“安全有效的”这个行业运行的准则就成了必要条件，因此，我们每一个医疗器械加工企业的领导者必须明白，除了不断增加新品研发投入外，不断提高产品的包装加工水平同样是不可或缺的，而且随时淘汰那些设计简单，售价低廉，性能不稳定，不能满足医用包装要求的性能落后的包装机，是近期亟待解决的问题。同时，我们每一个从业者对于不断提高医疗器械产品的包装加工水平都有着义不容辞的责任。

包装视觉图形设计的多元化表达途径探微

尹　青

（三峡大学艺术学院，湖北宜昌）

摘要：随着时代的发展，包装设计在设计思维和表现手法上较以前更加多元化，而科技的发展，新型材料和数码印刷为包装设计提供更多的创意选择。如何创造实战型品牌化的包装设计对于现在的商品市场至关重要，这就需要设计师充分认知市场，了解消费者需求，并且具有预见性分析的能力，再基于战略思考指导下，进行视觉元素的创意和表现及完善具体的包装设计过程，而视觉图形的设计以其形象化的特征能更快捷、准确地抓住消费者的眼球以及留下商品良好印象。本论文从包装视觉图形的基本概念与图形创意表现形式出发，基于图形设计原则，结合自己在设计创作过程中对市场的调查研究，探究图形在包装设计中的视觉传达。

关键词：包装设计；视觉元素；图形符号；市场需求

传统包装的目的是为了保护商品在运输过程中不破损以便储存，然后让受众迅速明确产品品名、生产者、数量和预见质量等。而现代的包装，这些基本功能已远远不能满足市场的需求，包装已成为企业重要的促销工具。包装是品牌的脸，是无声的推销员，是一种广告工具。良好、统一的包装视觉图形设计不仅可以构建品牌的整体形象、提升品牌形象的高度，同时可以暗示消费者商品的特征，提高商品附加值，给商品以标示性。合适的包装图形使产品在消费者面前充满立体感；商品特质的呈现对于消费者具有很强的诱导力和吸引力，从而促进消费、购买商品。

一、包装视觉形象中图形的定义

在包装设计中，视觉元素是消费者最容易接触且直观感受的元素。而包装视觉形象表达元素有文字、图形、色彩、材质等，而其中图形是消费者最

作者简介：尹青，女，三峡大学艺术学院副教授，视觉传达设计系主任，一直从事艺术设计相关教学及研究。

感兴趣去解读和记忆的元素，能弥补文字在传播过程中文化语言差异理解再现的模糊。一幅好的设计作品应该是靠图形语言，而不是靠文字来注解。包装根据其表现形式可分为具象、抽象与装饰图形三类。具象图形具有真实性，一般为原商品实物或商品原材料摄影图形，而绘画形式表现的大多也是以写实绘画为主的图形。抽象图形一般为点、线、面构成的无直接感染的夸张或简化的图形进行写意形式表达，一般是对商品核心特征进行的提炼表达。通常在包装图形设计时，往往是将抽象和具象的表现方式一起结合使用，达到单一方式无法表达的表现效果。而装饰图形讲究视觉上的节奏感和韵律感，给人以赏心悦目的美感效果，是一种匠意表达，在造型上重视平面化，表现富有特征的轮廓外形和上下左右间的平面关系，强调点、线、面之间的构成关系。

二、包装的图形传达表现形式

1.产品再现

通常运用具象的图形或写实的摄影图形，可以使消费者直接了解包装的内容物，以便产生视觉冲击及需求的效果。如食品类包装为体现食品的美味质感，往往将食物的照片印刷在产品包装上，以加深消费者的印象，促其产生购买欲望。

2.产品联想

联想是记忆的生理基础，也是一种重要的心理现象。通常在视觉认知中，消费者会对包装中的元素认知进行自我信息处理，尽量采用与自己意念不谋而合的信息或自己较为感兴趣的信息，同时回避不合己意的信息而建立自己的记忆资料库。设计师主要从产品的来源、产品的故事及历史、产地的特色及民族风俗、产品的外形特征、产品使用后的效果特性、产品的静止及使用状态等方面进行联想设计包装图形，来描绘产品的内涵，使人看到图形后就可以联想到自身或一些美好的事物，从而对产品感兴趣，愿意更进一步的尝试。

3.产品的象征

象征的作用在于暗示，就是用一种物体或符号来表现某种事物，包装的图形、色彩往往都是富含象征寓意的，虽然不直接或者具体地传达意念，但暗示的功能却更能打动消费者。

4.利用品牌或商标做图形

一般利用品牌商标做创意图形，或直接将品牌名称、商标以简化的图形方式置于包装上，不过这种图形方式适合于众所周知的品牌和拥有自己忠实消费者的品牌，否则会让群众无法理解产品。

5.产品的烘托

所谓烘托是指将事物的对立面十分突出地表现出来，产生鲜明强烈的对比效果，产生视觉冲击，引起群众驻足观察产品并留下深刻印象。如有一些圣诞礼盒包装，选择可爱的圣诞老人和小鹿的卡通形象，体现出圣诞节礼品的属性，并且烘托出圣诞节的氛围，无须过多的文字，通过图形即可对商品的属性一目了然。

三、图形设计原则

1.准确传达信息

在包装视觉形象的图形设计过程中准确无误地传达出应有的信息才是图形设计的第一准则，注重其信息的传达才可以获得消费者的信赖。无论产品包装设计得多么具有创意，如果不能准确地传达产品的信息，都是失败无效的设计。这就要求包装上的图形设计一定要具备商品的基本属性特征，包装内容物也要与包装外部形象相一致，才能准确地传达商品信息、商品特征、商品品质和品牌形象等。通过准确的图形视觉语言的表达，能使消费者很清晰地了解所要传达的内容和信息，有效地达到最大化的利益沟通。通过分析有策略地有针对性地设计和传达，对消费者更加行之有效，对消费者能产生共鸣和心理效应，勾起消费者的购买欲望。所以，准确传达信息不仅是图形设计最根本的原则，也是整个产品包装设计的基本原则。

2.具有装饰美感

俗话说“货卖一张皮”，作为包装视觉设计要素之一，图形的设计要符合大众审美，让观者有愉悦感、积极正面的印象。当然，并不是所有的包装图形都要求具有美感，在一些危险品或限制品包装上反而采用消极的图形，可以有效地起到震慑警示的作用。如剧毒、危险品包装上有鲜明的禁止符号，可以避免误用误食。因此，无论是何种包装图形首先必须要对其作用效果有一个了解。

3.符合市场需求

包装图形设计要充分考虑销售市场的特点规律，注意图形的地区文化差异而产生的局限性和适应性，针对不同的消费者和消费市场要有不同的设计策略。如荷花、兰花在中国是高洁美好的象征，而日本人则比较忌讳荷花，意大利人忌用兰花。类似的图形文化禁忌有许多，就需要设计师了解并掌握这些知识，避免因不恰当的设计而带来无法预想的一些麻烦和损失。

4.体现视觉个性

我们在进入信息化、数字化时代的同时，现代的青年消费群体也进入了追求个性化需求和消费的时代。原来单一、功能化的包装在商品竞争中显然满足不了消费者的需求，消费者无一不是在追求各自鲜明的个性产品。包装设计只有具备准确的视角和表现，营造独特的视觉感受，才能吸引消费者的视线，并使其产生兴趣，做出购买行为。

5.图形的完形法则

格式塔心理学理论的完形法则——“任何刺激物之形象，总是在其所给予的条件许可下，以单纯的结构呈现出来。”也就是说，越简洁、规则的东西越容易从背景中凸显出来，构成完整的图形。

相近——距离相近的各部分趋于组成整体。

相似——在某一方面相似的各部分趋于组成整体。

封闭——彼此相属、构成封闭实体的各部分趋于组成整体。

简单——具有对称、规则、平滑的简单图形特征的各部分趋于组成整体。

6.图形/背景原则

在心理学中有个概念叫“形状知觉”，其中有个原则就是“图形/背景原则”，所描述的就是当有一个图的背景和图形的反差比较不明显时，以不同的背景为参照看出的图形是完全不一样的。另外，也有一些情况会使图形变成背景，背景变成图形。根据图与背景的性质总结一些图与背景的规律。

四、包装视觉图形设计

1.图形在包装设计中的视觉传达

在包装设计中，利用一定的视觉图形与符号的表达，特别是通过包装特别的图形状态表达，使消费者能方便、快捷地理解包装的内容和商品的功能、特性。包装语言是由造型的元素构成的，通过视觉形象为人所把握，保持了直接经验记忆的丰富性与充分性。在一定的使用情境中，包装设计在扮演好包装本身的功能性角色如它的保护性、说明性后，包装所带有的传达性和象征性对产品的影响更加突出。包装的象征性是人的主观情感投射在包装上而形成的，它在使用情境中显示出人的心理性、社会性、文化性的象征价值，是人抽象观念的某种定性投射，但依然源于客观现实，离不开人、社会环境的大背景，是在一定情境中多重社会因素赋予商品外部的“表情”，它必定会受到相关人、物、环境的交互影响。所以，在包装设计中，一定要在使用情境中，根据人、物、社会、环境等关系，通过视觉形象来传达商品的性能、品质的便利与宜人，引导消费者选择正确的操作行为，同时，又能传达心理性、社会性、文化性的价值，赋予商品“人性”的力量，实现人与物的情感沟通。

2.图形在包装设计中的发展趋势

顺应时代发展的需要和人们的审美情趣，符合时代发展主潮流，使大众无论在物质上还是精神上都得以满足。现代设计思维与民族特色文化内涵结合，创造出具有中国特色的视觉传达艺术，弘扬优秀民族文化与精神。将绿色设计理念引入现代化设计中，通过绿色化装饰图形设计，以视觉传达的形式扩展到生活中，美化人类生存环境，实现人与自然的和谐相处。

广告刺激了人类消费欲望，使“消费—生产—再消费—再生产”的良性循环得以形成。而包装作为商品最直接的广告，将抽象的产品概念转化为具象而艺术的表现形式展现给观众，把品牌内涵、商品传达信息推荐给大众。包装设计，应当是视觉传达、个性风格、识别印象、审美意味方面的完美结合，通过文字、色彩和图形这些视觉传达的要素，使之巧妙而和谐地融合。而图形设计在包装视觉形象中有着不可替代的作用，是造成商品包装视觉冲击的重要组成部分。包装视觉形象中的图形设计过程中用无定法，只要符合图形设计原则，突出品牌内涵的独特创意，最终吸引到消费者即是最有效的措施。其中，包装视觉的图形设计在运用的形象过程中，应该以商品的基本属性的特征为基础进行表现传达。一切图形设计的基础都应该是商品本身客观具有的特征。因此，详细地了解包装设计中图形要素的分类，以及怎样来表现这些图形要素，是视觉传达设计时需要掌握控制的。这样才能使商品在激烈的竞争中脱颖而出。

参考文献

［1］尹定邦。设计学概论［M］。长沙：湖南科学技术出版社，1999。

［2］赖小娟，林旭。现代图案设计［M］。郑州：河南美术出版社，2002。

［3］王刚。产品包装设计中如何发挥图形语言作用［J］。科技创新导报，2012。

［4］余建荣。浅析产品包装中图形设计的情感

诉求［J］。新视觉艺术，2011。

［5］邓亚楠。当代广告创意与设计的多思维模式探索［M］。兰州：甘肃人民出版社，2011。

［6］刘宝成，王宇。论图形语言在平面设计中的应用［J］。包装工程，2006。

［7］席涛。论包装设计的绿色效能［J］。包装工程，2006。

基于区域文化价值的现代包装设计观念探讨

朱 涛

（三峡大学艺术学院，湖北宜昌 443002）

摘要： 近些年来，在国际化的背景下，包装文化引起了社会各界的广泛关注，其设计导向将影响我国包装行业的可持续和深层次发展。本文以包装设计在国际化视野内以民族文化关注的战略研究为切入点，提出转变包装内涵和产业发展战略的文化性革新设想，把文化的包装设计作为加强设计师的创新思维能力、推动现代包装设计民族文化观念建立和完善，从而达到促进我国包装设计的文化价值观下包装工业可持续发展的目的。

关键词： 现代包装；国际化；文化差异；设计创新

文化是一个非常广泛的概念，它是一种社会现象，是人们长期创造形成的产物，同时又是一种历史现象，是社会历史的积淀物。俗话说的一方水土一方人，只是表象概括了文化的地理基础，事实上文化涵盖一定主属范围的历史、地理、风土人情、传统习俗、生活方式、文学艺术、行为规范、思维方式、价值观念等所有方面。包装在商品流通后大都是一次性地完成了它的使命，很难也很少再有它自身的延伸价值，在当下越来越紧迫的资源环境下，为什么不可以在物品包装的设计与制作过程中多考虑它的延伸价值呢？包装剩余价值的再设计与再创造使之具有了艺术品的气质而陈列出来，包装从简单的储物功能衍生变化为一件具备视觉享受的收藏品。尤其在国际设计文化影响发展中的中国，我们的包装设计正在逐渐丢失我们自身的文化基因而变得越来越国际化。如果我们先考虑到文化的因素，将文化的价值植入包装，消费者在消费具有文化内涵的包装产品时对包装再利用价值的理解就会显得自然，对具有中国自身文化的产品和包装就会回归理解。这也会使中国产品在对外销售时，文化和产品的影响力均大幅提升。笔者希望在深刻理解中国文化的内涵后，把文化介入到包装设计中来，提升包装设计和被包装消费品的价值影响力，进一步引起设计师重视商业包装设计的中国文化思考，培养正确的文化价值取向，提升设计师的社会文化传承责任感，帮助形成有益的社会消费理念和文化国际影响力。

一、包装设计与现代消费理念差异

目前，我国的经济依然处在快速的发展过程中，包装设计方面的消费在国民消费经济中的地位越来越重要。包装设计是商品包装生产的源头，对于绝大多数设计师来说，在决定包装设计形态的众多因素中，设计者和企业目标起了至关重要的作用。单就企业客户对于设计者的限制，会制约包装的造型、结构、色彩、材料、成型工艺等诸多方面。同一种品质的商品，对于设计师来说，可以用纸、塑料、木材、金属、陶瓷或玻璃等作为包装材料，由于这些材料本身的质感差别、价值高下，会产生不同的视觉冲击力，再加上设计师的创意水平和表现技法的差异，使设计出来的包装本身的价值和附加值有着巨大的差别。但我们在关注设计和企业诉求的时候，将消费者这个重要的角色放在了什么位置；我们在当下不能仅考虑到他们的消费能力，甚至只考虑到具有高端消费水平的人群，一味在高端的设计观念、奢华的设计材料上下功夫。适度设计、适合设计、文化设计、特色设计符合可持续发展的视角。

二、包装的社会责任开始引起更为广泛的重视

1.包装的结构性意识正在崛起

保护环境、节约资源和再利用设计成为当今一些发达国家普遍关注的课题。一般来说，发达国家包装废弃物占垃圾总量的 30%～40%，他们正在建立起包装资源回收利用这一新兴工业体系，并取得

了可观的效益。在纸制包装回收利用上，美国大约有 15 万人依靠回收废纸箱为生，每年回收纸包装 4000 万吨以上，回收包装经化学方法处理后，能重复利用多次。德国目前利用废旧包装纸生产新闻纸的比例已达 50%～60%，人们在市场上随处可见用废旧包装生产的各种纸类产品。日本早在 20 世纪 80 年代初，全国纸包装回收率就达 50%，到 90 年代已达 80%，相当于为日本的造纸工业提供一半原料。对于玻璃瓶罐的回收利用，西欧一些国家制定了专门法规，规定生产玻璃制品的废玻璃配入比例。欧盟各成员国计划 2~3 年内把各种废旧玻璃回收量增加 1 倍，通过这一措施预计可节约原料 200 万吨、石油 2500 万升，节省垃圾处理费 1180 万美元，并使垃圾中的废玻璃减少 20%。瑞士目前正在执行一项有关 PET（聚对苯二甲酸类塑料）瓶和玻璃瓶回收利用计划。再利用设计的概念，是一个宽泛的所指，是一种兼具理想主义色彩与强烈社会责任感的设计思潮，它包含各种设计工作领域，凡是建立在对地球生态与人类生存环境高度关怀的认识基础上，一切有利于社会可持续发展，有利于减轻地球负担，有利于人类乃至所有地球生物生存环境健康发展的设计，都属于再利用设计的范畴。再利用设计具体包含了设计师对回收的废弃物的处理、再生利用各个环节的设计，也就是包括产品的整个生命周期的设计。包装设计师在自己的领域里引导着消费群体，因此，设计师对再利用设计的认识正确与否，直接影响到消费者的认识。日本全国约有 200 个废旧玻璃回收处理中心，由于玻璃瓶罐的大量回收利用，使日本的垃圾处理量减少 8%。正是这种我们关注到的包装的结构性转型正逐渐以一种社会文化思潮影响着企业、设计师和消费者。

2.国际性使包装缺乏文化活力

依照各地的风土人情，将各具特色的文化以直观的生活中实用的物品表现出来而形成了丰富的物的“设计”。这种设计是文化传承的依据，当我们想要改变它的时候，是近乎残忍的，因为我们在改变赖以生存的文化基因。当下，尤其在基于地方经济发展的开发过程中，所谓开放的文化态度是一种对文化的蔑视和扭曲。既然我们希望文化传承，那就应该做好文化的解读，找到区域文化的特色，挖掘地方文化的基因，提炼其文化的审美，开发基于区域审美需求和寻求审美差异消费的文化产品。

回到现代包装设计上来。在解决了同属性消费需求后，现代包装设计不得不反思过去一味地国际化，在缺乏国际文化基因的普遍消费层面，丰富的物质供给需要差异化，其需求的迫切就好像中国改革开放的三十年前国人对西方商品和文化的需求。从更深层面看，目前不同文化的设计美学对社会的影响还仍然停留在较窄面上，文化的审美尤其是区域文化的审美以一种消极的方式影响着社会经济发展中的人们。盲目地对国际品牌经济、国外品牌文化存在某种说不清的依赖，使得国内文化缺乏了优势，区域文化更是忽略到了极限。也正是目前国际化的前提下，在中国人走出去、外国人走进来的过程中，国人认识到了文化差异性消费的目标。外国人走进来，提出文化差异性需求，并且相互的影响和交融使得消费文化差异性的诉求一致得以充分认知。产品特色与其包装成为了文化的内涵消费，在这种文化差异性的消费需求中，我们应该更清醒地认识到文化内容和内涵在一定包装形式下，包装设计应该回归到国际文化差异上来。

三、现代包装设计的可持续性创新思维

对包装的创新设计，对产品独特的思维方法，是包装实用性和新颖性的创新结合。其实，当我们进行思维时，如果仅仅只有一个视角看问题，设计会存在局限性，我们要在一定思维广度上调整自己的思维策略，尤其是涉及文化的范畴时，可以说文化在观念上使我们变得多维度。

1.在包装设计中拓展思维广度

在包装设计过程中，基于企业的品牌社会责任首先要求设计师应以“减量、再生、循环”的行为准则对各个环节进行把关，提高资源的利用率。如在包装材料方面，应根据包装功能和产品的性质进行合理选材，在符合包装功能的前提下，包装材料应易于重复利用、回收再生、自然降解，不对人体和生态环境造成危害。引起全社会对它的重视，特别是生产厂家与设计师们、科学家们的重视，这对节约能源、提高物品的再利用率价值和减少环境污染的公害，以及增加人们生活的文化含量都是一件很有益处的事情，也是一件很有发展前景的事情。不论从包装物品的哪一个延伸的价值角度讲，只要我们能认真地投入进去，卓有成效地进行研究、开发、利用，必然会产生很可观的社会效益和经济效益。包装设计师不仅要具有对包装整体设计的宏观把握能力、综合运用多学科知识的创造能力，而且还必须具有良好的职业道德和强烈的社会责任感。

在包装设计的过程中，应不断强化设计师的环保意识，要从源头遏制“过度包装”，倡导“适度包装”。积极推进循环经济的发展，更新设计观念和设计手段，依靠思维创新、设计创新、文化创新的理念提高包装设计水平。

2.品牌企业包装的文化策略

品牌企业在对商品包装的考虑从商品流通的基础要求转向和企业文化提升有一样重要的位置。从商品开发本身到包装形式，地域的文化开始受到企业关注。在当下全球化和更为多元的文化语境中，我们周围每天所围绕的衣食住行都在文化的气场范围内，只不过这些东西在现实中正以多元的方式依附在琳琅满目的商品中。所以说，商品的外在包装形式所传播的文化语境正是当下包装设计师应该正视的设计策略。包装所承载的不仅仅只有商品的使用信息，通过商品区域文化的传达，消费者所使用的商品内涵更丰富，附加值更高，通过传统文化符号和包装形式提升了产品本身价值。在产品同质化的今天，消费者在消费心理上是希望差异性的，对消费品的文化性是有需求的，如果消费的是文化本身则更是如此，这符合消费文化进化理论。回到区域产品的现代包装设计上来，在解决了同属性消费需求后，现代设计不得不反思过去一味国际化的问题。品牌企业既要解决品牌所面对的更广泛的国际化市场，又要考虑差异化的区域文化消费价值回归的需求。事实上，对传统的元素进行多元化提炼、创意、重构，使包装图形的设计元素丰富多彩，使产品包装更有文化底蕴和民族的认同感，也不失为一种创新。这正是目前品牌企业在商品推广和自身文化建设的方向。比如，楚美术灵巧、清奇俊逸，地缘上居于江汉流域的楚文化有着极其复杂的构成。它吸收了北方的殷文化和南方的蛮文化，其气质上更为原始和天真，它偏向情感和想象，无拘束感。器物上的纹饰飞扬流动，浪漫并充满激情。但我们竟然极少看到楚文化的设计应用，这不能不引起设计者的反思。我们是否需要即刻关注到我们周边文化的发掘和推广应用上来。当前鄂西生态旅游文化圈的发展提醒我们，从市场开发、产品挖掘、包装设计、产品推广都需要我们重视开发巴楚文化的内容和包装，使之形成市场影响。

3.包装设计的区域文化纬度思维

在文化发展和文明进步中，创造活动必须存在，其中以设计的形式表现出来的创造活动，正在深远地影响人类文化的发展。随着设计活动和设计产品在当代社会经济和文化场景中的重要性凸显，人类在设计活动中所创造的产品具有重要的文化印迹，包装设计更是企业未来文化传播的策略性使者。中国民族文化中蕴含着注重整体、和谐、相对、转化的传统思想方式，中国博大精深的佛教、道教文化，书法、国画等形而上的文化，以及民间广为流传的剪纸、木版年画、建筑、纹样、戏曲、面具等非物质文化，还有民间包装形式选用的传统的手法，麻绳、竹子，包括缠绕的亚麻布等，其实是非常吸引国际关注的文化元素。民族的东西要在传承与发展的态度下运用，才能将民族的内涵融入世界，并能形成本国独特的设计风格。真正的“中国设计”应该是试图去发现一种既根植于我们民族的本土中，又对整个当代设计语言有意义的东西。这种方法的探索就是基于区域文化的理解和拓展，中国当下包装设计应该在文化的生态观念和物质的生态范畴下发展。以传统文化符号和包装形式去提升产品本身价值，并以此形成国际性的广泛影响力。

在基于地方经济发展的开发过程中，所谓开放的文化态度是一种对文化的蔑视和扭曲。既然我们希望文化传承，那就应该做好文化的解读，找到区域文化的特色，挖掘地方文化的基因，提炼其文化的审美，开发基于区域审美需求的和寻求审美差异消费的文化产品。当社会重新认识设计的意义时，我们发现，现代设计在解决区域文化的广泛性和传承上显得多么客观。包装设计的文化观以一种思维方式为线索，区域文化的介入就是以深层次的情感为根基的符号功能论。包装设计形态的区域策略就是作为文化消费思维方式的文化观的必然结果。在构成同一文化整体的诸多活动形式中，尽管设计以一种新文化形态出现，但它具有影响人类重新认识自己，重新认识自然，以及全新认识人与自然关系的作用，仍然是一场社会哲学思想的革命。从设计语义学的角度看，我们重新审视区域文化价值，从包装的视角去思考，并以此提升到区域文化的国际视野，这不得不说赋予了现代包装设计新的文化内涵。

参考文献

[1] 王新华。人性化的包装设计 [J]。消费导刊，2007（11）。

[2] 朱涛。设计审美与区域文化传播的趋向性研究——以楚地为例 [R]。第八届亚洲设计文化研讨会，2014（2）。

[3] 唐纳德·A·诺曼。设计心理学 [M]。梅琼，译，北京：中信出版社，2008。

[4] 谢雄飞。楚美术的审美特征 [J]。武汉科技学院学报，2006，19（7）。

[5] 朱涛。探讨生态趋向下我国包装设计的方向 [J]。中国包装工业，2013。

[6] 舒湘鄂。设计语义学 [M]。武汉：湖北美术出版社，2001。

食品包装中的绿色印刷油墨研究

陈晓蕊

（天津市产品质量监督检测技术研究院，天津　300384）

摘要：本文通过介绍绿色印刷的发展概况，总结食品包装上绿色印刷油墨性能特点，并对绿色印刷油墨应用于食品包装的重要性进行综述。绿色印刷已成为未来印刷行业发展的前进方向，食品包装的必然选择。

关键词：食品包装；绿色印刷；油墨

近年来，食品安全越来越引起人们的关注，而食品包装作为食品不可或缺的容纳物和装饰物也越来越引起重视。食品包装是否环保、健康，是否会污染我们的食物，直接影响着食品安全。众所周知，印刷油墨现已大规模地应用于食品包装，而印刷油墨有害物质的迁移就很可能对食品安全产生影响。面对这样紧迫的形势，为了减少或完全消除印刷在食品包装中的污染，使食品包装印刷变为绿色环保印刷，许多行业都在为保证发展的同时尽量减少污染而努力。包装行业也在积极寻求“绿色”发展道路，这正逐渐成为国内食品包装印刷界关注的焦点。

包装印刷是现代工业的最后一道工序，起着保护、美化、宣传和方便储藏、运输与销售的重要作用。随着食品行业的飞速发展以及包装印刷材料和加工技术的不断提高，食品包装印刷正扮演着越来越重要的角色。但是，包装印刷行业与能源消耗和环境保护密切相关，包装印刷所涉及的塑料薄膜、油墨和复合胶黏剂无一不是石油化工相关产品。因此，印刷包装从原材料的选择、生产、使用，到回收整个环节都应符合绿色印刷环保要求。

一、绿色印刷的发展概况

油墨是印刷过程中不可缺少的材料，也是印刷行业最大的污染源之一。号召发展低碳经济、推广绿色印刷的今天，生产和使用绿色环保油墨正日益成为油墨业和印刷业的共识。

绿色印刷是指采用环保材料和工艺，印刷过程中产生污染少，节约资源和能源，印刷品废弃后易于回收再利用再循环、可自然降解、对生态环境影响小的印刷方式。国际上绿色印刷于 20 世纪 80 年代后期在以日本、美国、德国等为代表的发达国家出现，经 20 余年的发展，现已从概念讨论阶段进入到实际应用阶段，无论从理念还是到技术标准、设备工艺、原辅材料以及软件应用等方面都有了极大的发展并日趋成熟。

绿色印刷已成为 21 世纪欧美发达国家普遍应用并日趋普及化的一种新型印刷方式。在欧美发达国家，绿色印刷是其科技发展水平的体现，同时也是替代产生环境污染和高能耗的传统印刷方式的有效手段。除胶印印刷外，水墨正逐步取代传统的溶剂型油墨。

在我国，随着人们环保意识的不断增强，绿色印刷油墨已逐渐受到人们的重视。印刷行业的发展为我们带来了巨大的经济利益和就业岗位，但随着行业的发展，它所产生的环境污染问题也日益严重。为此，前中国新闻出版总署与中国环境保护部于 2011 年发布关于实施绿色印刷的公告，提出了绿色印刷标准以及绿色印刷认证。绿色印刷已成为未来印刷行业发展的必然选择。虽然目前在食品包装行业的标准中已逐步引入溶剂残留及重金属的指标，如 2010 年我国陆续发布实施了 GB/T 26394—2011《水性薄膜凹印复合油墨》、GB/T 26395—2011《水性烟包凹印油墨》、GB/T 26461—2011《纸张凹版油墨》、QB/T 4103—2010《水性凹版塑料薄膜表印油墨》等国家标准和行业标准，并陆续新修订实施了 QB/T 1046—2012《凹版塑料薄膜表印油墨》和 QB/T 2024—2012《凹版塑料薄膜复合油墨》以及 QBFF 2624—2012《单张纸胶印油墨》等。上述标准中均加入了一定的卫生安全指标，如可溶性有害元素的限量、溶剂残留量等项目，将食品包装用油墨以及非食品包装用油墨的技术指标加以区别，这有利于推动食品包装用油墨产品健康有序的发展。

二、食品包装上的绿色印刷油墨性能特点

油墨是由有色体（如颜料、染料等）、黏结料、填（充）料、附加料等物质组成的均匀混合物；能进行印刷，并在被印刷物体上干燥；是有颜色且具有一定流动度的流体。油墨中含有大量有毒有害化学物质，其中包括重金属、残留溶剂、有机挥发物以及 PAHs（多环芳烃）等，一旦油墨迁移渗透入食品中，就会严重危害人体健康。传统油墨印刷主要是溶剂型油墨，有机溶剂可溶解许多天然树脂和合成树脂，是各种油墨的重要成分。但部分却会损害人体及皮下脂肪，长期接触会令皮肤干裂、粗糙，如果渗入皮肤或血管，会随血液危及人的血球及造血机能；被吸进气管、支气管、肺部或经血管、淋巴管传到其他器官，甚至可能引起肌体慢性中毒。部分油墨有重金属离子的毒性问题，颜料和染料含致癌成分，对人体健康有很大害处。这些溶剂，虽然通过干燥可除去绝大部分，但是残留的溶剂却会迁移到食品中危害人体。食品包装不得使用传统油墨，承印厂商必须确保印刷后油墨中的溶剂全部挥发，油墨则要求固化彻底，并达到应用行业的相应标准。

绿色印刷油墨是相对环保的油墨，其明显降低油墨中对人体有害的成分，明显降低其在生产过程中对操作人员及环境的危害。同时，油墨在制作和使用过程中所用能源明显降低，并且有利于包装废弃物的回收与处理。以水性油墨为例，水性油墨主要溶剂是水和乙醇等，可以大大降低有害物质排放，完全消除溶剂型油墨中有毒有害物质对人体的危害和对被包装食品的污染。以水作为溶剂的水性油墨是世界公认的环保油墨。近几年，在国家的高度重视和环保的要求下，水性油墨在食品包装中的使用量迅速增长。水性 UV 墨是目前 UV 墨领域研究的新方向，目前使用在普通 UV 墨中的稀释剂丙烯酸酯类化合物具有不同程度的刺激性及毒性，因此，使用水及乙醇作为稀释剂可以大大降低 UV 墨的毒性。目前，水性 UV 墨已经研制成功，并在一些印刷中开始得到应用。

目前我国软包装方面的水性油墨以 35%的用量排在其他印刷油墨之首，主要领域是柔性版印刷、凹版印刷和丝网印刷。水墨的印刷中还存在着一些问题，例如，水墨很容易干结在网纹辊上，影响传墨的均匀性；水墨很容易起泡沫，影响色密度；水墨的耐水、耐溶剂以及耐磨性比较差等。这都需要科研人员进一步去开发研究，以使水性油墨得到更加迅猛的发展。

三、绿色印刷油墨应用于食品包装的重要性

伴随着全球环保意识的快速发展，各国油墨制造业面临着如何开发和制造无毒、无污染绿色产品的压力与可持续发展的严峻挑战。自从我国食品包装产品纳入市场准入制度后，许多食品包装标准逐步引入了溶剂残留量等安全性指标。这些标准的出台，从一定程度上开始促使企业在进行食品包装印刷时尽量选择醇溶性等所谓“无苯无酮油墨”或水性油墨以及胶黏剂。这也就意味着对我国的油墨生产企业提出了更高的要求，应制定与我国国情相适应的包括环保油墨及绿色印刷在内的完善的法律法规或制度，以此来规范和约束印刷用户，特别是食品包装用户能合理有效地选择油墨产品。

总之，在当前生态不平衡已构成对人类生存挑战的形势下，国家对食品包装印刷油墨的安全、环保性能提出了更为苛刻的质量标准和基本要求。大力发展绿色印刷、绿色包装，是发展循环经济的本质要求，是建立资源节约型社会、促进人与自然和谐发展的有力举措。印刷界都要从战略的高度去认识，用全局的视野去把握印刷与环保发展循环经济的重要性和紧迫性，进一步增强自觉性和责任感。

随着人们环保意识的增强，绿色环保印刷是印刷工业发展的必然趋势。而要实现绿色环保食品包装印刷，采用绿色油墨是必备条件。我们有理由相信，今后会有更多更好的绿色油墨不断开发出来，绿色环保食品包装印刷定能实现。符合环保要求的水性油墨普及将越来越广，有着广阔的市场前景。

参考文献

［1］董文丽，李云静，张万峰。复合包装膜残留溶剂在食品中的迁移特性研究［J］。包装工程，2011，32（21）：27-29。

［2］杨雯，彭俊玲。近 5 年国内绿色印刷包装文献研究动态［J］。北京印刷学院学报，2013，21（2）：41-44。

［3］甄艳霞。浅谈塑料包装的绿色印刷［J］。中国包装，2010（10）：52-55。

［4］普及环保印刷油墨在食品包装的应用刻不容缓［J］。包装印刷，2014（9）：62。

［5］李永慧。食品包装的绿色考验［J］。包装世界，2010（1）：22-23。

塑料包装容器成型方法和模具设计

谢晓丽
（甘肃畜牧工程职业技术学院，甘肃武威　733006）

摘要： 所谓的塑料包装容器的成型技术是一种二次热成型技术，这种技术在塑料包装领域应用十分广泛，随着科学技术的不断进步，塑料包装容器成型技术也在不断发展。本文重点介绍了塑料包装容器成型法，并且计算和讨论了模具结构在设计中的很多实际问题，同时也介绍了各种模具材料的选择以及模具在真空时的设计计算方法。

关键词： 包装容器；模具设计；成型技术

塑料包装容器的成型技术始于20世纪80年代，这种技术使包装容器的价格低廉并且质量很好，其主要的原料通常为一些有机玻璃和PVC板材。通常情况下，塑料包装容器的模具结构比较简单，采用真空成型法或者压缩空气成型法就可以制造其模具。其中真空成型的方法还可以分为六种：①阴模成型法；②阳模成型法；③吹泡成型法；④阴阳模成型法；⑤柱塞推下真空成型；⑥压缩空气成型法。本文主要介绍二次热成型方法和模具设计要点。

一、二次热成型方法

1.阴模成型

阴模成型法的核心是将塑料片材进行加热，等片材软化后，马上将模具的内部进行抽真空，这样在软化的片材上就会形成内外表面压力差，在压力差的作用下可以使模具表面变冷而成型。一般情况下，阴模成型的方法适用于一些深度很小的塑料件（深度 H 小于或者等于 50mm，片材的厚度 f 小于或者等于 0.5mm）。

2.阳模成型

阳模成型法的核心原理与阴模成型法的原理基本相同，阳模成型法的主要优点是其制作出来的模型壁厚比较均匀，而且模型内部表面的尺寸也比较精确。通常情况下，阳模成型法多用在有凸起形状的塑料容器。

3.吹泡成型

阳模和阴模成型法的主要缺点是其制成品的壁厚不是非常均匀，为了改善这个问题，可以采用吹泡成型法。所谓的吹泡成型法的原理是将片材进行加热到所需温度，再通入压缩的空气，这样就可以使得片材吹泡拉伸，然后再将型腔进行抽真空。吹泡成型法制品的拉伸比可以大一些。

4.阴阳模成型

为了便于制造深腔的容器，发明出了阴阳模成型法。阴阳模成型法的主要原理是先从阳模吹入少量的压缩空气，同时阴模抽真空。然后将板面吹鼓，再从阴模吹入压缩空气，阳模抽真空，使得塑料板面吸附在阳模的外表面上。这种成型方法得到的产品壁厚均匀性比较好。

5.柱塞推下真空成型

柱塞推下真空成型法的步骤是，首先把柱塞推下，这样热板在推力和型腔空气的共同作用下会延伸，然后将型腔抽真空而成型。这种成型方法能够获得壁厚较均匀的制品，适合于型腔更深的容器。

6.压缩空气成型法

压缩空气成型法的原理是将片材加热后，从上压板通入压缩空气（6~8kg/m），这样会使得软化的片材紧紧贴在模具上，直到冷却定型。这种方法的优点是可以快速成型，并且在成型的同时还可以完成制品的切边工序。

二、模具设计

1.结构设计

（1）抽气孔的大小和位置。在使用真空成型模具之前，必须要设计抽气孔，并且抽气孔的大小要与成型容器相符合，不能太大也不能太小。对于一些流动性比较好的塑料，可以把抽气孔设置得小一点，而对于一些流动性比较差的塑料，可以把抽气孔设置得大一些。此外，抽气孔的尺寸与片材及其厚度也息息相关。表 1 列出了一些典型片材所需的抽气孔尺寸。抽气孔的数目通常为每 100cm 表面开设 11~65 个孔。抽气孔可以由许多孔组成。对于一些形状比较复杂的容器，抽气孔的数量应当增加。通常来讲，抽气孔的间距一般为 25~30mm，内凹处孔间距为 3~12mm。总之，必须保证在很短的时间内将空气抽空。抽气孔的位置一般布置在板材最后与模具接触部分，即模具型腔的最低点及角隅处。

表1　片材所需的抽气孔尺寸　　单位：mm

组别	板厚	最大孔径	最大缝宽
ABS、PVC、PS	<1.5	0.38~0.5	0.38
ABS、PVC、PS	>1.5	0.8~1.5	0.6
聚碳酸酯	—	0.5~0.6	—
PE、PP	<0.25	0.25~0.37	0.25
PE、PP	>0.25	0.5~0.8	0.38

（2）型腔尺寸。对于一些真空成型模来讲，要考虑其塑料的收缩率。通常情况下，收缩量50%是塑件从模具中取出时产生的，收缩量25%是取出后在室温下1h内产生的，其余的收缩量25%是在取出后的24h内产生的。因此，有很多因素都会影响其收缩率，我们以设计的型腔为依据。常见塑件的收缩率如表2所示。

表2　塑件的收缩率

材料	PS	PE、PP	ABS	PC	双向PS
阳模	0.5~0.8	2~3	0.4	0.6	—
阴模	0.8~1.0	3~4	0.6	0.8	0.8

（3）模具圆角和斜度。很多模具在生产出来的时候都会存在边角，在这种情况下，很多边角的最小值应该等于板材的厚度。因此，为了使制品能方便地取出，模具应有适当的斜度，阴模型腔侧壁的斜度应取0.5°~3°，通常取2°为宜。而对于阳模的斜度则应取2°~5°，通常取5°。

（4）型腔粗糙度。如果真空成型模具表面粗糙度太高，就会对脱模造成很大的影响。这是由于真空成型模具一般都没有顶出的装置，只能靠压缩空气来进行脱模。如果制成品表面粗糙度太高，就很容易黏在模具上，造成脱模的困难。因此，真空成型模具的表面粗糙度不能太高。如果表面粗糙度太高，要用磨料来打砂或进行喷砂处理。

（5）压缩空气成型模型腔。压缩空气成型模具的型腔与真空成型模具的型腔基本相同，其主要的特点是在模具边缘上设置型刃。这种刀尖应比模具平面高，高出部分的高度（h）为片板厚度加上0.1mm。切刀与模具之间应该有0.25~0.5mm的间隙，以利于排除型腔中的空气。

（6）边缘密封结构。为了阻止外面的空气进入到真空室，应该在塑料板片与模具接触部分的边缘处设置必要密封装置。

（7）加热、冷却装置。目前塑料成型板片的加热一般采用电阻丝加热、红外线灯加热和石英管加热器加热。这三种加热方法是目前最流行的加热方法。对于不同塑料板材的成型温度，通常都是调节加热器与板材之间的距离来调整温度的。通常情况下，加热器的功率采用$N=K \cdot F$式中，N为加热功率，单位为W；K为加热系数，单位为W/cm^2；F为被加热片材的面积，单位为cm^2。不同片材的加热系数K值如表3所示。

表3　不同材料的加热系数

材料	K（W/cm^2）
增韧聚苯乙烯	1.5~3.5
聚乙烯	5
聚碳酸酯	3.5~5
定向聚苯乙烯	4.7

2.模具材料

通常情况下，真空成型所需的压力一般较低，因而模具材料的选择范围也比较广泛，其中主要分为非金属和金属两类。

（1）非金属模。常见的非金属模有木模、石膏模和塑料模。木模：组织比较紧密而且不易变形和断裂的木料可选作模具材料。不过这种模具的生产批量以不超过1000个为宜。石膏模：石膏模的制造比较方便，而且价格比较合理，但是主要缺点是强度比较差。通常情况下，为了增加石膏模的强度，可以在石膏中加入10%~30%的水泥，并放置一些纵横交叉的铁丝，以延长其使用寿命。石膏模的生产批量一般不超过5万个。塑料模：塑料模非常容易加工，并且生产周期比较短。修正和修理都很方便，且耐腐蚀、质量轻。因此适合于批量较大的容器生产。常用塑料模材料有环氯树脂、酚醛树脂和聚酯。

（2）金属模。一般情况下，金属模适合于长期、高速生产的模具。由于铜的造价很高，因此很少采用铜作为模具。而铝比较容易加工且质量很轻，耐腐蚀性很强，价格也相对便宜，因而大批量生产时大多选用铝模。在铝模表面镀一层铜或铬，可大大增加其耐磨性。在生产50万个制品后，其表面还不会出现明显被磨损的痕迹。

参考文献

［1］杜志英，沈明。塑料瓶包装中存在的问题及改进方法［J］。中国医院药学杂志，1999（5）。

［2］真空设计手册［M］。北京：国防工业出版社，1991。

包装设计中绿色材料的应用与发展研究

黄国鑫
（兰州商学院长青学院，甘肃　兰州　730020）

摘要：本文在对绿色包装材料的特点及类型进行分析的基础上，就包装设计中绿色材料的应用与发展这个课题进行分析和探讨。

关键词：包装设计；绿色材料；应用

引言

商品经济的飞速发展，使商品包装形式不仅日益多样，而且也得到持续创新。包装形式，最初仅是简单的包裹，而现在已经出现了一系列诸如真空包装、软包装及复合型包装等多样化包装。这些包装形式的出现，给人们的生活带来了极大的便捷。但是最近几年，很多商家为能从中得到更大的经济效益，尽可能地应用多种包装形式以促使商品附加价值的大幅度提高。实践表明，这种为提高利润而尽可能使包装形式多样化的行为，已对人们赖以生存的地理环境带来了极大的伤害。因为这种过于注重多样形式的包装，不仅极大地破坏环境资源，而且还造成能源的无休止消耗。此外，在人们使用商品过程中所产生的包装废弃物，不仅没有系统地进行回收，而且即使回收后这些包装废弃物也无法进行自行降解、腐化，这不仅极大地威胁着人们的身体健康，而且对环境所产生的危害也日益严重。

相关资料显示，这些商品包装材料不仅在其生产过程中，而且在其废弃过程中，都会对人们赖以生存的地理环境带来不同程度的破坏和污染。但是一直以来，在进行商品包装设计过程中，为使商品附加价值尽可能地提高，人们总是过于注重包装的装饰性、结构性及功能性等方面的研究，而对于包装过程中如何选择包装材料、在其废弃后尽可能地实现自行降解和腐化等问题，却研究得甚少，以至于造成了如今这种难以收拾的环境污染和资源浪费局面。正是基于此，本文在对绿色包装材料的特点及类型进行分析的基础上，就包装设计中绿色材料的应用与发展这个课题进行了一些分析和探讨。

一、包装设计中绿色材料的特点及类型

1.特点

环保行业最能体现环保价值的材料就是绿色包装材料，这种绿色包装材料不仅具有普通包装材料那些如装饰性、保护性等特性，而且还具有普通包装材料所没有的例如生态适应性等特性。

作为绿色包装材料，通常具有以下特点：①其本身不含有对人有害的化学元素或细菌；②具有多元化的来源方式、成本低、性价比高且生产过程能耗少；③生产加工过程中可实现有害废弃物的零排放，不对环境造成污染；④包装材料可多次进行循环使用；⑤包装材料在使用结束后可自行降解，重新回到环境中。

2.类型

根据绿色环保的要求，可用于包装设计的绿色材料，主要有以下类型：①可回收处理再造的：符合这些环保要求的材料，主要有蜂窝纸张、纸张、纸浆模塑等。这些材料不仅具有价格低、质量轻等特点，而且还具有加工简单、绿色环保等优点。②可自然腐化分解、自然回归的：这类绿色材料主要有纸质包装材料（纸板、纸张、纸浆模塑等）；生物合成材料，包括可光、水降解包装材料和生物降解包装材料；仿生及生物材料；可食性材料。③可焚烧回归不对大气产生污染的：符合这些环保要求的包装材料，其原料来源极为丰富，既可应用先进的生产技术和加工技术来生产制造出包装设计中所需的诸如可生物降解的塑料等新型绿色包装材料，还可采用这些先进生产技术制造出那些无污染的复合型材料和高分子材料，这类新型绿色材料，即使暂时无法做到循环再生，但至少通过卫生填埋或焚烧以后所产生的物质，既不对人体健康构成威胁，也不对人们赖以生存的地理环境带来破坏和污染。

当前有关可持续发展这一思想正深入人心，绿色包装材料也正处于一个快速发展和深入研究过程中，在不久的将来，随着科技水平的快速提高，绿色包装材料的类型也将更为多样，可以更大程度地满足人们进行商品包装的各种需求。

二、包装设计中绿色材料的应用与发展

1.绿色纸质包装材料

（1）纸浆模塑包装材料。纸浆模塑包装材料当

前已在各种商品及商品的包装领域得到极为普遍的应用，例如药品类包装、食品类包装、电子类产品包装等，以下就这些领域做个分析。

①食品包装。纸浆模塑绿色材料可用于超市盘、水产盘、快餐盒、快餐托盘等的设计。这样就成功地实现了原本一次性不可降解发泡塑料餐具的替代，把一次性发泡塑料的使用率降低下来。此外，纸浆模塑材料本身极易进行加工，在各类餐具设计过程中可完美实现缓冲性、防撞击、防震性等要求，这正好可对诸如水果类等食品的易腐烂、易碎等缺点进行有效弥补，对于运输成本的降低及透气性、保鲜性的长时间保持都起到了很大的促进作用。同时，纸浆模塑材料还具有使用方便无污染、废弃后可在土壤中自行降解而作为肥料重新回归环境，从而有效达到了环保和再生的要求。②医用器械包装。医用器械的包装，原本消毒不够彻底而在使用中极易出现传染性感染。在医用器械包装中应用纸质模塑材料，不仅可达到无传染、无污染的效果，而且还可进行自行消毒。此外，在对其废弃包装进行焚烧中，其产生的气体不会对环境造成污染。③电器内衬包装。运输过程中对电子电器产品包装的精度要求极高，传统的电子电器包装是应用发泡塑料包装，虽然可有效满足这些要求，但在完成使用后，却会对环境安全构成极大威胁。把纸浆模塑材料应用于电子电器产品包装，不仅可满足电子电器的运输要求，而且废弃后也不会对环境安全构成威胁，完全符合环保要求。因此，纸浆模塑材料现已广泛应用于各类电子产品的包装设计中。

（2）蜂窝纸板包装材料。蜂窝纸板这种新型绿色环保包装材料，现已在包装、家电、建筑等领域得到极为普遍的应用。当前蜂窝纸板的应用，主要有以下方面：①进行大型包装箱的制作，以用于较重的家电产品、机电产品、易碎怕摔产品等的包装；②进行大型运输托盘的制作；③各种建筑隔板、内衬缓冲垫等的制作。由于蜂窝纸板包装完全符合可持续发展理念，这种包装材料在当前是最为理想的环保包装材料，具有大力进行推广使用的价值。基于当前我国限塑、限木的要求，应用蜂窝纸板进行包装，显然是最好的选择。但是，蜂窝纸板产业在我国发展较晚，不管是在生产技术、还是在市场推广方面，都还存在着一些问题，这就需要我国相关部门采取有效措施加以克服。

2.绿色可降解塑料包装材料

当前可降解塑料包装材料主要有两种：①新型淀粉基塑料包装材料。这种包装材料主要用于医药、食品、文化用品、日用百货等方面的包装，由于这种包装材料不会污染周围的大气、水及土壤，故在包装设计中应用这种包装材料，不仅可对淀粉等这些可再生自然资源进行充分利用，而且还可对一直以来困扰人们的“白色污染”进行有效缓解。这不仅可有效保护人们赖以生存的自然环境，而且还可对一直困扰着人们的石化等非可再生能源危机进行一定的缓解。②新型聚乳酸塑料包装材料。这种包装材料是一种良好的热塑性塑料，具有极好的抗溶剂性和抗拉强度，通过加工可生产出多种形状的容器。而且由于它们可以与食品进行直接接触，因而当前已广泛应用于各种食用瓶、超市产品及酸奶等的包装中。此外，这种包装材料还具有良好的透气性，因而在蔬菜及水果的保鲜包装中也得到了极为广泛的应用。

3.绿色可食性包装材料

作为可食性包装材料的原料，主要有以下这些：①动植物纤维类；②多糖、淀粉类；③蛋白质类；④脂肪酸；⑤其他天然复合类材料。这些原料通过制成薄膜，用于诸如糖果、甜点等的包装。此外，还可加工成一次性饮料杯、快餐盒及药用胶囊。可食性包装材料现在已是一门极为火热的绿色包装材料的研究课题，在不久的将来一定有更多的新兴种类持续被发现出来，并被大量应用于绿色食品包装上，其发展前景极为可观。

三、结语

总之，在商品包装中应用绿色包装材料，这是社会发展的必然趋势，也是经济可持续发展的必然要求。随着人们环保意识的不断提高，有关包装的使用，也不再局限于商品的单一保护，人们更多注重的是包装材料带给他们的身心健康和环境的持续发展。因此，对绿色包装材料进行合理选择并加以有效使用，这不仅是未来包装业的发展趋势，而且也是人们构建和谐社会的一项重要内容。

参考文献

［1］戴宏民。色包装的评价标准及环境标志［J］。包装工程，2011。

［2］钟苏。环保新材料——蜂窝复合纸板［J］。科技与经济，2012（2）。

［3］葛少锋。新型环保包装材料纸浆模塑的前景［J］。上海包装，2012（12）。

论绿色纸质包装设计

唐子荀
（西南交通大学艺术与传播学院，四川　巴中　610031）

摘要： 纸质包装由于它更贴近于自然、造价成本低、可塑性能高、便于回收再利用，从四大支柱材料——纸、金属、玻璃、塑料中脱颖而出，被广泛运用于各类产品的包装。纸质包装新的研发与技术创新使得它有了更加广泛的使用范围和应用，甚至是在工业产品的包装上。从环境发展角度来讲它有了更重要的作用。现代纸质包装工业体系是一个有机统一的整体，作为市场营销的一部分，它包括了生产、销售、使用、回收多个环节。在整个社会更加强调环境的社会责任、更加强调绿色环保的生活理念的今天，纸质包装在绿色环保方面有了举足轻重的意义。

关键词： 纸质包装；市场营销；社会责任；绿色环保

引言

随着社会的不断进步与发展，人类观念意识的转变，绿色纸质包装设计已经超越了简单的保护产品、利于运输、提供产品信息的功能，更多地承载了社会责任与保护环境的意识，当然这与企业本身的商业利益有很大关系。只有进行整体规划与设计，注重每个环节的细节，从一个长远的发展角度、消费者心理特征等各个因素综合考虑，才能真正做到绿色、环保的纸质包装设计。

一、绿色纸质包装在材料上的自然优越性

纸质材料的品种、类别很多，现在多用于绿色包装的材料有牛皮纸、牛卡纸、瓦楞纸、箱板纸、茶板纸、羊皮纸、鸡皮纸等。

这里说的大多数纸质有一个共同的特点——基本是原色，后期加工相对来说更少。贴近于自然的颜色，材质也让消费者的心理有一种安全感。原本简单的材料好似直接从自然界中提取而成，其中暗含了消费者偏向于自然、环保的包装。

此外，现在很多纸质绿色包装含有更少的化学原料，人造成分更少，但这样的纸质材料需要的成本相对也要高很多，因而运用的范围相对没那么广泛。绿色纸质包装不是说材料一定是纯天然、绿色的，有的也掺杂了人工化学用品成分。减少了在印刷工序上的化学用料，相对来说，也是为绿色设计做贡献的表现。现在越来越多的企业品牌选择运用自然颜色的纸质材料包装，就是体现了绿色环保的理念。像我们生活中熟知的宜家，其包装就使用了极简的纸质包装达到绿色环保的效果。

二、绿色纸质包装在结构上的变化性

绿色纸质包装产业的每个环节都是相互影响和作用的。在结构上，绿色纸质包装相对于传统包装来说，更注重结构的巧妙性，而并非简单的包裹物品。如何巧妙地运用纸张在结构上的变化来减少资源的浪费，包括了产品运输、销售、使用各个环节。包装结构的恰到好处有利于产品本身和运输过程中的保护。结构的巧妙设计能使产品损耗降低，从而在成本和资源上提高价值。在运输时使用更安全的结构形式承载更多的商品运输和空间的最大优化利用往往都与结构有着密切的联系。

另外，巧妙的结构形式在货架上的摆放能促进产品销售，这与产品本身的使用有很大联系。产品的包装在消费者使用心理的驱使下，倾向于便捷、实用、方便、复合功能的结构设计。这是一个链条式、整体影响的设计环节，也是从结构角度出发，提升产品本身的价值，提高人们生活水平的体现。

三、绿色纸质包装在视觉上的延展性

绿色纸质的包装外形设计，除了提供产品信息、功效外，最主要的还是企业形象的树立。在社会发展和企业的激烈竞争下，绿色纸质包装的特点体现了当下消费群体生活质量要求的满足，根据马斯洛的需求满足层次来说，是自我需求的实现。时代的发展进步改变了人们的消费观念，消费者在购买产品时，是购买了满足自我价值、自我生活方式的产品，包装视觉上的作用也就显而易见，起到了举足轻重的作用。

绿色纸质的包装设计，其绿色环保性也体现在它的印刷工序方面。现在，更多的有环保理念的绿色环保纸质包装在版式和文字的处理上，偏向于极简、简洁、概念化的风格。有的只用单色的简单印刷，这就有利于印刷时减少资源的浪费。着重于包装产品本身的价值、性能或者是产品的功能性、便捷性。像悦诗风吟的化妆品包装都是通过牛皮纸等原色

自然的外包装，通过简单加上产品的文字信息，从包装到陈列都运用了极简的自然主义风格，以此给消费者一种自然生活的产品购买形式。这就是这个产品品牌的树立过程，亲近自然、简单的板式印刷工序，企业整体形象就是塑造一个绿色、环保、轻松、自然的品牌效应。印刷成本上也能降低不少，从设计到营销的各个环节都强调了绿色环保的主题。

四、绿色纸质包装在应用上的体验性

在产品包装的使用和消费过程中，绿色纸质包装的使用趣味性、再利用、交互式的互动，以及废弃的纸包装在产品衍生中的应用就成了它的环保功效的法宝。将运用到产品的包装赋予新的实用使用功能，将本身要废弃的包装变废为宝、赋予新的生命与用途价值，同样可以减少资源的浪费。这反映了人文情怀、人性化的设计。消费者用一份产品的价格购买了复合型多功能的产品包装，既实惠又便捷，也体现了一种环保的观念。

五、结语

总的来说，绿色纸质的包装设计是一个从生产体系到营销市场再到消费体验的有机统一整体，是随着社会、消费者、市场的不断变化而变化的。工业技术革命的侵蚀必然驱使人们向着自然、健康的生活习惯和方式去发展。而绿色纸质包装也就渗透了我们生活的方方面面，影响着我们对于生活方式的选择。随着消费者环保意识的不断提高，相信绿色环保的纸质包装将发挥更加重要的作用。

参考文献

［1］袁恩培。消费心理在包装设计中的应用研究［J］。包装工程，2004。

［2］席涛。绿色包装设计［M］。北京：北京电力出版社，2012。

［3］陈羽。论绿色设计对消费行为的引导［J］。工包装工程，2003。

［4］许平，潘林。绿色设计［M］。南京:江苏美术出版社，2001。

［5］刘仁庆。造纸术与纸文化［J］。湖北造纸，2009。

［6］丹尼尔梅森.材料与印刷的创意解决方案［M］。北京：中国青年出版社，2008。

VI 设计教学中针对包装视觉元素系统的开发与设计

张海霞

（衡阳师范学院美术学院，湖南　衡阳　421008）

摘要：就 VI 设计教学而言，视角元素系统占据着设计过程中很大一部分空间，可谓无时不有，无处不在。视觉元素系统主要包括标志、标准字、标准色等多个方面，属于十分严格而极具规范性的视觉符号模式。其不仅能够清晰地展示“视角系统”结构，还能够深刻传达所设计事物的信息、形象，并以视觉元素系统为核心，实现有效应用。本文重点就 VI 设计教学中视觉元素系统的开发与设计进行探讨，以供参考。

关键词：VI 设计；教学；视觉元素系统；开发设计

VI 设计是 CIS 设计系统的重要组成部分，主要是由理念、行为、视觉识别三大部分所构成。其中，视觉元素 VI 设计能够最为直观、显著地突出事物的形象，深刻提炼设计理念与内涵，并将精神内涵成功地转变为图形符号，继而产生极为强烈的视觉感染力，因此，是促进文化传播的绝佳途径。VI 设计注重借助于视觉元素艺术的表现，因此，对于 VI 设计教学而言，也必须充分认识到视觉元素系统开发与设计的重要性，以促进学生 VI 设计水平的提升。

一、标志设计

作为 VI 设计的核心，为了加强 VI 设计教学，必须重视标志设计教学。在教学过程中，要求教师必须注重引导学生对设计题材进行科学选取。以某高校标志设计为例，在教学过程中，教师应首先引导学生对该校办学特点、历史文化、名称等进行了解，并以此为依据进行图形等视觉元素符号的选取，并将所选取图形符号设置在左上角——视觉中心区域，以便使观众能够及时捕捉到主题。

同时，应引导学生设计简洁而明晰的标志。一方面，确保色彩明晰、图形简洁；另一方面，尽可能搭配单纯底色，以减少视觉上的冗杂程度。通常而言，所用色彩保持在2~3种，以便给人一目了然之感。可选视觉元素系统标准中的纯色标志搭配标准色作为底色，同时，增加图形的形式美，配以完整标志，进一步地突出标志。

二、标准字设计

标准字设计也是VI设计中的基本元素之一，正如色相之于色彩学的功能，其能够直观地告知观者产品生产商信息。在VI设计中的应用广泛而深入，其借助于简明的文字，构成了企业的名称、理念与文化精神。重要性并不次于标志，主要包括五大特点，即识别性、可读性、系统性、造型性及其设计性。标准字指的是将名称、商标名称、广告语等加以组合而成的字体。在标准字设计教学过程中，要求教师着重加强字体设计作品中文字组合、美化等配置关系，使学生能够借助于字体的大小、粗细、宽窄等实现各视觉元素空间处理的均衡性与和谐性，赋予设计作品极强的形式美韵味。例如，对于高校VI视觉元素系统中标准字的设计，教师应引导学生对学校中、英文名称专有字提前查询，固定后作为标志的组成部分。

教学中应注意的是，字体应正式而庄重，最好富有文化韵味，通常采用3~4种字体，若过多会导致视觉混乱，注重字体整洁、易读。也可将字体作为线条设计元素，将其设计在色块面空间之中，支持线性连接，达到和谐、有序之美感。

三、标准色设计

标准色指的是借助于色彩视觉元素的传达，塑造事物独特的个性特征，并确定一种类型的色彩系统，将其应用于视觉元素传达系统中，明确设计的理念、内容、风格状态。对于标准色而言，其辨识性很强，借助于感官刺激，使观众产生联想、想象，继而达到识别产品的目的。

在标准色设计教学中，教师首先需要学生开展调查分析，就产品现有的标准色使用状况进行调研，并就其形象加以分析，明确竞争产品的标准色状况以及观众对于其形象的认识，明确企业的性质同标准色之间的关系，要求学生就市场期望加以研究。随后，教师应引导学生对标准色设计概念加以设定，明确各种色彩的内涵，并对色彩形象概念及对应色彩内涵进行选择，明确色彩系统。再就所设计的色彩进行心理调查、生理调查、抽象情感、技术、经济性等因素的模拟分析与测试。

四、造型设计

在造型设计教学中，教师应引导学生分别从题材、表现形式等方面出发，借助于平易、可爱、拟人化等形象，吸引观众注意力与好感，传达产品特征与精神。例如，可从故事、历史、材料、动植物性题材出发，找到能够准确演绎产品品牌文化及精神的题材，以形象、寓意深远、令人印象深刻的视觉艺术形象打动人心，赋予设计作品独特的魅力。

在VI设计教学中，视觉元素系统是一个复杂、巨大的工程，具体实践中应当以设计理念为教学基础，从专业设计角度出发进行教育活动。日常生活中的产品大多是通过视觉系统来传播和识别，教师对学生的授课过程中要注重基本设计技能的培养，灌输正确的设计理念、创新意识、素材累积、审美观点以及设计能力等，帮助学生设计出优秀的作品。

参考文献

［1］林娟。高校形象中视觉形象识别系统的设计与传播［J］。洛阳理工学院党报，2011，20（5）：191-192。

［2］陈得卿，刘宣如，谌贻春。VI理论与高校的VI设计［J］。南昌航空工业大学学报，2003，5（3）：210-212。

绿色包装在体育器材中的应用探索

王　秀
（甘肃畜牧工程职业技术学院，甘肃　武威　733006）

摘要：体育训练是一项全民健身运动，它能增强人们的体质，促进人们健康成长。近年来，随着我国经济的不断发展，越来越多的人开始注意自己的身体，体育器材的包装也暴露出许多问题，如体育资源的浪费、制度不健全、环境污染等。为了减少体育器材对环境的影响，本文主要以绿色包装为起点，分析体育器材中绿色包装的必要性和可行性，实现体育材料包装更加符合人和自然的和谐发展，更好地保护人类赖以生存的环境。

关键词：体育训练；体育器材；绿色包装；和谐发展

引言

据相关数据显示：全世界65%的体育用品均源于中国，中国是体育用品的生产大国。我国体育用品的市场相对较大，且体育器材包装市场也相对较大。但是，随着经济的飞速发展，环境问题日益突出，环境保护成为当前社会发展的主题，如何将绿色包装运用于体育器材中成为时代发展的主题之一。

体育器材不同于其他物品，绿色包装在设计过程中不仅要满足器材的包装要求，还应该做到环境保护。当前，我国一些包装公司在体育器材包装过程中存在较多的问题，导致包装对环境产生了较大的影响。本文主要以绿色包装为起点，分析体育器材中绿色包装的必要性和可行性。

一、绿色包装的理论

1.绿色包装基本原则

对于包装而言，许多学者进行了多次尝试，提出了统一回收使用后的包装材料，如可降解包装材料、生态包装材料等，从而提出了环保观念产品理念。

（1）相关研究显示，绿色包装通常是使用材料最少的。因此，绿色包装在选择时应该尽可能减少材料的使用。

（2）循环使用。绿色包装在使用后的材料能够经过处理后进行二次使用。

（3）再循环处理。绿色包装材料多次使用后能够将废弃物进行加工、处理，并且是能够获得再次使用的合格材料。

（4）环保。包装材料必须环保，不会对环境等产生污染，尽可能使用生态的包装材料。

2.体育器材绿色包装

体育器材涉及方面相对较多，如服装、场地、器材等。而体育器材绿色包装则更多的是对环境、身体健康没有伤害的包装材料。为了满足体育器材绿色包装的需要，应该从以下几个方面进行考虑。

（1）体育器材绿色包装必须对环境污染较小。

（2）为了实现人和自然的和谐相处，体育器材包装过程中必须减少包装材料的使用。

（3）体育器材包装材料必须具有一定的可循环使用性，尽可能选择单一的包装材料。

（4）体育器材包装设计过程中应该尽可能选择容易拆卸的材料，并且材料能回收、循环使用，降低包装材料的浪费，避免对人体健康产生危害。

二、体育器材绿色包装分型及存在问题

1.体育器材绿色包装的分型

体育器材绿色包装形式相对较多，并且每一种形式均有其特点，常见的包括：再生型、可降解型、纸质型等。

（1）再生型。目前，对于包装材料的再生主要有两种方法，即物理方法和化学方法。物理方法主要是对包装过程中产生的废弃物进行再次循环处理，从而能够形成可以使用的再生材料。而化学方法则是采用相关催化剂将体育器材包装材料进行分解，重新聚合，形成再生包装材料。

（2）可降解型。可降解材料相对较多，降解方式也是多种多样，包括生物或光双降解、光降解等。传统的包装材料更多的以塑料等为主，但是该材料功能和特性相对较差，降解速度较慢，容易对环境产生较大的污染。

（3）纸质型。和其他材料相比，纸质材料具有优势。纸是一种使用较多的环保材料，具有防菌、

作者简介：王秀（1981—），大学本科学历，讲师，研究方向为体育教育。

防腐、耐油等特点。但是，不管何种包装材料均有其利弊，如纸质材料在使用时需要砍伐大量的树木，砍伐严重的地区容易引发自然灾害等，不符合绿色包装的要求。

为了降低绿色包装材料对环境的污染，有关学者提出了替代法对体育器材进行包装，可以使用竹子、棉秆等材料代替纸质材料等，它是目前比较推荐和倡导的一种方法。

2.体育器材绿色包装存在的问题

同时，体育材料绿色包装在使用过程中也存在一定的包装制度障碍，如缺乏法律的规定、政策的支持，导致消费者的绿色观念难以在短时间内发生改变。

（1）我国虽然是体育器材生产大国，但是政府相关部门并未对体育器材的包装进行约束和规范，对于体育器材的绿色包装也没有从思想上引起足够的重视，从而导致环境的污染以及资源的浪费。

（2）绿色包装是一个新兴产业，该产业发展过程中无论在政策上还是其他方面都备受关注。但是，由于我国绿色包装技术相对落后，导致包装设计过程中缺乏政府的政策支持。

（3）在经济飞速发展过程中，虽然我国已经出台了相关法律、法规，但是这些法律、法规更多地侧重于消费者方面，导致绿色包装难以深入人心。

三、体育器材绿色包装解决对策

为了保证我国体育器材绿色包装的顺利推进，相关部门应该采取积极有效的措施来应对包装过程中存在的问题，笔者建议从以下几个方面进行改善。

（1）开发和运用。体育器材绿色包装过程中应该尽可能选择无污染、环保的材料，避免使用有毒性材料。同时，材料选择时应该顺应时代的发展，对包装材料不断进行改革、创新。

（2）材料的合理处理。体育器材包装时应该具备低量化、轻墨化等特点，材料应该更加容易回收利用。对于燃烧类的包装材料，应该选择无毒气体、低热的材料，能够在自然环境下分解，并且不会对环境产生污染。

（3）避免过度包装。体育器材绿色包装时应该善于吸收国内外经验，善于采用标准控制、经济等手段进行相应的限制，使绿色消费观念能深入人心。

四、结语

综上所述，环境保护已经成为时代的主题。体育器材绿色包装过程中对环境的影响相对较大，容易对人们的身心健康、自然环境等产生明显的影响。随着绿色包装的不断发展，绿色包装在体育器材包装过程中得到应用，它能更好地保护环境，促进环境和自然以及人类的和谐发展，更加符合时代发展的需要，因此，相关部门应该结合我国实际情况大力宣扬绿色包装理念，促进我国体育事业和谐、健康发展。

参考文献

［1］MESTRES C，DORTHE S，AKISSO É N，et al。Prediction of sensorialproperties（color and taste）of amala，a paste from yam chips flour of west Africa，through flour biochemical properties［J］。Plant Foods for Human Nutrition，2014，59（7）：93-99。

［2］王润球，刘善球，李自如。实现我国从包装大国到包装强国跨越之我见［J］。包装工程，2004，25（1）：139-140。

［3］汪智强.原生态设计理念在包装设计中的渗透［J］。南通纺织职业技术学院学报，2012（1）：44-46。

［4］唐丁丁。全面推进可持续消费促进“十二五”环保目标实现［J］。环境与可持续发展，2011，36（4）：5-10。

［5］潘润泽，吕涛，等。弘扬生态文明构建资源节约环境友好社会［J］。环境与可持续发展，2010，35（5）：44-46。

浅析网店形象包装设计的方法——以淘宝网店为例

吴永坚

（广东文艺职业学院，广东　广州　511400）

摘要：电子商务飞速发展促使淘宝店主不断完善装饰网店形象，以提升店铺的浏览量和促进成交。本文围绕网店形象包装设计的一些原则、方法进行了探讨，比如网店的整体风格要统一，色彩搭配和版式要有品牌特色等，以期对网店店主以及专门做网店装修设计的美工设计师有一定的帮助。

关键词：网店；形象包装；色彩搭配

一、电子商务发展背景

电子商务作为现代服务业中的重要产业，有“朝阳产业、绿色产业”之称，具有“三高”“三新”的特点。“三高”即高人力资本含量、高技术含量和高附加价值；“三新”是指新技术、新业态、新方式。人流、物流、资金流、信息流“四流合一”是对电子商务核心价值链的概括。电子商务产业具有市场全球化、交易连续化、成本低廉化、资源集约化等优势。

据中国电子商务研究中心（100EC.CN）监测数据显示，2013 年我国电子商务交易总额超过 10 万亿元，其中网络零售市场交易规模达 18851 亿元，较 2012 年的 13205 亿元同比增长 42.8%。目前我国已成为世界最大的网络零售市场。截至 2013 年 12 月底，国内电商模式企业数已达 29303 家，预计 2014 年将达到 34314 家。网络零售交易额 5 年来平均增速为 80%。电子商务正对我们的社会生活带来颠覆式的影响。

在当今飞速发展的信息网络时代，海量的店铺在网络中竞争，要使自己的店铺脱颖而出，网络店铺的形象设计是当今社会网店竞争的迫切需要。网络店铺的形象设计相当于实体店的店铺装修，给消费者直观的用户体验，因此网店的形象设计是否合理直接决定了网店的用户流量。

二、网店形象包装设计的原则

1.网店的整体风格要统一

一个看起来整齐合理的网店页面才会给消费者带来好感，从而使顾客多停留时间，进行深度的访问，最终达到促进顾客购买的目的。网店的整体风格一定要与出售的宝贝相匹配，网店的形象包装设计就等于实体店面的装修，软实力的较量也表现在其中。在设计分类栏、公告栏、促销模板等板块时要有整体考虑，如果一会用卡通形象，一会用浪漫温馨的形象；一会儿严肃古板，一会又幽默搞笑，风格不统一是网店形象包装设计的大忌。

2.色彩搭配和版式要有品牌特色

美国流行色彩研究中心的一项调查表明，人们在挑选商品的时候只需 7 秒钟就可以确定对这些商品是否感兴趣。在这短暂而关键的 7 秒钟内，色彩的作用占到 87%，成为决定人们对商品好恶的重要因素，这就是 20 世纪 80 年代出现“色彩营销”的理论依据。

网店的色彩搭配很重要，在千变万化的色彩世界中，要运用好颜色其实并不难。颜色的使用一般不要超过 4 种，这样就不会显得花哨、凌乱，如果要凸显品牌感，尽量选择相近色或对比色的搭配。运用对比色时要注意比例，在用色上可以大胆一些，这样可以迎合消费者的购买心理，激起他们的消费欲望。

三、网店形象包装设计的方法

网络店铺形象包装设计可以美化店铺，使得店铺获得更多的顾客光顾，从而创造出最大价值的收益。网店形象设计带给网络店铺的不仅是美观，更重要的是创造出华丽的店铺形象，给顾客一种强烈的吸引力，刺激消费者购买欲望，提升店铺销售的业绩。

1.设计招揽生意的金字招牌

网店招牌代表着店铺的品牌形象，网店招牌并不是越花哨越好，也不是越简单就越好的，而是根据店铺经营的产品属性来设计。有时候端庄大气，有时候流行时尚，有时候俏皮可爱，不同的消费群体除了有不同的商品需求外，还有不同的审美需求，所以在店铺形象设计前要认真思考一下，要为消费者展示什么内容?哪些是最重要的，需要突出显示?总体而言，把握本质和特色才是重点。店铺招牌作为一个店铺文化的缩影，它呈现在店铺中每个商品页面的最顶端，所以它的重要性自然不言而喻。

2.设计好对外展示的窗口——公告栏

在店招的下面一般都会放一个公告栏让买家能够了解到店铺最新的讯息。网店的公告栏是用来向顾客展示店铺里有什么促销活动及展示新的优惠政策的窗口，同时也是顾客获取店铺信息的重要渠道。设计好店铺公告栏，能吸引消费者的眼球，从而提升流量。因为网店的公告栏区域有限，所以文字一定要言简意赅，最好能一针见血。设计公告栏时要注意和网店整体风格统一，要有设计感和层次感，在视觉上不要感觉单调乏味，一定要大气、精致，起到画龙点睛的作用。

3.做好店铺分类规划与装饰

店铺左侧的分类栏，也是提高店铺流量的一个非常重要的面板，其中的分类类目排列更是重中之重。通过左侧模块可以向消费者展示店铺宝贝的分类，科学地策划安排，可以让消费者快速地搜寻到需要的宝贝。

做好店铺分类规划与装饰，应以分类栏的功能为前提，所以它的设计理念为：文字简洁、清晰明了；设计分类栏图片的时候，注意图片不能喧宾夺主，动画效果也要有所节制，以突出分类为重点，方便顾客查找宝贝；对于类目分类很多的网店，分类设计的面板不宜设计得太长，这样会拉长店铺，基于店铺本身的情况，要注意整体的风格与尺寸的把握。

4.促销模板的设计

促销模板位于店招下面的位置，可以自定义放一些促销海报。店铺促销模板比店招有着更重要的广告价值。促销模板最好大一点，但是不宜太长。其中的内容最好具有动感，给客户一种看电视的感觉。

促销，对网店经营来说是很重要的一个步骤，怎么让促销效果更好，就需要一个搭建好的促销模板。下面给大家讲解一下促销模板的设计：①宝贝的亮点要放大呈现出来。在促销模板推荐的宝贝一定要是店铺的重点宝贝，产品从拍摄到设计的角度都要把宝贝的亮点呈现出来。如饰品要强调商品的视觉效果，可以加一些闪光特效效果；化妆品强调的是产品的成分，可以加一些晶莹剔透的效果；服装强调的是穿着的品位，可以强调模特拍摄出来的意境和美感；②要把宝贝的抢购热潮体现出来。比如写出“狂销 100000 件”，吸引顾客继续仔细地浏览下去；③把优惠信息展现出来。直接的优惠信息能更直观地吸引顾客光顾，网络购物更是如此，大幅度的优惠信息能吸引顾客深度访问店铺，增加店铺流量，提高宝贝的转化率。

5.设计闪亮的宝贝详情页

宝贝详情页指的是使用在商品发布页面的模板，它的作用是对发布的宝贝进行页面的美化、合理的布局，使商品看起来更漂亮，更有品质价值。宝贝详情页模板的设计宽度一般不超过 720 像素，高度则无规定尺寸，根据自身需要而定，一般按模块整体设计，以统一风格，小版块则分区进行设计，使版面既显得有一定的规划，又有互相协调感。

宝贝详情页主要是展示宝贝主图和细节的平台。所以在设计时一定要明确主体，不要放太多的新品推荐和广告，让顾客把注意力都集中在展示的宝贝上。宝贝详情页尽量避免使用大量的图片，这样令顾客浪费太多的宝贵浏览时间，顾客在选购商品时，都希望尽快地浏览到宝贝的详细信息。详情页上尽量放上自己实拍或请人拍的全景高清图片，及文字介绍。这里的图片一定要精美，先用图片吸引买家，然后买家有了兴趣之后一定会去看文字的。文字一定要简明扼要地概括出产品的特性及优点等，但不要太多，很多人是不喜欢看一长串文字的。建议将其精心地编排设计在图片上，这样买家在看图片的同时，也顺便不知不觉地将你的文字看完了。值得注意的是图片的色彩搭配一定要符合自己店铺的整体风格，最好不要超过三种颜色。当然美观的前提还是必要的，宝贝详情页的设计要做到简练、美观、详细，这样才能提高宝贝的转化率。

众所周知，淘宝网店是利用宝贝图片以及详情页来吸引客户的，经过长期的淘宝网店实战运营经验，基于淘宝网店宝贝详情页策划设计做出以下的一些总结。

①顾客点击收藏和关注，则可以轻松赚 10 元优惠券或者购物立减 5 元（优惠幅度可以自行调整）；②策划设计好宝贝主图（突出单品的卖点，吸引眼球），宝贝主图要求清晰明了，最好是有放大镜功能的，后面放上相应的细节图；③策划描述好产品详情+尺寸表（如编号、产地、颜色、面料、重量、洗涤建议）；④模特穿戴产品图（至少一张正面、一张反面、一张侧面，展示不同的动作）；⑤实物平铺图（把衣服的颜色种类展示出来，编辑点文案引起买家的想象，不同的颜色代表什么性格或者展示什么风格）；⑥模特穿戴宝贝在不同的场景图（模特在不同的场合角度，引起视觉的美感）；⑦产品细节图（帽子或者袖子、拉链、吊牌位置、纽扣）；⑧推荐热销单品（大概 3~4 个必须是店铺热卖单品，性价比高）；⑨同类型商品对比（找一些同类质量不好的或者高仿效果不好的）；⑩买家秀展示或者好评截图（挑选比较出众的买家，展示成交过的买家秀宝贝）；⑪搭配推荐（如情侣款或中长款，不要和上面的重复）；⑫品牌文化简介（让买家觉得品牌质量可靠，容易得到认可）；⑬购物需知（邮费、发货、退换货、衣服洗涤保养、售后问题等）。

以前很多店铺的第一屏基本都是做宝贝推荐，关联一大堆新品、热卖、搭配套餐等，这个做法并不是最好的，比如做活动，在流量激增的情况下，产品活动页面做些搭配套餐、新款促销，或者其他活动页面都是可以的，但是不能常年都放这些，多了反而让顾客厌烦。

在设计详情页宝贝描述时，一定要突出宝贝的以下价值点。

实力展示：品牌、荣誉、资质、销量大、生产、库存。

促销说明：热销产品、搭配产品、促销活动、优惠方式。

宝贝展示：色彩、细节、优点、卖点、包装。

吸引购买：卖点打动、情感打动。

如果产品是鼎鼎有名的大品牌，获得国家级的奖励的荣誉，拥有相关的生产资质和检验合格资质，以及退换货、保修等相关售后保障，就可以打消顾客的购买顾虑，让顾客一看就觉得很放心，产生购买欲，提高转换率。好的宝贝详情页可以突出卖点，打造爆款，再配上一系列的促销活动和搭配套餐，必定会提高爆款的展现量，从而提升店铺的销售量。

四、结语

综合以上几点，网店的形象包装设计对于提升店铺的浏览量、增加销售额起着至关重要的作用，对于淘宝店主而言，掌握一些网店形象设计技巧是迫在眉睫的。本文只是探讨了一些实用的方法以帮助大家提升店铺形象。

参考文献

[1] 许明星.网店装修中色彩的设计［J］。长江大学学报，2014（10）：19-20。

[2] 武彦如。网店“宝贝描述”页面设计改进策略［J］。包装工程，2012（7）：33-35。

[3] 江礼坤。网络营销推广实战宝典［M］。北京：电子工业出版社，2012：234-235。

[4] 葛存山。淘宝网开店、装修、管理、推广一册通［M］。北京：人民邮电出版社，2013：55-57。

[5] 淘宝大学著。网店美工实操［M］。北京：电子工业出版社，2013：57-60。

[6] 淘宝大学著。网店视觉营销［M］。北京：电子工业出版社，2013：102-103。

儿童食品包装设计中的趣味性探析

谢宜初

（国家知识产权局专利局专利审查协作广东中心，广东　广州　510530）

摘要：随着人们生活水平的不断提升，市场上的儿童食品越来越多，面对琳琅满目的食品，设计师如何设计包装才能吸引儿童的眼球，让儿童购买食品成为儿童包装设计师需要认真考虑的一件事情。本文就如何将趣味性与儿童食品包装进行巧妙结合加以论述。

关键词：儿童食品包装；趣味性；探析

随着人们生活水平的提升，人们日常生活所需的食品变得越来越丰富，面对琳琅满目的儿童食品，设计精致、趣味性强的食品包装是儿童们选择食品的首要出发点。那么，如何才能让我们的食品包装设计得更加具有趣味性，且更能满足儿童的心理需求呢?下面就对这个问题进行简单的论述。

一、从孩子好奇心出发，寻找趣味点

所谓从孩子本身出发，指的是针对不同类型、不同性格的孩子进行不同的包装设计，同时对其中的趣味点进行寻找，从而提升食品包装的趣味性。要想做到这一点，设计师首先要对本食品所要面向的儿童进行简单的研究，研究这些儿童的趣味及爱好点，然后再进行相关的设计。

比如，费列罗巧克力奇趣蛋系列在进行包装设计时就抓住了儿童好奇心强、爱攀比的心理来创设趣味点。儿童具有很强的好奇心，特别是对一些不能直接看到或摸到的事物，他们有很强的占有欲望。为此费列罗在设计这款巧克力的包装时，将整个巧克力设计为一个蛋壳形状，小孩本身对鸡蛋就有很大的兴趣，加上这款费列罗的巧克力在包装上标有一些卡通图形，并标有“含新奇玩具”五个字，这样儿童就会对这款巧克力感到非常新奇。孩子们见到这样的巧克力包装，会想里面有什么东西呢?什么样的玩具呢?另外，为了突出巧克力包装的新奇性，这款包装更是在包装表面写了“适合男孩”“适合女孩”的字样，即男、女孩都可以分别购买，里面的

作者简介：谢宜初（1986—），男，湖北荆州人，实习研究员，国家知识产权局专利局专利审查协作广东中心审查员。

玩具也分性别，这让儿童感到更加新奇，于是就增添了儿童的购买欲望。

二、从卡通形象出发，寻找趣味点

儿童对动画片非常感兴趣，特别是对一些正在热播的动画片更加感兴趣，他们看动画片有这样一种心理，就是不仅希望这些动画片人物能够在自己观看动画片时看到，更希望自己能在平时生活中看到这些卡通形象。一旦他们在平时生活中，不论是广告、书籍还是电视上，只要看到自己喜欢的形象，都会立刻对它们产生兴趣，这些兴趣会刺激他们做一些事情，比如购买或者翻阅等。为此，我们在进行儿童食品包装设计时，可以结合目前儿童比较喜欢的动画片的人物进行设计，将这些儿童卡通形象放置在包装的显眼位置，就可以让儿童瞬间对这一食品产生兴趣，于是就增添儿童对该食品的购买欲望。比如在申浦儿童食品球形麦丽素巧克力食品包装中，设计师就是采用这种包装策略进行包装设计的。这款包装为了吸引孩子们的眼球，将整个食品包装选择了铁盒材质，增加了包装的分量感，同时在包装表面上画了一个喜羊羊的卡通形象。我们都知道喜羊羊与灰太狼是当今非常火热的一个动画片，孩子们非常喜欢看，因此当他们在超市看到货架上有一款画有自己喜欢的卡通形象后，瞬间就会对这样一件商品产生极大的兴趣，于是他们会走过去看这是一件什么样的商品，当看到是自己喜欢的巧克力豆时，更会增添他们对该食品的喜爱程度，于是就会刺激他们进行购买。

三、从缤纷色彩出发，寻找趣味点

儿童除了对卡通形象和新奇的内容感兴趣外，对包装的色彩也有极大的关注程度。据调查，色彩是孩子关注一件包装的首要因素，如果食品包装的色彩搭配得恰到好处，孩子们会马上将自己的目光投向这个包装，这时如果发现食品又是自己喜欢的话，那么就会增添自己对该食品的购买欲望。

一般来说，儿童对于色彩搭配丰富、色彩对比强烈的包装比较感兴趣。为此我们在进行设计时，首先应该选择一些鲜艳的颜色进行包装设计。比如在一款糖果包装设计中，我们可以选用红、黄、蓝这三个纯正的三原色来当作包装的主色调，这样孩子们就会感到这样的包装非常好看，于是他们就会喜欢上这款包装设计。另外，在选择颜色的时候，可以选择一些穿透力比较强的色彩，让孩子离很远就能看到这些颜色。比如设计师可以选择一些亮色调，如红色、粉色等色彩，这样显著的色彩能够让孩子们更加快速地在众多食品包装中选择出这件商品。最后，我们在进行包装的设计时，可以尽量选择一些强对比的色调，比如大红和大绿色调的搭配。这样色彩搭配可以给孩子们营造一种非常欢乐的感觉，相比于一些比较素雅的成人食品包装来说，孩子们更加喜欢这样的食品包装从而进行购买。

总之，在进行儿童食品包装设计时，我们首先要从孩子们的自身好奇心作为兴趣点出发，选择孩子们的好奇心进行相关的包装设计；其次我们要从卡通形象作为一个兴趣出发点进行相关的包装设计；最后我们要从鲜艳的色彩出发寻找兴趣点，让孩子们对包装产生更大的兴趣和爱好。

参考文献

［1］张欣。趣味性设计在儿童食品包装设计中的应用研究［J］。电影评介，2013（4）。

［2］刘文良。儿童食品包装的益智性设计探析［J］。装饰，2013（10）。

［3］米满宁。卡通形象在儿童食品包装设计中的应用研究［J］。包装工程，2013（16）。

［4］高聪蕊。幼儿期儿童食品包装的感性体验设计研究［J］。包装工程，2013（24）。

浅议现代包装艺术设计生态化发展

田　媛

（许昌职业技术学院，河南　许昌　461000）

摘要：随着人们生活条件和审美意识的提高，对产品的包装设计有了更高的要求，然而过度包装的现象一直存在于现代的产品包装设计之中。在社会资源紧缺的今天，强调包装设计功能与审美、环保与设计艺术表现和谐统一是我们必须要重视的问题。

关键词：包装艺术；包装设计；生态化发展

一、包装设计生态化发展的必要性

现代社会，随着物质生活水平的提高，人类的物质欲望极度膨胀，对于产品的包装设计，无论是市场还是设计行业都存在着追求过度包装和浪费的情况。在经济利益驱使下，包装设计的需求方过分追求包装设计的奢华效果，希望以此来传达和肯定产品价值，这种对奢华包装的过度追求，造成了极大的资源浪费。在社会资源紧缺的今天，人类对资源的无度索取已经使生态环境遭遇了史无前例的破坏。产品包装存在于人类生活的方方面面，提倡环保、节能、绿色、生态化的设计，可以有效节约部分社会资源。

目前，我国文化创意设计产业的发展，与发达国家相比差距较大，由于我国艺术设计行业起步较晚，包装设计大多数还存在对西方包装艺术设计的模仿问题。由此，包装艺术设计产业与文化创意设计的发展同样重要，我国包装设计需要从模仿西方模式转向发展具有自己民族特性、生态性、可持续发展的文化创意艺术风格。

二、包装艺术设计生态发展的设计思想

费孝通说：“事物的现代性特征离不开传统，一切现代性都可以在传统中去找到根源。”中国传统民间工艺和民间美术设计大多合理地运用了原生态和多元性艺术特性，是生态化包装设计方法、设计思想、设计原则可以借鉴的土壤。

包装设计是一门综合性质的设计专业，它需要各种学科知识来横向构架，包装艺术设计方法也需要在设计过程中综合运用创意思维和发散思维。在设计过程中，商业包装设计的特点决定它需要对设计技术、设计营销、设计管理、造型等知识进行综合运用。当代包装艺术设计的生态发展，即是包装艺术设计目标与设计结果之间关系的和谐调整。在包装艺术设计理念上、设计内容上、设计方式上均要生态化。

在中国传统设计文化的环境下，包装设计生态化发展的设计方法和设计策略，首先需要注重本民族的原始民间工艺传统的生态传承，保持本民族产品包装设计独特的审美观和艺术价值。现代包装设计的生态化设计的关键是对传统艺术的审美意识和传统工艺的继承和发展，而不仅仅是对传统工艺技术、造型艺术手法和装饰艺术元素的继承，传承过程强调对传统精髓的发展和创新，使传统包装艺术的艺术生命力能够在现代包装中最大化地延续。

三、包装艺术设计生态化发展的设计方法和设计原则

1.设计方法

对现代包装艺术设计来说，对传统创作元素和传统民俗元素以及传统美术元素的借鉴和传承应持有客观理性的态度。既不忽视鲜明民族文化特色，也不滥用民间工艺包装元素。如对传统中国元素中石雕、陶俑、版画、年画、雕塑、壁画、剪纸、刺绣、印染等民族特色的艺术形式元素的应用，不仅能美化和丰富人们的生活，还表达出人民群众的心理愿望，它们支撑了包装艺术设计的民族原创性。

然而，这种对传统元素的直接拿来或者抽象变形的运用，仅仅是一种浅表的传承和对传统资源的滥用，完全忽略了当今设计行为和日常生活中的融入问题。

简言之，包装艺术设计对文化传承问题不应孤立来看。现代包装设计要强调与传统元素的“多元共生”“同构”“协调”“共赢”“和谐”等生态性美学特征。

2.设计原则

生态包装的生态设计，应遵循如下原则。

首先，对原材料选用应满足其成分含量不对人体造成危害。有害物质严格控制在限量范围内，材料的选择以不破坏生态的、可回收可再生的原材料为主。如取代木材的植物纤维材料，使用再生材料。

其次，强调减量化设计，运用简而美的设计原则，严禁进行过度包装。生态包装应该简化结构，同时要提倡以能多次循环使用的结构来取代一次性使用的结构。除了简化结构外，装潢设计也应提倡简化，避免过分装潢，并且提倡采用环保性的油墨和黏合剂。

最后，将环境因素纳入产品生命周期设计中，从原材料获取到生产制造、包装运输、使用消费以及回收利用的任何一个阶段，均要考虑减少对环境的负面影响。

四、结语

产品包装设计的生态化发展和生态化设计模式已经是今后包装设计的发展趋势。作为设计从业人员，应当主动去适应这一要求，采取生态设计的实施措施，未雨绸缪，为实现包装生态设计创造必要条件。

参考文献

［1］凌继尧，徐恒醇。艺术设计学［M］。上海：上海人民出版社，2006。

［2］朱其。当代艺术的国际化之路［J］。读书，2008（4）。

［3］郑贵华。商品包装与可持续发展［J］。求索，2004（4）。

［4］戴宏民。包装与环境［M］。北京：印刷工业出版社，2007。

［5］张道一。中国民间美术词典［M］。南京：江苏美术出版社，2001。

采取切实措施，着力振兴实体经济

河南银金达集团董事长、党委书记　闫银凤

实体经济是国民经济的基础。把振兴实体经济作为发展方向，事关国民经济整体的平稳与健康发展的全局。一个国家或地区要想长期保持经济竞争力,必须充分重视实体经济发展。中央经济工作会议明确提出，2017 年，要着力振兴实体经济。这为我国实体经济发展指明了方向，更是极大鼓舞和坚定了企业坚守实业、创新发展的信心和决心。

当前振兴实体经济需要我们密切关注的问题：

一、扭转实体经济疲软不容忽视

随着传统竞争优势的衰减，我国实体经济发展稍显疲软。这一局面如果不扭转，将对经济社会平稳发展带来不利影响。例如，作为吸纳就业的主战场，实体经济疲软可能影响社会稳定和城乡居民收入增长；又如，实体经济与许多相对落后地区的发展息息相关，实体经济搞不好，地区之间的发展差距也会进一步扩大。

二、培育实体经济新动能要依托实体经济

当前，我国正在加快培育经济增长的新动能，这些新动能,有许多本身就蕴藏在实体经济发展中，需要通过改造提升实体经济，激活潜力后劲；一些新技术、新产品、新模式也需要依托实体经济，生存才有载体，发展才有空间。我国着力推进供给侧结构性改革，其本义也是要解决实体经济多年发展中沉积的矛盾和问题，优化产业结构和产品结构，提高供给效率，适应消费结构升级的现实需要，振兴实体经济，提升经济运行效率。

三、加速振兴实体经济是国际竞争的需要

从国际竞争角度看，随着人口红利的逐渐消失和土地等资源价款的攀升，有着“世界工厂”美誉的中国制造，正在加速丧失传统优势，许多传统制造业加速向东南亚国家转移。而美国正在雄心勃勃地谋划重振制造业，放言要让“美国制造”重新攻占美国和全球市场。曹德旺提醒，“美国现在举国上下在推进恢复制造业大国的地位”，“招商力度很大”。这些外部冲击也倒逼着我国必须加速推动实体经济的振兴。否则，我国不仅一些新兴制造业领域难以在短期内实现赶超，在一些传统制造业领域也将丧失竞争力。

四、振兴实体经济，要处理好发展实体经济与虚拟经济的关系

从某种意义上说，生产资料、劳动力、资金等要素在一定时期内是有限的，实体经济与虚拟经济之间有着竞争和替代关系。如果各种要素短期内过多流向虚拟经济，就会导致实体经济投入不足、竞争力减弱。从另一个角度看，与虚拟经济相比，发展实体经济往往成本投入更高、产出周期偏长、利润空间有限，更需要得到重视和支持。而且，如果脱离实体经济，过度发展虚拟经济、炒作资产，不仅会影响经济发展、扩大社会贫富差距，也会增加经济金融风险和社会风险。处理好实体经济与虚拟经济的关系,要使不同行业在充分竞争中均衡获益，避免个别行业出现暴利，过度挤占其他行业的利润空间。这就需要不断深化体制机制改革和政策调整，加快构建促进公平竞争的制度环境，既要抑制虚拟经济的过度膨胀，也要为实体经济的振兴提供增长动力。

五、高度警惕资金脱实入虚

资金是经济活动的润滑剂，它的最大特点是趋利性。近几年，我国资本市场和房地产市场快速发展，这固然有合理的一面，适应了实体经济不断发展壮大的需要，另一方面却充斥着大量的投机行为，而且这些投机行为因资本市场和房地产市场的畸形发展而收益颇丰。这就又导致了更多的资金流入以金融和房地产业为代表的虚拟经济中，造成虚拟经济与实体经济的不对称发展。尽管实体经济是基础，虚拟经济是依托于实体经济，但虚拟经济的过度发展且获利快、获利高，诱使实体经济中的不少企业经营者转身投入到虚拟经济中。因此，我们看到，大量资金游离于实体经济之外，资金体外循环，而实体经济的融资成本又居高不下，过度发展的虚拟经济实际上对实体经济产生了明显的投资挤出效应。

六、我国实体经济大而不强、内生发展动力不足，制约了实体经济的持续发展

虽然我们已在部分领域取得突破性进展，高铁、航天等领域甚至已达到国际先进水平，但总体上，实体经济中的大部分企业，与国外先进企业相比，还存在较大的技术差距。许多企业更多地还是依靠劳动力、资金等的粗放式投入，技术创新投入不足，而且在企业管理、经营模式等方面无法适应现代企业发展的需要，致使一些企业仍然停留在世界工厂阶段。当经济下行压力明显时，这些企业往往就会陷入经营困难，从而拖累了整个实体经济的发展。

当前振兴实体经济政府和企业最迫切需要解决的问题：

一是要解决好实体经济发展中的存量矛盾，特别是要坚定不移地推进供给侧结构性改革，把实体经济多年积累的产能过剩、库存过多等存量矛盾和问题解决好，使实体经济轻装上阵，逐渐焕发经济增长的新活力。

二是要始终坚持创新驱动发展，努力改变实体经济面临的生产方式粗放、产品附加值低等特点，提升产品质量，提高企业效益，满足消费者的消费升级需求。

三是要倡导和培育“工匠精神”，构建弘扬工匠精神的良好体制和机制，在产业发展上形成有利于转型升级和创新发展的产业发展环境，最终形成尊重技工、尊重工匠的社会氛围。

四是要树立起品牌意识，培育更多“百年老店”，使品牌得到更多消费者的认同，努力打造世界级品牌，不断提升产品的附加值和竞争力。

五是振兴实体经济，最根本的任务还是要落在改革创新上，特别是要通过深化改革，不断降低实体经济发展的制度性成本、税费成本、融资成本、流通成本等。娃哈哈董事长宗庆后指出，我国实体经济税费比较高，利润率很低也很辛苦，导致生存不下去，很多人不愿意干实体经济。福耀集团董事长曹德旺谈起赴美建厂，算了一笔账：就他的投资情况来看，中国制造业的综合税负比美国高 35%；美国的土地基本不要钱；能源、电价是中国一半，天然气价格只有中国的 1/5。2016 年全国两会期间，曹德旺递交的提案是关于如何帮助中国制造业渡过难关。他认为，劳工成本逐渐上涨，再加上较高的工业土地成本、税负、资源价格等，成本不合理的因素更加凸显。这说明，为实体经济创造良好的营商环境，包括政策支持，显得尤为迫切和重要。

如何控制烟用接装纸生产色差及烟用接装纸发展趋势探讨

永发印务有限公司　苟鸿炜

在烟草包装行业中，接装纸虽小却扮演着非常重要的角色。作为烟嘴包装纸与嘴唇亲密接触的接装纸，卫生、印刷残留物 VOCs 对消费者健康的影响是一个不容忽视的问题。同时，卷烟包装对其色差要求也非常严格，接装纸色差的控制也是让印刷配色工艺员、品控人员非常头疼的难题。这是因为影响其产生色差的原因很多，范围很广，难以完全把握。比如：油墨配色工艺员对接装纸颜色控制能力、接装原纸与客户标准样张原纸的差异、每个接装纸生产企业所用的油墨供应商选用颜料不同，不同凹版印刷机对凹版网点转移的差异等。针对这些问题，本人将结合实际工作经验展开讨论。

对接装纸生产中色差产生原因，从技术层面上分析归纳如下表所示。

从技术层面分析如何控制烟用接装纸色差手段

项目	产生色差可能存在现象	采取措施控制手段
人	人员品质意识落后	定期对配色：厂艺员、品质检验员召开分析会，针对近期实例解说探讨，实行数据化分析
	人员操作不规范	定期对油墨工、拎墨工进行操作检查和规范培训
	新进人员缺乏内部品质管控培训	撰写内部品质控制资料，对上岗人员进行岗前操作培训
机	凹版印刷机和配方搅拌机故障，得不到及时维修和维护保养	制订保养周期，定期维护保养计划，实行月保养计划
	凹版印刷机油墨槽和油墨辊没有及时清理干净	单批次生产完成后，及时清理保养
	凹版印刷机烘箱温度控制范围过大，蒸汽加热不稳定	制订对烘干系统定期维护保养
	油墨配方间搅拌不够充分或防止酒精挥发控制不够	定期对搅拌设备检查和维护保养，对油墨大缸加盖防止酒精挥发
料	凹版使用过多、过久	上机前对凹版使用情况了解，做到心中有底（新制、退镀等）
	油墨来料批次不同	工艺员对领用油墨了解是否是同一批次，加强对油墨颜色检测
	烟用接装原纸批次	加强对原纸了解，对批次不同原纸特意留意色差问题
	拎墨工对工艺配方好的一色二色等油墨有所了解，标示不清	大缸配色产品和拎墨桶做好色序标示，防止将其领用错误
法	颜色数据无追溯性	制订内部首件预留制度、对印刷数据与客户样色差数据比对
	印刷参数无据可循	首件签样后，记录出所有印刷配比参数，油墨黏度数据，保障接下来继续生产时有据可循
	客户标准无明确范围	要求客户提供产品颜色的签样应有上、中、下限或标样数据化色差值，明确客户要求控制范围
环	光源特性及观察角度不同	打样或进行首件签样时，借助标准光源及自然光线看色，并保存签样数据
	测试烟用接装纸底板是否一致	测试客户样的底板与生产时测试底板保持一致

以上总结了接装纸生产可能在这些方面会产生色差及其解决方案，但从实际生产水平上看，无论如何进行防范、管控，都会在印刷过程中出现色差，差别在于色差的大小。在生产过程中，很多时候不是不可以控制色差，而是印刷管理不够精细化、数据化、标准化。下面分别从印前、印中、印后等不同阶段如何预防和管理控制色差做一个介绍。

一、接装纸印前期准备阶段

（1）先熟悉即将生产的产品特性，对生产工艺单上规定色组、使用材料全面掌握，做到心中有数，胸有成竹地应对分析可能出现问题。

（2）配色工艺员要明确产品生产数量、油墨种类、烟用接装原纸。

（3）在生产计划安排上，尽量将新产品、新工艺等色序多的产品，在交货期来得及的情况下，尽量安排在白班上机配色，以尽可能减少因环境等因素产生色差。

二、印刷生产调试试印准备阶段

（1）配色工艺员根据产品特性，检查生产资料（生产工艺单、检验标准等）是否齐全，检验标准对印刷颜色要求是否清晰明确。

（2）工艺员分析产品的颜色要求，确定印刷色序，并根据追溯以往相同产品的订单，了解配色配比情况，客户是否有色差质量投诉问题，并针对此产品工艺特点和质量特性提出印刷色差防范措施，着重在工艺细节上规定出关键控制点，并告知印刷机长。

（3）确认印刷所用的烟用接装原纸批次是否统一、专用油墨批次是否统一等信息。然后进行配方调配，注意搅拌是否均匀，尤其要注意油墨在没有搅拌均匀时候会导致印刷色差情况发生。

（4）检验员确认标准标样是否与客户要求一致，标准标样是否过期；确认检测色差的分光亮度仪是否校正，其相关数据是否正确，测试光源是否在D65、测色角度是否10度，滤色片是否符合印刷颜色检测要求等。

三、印刷生产配色调试首件阶段

（1）打样和新品、新工艺必须由技术中心负责人到现场认可签字后，才能生产。

（2）对常规翻单产品，必须由配色工艺员、印刷机长、品质检验员认可签前缀件报告后，才能生产。

（3）严禁在颜色未调配好，开始印刷产品，即严禁一边印刷、一边调整颜色。

（4）首件签样后，品质部和印刷部必须保存首件样品，并注明生产信息。

四、正式印刷生产阶段

（1）拎用油墨时注意油墨生产顺序，防止油墨色序弄错，造成色差。

（2）油墨缸中油墨必须得到充分搅拌，防止酒精挥发，注意油墨黏度测试与首件一致。

（3）油墨工必须严格按照首件时生产工艺条件执行，每印刷完一个接装原纸必须与首件样及标样对比。

（4）品质检验人员做好相应记录，保存好原始生产条件记录。

五、印刷完成处理阶段

（1）印刷完成后，对印刷产生色差的进行分类隔离至待处理区域，进行清晰准确的不良描述与记录，上报主管领导做出处理意见。

（2）质量部门每周要对印刷车间存在的色差进行统计、分析与总结，找出色差产生原因，为印刷色差指明需要重点改善的方向。

（3）必要时成立色差攻关小组，集中力量进行整改攻关，使整个印刷过程进行标准化、数据化、流程化。

（4）根据 PDCA 质量控制循环改善法，进行深刻分析、检讨与总结，为后续接装纸生产减少色差采取必要的预防措施。

接装纸印刷产生色差的原因很多，但大部分原因是生产者随意性引起的。要控制好接装纸印刷色差，必须要严格执行生产工艺纪律，提前做好相应预防措施，使用合理监控，总结分析其色差产生原因，逐步提高印刷水平。

烟草包装快速发展，接装纸作为烟支外包装同样向高档次、低焦油方向快速发展，国家相关部门出台了相应文件要求卷烟降焦减害，作为我们今后发展方向，谈几点看法：

（1）健康环保型的烟用接装纸是今后的发展趋势和基本要求。传统的接装纸生产过程中，会用到对人体有害的化学品，如溶剂型油墨、有机溶剂等。这不仅对环境和生产者伤害，同时接装纸中残留有害有机物和有害重金属会损害吸烟者身体健康。按照国家烟草总局的要求，必须严格控制卷烟包装品的 VOCs（可挥发性溶剂）及重金属含量。未来将发展水性油墨，由水溶性树脂、有机颜料等添加剂复合研磨而成。它的优势使用的溶剂不在是有机溶剂（乙酯和正丙酯）而是水和酒精，油墨不含挥发性有机溶剂，大大减少对环境和生产者造成的伤害。另外，水性油墨还可以降低由静电和易燃溶剂引起的火险隐患，但目前水性油墨尚未成熟，表现在印刷效果欠佳、烘干和后续加工困难。

（2）增加打孔型烟用接装纸生产是未来发展必然趋势。随着人们对健康要求十分关注，吸烟降焦中打孔接装纸起到非常重要作用，已被许多国内外烟草企业积极采用，荣丰目前采用激光打孔。原理为：在烟用接装纸上打孔，吸烟者在吸烟过程中吸入空气稀释的烟气，从而降低焦油的浓度，减少焦油吸入量，保护消费者的身体健康。激光打孔优点：孔眼清晰、规范，孔型一致，透气度控制精确、稳定，变异系数小，透气度控制范围广，打孔透气度调整、控制方便。

（3）食品级清洁生产方式是烟用接装纸生产的基本要求。由于烟用接装纸同吸烟者嘴唇亲密接触，生产整个控制过程，必须严格按照食品卫生条件的要求执行。

瓦楞纸箱材质与各项技术指标的确定

达成包装制品（苏州）有限公司　张惠忠

瓦楞纸箱在加工前，需要合理、科学地确定其材质与各项物理指标，这是一项技术含量较高的工作，对大多数纸箱用户来说，都不具备这方面的专业知识，而一些中小型纸箱生产厂也都只停留在“老经验”上，缺乏科学理论与数据的支持，目前社会上习惯的传统做法如下。

（1）纸箱用户拿一只旧的或他厂的纸箱，要求纸箱厂“就按这只样箱的材料做”。

（2）纸箱用户列出若干不同材质，要求纸箱厂分别打样，然后进行堆码、跌落等试验，看看哪一款最适合，属于“广种薄收”的笨办法。笔者曾受理过某客户的一款纸箱，竟开列了 8 种不同材质的配比，要求纸箱厂每种各打 6 个样箱供客户评判选择。

（3）请有经验的“资深人士”目测估算，以确定纸箱用材的配方。

这些做法都带有很大的盲目性和局限性，有时配材标准过低，会造成纸箱在堆码或运输时发生事故，有时又会造成“质量过剩”，浪费了资源，同时也增加了用户的包装成本。

而一些工业发达国家的做法是值得推崇的，在美国ASTM纸箱标准中，详列了“按内装物重量”与“纸箱尺寸大小”两项主要应用指标，以此确定纸箱的各项技术参数，并通过一系列的公式计算来选择用纸规格等，在欧盟与日本的纸箱标准中，也都有相似的内容。

我国经改版升级的纸箱标准 GB/T 6543—2008（注：主要参照日本JIS Z1506标准）与GB/T 6544—2008，也作了这方面的努力，力争与国际技术“接轨”，这两份国内标准为我们确定纸箱的材质与物理指标，提供了科学的可靠参数。

为了方便、直观地说明问题，GB/T6543—2008“运输包装用单瓦楞纸箱和双瓦楞纸箱”中的瓦楞纸箱的种类如表1和GB/T 6544—2008“瓦楞纸板”瓦楞纸板的技术指标如表2所示。

表1 瓦楞纸箱的种类

种类	内装物最大质量/kg	最大综合尺寸[a]/mm	1类[b]		2类[c]	
			纸箱代号	纸板代号	纸箱代号	纸板代号
单瓦楞纸箱	5	700	BS-1.1	S-1.1	BS-2.1	S-2.1
	10	1000	BS-1.2	S-1.2	BS-2.2	S-2.2
	20	1400	BS-1.3	S-1.3	BS-2.3	S-2.3
	30	1750	BS-1.4	S-1.4	BS-2.4	S-2.4
	40	2000	BS-1.5	S-1.5	BS-2.5	S-2.5
双瓦楞纸箱	15	1000	BD-1.1	D-1.1	BD-2.1	D-2.1
	20	1400	BD-1.2	D-1.2	BD-2.2	D-2.2
	30	1750	BD-1.3	D-1.3	BD-2.3	D-2.3
	40	2000	BD-1.4	D-1.4	BD-2.4	D-2.4
	55	2500	BD-1.5	D-1.5	BD-3.5	D-3.5

a:综合尺寸是指瓦楞纸箱内尺寸的长、宽、高之和。

b:1类纸箱主要用于储运流通环境比较恶劣的情况。

c:2类纸箱主要用于流通环境较好的情况。

注：当内装物最大质量与最大综合尺寸不在同一档次时，应以其较大者为准。

表2 瓦楞纸板的技术指标

代号	瓦楞纸板最小综合定量(g/m^2)	优等品			合格品		
		类级代号	耐破强度（不低于）kPa	边压强度（不低于）（kN/m）	类级代号	耐破强度（不低于）kPa	边压强度（不低于）（kN/m）
S	250	S-1.1	650	3.00	S-2.1	450	2.00
	320	S-1.2	800	3.50	S-2.2	600	2.50
	360	S-1.3	1000	4.50	S-2.3	750	3.00
	420	S-1.4	1150	5.50	S-2.4	850	3.50
	500	S-1.5	1500	6.50	S-2.5	1000	4.50
D	375	D-1.1	800	4.50	D-2.1	600	2.80
	450	D-1.2	1100	5.00	D-2.2	800	3.20
	560	D-1.3	1380	7.00	D-2.3	1100	4.50
	640	D-1.4	1700	8.00	D-2.4	1200	6.00
	700	D-1.5	1900	9.00	D-2.5	1300	6.50
T	640	T-1.1	1800	8.00	T-2.1	1300	5.00
	720	T-1.2	2000	10.0	T-2.2	1500	6.00
	820	T-1.3	2200	13.0	T-2.3	1600	8.00
	1000	T-1.4	2500	15.0	T-2.4	1900	10.0

注：各类级的耐破强度和边压强度可根据流通环境或客户的要求任选一项。

对照上述两表，我们举一实例来说明。如下图所示。

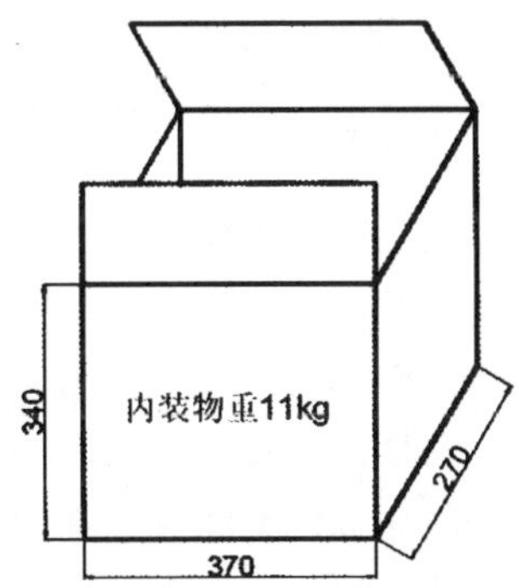

纸箱示意

假设某纸箱内径尺寸为370mm×270mm×340mm，内装物重量11kg，用于出口，那么按照表1“a”可以先计算出其最大综合尺寸为980mm。

确定材质与物理指标的步骤如下：

1.选择纸箱楞型

从表1可以看到，像这类纸箱，既可采用单瓦楞，也可采用双瓦楞，在欧美国家会尽量向单瓦楞靠拢，而中国习惯以双瓦楞为主打产品，我国某包装杂志曾对中美纸箱的楞型做过一个统计比较，如表3所示。

表 3　中美纸箱所用楞型对比数据　　单位：%

国家＼类别	单瓦楞所占比例	双瓦楞所占比例	三瓦楞所占比例
中国	40.8	49.5	9.7
美国	89.4	9.1	1.5

很显然，美国的瓦楞纸箱用材更省，所耗资源更少，成本更低，占用空间更小，纸箱成型后外观更漂亮，因此，大力开发重载荷单瓦楞纸箱，是我们今后努力的一个方向。

这里，我们权且也选用单瓦“C”楞（注：欧美国家很少采用 A 楞或 BA 楞，主要品种为 C 楞或 BC 楞）。

2.选择纸箱种类

表 1 规定了纸箱的两种类别，即“1 类”与“2 类”，它在此表格“b”与“c”的注释中作了说明：

“1 类”纸箱主要用于储运流通环境比较恶劣的情况。

“2 类”纸箱主要用于流通环境较好的情况。

划分的依据主要是看运输、仓储的环境状态，但这些往往不是纸箱厂或用户能提前知晓掌握的，所以在实际操作中，人们常会以内装物的性质来区别，如将医药、电子、化妆品等附加值较高的产品，以及出口、危险品纸箱等，归为“1 类”箱，这次我们也选择“1 类”(注：美标只有 1 类，没有 2 类)。

3.选择纸箱代号

查表 1 可知，当该箱内装物重 11kg 时，应属 BS-1.3，但该箱的最大综合尺寸却只有 980mm，则属 BS-1.2，显然它们不属于同一档次，按照表 1“注”规定：当两者“不在同一档次时，应以其较大者为准”，因此该纸箱的标准代号应该确定为“BS-1.3”，它对应的纸板代号则为“S-1.3”。

需要说明的是，有少部分客户因仓储环境比较恶劣，或者常遭遇野蛮装卸等负面原因，所以按常规标准确定的纸箱等级，往往不能满足实际的强度需求，这时可整体提升一档指标来解决，个别危险品纸箱还有提高两档的特例。

4.确定纸箱物理指标

有了纸板代号，就可以轻易查到该纸箱所属的用材定量与物理指标了，在表 2 中，“S-1.3”规定的数据资料共有三项：

（1）瓦楞纸箱最小综合定量≥360g/m^2（注：单瓦楞的“最小综合定量”是指面纸加里纸，而双瓦楞除面、里纸外还需加中间的夹芯纸的定量）。

（2）耐破强度≥1000 kPa。

（3）边压强度≥4.5 kN/m。

（4）再按照 GB/T—6543 附录 D 的计算公式，马上可以得知另一项重要物理技术数值，即该瓦楞纸箱的“抗压强度”值 P（N）：

$$P = K \cdot G \frac{H-h}{h} \times 9.8 \tag{1}$$

公式（1）中的 G 为纸箱毛重（kg），H 一般规定为 3m（注：出口用纸箱有时也会按照“标准集装箱”的内净高度 2.35m 计），h 为纸箱高度，K 为强度安全系数，“K”是公式（1）中唯一的不确定值，它与纸箱的储存期长短（受压蠕变）、流通环境的温湿度、堆码方式、装卸条件、纸箱印刷与开孔等因素关系密切，尽管比较复杂，但仍有一定的规律和经验参数可循，此处不作展开，详情可参看“估算安全系数 K 的参考数据”一表，本例设 K 系数=2.2，那么

$$P=2.2 \times (11\text{kg}+\text{纸箱自重设为 }0.8\text{kg}) \times \frac{3\text{m}-0.34\text{m}}{0.34\text{m}} \times 9.8 = 1990\text{N}$$

有了上述（1）（2）（3）（4）项基础数据，我们即可通过相关公式来推导或验证纸箱的用材与技术指标。

美国马基公式

$$P=5.87 \cdot ECT \cdot (TZ)^{1/2} \tag{2}$$

公式（2）中的 P 为纸箱的抗压强度（N），ECT 为纸箱的边压强度（N/m），T 为纸板厚度（m），Z 为纸箱内径周长（in/m）。

公式（1）与公式（2）的主要区别在于：

公式（1）的 P 值，是该纸箱在实际安全使用时必须具备的“抗压强度”值。

公式（2）的 P 值，是在已知纸箱大小、楞型、用材配方等要素后，经计算得出的理论“抗压强度”值，它与公式（1）正好互补验证。

公式（2）中所指的“ECT”值，一般正规纸箱厂都会将本厂各类常用纸板的 ECT 数据，事先测试好并汇总列表，供设计时参考。由于各厂所进原纸的制造厂商、等级、定量、原料配比等各不相同，有些还会选用一些非标纸种，所以每个纸箱厂所用原纸的物理指标值差异很大。

当然也可以用一个简易公式，通过计算来求得

瓦楞纸板 *ECT* 的近似数值[见公式(3)与公式(4)]。

边压强度的计算公式：

单瓦楞纸板 *ECT*=面纸 *RCT*+里纸 *RCT*+瓦楞纸 *RCT*×楞率 （3）

双瓦楞纸板 *ECT* 二面、芯、里纸 *RCT* 之和+各瓦楞纸 *RCT*×楞率 （4）

公式（3）和公式（4）中的 *RCT* 为原纸的横向环压强度（N·m），这是评价原纸优劣的一项重要指标，因此各正规造纸厂在送货时都会附"产品合格鉴定书"，其上面均会注明此值。

各瓦楞的楞率，各厂因瓦楞辊的磨损程度不同而会略有差异，但标准的理论值应该都是一致的，即：*A*=1.53；*B*=1.36；*C*=1.46；*E*=1.25。

我们回过头来看看上述实例，假设选择一款市场上常用的单瓦楞纸板：

200g/m^2+120 g/m^2+200 g/m^2，原纸等级皆为优等品。

这款纸板的最小综合定量应是200g/m^2+200g/m^2=400 g/m^2，已大于上述规定的 360 g/m^3 了。

造纸厂送货时提供的该200g/m^2 箱纸板的 *RCT*≥1800N/m，耐破强度≥600kPa，同时提供的 120g/m^2 瓦楞纸的环压强度 *RCT*≥1200N/m。

那么该纸板的边压强度值（*ECT*）按照公式（3）可知：

ECT=1800 N/m+1800 N/m+1200 N/m×1.46=5352 N/m

显然它亦超过 GB/T 6544 规定中的 4500N/m 额定值了。

再将纸板厚度 *T*=3.8mm（C 瓦楞标准厚度为 3.5～4 mm）与纸箱周长代入公式（2）得：

P=5.87×5352 N/m×［0.0038 m×2（0.37m+0.27 m)］$^{1/2}$=2191 N

它同样优于 GB/T 6543 附录 D 按规定计算的抗压强度值 1990 N。

瓦楞纸板的耐破强度主要与面纸、里纸关系密切（双瓦楞还含夹芯纸），而波形瓦楞纸对耐破强度影响很小，在生产实际中为计算方便，一般忽略不计，取近似值为 0，所以当知晓了各张箱纸板的耐破强度值后，只要将他们简单相加，就可得出该纸板的耐破强度值了，它们应该是：

600 kPa+600 kPa=1200 kPa

显然，它满足 GB/T 6544 规定的 1000 kPa 的要求，因此该纸板所有的数据指标全部符合规定，结论是可靠适用的。

有经验的设计员或配材员都清楚，由于加工中常常会有些事先不可预测的因素，某些强度指标会遭到损失，加上制造与检测时的误差，所以在配材时，一定要将计算出的理论值高于国标规定值的10%左右，才比较安全靠谱（详见 GB/T 6543—2008 中的 5.1.1）。

选材确定后，下一步还应该打实样，并测试样箱的各项物理指标，看看它是否符合国标所规定的上述 4 项主要参数，并验证打样前所作的各项理论计算值与实测值之间的误差，经过较长时间的数据积累，就可以获得大量宝贵的第一手经验数值，在日后的设计中，就可以得心应手，效率也可提高好多倍。

还有一点经常困扰供需双方的是，一旦对纸箱的质量产生异议，在测试或复验技术指标参数时，是否要先进行预处理?

GB/T 6544"附录 B"中提到，检测试样应按照 GB/T 10739—2002"纸、纸板和纸浆试样处理与试验的标准大气条件"规定，即在温度（23±1）℃、相对湿度 50%±2%的环境里，一般须保持 24h 后再测试，当然这需要在专业设备上进行，而且费用不菲。

可是，用户则强调：他们的纸箱并不是在恒温恒湿条件下使用的。一款基础条件完全相同的纸箱，处在南方梅雨高湿季节和冬季寒冷干燥季节，前者的抗压强度还不足后者的 80%。有些经过常规计算完全达标的纸箱，在冬季或春、秋季使用确无问题，但在梅雨季却常会发生上码垛垮塌事件，换言之，经恒温恒湿检验合格的纸箱，在夏季常温下使用却往往是不成功的。

很多用户从实际安全使用角度出发，要求无论何种气候环境，纸箱检测都应在常温下进行，此诉求并不过分，他们对纸箱的生产厂提出了更高的要求，比如在特殊时间段，应对纸箱表面进行防潮涂布或用薄膜阻隔潮气，也可采取抗水性黏结或提升配材标准等措施。

由于国内纸箱产能供大于求，"僧多粥少"的局面非常严重，因此一些纸箱厂在招投标时，往往打"低价牌"恶性竞争，有的甚至低于成本价抢单，成交后再逐步偷工减料，这已成为行业内公开的秘密。有的弄虚作假，送样检测的几个纸箱与批量供货的纸箱根本不是一回事；有的采用降低纸张的定量（厚度）；有的降低纸张的质量等级；更有甚者，违规使用“有害物质超标、对环境污染严重”的“泡花碱”（又俗称水玻璃）作黏合剂（价格低廉、纸板硬挺），而不用国标规定的环保型淀粉黏合剂（见 GB/T 6544—2008 中的 5.1.2）。最终造成用户在堆码或运输时，发生纸箱鼓肚、破损、塌陷、倒伏、RoHS《关于限制在电子电器设备中使用某些有害成分的指令》不达标等包装事故，出口用的纸箱还影响到国家的声誉。

为了应对纸箱厂的不诚信、不作为，不少终端用户无奈在纸箱进库时用“称重量”来验收，看起来简单直观，但“买的不如卖的精”，笔者曾解剖化验过某用户的一款“问题”纸箱，其中间的夹芯纸竟用 $450g/m^2$ 的劣质廉价纱管纸充数，而且纸张的含水率特高。

有很多纸箱用户则在合同中规定了面纸、芯纸、里纸以及各层瓦楞纸的详细定量与等级，但实际上，将从纸箱上剥离下来的每张纸进行精确检测是件非常专业且十分困难的事(特别是纸张等级的鉴定)，所以此办法要么纠纷不断，要么形同虚设。

再说有的用户在规定纸张定量与等级时，本身就很外行，并未采用 GB/T 13024—2003（箱纸板）和 GB/T 13023—2008（瓦楞芯纸）所规定的标准定量与等级，为此，供应商必须例外采购特规原纸，这对一些中小订单来讲是难以想象的。

由于各个纸箱厂所用“瓦楞纸板流水线”的性能优劣差别巨大，即使用同样定量与等级的原纸，在不同等级的流水线上进行加工，所得到瓦楞纸板质量与技术指标的差异也会很大。

纵观国内外的纸箱标准，没有一份会作上述傻傻规定，而全部采用按“物理技术指标”来验收与评判纸箱的优劣。换言之，如何配纸是供应商应该做好的专业工作，而纸箱用户只要最终把住“边压”与“耐破”两道关口即可，即使有些需要重载荷堆码的客户，也仅仅再增加一项“抗压强度”值的测定就足矣。

为此笔者建议：

（1）纸箱用量较大的客户，应购买“边压”与“耐破”测试仪，这两台设备价格不贵，体积很小，操作简便，只要对采购的纸箱按国家标准进行测试鉴定，就能确保纸箱的质量与使用安全，也不用担心供应商的偷工减料了。

而一些纸箱用量较小的客户，则可通过第三方检测机构，对这两项或三项指标进行验证。

（2）对纸箱厂而言，降低包材成本的方法有很多，但绝对不是偷工减料，而只能是通过加强自身管理，减少加工损耗，避免人员浪费，以及靠技术创新、设备更新等途径。我们要永远记住：没有诚信，就没有纸箱企业的未来。

技 术 交 流

2016 年塑料包装行业发展趋势与展望

仁　和

在食品及饮料包装领域，塑料包装分别击败了金属、玻璃以及纸张等包装材料，长期占据食品及饮料包装市场的主导地位。目前乃至未来很长一段时间内，塑料在包装领域的强势地位仍将持续，最新的经济报告更进一步明确了这种态势。报告预测，在食品及饮料包装领域，硬质塑料的需求将保持5%的年均增长率，到2017年，其全球市场份额将达到54亿美元。除此以外，塑料软包装也呈现强劲增长态势。全球需求量将保持3.4%的年均增长率，预计到2020年，其市场份额将高达2480亿美元。当前，全球70%的塑料软包装需求来源于食品行业，而促成这一显著增长需求的，要得益于最新的塑料加工技术的飞速发展。

伴随着对塑料包装在未来若干年的强劲增长趋势预测，在过去的这一年中，创新型的塑料包装急剧增加并涌入市场。对2016年来说，这种态势并未发生改变，根据Plastics Today网站的预测，塑料包装的这种创新态势仍会得以保持并将获得进一步增长。这里我们将重点展示几款获得众多企业青睐的塑料包装。

一、塑料包装罐

在刚刚过去的2015年，部分包装制造商将目标对准罐头产品生产企业，并推动在罐头产品领域，用塑料包装替代金属罐的革命性变革。随着性能优越的热塑性聚酯材料 PET 塑料的问世以及吹塑成型技术的进步，现如今采用塑料包装来替代金属包装罐已完全可行。对食品生产企业而言，传统的金属包装罐曾是唯一能够起到隔绝氧气并能满足食品杀菌、防腐等需求的包装材料，而现如今，塑料包装制造商已经能够提供具有和金属包装罐一样性能的塑料包装，用于取代传统的金属包装罐。

Milacron Holdings Corp.集团（俄亥俄州辛辛那提市）推出的 Klear Can 系列塑料包装罐于近期成功通过了美国最为严苛的食品安全检测，并且正在对这款产品的其他性能进行进一步的检测和鉴定。

这款塑料包装罐能够完美替代金属包装罐在水果、蔬菜、汤汁、肉制品以及其他诸多产品上的应用。Klear Can 系列塑料包装罐采用和金属包装罐相同的充填灌装、密封以及杀菌技术，从而最大限度地降低下游生产机械的投资费用。此外，制造商也能在灌装充填环节对 Klear Can 系列塑料包装罐进行生产和成型，与金属包装罐相比，Klear Can 系列塑料包装罐能够有效降低生产成本，更具有竞争优势。此外，企业还能够通过向消费者展示这种 Klear Can 系列塑料包装罐安全优质的特色，从而赢取更多消费者的青睐。

世界最大的包装公司 Sunoco（南卡罗来纳州哈兹维尔市）也于近期推出了 TruVue 系列塑料食品包装罐，与 Klear Can 塑料包装罐展开直接竞争。这款塑料包装罐采用独特的蕴含香芬凝锁技术（Fusion Freshlock Technology），以一种经高度设计、多分子层的塑料为底物，制备出这款透明塑料食品罐，能让消费者清楚地观察到食物的状态，深受消费者青睐。这款 TruVue 罐配搭金属容易开启，并以金属材料作为底盖，满足消费者对传统金属包装罐金属底盖的推崇。

TruVue 是世界上首款能够经受高温、高压连续杀菌处理的透明塑料食品罐。与其他同类产品相比，TruVue 塑料食品罐所独有的多分子层结构能够满足食品均匀受热杀菌的需求，杀菌更为方便快捷。同时 TruVue 塑料本身具有足够的强度，为食品罐在高强度的供应链环节流通带来保障。最后，TruVue 食品罐材料中不含双酚 A（BPA）成分，符合食品安全的需求。

二、智能化包装

当前消费者对科技的追捧热情超过以往任何时候。众多企业为迎合消费者对科技追捧的这种热情，专门推出了智能化包装这一新的概念。通过智能化包装，厂家可以通过条码或者商品二维码等及时和消费者取得联系。当前葡萄酒以及白酒企业普遍采用这种智能化包装技术。

另一个促进智能化包装的因素源于食品和饮料企业对假冒伪劣产品的越加重视，而这些假冒伪劣产品很大一部分均来自海外。在接下来的这一年里，更多的企业将会尝试在产品包装上面加上条码以及其他能够鉴别产品真伪的措施。根据对市场的初步预估，全球防伪包装（ACP）市场必将迎来新一轮明显的增长趋势。

根据一份最新的美国联合市场研究（Aied Market Research，AMR）报告显示，全球防伪包装市场将以16.1%的复合年均增长率保持高速增长，到2020年，其市场份额将达到625亿美元。

上述预测来自美国联合市场研究最新一期的研究报告——“2014—2020年，全球食品和饮料行业防伪包装市场行业分析：市场规模，增长趋势，机遇及展望”。这份研究报告同时还预测指出到2020年的这段时间里，三维激光全息图技术（Holograms）将会继续占据产品认证及防伪包装市场的主导地位。而除此以外，射频识别技术（RFID）也正以每年20.4%的复合年均增长率保持高速增长。

通过近距离无线通信技术（NFC）、射频识别技术、智能标签（Smortlabels）以及智能帽（Smart caps）等技术手段，知名品牌企业可以据此追踪产品的质量以及安全信息，从而确保产品在整个供应链流程中的完整和安全性。

三、可重复开合的包装

当前很多具有成本意识，讲求勤俭节约的消费者更倾向于一次性批量购买食品，而这也就要求产品的包装能够满足消费者重新封装产品的需求，从而保证产品的安全性和新鲜程度，有效避免对食品资源的浪费。

2015年，总部设在英国的软包装供应商Pulse Flexible Pockoging Ltd.集团旗下的包装产品荣获2015年全球食品包装奖的银奖。

该公司为英国最大的零售商马莎百货（M&S）深受消费者青睐的种子&坚果混合零食所定制的包装获得了“包装之星”奖。这种包装能够为消费者提供一系列高质量的便利，包括具有容易开合并能再次封装的功能，清晰的包装破损识别技术以及良好的局部控制技术等。

重封装技术的应用确保消费者能够轻易地打开产品的包装，同时能够重新进行封装，这项技术的应用也极为简化了产品的局部控制。此外，还在产品包装上增加了封口条，这一举措应用到预防产品包装破损技术中能够有效确保产品的安全性，同时能够令消费者在购买和食用产品时更为安心。

美国Bemis公司（威斯康辛州尼纳市）采用杜邦先进材料开发出的一项包装方案同样获得2015年度包装银奖。这项方案（BelGioioso Mild Provolone packaging）采用了杜邦集团Selor聚酰胺材料和Bynel系列材料，通过合理的整合，最终令产品包装具有重新封装的功能。这款包装由2个独立的密封区域组成，能够经受20次以上的开合需求，消费者只需要稍微用力即可对产品进行重新封装。除此以外，这款包装独特的多孔结构使消费者在不使用刀具和剪刀的条件下，就能很容易将其分开。

YosminSiddiqi是杜邦集团包装及工业树脂部门全球业务经理，他向我们透露道，“高性能材料的应用能为产品的包装带来多方面的改进，尤其是在预防产品污染，保持产品新鲜安全方面，效果显著。此外，延长产品货架期也是不可忽视的方面。随着全球范围内产品包装的这一变革，越来越多关于可重新封装的包装体系将变得更加火爆，更受消费者和企业的青睐”。

毫无疑问，Bemis集团推出的这项产品包装方案获得2015年杜邦集团的创新包装银奖，用以表彰该方案在增强和改善消费者对新产品体验方面的卓越贡献。

2016年中国纸包装企业如何杀出重围

程　远

一、抓住包装市场三大新热点

尽管2015年中国内需和外需双双不振，但快递包装、智能终端包装、冷链包装等领域仍将会保持较快增长。

根据相关部门的统计，中国2013年网购包裹的数量达到90亿件，2014年我国快递业务量达140亿件，同比增长52%，跃居世界第一。国家邮政局局长马军胜预计，2015年快递业务量将完成196亿件，同比增长约40%；业务收入将完成2650亿元，同比增长可达30%。

2014年中国智能手机等智能终端设备总出货量为5亿部，同比增长15.4%。其中智能手机市场出货量超过4亿部，同比增长近20%。2015年，中国的手机制造商纷纷提高出货预期，小米、华为、

TCL，甚至格力都提出要生产1亿部手机，这对中国的包装行业来说是一大利好。此外，苹果智能手表上市也将促进整个智能终端包装市场的扩展。

网购的火爆也直接带火了冷链快递市场。随着电子商务的发展，销售蔬菜、水果、鲜花等生鲜产品的网店多了起来。过去两年，中信信托、北京信托、中建信托等国有资本加快了在全国各地跑马圈地的步伐，上海信托、华宝信托、中粮信托等信托公司也开始进入土地信托市场。随着大资本的进入，一大批规模宏大的生态农业集团正在神州大地拔地而起。2015年，这些采用集约化经营模式的农业企业将激活出海量的冷链农产品包装。

二、应市场形势调整产品结构

客户和市场在变，包装制品结构也在悄然发生着变化，包装企业唯有审时度势，应市场变化对产品结构做出调整，才能在危难中安然度过。

零售易包装（RRP）是一种易于开启、方便货架销售、具有强烈的视觉冲击力和品牌展示效果的新型包装。目前，在欧美国家，这种精美印刷包装的增长速度是普通瓦楞包装的两倍。在中国，零售易包装刚刚兴起，绝对是一块值得挖掘的沃土。

随着物联网的日趋成熟及智能化物流的快速推进，一种名叫CCF标准箱的新型产品将很快流行。CCF箱具有统一尺寸标准，不仅使农产品(新鲜水果、蔬菜)的包装能适用行业标准托盘，还能提高货物装卸、运输、仓储等方面的效率。

随着绿色低碳环保潮流日渐流行，很多企业对简化产品包装的需求越来越强烈。此外，有些领域，包装正在向着托盘化和小型化发展，包装企业应当保持对包装市场脉动的关注。

三、拥抱“互联网+”“数字化印刷”和“智能制造”

2015年，“互联网+”概念无疑是最为火爆的话题。

“互联网+”正在引爆包装印刷行业的互联网热情，互联网包装已成为包装印刷业发展的重要方向。互联网包装可将产业链条各方主体相互连接至同一个平台，通过信息化、大数据、智能化，可实现包装制造、包材供应、包装设计与客户订单的最优匹配，从而为客户提供快速便捷、价格低廉的一体化优质服务。“互联网+”有望重塑包装印刷产业竞争格局，行业整合也将迎来新的驱动力，行业大联合将成为可能。

近年来，工业4.0被视为未来10年制造业发展的方向。而未来的“智能工厂”将不会再制造统一的、毫无差别的产品，而是在一系列的包装印刷设备上，生产亿万种定制化的产品。这些产品凭借芯片或二维码，通过互联网、物联网配送到客户的智能生产线上。因此，包装印刷企业如何向智能制造转型，将决定企业的前途和命运。

由于与个性化和差异化包装完全匹配，数字印刷可能会获得极大的发展空间，甚至有可能未来几年迅速取代传统的模拟印刷，这一趋势值得包装企业好好思量。

四、减少产品中人工成本的比例

目前绝多数包装企业面临着共同的问题，即不断上涨的人工大大压缩了企业的利润空间。但少数企业却表示没有压力，甚至还具备承受几波上涨的空间，原因何在？

以“裕同”为例，近5年来，该公司产值比5年前增长了近两倍，但是公司员工仍然保持在8000人左右，甚至比5年前还有所减少。这主要归功于该集团长期致力于通过流程改进和引进自动化高速化的设备来提升员工的生产效率，减少产品中的人工占比。更难能可贵的是，裕同集团在昆山有一家设备制造厂，专门从事包装印刷制品自动化和智能化的设备研发。

苏州有一家企业值得借鉴，该企业只接订单量非常大的快消品订单。公司全部采用高速自动化设备，比如该企业的一台全自动钉箱机一天的产能高达15万只。目前企业不足40人，但年产值高达1亿元，人均产值比德国的瓦楞纸箱企业还要高出很多。由于人均产值高，分配到每个纸箱的人工成本不足0.12元，企业对人工成本上涨一点不担心。

同时，一些知名的包装企业面对高昂的社保缴费，正在想办法进行规避。比如对一些劳动密集且技术含量要求不高的工种，由劳务派遣公司提供人力资源，以此来规避越来越高的社保缴费。

太阳每一天都是新的，中国纸包装行业面临的问题也是新的!面对眼前的重重危机和波动的行业态势，纸包装企业唯有着眼未来，积极应对眼前危机，及时调整企业发展战略，才有可能迎来山花烂漫的春天。

如何选择一台优质的包装机械

包 文

包装机械是指能完成全部或部分产品和商品包装过程的机械。包装过程包括充填、裹包、封口等多个工序，以及与其相关的前后工序，譬如清洗、堆码和拆卸等操作。此外，包装过程还包括计量或在包装件上盖印等工序。使用机械包装产品可提高生产效率，降低劳动强度，适应大规模生产的需要，并满足清洁卫生的要求。因此，选择一款优质的包装机械就显得极其重要。

在选购一台包装机械时，客户往往对其要求很高，希望购买一台能够包装所有品种、兼顾多种用途的多用包装机械。那么用户到底该如何选择呢？以下是几点注意事项：

（1）高性价比是第一原则。目前国内包装机械市场上，包装自动化机械功能日趋强大，有时候小品牌新推出的包装机械反而比较贵，而大品牌的包装机械促销打折的时候，反而比较便宜。我们要根据自身的情况，选择那些价格低廉的、质量可靠的、口碑好的企业。而且国内大品牌生产的包装机质量比以前有了很大的提高，特别是枕式包装机，消费者完全可以用国产机的价格购买到进口机的质量。不买贵的，只买对的。

（2）专用机比兼容机更实用。在购买包装机时，客户希望一台设备能够包装所有品种。但是，很多兼容机没有专用机包装效果好。所以，客户首先要确定自己购买的包装机要用于包装哪些产品。一台包装机包装的品种最好不要超过5个品种。还有，外形尺寸差距比较大的产品尽可能分开包装。

（3）尽可能选择名优包装机企业。名优包装机低耗能、低手工、低废品率。选择质量稳定的机型，可使包装更快更稳，质量有保障。包装机一般都是耗材机，再选择低质机器，会大量损耗耗材尤其是浪费包装膜，得不偿失。

（4）完善售后服务，遇到问题马上解决。实地考察机械是否运作正常，售后服务是否及时，要做到第一时间处理问题。特别是对食品类加工企业的考察，如果食品的保质期较短，恰巧包装机生产环节又出现问题，那损失可想而知。

（5）使用简单，维护方便。尽可能选购操作简单、维护方便、配件完备、全自动连续供料的包装机械，这样能够提高包装效率和降低人工成本，适合企业的长远发展。

在选择包装机械时，企业若能全面考虑到以上几点，势必会带来高效益。

市场上的商品易过度包装的原因

王 昕

任何一个产品在市场流通，都需要一款包装，而产品包装除了实现其包装的基本功能外，还对产品的营销推广起到很大的推动作用，它是企业营销的一个重要环节。近几年，产品的包装形式花样繁多，对包装的要求也越来越高，企业间互相攀比包装成本和精致程度，由此，过度包装应运而生。很多商品的包装成本远远高于商品自身成本的几倍、几十倍，甚至几百倍。产品包装对于营销的作用如下。

（1）产品包装是企业、品牌、商品识别系统中的重要组成部分。它使得商品在市场竞争中区别于其他同类竞品，甚至在同类商品中脱颖而出，加速消费者对品牌的认知度，提升品牌的价值。

（2）产品包装也是企业文化、营销文化的一个载体。它会直接或间接地反映出企业的文化和营销文化，起到很好的消费传播作用。

（3）反映商品在消费者心目中的第一印象，增强消费者的记忆功能、好感度，间接推动销售业绩的增长。产品包装是消费者对商品认识的第一个环节，一个好的包装会潜移默化地增强消费者的记忆功能。一个赏心悦目的包装，无形当中也会增加消费者的好感，增强消费者的购买欲望和购买频次，势必会对销量的增加起到推动作用。

（4）一定程度上提升商品的价格。“货卖一张皮”，一个好的包装会无形中提升产品的销售价格，增加企业的获利能力。

市场商品过度包装的原因如下。

（1）企业产品或营销创新乏力，导致缺乏市场竞争力，找不到提升产品附加值的办法，只能在产品包装上力求突破。现在困扰中国大部分企业的就是创新和核心竞争力。当然，创新可以是各个层面、各个环节的，包装的创新肯定是各个企业创新的一部分，因为相对于其他创新来讲，包装创新简单易行，很容易实现，所以很多企业把更多的精力放在产品包装的改造、改良上，提升产品包装档次层面的投入，这是导致过度包装的一个诱因。

（2）企业误读产品包装创新导致了过度包装。一个好的包装绝对不是来自花了多少钱去制作这个包装，而是通过创意来提升包装的价值，而中国的很多企业恰恰误读了包装创新的核心内容，认为奢华、包装成本高就是创新，就可以提升产品的商业价值，正是这种方向性的错误，导致了过度包装的层出不穷。

（3）中国的消费环境使然。中国是一个礼仪之邦，当下社会属于一个关系型社会，在这张大网下，对于一些奢华包装商品的真实消费者而言，是买的不吃（用），吃（用）的不买，其实很多过度包装的商品都是为礼品消费打造的。在物质商品极大丰富的当下，送出特色，送出档次，是市场再正常不过的消费需求，正是有了这种需求，才给此类商品留下了很大的市场空间。

企业是要使自己的商品在价值上得到提升，才能具有竞争力，如果仅仅靠过度包装提升商品价值还是很牵强的。随着改革开放、市场经济的不断前行，中国消费者的消费心理也会日趋成熟，在一定程度上会由感性消费向理性消费转变，消费者关注更多的是商品的内在价值。欧美、日本、我国的港台地区，他们的商品包装都是很理性的，商品的包装都很简洁，很少看到复杂不实用的包装形式，在他们的消费认知里：我买的是商品，而不是包装。

企业要理性看待产品的包装和创新，一个好的包装来自一个好的创意，能起到锦上添花的作用，而不是喧宾夺主，变成商品的一个负担，因此，企业商品的包装创意和使用应符合以下六点特征：产品自身的特性；简洁不增加产品的自身成本；体现品牌的内涵；符合时代消费的审美观；包装自身的安全性；利于商品的流通和储存。

包装的创新，不应作为企业商品成本的一个负担，而应成为商品的一张新名片，成为营销推广的另一个动力源。这样，才是一个企业理性创新的思维模式。

探究药用铝箔泡罩包装印刷的工艺技术

邓桂芳

PTP 铝箔在医药包装中主要用于泡罩包装。泡罩包装主要是由聚氯乙烯片（PVC）和 0.02mm 厚的铝箔制成。泡罩包装已成为西药片剂和胶囊的最主要的包装方式。目前市场的印刷油墨种类繁多，品牌各异。但从药用铝箔的印刷工艺和药品包装的特殊要求上考虑，铝箔用的印刷油墨必须对铝箔有良好的黏附性，印刷文字图案牢固清晰，溶剂释放快，耐热性能要好，耐摩擦性能优良，光泽好、颜料无毒，不能使油墨内所含的化学成分造成迁移而污染所包装的药品。实用黏度应符合铝箔印刷工艺的要求。我国中药片剂、散剂、胶囊、粒丸等包装，正逐步从纸袋、简易塑料袋、玻璃瓶包装变为铝塑泡罩包装。泡罩包装具有防潮、携带方便、安全卫生等优点，随着药品缓释技术的发展，市场将更加广阔。

一、药用铝箔泡罩包装印刷的应用前景

PTP 铝箔用途十分广泛，根据其应用特点的不同，可分成 20 多个品种。不同国家由于经济发展水平的差异，铝箔消费结构也存在很大差距。在欧美发达国家，用于包装的铝箔产品占总需求量的 70%。在中国市场，铝箔主要是作为工业制造原辅材料的，包装铝箔只占国内需求总量的 30%。虽然铝箔包装发展较晚，但是目前市场增长迅速，前景引人关注。

我国铝箔加工技术自改革开放以来得到了快速发展，21 世纪铝箔生产进入了一个重要时期，不但引进大量先进设备，生产管理和技术开发水平也逐步走向了现代化与国际化。在市场需求的强劲带动下，铝箔产能快速提高。近些年，市场竞争和产品

同质化的趋势，刺激了产品包装的快速发展。铝箔包装的发展基本与整个行业发展同步，在我国铝箔包装发展更快，国内铝塑复合、铝纸复合技术不断成熟，生产成本降低，促进了铝基复合材料在中国包装市场的普及应用。经过多年的发展，铝箔已经成为一种主要的包装材料，其市场发展在欧美国家趋于成熟，但是在我国市场，发展铝箔包装还有着广阔的空间。

铝箔市场是铝塑易撕膜（SP）生产，目前国内有1000多条这类生产线，铝箔需求量3000吨/年。另外，药膏包装用铝塑复合软管，水剂、针剂包装用铝塑复合瓶盖也是铝箔消费的两个潜在市场，目前铝箔总需求量1000吨以上。铝箔在医药行业的应用还有一个潜在的市场，即药剂无菌包装。目前国内只有个别企业生产无菌包装清凉茶之类的保健饮料，尚未有开发无菌包装水剂中成药，这一新领域将是铝箔软包装的重要潜在市场。

药品泡罩包装印刷材料铝箔，是密封在药用塑料聚氯乙烯（PVC）硬片上的封口材料，也被称为盖口材料，它的表面可印刷成五颜六色的文字或图案，而且正反两面都具有可印性，铝箔是采用纯度为99%的电解铝，经过压延制做而成。它无毒无味，具有优良的导电性和遮光性，有极高的防潮性、阻气性和保味性，因为铝箔具有高度致密的金属晶体结构，所以完全可以阻隔任何气体、水蒸气和光线，能有效地保护被包装物体。在现代包装中，几乎所有要求不透光或高阻隔复合材料的产品，均采用铝箔作为阻隔层，因此应用十分广泛。

与瓶装药品相比，泡罩包装最大的优点是便于携带，可以减少药品在携带和服用过程中造成的污染，而且泡罩包装在气体阻隔性、透湿性、卫生安全性、生产效率、剂量准确性和延长药品的保质期等方面也具有明显的优势。泡罩包装良好的阻隔性能缘于其对原材料铝箔和塑料硬片的选择。铝箔具有高度致密的金属晶体结构，有良好的阻隔性和遮光性；塑料硬片则要具备足够的对氧气、二氧化碳和水蒸气的阻隔性能、高透明度和不易开裂的机械强度等特性。

目前我国的药用PTP铝箔的整体质量与进口铝箔相比还有相当差距。从当前生产药用铝箔印刷企业的应用情况来看，主要存在以下问题：药用铝箔的针孔数远达不到使用要求，铝箔针孔度是穿透性的缺陷，严重影响铝箔的阻隔性能，尤其是用于药品的外包装，很容易使氧气、水蒸气、光线穿透而使药品的药效降低。药品的质量关系到人的生命，而药品包装是保护药品性能的特殊商品，决不能忽视产品质量。在药用铝箔国标中要求不能有直径大于0.3mm的针孔，直径在0.1~0.3mm的针孔不能多于1个/m^2，目前国产铝箔很少能达到此标准。药用铝箔厚薄不均匀，抗拉强度低，当铝箔的厚度不均匀时，铝箔在印刷过程中黏合剂涂布量难于达到标准要求，而使涂布量差异变大，进而影响铝箔与塑料硬片的热封强度，在放收卷施加张力后会导致断箔，不利于印刷的正常进行，这些问题需引起原料厂家的重视。随着药用铝箔包装应用的扩展以及我国药用铝箔印刷机械的不断改进，使得药品铝箔的发展非常迅速，药用铝箔的用量逐年增加。

二、药用铝箔泡罩包装印刷油墨的特性、主要分类及应用要点

铝箔印刷油墨在应用中的主要特性有：一是铝箔印刷油墨的鲜艳性。若要提高铝箔印刷油墨印刷品颜色的鲜艳性，就要先印色墨然后再过一层光油，但这样做会使印刷成本变高，除非有特殊要求印刷厂才这样做；此外，在铝箔的光面上印刷色墨，这样就要求铝箔的表面处理度要高，要求油墨在铝箔上有很好的附着力；还有采用染料粉作色料的透明型油墨，其鲜艳性和透明度极佳。二是铝箔印刷油墨的分切性。纯铝箔较脆，柔韧强度不够，通常要印上光油或铝箔印刷油墨，这样可以提高铝箔的柔韧性及分切效果。一般情况下，印上油墨后不印光油，也能达到分切要求，即单独印上光油或油墨就可达到分切要求。印面太硬或太软都不利于分切，印面太滑或太钝也都不利于分切。通常可通过调整铝箔油墨里面硝化棉的含量来达到要求，硝化棉的秒数与硬度成正比，若单一的硝化棉达不到要求，可搭配两种硝化棉来达到要求。表面的滑度可选用蜡粉来调整以达到要求，通常也要加入某些流平助剂来提高印刷效果，防止橘皮的产生，光滑墨层以利于分切，但要注意的就是流平剂不要加得太多，因为有些流平助剂有消光的反作用，会影响铝箔油墨印品的亮光度和附着力。三是铝箔印刷油墨的抗冻性和抗水性。铝箔封瓶口和薄铝箔瓶颈标签经常用来做啤酒标，在夏天啤酒一般都放于冰箱中冰冻，其表面有水珠，所以铝箔油墨通常要求有抗冻性和抗水性。用软化点较低的聚酰胺树脂做成的油墨墨层耐低温性能较好，在生产油墨的配方中或配墨时，

增加该聚酰胺树脂用量会提高抗冻性；而用油酸酰胺或蜡粉可提高抗水性。

目前市场上的印刷油墨种类繁多，品牌各异，但从药用铝箔的印刷工艺和药品包装的特殊要求上考虑，其印刷油墨必须具有对铝箔良好的黏附性，印刷文字图案牢固清晰，溶剂释放快，耐热性能好，耐摩擦性能优良，光泽好，颜料无毒，不因含油墨内的化学成分迁移而污染所包装的药品，实用黏度应符合铝箔印刷的工艺要求等特点。从这几个方面的要求出发来分析，目前应用于铝箔印刷的油墨主要分为两大类：

一是醇溶型聚酰胺类油墨。这种油墨对各类物质的印刷都有很好的黏附性、分散性、光泽性、耐磨性，溶剂释放性好，柔软，多被用于塑料薄膜的印刷。在用于铝箔材料的印刷时，该种油墨的优良性能均能表现出来，而且其耐热性也能满足铝箔印刷的要求。由于聚酰胺树脂对各类承印材料都有很好的黏附性，尤其适用于印刷聚烯烃类薄膜，加上分散性好、光泽好、柔软、耐磨性好、溶剂释放及印刷性能良好，所以最多的是用来配专用于经过处理后的 LDPE（低密度聚乙烯）、CPP（聚丙烯薄膜）、OPP（邻苯基苯酚）等薄膜表面印刷的凹版表印油墨。由于该油墨用途广、抗粘连、易干燥，也被用于药用铝箔的表面印刷。此类油墨在进行铝箔印刷时各种优良性能均能表现出来，而且耐热性能也能满足铝箔印刷和使用过程中的要求，是当前药用铝箔印刷采用最多的一种类型。但是此类油墨毕竟不是铝箔表印专用油墨，在铝箔大面积表面印刷时曾出现过油墨剥离现象。目前国内已有油墨厂能生产铝箔凹版表印专用聚酰胺类油墨，部分用户使用情况表明：该油墨耐热性好、附着力强，200℃高温热合试验，印刷文字图案依然清晰不变色。

二是以氯乙烯、醋酸乙烯共聚合树脂和丙烯酸树脂为主要成分的铝箔专用油墨。这是一种新开发的凹版里印油墨，其特点是色泽鲜艳、浓度高，与铝箔的黏附性特别强，有良好的透明性，铝箔的金属光泽再现性优异。但由于是凹版里印油墨，其溶剂挥发度大，用于铝箔表印时容易造成凹版辊着墨孔内油墨干结产生糊版现象，影响印刷质量。因此需对油墨的沉积凝冻进行必要的预处理，其方法是对沉积凝冻的油墨进行搅拌或增加温度（水浴）。如果油墨的储存时间过长，油墨会出现沉积，造成油墨上层树脂溶液多，下层颜料多，上层颜色淡，下层颜色深，所以应搅拌均匀后使用。

以上两种油墨在用于药用铝箔表面印刷时均存在不足，如果是调整第二类铝箔专用油墨的混合溶剂组成，适应铝箔表面印刷的需要，将会更多地应用于铝箔的表面印刷。

油墨应用中加入溶剂量要适当，当黏度大的油墨需要用大量的稀释剂稀释时，应边加稀释剂边搅拌，使稀释剂均匀分布在整个油墨中。用黏度计测定约在 20~30s。室内温度与湿度，对油墨浓度有影响，最好采用油墨浓度检测器来确定加入溶剂的量，并根据温度和湿度的变化，每隔一定的时间测定一下油墨的浓度。采用凹版印刷印制铝箔产品时，油墨浓度太低，会造成印刷文字图案色彩不鲜亮，网纹处产生糊版现象；油墨浓度太高，则会产生龟裂现象，不仅浪费油墨，而且易造成印刷表面不平整，也不美观。除此之外，还要根据铝箔印刷涂布机的速度和印刷凹版辊的着墨孔深度选择最佳的油墨。

还需掌握好铝箔及印刷油墨的特性：生产 PTP 铝箔所用的原料为工业用纯铝箔，一般要求厚度为 0.02mm，抗拉强度为 98kPa，破裂强度为 90kPa，表面洁净、平整，无皱纹，无压痕损伤，无成片荧光物质，表面润湿张力不低于 32。对药用铝箔针孔度的要求是直径 0.1~0.3mm 的针孔不多于 1 个/m^2。由于铝箔中针孔具有穿透性的缺陷，药品受到氧气、水蒸气及光线侵入会使药效降低或变质，所以对针孔度的要求甚为严格；另外，铝箔厚度如果超出所要求的偏差（10%）时，会对黏合层及保护层的涂布量有影响，需引起操作者的注意。

三、药用泡罩包装印刷铝箔涂布保护剂与黏合剂的应用

药用铝箔以工业用纯铝箔为基材，在其表面印刷文字图案并涂以保护剂，而在另一面涂黏合剂，在涂黏合剂之前也可印刷文字图案。涂保护剂的目的是防止表面印刷油墨层的磨损，同时也防止铝箔在收卷时外层油墨与内层黏合剂接触而造成药品被污染。黏合剂的作用是黏结铝箔与塑料硬片，密封药品。对药用铝箔保护剂的具体要求是：与铝箔有良好的涂覆附着力和柔韧性，透明、光泽度好，耐热溶剂的挥发性好，不残留异味，保护墨层不脱落，且耐磨性高。现在使用的保护剂多数是溶剂型的，其主要化学成分有：硝基纤维、合成树脂、增塑剂、助溶剂、稀释剂等。这些组分按一定配比混合，经反应釜搅拌形成溶剂，机械涂布在铝箔表面上产生一层保护薄膜。

在铝箔黏合剂方面，成分主要是聚醋酸乙烯酯与硝酸纤维素混合的溶剂型黏合剂，主要由高分子化合物组成。黏合剂溶液的固含量一般在 18%～22%，能满足铝箔与塑料硬片经过热压后的热合强度。目前药品泡罩包装铝箔用黏合剂多数以聚氨酯类胶取代压敏胶类。现用的泡罩包装用 PVC 几乎都是压延生产工艺，用于复合材料的 PVC 薄膜多为挤塑法生产。泡罩用塑胶材料还有用 PVC/PVDC（聚偏二氯乙烯）复合片、PET（聚酯）、PE（聚乙烯）、PP（聚丙烯）等材料。目前使用的黏合剂主要分为单组分胶和双组分胶。

单组分溶胶由于主剂是弹性体，再加上增黏剂做助剂，可用有机溶剂经反应釜搅拌使之混合配成乳液。用有机溶剂配成乳液，具有不干性、热熔性和一定的黏合强度，随着对药品包装材料卫生要求的提高，这种单组分黏合剂应用领域逐渐减少，而更多采用双组分的聚氨酯胶黏剂，它主要由主剂和固化剂组成。铝箔涂层后有一定的黏合强度，并经干法涂布后与 PVC 进行热贴合，热封性较好，这种黏合剂已经普遍应用于生产。双组分黏合剂具有较好的耐高低温性，抗介质侵蚀、黏结力高，对被黏材料有很大的亲合力，所以对铝箔、塑料等多种包装材料起作用。

铝箔涂布用黏合剂的应用将逐渐向无溶剂方向发展，它的组成也是双组分的聚氨酯胶类型，不同的是主剂和固化剂在室温下的黏度较高，但仍具有滚动性，属半固物质，使用时主剂和固化剂按比例混合放到具有加热保温功能的容器中，升温后再让黏度降低，然后通过具有保温功能的凹版辊涂布到印刷铝箔基材上，涂胶后无须烘道直接进行热干燥，因为此类胶本身无任何溶剂，可直接与另一种荃材进行黏合，所以不存在废气排放问题，有利于环境保护，又由于不需要在印刷涂布设备中配备庞大的烘道加热干燥器及鼓风排风装置，也可节省设备投资费用。

四、影响铝箔药品包装热封强度的主要因素

PTP 铝箔药品包装的黏合层（亦称 VC 层）具有良好的热黏合性，在加热条件下可以和 PVC 胶片热封，影响铝箔药品包装热封强度的因素主要有以下几方面。

原铝箔是黏合层的载体，它的质量对产品的热封强度有很大影响。特别是原铝箔的表面油污，会削弱黏合剂与原铝箔之间的黏结力。如果原铝箔表面有油污且表面张力低于 $31\times10^{-3}\mu m$ 时，就很难达到理想的热封强度，因而必须严格把好原铝箔质量关。另外，在生产过程中发现，各方面技术指标都符合要求的某些批号的原铝箔，在所有工艺条件都没变的情况下涂布黏合剂，但最终产品的热封强度都达不到要求，原因是与原铝箔的金属成分及表面光度不够有关。研究结果表明，变换某个特殊环节，使原铝箔得到充分运用，产品便达到了理想的热封强度。

PTP 铝箔的黏合剂是含有溶剂的特殊物质，它在一定工艺条件下，涂布在铝箔的内侧，其作用是使铝箔与药用 PVC 硬片能牢固地热压合，使塑料硬片泡罩内的药品与外界隔开，达到使药品密封的目的。经过烘道烘干形成黏合层，对产品的热封强度起着决定性的作用。在装入药品进行热封的过程中，黏合层受热压作用而活化，从而与 PVC 塑料硬片牢固地黏结为一体，这就要求黏合层与 PVC 树脂应有良好的热敏性及与基材的相溶性。

黏合剂在颜色上可分为无色透明、金色及彩色系列，可根据用户的需求来选择。不同成分的黏合剂，其最终产品的热封强度也不同。国内厂家多数采用进口的原料来配制黏合剂，产品可以达到很高的热封强度。可是进口的原料价格过于昂贵，为了能得到产品的高利润，某些科研力量雄厚的厂家便着手研究开发国产同类原材料。这种研究方向是很诱人的，如果能成功，将给企业带来巨大效益。据了解，由于国内生产原料厂家的工艺受限，国产原料很大程度上无法替代进口原料。如果使用不当，会严重影响产品的热封强度。

在一定的工艺参数控制下，使黏合剂在原铝箔表面涂布成膜，成膜的质量会直接影响产品的热封强度。其中比较重要的参数包括涂布的速度、烘道的分段温度，涂布辊的网纹形状、深浅、线数及刮刀的位置、角度。涂布的速度决定了涂层在烘道中干燥的时间。如果涂布速度过快，烘道温度过高，会使涂膜表面溶剂挥发过快，造成膜内溶剂的残余，涂膜干燥就不够充分，难以形成干燥结实且牢固的黏合层，这样必会影响产品的热封强度，使产品层与层之间发生粘连。涂布辊的网纹形状深浅、线数及刮刀的位置、角度决定了涂布膜的厚度与均匀度。如果选择或调整得不合适，黏合剂就不能均匀地涂布在原铝箔表面，从而导致成膜不均匀，产品的热封效果就不会好，强度也会受到影响。而按照国家标准黏合层涂布的规定，差异应小于±12.5%。因此，必须严格依照工艺规定的参数来完成黏合层涂布成膜的过程，以保证成膜的均匀结实。

热封温度是影响热封强度的重要因素。温度太低，不能使黏合层很好地与PVC胶片热封，黏合层与PVC胶片之间的黏结便不牢固。如果温度太高，又会使药品受影响。因此，比较合理的热封温度通常为150℃~160℃。要达到理想的热封强度，就要设置一定的热封压力。如果压力不足，不但不能使产品的黏合层与PVC胶片充分贴合热封，甚至会使气泡留在两者之间，达不到良好的热封效果，所以国家标准规定了热封的压力为0.2×10^6Pa。

热封时间也会影响产品的热封强度。通常情况下，在相同的热封温度与压力下，长一点的热封时间可以使热封部位封合得更加牢固完善，能更好地达到预期的热封强度。但现代化高速药品包装机的工艺条件不可能提供很长的时间进行热封。如果热封时间太短，则黏合层与PVC胶片之间就会热封不充分。为此，国家标准规定了科学的热封时间为1s。

五、药用铝箔泡罩包装印刷的工艺流程及性能检测

铝箔印刷是在专用的铝箔印刷涂布机械上进行的，通过印刷辊表面的下凹表面来完成印刷文字或图案，所以又称凹版印刷。它是将印版辊筒通过外加工制成印版图文，图文部分在印刷辊筒铜质镀层表面被腐蚀成墨孔或凹坑，非图文部分则是辊筒外层铜质镀层表面本身。印刷时，印版辊筒在墨槽内转动，在每一个墨孔内填充以稀薄的油墨，当辊筒转动从表面墨槽中旋出时，上面多余的油墨由安装在印版辊筒表面上的刮墨刀刮去，印版辊筒旋转与铝箔接触时，表面具有弹性压印辊筒将铝箔压向印版辊筒，使墨孔的油墨转移到铝箔表面，便完成了铝箔的印刷工作。在印刷中所使用的主要原材料是药用铝箔、铝箔用油墨及溶剂材料和铝箔涂布用黏合剂材料。

铝箔印刷专用油墨主要由颜料、填充剂料、合成树脂及溶剂组成。其质量标准为：颜色，应与标准色样近似（刮样目测）；着色率，与标准样相比为95%～110%；细度≤25μm；黏度，25℃条件下用4号涂杯为25~27s。油墨使用的溶剂性能是指在印刷及涂布过程中所使用的溶剂，主要有：酮类溶剂如丙酮（CH_3COCH_3）是无色易挥发和易燃液体，熔点-94.6℃，沸点56.5℃，闪点-20℃，化学性质比较活泼，爆炸极限2.55%～12.8%（体积比）。酯类溶剂有醋酸乙酯（$CH_3COOC_2H_5$），又称乙酸乙酯，为无色可燃性液体，有果子香气，由醋酸与乙醇在硫酸存在下加热后蒸馏而制得，熔点-83.6℃，沸点77.1℃，易着火，微溶于水，爆炸极限7.5%～11.2%。

印刷涂布过程中黏合层的涂布厚度对塑料PVC硬片的黏结牢固程度影响很大，黏合层涂得太薄，热压PVC硬片时会因缺料而降低黏结牢度；黏合层涂布过厚，不但增加成本，而且干燥时间需加长，因此需控制在适当的厚度范围内。黏合层的涂布厚度受黏合剂的浓度、涂布张力、涂布速度、网纹辊线数的影响。在涂布辊网纹的形状、深度、线数及两辊之间接触线压力调定的情况下，黏合剂浓度越大，涂布张力越小，涂布速度越快，则涂层越厚。因此，黏合层的厚度一般是通过黏合剂的浓度和涂布机的张力来调节的。不同品种的铝箔对黏合层厚度的要求亦不同，一般涂层厚度应控制在3.51~7.0μm为宜。

单张纸胶印连线冷烫——印后加工的后起之秀

广东金玉兰包装机械有限公司总经理　李飚

在我国印刷品的烫印市场中，热烫印一直占据主导地位。然而近年来，冷烫印技术异军突起，以其精细的烫印效果和环保节能的优势逐步发展起来，尤其是带有“跳步功能”的单张纸胶印+冷烫印单元的推出，更引发了新一轮冷烫印技术的关注热潮。

一、烫印技术分析

烫印，俗称”烫金”，就是把电化铝上面的图案通过热和压力的作用，转移到承印物上面的工艺过程。近十多年烫印技术得到了迅速发展，烫印质量有了很大的提高。烫印箔的品种也很多，有亮金、亮银、亚金、亚银、刷纹、铬箔、颜料箔等，外观装饰效果很好。

烫印方式基本上分为热烫印和冷烫印。

热烫印技术是指利用专用的金属烫印版通过加热、加压的方式将烫印箔转移到承印材料表面，主要优点是：①质量好，精度高，烫印图像边缘清晰、锐利；②表面光泽度高，烫印图案明亮、平滑；③烫印箔的选择范围广，如不同颜色的烫印箔，不同光泽效果的烫印箔，以及适用于不同基材的烫印箔；④热烫印工艺还有一个突出优点，就是可以进行立体烫印。但是，热烫印工艺需要采用特殊的设备、加热装置制作金属烫印版，因此，获得高质量烫印效果的同时也意味着要付出更高的成本代价。

冷烫印技术是指利用 UV 胶黏剂将烫印箔转移到承印材料上的方法。冷烫印技术的突出优点主要包括以下 6 个方面：①无须专门的烫印设备，因为这些设备的价格通常还比较昂贵；②无须制作金属烫印版，可以使用普通的柔性版，不但制版速度快，周期短，还可降低烫印版的制作成本；③烫印速度快，最高可达 450fpm；④无须加热装置，节省能源；⑤采用一块感光树脂版，即可同时完成网目调图像和实地色块的烫印，将要烫印的网目调图像和实地色块制在同一块烫印版上；⑥烫印基材的适用范围广，在各种纸张、热敏材料、塑料薄膜上也能进行烫印。

热烫印技术与冷烫印技术在原理上有着明显的不同，也就决定了其应用效果上的差异。热烫印技术需要使用专用的金属烫金版，通过加热、加压的方式将烫印箔转移到承印材料的表面。工艺复杂、制作成本高，且不利于环保。而冷烫印技术是近年来欧美印刷行业用于印刷加工的新科技之成果。与传统烫印技术不同的是，冷烫技术使用一种全新的概念由冷压技术来转移电化箔，不仅解决了烫金工艺难以解决的转移问题，而且最重要的是节约了能源，并避免了制作金属印版过程中对环境产生的污染。在纸品印刷市场中，设备厂商推崇的多是胶印连线冷烫印设备，其实现方式是直接利用原有胶印机的机组，实现烫印箔的转印。

冷烫印工艺又可分为干式冷烫印和湿式冷烫印两种。早期的干式冷烫印工艺是先对涂布的 UV 胶黏剂快速进行固化，但不能彻底固化，要保证其固化后仍具有一定的黏性，这样才能与烫印箔很好地黏结在一起。当冷烫印技术刚刚问世时，采用的就是干式冷烫印工艺。随着技术的进步，出现了湿式冷烫印工艺，就是在涂布了 UV 胶黏剂之后，先烫印然后再对 UV 胶黏剂进行固化。由于湿式冷烫印工艺能够在印刷机上连线烫印金属箔或全息箔，其应用范围也越来越广。

冷烫印技术具有速度快、成本低、污染小、适用材料面广、生产周期短等优点，冷烫的最高时速可达 50~60 米/分钟，而一般圆压烫金速度只有 20~30 米/分钟；冷烫使用柔性版替代了昂贵的金属版滚筒，成本只有普通烫金的 1/10；冷烫不制作金属滚筒，摒弃了化学腐蚀工艺，减少了污染；除此之外，冷烫制版比较容易，制作时间短，能够缩短生产周期。冷烫技术具有印刷速度快、生产周期短、材料适用面广、印刷精度高、防伪效果好、符合环保印刷要求等优点，是近年来欧美印刷行业中的最新科技成果。对客户而言，冷烫印技术的性价比较高，能够帮助客户提高产品的附加值，而且非常经济合算。

二、冷烫印市场展望

在我国印刷品的烫印市场中，热烫印一直占据主导地位，然而近年来，冷烫印技术也以其精细的烫印效果逐渐发展起来，随着这项技术的不断成熟，今后，冷烫印技术能否迎来更大的发展，分得烫印市场的一杯羹呢？

国外冷烫印技术的应用非常广泛，不仅仅局限于包装印刷领域，在商业印刷中也占有很大的市场份额。比如在日本，我们就见到一些文具、高端杂志、精美画册等商业印刷品上使用了冷烫印技术，德国、英国、瑞士等发达国家，在奢侈品包装上也经常使用冷烫印技术。在国内市场上，对冷烫印技术的应用还比较谨慎。一些印刷企业由于担心冷烫箔价格相对过高、胶黏剂进口依赖程度较高、在使用成本和供货周期上可能存在问题，所以迟迟未能采用这项新技术。

尽管冷烫印技术在国内的应用才刚刚起步，但是，相信未来必将拥有广阔的市场空间。原因主要有以下三点。

1.冷烫印技术本身的优势

冷烫印技术能够烫印的图文面积更大。热烫印一般只能用于装饰商标、文字等，而冷烫箔的宽度一般都较大，甚至与胶印机幅宽相当，因此其适用的范围更广。

冷烫印适用的基材范围更广。冷烫印的转印原理是依靠胶黏剂将箔带上的图文转移在基材上，烫印过程不像热烫印那样需要提高温度，所以，无论是纸张还是受热易变形的塑料薄膜都能够应用冷烫印技术。

冷烫印分辨率高，更适合烫印精细的图文，不管是烫印网点、线条还是实现镂空效果都很好。这就给印前设计师提供了更广阔的设计空间，有助于企业生产出更具特色的印品。

2.差异化竞争的需要

发达国家的印刷市场竞争激烈、利润微薄，印刷企业只有通过开展差异化生产才能摆脱低端竞争，只有采用先进技术才能满足客户的严苛要求，所以冷烫印技术的发展速度很快。而我国的印刷企业至今大多处于同质化竞争中，因而缺乏投资新技术的动力和热情。当市场环境、竞争观念逐渐改变后，通过差异化竞争取胜是必然之势。所以，冷烫印技术一定会被市场所接纳。

3.冷烫印的使用成本将逐渐降低

随着技术的不断进步，冷烫印实现了从联机印刷到单张纸印刷，特别是“跳步”功能的推出，冷烫印的生产成本必然逐步降低。目前国产冷烫箔的价格约为进口冷烫箔的50%，胶黏剂能够很容易买到，投资几百万元购买胶印连线冷烫印设备也并不是一件难事，到那时冷烫印技术就一定会得到飞跃式发展。

三、JLM 系列多元烫印机的优势

广东金兰包装机械有限公司是国家级“高新技术企业”，以科技创新为企业发展之导向，一直致力于为印刷行业提供环保、防伪、节能、高效、新颖、低成本的印后工艺及设备。近期开发出单张纸冷烫设备——JLM 系列多元烫印机，解决了进口设备只能进行卷筒纸烫印的问题。该设备生产时在承印物上印刷 UV 油等胶黏剂后实现冷烫，相邻两张承印物的间距十分紧凑，大大提高了烫金箔利用率。另外，在进行全息烫印箔冷烫时，设备配置的光电眼监测系统可实时监控全息箔的版缝位置，并将该信号传送到伺服机构，由伺服机构根据该信号控制承印物运行速度和实时位置，使承印物间隙位置精确对准全息烫印箔版缝位置。这样就可避开全息烫印箔版缝，提高承印物的利用率。同时，该设备可任意地运用于印刷前对原材料的加工，产生特殊的印刷效果；或者是在承印物上顺利地实现精细线条、小文字、半色调图案和金属装饰效果。目前，公司已有两个与众不同的主导机型：JLM-104D（连线）和 JLM-104B/C（离线）。JLM-104D（连线）可以一次性完成胶印+烫印的生产流程；JLM-104B/C（离线）工艺灵活，既可以单独完成胶印或烫印，也可以先烫后印或先印后烫。据山东鲁烟（鲁烟的烟包如图1所示）一家印务公司介绍，他们先是尝试采用热烫印工艺来替代冷烫印工艺，但满版细线条和细小文字始终达不到原样要求。继而与广东金兰公司沟通，对多元冷烫印设备的工艺进行了大胆的改进，使其更加适应生产要求，同时调整了冷烫箔的配方，采用抗乳化性和黏着力高的冷烫胶，目前，该设备生产速度在4000~5000转/小时，成为该公司一个新的利润增长点。JLM 系列多元烫印机的优势如下。

图1　鲁烟的烟包

（1）跳步功能。该功能是 JLM 系列多元烫印机的关键技术之一。国外胶印冷烫设备在印刷过程需要根据橡皮布滚筒的周长消耗相应长度的烫印膜，因而造成较大的浪费（见图2）。本设备具有“跳步”功能，可根据冷烫图案实际长度，在操作屏上输入相应数据，间歇运行高速伺服驱动控制系统，改变烫印膜步进的距离。当烫印膜传输到印制品空白处时传输就会停止，用户只需要使用印制品图案长度一样的烫印膜，这样就能节约大量烫印膜（见图3）。

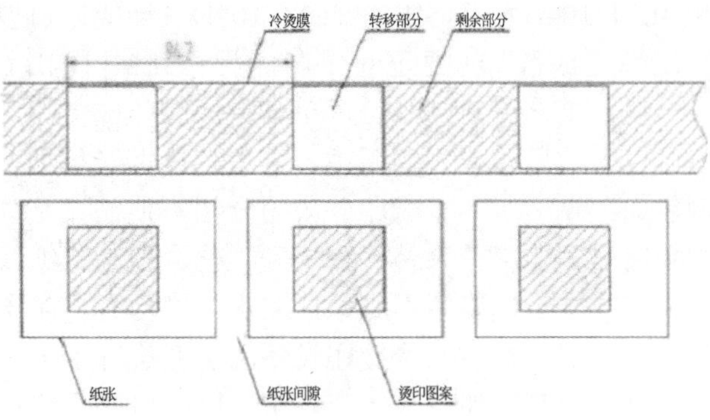

图 2　传统烫印效果示意

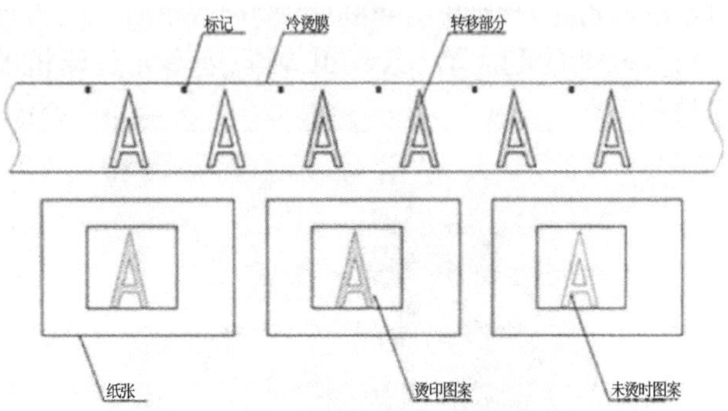

图 3　“跳步”效果示意

（2）高端智能控制系统。JLM 系列多元烫印机采用高性能可编程控制器、人机界面、变频器和伺服传动装置，由控制按钮、限位开关、光电检测器及相关保护装置产生控制信号接入 PLC（可编程逻辑控制器）输入端，通过内部电路运算、处理，进而实现预定的控制效果。

四、开创冷烫印加工辉煌的明天

烫印是当今最为成熟的一种印刷工艺，应用非常广泛。同时其市场日渐趋于成熟，竞争也越来越激烈。在近年来的各大展会上，寻求烫印业务的利润增长点是烫印设备供应商和烫印企业必须面对的课题。应该看到，冷烫印技术已成为热烫印技术的强大竞争对手，最大的优势就是设备投资少，性价比较高，为广大印刷企业提供了新的机遇。在实际生产中，包装印刷企业必须根据接手的活件来判断是否适合采用单张纸胶印连线冷烫印工艺；对图文进行仔细研究，判断其经过冷烫印之后能否获得预期的效果。冷烫印行业辉煌的明天，有待行业中有识之士共同开创。

欧盟 FMD 法规对国内药品电子监管码的借鉴意义

宋夏义

药品经营企业应当按照国家有关要求建立追溯制度，实现药品来源可查、去向可追、责任可究。在药品电子监管码暂停引发的行业大震荡之后，国家食药监总局发布公告，公开征求《关于进一步完善食品药品追溯体系的意见》（征求意见稿）的反馈意见，再一次强调“鼓励生产经营企业运用信息技术建立食品药品追溯体系”。

一、企业成为药品追溯的主要责任方

与之前的药品电子监管制度不同，新的修订意见中，弱化了食品药品监管部门对于追溯管理的主导作用，而将追溯管理的主题责任归于企业，落实企业的追溯管理责任，建设透明、有效的药品追溯体系，以备在发生产品质量问题时，及时召回产品，防控风险；同时便于企业和消费者确认产品的真实性，保护双方权益不受侵害。

医药产品的追踪追溯，具体实施起来并不简单，但是企业也无须恐慌，药品追溯体系并不是中国首创，从很多发达国家的经验来看，建立覆盖生产、流通、消费等全流程的药品追溯机制，是防范非法药品流向市场、危害民众健康的有效途径。吸取经验教训，不失为捷径一条。

二、药品追溯的方向

放眼全球，走在医药追踪追溯技术前列的欧美国家，近年来，一直在探索药品追溯方案的有效途径，医药产品全程供应链中，将产品原辅料来源、产品销售去向等细节采取适宜的方式记录并标识在药品各级包装上，达到从生产企业到销售环节以致消费者的追踪追溯闭环。时至今日，药品序列化管理已成为不可逆转的发展趋势。

药品序列化是指通过药品各级包装上唯一标识码（序列号编码，即药品“身份代码”）来确保流通中药品的真实性，首先针对的是屡禁不止的假药现象。2011 年欧盟通过反伪造药品指令 FMD（Falsified Medicine Directive），引入更为严格的规则，以新的、统一的、泛欧盟的措施来确保药品的安全和药品贸易的严格管理，规定对几乎所有处方药使用带有唯一序列号编码的包装，用于整个供应链中对药品的追踪，防止假药进入合法供应链，识别供应链体系中可能存在的假药，保护患者安全。

对于药品生产商来说，FMD 规定中最重要的条款就是关于在药品外包装上标识精密的产品识别及验证数据，包含防篡改闭合形式的安全措施，以及序列化标识，由一组随机产生的唯一的数字码组成，同时包含大眼识别的数字形式及机器可读的数据载体，如二维码。

在 FMD 框架下，承担验证功能的识别码由企业自主生成并标识，随之产生的大容量的数据管理工作同样需要企业自主完成。这对药品生产商的产线提出了新的要求，在保证生产速度的前提下，生产商在 FMD 限定的时间内运用各自的赋码原则，升级产线配备精密的赋码及读码系统。据统计，高达 80%制药企业使用的赋码方案无法完成 FMD 要求的赋码规范。

三、药品序列化成功经验

凭借在可变数据喷印技术的优势，多米诺一直致力于质量追踪追溯体系的研发与应用，在这一领域积累了丰富的经验。在制药行业拥有超过 20 年的赋码应用经验，多米诺生命科学（Life Science）部门一直关注药品序列化要求的更新，并全程参与欧洲 FMD 标识标准的制定。从满足 FMD 合规的核心要求，到各国相应法规规范、GAMP 自动化认证，以及一系列全球标准，多米诺及其设备始终保持与时俱进。

从产品原辅料来源、成品信息包括生产地、产线信息、销售去向等一系列数据，进行层级化记录、管理、整合，通过多米诺喷码标识设备对供应链上各环节各级产品包装上的标识，一个序列号与一个包装对应，并被记录在数据库中，可以随时对其进行验证。依据准确的产品具体信息，掌握产品流通状况，完成对药品质量追踪追溯的全闭环管理。

应对国家药品质量管理的新动向，多米诺医药行业应用经理 Vincent Dong 表示，“作为药品质量监控的重要环节，药品追踪追溯的重要性已经被多数药企所认可。在多年的药监码应用中，多米诺积累了丰富的产线经验，从针对药品一级最小包装的激光打码机（Lctser）、热发泡喷码机（TU）、热转印打码机（TTO），到二级外箱标识的热发泡喷码机（TU）和大字符外箱喷码机则是二级外箱标识，乃至同时兼顾二级外箱/三级码垛自动化打印贴标需求的打印贴标机（PALM）。借鉴多米诺英国总部在欧洲序列化标识应用中的成功经验，多米诺中国将帮助药企完成自主追溯体系的重要一环，使每一个产品都与唯一的序列号相对应，实现从药品终端追溯至原料、生产到每一级经销销售渠道和最终消费者的质量保障”。

液态食品行业中不可或缺的塑料包装

中国包装信息网

提起塑料包装，不难想到食品行业，其中液态食品在塑料包装方面的需求占据非常大的比重。

一、乳品行业塑料包装发展速度超过产品本身

在乳品行业，酸性乳饮料在中国乳品市场连续 3 年保持着 30%以上的高速增长，成为乳制品行业中发展潜力最大的品类。塑料瓶包装是酸性乳饮料所用的容器中成长最快的包装类型，其发展速度甚至超过了产品的成长率。

220mL 以下的小包装 HDPE 塑料瓶酸性乳饮料，其核心消费群是儿童。历经 10 多年的发展，小包装 HDPE 塑料瓶酸性乳饮料的市场基础扎实稳定，并且发展迅速。HDPE 塑料瓶已成为儿童酸性乳饮料的绝对主导包装形式，市场占有率高达 94%。

大于 350mL 的大包装酸性乳饮料是近两年市场上出现的新品类，其市场份额迅速增加，目标客户群为 18~25 岁的年轻女性。经过几年的发展，大包装酸性乳饮料的消费人群范围不断扩大，而 PET 塑料瓶也已成为大包装乳饮料的主导包装形式。

二、饮料行业塑料包装不可替代

茶饮料、果汁饮料以及功能性饮料经过几年的苦心经营，已经成为饮料市场上稳定、成熟的产品，现在高速中温热灌装技术为众多饮料企业提供了最

佳的解决方案，既满足了产品的增长率和安全性，又降低了饮料企业的包材成本和运行成本。

三、日化行业轻量化促进了塑料包装的快速增长

众多塑料容器供应商表示，为数不少的日化企业都对轻量化表现出了极大的关注，特别是大众个人护理品，比如采用塑料瓶或塑料罐包装的护肤产品。通常，相比注塑成型的容器，塑料瓶或塑料罐更容易实现轻量化的目标。

轻量化的塑料包装可以缓解人们对环保和可持续发展的担忧，越来越多的人选择包装更好、生产速度更快、包装本身坚固且重量减低的产品，当日化企业大批量地销售产品时，每个包装上树脂用量的小幅减少都可以为企业带来可观的经济效益，特别是在树脂原料的价格前所未有的提高的前提下，越来越多的企业对包装轻量化发出越发浓厚的兴趣。

四、塑料包装应用不断扩展市场高速扩张

根据克利夫兰行业市场研究企业的报告，称全球对塑料包装袋的需求将以每年 6.2%的速度增长，至 2018 年，市场需求总值将达 373 亿美元。这个数值的增长是由消费者和生产者的传统消费偏好而引发的，市场更偏向于传统的塑料包装形式，这可以说是一种市场消费惯性。

在市场高速扩张的中国以及其他发展中国家，塑料包装生产规模的扩大与市场需求的不断上升呈现相辅相成的趋势。报告显示，到 2018 年，亚太地区的市场预计收入是最高的。其中，食品包装（尤其是饮料包装）和药品包装将是两个主要增长极。

包装本身的便携度和设计感的不断提升也推动了市场需求：以较发达国家日本和韩国为例，包装消费群体基数保持稳定；高工业化地区以中美和南美为例，包装需求持续稳步增长；最成熟的包装市场以北美和西欧为例，需求上升趋势超过预期比率；不得不提及的最具潜力包装市场包括中国、泰国和印度，需求强劲度带动了整个包装市场的生产力。

塑料包装分类众多，应用颇广。因其便捷、成本较低等优势备受包装市场欢迎，仍将在未来很长一段时间占据非常重要的地位。而随着绿色环保等理念的倡导，塑料包装也需采取措施，积极应用新技术改进升级，以实现可持续发展。

如何控制印刷材料消耗降低生产成本

董　鹏

目前，市场竞争激烈，在无法提高售价的情况下，尽量降低成本才可以为企业谋得更大的利益，如何降低成本是现在印刷公司普遍关心的问题。印刷企业成本管理是对印刷企业在生产经营活动过程中发生的一切费用和所形成的产品成本进行组织预测、计划和控制，对成本进行科学的管理可以有效地挖掘企业自身的潜力，提高企业经济效益。而印刷工艺设计是印刷企业实现成本管理的必经之路，印刷工艺的优化对节约成本起着至关重要的作用。降低成本的方法主要有以下四点：实现企业规模的专业分化；扩大产品在市场上的占有率，增加业务量，以提高企业在市场上的产量，也就是降低产品的成本；提高管理水平，采用精简模式，控制企业的各种开支；采用新技术、新材料，提高生产效益。

企业可以根据自身的情况在以上四点中寻找适合自身的途径，但是又因为各种产品的种类、材料、生产结构的不同而使印刷工艺变幻莫测，因此上述的几个方法中用在印刷工艺线路上恐怕是不够用的，所以应该优化印刷工艺线路，这样才能更有效地降低印刷成本。

一、合理科学的设计可以优化印刷工艺

在印刷制品中，纸张的成本要占到总成本的六成，因此在保证了视觉上的美观之外，如何合理地设计纸张空间、大小、材料是节约纸张成本的关键，设计师必须明确国内常见纸张的尺寸和印刷方式。

1.纸张开度要合理

如果纸张开度选择得不合理，使得边料增加，这样纸张的利用率降低，也是一笔不小的损失。就拿市场上常见的 32 开本来说，如果切口上有很大的空白，那么就是个不小的浪费。这样的情况可以选择纸张稍微小一点的 36 开本，尽量减少不规则纸张的使用。

2.合理地选择纸张是优化工艺路线之一

纸张材料的成本在印刷成本中也占据着很大的比重，因此合理地选择纸张材料也是优化印刷工艺的方式之一。普通图书、婴幼儿图书、文艺类读物、教科书的材料都是不同的。同一种材料的纸张，克数越高，纸张的厚度就越厚，成本就越高。保障印刷的质量，不偷工减料，如果选择不合适的纸张，可能导致印刷模糊，那样就会造成更大的损失。比如需要长期保存的书籍就不能选择类似报纸一类的材料。

3.装订是一门学问

有关图书的装订方式有很多种，不同的图书种类有不同的装订形式，可以把中心跨页的空白地方留得少一点，首先是为了保证装订的美观，再者也是为了避免版面过大的浪费。

4.合理设计文字大小

在印刷之前需要合理设计文字的字体、字号、行间距等，这都直接和印刷相关。比如说原本排版为 26 字×25 行=650 字，24 万字的稿子就需要 370 面，如果改成是 26 字×27 行=702 字，只需要 340 面，这样可以节省成本。但是这并不代表纸张行间距越小越好，字数越多越好，一定要保证读者的阅读质量，要在保证这一前提下做好节约纸张的设计。

5.合理设计封面尺寸

根据图书的尺寸和厚度来设计封面，在不浪费纸张的前提下可以把勒口设置得稍微大一点，因为在制作的时候不符合纸张参数的就会造成浪费，图书印刷之后还有一个覆膜的步骤，这样也提高了覆膜的成本。在印刷行业，量极其重要，只有到一定数额的销量才有利润。

二、优化印刷工艺的步骤

印刷质量的好坏集中体现在印刷工艺的优劣中，印刷是油墨、纸张的一个良好的结合。

1.操作人员设定好油墨用量

印刷机器的操作人员应该设定好油墨的用量，根据纸张材料及版面设计对印刷机进行调节。只有结合好这几个因素，才可以使印刷达到最好的效果。应该将工艺变量降低到最小，注意色彩的平衡，这样才能有效果良好的印刷品。而这样的印刷品可提高售价，间接地降低成本。

2.避免印刷机弊病

控制好印刷的过程。印刷机一定要保证在相对长的时间内工作而不会经常性地出现故障，因为印刷机产生一点点的偏差可能就会导致印刷偏差。常见的印刷问题有粘连、色彩变化不稳定、图像部分着墨、蹭脏阴影等，为了控制好印刷质量，应该了解常见的印刷机故障，保障产品的稳定性。

在印刷过程中有几个常见的变量，如油墨温度、纸张厚度、纸张的 pH 值、印刷速度等，因此可以看出印刷机工作时存在很多的不确定性因素，出现问题时对变化量进行判断，然后根据不同的情况给出一定的解决办法。优化印刷工艺线路也是对企业管理的一个要求，这对于全线的经营都是一个良好的约束。特别是对于印刷企业来说，质量要求包括了很多环节，如产品的设计、生产准备、生产过程，一直到印刷之后的产品检验，在每一个环节上都要求严格认真，并对印刷工艺有一个良好的优化，这样才能保证最后的印刷品质量。

长期以来，由于在产品加工中存在很多的不确定因素，很多印刷企业觉得利润小，一味追求薄利多销，重数量不重质量，因而在各种环节上出现问题，造成企业损失。为了让企业在行业中占据有利的地位，适应印刷技术的发展，要提高操作人员的专业技能，充分利用各种科学设备和测量仪器，减少主观判断失误，这样才能保障印刷产品质量。

三、检查抽样

为让印刷机工作保有最佳的状态，在测试时需要工作人员用相关的仪器测试尽可能多的变化量，样本就极为重要。在印刷的过程中，工作人员一旦发现产品出现了偏差，就应该开始控制和调节，确保最后出来的产品不产生特别大的误差。在印刷操作过程中，需要不断调整偏差，因此，印刷员工在具体操作时必须耐心和细心，并提前评估变化量的影响。

总之，对于印刷企业来说，印刷的成本直接关系企业的基本利润，关系到企业今后的发展。印刷的成本包括印刷的费用、人工费用和机器损耗等，在印刷的过程中应该优化印刷的工艺路线，尽量节约资料，降低成本。同时，印刷工艺中存在很多的不确定性因素，印刷过程中应该注意操作，及时纠正偏差。印刷工艺优化在成本管理中是非常必要的，即印刷工艺的每一个环节，每一道工序，都是至关重要的。不论是设计、排版、开料，还是纸张、机器的选择和工艺的安排处理等都能影响到印刷成本。所以在进行印刷前，一定要进行印刷工艺的优化设计。

快递物流包装新举措

车　蕊

京东在2016年9月20日起正式在北上广启动纸箱回收计划，这是继2016年9月初1号店发起纸箱回收计划外的又一家电商企业加入。截至9月底，京东、1号店、菜鸟联盟、北京EMS、当当、淘宝等网联网时代的电商彰显了自身所具有的时代思维，不仅进行绿色的纸箱回收，还积极推动可降解材料的研发，为国家和社会的绿色增加了正能量。

一、京东等公司的纸箱回收计划

京东物流“纸箱回收，绿色环保”计划，9月20日起在北上广试行。

京东物流日前推出一项“绿色物流”新举措——“纸箱回收，绿色环保”计划。2016年9月20日起，在京东网购的用户收到交付的商品后，可自愿将京东纸箱交于京东的配送员进行回收再利用。这项计划将首先在北京、上海、广州三个城市试行，后续将在全国范围内陆续开放。

为了让此次计划顺利落实，京东做了大量的前期筹备工作，包括对配送员进行培训，针对纸箱回收对现有配送系统进行开发和调试、回收纸箱筛选标准和规范的制定，以及如何对回收纸箱进行分门别类的整理和再利用等。目前，京东在很多配送站已经开辟出专门区域用于纸箱的暂存。

二、1号店“1起环保·纸箱回收”计划

国内电商巨头1号店正式启动“1起环保·纸箱回收”计划，2016年9月1日起正式启动，该活动通过奖励积分的形式，鼓励用户参与快递纸箱回收循环利用。据了解，用户签收1号店自营订单包裹后，将空纸箱交给1号店配送人员，即为参与一次纸箱回收活动。每回收一个纸箱，可获赠1号店50个积分。积分可用于换购商品、参与抽奖、换抵扣券等。

三、菜鸟联盟纸箱回收计划

菜鸟联盟于2016年8月推出新的举动，即在北京、上海、广州、天津、武汉、成都、济南、金华、惠州、苏州全国10个重点城市推行了天猫超市纸箱回收。

在这些区域，配送员在投递包裹时，都会当面询问消费者家中是否有多余不用的天猫超市纸箱。获得回收许可后，配送员会把箱子带回配送站点，由站点作检查和清理，符合二次利用的纸箱继续送回菜鸟仓库。不符合要求的，则被交给专业的处理公司。纸箱在二次利用时会贴上专属标签。

四、北京邮政EMS推出的回收包装容器

今年起，北京邮政EMS同城快递推出可复用、可回收的环保包装容器，包装箱回收能攒积分换礼物。用户需要先下载注册“EMS北京手机客户端”，包装箱首次回收成功后一次性奖励50个积分，此后每回收一个获取10个积分。

五、可降解性材料的研发

京东物流作为全国最专业的电商履约平台之一，除了快递纸箱回收，京东物流还推出了全降解包装袋，推广电子签收，并成立了电商行业首家物流包装实验室，致力于环保性包装产品的研发和使用。

六、菜鸟联盟2020年替换50%的包材填充物为100%可降解绿色包材

在6月13日杭州举行的2016全球智慧物流峰会上，菜鸟网络宣布联合32家中国及全球合作伙伴启动菜鸟绿色联盟“绿动计划”，承诺到2020年替换50%的包装材料，填充物为100%可降解绿色包材。这是迄今为止物流业最大一次环保联合行动。

这一绿色联盟包括四通一达、中国邮政、俄罗斯邮政、加拿大邮政、FedEx（联邦快递）、新加坡邮政、苏宁、日日顺等中国及全球32家知名物流企业。

七、当当淀粉包装为行业立下标杆

在2016年的世界环境日当天，当当网率先推广淀粉基可降解环保包装袋，为行业立下标杆，属电商在环保行业内的跨界首场“路演”。

2016年6月，当当网新环保包装袋率先在福州仓库启用。该种包装袋是以玉米淀粉为主料的淀粉基塑料，在土壤中4个月后大部分即可自然降解，对环境污染小，并且相比传统塑料袋要节约70%的石油能耗。据悉，新环保包装袋多用于图书等商品的配送包装。

八、淘宝纸箱新样式

为让用户获得“3秒钟的快感”，2016年4月淘宝网有一在线零售商不惜重金豪掷500万元采购一种全新的快递包装箱作为该公司的快递包装箱。与传统快递包装箱不同的是，这种纸箱上没有任何胶带缠绕，直接撕开纸箱表面的“拉链”，即可无障碍开箱取出商品，整个过程最多不超过3秒钟。

九、国家推动快递业绿色包装工作政策

2016年8月，国家邮政局出台《推进快递业绿色包装工作实施方案》（以下简称《实施方案》），关于快递包装回收，《实施方案》从政策法规上将包装物回收和再利用等纳入《快递条例》和《循环经济促进法》中。

实际操作上，将主要通过建立社会化的快递包装物回收体系，在源头上鼓励快递企业使用易于回收的包装物，推动包装物的生产方、使用方和终端消费者共同参与包装分类和回收。

《实施方案》提出通过增加培训力度、规范操作流程，避免不必要的过度包装。此外，充分发挥大数据作用，加强快递企业与电商、制造业和服务业的融合，在重点领域和关键环节大幅减少不必要的二次包装。

快递包装等废弃物的回收需要有一个良性循环的生态链，政府、企业等共同参与，然后共同培养市民的意识和习惯，这次是企业走在了前面，这些企业借此动员全社会的力量，共同加入到绿色环保的行动中来，为国家和社会增添一点绿色。

快递业绿色包装工作实施方案对快递包装细分领域的影响

李 晓

在建陶、卫浴、五金、建材等房地产相关行业的包装快速下滑和鞋业、服装、家具、电子、玩具等劳动密集制造业纷纷选择东南飞的不利局面下，快递包装对稳定中国包装市场起到了中流砥柱的作用。

但是，由于快递包装的野蛮生长，导致环境污染问题越来越严重，国家正在推动快递这个“污染大户”走向绿色化。不久前，国家邮政局日前出台《推进快递业绿色包装工作实施方案》（以下简称《实施方案》）。《实施方案》明确要在绿色化、减量化、可循环方面取得明显效果，“十三五”期间，力争在重点企业、重点地区的快递业包装绿色发展上取得突破。到2020年，基本淘汰有毒有害物质超标的包装物料，基本建成社会化的快件包装物回收体系。根据方案，以下快递包装细分领域将受到影响。

一、纸质快递运单

2016年，纸质快递运单将达到史无前例的300亿张。目前国家正大力推行电子运单，目标使用率年均提高5%，预计到2020年，主要快递企业品牌协议客户电子运单使用率达到90%以上。这就意味着，未来5年时间，纸质运单面临着被淘汰的局面。

二、二次包装的快递纸箱

此前，快递包装使用的纸箱二次包装的现象非常普遍，有时一个商品外面套着三层纸箱，造成了资源的浪费。针对快递用户反映较多的“过度包装”问题，《实施方案》鼓励企业探索简约包装，减少二次包装。在邮政企业和若干家快递企业开展简约包装试点，鼓励试点企业在条件成熟时制定简约包装的企业标准，并在业内推广。充分发挥大数据作用，推动企业发展包装定制化、仓配一体化、运输标准化服务，在重点领域和关键环节，大幅度减少不必要的二次包装。

三、塑料包装材料绿色化

仅2015年，全国就使用了83亿只塑胶袋、170亿米封箱胶带和30亿件填充物。这些材料全部是不可降解的，对水土生态和人体健康造成了重大而长远的危害。目前，因为成本问题，很多快递企业使用低劣有害原材料生产塑料袋。这些材料不仅不可降解，而且还含有一定毒害作用。据了解，国家邮政局很快就会实施快递业绿色包装试点项目，评估快递包装存在的环保问题，指导企业研究制定有针对性的解决措施，优化生产流程。而菜鸟“绿动计划”提出使用绿色快递包装，初期目标是到2020年，阿里零售业务50%的包装将由100%可降解材料制成。

四、快递包装将向物联智能包装延伸

包装的功能并不局限于运输、保护和装饰，在快递业迅速发展之后，物联网技术、自动分拣、智能装卸、无人仓储、智能快递箱、无人机配送、冷链物流等无一不和包装有着密切关系。因此，延伸和拓展快递包装的功能尤为重要。未来，如何结合新技术的应用，开拓智能包装产业的蓝海，是如今摆在每个快递包装企业面前的重要课题。

受物流技术进步和中国政府大力推行电子商务的因素推动，未来几年中国的快递包装有望保持持续高增长。快递包装制造企业一定要顺应包装材料绿色化潮流，否则可能面临重大波折。

影响全球包装市场产品设计的六大趋势

编译 SoleilDu

对于现代品牌而言，阻碍其长远发展的症结在于如何处理好消费者对于品牌忠实度日益缺失的问题。其中，最好也是最常用的解决方式就是强化自身品牌形象的独特性，让品牌从市场中脱颖而出。建立辨识度高、具有强烈吸引力的品牌形象，使消费者自主建立起对品牌的认知与信赖度。也许，这就是为什么很多品牌专家都对产品包装格外重视的原因。然而，对于设计师品牌家而言，一味地迎合消费者的喜好是一件吃力不讨好的事，尤其对于包装设计而言，它所谓的评判标准其实一直在随着市场的变化而转变。

因此，各大品牌一直在不断寻找突破，试图将更多的创新与附加价值引入自身的包装设计之中。鉴于此情况，英国伦敦的市场研究咨询公司 Mintel（英敏特）发布了 2016 年中影响全球包装市场发展的六大趋势，其既涉及对品牌的重要影响，也密切与我们消费者息息相关。

一、数字包装印刷的革新和兴起（DIGITAL EVOLUTION）

数字包装印刷技术的发展，为品牌创造了前所未有的近距离亲密接近消费者的机会。比如 Coca-Cola（可口可乐）先前就推出了“ShareACoke”的产品概念，具有革新性的运用了数字印刷技术，为客户提供印有自己姓名的个性限量版饮料瓶，取得了很好的市场反响与消费者很高的品牌认可度。如图 1 所示。Mintel 指出，2016 年是数字包装印刷发展具有转折点的一年，数字印刷将不再仅仅运用于品牌产品的私人订制、限量订制化，而将因其经济实惠、更新上市周期短等优势站上主流包装市场的舞台。

图 1　可口可乐个性限量版饮料瓶

二、绿色环保生态化包装（MORE THAN“JUST”GREEN PACKAGING）

根据 Mintel 的研究，尽管已有很多包装品牌在包装的环保性设计上做出了努力，但绿色环保生态化包装的发展还有很大的潜能未被挖掘。已有的一个很好的例子是来自瑞典的广告机构 DDBStockholm 设计的名为“Rug_Bag”的包装项目。这个为服装品牌 Uniforms for the Dedicated 设计的服装外包装袋使用天然可降解的塑料制成，安全无毒又环保。同时，将它翻折可变成一个巨大的信封用来存放旧衣物，只要盖上邮戳就能将旧衣物直接寄出捐助。如图 2 所示，简单的创意与设计却为包装提供了二次利用的附加价值，绿色生态的理念加上慈善人文情怀的贯穿，为品牌形象的树立起到了十分正面的促进作用。当产品的价格与产品质量对等时，绿色环保与可重复使用性将会成为影响消费者购买欲的决定因素。因此，品牌不能低估此因素对于其品牌竞争力与营销战略的影响。

图 2　绿色环保服装外包装袋

三、“少即是多”——包装透明化、精简化（SHOW ME THE GOODS）

随着消费者自身消费与健康意识的提高，商品信息的具体化、透明化成了消费者购买商品时关注的重点。然而设计繁复花哨，信息标注混乱的商品包装与标签设计对消费者的消费体验大打折扣。据 Mintel 的调查显示，58%的英国消费者会在购买商品时查看商品原料与构成信息，76%的消费者则会关注产品人造防腐剂的添加情况。标注过多无用或虚假信息会干扰消费者的判断力和影响购买欲望。因此，能让消费者清晰看见产品状况的外包装与重点信息标注清晰有条理的标签最能赢得消费者的青睐与信任。如图 3 所示。

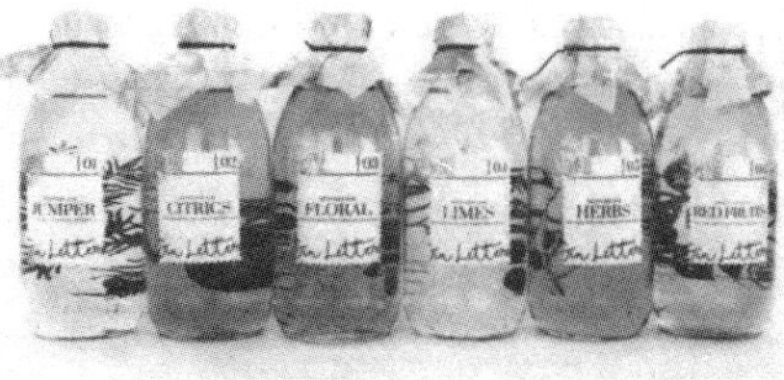

图 3　透明化包装

四、包装设计与移动设备结合

(PACKAGING MOBILE DEVICES)

近几年，随着移动端技术的迅猛发展，包装界也紧随科技潮流发展，发生着前所未有的变化。数字移动手机等现代技术的介入，使产品包装设计在信息传达与品牌宣传上依托人们日常随手不离的手机，变得更加便捷高效，还大大增进了品牌与消费者之间亲密的互动性。

例如，全球最大的威士忌品牌 Johnnie Walker 2015 年为他们的 BlueLable Whisky 发布了全新的结合新科技的酒瓶包装。瓶身上装有带有 NFC（近场通信技术感应器）的标签，所有关于威士忌的详细信息消费者全部可以通过手机靠近瓶身获得。如图 4 所示。

图 4　新科技酒瓶包装

五、可塑性、易变性强的软包装

(PHENOMENAL FLEXIBLES)

根据 2015 年 Mintel 的调查显示，32%的消费者将具有可塑性、易变性的软包装视为现代时髦的包装象征。然而如何解决“软包装时代”品牌形象的差异化、识别性是接下来各品牌、包装业所要解决的重点难题。如图 5 所示。

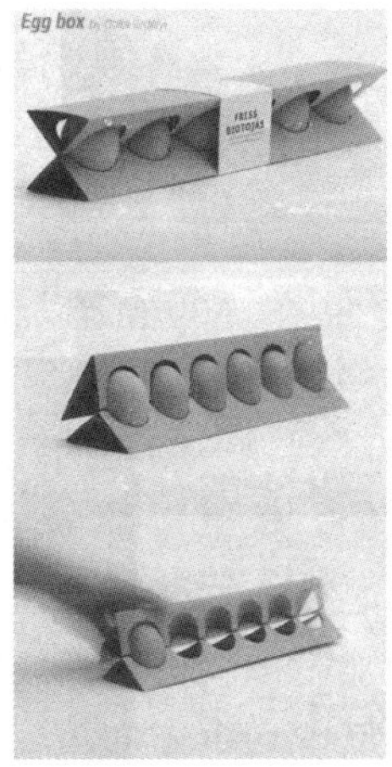

图 5　软包装

六、包装尺寸多样化与情境化

(SIZE MATTERS)

包装的设计尺寸更加重视迎合消费者的消费需求与习惯，并灵活根据使用场景做出调整，成为了包装设计的新趋势。据研究显示，39%的英国消费者更倾向于接受小瓶的酒精类饮品，而 50%上打绿色健康概念的零食则在发布新产品时才会选择小袋包装作为试吃装。因此，Mintel 提出，新的包装设计尺寸规范将会更开放、更多元化，不仅应该提供多样化的为消费者使用体验考虑的不同尺寸的包装方案，更应该设身处地地为消费者考虑到包装尺寸与使用场景的便捷性、舒适度的匹配性。如图 6 所示。

图 6　尺寸多样化的包装

当然，革新从来都是一把双刃剑，改变对品牌来说也许会带来巨大的批判与负面影响，也许会为其带来成功的市场反响，得到更高的品牌认可度，有必然性却又有更多的不确定性，成败好坏与否，都要等待市场的检验与时间的考验。

寒潮下如何确保高质量印刷薄纸

安　晓

薄纸是指定量在 60g/m² 以下的纸张，比如60g/m² 轻型纸、55g/m² 书写纸等。我们将薄纸放在强光处观察，会看到很多细小的孔隙，这是由纸张的工艺特性决定的。薄纸定量小，纸张的强度和韧度不够，易变形翘边，这些特性使薄纸在印刷过程中特别容易造成输纸故障，在高速运转情况下，容易因纸角撞击前规或递纸牙而造成重影、出褶等印刷故障。在具体操作时，应结合薄纸特点和现代印刷机的特点，做好印前准备工作，对印刷机进行正确地设置、调整，最大限度发挥薄纸的印刷适性。

一、印前外部因素的调控

一方面，要掌握影响薄纸印刷的环境温湿度。大多数印刷企业特别是北方的印刷企业，一年四季以及昼夜的温湿度差别都十分明显，车间恒温、恒湿做得都不是很到位，再加上工艺水平和操作的原因，特别容易使薄纸受到空气中水分的影响，产生荷叶边、紧边或卷曲等纸张弊病。因此印刷薄纸时，最好现裁现用，这样可最大限度地减少纸张与空气的接触时间。如果所裁纸张（包括半成品）没有立即使用，应当用保鲜膜或拉伸膜把纸张缠绕起来，防止其因接触空气而变形。为了保证纸张内部含水量的合理（6%左右），还应注意纸张的堆放位置，不宜靠墙、靠窗、靠水龙头、靠暖气（冬天），更不可露天放置，以免过于干燥而破坏纸张含水量的合理，造成纸张翘曲不平等后果。

另一方面，是在掌握薄纸印刷影响因素的基础上，针对性地对纸张进行合理调控，以免当纸张出现卷曲、翘曲等现象时，影响印刷、裁切加工的进度和质量。纸张容易出现的弊病主要是由纸张含水量与环境温湿度不平衡造成的，可采取以下方法解决。

1.除湿法

利用空调的除湿功能去除室内空气中多余的水分，就可以有效达到除湿的目的。印刷车间的标准环境为温度 20℃左右、相对湿度 55%～65%。

2.砸页法

如果纸张印刷后出现卷曲现象，可用砸页法加以解决，将所切印张翻身，用手工“砸纸”的方法把卷曲的印张敲砸出许多折线，利用折线与折线之间产生的支撑力，强行改变弯曲的印张，使之相对平整。

3.晾纸法

晾纸法是利用晾纸机将裁切后的纸张或者没有裁切的纸张通风吹晾，使纸张内部的湿度和空气湿度保持相对平衡，使纸张的含水量符合印刷要求并保持稳定，保证其在印刷和印后加工中不易变形。这样既可提高印刷质量，也能给印后加工减少很多麻烦。

二、输纸台板的设定

输纸台板的合理调节是保证输纸准确的前提，必须设定好输纸台板各个部件的位置。

（1）过桥轮一定要调节得稍松一点，起落一致，以防止纸张变形。

（2）对于有输纸线带的印刷机，输纸线带的张力一定要一致，线上的压力一致并稍轻一些，否则易造成纸张变形严重、歪斜，引起严重的输纸故障。

（3）对于带有真空输纸线带的印刷机，调整时尤其要注意。一方面，真空输纸线带的负气压要比自动设定的数值低一些，能达到设定的 1/3 即可，必要情况下可以为零。这是因为我们国内纸张和欧美纸张的质量是有差距的，而设定标准是按照欧美纸张制定的；另一方面，前规制动轮的吸风量也要相应减小，减小到原先自动设定的一半左右即可，否则容易使纸张中间起凸，光电检测到纸张晚到或歪斜，印品要么出褶，要么重影。

三、印刷速度的设定和输纸吸嘴的调整

1.印刷速度的设定

印刷薄纸时，印刷速度稍快一点较好，这样收纸系统和输纸系统会更平稳。但印刷速度过高，薄纸容易与前规迅速接触而变形。一般来说，对于印刷速度最高为 1 万印/小时的机台，印刷薄纸时速度设为 7500 印/小时左右较好；对印刷速度最高为 1.5 万印/小时的高速机台，印刷薄纸时速度设为 9500 印/小时较好。

2.输纸吸嘴的调整

分纸吸嘴的风量尽量要小，印刷薄纸时不要嫌麻烦，可以换成印刷薄纸用的小孔状皮圈（海德堡印刷机一般配有专门印刷薄纸的皮圈），效果会更好。另外，压纸钢片也要换最薄的那一种。

（1）分纸吸嘴位置要提高，以刚好能吸起一张纸为宜，能调节压纸脚高低的则适当调高压纸角，以增加分纸吸嘴与纸张的距离。

（2）压纸脚与压纸钢片要适当增加压纸长度，在标准压纸长度的情况下多压 lmm。

（3）纸垛离挡纸舌的位置要比标准情况低一些，以减少纸张往前窜的可能性。

（4）松纸吹嘴与压纸吹嘴的吹风量一定要小，以防止吹乱纸张，使其能刚好吹起 5~10 张纸为宜。

（5）分纸吸嘴要适当倾斜，使分纸吸嘴的平面与纸张平行，减少纸张破口现象的发生。

（6）递纸吸嘴适当提高高度，以回程时皮圈不蹭到纸张为宜。

（7）侧吹风量要小，吹嘴位置要低，以纸张刚好蓬松为宜。

（8）叼口处两侧的吹风量要适当加大一点，以吹起 20 张纸左右为宜，防止因挡纸舌阻挡纸角而造成纸张出褶。

（9）及时清理叼口处的纸灰，以免影响光控灵敏度，导致机器无故停机。

印刷机在使用过程中的质量控制要点

季　严

影响胶印质量的因素有很多，在日常生产中较难控制，需要日积月累的工作经验来作保证。在此，笔者根据操作小森印刷机多年来的实践经验，总结小森印刷机在印刷过程中的质量控制要点，与大家分享。

一、初始印刷阶段的样张检查

（1）样张墨色的检查。检查样张时应从纸张的叼口开始，向两旁并朝拖梢方向全面观察，扫视整个画面有无质量问题，墨色是否符合标准样张。如果整个画面或局部区域墨色不符合标准样张，应及时予以调整，调整手段不能只限于调节墨量，同时也应考虑水量大小。

（2）样张规格尺寸的检查。在检查样张墨色后，应迅速检查样张上的丁字线是否符合要求，尤其是正反面都印图文的样张，应同时检查正反面丁字线、叼口大小是否一致。

（3）网点的检查。在初始印刷阶段，应借助放大镜对比印刷样张和标准样张之间的点线差别，观察印迹点线是否空虚，是否有明显增大以及纵横向的变形、重影等质量问题。如果发现类似质量问题，应及时分析原因，并予以调整和排除。

（4）其他质量问题的检查。除了需要对样张墨色、规格和网点进行检查外，对经常出现的各种质量弊病的检查，也是初始印刷阶段需要做的一项重要工作，一旦发现异常，应予以排除。

二、正常印刷阶段的样张检查

（1）当水墨平衡逐渐稳定后，抽样频率一般应为 3 次/500 张。由于印刷过程中各种理化因素复杂多变，所以对样张的检查重点仍是墨色和规矩。检查墨色时，可以将样张两边与中间部位进行比较，或者将样张前后进行对比，并与前几次抽取的样张进行比较；如果有变化，可对供墨量进行微量调整。检查规矩时，应抽取 2~3 张样张，将其叼口撞齐后摊开，观察丁字规矩线是否一致，前规、侧规的定位是否准确；如果发现不准，应及时查明原因，并予以排除。

（2）经过一段时间连续印刷后，纸张的纸粉、纸毛及油墨中的细小墨皮等极易黏附在印版或橡皮布上，造成样张上的线条或印迹发粗发毛，层次逐渐不清，轮廓模糊。当发现样张上出现这种情况时，应停机擦去印版或橡皮布上黏附的异物。而且为了防止停机引起墨色的深浅变化，一般要过 8~10 张过版纸后再继续印刷。如果因黏附的异物较多而影响印刷质量时，则应清洗印版和橡皮布，同时应观察印版发亮处的细小点线是否出现磨损，是否需要换版。

（3）此外，还应注意和检查样张背面是否有黏脏现象。一般来说，样张不宜堆积得过高，否则会造成背面黏脏。

三、水墨平衡的掌控

供水量大小与墨色的关系：供水量大小直接影响到印品的墨色深浅。因此，在初始印刷阶段，除了要频繁观察样张外，还必须勤观察和控制版面水量大小。供水量过大或过小都会使印刷质量下降。当供水量过大时，水会逐渐转移到墨辊表面，形成一定厚度的水层，阻碍油墨的正常传递，使得印品墨色逐渐减淡。相反，当供水量过小时，则印版空白部分不能抗拒对油墨的吸附，引起版面起脏，墨色加深。需要注意的是，不能单纯依靠减少或增加供水量来调节墨色。经验表明，在实际生产中，在保证印版不黏脏的前提下，应把供水量控制在尽可能小的范围内，并使供水量与供墨量处于比较稳定的状态，这样就能保证印品墨色前后深浅一致和印刷作业稳定。

四、水量大小的鉴别

在日常印刷过程中，操作者往往会凭借目测版面发射光量的强弱来鉴别水量大小。这是因为一定厚度的水膜，能将印版表面的砂目填平，减少漫反射量而增加反射光量。但这种方法也有一定的局限性，这是因为受不同印版图文部分面积和空白部分面积比例、版材类型，以及灯光强弱、观察位置角度等因素的限制，版面水量大小的判断标准会不同。

故而在日常印刷作业中，还可以从以下几点来判断版面出现水量过大的情况：用墨刀在墨辊上铲墨，墨刀上留有小水珠；传墨辊上有细小水珠，墨斗槽内有水珠；版面经常出现浮脏，停机较久后印版仍没有干燥；叼口处的印迹呈波浪形，墨色黯淡无光泽；样张卷曲，软绵无力，收不齐；橡皮滚筒拖梢处有小水珠；停机后继续印刷时，印品墨色与停机前有较大差别。

五、控制水墨平衡

（1）掌握水少墨厚的原则。水少是以版面空白部分不黏脏为前提的，墨厚也是建立在水少的基础上。在一次供水供墨中，会发生三次水墨的混合和乳化，要保持水和墨之间严格的分界线是不可能的。因此，胶印中的水墨平衡只能是一个相对概念，完全理想的水墨平衡并不存在，只要达到两者最佳的平衡状态，就能印出理想的印品。

（2）一般来说，当采用 PS 版、表面光滑的纸张印刷，以及印刷速度快时，供水量相对刚一些。

（3）环境温湿度不容忽视。为了尽可能保持印刷前后墨色一致，应注意油墨下墨量的变化，尽可能使油墨的流动性保持相对稳定。

（4）控制润版液的 pH 值。在印刷过程中，润版液的 pH 值应保持在 5~6。

（5）其他。如果整个印品画面墨色偏深或偏浅，可通过调节墨斗辊转角进行处理；如果印品画面局部区域墨色过深或过浅，可通过调节个别墨斗螺钉来调整。操作者必须经常用墨刀搅拌墨斗内的油墨，使下墨顺畅，保证供墨正常。另外，应注意墨斗中保持一定的墨量。如果墨斗中的墨量过少，油墨不能全部一致地接触墨斗辊，会造成局部区域的印刷图文变浅。当水墨基本平衡后，如果版面局部水量较大或印版两边空白处水量较大，可运用水斗槽上的吹风装置或贴小纸条的方法，对水量较大的局部图文处或空白处对应的水斗辊进行处理，以减少水斗辊局部区域的供水量。

总而言之，在印刷过程中，操作者必须坚持三勤操作，即勤检查样张，勤观察版面水量，勤搅拌墨斗内的油墨，使水墨平衡始终处于正常稳定状态，这样才能保证印刷质量的稳定和印刷工作的顺利进行。

包装业迎来新繁荣，四大现状仍需警惕

依 依

社会资源有望重新向农业、食品行业聚集，与之息息相关的包装行业也将重新繁荣起来。2015 年，包装原纸涨价、智能终端包装由盛转衰等问题出现在行业中，所以新的一年中国包装业要警惕。

地产和基建大跃进告一段落之后，社会资源有望重新向农业、食品业等领域聚集，而包装行业一直是食品行业的一部分，与人们的生活息息相关，从而包装行业也将迎来新的繁荣。

2016 年，中国面对着去产能、去库存、去僵尸化和治理雾霾等重要挑战，因此，包装行业的下游客户在 2016 年的发展前景难以预料，包装行业的风险恐怕仍会居高不下。总的来说，新的一年中国包装行业要警惕以下几个方面。

一、原材料疯狂涨价

从 2015 年 10 月开始，包装原纸涨价风似乎越刮越猛。刚刚过去的 2015 年 10 月、12 月、2016 年 1 月，国内纸业连续提涨包装纸价格。参与涨价的厂家几乎囊括国内的大型造纸企业，如玖龙、理文、建晖、金洲、银洲、吉安集团、永丰余、景兴、联盛、山鹰等。

从 2016 年开始，上海、江苏、北京等地的排污费成倍上涨，可能使大型造纸企业将上涨的成本转嫁给了下游的包装印刷厂。2015 年，雾霾肆虐了中国主要的工业聚集区，导致京津冀、山东、河南、江苏等地大批纸业停产限产，也直接推高了纸价，2016 年雾霾或仍将是推涨纸价的重要因素。此外，人民币贬值预期不断加大，鉴于中国有一半造纸原材料来自进口，未来原纸涨价的风险更是加剧。

二、智能终端包装由盛转衰

2015 年，智能终端行业的繁荣成为中国包装市场的定海神针，但进入 2016 年，中国智能终端的增长可能出现逆转。

首先，中国智能手机基本上已经普及完成，未来的市场增长空间极为有限。另外，中国经济下滑超乎想象，国内消费者的购买力被高房价、高房租和股市暴跌消耗一空，中国智能终端市场或出现反转。其次，三星将智能手机产能转移到越南，华为、小米、vivo、一加、TCL 等纷纷在东南亚建厂从 2015 年 10 月开始，珠三角智能手机产业链出现了数十家大厂倒闭。2016 年，中国大陆智能终端产业恐面临订单大幅萎缩的局面，中国的包装企业必须清醒认识到这一严酷的现实。

三、内需继续走软，包装印刷市场恐受拖累

2015 年，随着大量 P2P 平台跑路，股市三番五次割韭菜，一线城区楼市再一次疯狂，压在国人头上的四座大山不但没有丝毫减轻，反而平添了釜底抽薪的负能量。2016 年及以后若干年，中国的内需恐将持续疲弱，这一点对包装印刷行业将十分不利。

进入 2016 年，农村经济已经连续多年萧条，加上大量在外打工人员失业，占据 6 亿人口的农村内需市场呈现衰竭之势。而城市居民普遍为房贷车贷压身和收入缩水而煎熬，未来一年，内销的电器、鞋服、日化用品等产品的包装难以回暖。

四、全球经济衰败和 TPP 对外贸影响巨大

新年伊始，全球股市率先引发大动荡，中国股市四次熔断并狂跌 18%，美国股市也蒸发 1.7 万亿美元。巴西、俄罗斯、阿根廷等国经济一落千丈，澳大利亚、日本及欧盟等国也受到中国经济火车头失速的影响。从各方面的分析来看，2016 年世界经济或将是更加萧条的一年，在 2015 年堪堪保平之后，中国的出口贸易有可能出现 30 多年来的首次负增长。

当地时间 10 月 5 日上午，跨太平洋伙伴关系协定（TPP）12 个谈判国在美国佐治亚州亚特兰大举行的部长会议上达成基本协议，一个规模占全球四成的巨大经济圈应运而生。从各方解读来看，TPP 被认为是专门针对中国的协议。虽然达成协议到真正实施还需要两年时间，但在协议鼎定的情况下，可能引爆外资企业撤离中国潮，这对中国的包装行业将造成重大打击。

食品包装存在诸多隐忧　修订包装标准势在必行

包　文

近年来，食品安全不断被人提出来，但食品包装这一领域往往被忽略。合格的食品包装不应该只是简单的外包装，还应该在满足卫生性的前提下具有足够的强度、韧性，具有食品保鲜、保水、延长保质期的作用。

食品包装上的生产日期还没过期，但是里面的食物却已经变质，表里不一的情况想必大家都有所经历。近来，食品安全一直备受大众的关注，成为舆论的焦点。

尽管有关食品安全的各类法规、条例不断推陈出新，但食品包装这一领域往往被忽略，食品包装的标准过低，同时也不尽规范。对此，业内人士建议加快食品包装的标准修订，从包装环节保障舌尖上的安全。

辽宁省政协委员、中国包装联合会副会长郭瑞林说：“我们一年也用不上几回的药品生产标准那么严格，然而我们每天要吃的食品生产管理却面临很粗放的现实，食品和药品的审核都应按照严格的标准来管理。”

郭瑞林说，保障食品安全应从源头建立全链条食品安全保障体系。我国当前食品包装的标准相对滞后，90%的食品包装仍使用传统复合材料，其缺点是有害残留较高，在运输过程中易破损，造成食品被二次污染。而欧美发达国家 90%的食品包装采取的是高阻隔包装新材料，透氧率低，更安全、更清洁，这也是我国食品领域供给侧改革的瓶颈。加快食品包装的标准修订，是从包装角度保障食品安全。

鞍山钢铁集团公司总医院医生程野说，合格的食品包装不应该只是简单的外包装，还应该在满足卫生性的前提下具有足够的强度、韧性，具有食品保鲜、保水、延长保质期的作用。

对此，郭瑞林建议在食品行业大量采用多层共挤阻隔膜包装，不仅可以减少因包装材料造成的保质期过短的巨大浪费；还可以减少食品中防腐剂的使用，从而使食品中的有害残留物大幅度降低。

据悉，辽宁正在加紧制定即将出台的《辽宁省食品安全条例（草案）》，这将是该省史上最严问责食品安全条例。将明确提出针对发生食品安全事故等 12 种情形、未及时消除风险等 12 种情形，分别对政府、食品安全监管部门的直接或相关负责人给予严肃追责处理。

国内糖果包装市场未来发展趋势

这几年年味渐淡，但却少不了要置办年货，买上几种口味独特、老少皆宜的糖果自然是情理之中的事。说到糖果，它的包装便不得不提。但是，由于技术上的落后，我国糖果包装行业与发达国家始终存在差距。

糖果、巧克力的包装主要有三个作用，一是保护产品应有的光泽、香味、形态，延长货架寿命；二是防止微生物和灰尘污染，提高产品卫生安全性；三是精美的产品包装可以提高消费者的购买欲望和商品价值。

目前，国内糖果、巧克力的包装形式主要有扭结式包装、枕式包装、折叠式包装。扭结式包装是最古老的包装形式，这种包装形式多用于糖果，不仅可以通过高速、自动化的包装机来完成，也可以通过手工操作完成；枕式包装在国际上流行于 20 世纪 70 年代，国内从 80 年代开始流行。由于枕式包装机比较普及，目前多数糖果、巧克力生产企业均采用枕式包装。而折叠式包装，多用于巧克力产品，糖果适宜做成卷包、条包、盒装，这种包装形式对包装设备和包装材料有较高要求。

一直以来，我国糖果、巧克力的包装水平与发达国家相比还有较大差距，主要问题是包装装备水平低，包装材料种类少，包装质量不高。要想缩小这个差距，只有走技术革新之路，朝着包装机的高速自动化、一机多能化及包装设计特色化方向发展。

一、糖果包装机需高速、自动化

市场经济下，糖果企业竞争激烈，利润越来越薄，提高生产效率、降低成本是发展的关键。据了解，糖果、巧克力制造商在对标准化产品进行包装时，一般都需要高速、自动化的包装机，以追求规模经济的包装成本优化。因此，近年来包装机制造商研制开发出适合不同类型产品的高速、自动化糖果、巧克力包装机，例如，针对传统枕式包装和一些适合双扭结类产品用的扭结包装机等。在这类包装机上，制造商采用了最新技术，如伺服电机、光电跟踪、高速摄像等。

二、顺应市场变化满足个性化需求

“优胜劣汰、适者生存”是大自然普遍的竞争法则，糖果包装行业也是如此。高速、自动化的生产设备的确可以满足市场对糖果产量的需求，但在满足消费者个性化选择的时候还略有欠缺。这就要从糖果的外包装上下功夫了。如果产品定位为高端礼品，那么包装形式就要吸引人，设计高档，如纸制、木制或金属的包装盒都是上选。对于大众消费类产品，包装形式则应相对简单，如枕式袋的包装就颇受商家青睐，其形式简单，技术成熟，包装效率高，且价格便宜。

三、创意依然是糖果包装的宠儿

现在，不同产品间的区别界限正日渐模糊，已经很难单凭包装分辨出哪些是糖果，哪些是其他食品了。而传统糖果品牌拥有一批忠实的消费者后，少有动力再去开发新市场。这两者之间存在矛盾。所以，在糖果市场，不管你是传统企业还是新晋品牌，都要不断创新。好的创意往往能对销量产生意想不到的效果。

四、环保糖果包装生命力日益旺盛

环保是各行各业发展的大趋势之一，糖果作为快速消费品，肩负着环保的重任。在糖果生产过程中，包装是其对环境带来的最大污染物之一。因此，在环保的大环境下，糖果包装也将趋于绿色无污染。目前，市场上已经有一些糖果企业开始使用可以食用的糖果包装及可降解包装材料，但遗憾的是由于推广和技术上的限制，环保材料的糖果包装依旧没有形成市场主流。可以预见，未来这块将有很大的市场增长空间。

全线自动化升级是食品包装机械行业的趋势

姜　明

食品包装机械行业的趋势是从食品包装机械设备的工艺技术上进行规范提升，进行全线自动化升级，甚至能够普遍地达到全线自动化，尽量避免人工。

一、奶制品包装内外引思量

以牛奶包装为例，不管是纸盒装、塑料袋装还是塑料桶装，在本质上是没有任何区别的。因为用于包装牛奶的纸盒，为了防止渗透，内外都覆了一层塑料薄膜。这3种包装形式，与牛奶直接接触的，都是塑料。

在消费者眼中，只将牛奶包装分为纸盒和塑料，认为纸盒比塑料更环保，因此在购买时，即使价格略贵，也会偏向纸盒装牛奶。专家称，这其实只是消费者的一种心理因素，主观上形成的一个误区。当然，消费者如果因此而担心牛奶的饮用安全性，是大可不必的，因为只要包装材料得当，就能保证牛奶的品质。

在盒装奶和袋装奶中，奶膜的选用变得非常重要。奶膜所用到的材料多为PE共挤膜，对氧气必须具有高阻隔性，否则会影响牛奶的保质期。供应商应严格使用食品级原料、环保型油墨，检测时严格执行规定的标准，从而确保产品的品质。同时，油墨的选择是另一个重点，比如苯溶性油墨，成本较低，印刷出来的图案也更为美观，但是现在生产商都采用醇溶性环保油墨，因为苯溶性油墨含有致癌物质，已被行业禁用。

二、牛奶带包装煮是否易中毒

最近网上有人说，带着包装煮牛奶会造成铝中毒。因为牛奶包装袋内侧有一层铝箔，但只有很薄的一层聚乙烯膜覆盖。在煮的过程中，聚乙烯膜在高温下会发生破损，导致铝析出，最终引起慢性铝中毒。

为此，相关人员购买了一箱牛奶进行模拟带包装煮牛奶的情况。分别采用不加热、加热2分钟、加热10分钟和外包装破损加热4种方式进行试验。最终带着4个检测样品来到国家食品安全监督检验中心进行检测。经过工作人员的检测，结果显示这4种样品都未检出铝超标，铝含量都小于0.1mg/kg。

中国复合材料学会的专家解释说，铝箔包装的最里面一层聚乙烯膜（PE膜），普通水煮沸腾的温度不足以把它溶解和破坏，因此不会检出铝。铝材料也是相对比较稳定的，它并不是特别活泼的金属。

所以，仅仅通过简单的煮沸，它是不会发生化学反应进入食品中的。不过，这种软质材料的包装，也是为了便于我们购买和携带，并不是用来作为加热容器的。所以消费者要饮用热牛奶的时候，还是建议从包装袋里倒出来。另外，这种铝箔包装的牛奶是绝对不能用微波炉加热的。除此之外，过度加热牛奶是会破坏牛奶营养的。

三、确保食安包装机械自动化趋势成必然

若想确保食品包装的安全性，首先就要从食品包装机械设备的工艺技术上进行规范提升，进行全线自动化升级，甚至能够普遍地达到全线自动化，尽量避免人工，这才是大势所趋，行业必然。

目前，包装机械自动化这一市场趋势已经显现，但单机自动化产品已经不能满足用户的需求，用户需要多台包装机械之间具备联网功能，以便更好地满足连接ERP和MES等现代化要求，继而达到机械设备的高产量和高使用率要求。

对于从事包装机械制造的企业来说，应该将更多的注意力放在如何优化设备上，设备优，则质优，质优才会有长久的发展。如果注意力主要放在价格上，则发展会受到很大的限制。同时我们也清楚地看到这些领域的市场竞争越来越激烈，企业要想做强做大，需要走知识产业的道路。实现在产业机械自动化领域的突破正是走知识产业道路的重要途径。

目前，工业机器人、微电子、电脑、智能型和图像传感技术也将会得到越来越广泛的应用，以促使包装机械日趋自动化和网络化。所以在未来的发展中，食品包装行业只有采用先进的技术才足以提升自身的竞争力，保证企业可持续发展。

塑料软包装干式复合的常见问题及解决方法

蒋　鑫

干式复合，就是采用双组分的聚氨酯黏合剂，对两层基材薄膜进行黏合的一种工艺方法。它操作简单，层间搭配灵活多样，被广泛应用于塑料软包装材料的复合中。干式复合技术的好坏直接影响着塑料包装的质量。因此，一定要认真做好生产工艺中的每个细节，避免出现复合故障。影响干式复合技术的因素有很多，以下是干式复合在应用中常见的复合问题及解决方法。

一、上胶量的大小问题

（1）原因：涂胶辊。

解决：上胶量过小时，改用线数少的涂胶辊；上胶量过大时，改用线数多的涂胶辊。

（2）原因：工作胶液的浓度。

解决：上胶量过小时，提高工作胶液的浓度；上胶量过大时，降低工作胶液的浓度。

（3）原因：刮刀角度、压力。

解决：上胶量过小时，调小刮刀角度和降低刮刀压力；上胶量过大时，调大刮刀角度和增大刮刀压力。

（4）原因：上胶压力。

解决：上胶量过小时，调小压辊压力；上胶量过大时，调大压辊压力。

（5）原因：复合线速度。

解决：上胶量过小时，降低复合线速度；上胶量过大时，升高复合线速速。

二、复合膜有小气泡

（1）原因：基膜表面张力太小，浸润性差，上胶不均匀，没胶的地方产生空当、气泡。

解决：选择大于或等于 38mn/m 的薄膜，即上料时必须用电晕值为 38mn/m 的电晕笔进行测试。

（2）原因：复合辊的压力不足或钢辊表面温度太低，胶黏剂活化不足、流动性不足，同样网点胶粒流不平，有微小空隙，造成极小的气泡。

解决：提高压力，增加表面温度。

（3）原因：复合辊与膜之间角度不适宜，包角过大，易引起皱折甚至小泡。

解决：改变包角，尽量按切线方向进入复合辊。

（4）原因：有灰尘黏附在膜的表面，尘粒将两层膜顶起，形成空当，造成气泡。

解决：注意复合环境清洁。

（5）原因：胶黏剂中混入少量水分，发生反应，生成二氧化碳，形成气泡。

解决：溶剂、环境湿度保持干燥，消除产生二氧化碳的原因。

（6）原因：残留溶剂多，溶剂气化形成气泡。

解决：提高干燥箱的温度，加大吹风、排风量，加强干燥能力，减慢机速，不使用慢干性溶剂。

三、复合物起皱

复合好的产品，出现横向皱纹。

（1）原因：两种材料在复合时张力控制不适宜，其中一种太大，另一种太小。

解决：调整材料张力，使两种材料的拉伸量相同。

（2）原因：残留溶剂太多，胶黏剂干燥不足，黏结力太小，产生位移，造成起皱。

解决：加强干燥能力，减慢机速，不使用慢干性溶剂。

（3）原因：胶黏剂本身初黏力不足。

解决：选择初黏力高的胶黏剂。

（4）原因：涂胶量不足，引起黏结力不好；涂胶量不均匀，引起局部出现皱纹。

解决：调整涂胶辊规格、工作胶液浓度，确保上胶量足够且均匀。

（5）原因：收卷张力太小，卷不紧，复合后有松弛现象。

解决：增大收卷张力。

四、复合物黏接牢度不好

（1）原因：胶黏剂的品种与复合基材配合不当。

解决：胶黏剂对复合材料有选择性，需根据材料来选择适合的胶黏剂。如若有铝箔，且最终用于液体、酸辣食品，如榨菜、雪菜、果汁等，则要选用抗酸辣的铝箔专用胶黏剂。如若复合袋要经蒸煮杀菌，则要选用高温（1200℃或 1350℃）蒸煮型胶黏剂，而不能用一般胶黏剂。

（2）原因：复合时的钢辊表面的温度太低，以致胶黏剂活化不足，复合时的合力不高。

解决：提高复合钢辊的表面温度，根据材料的耐温性，选择复合温度在 60℃~85℃。

（3）原因：上胶量不足。

解决：调整涂胶辊规格、工作胶液浓度，提高上胶量。

（4）原因：胶黏剂对油墨的渗透不佳，涂在油墨的表面，使油墨与基材之间的黏合牢度不好。剥离时油墨被胶黏剂拉下来，特别是满版油墨印刷。

解决：选用低黏度、高固含胶黏剂，它的干燥速度慢，胶液能充分渗透油墨到达基材表面，使复合强度增强；选用与材料附着力高的油墨；提高基材的表面张力。

（5）原因：薄膜的表面电晕处理不好，表面张力值过低。

解决：更换材料，没达到工艺要求的不用。

（6）原因：残留溶剂太高，复合后气化造成微小气泡，导致黏合力下降。

解决：提高烘箱的干燥能力；减慢复合线速度；不使用低沸点溶剂。

（7）原因：复合熟化不够；导致黏合力不足。

解决：保证胶黏剂的熟化时间，提高熟化温度。

（8）原因薄膜中添加剂导致黏合力下降，一般吹膜时 PE、PP 大多要加入一些热稳定剂、抗氧剂、防黏剂、开口爽滑剂，当温度升高时析出，造成黏合力下降。

解决：更换添加剂含量小的材料；降低熟化温度；选用抗添加剂好的胶黏剂。

五、镀铝层转移

镀铝层“迁移”就是对镀铝复合产品作层间剥离时，镀铝层大部分转移到其他薄膜上。

（1）原因：镀铝膜本身质量问题，即铝层附着力太低（检查时可用胶纸拉试）。

解决：更换镀铝层附着力高、质量好的膜。

（2）原因：胶黏剂不适合镀铝膜的复合。

解决：选用分子量适中、分子分布比较均匀、溶剂释放性好、涂布性能佳的黏合剂。分子量小的黏合剂，虽涂布性能好，但分子间活动能力强，会透过极薄的铝层破坏涂层。

（3）原因：工作胶液中固化剂比例过高，胶层硬。

解决：增强胶膜的柔软性。配制胶液时，适当减少固化剂的用量，使主剂与固化剂的交联反应程度有所降低，从而减少胶膜的脆性，使其保持良好的柔韧性和伸展性，有利于控制镀铝转移。

（4）原因：熟化时间过长，温度低。

解决：减少熟化时间，镀铝膜的复合产品应提高熟化温度，采用高温短时的熟化方式，一般在 50℃~60℃，切勿低温长时间或自然熟化。

六、袋的开口性差

（1）原因：内层薄膜开口性差。

解决：选用含有抗粘连剂的薄膜或选用吹膜。

（2）原因：卷取张力过大。

解决：降低收卷张力。

（3）原因：涂胶量过多。

解决：适当降低上胶量。

（4）原因：固化温度过高。

解决：固化温度不能超过 60℃。

（5）原因：固化时间过长。

解决：缩短固化时间。

（6）原因：冷却时间不够。

解决：固化结束后，在室温下冷却复合物到常温时才可制袋。

七、隧道现象

（1）原因：基材有皱折。

解决：选用无皱折的基材。

（2）原因：两基材的张力控制不当，收缩率相差太大。

解决：调整烘箱与后放卷的张力，使其配合适当。

（3）原因：烘道温度过高，使薄膜材料变形。

解决：降低烘箱温度。

（4）原因：基材厚薄相差大。

解决：选用质量高的基材。

（5）原因：各辊筒不平行，材料出现部分位置拉伸现象。

解决：检查辊筒平行。

（6）原因：上胶量太大，胶层难以干燥，初黏力低。

解决：在满足工艺上胶量时，适当降低上胶量。

八、溶剂残留量过高

（1）原因：干燥箱的干燥能力低。

解决：升高烘箱温度，加大吹风、排风量，提高干燥能力。

（2）原因：复合速度过快。

解决：降低复合的线速度，有利于干燥。

（3）原因：使用了慢干性的溶剂，或溶剂中含有慢干性的溶剂。

解决：不使用慢干性的溶剂，更换纯度不高的溶剂。

（4）原因：上胶量过多。

解决：在满足工艺上胶量时，降低上胶量。

解读金属油墨撬动印刷市场的奥秘

杨忠敏

所谓金属油墨是指用细小的金属薄片代替传统油墨中的颜料或染料配制而成的，具有独特金属闪亮效果的油墨。人们常说的金属油墨主要是指银墨和金墨。银墨由铝颜料配制而成；金墨一般由铜颜料和锌颜料按不同的比例配制而成，通过控制和改变它们的配比可以生产出青金、青红金、红金油墨或是所需要的彩通专色。新的金属油墨是利用大的金属薄片粒子反射光而使油墨具有光泽。金属颜料用途广泛，可以通过不同的工艺实现金属效果，如代替烫银等。与烫印和镀铝膜印刷等工艺相比，金属油墨印刷还具有生产速度快及成本低的优势。所以现在很多的消费品包装，如食品、饮料、化妆品等，都大量使用金属油墨以刺激眼球。而在应用上也比较方便，因为不需要添加或改造设备，可以像使用普通油墨一样进行生产，提高效率，而又能节省成本，因此广受业内人士的欢迎。

一、金属油墨的功用与结构特点

金属油墨指用金属颜料配制的油墨，有金属的光泽，一般说的金墨、银墨即是这类油墨。金属油墨的颜料主要是金粉和银粉（铜粉和铝粉），也可加入其他颜料以产生具有特殊色彩的油墨，称之为着色金属油墨。铜粉在黏结料呈酸性时和其中含有微量的硫反应容易发黑；印刷后与大气中的硫作用也会慢慢失去光泽，因此，金墨也可采用铝粉加染料来做颜料，只是光泽略差。金属油墨的黏结料一般采用酸值和胺值极低的树脂，以免影响油墨的光泽，如乙基纤维素、硝酸纤维素、聚醋酸乙烯、酮树脂、聚酰胺树脂，并加入一些蜡类物质以改善颜料的悬浮状态。金属油墨也可配制溶剂性的，常常现配现用，溶剂的极性无须太大，否则颜料会因过度润湿而容易沉淀。二甲苯、异丙醇溶剂等都可以作为金属油墨的溶剂。

一方面，金属油墨可达到昂贵材料的效果，例如铝箔或镀金材料。另一方面，金属颜料用途广泛，可通过不同的工艺实现金属效果，如代替烫银等。过去 10 多年，金属油墨技术在印刷的方便性和灵活性上也有了很大的改进，而且成本上也具有优势。由于金属油墨中金属颜料的含量一般较普通油墨多 2~4 倍，所以金属油墨比普通油墨的价格要高出很多。但是为了实现良好的金属光泽，油墨印刷仍然得到了包装印刷行业的欢迎。

金属颜料的光学特性与普通颜料的光学特性不同，所以生产出来的金属油墨的光学特性也与普通油墨有很大的区别。普通油墨的颜色不会随观看角度的不同而变化，但金属油墨的色相和亮度则会因观看角度不同而有所改变，所以在使用仪器量度专色金属油墨时，也不能用一般分光密度仪，而是要用专门测量反光金属的特别分光密度仪，以免颜色不准。

金属油墨中的金属颜料具有特殊的金属光泽，在包装印刷尤其是香烟包装印刷中得到了广泛的应用。由于金属油墨的组成和制造工艺等与普通油墨有很大的不同，因此其性能与普通油墨也有较大区别。这主要有如下表现：与普通油墨相比，金属油墨的颗粒径一般是普通油墨颜料颗粒的 2~3 倍，并且金属颜料的粒径越大，金属感越强。由于胶印金属油墨的平均粒径较小，一般情况下，胶印金属油墨的平均颗粒径为 5μm，而凹（柔）印金属油墨、网印金属油墨和扫金工艺金属油墨的平均颗粒径分别为 10μm、20μm 和 30μm，因此金属油墨胶印的金属感比金属油墨凹印及扫金工艺的金属感要差一些。金属油墨制造过程中，在研磨时加入的硬脂酸对金属颜料的漂浮性和光泽度等性能有非常重要的影响。印刷时一定要保证硬脂酸包裹层不被破坏。金属颜料颗粒在印刷墨层表面的排列越规则，金属质感就越好。由于漂浮型金属油墨的耐摩擦性较差，因此，印刷完毕后一般还要上一层上光油保护金属墨膜。

金属油墨是靠金属薄片粒子反射光而使金属油墨具有光泽的。金属薄片粒子大，则反射的光多，可以更好地增强油墨的金属效果。太细的金属颗粒，一是容易引起光的漫射，使油墨丧失金属光泽；二是容易氧化，更不要说产生金属光泽了。多年来，金属油墨都是用丝网印刷来产生金属金或银的光泽。丝网印刷由于网版和印刷速度慢而使成本上升，且金属油墨在印刷时因使用不当，极易出现油墨干燥不良、堆墨和无光泽等问题。新的金属油墨通常是UV紫外油墨和水基油墨，这种金属油墨在使用单张纸胶印机或柔性版印刷机印刷时，不但可以避免以上问题的出现，还可以根据需要，调配出各种颜色。

二、金属油墨的性能优势

金属油墨无气味、不堵网、固化快、色彩鲜艳、牢度佳，用于丝印铜、铝、铁、不锈钢等金属基材。特种金属油墨UV-MI-25专用于各种镀金、镀银、镀铬及各种喷塑、烤漆表面的印刷，具有优异的附着牢度和坚韧性。

由于用来生产金属油墨的金属原料都是比较软而薄的金属片，对剪切力很敏感，过高的剪切力会造成金属颜料颗粒变形或形成许多细微的颗粒，使最终产品的光学性能下降，所以要使用一些比较平滑的材料去搅拌，同时要避免高速搅拌。要强调的是，很多印刷厂习惯用一些边缘比较硬的金属工具搅拌油墨，这是非常不可取的。由于用来制造金属油墨的物质都是活泼的金属材料，所以金属油墨的化学性质也很不稳定，使用和储存时要严格密封，避免吸收过多的水分和长时间的光线直射。回收的金属油墨也不适合存放太久。金属油墨闪亮的效果是金属颜料镜面反射和漫反射共同作用的结果。为了实现更好的金属效果，应该提高金属颜料的镜面反射，减少漫反射。

影响油墨光学性能的因素主要有：

金属颜料粒径的尺寸越大，单个颜料颗粒的镜面反射效果越好，金属油墨的金属光泽度越高，但它的遮盖力和网点再现性会变差。金属颜料粒径的尺寸越小，金属油墨的遮盖力和网点再现性越好，但由于存在过多的边缘漫反射，会导致金属油墨的金属光泽度下降。使用者可以根据自己的要求选择适合的粒径尺寸，但选择时要结合具体的印刷方式。不同的印刷方式需要使用不同金属颜料粒径的金属油墨，否则会出现由于粒径太大，在印刷过程中无法顺利传墨，或粒径太小造成印刷效果不好的情况。

金属颜料的粒径分布也是影响金属油墨光学性能的一个因素。我们平常所说的金属油墨的粒径一般是指油墨中金属颜料的平均粒径D50，例如10μm的金属油墨，是指检测时 50%的颜料粒径小于10μm，其实这一指标并不能非常准确地说明金属油墨性能的好坏。

很多使用者会发现，当使用不同厂家的金属油墨时，虽然技术资料上显示的粒径尺寸一样，但印刷后金属油墨的遮盖力和金属光泽度有时会有很大差别，这是因为不同厂家金属油墨中的金属颜料的粒径分布有宽有窄。相同的平均粒径，粒径分布越窄，颜料的整体排布越整齐，生产出来的金属油墨的光泽度和遮盖力就越好，因此，分析粒径分布对金属颜料的表征和质量控制是非常重要的，也是不同金属颜料生产厂家技术水平的重要体现。

传统金属油墨中的金属颜料颗粒的形状是不规则的玉米粒状，由于每个金属颜料颗粒的形状无规则且边缘不平滑，导致颗粒的镜面反射效果差，边缘漫反射严重，所以金属油墨的金属光泽和遮盖力相应也差。爱卡公司采用最新的冷凝和研磨技术生产出了新型的金属颜料，这种金属颜料的每个颗粒都是近似圆形的结构，尺寸均匀，镜面反射效果好，用它生产的油墨金属效果和遮盖力都很出色。因此，这种新型金属颜料一推出就得到了广泛的应用。

与同样能实现金属效果的烫印和镀铝膜印刷等工艺相比，金属油墨印刷具有应用方便，不需要改造设备，不需要更多投资，可像普通油墨一样印刷，提高生产效率等很多优势。

由于金属颜料的密度大，所以金属油墨与普通油墨相比，其颜料颗粒非常容易沉淀，使用前一定要充分搅拌，上机印刷前要检查油墨桶底部是否有沉淀物，如果搅拌不均匀，印刷品的色相和光泽度差异会较大。在印刷过程中随着溶剂的不断挥发，金属油墨的黏度会逐渐增大，为了保证金属油墨稳定而良好的流动性和转移性，要定期测量油墨的黏度并适当添加溶剂，使油墨黏度保持在稳定的范围内。

许多印刷厂常常通过往金属油墨中添加色浆或色粉的方法来实现彩色金属效果。需要注意的是，由于金属颜料的特殊性，有些色浆或色粉可能会使油墨变稠或性能发生变化，所以使用前一定要做测试，一般金属油墨制造商都有自己的色浆供客户选用。

金属油墨容易产生气体，特别是银墨，在运输或储存过程中油墨桶里可能积聚了很多气体，所以打开包装桶时要特别小心，避免大力开启油墨桶时，桶盖弹起伤人。由于金属油墨的价格比普通油墨高很多，回收的金属油墨的光泽度又会明显下降，因此，在满足连续运转的前提下，在印刷过程中应尽可能少地添加金属油墨，必要时可以重新制作专用的墨槽。

承印商多会自行利用金属油墨及四色或其他专

色油墨来调校该金属专色的油墨，但用来生产金属油墨的金属原料都是比较软而薄的金属片，而很多印刷操作员习惯用一些边缘比较硬的金属工具搅拌油墨，而金属原料对剪切力是很敏感的，过高的剪切力会造成金属颜料颗粒变形或形成许多细微的颗粒，为避免剪切力对金属颜料颗粒的影响，在调校金属专色油墨时，要使用一些比较平滑的工具，同时要避免高速搅拌，否则所调出来的油墨便会失去光泽。

一般油墨厂在制作金属专色油墨时所用的油墨介质（如树脂和溶剂），多是与已制成的金属油墨有所不同的，在搅拌金属专色油墨时的器械也是有别于制作普通油墨的，所以如果是要应付大量包装印刷，直接向油墨厂商订制金属专色油墨可得到更佳效果。

由于用来制造金属油墨的物质都是活泼的金属材料，所以金属油墨的化学性质也很不稳定，使用和储存时亦要严格密封，避免吸收过多的水分和长时间被光线直接照射。而在平版印刷时，使用不适当的润版液也会影响其闪亮效果。此外金属颜料的密度大，与普通油墨相比，其颜料颗粒非常容易沉淀，使用前如没有充分搅拌，又在上机印刷前没检查油墨桶底部是否有沉淀物，那印刷出来的产品色相和光泽度差异就会较大。金属油墨会在印刷过程中，随溶剂不断挥发，黏度会逐渐增大，为了保证金属油墨稳定而良好的流动性和转移性，要定时测量油墨的黏度和适当添加溶剂，使油墨黏度保持在稳定的状态。

三、金属包装材料印刷油墨使用特点及技巧

金属是一种重要的包装材料，在包装中起着非常重要的作用。金属印刷有别于一般的纸、塑印刷，有其自身的适印特点，在使用的油墨料上有特殊的要求。

在商品包装、标签印刷中，经常会用到金墨以实现金色图文的印刷，并给人们以精致、华丽和高贵的感觉。金墨印刷作为一种特殊的印刷方式，与普通油墨印刷方法在印刷原材料使用和工艺操作等方面略有区别。金墨是由金粉、调金油和少量的辅助材料经混合调配而成。普通的彩色油墨都是呈膏体状，在罐内储存，而通常情况下金墨是以金粉和调金油两种物质分别储存在两个不同的容器内，进行金墨印刷时，再按比例调配金墨。目前，市场上也有已调配好的金墨供应，可以直接印刷。但印刷厂在使用时要考虑版面用墨量、印刷周期和产品数量等因素。因为金墨开启 1~2h 后，其印刷性能会改变，而且也会失去原有的金属光泽，所以采用金墨印刷时最好随调随用。

涂料和上光油的合理选用是影响金属印刷产品质量的关键。合理选用涂料和上光油是保证金属印刷产品具有良好的牢固度、色彩、白度、光泽度以及加工适性的前提。根据用途不同，金属印刷涂料可以分为打底涂料、白色涂料、上光油、内壁涂料、边缝涂料等。边缝涂料可分为内边缝涂料和外边缝涂料，内边缝涂料干燥后要求符合食品卫生要求。

金属印刷油墨是一种印刷在马口铁和其他金属薄板上的特殊油墨，主要由颜料、黏结料、填充料和辅助剂组成。除了一般胶印油墨的印刷适性外，金属印刷油墨还应具有如下特点：在印后加工过程中，马口铁等金属材料要经过裁切、折曲冲击、接缝等制罐工艺，因此墨层应具有足够的附着力，使印好的马口铁能经得起模具的冲压，并具有优良的机械加工性能（包括柔韧性、表面硬度和抗冲击强度等）。同时要求墨层具有良好的亲油性，使之与上光油很好地结合，以保证马口铁与墨层以及上光油间具有一定的附着力。

在制罐过程中，印刷上光后的马口铁印件不可避免地要发生互相碰撞，而裁切后的马口铁又非常锋利，很容易损伤金属表面的图纹，使墨层脱落，因此要求墨层牢固坚硬。在干燥过程中，印件要经过一定温度和时间的加热干燥过程，因此应选择耐热性强的颜料和黏结料，使油墨加热之后不易发黄。为使金属印品外表美观，硬度提高，防止因摩擦而引起的损伤，需要上光处理。而上光油中含有大量的强溶剂，要求干燥后的墨层不变色、不膨胀、不收缩；金属容器在日光和灯光下，要求图纹色彩不变色。有些金属罐头要经过水煮进行杀菌处理或饮用前加热，因此要求墨层受蒸汽后不变色、不染色、不产生气泡和失光等现象。由于金属承印材料表面不能渗透，容易产生网点增大现象。与纸张印刷油墨相比，金属印刷平版胶印应使用高黏度的油墨。金属表面属于非吸收性表面，版面上的润湿水过多容易产生油墨的乳化，因此，应通过控制版面上的水膜厚度和着墨量来达到版面上的水、墨平衡。

金属印刷中，为提高印后加工的适应性，并使印件表面具有一定的光泽度，在印刷油墨未完全干燥之前应进行上光处理（印后涂布），以形成均匀、

平滑的涂膜，避免产生渗色现象。同时，金属印刷油墨应具有一定的硬度和韧性，在反复加热时不能改变其性质，底色涂层和上光油应具有良好的附着性。

金墨印刷一般采用中性或中性偏硬型包衬，且着墨辊对印版的压力不能过大，否则会引起糊版的现象。印刷时，印版上的金墨层在向纸张或其他承印物表面转移的过程中，经常会出现墨量不足，甚至露底现象。因此，为了使金墨达到饱和状态，充分表现出其独具的金属光泽，一般均采用二次印刷方法。目前采用的二次印刷方法基本有两种：一是先印刷假金墨做底色，然后再叠印金墨；二是直接印刷两遍金墨。前一种方法中所用的假金墨一般以透明黄或中黄两种黄墨为主进行调配。如果纸张的纸质较松，纸面平整度差，采用中黄加适量金墨来调配假金墨。如果纸质紧，纸面光滑，则采用透明黄加少量金墨来调配假金墨。印刷时底色的墨量尽量要小，以不露底、不渗边为原则。在底色墨尚未完全干燥的时候，再叠印金墨，墨量可稍大一点，这样才能达到金墨的饱和状态。采用后一种方法时，也要强调一点，就是要在第一次印刷的金墨尚未完全干燥时叠印第二遍金墨为宜，这是由于金墨中的金粉是金属颜料，若等其干透再印，其颗粒不易粘牢。

四、金属油墨在丝网印刷中的应用

丝网印刷属于孔版印刷，它与平印、凸印、凹印一起被称为四大印刷方法。孔版印刷包括誊写版、镂孔花版、喷花和丝网印刷等。孔版印刷的原理是：印版（纸膜版或其他版的版基上制作出可通过油墨的孔眼）在印刷时，通过一定的压力使油墨通过孔版的孔眼转移到承印物（纸张、陶瓷等）上，形成图像或文字。印刷时通过刮板的挤压，使油墨通过图文部分的网孔转移到承印物上，形成与原稿一样的图文。丝网印刷设备简单、操作方便，印刷、制版简易且成本低廉，适应性强。丝网印刷应用范围广常见的印刷品有：彩色油画、招贴画、名片、装帧封面、商品标牌以及印染纺织品等。丝网印刷是利用丝网印版图文部分网孔透油墨，非图文部分网孔不透墨的基本原理进行印刷。印刷时在丝网印版一端上倒入油墨，用刮印刮板在丝网印版上的油墨部位施加一定压力，同时朝丝网印版另一端移动。油墨在移动中被刮板从图文部分的网孔中挤压到承印物上。由于油墨的黏性作用而使印迹固着在一定范围之内，印刷过程中刮板始终与丝网印版和承印物呈线接触，接触线随刮板移动而移动，由于丝网印版与承印物之间保持一定的间隙，使得印刷时的丝网印版通过自身的张力而产生对刮板的反作用力，这个反作用力称为回弹力。由于回弹力的作用，使丝网印版与承印物只呈移动式线接触，而丝网印版其他部分与承印物为脱离状态。使油墨与丝网发生断裂运动，保证了印刷尺寸精度和避免蹭脏承印物。刮板刮过整个版面后抬起，同时丝网印版也抬起，并将油墨轻刮回初始位置。至此为一个印刷行程。

众所周知，在丝网印刷中，网版的网目大小决定了印刷品的精度，同时也决定了网孔的大小。在丝网印刷中，由于网版和丝网印刷工艺的限制，使金属油墨中的金属薄片粒子不得过大。网目数越高，网孔尺寸就越小。而高精度的印品需高网目的网版，如网目太低，网孔过大，印品的边际会出现锯齿状，影响图文的精度。但网孔的尺寸太小，就会截住油墨中较大颗粒的通过，严重时会造成印刷色彩密度的降低。即便没有这种情况发生，由于网屏中颗粒过多，也会使刮墨刀上的墨粒聚集太多而不得不清洗，这样又会造成工作停顿，得不偿失。实践表明，网孔的尺寸应是金属微片平均尺寸的 3 倍左右，较为适宜。此时金属油墨中的金属薄片粒子能在刮板的作用下较顺利地通过网版。一般金属油墨微粒的平均尺寸为 5~12μm，按照网孔的尺寸应是金属微片平均尺寸的 3 倍左右的原则，所用的丝网的网目最多为 275L/cm（其网孔尺寸 33μm）；而用 275L/cm 的网目来印刷，显然精度是不够的。

随着我国市场经济的迅速增长和印刷技术的多元化发展，包装印刷已经从简单的商品保护性和介绍性功能中走出来，它正以其特殊的印刷效果来提高商品包装档次，使商品增值增色，因此，包装装潢印刷在全部印刷产值中的占有率由最初的 20%左右，增长为现在的 70%左右，处于我国印刷工业的首要位置。

UV 皱纹油墨是特殊的仿金属油墨，采用丝网印刷工艺手段将油墨印在承印物表面，经特殊的条件固化后，印品能够产生一种立体的、均匀的像皮肤纹路般的视觉效果，被广泛应用到烟包、酒包等高档精美的物品包装上。

金属油墨跟人们通常所知道的有机颜料油墨不同，金属油墨不会因墨粒细腻度的增加而使油墨变得黏稠。这主要是因为金属片在流动过程中产生旋转或摇摆时，所需能量较普通颗粒要高，大一些的微片在油墨介质中运动时需有很大推力，所以油墨的黏稠度就要增加，如果油墨太稠，会产生印刷密度不均和成片现象。相反，细小的微片只需很小的推力时，流动就能达到通畅自然，黏稠度故而也就表现得很低了。大一点的金属微片可以更好地增强油墨的金属效果，但为了达到低黏稠度和获得印刷均匀性的效果，往往又需要小一点的微片。

金属油墨与普通油墨相比有许多不同之处。大多数普通油墨都要首先经过染料混合，然后通过球磨或辊磨设备研磨之后才制成成品。但对金属油墨来说可就不同了，它的混料过程很轻柔，不能通过研磨，因研磨会使油墨失去金属光泽。再则，金属油墨的构成与普通颜料油墨有很大的不同，金属油墨由片状微金属体组成，体积要较普通有机颜料墨中的微粒大。印刷时也要尽量使油墨呈片状涂布，以达到金属微片的反射效果。相比之下，有机油墨则要使有机油墨颗粒充分浸润混合，才能达到增强黏结力并产生光亮的效果。

新的金属油墨还能有效避免水基油墨与同样水基的油墨载体产生的化学反应。这种腐蚀性的化学反应往往会影响油墨的存储和光泽特性。新的金属油墨不但比传统的金属油墨更具有金属光泽，而且还可根据需要，合理地与各色油墨搭配，产生红、绿、蓝等各色金属油墨。只是使用时一定要注意色序的安排，如安排不当，不但达不到预期的效果，还会导致印刷故障的产生。新的金属油墨因可用于单张纸胶印机或柔性版印刷机印刷，没有网版网目的限制，所以可利用大的金属薄片粒子反射光的作用来更好地增强油墨的金属效果。但是由于金属微片对油墨黏度的影响，使得金属油墨中的金属薄片粒子不可过大。

五、金属包装油墨工业的发展及前景展望

随着知识经济的崛起和信息高速公路的建立，20 世纪 80 年代又相继开发了固体油墨、水性油墨、紫外线光固化油墨和电子束辐射固化油墨，并基本上实现了工业化生产，如美国的水性印铁油墨大量应用于饮料冲拔罐的外壁印刷。另有价格高出一般国产油墨 2 倍左右的英国、日本的紫外光固化油墨也进入了我国市场。面对严峻的形势，我国包装油墨工业仍难以适应和满足现代印铁包装行业制造各种类型的包装容器的需要，如不改善自身的缺陷，在同“狼”共舞时，必将在经济一体化的市场经济竞争中消亡。

最近还有一种超薄、非浮型电镀铝浆，它是一种非常独特的金属颜料——VMP（真空电镀金属颜料），通过特殊的真空电镀工艺生产，可获得非常平滑且极薄的鳞片结构，因而与传统方法生产的铜、铝金属颜料有完全不同的金属效果。使用得法的话可获得类似镀铬的表面涂层，非常有金属感。目前，利用 VMP 特亮铝浆生产出的，在包装印刷时使用含 VMP 的油墨作为铝箔卡纸替代物，可节省材料成本。

近两年来，喷墨技术凭借其可变数据印刷、个性化印刷、网络化印刷以及可进行联机加工的优势，在国内发展迅速，不仅在商业办公、广告领域广泛应用，在其他行业领域也得到了长足发展。从目前来看，我国喷墨技术发展较快，10 多年的历程已成为街巷尽知的产品，它的广泛应用使从业者越来越多，导致行业竞争激烈，利润下降。随着新技术的出现，利润有回升趋势。喷墨技术的一些不足，羁绊了它更广泛的发展，要想长远发展喷墨技术，需要更多自主产权的喷墨技术出现，加快喷墨技术企业的创新速度，它的前景将是广阔的。喷墨技术为按需印刷、个性化印刷、短版印刷带来新的发展机遇，增值服务发展空间很大。传统印刷与喷墨技术交相辉映，相互融合，将影响整个印刷产业的发展。

尽管金属油墨和特殊效果油墨一直受到价格增长的影响，但是供应商还是通过不断的创新促进了油墨的发展。金属油墨市场发生的变化代表了油墨市场向全球化发展的趋势，反映出市场正逐渐被几个规模巨大且经济实力雄厚的生产商所垄断，这也使这些生产商有能力主动调整产品结构，来应对油墨和印刷市场的供求变化。当前，金属油墨和颜料市场面临着两大挑战，其中最大的挑战就是如何应对持续上涨的原料成本。而生产商在这种情况下还要保证产品的质量，这是必须应对的另一个挑战。应对原料涨价，当前要做的就是进一步创新，开发新产品，提供更多的技术支持，开发金属油墨新的应用领域。一方面，要认识到，金属油墨可以代替比较昂贵的基材，比如铝箔或镀金材料；另一方面，金属颜料用途广泛，可以通过更灵活的方式实现金属效果，以保证金属效果在包装上的准确定位，在成本降低的同时提高产品形象。过去几年，金属油墨技术在印刷方便性和灵活性上获得了较大的改进，目前，金属油墨被大量用于讲究眼球刺激的消费品，如食品、饮料、保健及美容用品。

而对于确保产品质量，就是要保证每批产品质量的稳定性。因为对品牌用户来说，油墨性能和外观的稳定性至关重要，客户要求每批产品有同样的色调和印刷适性。客户在要求粒径更小、亮度更高的金属颜料的同时，也对颜料的遮盖力和附着性能提出了更高的要求。所以在价格可以接受的情况下，保证提供性能稳定的油墨始终是一个很大的难题。总的来说，金属油墨面临的主要问题不再是技术层面上的，而是如何达到最终期望的使用效果。金属油墨现在应用领域非常广泛，但有许多因素影响到最终的效果，比如承印材料、涂布工艺以及复合。只有不断对使用金属油墨的印刷厂商进行培训，正确操作才能确保最终产品令消费者满意。

目前，市场对金属印刷及其特殊效果油墨的需求正在增长。对产品不断创新是促进油墨增长的一条不错的途径，对金属印刷和特殊效果油墨而言更是如此。

尽管金属油墨还有成本高的不利因素，但是也有用新型的 NwrukFX 系列以及美若星（Mirasheen）浮型 VMP 特亮铝浆生产出的，适用于胶印、柔性版印刷、网印的多种仿烫金效果的油墨产品，且均具有较高的成本优势。厂家新开发的银墨具有非常好的叠印性能、优越的附着性，而其浮型颜料系列和非浮型颜料系列更是提高了金墨的光泽标准以及银墨的印刷适性。爱卡最近还推出用于单张纸和卷筒纸胶印的 Tiosmr 调色板，这种新型调色板也是爱卡巩固其在特殊效果油墨领域主导地位的又一举措。Silberline 公司开发出具有亮度更好、金属迁移性更佳的新型颜料，新产品的品牌是超级闪光银（Spurkle Silver Ultra），这种新型颜料的双凸表面更光滑，粒径分布极窄。

五星行公司最近研发出一款新的能量固化金属油墨系列——Unipak Super Cure，其单张纸胶印和柔性版印刷油墨在很多基材上都表现出较好的印刷适性。这些油墨利用新型颜料加工技术，同时添加特殊的稳定剂来增加油墨储存的稳定性，保证了更佳的金属光泽。美而鑫是五星行最新生产的超薄、非浮型电镀铝浆，是一种非常独特的金属颜料，通过特殊的真空电镀工艺生产，可获得非常平滑且极薄的鳞片结构，因而与传统方法（球磨法等）生产的铜、铝金属颜料有完全不同的金属效果。正确使用美而鑫可获得类似镀铬的表面涂层，它具有比普通电镀更高雅、更柔和的光学效果，可获得更好的遮盖力、特亮的金属感和纯正的颜色。美而鑫真空特亮电镀铝银浆广泛应用于涂料及油墨产品领域，确保包装、涂料、油墨和化妆品等产品拥有高品质及高附加值。此外，汽巴精化公司还通过和中国最大的高品质珍珠及金属光泽效果颜料生产商、供应商组建合资公司，扩大其产品种类。这些功能多样的金属颜料为印刷高光泽、闪光和镜面效果提供了更多选择，使生产商和设计师拓宽了选择范围，并具有更高的灵活性，可满足当今市场对独特性、高雅品质的追求。

金属及特殊效果油墨虽然面临着巨大的成本压力，但市场需求的持续旺盛，促使供应商们不断加大投入，并通过技术创新和并购等形式扩大自己的业务范围、影响力，为业界提供更高品质、更多样的选择，推动金属及特殊效果油墨市场的不断发展。生产金属油墨的设备属国际通用型化工机械，它不仅可用于生产金属、纸张、塑料油墨，还可生产涂料、色浆、油漆和农药等。归根结底一句话，改善环境、节省能源是 21 世纪金属油墨生产和运用的发展方向。

六、结论

总之，金属油墨作为一种新型的印刷油墨，它的出现拓展了包装设计者的创作空间，为包装行业开辟了新的思路，在烟包、酒标、工业包装、日化产品标签、软包装等方面应用非常广泛。但我们也必须看到，金属油墨还有许多不完善的地方，尤其是镜面银墨系列产品的质量还不是很稳定。另外，很多使用者不了解金属油墨的性能，生产工艺控制不当，这也使金属油墨的印刷效果打了折扣。现在所使用的金属油墨，效果已可达到较昂贵材料的效果，例如，铝箔或镀金材料，金属颜料用途广泛，可通过不同的工艺实现金属效果，如代替烫银等。

做纸箱不如收废纸——废纸逐渐成为企业资源性瓶颈

浙包联

一、玖龙纸业：巨头的成长源自废纸资源掌控

玖龙纸业于 1995 年在广东东莞成立，2006 年在香港联交所首次公开发行，获得 577 倍超额认购，募集资金 38 亿港元，目前已发展成为中国最大的箱板原纸产品生产商，也是全球最大的箱板原纸产品生产商之一。回顾玖龙纸业的成长历程，我们发现拥有稳定的废纸资源和渠道是其规模快速扩张的关键。

2011 年以前，玖龙纸业收入高增长主要因其在美拥有废纸渠道。玖龙纸业董事长张茵女士曾涉足粤港地区的废纸回收，并于 1990 年在美国投资设立中南控股公司，为其在中国的工厂购买并提供可回收的废纸资源。玖龙约 30%的废纸从国内采购，其他 70%主要来自于美国中南，而多年来美国中南为其提供了稳定的废纸来源，为其节省了非常可观的原材料采购成本，带动玖龙纸业规模的迅速扩张。2008—2011 年，除了 2009 年受国际金融危机影响之外，其他年度收入规模均实现了 40%左右的高增长。

国内渠道建设和技术优势进一步助其经营向上。同时，玖龙纸业还在国内外建立了不同的废纸供应渠道，以在价格波动期间降低原材料成本。其近年投产的多台造纸机采用全废纸为原材料的设计，玖龙纸业对废纸回收渠道的控制和废纸造纸的技术进步将有助于企业进一步降低生产成本，提升经营效率，促进企业成长。

二、废纸逐渐成为企业扩张瓶颈

近年来废纸浆消耗量增速放缓，进口废纸浆占比下降。据造纸行业协会统计，2005 年以来，包括进口和国产在内的废纸浆总消耗量增速从 2005 年的 22%降到 2015 年的 2%，基本呈现缓慢下行的趋势。同时，品类结构中，进口废纸浆的消耗量占比有所下降，从 2005 年的 48%降至 2015 年的 38%。由此表明，在国内废纸资源逐年整体收缩的同时，进口废纸资源更为趋紧。

三、美、欧、日等国纸产量长期下行，废纸资源价值凸显

由于进口废纸属于进口垃圾，国家对于进口废纸的管理和控制越来越严格。2007 年国家环境保护总局发布《关于进口废纸审批和管理有关事项的公告》，对申请进口废纸作为原料利用的企业规模、环保标准等做出规定。有环保部、商务部、发改委、海关总署和质检总局联合发布的 2015 年版《进口废物管理目录》则将废纸由自动许可进口类调整至限制进口类目录进行管理，并通过进口许可证管理控制废纸进口量。

主要进口来源国的废纸进口量均于近年见顶。美国、欧盟和日本是中国主要废纸进口来源国，2014 年自美国、欧盟和日本进口的废纸占中国废纸进口总量的 80%。但是欧盟、日本的废纸对华出口于 2009 年见顶，美国废纸对华出口则于 2012 年见顶。受到可进口废纸资源量下降的影响，大型造纸企业失去了新增产能的依托。

四、国内废纸回收率低，处理水平仍有待改善

我国废纸回收率呈逐步上行趋势，但仍有较大提升空间。近年来，随着我国废纸回收利用的发展，废纸回收利用率呈整体提高趋势。2001 年我国废纸回收率仅 27.5%，而至 2015 年已提高至 46.8%。但是，与主要发达国家和地区相比，我国的废纸回收利用率仍然较低。2013 年我国废纸回收率为 46%，远低于同期美国、欧洲、日本分别为 63.5%、71.7%和 80%的水平，这也进一步表明我国废纸回收率仍有较大提升空间。

此外，我国废纸回收利用仍然存在管理体系混乱、技术水平不高等问题，缺乏废纸国外收购打包的产业体系，因此目前大量废纸仍然依赖进口。而企业进口废纸则冒着环境污染、进出口成本和价格变动等经营风险，也不利于我国废纸回收产业的发展，整体处理回收能力与国外有较大差距。

近期国内外废纸价格均有所上行，资源价值凸显。以国内废纸黄板纸统货价格为例，广州、天津、上海三地价格经历了近一年的低位盘整后，2016 年下半年以来均出现了回升现象，下半年至今涨幅达 15%～20%。同时，受成本上升影响，国际废纸价格自年初来已持续回暖，外商平均报价的美废 8#和美废 11#价格年初至今涨幅分别达 54%和 28%。相关人士认为，四季度受纸张产品需求旺季影响，废纸价格或将延续上涨走势，而长期看，行业供求格

局变化使其资源稀缺性更为显著，有望对废纸价格形成有力支撑。

五、废纸资源掌控力成为企业成长胜负手

综上来看，首先，以玖龙企业为代表的废纸巨头发展历程表明，正是由于拥有废纸资源的掌控权，促使其迅速成长。其次，近年来废纸浆消耗量增速放缓，美欧日等地废纸产量长期下行，废纸资源价值凸显。最后，国内废纸回收率低，品质低于国际水平，均有较大提升空间。因此，废纸资源掌控已逐渐成为企业扩张瓶颈，而未来拥有资源优势的二线大型纸企有望沿着巨头的发展路径，迅速步入发展快车道。

我国纳米绿色印刷技术在世界印刷领域全面领先

黄　凯

不用感光冲洗，也不产生废水废液，报纸、书籍的版样就可以打印出来；电脑、手机的线路板，不用刻蚀，同样也可以轻松打印出来。这些看似神奇的技术，在我国科研团队的努力下已成为现实。

这就是在世界印刷领域全面领先的纳米绿色印刷技术，它凭借分辨率高、节能环保和成本低等优势，在印刷产业和印刷电路板行业产生了革命性变革。

在研发技术的10多年里，中国科学院化学研究所研究员宋延林带领团队共发表SCI收录论文230余篇，被他人引用8000余次；申请国际和中国发明专利70多项，在多个国家获授权发明专利50多项；纳米绿色印刷制版技术在形成系统自主知识产权后，建成了完整的生产线和质量标准体系，从源头上解决了传统制版的污染排放问题。

柯达等国际巨头都是靠感光材料起家，面对非感光的新技术就很难取舍，而这正是我们的机会。

传统的激光照排制版就像相机胶卷一样需要曝光显像，其使用的显影、定影液等化学物质会产生大量污染。即使目前最先进的计算机直接制版技术，也需要感光预涂层和化学处理过程。而纳米绿色印刷技术则完全不需要暗室和曝光过程，也不产生废水和废液，成本还比传统激光照排制版便宜1/3以上。“打个比方，传统的激光照排相当于‘胶片照相机’，较先进的计算机直接制版技术相当于‘拍立得’，而纳米绿色制版技术就像是‘数码相机’。”宋延林说。

在位于北京怀柔的中科院化学所纳米绿色印刷产业化基地，记者现场感受了纳米绿色印刷技术的神奇魅力。只见生产车间里摆放着几台看似不起眼的制版机，工作人员正将一张铝板放进其中一台机器内，不到3分钟，一张印版就从机器尾端出来了。没有刺鼻的化学药水味，没有排污的管道，甚至没有大的噪声，整个制版过程就轻而易举地完成了。

宋延林解释说，纳米绿色印刷制版技术的原理就是在亲水的版材上打印出纳米材料形成的亲油的图文区，通过亲油和亲水的差异形成图文区与空白区的差别。制版的版材本身是亲水性质，这使它不沾染油性的油墨；而印刷品上的图文区，则打印上亲油的纳米材料。这样，当印版上机印刷着墨时，打印有亲油纳米材料的区域就得到图片和文字，而没有打印亲油纳米材料的区域还是空白。

“纳米绿色印刷技术用纳米涂层取代原来电解氧化的过程，用纳米材料打印制版代替曝光成像，用水性墨代替溶剂性墨，可从源头上解决印刷产业链中80%以上的污染。”宋延林说。

避免感光和冲洗过程，通过纳米材料对表面亲水、亲油性的控制，完成直接打印图案的过程，这个道理听起来似乎并不复杂。

然而，10多年前，当宋延林第一次提出这个思路时，便备受业界质疑：“如果这个方法确实可行，那国外科研人员和大公司为何迟迟不去做?”

对此，宋延林的回答是，数码照相技术最早是柯达公司研发出来的，但由于与其核心感光材料产业冲突，柯达犹豫不决最终导致他们没有在数码照相领域引领产业。印刷行业也是如此，柯达、富士、爱克发等国际巨头都是靠感光材料起家，面对非感光的新技术就很难取舍，“而这正是我们的机会”。

做真正原创性的研究，就一定要敢于挑战别人没做过、做不到的事情，并且要有非常强的自信心，坚信自己能够做成。

如果说遇到好的机遇更多是凭借眼光和运气，那么，能否抓住机遇和应对挑战并最终走向成功，则往往取决于胆识、决心和能力。

宋延林常用一句话鞭策自己，即人能通过创新和坚持，把“不可能”变为“我能够”。

宋延林说：“做真正原创性的研究，就一定要敢于挑战别人没做过、做不到的事情，并且要有非常强的自信心，坚信自己能够做成。但也不能盲目自信，而是要基于自己对科学研究的深入认识。在很多人都质疑的情况下，我还要坚持研发纳米绿色印刷技术，一是要挑战不可能，二是我觉得它符合科学的原理，原理行得通，我才去努力。”

坚定信心之后，2004 年，宋延林和两个同事组成了研究小组，利用几万元启动资金，在化学所一个简陋的地下室里开始了最初的研究工作。

一直以来，在印刷领域，中国走的是跟踪路线，要么买产品，要么买生产线，要么就是买别人的企业然后把技术带回来。而宋延林要做的这个纳米印刷技术是国外没有的，所以没有任何一个成型的技术可以借鉴。

“不光是技术，从设备到软件都需要自己来开发。所有的用户都希望拿到手的是一套完整成熟的生产线，只需按按钮就能得到产品，所以，即使是我们不擅长的设备和软件难题，也得努力去攻克。”宋延林说。

经过 4 年多艰苦摸索和不断创新，2009 年，在小小的地下室里，宋延林等人最终研制出纳米材料绿色制版的第一台样机，并给出版社打印出第一批产品。

宋延林至今对当时的场景记忆深刻。“在给出版社交付第一批产品的前夜，我们几个人整整熬了一个通宵，生怕出任何闪失。第二天捧着精美的打印产品，真是百感交集。你做到的要是世界上最好的结果，而不要满足于是最好的结果之一。哪怕是很小的一件事，都要做到极致。”

宋延林说，现代科学技术史上，中国提出的理论体系比较少，自己的梦想就是形成中国在绿色印刷领域的理论和技术体系。

之所以有这样的想法，源于宋延林受到的一次强烈“刺激”。宋延林曾陪同一些国外专家来中国参观绿色纳米印刷产业基地。当他为他们讲解毕昇发明活字印刷术时，一位德国专家当即表示不认可，称活字印刷应该是德国的古登堡发明的，而毕昇只是一个传说。

“当时我很不服气，可后来我去慕尼黑德意志博物馆参观时，发现确有关于古登堡发明活字印刷的展览和详尽记录，古登堡哪一年铸造了铅字，什么时候制出第一台样机，记录和实物都非常完整。而回头看毕昇发明活字印刷的历史，有记录的仅仅是《梦溪笔谈》里的记载。”宋延林说，“当时我就下决心，一定要让我们的纳米绿色印刷技术被世界承认，要做到这一点就必须有自己完整的理论和技术体系。”

宋延林团队首先想到的，就是提出纳米绿色印刷三定律。

“对一个印刷图形来讲，最重要的就是点、线和面的控制，如果你能做到最小的点、最细的线和最平的面，你的印刷质量一定是最高的。在这里我们要首先解决最小点的问题，完成第一个定律。”宋延林说。

如何控制液滴在固体表面的扩散和转移，这会遇到一个国际性难题——“咖啡环效应”，即一个墨滴从打印的喷孔喷出后会扩散，比喷孔孔径要大。如果能控制让墨滴不是扩大而是缩小，便解决了最小点的问题。经过攻关，宋延林团队做到了用一个 25μm 的喷孔打印机打出一个 1.6μm 的点。

“得出这个结果之后，我跟大家说，现在这个结果只能算是一个偶然，还不能成为常态，所以我们得继续努力，不要急于发表论文，要做就做到极致。”宋延林说。

最终，在坚持不懈的努力下，宋延林团队可以做到对墨滴大小甚至是取向精准自如的控制。“我们现在可以做到由纳米颗粒组成的墨滴形成非常均匀的点，并能让一个墨滴由一个、两个到几个数目可控的纳米颗粒形成。在此基础上，我们还能做到让纳米颗粒像糖葫芦一样串成一条直线，而之前两个液滴融合后常常会形成一个更大的液滴或波浪线。”宋延林说，自己给团队成员和学生设定的要求是，你做到的要是世界上最好的结果，而不要满足于是最好的结果之一。

哪怕是很小的一件事，都要做到极致。

如何解决烟包印刷过程中印完水光再罩 UV 出现麻点等流平不好的问题

黄旭波

为了更好地为包装物表面提供保护及增加其美观等性能，在较多的传统纸盒等（烟包中最常见）包装印刷过程中，通常最后都会印一层 UV 光油，以达到上述目的。但大部分印刷色组使用的还是溶剂型油墨，如果在此基础上直接印 UV 光油，会不同程度地出现咬底等问题，为了解决此问题，在罩 UV 光油前，先印一层水性光油能很好地避免咬底问题。但是 UV 光油及水性光油配合不当就会出现表面麻点等流平不好的问题，大部分是印刷厂使用非同一家油墨厂油墨时最易出现。

一般的铜版纸、白卡纸等未经特殊处理的纸张单纯地印刷某种类型（水性、溶剂、UV 等）的油墨时无须考虑纸张的表面张力问题，但在跨体系印刷时，下层墨膜与上面墨膜的界面表面张力的不匹配可能会直接影响到印品的直观的品质问题，如上述印刷完水性光油后罩 UV 光油时容易出现表面麻点等流平不好等问题。

这里只针对水性光油来展开讨论，在单独测试某一正常使用的 UV 光油成膜后的达因（使质量是 1g 的物体产生 1cm/s^2 的加速度的力）值约为 38，而测试了不同厂家的几款与上述正常使用的 UV 光油搭配使用效果不一的水性光油成膜后的达因值普遍都在 38～42；考虑到不同厂家配方的差异，不能认为是表面张力不匹配的问题引起的。一般成膜的水性树脂成膜后都能达到 38 以上，根据以上测试分析，为了验证两个体系油墨成膜后表面张力的差别是否就是影响流平不好的问题，试制了几款表面张力不一样的水性光油配合以上 UV 光油使用，水性光油成膜后表面张力越低（在保证水性光油本身的印刷流平效果良好的前提下），与罩 UV 光油后的流平性及麻点基本是成正比的；即水性光油成膜后的表面张力尽量低，流平越好，最终罩 UV 光油后的麻点就越少，流平亦越好；证明两个体系上下膜层之间确实是由于表面张力的不匹配而造成麻点等流平不好的问题。

通常在降低水性油墨墨膜的表面张力及印刷流平性时可以：①水性油墨配方中加入匹配及适量的流平剂，这里需强调的是最佳用量，少了没效果，也不是越多越好；②根据印刷需要增加与水相容性较好的醇类等溶剂的用量；③必要时适当使用慢干剂，除对改善表面张力外，还能起到调整干燥速度的作用；④适当提高水性油墨的上机黏度，改善油墨的流动性；⑤适合的印版深度，使水性油墨墨膜表面形成尽量薄的膜层，以提供稳定又均匀的表面张力等。

水性油墨的主要溶剂之一是水，比起其他有机溶剂，水的极性是最大的。依据上述几点，在试配水性光油时，注意几种不同水性树脂（成膜、不成膜、蜡乳液等）之间的搭配及用量，选用合适的流平剂及最佳的用量，配合一些与水相容性较好的溶剂如乙醇、异丙醇、丙二醇等的使用，调制出的水性光油表面张力与 UV 光油表面张力尽量接近，就能很好地解决上述麻点等流平不好的问题。

当然，上述提到的只是一些理论指导的举例，终归最佳的油墨配方才是解决上述印刷问题的根本，这就要求油墨技术人员平时注意积累扎实的理论基础，熟知各种树脂、助剂等材料的结构及性能，在使用这些材料前应对不同的品种、用量进行严格的筛选和试验，以寻找出最佳的品种及最适合的用量，对各种材料的添加方式、生产工艺等进行对比试验也是必要的，总之，多做试验，多在实践中注重对应用经验的积累，始终以科学的理论来指导实践才能在实践中积累出更加丰富的经验，才能使在印刷过程中碰到的问题迎刃而解。

应重视包装废弃物回收及强化防伪

张鹏程　张佳宜

现今购物能够通过网购便捷方式，省力省时间，深得消费者喜爱。随着网购的盛行，也随之出现包装废弃物的处理问题，大量被抛弃的包装废弃物充斥于公共环境中，消费者收到快递后大都取出物件将包装塑料袋、包装纸盒随手扔掉，由于至今没有对这些废弃物有明确的规定，所以快递员在送货上门后，没有回收这些废弃物的责任。众所周知，这些包装废弃物很多都是再生料，对环境污染会产生很大影响，也破坏生态，若这样放任下去，必然会加大破坏生态、污染环境的后果，如今中国国内环境污染已相当严重，国家已颁布不少文件和措施来保护生态环境。网购快递的包装使用大量的透明胶带和黑色、灰色包装塑料袋，这类包装材料全是以再生塑料为主，化学成分不稳定，这些化学制品埋于泥土里难以降解，大量使用必然造成自然环境的严重破坏，如果采用焚烧的办法，会产生刺鼻的有害气体，对人体的健康及环境都会带来严重的后果，危害性极大。这个问题已引起社会极大关注，怎么回收这类包装遗弃物防止环境的污染以及生态环境的破坏，已迫在眉睫。

一些有识之士提出官方能否回收包装废弃物，进行分类回收、分类处理，这样有序处理包装废弃物就更规范化、制度化、常态化。此外，个体户也可进行常态化的回收后进行集中科学处理，防止对环境的污染，随着网购发展亟待解决这些问题。

商品包装的防伪问题，笔者已多次撰文从不同方面阐述包装防伪重要性，国家采取有力措施进行打假，假冒伪劣产品仍层出不穷，屡禁不止，商标标识的防伪有其局限性，防伪标识是给商品定真假的标记，由于防伪性差，可大量仿制。从网络得知，2016年以来，在许多省份查获多起通过张贴假冒的防伪标识的伪劣商品流入市场，进入到消费者家庭，涉案金额达数千万元甚至上亿元，是极严重侵权事件。一些不法商人为了个人的私利，弃法律而不顾。媒体披露广西贵港警方查获了一起特大假冒名牌“海飞丝”洗发液案件，涉案金额达 1.2 亿元，这些假冒“海飞丝”瓶盖上都贴有一个圆形的防伪标识，几乎与真品包装上的标识完全一样，已达到肉眼难以判断真假的地步。令办案人员吃惊的是，几个人竟然使用几台简陋机器开工印刷防伪标识。查处中还发现，各类假冒名牌防伪标识随便印刷、“论斤买卖”。像这样的案例，在烟酒、化妆、饮料、食品包装等领域内已司空见惯。更使人惊异的是，一些不法印刷商家竟然还申请了400、800验证电话，建立专门配合防伪标识查询的网络系统，简直是以假乱真。调查还发现，有些地方假冒防伪标识几乎是公开交易。媒体上揭露出一些电商平台，只要输入“防伪标识”等关键词，便可搜索到不少的专门从事防伪标识的卖家，可以定制各类防伪标识，更有甚者，只需付500元，就可提供上万枚定制的“温变防伪”“滴水防伪”“微缩文字防伪”等防伪标识。

笔者认为，对一些通过包装标识防伪不能达到防伪目的，例如烟酒，可以选择“内涵防伪”，人民币就是“内涵防伪”最典型的例子。所有防伪手段都集中在纸币里，即防伪技术已融入纸币本身中。这些高科技的防伪技术一时是很难破解的，除非有比此防伪技术更高的科技手段来破解。笔者在防伪刊物上多次撰文阐述“内涵防伪”的有效性，特别对于通过外包装防伪来达到防伪目的的商品，一旦失去防伪效果，可以通过“内涵防伪”来达到防伪的目的。从目前查获的案件中，不法分子就是利用商品包装防伪技术不足，进行假冒，一些商品通过防伪标识来防伪往往很难达到其防伪目的，上面谈到的“海飞丝”洗发液就是非常典型的例子。为了打假，为了打击假冒伪劣商品侵害消费者权益，一方面要加大防伪的科技含量，另一方面要提高消费者对真假商品的鉴别能力，并加大执法力度。打击假冒伪劣商品的防伪工作任重道远，需以百倍的警惕和决心保护消费者的权益不受侵害。

“一带一路”助力我国印刷业走向海外

董　鹏

推进印刷产业与科技融合，将是实现产业未来更大发展的重要途径，跨界融合也将使印刷产业成为推动新一轮经济发展的新动力。当下，印刷业进入了新的转折点，企业转型、产业升级严峻地摆在业界面前。值此关键时刻，“一带一路”倡议启动，不仅拉动沿线国家和地区的经济发展，而且给不景气的印刷企业注入了新的活力，开拓海外新市场就成为中国经济的一大亮点。其中饱受“产能过剩”与“结构转型”双重困扰的中国印刷包装业，从上游的机械厂商到印刷企业，也纷纷加大了迈向国际市场的脚步。

一、中国印刷已经走到了世界印刷的前列

众所周知，造纸术和印刷术在丝绸之路上功垂史册，它们是漫漫丝绸之路中的璀璨明星。在中国古代四大发明中，造纸术是最早传播到其他国家的。公元 105 年，蔡伦发明了工艺复杂的造纸术。之后，纸张逐渐取代了竹简、丝帛等文字载体，文化的传播愈加廉价、方便、迅速。公元 9～10 世纪，中国的造纸技术通过丝绸之路西传，古印度从此有了用纸印刷的佛教经卷。几乎是在造纸术西传的同时，阿拉伯人也开始接触到中国的雕版印刷技术。元代时，由于蒙古人广泛使用纸钞，而作为纸钞的印刷方法，活字印刷术也顺着丝绸之路西传至西亚、北非一带，随后又进入了欧洲。

书籍是造纸术和印刷术的共同结晶，可以说，丝绸之路也是“书籍之路”。驼队、船只运输的不仅仅是丝绸，大量书籍沿着古老的丝绸之路传播，因而“书籍之路”极大地影响了中西文化发展进程。那些在丝绸之路上“旅行”的书籍，如同文明的种子，沿着丝绸之路播撒、生根、发芽、开花。如果说丝绸是中华物质文明的象征，那么书籍则凝聚着更多的中华文明的精神创意。加之印刷、书籍具有了强大的再生机能，可以穿越时空惠及后代，直到今天依然是人们智慧的源泉。

自打毕昇于北宋年间发明活字印刷，至今印刷在中国已有千年历史，但直到 1976 年，我国的印刷还是处于难以满足市场需要的地步，真正的转机出现在 1983 年 6 月中共中央与国务院联合发出《关于加强出版工作的决定》以后，文件明确提出：“我们必须在今后若干年内，有计划地对印刷工业进行技术改造和体制改革。”由此，大量外资与民营印刷企业诞生，政府对引进高端印刷设备给予减免税鼓励和财政补贴的支持，由此迎来了印刷业发展的春天。

按照中国印刷及设备器材工业协会发布的数据，1979 年是我国实施改革开放政策后的第一年，全国印刷业的总产值仅为 47.97 亿元。据国家新闻出版广电总局印刷发行司数据显示：2014 年我国实现印刷总产值 10857.5 亿元，换句话说，仅用了 36 年时间，我国印刷工业总产值就增长了 226.34 倍，尽管这中间有着物价上涨的因素，而且统计口径也未必完全一致，但我国印刷总量排名世界第二已是不争的事实，我国印刷产业链在各环节上的全面突破也已经是不争的事实。

二、“一带一路”，促实体经济转型

党中央提出的“一带一路”倡议无疑为中国企业，包括中国印刷企业大步走向国外提供了千载难逢的机遇，既如此，中国已经显得相对过剩的印刷产能就应该抓住这个机遇走向海外，为这些国家的印刷业发展提供支持与帮助，也为重新求得国内印刷产能的供需平衡提供一条出路。也唯有如此，中国的印刷才有可能伴随着经济的发展提升在这一行业工作的劳动力的收入水平，才有可能继续推动这个行业持续向前发展。

印刷业的艰难发展过程中，加之由经济危机带来的出口市场萎缩，加剧了原本已经显现的印刷产能大于市场实际需求的问题。所谓印刷生产成本上涨而唯独印刷工价不涨反跌，其根源就在于供应大于需求。为此，寻找印刷业的新出路成为当务之急，对接国家“一带一路”发展战略，应该说都是值得印刷企业认真思索的下一步发展方向。中国印刷包装领域已有众多企业选择在“一带一路”沿线国家进行投资，一方面化解原料的瓶颈、降低生产成本，另一方面也是消化过剩的产能、开发新兴市场，创造新的利润增长点。

在“一带一路”倡议提出的两年多时间里，欧亚地区已有 60 多个国家积极响应，可以相信，假以时日，“一带一路”倡议必定对世界版图和我国经济发展带来全新的面貌。既然中国要实施走出去战略，要更深地融入国际经济，那么已经处于世界第二位置的印刷业理所当然地也应该行动起来，这既可以起到印刷“去产能”的作用，也可以帮助发展中的国家加快他们的印刷业进步。这个过程应该是相互融合，合作双方甚至是多方互利共赢的过程，也应该是印刷业伴随着其他产业大步走向国际市场的过程，绝不能理解为单方面的过剩产能输出与经济援助，也决不能依靠一己之力单打独斗，这需要国内企业与所在国伙伴间的精诚合作，也需要同在国外创业的中资各企业间的真诚合作。

化解产能过剩是我国当前和今后一个时期推进产业结构调整的工作重点，是我国实体经济转型的核心课题之一。而化解过剩产能要有全球化视野。通过“走出去”，巩固扩大国际市场，拓展对外投资合作。在全球范围内开展资源和价值链整合，加强与周边国家及新兴市场国家投资合作，采取多种形式开展对外投资，拓展国际发展新空间。诸多过剩产能行业跟随着我们国家提出“一带一路”倡议，

转移到海外去，利用当地巨大市场需求，把我们现在的这些已经固化产能变成新的投资，又可以拉动这些地区的经济增长，从而实现互惠互利。而印刷业也将是其中收益的产业之一。

从路线的延展中不难看出，由于自身经济发展遭遇疲态，整体下滑，西欧、北美等发达经济区并非本次“走出去”的目标区域。而中亚、西亚、中东欧、东南亚、南亚等中高速发展的新兴市场被纳入了中国企业的新视野。海外新蓝海将对国内部分行业释放过剩产能、加速企业的国际化，具有巨大的推动作用。

从印刷业的发展看，它与最新科技成果衔接得最为紧密，当前应用于生产的印刷设备无论是速度，还是自动化程度都已经基本满足生产需要。而与数字技术紧密相连的数字印刷更是运用最新科技成果走出一条截然不同于传统印刷的新路，满足了人们对个性定制的需要。应对市场和客户需求，企业商家已开始纷纷转型至科技研发，高性价比、贴合消费者的各种需求，这是印刷企业未来市场的发展趋势。

印刷既是一个与时俱进的行业，也是一个通过提升设备的先进性在最短时间内就能够大幅提升印品质量的一个带有特殊性的行业。印刷的这一特点使中国的印刷业仅仅经过 30 年的时间就从改革开放前的供不应求发展到供过于求，从产品质量相对低下上升到与发达国家并驾齐驱的地步。“一带一路”倡议打开国门，让传统的国内企业更为直接地见识了“国际范”，在经验学习和技术交流层面上，将会有一个质的飞跃。

三、走向海外有着一个漫长的适应与融合过程

“一带一路”倡议涉及世界上 1/3 左右的国家，延伸至非洲，应该说印刷走向海外的市场空间很大。“一带一路”沿线的国家既有相对经济富裕、印刷业发展成熟的国家，也有经济相对落后，或印刷业还难以满足市场需要的国家，这就需要有着走出国门想法的企业按照自身条件认真地做出选择。

数据显示，2006—2015 年，全球印刷市场由 6908 亿美元增长到 7206 亿美元，增长 18.2%，同期北美、西欧等发达地区增长率分别仅有 8.3%、12.3%，而中东、东欧、南美、非洲、亚洲等以发展中国家为主体的地区增长率分别达到 51.7%、51.4%、42.5%、33.9%和 23.9%。

在欧美日等发达经济体工业欲振乏力的同时，以印度、印度尼西亚、巴基斯坦、越南、土耳其等为代表的新兴市场国家工业虽也受到一定拖累，但在整体上仍保持了快速向上的发展势头，市场总量快速提升，与发达经济体的情况形成了鲜明对比。

相关人士认为，目前东南亚、中东、非洲三大板块将成为市场的下一个接力点。中国—东盟自由贸易区启动至今，各领域友好互利合作不断推进，经贸合作成效尤其显著。虽经济基础水平较低，但凭借人口红利，各地区政府的优惠政策等因素，成为越来越多的劳动密集型产业的“新选择”。不少跨国公司将产品制造从中国转移到了东南亚地区。

但是，目前东南亚地区生产制造业存在明显缺陷，就印刷企业而言，机械、耗材、装订等环节缺一不可。而东南亚地区产业较为单一，无法满足印刷企业印前、印中、印后“一条龙”的生产制作。特别是机械制造业发展尤为落后，印刷厂中虽有印刷设备，但印前、印后工序还是比较落后，缺少高端自动化设备。这就为国内印机及印包生产厂商都提供了一个极好的发展平台。

以土耳其、沙特、伊朗等为代表的中东市场，因原油市场的持续波动给上述地区带来了改变经济增长方式的巨大压力。在政府多样化发展政策的支持下，中东地区的印刷出版业投资出现了明显增长。新设备持续取代产能有限的旧设备，在新技术的推动下，这些地区印刷出版业的自动化生产水平也在不断提高。投资的增长给中东地区印刷企业、原材料供应商和设备供应商都带来了巨大机会，但该地区动荡的局势也给印刷业的整体增长和外商投资蒙上了一层阴影。非洲正处于经济快速增长的过程中。知名咨询机构提供的数据表明，在已经过去的 5 年和未来的 5 年中，全世界经济发展速度最快的 10 个国家中有 7 个在非洲，且撒哈拉以南非洲国家最近 5 年总体实现了年均的经济增长，其中不少国家超过了 6%，5%以上经济增速的情况有望持续到 2020 年。这自然有经济基础水平较低的因素，但增速名列前茅说明他们正在奋力追赶。

若论海上丝绸之路沿线的东南亚国家，其中有 10 个国家经济发展层次完全不同。既有印刷业相对发达的国家，比如新加坡、马来西亚；也有因为经济状况改善、中产阶层增加，看好印刷业下一步发展的，比如印度尼西亚、印度；更有经济相对落后，印刷自然更落后的国家，比如老挝、缅甸。对这些国家来说，印刷业增长的空间自然很大，当然，时间上会有先后。

从北上的丝绸之路经济带看，16 个中东欧国家的经济发展状况同样如此，连俄罗斯这样的经济大国在印刷业之类的轻工业发展上都存在缺口，从俄罗斯分离出来的不少当年的加盟共和国也存在着对印刷的需求，与中国接壤的哈萨克斯坦就有不少印刷业务拿到中国来加工。如果就地组织生产，肯定可以进一步降低生产成本，缩短生产周期，减少运输费用，提高企业的市场竞争能力。所以，去海外开设工厂存在着可行性。

当然，尽管这些地区对印刷包装有着旺盛需求，但各地区毕竟距离远，很多生活习性不同。国内外迥异的语言、文化、政策、法律环境，都是中国印刷企业“走出去”需要面临的重重难关。在确定走出去之前，企业对这些可能发生的问题应该要有相对充分的思想准备，如此，遇到问题就可以有应对方案。否则，不光是难以应对突发事件，而且会挫伤企业走出去的信心与决心。

总之，“一带一路”倡议是我国发展对外经济的重大决策，印刷业在这个层面有很大的机遇，但不可否认的是，也面临一定的挑战。印刷业相关机构、行业企业应正视机遇，及时转型，明确“一带一路”倡议下的定位，必能有所裨益。“一带一路”是进一步拉动国内经济发展的重要途径，也是帮助一些印刷欠发达国家加快印刷业发展步伐，尽快缩短与印刷最新技术之间差距的一种有效做法。既如此，有条件的印刷企业又有什么理由不积极地参与其间呢？如果说，在战略上存在着先发优势的话，那在别人还没有觉醒之前，既认真而又慎重地做走出去的决策，那将会对所在企业的长远、可持续发展起到积极作用。

应重视食品包装中塑料及纸制品包装的污染问题

张鹏程

现今在食品包装中大量使用塑料包装制品，其中塑料制品的有保鲜膜和包装袋盒，有单层的也有复合型的，都是高分子化合物，属于化学材料制品，这些包装制品都牵涉食品的安全，牵涉千家万户卫生健康，与人们的生活密切相关。目前市场上使用的常见保鲜材料膜有聚乙烯、聚氯乙烯保鲜膜，聚乙烯保鲜膜通常用于包装各种鱼肉类、新鲜果蔬、半成品菜、休闲食品、油脂食品，由于材料的理化特性，不宜在高温下使用。聚氯乙烯保鲜膜可用于蔬菜水果的包装，耐油性耐温性差，不能直接包装肉食、熟食和油脂食品，不能在微波炉中加热，不能在高温下使用。由于塑料薄膜的材质及理化特性，食品包装运用中必须严格区分，在使用时应看清保鲜膜的材质，适合于何种生熟食品的包装。

众所周知，高分子聚合物毒性取决于残留的游离单体的数量，这些游离单体可随食物摄入人体内，而影响健康，大分子团可排出体外，但小分子会留于体内，会对人体健康造成一定的影响。如聚氯乙烯作稳定剂的铅化合物，根据日本有关对塑料安全检测资料，浸泡进行试验，规定总溶出物量不应超过 $0.08mg/cm^2$，但聚氯乙烯和油脂接触时易分解并析出氯化氢和氯，铅的析出量也会随之增加。聚乙烯不含有增塑剂和稳定剂，但与脂肪接触后可分解成有毒的低分子化合物而污染被包装的油脂食品，因此适宜于非脂肪性食品的存放和包装，在短时间内作为包装制品仍有可取之处。聚苯乙烯、聚四氟乙烯等作包装制品时，要防止过热和酸碱物质侵蚀而造成分解物的容许量。因此不能作为长时间的包装制品，才能保障食品的安全，因此建议尽量采用玻璃、瓷器皿来盛放熟食食品进行保鲜。

据媒体报道，浙江省质监局曾对保鲜膜卫生和物理使用性能指标上进行抽检，共抽检了 35 批次产品，抽检结果两个批次不合格，合格率为 94.2%。众所周知，保鲜膜的包装质量，直接影响被包装的食品保质期，由于材料的影响会造成氧气透过率理化性能，影响食品的质量和保质期。因此消费者在采购包装保鲜膜时，一定要看清包装保鲜膜的化学成分，在膜上面是否有黑点杂质、雾状发白、皱褶等外观缺点，不使用三无产品的保鲜膜。

据中国台湾媒体报道，台湾成功大学环境微量毒素研究中心研究表明，塑料中的塑化剂进入男性体内会抑制睾固酮分泌，使之睾丸功能下降，进而影响男性生育能力，建议慎用摄取塑料包装的食品。塑化剂，也称增塑剂，是工业中广泛使用的高分子材料助剂，也广泛用于塑料加工中，可增加其柔韧性，因此添加在塑料包装制品中以提高柔韧度。在食品加热、包装时也可能使塑化剂析出，造成对人体的伤害。应该控制塑化剂对人体带来的伤害，必须重视塑料包装制品中的塑化剂的影响，如尽量减少使用塑料包装制品，特别是减少使用塑料袋包装熟食品食物和少用保鲜膜包装热食物，少用一次性塑料泡沫饭盒进食，牵涉日常生活烹调的食油、酱油、醋、食盐、砂糖等尽量不要用塑料包装制品，而采用玻璃、陶瓷、不锈钢包装容器，少吃不健康的泡泡糖以避免泡泡糖中的塑化剂进入体内，尽量少饮塑料杯盛装的热开水，食品盛放中对聚氯乙烯的塑料制品的包装容器要格外注意，因为经过测试，在食品包装袋、保鲜膜、塑料瓶、盒装饮料、牛奶附加的吸管、化妆品的塑料包装容器等都发现了塑化剂化学分子，特别要提醒的是，食品包装的方便面、饼干、糖果、海产制品及干果类等的塑料包装袋都发现有塑化剂化学物质，由于人体的肝脏具有一定的解毒功能，大都通过代谢系统将塑化剂排出体外，小孩尚未发育，受到的伤害会更大些，因此要教育小孩使用塑料玩具时，千万不能放在口中，这些都已经过证实的污染问题，必须加以重视。为了保证食品的安全，保证消费者的权益，保护生命安全，国家已出台食品安全法。塑料包装制品与人们的生活密切相关，由于它的理化特性，决定它存在一定的毒性，切勿忽视这些有碍身体健康的问题，在保质期内合理地使用塑料包装制品。

此外，纸制品盒袋包装食品也会带来安全健康问题，据国外科技报道，欧洲非政府组织食品观察组织宣称，大部分用来包装食品的纸制品包装盒，通常使用回收材料进行重新加工而成，这种包装材料由于处理不当极可能被有毒有害的碳氢化合物或石油衍生物污染，该组织在法国、德国、荷兰等国上百种纸制品包装产品进行分析检测，结果发现其中含有致癌物，能够影响分泌系统和导致基因变异。该组织还称，纸制品包装盒中的碳氢化合物是主要的致癌物质，并指出，造成致癌物是因为受到矿物油芳香烃碳氢化合物的污染，这是一种能够导致基因突变的诱变剂，研究表明，矿物油饱和碳氢化合物，是带给消费者身体安全健康最有害的有毒物质。除上述因素带来污染外，纸制品包装在生产制造工艺和食品包装过程、贮存、运输中带来的污染，因此要提高这方面安全卫生意识和警惕。现今国家非常注重食品安全，出台了一系列保障食品安全的法规，我们更是要大力宣传这方面保障食品安全法规和制度。

浅谈包装产业的“互联网+”

国家知识产权局专利局专利审查协作北京中心　胡朝丽
北京印刷学院　桑利军

前言

“互联网+包装”代表一种新的经济形态，即充分发挥互联网在包装产业中的优化和集成作用，将互联网的创新成果深度融合于包装产业各环节之中，提升我国包装产业的创新力和生产力，形成更广泛的以互联网为基础设施和实现工具的包装产业发展新形态。

2015 年 3 月 5 日十二届全国人大三次会议上，李克强总理在政府工作报告中首次提出“互联网+”行动计划。该计划将重点促进以云计算、物联网、大数据为代表的新一代信息技术与现代制造业、生产性服务业等的融合创新，发展壮大新兴业态，打造新的产业增长点，为大众创业、万众创新提供环境，为产业智能化提供支撑，增强新的经济发展动力，促进国民经济提质增效升级。为此，中国包装产业应立足于国家大政方针，不断开阔创新，为促进我国经济转型升级，提升中国包装的世界水平、国际地位不断努力。

一、“互联网+包装”的基本内涵

“互联网+包装”，这不是简单的两者相加，而是利用信息通信技术以及互联网平台，让互联网与包装行业进行深度融合，这相当于给包装行业加一双“互联网”的翅膀，然后助飞包装行业，创造新的发展生态。

互联网时代的思考方式，不局限在互联网产品、互联网企业。这里指的互联网，不单指桌面互联网或者移动互联网，是泛互联网，因为未来的网络形态一定是跨越各种终端设备的，如台式机、笔记本、平板、手机、手表、眼镜等。互联网思维是降低维度，让互联网产业低姿态主动去融合实体产业。

在当今“互联网+”的时代，包装企业想把自己的生意搬到互联网上来做，需要一个自己产品展现的载体，要么搭建一个网站平台，或者做一家网店，因为只有这样才能让别人找到你。其实做网站很容易，申请网店也很容易，而最难的是如何获取流量。流量相当于是我们传统生意中的客户。如果让网站获取流量，那么离不开SEO（搜索引擎优化）技术，这是掌握整个互联网流量入口的技术，也是包装企业开辟互联网渠道的利器，所以如果想要玩转“互联网+”就要学习SEO这门技术。

“SEO”的第一个内涵是“互联网思维”，包装企业融合“互联网+”的第一步是了解互联网，所以了解互联网思维是一个基础的开始。什么是互联网思维?在互联网商业模式的长期发展中，很多互联网企业积累了大量的案例及数据，足以让他们总结出一套适合自身发展的方法论，这个方法论就可以看作互联网思维。互联网思维是互联网企业总结出来的，更适合线上的商业模式，所以对包装企业在线下经营不会太适合。“互联网+”要求包装企业先了解互联网思维，然后再结合实际情况探索出新的商业模式。

跟什么样的人学习SEO，决定你成为什么样的人。如果我们跟弱者学习，那么我们就会成为弱者，如果我们跟强者学习，我们才能成为强者，所以跟什么样的人学习，决定了你在包装这个行业的走向。

二、“互联网+”包装的主要特征

“互联网+包装”最重要的就是包装产业互联网思维，互联网上缺的不是产品，而是销售产品的人，所以搞懂包装产业互联网思维至关重要。作者认为“互联网+包装”应有以下五大特征。

一是跨领域融合。“+”就是跨领域，就是变革，就是开放，就是重塑融合。敢于跨领域了，创新的基础就更坚实：融合协同了，群体智能才会实现，从研发到产业化的路径才会更垂直。融合本身也指代身份的融合，客户消费转化为投资，伙伴参与创新等。

二是创新驱动。中国粗放的资源驱动型增长方式早就难以为继，必须转变到创新驱动发展这条正确的道路上来。这正是互联网的特质，用所谓的互联网思维来求变、自我革命，才能发挥创新的力量。

三是重塑结构。信息革命、全球化、互联网业已打破了原有的社会结构、经济结构、地缘结构、文化结构。权力、议事规则、话语权不断在发生变化。“互联网+社会治理”、虚拟社会治理会是很大的不同。

四是尊重人性。人性的光辉是推动科技进步、经济增长、社会进步、文化繁荣的最根本的力量，互联网力量之强大最根本的是来源于对人性的最大限度的尊重、对人体验的敬畏、对人的创造性发挥的重视。

五是开放生态。关于“互联网+包装”，生态是非常重要的特征，而生态的本身就是开放的。推进“互联网+包装”，其中一个重要的方向就是要把过去制约创新的环节化解掉，把孤岛式创新连接起来，让研发由人性决定的市场驱动，让创业并努力者有机会实现价值。

三、“互联网+包装”的发展趋势

严格说来，“互联网+包装”是创新2.0下的互联网与包装行业融合发展的新形态、新业态，是知识社会创新2.0推动下的互联网形态演进及其催生的包装产业发展新常态。它代表一种新的经济增长形态，即充分发挥互联网在生产要素配置中的优化和集成作用，将互联网的创新成果深度融合于包装产业之中，提升包装企业的创新力和生产力，形成更广泛的以互联网为基础设施和实现工具的中国包装新模式。

从现状来看，“互联网+包装”尚处于初级阶段，各企业对“互联网+包装”还在作论证与探索，特别是那些濒临破产的传统包装企业，他们正努力借助互联网平台增加自身利益，渴望走出困境。例如有些传统企业开始尝试营销的互联网化，借助B2B、B2C等电商平台来实现网络营销渠道的扩建，增强线上推广与宣传力度，逐步尝试网络营销带来的便利。

与传统包装企业相反的是，在“全民创业”的常态下，包装产业与互联网相结合的项目越来越多，诞生之初便具有“互联网+”的形态，因此它们不需要再像传统企业一样转型与升级。“互联网+”正是要促进更多互联网创业项目的诞生，从而无须再耗费人力、物力及财力去研究与实施行业转型。可以说，每一个社会及商业阶段都有一个常态以及发展趋势，“互联网+包装”的发展趋势则是大量“互联网+”模式的爆发以及传统企业的“破与立”。

2016年“互联网+”的政策红利仍将持续。随着各行各业纷纷互联网化，互联网与包装产业找到了优势互补的契合点，并引发全行业的广泛创新和变革。互联网行业将从以服务为主走向与制造业等实体经济融合发展，通过创新实现包装产业的结构优化和全面升级。

应该重视包装中的污染问题

张鹏程

美国《科学美国人》杂志登载了一篇有关中国食盐受到塑料包装袋污染影响的文章，不能不引起我们的关心和重视。

文章内容是这样的：用海盐加工成食品的调味品后用塑料包装袋进行包装后出售，消费者在食用时不知不觉中吃下塑料微粒污染物。文章中写道，研究人员分析了从中国各地超市中购得的 15 个品牌的普通食盐，他们进行检测化验，在食盐颗粒中发现了用于生产普通塑料水瓶的聚对苯二甲酸乙二醇酯，还有聚乙烯、玻璃纸及其他多种塑料颗粒，其中海盐受到塑料污染尤为严重，污染程度最高。他们作了定量测试化验，研究人员测得每磅（1 磅=0.45kg）海盐中含有 1200 多颗粒塑料微粒。华东师范大学的施华宏教授的研究小组还发现从盐湖、盐井、盐矿中获得的食盐虽然含塑料微粒的含量较低，但每磅食盐中也有 15～800 微粒颗粒。食盐造成污染的原因有多种，其中最为严重的是制取食盐的海洋环境被废弃的塑料包装制品大面积污染，当然塑料包装袋也会造成一定的污染。我们从媒体上看到了海洋特别是沿海海面被大面积废弃塑料袋及塑料泡沫制品污染，这些事实真是触目惊心，不能不提起，长江三峡大坝建造前也看到这些废弃塑料包装制品的污染物对水体的严重污染，垃圾清理船每天打捞数吨至数十吨垃圾。

食盐受到塑料制品微粒的污染途径大体可分为环境造成的污染以及食盐加工、干燥和包装过程中与包装后期造成的污染。值得引起重视的是，塑料污染中含有的重金属和其他受关注的化学物质，这些物质对人体健康会造成伤害。因此，除环境对食盐造成的污染外，包装塑料袋也会造成对食盐的一定污染，现今许多食品都采用塑料袋包装，在消费市场上不光看到食盐、糖甚至醋、酱油、酒类等都有塑料软包装袋，食品类更多，糖果、糕点、茶叶、熟食肉类等。党中央和政府高度重视食品的安全并出台和颁布许多国家政策及文件来保证食品的安全。因此在食盐中检测化验到塑料污染的微颗粒，其他选用塑料包装的食品是否也存在污染问题，必须引起我们的极大重视和警觉，必须让进入食品链的塑料降至最低，让消费者得到安全食品。

包装对包装物的污染有一定影响，只是影响大或小，在安全范围内还是不在安全范围内。当气体包装容器改革时，气体软包装相继问世，引起不少从事气体专业人员的怀疑，主要就是软包装材料对贮存气体的污染问题，在选择包装材料时，进行多方面的研制和探讨。德国的林德公司、美国校验设备公司、日本的酸素株式会社等公司研制出多层复合膜制成各种塑料气体软包装，这些软包装进行多次污染考核合格后，才能作为软包装材料。当时西南化工研究院承担气体软包装复合材料的研制，经攻关研制出用于气体软包装多层高分子化合物膜与一种韧性气密性好的金属膜复合而成的材料，研制成功后进行一系列的严格考核，为了确定高分子薄膜受污染程度，采用色谱仪和一些定性定量分析仪器，因为气体软包装贮存的气体为标准气体（即标样气）作为色谱仪定标用的（国家标准或军方制定的标准）。简单说，目前警察使用酒驾的酒精测试仪，必须用标样气（标准物质）定标后才能使用；运动员违禁药检测的仪器也必须定标后才能用；火箭燃料的氢、氧组分的检测也必须进行定标；在军事、工业、化工、核物理等领域，都要对所采用的气体组分定标。所谓定标就是用已知组分的标准物质含量来测定未知组分物质的含量，通俗讲，就是用标准的公尺来度量剪裁衣料，若没有标准公尺，裁剪衣料不就乱了套吗？因此，气体软包装研制中对其污染必须在标准的范围内，所以考核过程中对所采用的气体组分变化的色谱峰（色谱图谱），即定量指标的重现性、分析误差、稳定性等进行科学性严格考核，避免污染带来的误差。标样气的检测非常严格，绝不能受到污染。由此联想到 1960 年 7 月 16 日苏联政府照会中国政府，撤走在华工作的所有专家，就在苏联专家撤走后的第十七天，中国用自己生产的火箭燃料成功发射了一枚导弹，洗雪了“中国燃料不合格被倒在戈壁滩”的耻辱，当时苏联认为我们没有先进检测手段和生产火箭燃料的先进工艺，而发射火箭使用的氢氧发动机燃料在使用前必须严格进行检测分析，特别是对其中杂质组分进行检测，达到国家标准、行业标准、军工标准。这就牵涉用标准物质即标样气对火箭燃料组分含量定标，也是对软包装贮气袋污染检测严格的原因。

我不清楚我们用于食品的塑料软包装是否经过严格考核，是否经过使用后对保存的食品进行检测，是否在操作过程中存在污染的问题。但这次在海盐中检测出塑料颗粒不能不引起我们对食品包装及其污染的重视。

三大问题制约包装机械制造业快速发展

刘 钧

我国包装机械起步较晚，经过20多年的发展，我国包装机械已成为机械工业中十大行业之一，为我国包装工业快速发展提供了有效的保障，有些包装机械填补了国内空白，已能基本满足国内市场的需求，部分产品还有出口。但在目前，我国包装机械出口额还不足总产值的5%，进口额却与总产值大抵相当，与发达国家相去甚远。

国内的包装机械行业水平还处于低级阶段，一些含量高的包装成套设备仍依靠国外进口来满足内需。这种过度依靠现象，已严重制约我国包装工业的持续、稳定的发展，也使国内一些无竞争力的包装机械企业处于濒危境况。因此，专家指出，包装机械的低水平发展将影响到整个包装工业的快速发展，所以必须努力改变其落后状况。

我国包装机械制造业存在的问题：一是缺乏宏观统筹规划；二是缺乏资金投入，企业用于研究和开发的投资占销售额平均水平不到1%；三是缺乏专业技术人员。

与发达国家相比，我国包装机械行业的产品和技术差距主要表现在以下几个方面：

从产品结构看，我国包装机械品种只有1300多种，例如枕式包装机、茶叶包装机、颗粒包装机等型号，其配套数量少，缺少高精度和大型化产品，不能满足市场需求：产品质量差距表现在产品性能低，稳定性和可靠性差、外观造型不美观、表面处理粗糙，许多元器件质量差、寿命短、可靠性低，影响了整体产品的质量；从企业状况看，国内包装机械行业缺少龙头企业，生产规模大、产品档次高的企业不多；从产品开发看，我国还基本停留在测试仿制阶段，自行开发能力弱，缺少科研生产试验基地，科研经费仅占销售额的1%，而国外高达8%～10%。

我国包装机械的技术水平从整体看，相较先进国家的技术水平落后20年，在产品的开发、性能、质量、可靠性、服务等方面的竞争中处于劣势。

仅靠增加资金投入、扩大生产规模的粗放式经营已不能满足形势发展的需要，我国的包装企业已进入调整产品结构、提高开发能力的新时期。技术升级、产品换代、经营管理是行业发展的重要课题。

在产品结构上，应以市场为导向，改变目前以低技术含量为主、低水平竞争的状况，淘汰一批低效高耗、低档次低附加值、劳动密集型的产品，努力开发生产高效低耗、产销对路的大型成套设备和高新技术产品。在包装功能上，工农业产品要趋向精致化与多元化，包装机械产品要朝着产品多功能与单一高速的两极化方向发展；对于糖果包装就需要枕式的、异形的、连体的，这样的产品则要求在一台包装机上完成系列产品包装。

现代包装技术在切花保鲜中的应用

高翠玲[1] 范 珺[2]

（1.山东省产品质量检验研究院 2. 济南兰光机电技术有限公司）

摘要： 鲜切花是经济作物中最娇嫩、最不易贮藏的商品，如何减少贮藏、运输过程中切花的损失，是鲜花保鲜的重要课题。本文从现代包装技术的角度出发，建议鲜切花采用高水蒸气阻隔技术、气调包装技术和化学保鲜技术于一体的包装保鲜技术，用以延长鲜切花的开放寿命，提高展示品质。

关键词：包装；切花；水蒸气阻隔；气调；化学保鲜

切花，通常指从花卉植株上剪切带茎、叶的鲜花，用作插花、花篮、花束等用处。自 20 世纪 70 年代以来，鲜切花的需求增长迅猛，至 1998 年，我国鲜切花产量已突破 20 亿支，形成了种植、采集、处理、运输、贮藏、销售为一体的产业化运营。由于切花的生物特性，在运输至销售过程中极易衰老、腐烂，造成商品价值的丧失。因此，包装的保鲜作用极为重要。

一、我国鲜切花包装现状

从包装的最初意义来看，包装就是在流通中保护产品、方便储运、促进销售的容器，这一观点在包装技术发展迅速的今天仍是大多数，尤其是中小花农对待包装的主要看法，因此，以瓦楞纸箱包装为主的单一包装形式依旧占据了鲜切花包装的主导地位。虽然瓦楞纸箱的使用已经非常成熟，但应用在鲜切花的包装上，仍存在诸多不甚理想的问题。根源在于鲜切花的易衰老性。因此，鲜切花的包装设计除了遵从基本的包装技术要求，如基本的物理防护、便于储运功能以及传达商品信息的功能外，还应满足鲜切花保鲜的个性需求，尽可能地抑制衰老进程。

二、鲜花衰老机理

当鲜花从植株上剪切下来后仍进行着生命活动，但由于失去水分和营养供应，会逐渐衰老凋谢。追根溯源，归因于鲜切花的水分失衡和呼吸作用两大因素。

水分失衡指的是切花脱离母体后茎叶的吸水量低于蒸腾量，平衡关系遭到破坏，切花因水分胁迫而衰败凋萎。显而易见，水分蒸腾速率过大是导致切花水分失衡的直接原因，这与植株的气孔开放程度、空气相对湿度、光照条件密切相关。气孔是植物与外界进行气体交换的门户，也是水分蒸腾的通道，主要分布在植株的叶、茎的表皮上，不同种类的切花因气孔的分布和闭合调节机制的不同，发生水分失衡的程度有所差异。由于鲜切花细胞中的水蒸气含量接近饱和，相对湿度可视为 99%，当切花置于低湿度环境，较大的水蒸气压差会促进切花的水分蒸腾。同时，光照也是加速切花水分蒸腾的一剂强有力的催化剂，较强的光照，不仅能促进切花气孔开放，还能提高切花及空气的温度，加大叶内外的水蒸气压差，导致切花的失水越发严重。除了水分蒸腾的影响，当水分运输吸收受阻时，也会影响切花的水分平衡。其中，木质导管的部分因细菌、霉菌等微生物的繁殖造成切口处的阻塞和受伤细胞分泌物质导致的生理堵塞是切花吸水受阻的主要原因。

呼吸作用是植株吸收 O_2，将细胞内有机物氧化分解产生能量，生成 CO_2 的化学过程。当鲜花切后，呼吸作用仍在持续，将贮存的营养物质转化为能量，但因无法进行光合作用，营养物质得不到补充，因而导致切花逐步衰老。

鲜切花的水分失衡和呼吸作用除了产生上述直接影响外，还会造成脱落酸、乙烯等衰老调控激素的增加，鲜花细胞膜机构损伤等后果，这些因素综合作用是诱发和促进切花的衰败的重要因素。

三、鲜切花现代包装技术要求

基于上述分析，鲜切花的包装技术不应仅局限于传统包装的定义，更应将鲜花保鲜、温控技术、湿度控制技术等一系列保鲜技术融为一体。总的来说可以从三个方面重点研究：①高水蒸气阻隔技术。通过添加对水蒸气具有高阻隔性的包装材料维持切花运输、贮藏环境的高湿条件，减少因水蒸气压差过大造成的切花水分缺失。②气调包装技术。采用现代包装技术，为鲜切花制造低 O_2、高 CO_2 的空气氛围，从而降低呼吸作用的频率。③化学保鲜技术。将化学手段融合到包装技术中，调节植物生长状态，抑制乙烯等衰老调节激素的生成速率。

（一）高水蒸气阻隔技术

水蒸气阻隔性能是指水蒸气从材料的高浓度侧渗透到低浓度侧的能力。整个渗透过程可以分为吸附、溶解、扩散、解析几个部分，高浓度侧的水分子吸附在材料表面，溶解进入材料中在其内部进行扩散，继而从低浓度侧解析出来。这一过程的快慢取决于材料对水蒸气的溶解速率和渗透速率，二者的速率越慢，意味着材料对水蒸气的阻隔性越高。由于不同材料对水蒸气的溶解和渗透特性不一，因此，选择具有合适阻湿性的包装材料显得尤为重要。

笔者利用 W3/060 水蒸气透过率测试仪器对几类常见的包装材料做了水蒸气透过率测试，结果如下表所示。

测试数据显示，水蒸气透过率最高和最低的材料分别为低密度聚乙烯和铝塑纸复合材料，另外两种材料透湿性能相差不大。考虑到铝塑纸复合材料的成本远远高于其他三种材料，因此，高密度聚乙烯材料和双向拉伸聚丙烯材料更为适合鲜切花的阻湿包装。在实际应用中，可以将这种塑料材质的包装作为内层包裹切花，或者作为夹层置于瓦楞纸板的内、外芯之间，如此保鲜效果将会大大改善。

包装材料水蒸气透过率测试结果

编号	试样	水蒸气透过率（$g/m^2 \cdot 24h$）
1#	高密度聚乙烯	5.698
2#	低密度聚乙烯	21.635
3#	双向拉伸聚丙烯	4.648
4#	铝塑纸复合材料	0.851

（二）气调包装技术

通过上文分析可知，鲜切花的呼吸作用会带动衰败进程的发展，适当的抑制措施对于切花保鲜大有裨益。气调技术（MA）是现代包装技术的一项重要分支，是采用多种方法使切花包装内形成高 CO_2、低 O_2 的气体含量比例，从而降低切花呼吸速率的一种包装技术。使用最多的当属自然降氧法，依靠切花呼吸作用，使环境中 CO_2 上升、O_2 下降，这种方法胜在工艺简单、降氧成本低，但需要依靠具有独特渗透效果的薄膜实现。一方面，这种薄膜应具有较强的 CO_2 阻隔能力，以维持切花周围的 CO_2 浓度在较高的水平；另 方面，对 O_2 有较为合适的渗透速率，避免因 O_2 浓度过低造成切花呼吸失调反而缩短寿命。据文献介绍，日本研制了一款聚丙烯 FG 薄膜在保湿、阻隔方面效果显著，但仍需要注意的是，不同的切花品种，因其生物特性的差异，呼吸速率快慢不一，如何实现气调薄膜阻隔性的动态平衡仍是未来的研究重点。

（三）化学保鲜技术

化学保鲜是利用各种化学保鲜剂维持切花寿命，一般可归类为 3 种：①能量供给型，如蔗糖、果糖或葡萄糖，为切花提供营养来源，调节水分平衡，维持细胞的正常渗透，有利于切花的品质提升；②改善水分平衡型，例如加入硫酸羟基喹啉为代表的杀菌剂配合能降低溶液 pH 值的有机酸，能有效抑制细菌繁殖引起的切花输水导管阻塞，促进花枝吸水；加入 K^+、$NiSO_4$、$COCl_2$ 等无机盐能增加花瓣细胞的膨压，利于切花水分平衡的保持。③成熟激素抑制型，以乙烯抑制剂和生长调节剂为主，如 Ag^+、STS、AOA、乙醇、细胞分裂素，对于延缓切花衰老进程效果显著。

在实际操作中，建议将上述化学保鲜技术与包装保鲜技术有效融合，提高切花的综合保鲜效果。可以采用涂覆的形式，将杀菌剂、乙烯抑制剂涂在瓦楞纸板的内芯纸上或塑料内包装膜上，或者将这些成分搅拌进塑料原料中，以此制成的塑料袋作为鲜切花的内包装，能获得更为理想的保鲜效果。

四、总结

鲜切花是经济作物中最娇嫩、最不易贮藏的商品，如何减少贮藏、运输过程中切花的损失，是鲜花保鲜的重要课题。本文从现代包装技术的角度，提出了鲜花保鲜的几点建议，希望对于相关从业人员有所帮助。

果蔬片包装吸潮原因排查及解决方案

王微山[1]　范　珺[2]

（1.山东省产品质量检验研究院　2.济南兰光机电技术有限公司）

潮气是果蔬片保持酥脆口感的最大威胁。果蔬片其内部、中心、外围的水分含量不一，外围颗粒与空气中的水蒸气接触，导致水分从外围向中心渗透直至内外部水分含量基本一致，这一过程就是业内常说的吸潮。吸潮后的果蔬片口感趋于湿软，销售价值折损，因此是困扰食品企业的一大难题。

在面对吸潮问题时，首先需要根据具体情况排查导致果蔬片吸潮的主要原因，进而有针对性地提出解决方案。排查的前提是建立对照样本，分别抽取正常的果蔬片成品包装和问题批次的果蔬片成品包装，并取各自对应的包装薄膜备用。排查范围主要包括包装的泄漏情况、包材性能、包材原料质量。

一、包装泄漏情况排查

包装泄漏情况排查方案主要分为两个阶段：阶段一，首先明确包装是否存在泄漏的现象，以及确定泄漏点的位置；阶段二，根据阶段一的排查结果，深入分析泄漏的原因。

以问题批次的果蔬片成品包装为排查对象，从中抽取 10 个成品包装，利用 MFY-01 密封试验仪测试成品包装是否存在泄漏的问题。这种方法采用的是负压法的测试方法，将包装置于密封罐的水中，设置真空度为-90kPa，进行抽真空操作。若包装表面有成串的气泡冒出，则说明泄漏。气泡出现的部位即为泄漏点。

导致包装泄漏的原因比较多。从泄漏部位来看，发生在袋体部分的泄漏多是由于外界异物穿刺或果蔬片的摩擦穿孔导致。油炸后的果蔬片，质地比较坚硬，外形棱角分明，从包装到销售过程中需经历仓储、搬卸、运输、摆架等多道工序。在这一过程中，包装受到强烈且持续的撞击、摩擦，果蔬片的尖锐部分易在包装内侧形成细小划伤，严重者会形成包材贯穿性的微孔。这些损伤足以造成包材质地和阻隔性能的破坏，造成水蒸气的快速渗透。

另一种情况是发生在封边处的泄漏，多是由于封边热合强度不理想所致。封边的热封强度是反映包装袋封边热合牢度的物理量，其性能的优劣直接影响包装的密封性。笔者根据密封性试验结果，从中抽取一个密封性完好的成品包装和一个发生泄漏的成品包装，从左右封边和顶封边各裁取15mm宽的3个试样。将试样以热封部位为中心打开呈180°，两端夹持于XLW智能电子拉力机的上下夹具上，在“热封强度”测试模式下以300mm/min的速度分离上下夹具，试样断裂时的最大力值即为热封强度值。测试结果如表1所示。

表1　热封强度测试结果

	密封性完好的包装				发生泄漏的包装			
	试样1	试样2	试样3	断裂状态	试样1	试样2	试样3	断裂状态
左封边	48.625	51.268	50.465	非热封处断裂	51.384	57.351	52.132	非热封处断裂
右封边	50.864	53.841	54.378		53.254	53.762	55.361	
顶封边	51.248	47.632	48.012		30.248	21.631	35.364	热封根部断裂
泄漏情况	-90kPa，成品包装未发生泄漏				-48.3kPa，顶封边发生泄漏			

通过表1测试数据可以看出，发生泄漏的成品包装其泄漏点位于顶封边上，其热封强度数值相对于其他封边明显偏低，且同一测试封边的不同部位的热封强度分布不均，说明此封边的热封质量较差。从热封强度测试中试样断裂状态来看，只有泄漏问题包装的顶封边处出现了热封边根部断裂现象，其他封边均为非热封处断裂，这从另一个角度也印证了上述结论。

热封边根部断裂也称为“根切”，这是因热封温度、压力设置过大，制袋速率偏慢等因素综合作用导致封口边缘内层薄膜被压制过薄，使得拉伸强度减弱，出现易断裂的现象。除此之外，还有封边处断裂和因包装膜层间脱离导致的封边内侧内层断裂两种断裂状态。前者除了热封工艺占主要原因外，热封时封口部位被异物污染也是影响因素之一。后者则主要取决于包装膜材料的复合牢度。通常果蔬片包装膜采用两种及两种以上材料通过胶黏剂复合而成，若层间黏性不强的话，任意两种材料之间均有可能发生脱层现象，导致热封边内层在较低的压力下发生破裂。

二、包装材料性能排查

果蔬片吸潮，归根结底是水蒸气的作用。在理想的情况下，果蔬片外包装负有阻隔外界水蒸气渗透的责任，以保障果蔬片的酥脆口感。但实际中，繁复的生产包装条件、仓储运输条件、包装材料与包装技术诸多因素影响，包装的防潮效果大打折扣，其中，包装材料的水蒸气阻隔性能影响最大。果蔬片包装内外存在一定的水蒸气压差，水蒸气在压差的作用下从高浓度侧（包装外侧）透过包装材料向低浓度侧（包装内侧）渗透，造成包装内部水蒸气含量升高引起果蔬片吸潮。若包装内置干燥剂或外部为高湿环境，包装内外两侧水蒸气压差增大，则水蒸气的渗透量也会明显升高。

不同材质的包装材料的水蒸气阻隔性能有明显差异，主要与包材的性质和分子聚集态结构有关。水蒸气分子为极性分子，因此在极性材料的溶解和扩散速率均高于非极性分子材料。对于亲水性高聚物材料，如乙烯-乙烯醇共聚物、聚酰胺、聚乙烯醇材料等，由于材料本身易吸水，因此阻湿性能不甚理想。此外，材料的分子聚集态结构的特点也会影响材料的阻湿性，一般情况下，结晶性材料、高密度材料、定向排列的材料的阻湿性较为优异。因此，选择阻湿性能较高的材料有益于果蔬片吸潮的控制。

根据上文分析，不同材质的包装材料具有不同的阻湿性能。以常见的果蔬片包装材料PE、PET/PE、BOPP/VMCPP、OPP/PET/AL/PE为例，利用W3/060水蒸气透过率测试仪器对其同厚度的试样进行测试，其阻湿性差异如表2所示。

表2 四种包装材料的水蒸气透过率测试结果

试样	水蒸气透过率（$g/m^2 \cdot 24h$）
PE	25.87
PET/PE	8.63
BOPP/VMCPP	1.68
OPP/PET/AL/PE	0.61

测试结果直观地反映了四种包材阻湿性能优劣，从高到低为 OPP/PET/AL/PE>BOPP/VMCPP>PET/PE>PE。铝箔材料的加入使得塑料膜材的阻湿性有了大幅提升，其中铝箔层添加形式的阻湿性明显优于镀铝膜这一形式，但相应成本较高。对于果蔬片这种对水蒸气敏感的食品，企业必须明确包装的阻湿性指标，若使用的包材的阻湿性能达不到要求，则果蔬片发生吸嘲的概率将大大提升。

对于因包材阻湿性能问题导致的果蔬片吸潮，除了更换高阻隔包材外，也可采用双层包装的形式。例如：①内包装为透明结构，BOPP/CPP，外包装为铝箔复合膜或镀铝复合膜，PET/VMPET/PE；②内包装为铝箔复合膜或镀铝复合膜，BOPP/VMCPP，外包装为透明结构，BOPP/PE。此类双层包装的形式阻隔性更佳，在包装预算较为充足的前提下，能给果蔬片提供更加优异的防潮功能。

三、包材原料质量排查

经上述两方面经排查后仍未发现果蔬片的吸潮隐患，那么就需要进一步确定包材原料的质量是否到达预期的标准。以 PET/VMPET/PE 包材为例，正常情况下这种包材的阻湿性能达到 $1g/m^2 \cdot 24h$ 左右，可以满足大部分果蔬片包装的水蒸气阻隔要求。但若原材料存在质量问题，如厚度、质地均匀性没有达到标准，足以导致包材原料的实际性能的降低。避免这一问题的最佳方法是提高对包材原料的抽检频率和范围，加强质量检验。

四、结论

果蔬片是近些年新兴的果蔬零食，因其油炸脱水的特性，对于水蒸气特别敏感，在仓储运输中很容易出现保质期内吸潮现象，严重影响食用品质和企业的销售量。经过上述分析，从包装的角度设计了详细的排查方案以确定吸潮原因，并相应提出解决方案，以最大限度地避免果蔬片吸潮问题。

包装新趋势——多快好省

周 波

在物质生活异常丰富的今天，人们对于商品包装的要求也与时俱进，更加严格、更加完美。如果置身于超市，触目皆是色彩缤纷、形状各异的塑料包装。这种相对“新晋”材料，以质轻、耐腐蚀、耐摩擦、易加工和美观等特点，在包装产业总产值中的比例已超过 30%。

未来数年内，安全、环保、轻量化、多功能化、智能化仍是包装行业的目标。在包装材料市场需求上，呈现出多样性、丰富性的特征：高阻隔、高强度、耐高温、抗紫外线、抗菌等功能性产品，以及可回收利用、降解塑料等绿色产品将受到青睐。

汇集世界尖端塑料技术的 CHINAPLAS 2016 国际橡塑展，于 2016 年 4 月 25—28 日在上海新国际博览中心（浦东）盛大举行。展会云集世界各地超过 3200 多家展商及多个国家展团，展示各种先进技术及橡塑原材料，助力包装生产商迎合塑料包装的快速发展及多、快、好、省的新趋势。

一、多、好——多功能化、高质量

据市场报告显示，未来几年，在食品饮料和医疗保健产品强劲的需求推动下，塑料包装仍继续快速发展。这两类产品对于包装的要求越来越高，要具有多功能，并且高质量。

多功能性，主要包括高阻隔性、耐蒸煮、抗紫外、保鲜性、选择透气性、耐热性、抗菌性以及防锈、除臭、形状记忆、可再封、易开封性等，其中以高阻隔性、耐热包装材料和选择透过性发展较为迅速。由多种不同材料制成的复合薄膜应用越来越广泛，以满足复杂的市场要求。7 层、9 层甚至 11 层膜结构都属于常见品级，将阻隔性、适印性、密封性和耐冲击性等多种性能完美结合为一体。

耐热性塑料包装，常以蒸煮袋的形式出现，一般由具有遮光性的铝箔为中间层、高阻隔性塑料 PA、PET 为外层，具有热封性的 PE、PP 为内层的多层复合蒸煮膜制成。米拉克龙（Milacron）公司推出了一种新型多层共挤技术，可用于生产透明聚丙烯（PP）食品包装罐 Klear Can。据介绍，其三层结构（PP/EVOH/PP）可以将贮存期延长到 5 年，并且可以在 130℃以下蒸煮。

多层共挤薄膜的巨大需求，推动了生产设备市场的繁荣，目前已发展出 11 层薄膜生产线。上届（2015 国际橡塑展）参展的德国 Kuhne Anlagenbau 公司及国内的金明精机也能提供此技术。杜邦公司和 Kuhne Anlagenbau 共同开发的 TripleBubble®l 技术，利用杜邦离聚物和杜邦黏合树脂生产的 11 层功能塑料，其厚度仅为 20~110μm，每层厚度的可延伸性可以达到 60%，并具备高阻隔性、高透明度、高光泽、抗撕裂性强、抗冲击力强等优势。这将显著节省高达 50%的原材料和资源，从而大大改善其生命周期。

二、快——智能化

时间就是金钱，在瞬息万变的社会生产速度更是要快。

无论是塑料容器还是瓶盖，如今的设备都实现了更高的生产速度。例如，住友德马格的 El-Exis SP 200-675 注塑机，可在不到 2s 的生产周期内完成 4 个 125mL 的聚丙烯（PP）食物容器的注塑成型，比常规的生产周期减少 3%~5%，并借助专业机械手将成品捡拾。国内企业在技术上也有较大飞跃，如广东国珠精密模具有限公司开发的饮料瓶盖高速注塑系统解决方案，最大的特色是快速，采用 HDPE 材料制造重量为 1.95g 的产品，产量可达到 2.88 万 PCS/h，每天可生产 60 万个瓶盖。

“中国制造 2025”正在加快推进实施，逐渐迈进智能制造时代。工业 4.0 理念也逐渐在食品包装业渗透，塑料包装机械生产企业致力发展以光机电一体化、智能化、组合化或模块化等为代表的新技术。目前已经有不少厂家将机器人和包装设备整合到一条生产线上，从前期的搬运、分拣到包装制作，再到后期的检测、储存和输送，各类自动化技术贯穿于包装行业的始终。不仅拥有了更高的包装速度、更精准的包装精度，还可以实现低能耗，为企业节省成本。

博世包装新推出的 Paloma D3 进料和顶装式机械手被整合在 Module++饼干包装整线中。据介绍，最新的 GD（齿轮驱动）系列 Delta 机械手采用开放式的框架和平台，在提供了标准化和模块化方案的同时又可根据不同的应用配置各种可选项。博世包装技术提升了 D3 机械手的平台，将负载增加至 3 千克，从而确保更快的速度来提升拾取率。

三、省——环保、节能

可持续包装是一种必然的趋势。消费者环保意识的提高和各种政府法律是其主要驱动力。通过以下 3 个途径可以实现可持续包装：包装小型化或轻量化；更多地使用可再生原材料；利于回收和循环使用。

在满足包装功能的前提下，选材时应尽量减少垃圾的产生量。以薄膜为例，其趋势是包装薄膜的轻量化，关键技术在于采用具有超韧性、能加工较薄且较易加工的新型原料，如双峰 HDPE 树脂、茂金属催化剂的聚烯烃以及其他优秀的阻隔性包材等。帝斯曼集团最近推出了改性聚酰胺 Akulon XS 产品，与传统聚酰胺 6 相比，Akulon XS 在膜泡中的结晶速度要慢得多，从而在加工条件方面为加工商提供了更大的操作空间。此外，其在膜泡中具有更好的拉升性，因此吹胀比提高的同时膜泡更加稳定。

更多地采用生物聚合物包装，也是一种环保手段。NatureWorks 生产的 Ingeo 生物聚合物，具有良好的生物可降解特性，并且强化了耐高温程度。NatureWorks 建议制造商不要只比较原材料成本，而应该考虑整体生产成本。以 Ingeo 与 PET 比较为例子，在制造相同的产品时，Ingeo 的耗量更少；并且因为属于低温加工材料，加工过程所消耗的能源更少。

未来随着包装市场容量持续扩大，将产生越来越多包装废弃物，只有对其进行统一回收、尽可能再生循环或者再生为有用材料，才能将其对环境的危害减至最小。回收利用加工技术的进步，促使回收利用率大幅提升。例如，在分拣方面，采用高技术光学方法，依据颜色、结构和形状来分选聚合物和树脂粒料，通过检测并除去各类缺陷和杂质（如变色、黑斑、染料滴、烧斑、结对和表面起纤等），可提取纯净、高价值的材料，从而改善最终产品的质量。随着消费者的环保意识上涨及国家政策对环保要求的提高，塑料回收及再利用科技将会有蓬勃的发展，市场前景辽阔。

本届 CHINAPLAS 2018 年国际橡塑展将新设立“回收再生科技专区”，以回应业界对塑料废物管理解决方案的殷切需求，为企业提供可持续的回收解决方案。同时3200多家展商将于240000平方米的展览场地上展示各种新型、高技术含量的包装产品、技术、流程及解决方案，助力包装生产商追赶趋势，开拓璀璨的未来。多家海内外包装行业巨头已预留展位，当中包括巴斯夫、科莱恩、科思创、陶氏、道康宁、杜邦、埃克森美孚、汉王、金发、三菱化学、NatureWorks、武汉华丽、德马格、恩格尔、哈斯高、Hotsys、英格斯模具、金明、金纬、马斯特模具、麦士德福、宁波双马、诺信、西诺模具、伊之密、柳道等。

展会预计将有超过来自150个国家/地区逾140000名专业观众莅临展会洽谈业务与采购。历届吸引了许多国际知名企业参与盛会，当中包括中国塑料加工工业协会流延薄膜专业委员会、中国包装联合会塑料制品包装委员会、湖南省塑料彩印行业协会、河北省包装业协会、广东省包装技术协会、中国食品工业（集团）、深圳包装行业协会、宝柏包装、南方包装、王老吉、可口可乐、爱索尔、通产丽星、佛塑、高露洁、棕榄、安利、蓝月亮、中山永宁、嘉美、宝洁、紫江、王子包装、农夫山泉、箭牌、李锦记等知名企业。

投资、新建、竣工项目信息

【艾利丹尼森在昆山工厂投资新溶剂胶涂布生产线】

艾利丹尼森材料部宣布在昆山工厂新增两条溶剂胶涂布线。作为艾利丹尼森目前在中国投资的一部分，这两条新的生产线专门生产高性能材料，适用于特定的功能性领域，包括电子产品、汽车和户外广告领域，同时为客户提供更具灵活性的最低起订量和交付周期。

艾利丹尼森材料部北亚区副总裁兼总经理蔡雪仙表示："尽管最近中国的经济发展呈现放缓趋势，这里仍是我们发展最快的市场之一，我们势必会继续在这里投资以确保我们能迅速应对市场变化。保持中国标签行业的可持续发展是艾利丹尼森的承诺，我们有决心帮助客户克服他们所面临的挑战。"

凭借艾利丹尼森在黏胶剂化学领域 80 年的专业知识，新增的生产线在增强产能，满足本地市场对压敏材料日益增长的需求，尤其是对耐用品和特殊材料的需求方面将会发挥很大的作用。

【阿克苏诺贝尔中国最大技术中心落成启用】

阿克苏诺贝尔在上海松江举行了投资超过 650 万欧元的新技术中心落成启用仪式。全新的上海技术中心是阿克苏诺贝尔中国最大的技术研发基地，将为其产品创新及新一代油漆、涂料和专业化学品的研发提供有力支持。

阿克苏诺贝尔全球高性能涂料业务创新及研发总监 Klaas Kruithof 表示，阿克苏诺贝尔致力为人们提供各种日常必需，以创造更宜居且更具创造力的生活。创新和切合本地需要的产品及解决方案对实现这一公司愿景至关重要。随着我们不断推进创新计划及打造更多可持续发展产品的弹性组合，新技术中心的设立堪称公司开展有机增长战略的又一重要里程碑。

阿克苏诺贝尔全球装饰漆业务部创新及研发总监 Roger Jokeman 补充道："全新的上海技术中心的一个关键优势在于它将支持公司全线的涂料和油漆产品。此举将在协同效应、工作效率，以及为客户创造附加价值方面都大有裨益。"

新启用的技术中心是阿克苏诺贝尔原上海技术中心的扩建项目。阿克苏诺贝尔中国区总裁、中国及北亚区装饰漆业务集团董事总经理林良琦博士表示，每年阿克苏诺贝尔将全球创新研发投资额的10%～15%投放到中国。随着亚洲，尤其是中国的制造业升级，具有突出可持续发展特性的创新解决方案将赢得未来。

【山东年产 1 亿平方米纸箱、纸板项目部分建成投产】

在抗压强度完全达标的情况下，包装箱重量减轻 65%、成本降低 30%，由兰山区半程镇兴华包装集团引进的、承载这一技术的新兴华包装项目已部分建成投产，全部建成后可年产高强度纸箱、纸板 1 亿平方米。

据悉，我国以纸代木包装材料主要有瓦楞纸板、蜂窝纸板和纸浆模塑三大类，核心材料是高强度重型瓦楞纸板。目前，全国瓦楞纸板年产量 15 亿平方米，每年节约木材 400 万立方米。但是，国内多数企业采用的还是 20 世纪 80 年代的国外技术，生产的瓦楞纸板物理指标相对较低，无法对包装物形成很好的保护。而新兴华包装项目引进德国、中国台湾和意大利最先进的包装印刷技术及设备，融合国内低温低压和企业自主创新的"二次蒸汽利用"技术，生产能力是普通生产线的 4 倍，抗压强度和环保节能指标远高于国内同行业。

使用多层超强瓦楞纸板重叠而成的套箱整体可承受成吨重的物体，纸箱不会变形破损，完全可替代常规木箱使用。技术吸收加上自主创新，新兴华的包装产品迅速被市场认可并与国内知名企业建立了合作关系。

【太阳纸业斥资 13.6 亿美元在美建绒毛浆基地】

美国阿肯色州经济发展委员会与山东太阳纸业股份有限公司在济南签署绒毛浆投资项目合作备忘录。据悉，这是迄今为止中国民企赴美最大的制造业绿地投资项目，项目的环保标准要高于目前美国造纸行业水平。

绒毛浆作为重要的液体吸附材料，广泛应用于纸尿裤、妇女卫生产品、医疗产品、无尘纸以及非织造布的生产。中国绒毛浆市场需求巨大，然而目前完全依赖进口。此次签约的太阳纸业美国阿肯色州绒毛浆项目，主要是为获得美国南部充足的南方松资源生产绒毛浆，建成全球最大、最先进、效率最高的单线绒毛浆生产线。投产后，新增绒毛浆产能将占世界产量的 12%。

据介绍，该项目计划投资 13.6 亿美元，预计融资结构为股权和债权各一半。按照计划，2016 年下半年开工建设，2018 年年底开机运行。项目建成后，可年产绒毛浆 70 万吨，实现销售收入 5 亿美元。

此次签约，将让太阳纸业实现原料国际化，拉长产业链条，并输出部分产能。

【9.8 万吨无污染秸秆造纸项目落地安徽寿县】

近日，由安徽宇星农业科技有限公司总投资 12 亿元的 9.8 万吨环保无污染秸秆造纸项目签约仪式在安徽寿县举行。

安徽省寿县是安徽的农业大县，每年农作物产生的秸秆达 190 万吨，无污染秸秆造纸项目建成后能利用 50 万吨的秸秆造纸。不仅能安排数千个工作岗位，还带来了很可观的经济效益。

秸秆清洁制浆新技术，是用纯机械方法把秸秆分解成纤维和植粉两大部分，纤维部分制浆造纸，植粉部分制造生物肥料。生产全过程不添加任何化学物质，生产用水循环使用不外排，秸秆原料可以全部利用无废弃，达到了消除污染、提高资源利用率的效果。

我国是农业大国，采用无黑液清洁制浆新工艺，如每年 10 亿吨的农业废弃物秸秆资源的 50%予以利用，每吨秸秆市场收购按 100～200 元计，则为农民每年增收 500 亿～1000 亿元的直接收入。按每个县建一个 10 万吨纸厂，能解决农村剩余劳动力 2000 余人，县经济收入达 3 亿元，其经济效益和社会效益都非常可观。

【山东枣庄 8 个水污染防治项目获中央资金 1.315 亿元】

近日，山东省发改委分解下达重点流域水污染防治项目 2016 年中央预算内投资计划，枣庄市 8 个项目位列其中，共获中央资金 1.315 亿元，项目个数、资金数额分别占全省的 25.8%和 38.1%。

记者了解到，8 个项目中，光大国际滕州环保能源发电项目，获批资金数额全省最大，达到 7350 万元。其他项目分别是：枣庄市山亭区店子镇污水处理厂及配套管网工程项目 720 万元，西伽河湿地生态保护与修复项目 1500 万元，枣庄市峄城区阴平镇污水处理厂及配套管网工程 750 万元，城河上游（店子段）河道生态综合治理工程 1500 万元，滕州市薛河流域（羊庄段）人工湿地水质净化工程 900 万元，滕州市郭河流域（鲍沟段）人工湿地水质净化工程 190 万元，滕州市界河人工湿地水质净化工程 240 万元。

中央资金的下达，对于加快项目建设，提升枣庄水质，改善居民生活条件具有重要意义。下一步，枣庄市发改委将严格投资计划管理，强化项目监管，确保项目如期建成，发挥效益。

【荣成集团再次投资荆州建绿色包装纸箱生产基地】

中国台湾荣成纸业（中国）控股有限公司继 2014 年在松滋市投资建设荣成纸业再生科技项目后，2016 年前些时候，又与荆州开发区在武汉洪山宾馆签约，投资 2.6 亿元新建绿色包装纸箱项目。

据了解，此次签约项目由荣成集团旗下江苏荣成环保科技股份有限公司投资 2.6 亿元建设，项目选址位于深圳大道附近，占地约 90 亩，将于 2018 年 3 月底前投产，可年产 9600 万平方米绿色包装纸箱，实现年销售收入 3.95 亿元、税收 2063 万元。该项目有低碳、节水、节能等特点，延续了荣成集团“低碳造纸、绿色包装”理念，将与松滋荣成项目配套，实现废纸回收、再生产，形成全产业链的低碳环保生产。

【界龙实业拟投资 10 亿元建平湖包装印刷产业基地】

日前，界龙实业与平湖市新仓镇签订了《上海界龙平湖包装印刷产业基地项目战略合作备忘录》和《首期投资意向书》。

根据公告，产业基地项目总规划用地不低于 300 亩，计划投资 10 亿元，分期实施。投资建设涉及食品药品包装、彩色纸盒包装、纸箱包装、饮料包装、商业票据及标签、文化创意设计等方面生产经营。首期投资项目总投资 3 亿元，首期项目总规划用地约 85 亩，主要经营范围：包装、印刷、文化创意。

浙江省平湖市新仓镇位于长三角经济圈中心地带，区位优势明显；包装印刷产业特色明显，属于重点发展产业；工业园兴建现代化、智能化新型包装印刷产业特色基地，积极引进知名包装印刷企业形成产业集聚。

【大华纸业在尼日利亚投资最大规模造纸厂投产】

中国人在尼日利亚投资建设的最大规模造纸厂——大华纸业经过 3 年的投入，2 年的建设，在 8 月 18 日试车成功后，于 8 月 20 日正式投产，当满载着全体员工付出辛勤与汗水的第一筒纸卷走下生产线时，大家欢呼雀跃，脸上写满了喜悦。

据了解，大华纸业由大华纸箱厂和大华造纸厂构成，是广东中山市华旺实业投资公司建设的，已经投产的大华纸箱厂，目前是尼日利亚规模最大的纸箱厂之一。

【晨鸣纸业拟建 60 万吨液体包装纸板项目可兼产白卡纸】

晨鸣纸业发布公告称，为充分发挥湛江晨鸣浆纸公司（湛江晨鸣）林浆纸一体化优势，充分利用现有制浆能力及成本优势，优化公司市场布局，公司董事会同意在湛江晨鸣利用集团原有白牛卡纸项目设备进行升级改造，建设年产 60 万吨液体包装纸板项目，同时考虑市场变化和项目的灵活性，通过工艺调整，令该项目可兼产白卡纸。

公司预计，建设年产 60 万吨液体包装纸板项目总投资额约 55.01 亿元人民币，工程建设期 18 个月。

根据目前市场情况初步测算，项目建成达产后年可生产 60 万吨液体包装纸板，年可实现销售收入约 40.37 亿元人民币，其中利润 3.4 亿元。

【多米诺常熟新工厂举行奠基仪式】

多米诺中国为常熟新工厂——多米诺标识科技（常熟）有限公司举行奠基仪式。多米诺亚太区管理层连同常熟经济开发区管委会领导及承建方代表等出席本次奠基仪式。

常熟经济技术开发区管委会副主任王钢在仪式上致辞，预祝多米诺常熟新工厂顺利竣工投产，并与多米诺亚太区总裁项敏共同为雄狮点睛，象征勇气和喜庆的雄狮在点睛后苏醒、昂扬，预示着在新的发展路程中，多米诺将会走向另一个高峰。

多米诺标识科技（常熟）有限公司总经理 Johnny Tan 介绍道："多米诺的发展战略是保持与客户的紧密关系，区域性的生产制造基地是战略实施的重点。中国是多米诺最大的区域性市场之一，为了支撑公司的发展战略，我们选择离上海总部不远的常熟作为新工厂的落成地，更高效地服务亚太区特别是中国市场，实现生产、物流的高度便捷。"

多米诺常熟新工厂地处常熟经济技术开发区，坐落于以化工企业集中的沿江区，规划占地面积 40 亩，投资总额约 1.6 亿元人民币，计划主要建成 3 条生产线，包括油墨生产、喷码机组装测试、TTO 组装测试。另外还将建立研友、质检、物流等职能部门，预计年产 14000 台标识设备，2500 吨印刷油墨。

【江西吉安县引进亿元环保型印刷机项目】

江西吉安县近期引进 1 亿元环保型印刷机项目，该项目由吉安永业机械制造有限公司投资兴建，总投资 1 亿元，坐落于吉安高新区，占地 28 亩，预计 2017 年 3 月建成投产，年纳税额 300 万元以上。

【山西 8 家印刷企业通过绿色认证】

"十二五"期间，山西省努力培育绿色印刷市场，充分发挥市场倒逼机制，引导企业绿色自觉，推动了印刷产业可持续健康发展。山西省设立数字印刷企业 105 家，有 38%的印刷企业采取了环保节能措施。

目前，山西共有 8 家企业通过绿色认证，全省中小学教科书已实现绿色印刷全覆盖。

【沧州渤海新区与彩光塑料包装制品厂签订印刷包装项目】

河北省沧州市渤海新区招商二局与北京彩光塑料包装制品厂签订合作协议书。

按照协议，北京彩光塑料包装制品厂将在黄骅旧城工业园投资 1.5 亿元，建设塑料包装印刷项目。项目占地 30 亩，共建设 4 条全自动印刷生产线。

北京彩光塑料包装制品厂成立于 1993 年，是蒙牛、伊利、汇源、雀巢、光明等中国知名饮品的一级配套商，年产值 1 亿元以上，是中国食品印刷包装界知名企业。这家企业入驻新区，对于带动新区高端包装业崛起具有重要意义。

【年产值 5 亿元数字印刷产业园落户重庆】

由重庆日报报业集团打造的重庆数字印刷产业园正式落成。前身为重庆日报社印刷厂的重庆重报印务有限公司也成为入驻该产业园的首家企业。

据了解，该产业园是重庆市唯一的集绿色、环保、智能于一体的专业化数字印刷园区，预计未来 3~5 年内将聚集一批科技企业，实现年产值 5 亿元以上。

【中德生态园中澳绿色印刷 4.0 项目开建年底建成投产】

日前，记者从青岛中德生态园管委办了解到，2015 年落户青岛中德生态园的中澳绿色印刷 4.0 项目于近日举行开工仪式。中澳绿色印刷 4.0 基地项目作为中国首个中德"工业 4.0"推动联盟的成员单位，该项目预计 2016 年 12 月建成投产，届时建成的智能制造车间和智能物流系统将助力青岛西海岸新区工业 4.0 的发展，推动青岛西海岸新区企业升级改造。

中德生态园投资促进局相关负责人表示，中澳绿色印刷 4.0 项目旨在通过自主研发的模式，最终打造起一个高端绿色包装印刷综合产业项目。据悉，整个项目占地约 64 亩，规划建筑面积 4 万多平方米，其主要包含高端绿色环保凹版印刷技术、绿色环保胶版印刷技术、数字印刷技术、电子油墨技术、3D立体印刷技术和定制防伪印刷技术等多种绿色包装印刷综合产业新技术。

下一步，在中澳绿色印刷4.0基地项目落户后，中德生态园计划将园区建设成为倡导低碳环保的生态园区、促进产业转型的示范园区及推动研发创新的智慧园区。

【江苏淮安投资3.9亿元纸箱包装项目成功签约】

总投资3.9亿元的江苏弘晟包装项目签约仪式在涟水县陈师镇举行。

弘晟包装项目主要以生产瓦楞纸板、纸箱为主。该项目位于淮安（涟水）空港产业园迎宾大道北侧，占地160亩，项目建成后年可生产瓦楞纸板、纸箱3.5亿平方米，实现销售收入3.6亿元，上缴税收3000余万元。

弘晟包装在2011年3月注册成立了淮安弘晟包装有限公司，该厂址坐落于涟水县涟城镇工业区紫薇路9号，注册资金1000万元。占地32亩，拥有标准化办公楼及现代化生产车间，建筑面积达1.36万平方米。现有职工75人，其中高层管理人员5人，各类技术管理人员15人。

据弘晟包装内部人员透露，该厂自成立后，最近几年发展迅速，老厂规模太小，已经无法满足客户需求，因此在当地政府的支持下，于空港产业园新建了一个占地160亩的厂房，从而更好地为客户服务。

【湛江市吉城纸业有限公司10.2万吨/年高强瓦楞原纸项目】

该项目地点位于遂溪县遂城镇湛化路207国道东，规划用地面积46084平方米，总建筑面积约为24072平方米，设计规模为生产高强度瓦楞原纸300吨/天，项目总投资1.8亿元，其中环保投资2600多万元。本项目为再生纸生产项目，生产原料选用30%的11#AOCC（美国废纸）和70%的LOCC（国内废纸）。

【华宁县裕丰纸业有限公司年产10万吨再生瓦楞纸项目】

该项目地点位于华宁县工业园区新庄工业片区，实际总投资7980万元，其中，环保投资500万元，占总投资的6.27%。建设3800纸机生产线1条，包括原料废纸堆场、制浆车间（含碎解车间）、造纸车间、成品库、污水处理站、锅炉房及其他配套设施等。

【四川新津晨龙纸业有限公司年产30万吨再生高强瓦楞纸原纸及配套热能综合利用扩建项目】

该项目地点位于成都市新材料产业功能区生产制造I区（原四川新津工业园区B区）的公司既有厂区，总投资6亿元，其中环保投资6350万元。目前，公司利用废旧纸板为原料，生产定量100~250g/m^{2}各种规格及品种的纸板和箱板纸，拥有纸板5万吨/年（4600纸机生产线和3300纸机生产线各1条）、再生纸生产箱板纸10万吨/年及彩色印刷微型瓦楞纸板（盒）3000万平方米/年的生产能力。

【瑞昌市瑞翔再生纸业有限责任公司年产16万吨再生A级高强瓦楞原纸异地搬迁技改项目】

该项目地点位于瑞昌市边街235号（原瑞昌市造纸总厂），占地面积3.2万平方米，项目含有一条幅宽1.6米、年生产能力为1万吨的瓦楞纸生产线和一条幅宽3.2米、年生产能力为4万吨的瓦楞纸生产线，总生产能力达到年产5万吨。现有项目由九江市环境保护局于2009年11月10日出具环保批复，于2011年5月18日通过了九江市环保局的验收。

现由于规划及扩产的原因，瑞昌市瑞翔再生纸业有限责任公司投资2亿元，在瑞昌市码头工业城建设年产16万吨再生A级高强瓦楞原纸异地搬迁技改项目。主要的建设内容包括1条3.6米及1条4.6米的高速造纸生产线，并添置3台15t锅炉（2用1备），用地面积为50亩。幅宽3.6米生产线年产6万吨纸，幅宽4.6米生产线年产10万吨纸。项目投资2亿元，其中环保投资225万元，占总投资的1.13%。

【江西双林纸业有限公司年产6万吨高强瓦楞纸扩建项目】

该项目地点位于高安市蓝坊镇赵湾工业小区内。于2009年建厂，投资2507万元，购地50亩，建设年产3万吨工业包装用纸项目并生产至今，该项目于2008年8月已通过宜春市环保局环境影响评价批复（宜环督字〔20081〕145号），并于2010年8月通过了宜春市环保局环境保护竣工验收（宜环督字〔2010〕273号），目前现有工程已达产能为年产3万吨瓦楞纸。建设单位于2013年在原厂东侧增加购地25亩，目前全厂总占地75亩。根据产品市场需求，建设单位决定在现有工程3.2米工业包装纸生产线的基础上，扩建一条4.2米瓦楞纸生产线，两条生产线规模分别为3万吨、6万吨。本扩建项目建成后，全厂生产规模为两条瓦楞纸生产线，可达年产9万吨瓦楞纸的生产能力。

【广丰县双鼎纸业有限公司异地改扩建年产2万吨高档牛卡纸、10万吨高强度瓦楞纸项目】

该项目地点位于广丰县芦林工业园区加油站对面，为迎合市场需求和企业发展需要，广丰县双鼎纸业有限公司决定在广丰县经开区芦洋产业园区洋口工业组团内，采用先进的工艺和设备，异地改扩建年产2万吨高档牛卡纸、10万吨高强度瓦楞纸项目，项目总投资24232.2万元，占地面积64153平方米。企业异地改扩建项目建成后，现有年产2万吨瓦楞纸项目将停产。

【乐凯华光环保型数码印刷版材生产线开工建设】

2015年12月30日，在乐凯华光印刷科技有限公司华光园区二期工程的建设用地上，一个只有10分钟的生产线开工仪式在这里举行，开工建设的生产线将生产环保型数码印刷版材。

乐凯华光为充分发挥已拥有的环保型数码印刷版材生产技术优势，并在已有生产线技术的基础上建设高水平的版材生产线，提高产品质量，生产绿色环保印刷版材，服务精品高档印刷，实施国产名牌经营战略，实现规模经营，迅速占领国内市场，开拓国际市场，抓住企业发展新机遇，将建设两条环保型数码印刷版材生产线，生产TP—U型CTP版和TD—G型免处理CTP版。

该公司根据年末岁尾生产经营更加繁忙的实际情况，提出举行一个既能体现生产线开工，又减少烦琐程序的开工仪式，简化开工程序、缩短仪式时间。在开工仪式现场，没有彩旗飘扬，没有锣鼓喧天，也没有开工仪式横幅标语，只有华光园区二期工程和生产线的两幅平面图矗立在开工仪式现场。

据悉，该项目是乐凯华光“十三五”期间的重要项目之一，被列为河南省南阳市重点建设项目，是中国航天科技集团公司主推主抓项目，该公司要求在3年内建成投产。

【华宝公司CTP版生产线通过竣工验收】

2015年12月21日，乐凯华光印刷科技有限公司旗下的苏州华光宝利印刷版材有限公司（以下简称“华宝公司”）建设的CTP版材生产线通过了由中国乐凯集团有限公司组织的竣工验收。

华宝公司是由乐凯华光与江苏宝利印刷版材有限公司投资的股份合资企业，位于江苏省常熟市，2006年9月建成了一条PS版生产线。

该公司于2013年3月动工建设CTP版生产线，2013年12月开始联动试车。该生产线联动测试和试生产以来，已累计生产各类CTP版880多万平方米，具备了连续生产能力。与会专家在听取了生产线竣工验收报告，审查了文档资料，检查了生产现场后认为，该生产线已按项目批复建设，主要工艺设备和配套设施已安装完成，经联动试车或带负荷运转表明达到合格要求，新增工艺设备运转良好，形成了生产能力：经考察生产能力，能够正常生产出合格产品，达到建设目标。项目竣工财务决算符合验收条件，档案文件材料收集、整理、立卷、归档工作符合有关规定，环保、消防等已按照规定办理了相关手续，生产工艺人员培训、各项规章制度等各项生产准备工作能够适应投产需要。该项目符合竣工验收要求，验收工作组同意竣工验收。

【必硕（河北）包装制品有限公司项目落地邢台建材园区】

必硕（河北）包装制品有限公司项目成功落地河北邢台建材园区。该项目是北京雅艺工贸有限公司和佛山市必硕科技有限公司，共同投资1.2亿元建设的国内高端纸塑包装制品项目，属于国家环保支持类项目。

该项目将于2018年5月建成投产，项目建成后，首先为北粮、正大集团提供高档鸡蛋包装和蛋托，并将为威县德青源和梨产业产品提供高质量的包装、蛋托、果托等产品。

【锦州胜利公司自动化包装箱生产线项目顺利签约】

锦州胜利有限公司投资建设的自动化包装箱生产线项目在阜新市太平区政府顺利签约。

自动化包装箱生产线项目选址在阜新市新型材料产业基地，由锦州胜利有限公司与阜新久伟集团合作投资建设，占地面积42亩，总投资6600万元，项目内容为建设自动化彩色包装箱生产线。预计项目投产后可实现年销售收入6800万元，实现年缴纳税收近390万元。

【珲春鼎吉实业有限公司高档彩印包装项目顺利投产】

总投资1.2亿元的珲春鼎吉实业有限公司高档彩印包装项目顺利投产。该项目计划年产9000万平方米包装纸板，创产值1.8亿元，增加就业岗位200个。

【宿城区政协招引的宿迁佳鑫纸品包装有限公司项目投产】

宿城区政协招引落户于宿城区经济开发区的宿迁佳鑫纸品包装有限公司项目举行了投产仪式。

宿迁佳鑫纸品包装有限公司是利民集团下辖的6 个分公司之一。据介绍，宿迁佳鑫纸品包装有限公司计划投资 1 亿元，建设年产 7200 万平方米纸板及 2500 万平方米纸箱项目，为当地及周边市场提供纸包装产品和服务。

国内外包装及相关行业

新技术、新产品、新设备、

新工艺信息

【2020年全球折叠纸盒市场规模或达1060亿美元】

折叠纸盒具有加工成本低、运输和储存方便、便于销售和陈列、回收再利用性好等特点，广泛用于食品、药品、果汁、牛奶、烟、酒、化妆品、洗涤用品以及电子产品等的包装中。在公众环保意识增强、不断呼吁绿色包装的形势下，折叠纸盒凭借出色的环保优势，在众多包装形式中脱颖而出，受到了品牌商和消费者的更多关注和青睐。

SmithersPira公司发布的一项《全球折叠纸盒市场的未来》调查报告显示，2014年全球折叠纸盒市场规模达到870亿美元，2015年市场规模增加5%，之后几年将保持3.5%的年均增长率，预计到2020年全球折叠纸盒市场规模将达到1060亿美元，产量将达到4700万吨。

从地区来看，亚太地区是目前全球最大的折叠纸盒消费市场，2014年亚太地区折叠纸盒消费量约占全球折叠纸盒消费总量的52%，且未来5年的消费量仍将保持稳定增长，预计到2020年亚太地区折叠纸盒消费量的占比将超过60%。亚太地区折叠纸盒市场持续增长的主要动力来自中国，预计到2020年中国折叠纸盒消费量的占比将达到39%。与此同时，印度次大陆的消费增长也起到了辅助作用，到2020年，该地区的折叠纸盒消费量占比将超过6%。

从终端市场来看，2014年对折叠纸盒需求量较大的几个行业及占比分别为：保健品10%、烟草8%、家居用品7%、电子产品7%、干食品6%、冷冻食品6%、乳制品5%、冷藏食品4%、个人护理用品4%、糖果4%，其他39%。值得关注的是，在亚洲市场中，随着食品加工行业的快速发展，以及分销渠道的逐步完善和超市数量的日益增多，极大地带动了对折叠纸盒需求量的增长。同时，小型电子产品（包括智能手机）销售市场的日益火爆，也推动了折叠纸盒和微瓦纸盒消费量的增多。预计这两大行业未来几年对折叠纸盒的需求量将保持较高的增长速度。

目前，全球折叠纸盒市场的整个供应链正面临着来自设计、技术和工艺创新方面与日俱增的压力。因为市场风云变幻且竞争高度激烈，品牌拥有者都希望自己的产品能够凭借创新的包装，从超市货架的众多同类产品中脱颖而出。所以，折叠纸盒除了在结构、装潢、功能性设计环节寻求创新，以增强与消费的互动之外，更要在加工技术和工艺方面进行创新，包括烫印、压凹凸、局部上光及其他工艺环节，以进一步提高折叠纸盒的货架吸引力，同时降低生产成本、提高生产效率。对纸盒包装企业而言，需要时时关注新技术并根据自身业务需求进行投资，以便为品牌拥有者提供更具特色的折叠纸盒，与客户共同成长，实现双赢。

【德国人“裸购”对抗过度包装】

“裸购”是近两三年在德国兴起的一种无包装购物的消费新革命。此类商店出售的商品不带任何包装，消费者在购物时必须自带饭盒等装物品的器具。德国人希望以此行动来对抗过度包装，减少包装污染。

“‘裸购’的历史实际上与人类的历史一样悠久。”德国柏林社会文化学者法比昂•伍斯特说，古时人们进行商品交换或买卖时，也不带任何包装。不过，随着消费的不断发展，尤其是工业革命以来，包装越来越豪华。近年来，德国人开始反思这种“过度包装”现象，在各个城市兴起一场“裸购”运动。要见识德国人如何“裸购”，可以走进德国第一家无包装超市“原产无包装”。该超市位于柏林弗里德里希斯海因•克罗伊茨贝格区。其老板是两名大学辍学的创业者萨拉和米雷娜。利用网络众筹，她们获得了近12万欧元的款项。

“德国是环保大国，首创饮料包装回收制度。但是，德国人每年产生的包装垃圾仍高达1600万吨。”萨拉说，她们希望“裸购”超市可以开创清洁购物革命的先河。这家超市出售的400多种产品确实都采取散装或可反复使用的包装方式。而且，这里售卖的商品全部来自当地供货商。这样可以减少运输的成本和运输过程中产生的污染。粮食、糕点等商品随后被整批放入大型容器中出售。这种容器开口在下，带有一个控制杆，消费者可以决定自己需要多少量。水果等商品则堆放在柜台中。

来这里购物，顾客要自备各种容器。可以看到，有的顾客正用布袋装蔬果、干货，有的顾客则用饭盒装香肠、奶酪，还有的用玻璃瓶装大米、面粉等干粮。这里出售的液体产品都装在柱状管里，顾客可开启阀门将液体产品盛入自带的瓶子。而牙膏也不是膏状的，而是固体片状，好像糖衣药片，含在口中溶化成膏状。如果消费者忘记带自家容器，也可从超市借用可重复使用的容器或回收用纸做的袋子。

如今，德国各地已经出现数十家“裸购”商店；比如波恩的有一家名为“戴耐特”的食品店，出售散装食品；德累斯顿的“罗斯”，基尔的“无包装”等商店也都秉承不用一次性包装出售产品的原则；而慕尼黑的“无塑料区域”商店也不用塑料包装出售食品等。许多德国人每天带饭盒去上班。在外吃快餐，或购买食品，都用自己的饭盒来装。他们随身还带有一个布袋，用来装各种物品。

德国环保组织也开设无包装生活培训班，并在社交媒体发起“我不要包装”的运动，倡导人们选择散装产品，把每人每天的生活包装垃圾限制在一个 1.5 升的瓶子内。甚至，在德国消失已 10 多年的街角无包装杂货店也回来了。

【利乐砖®苗条柳叶型无菌包装进军美洲市场】

2016 年 10 月 13 日瑞士洛桑，利乐砖®200 毫升苗条柳叶型无菌包装首次进入美洲市场，尝鲜者是来自哥斯达黎加的多斯皮诺斯（Dos Pinos）公司，它是中北美及加勒比地区的市场领导者。

多斯皮诺斯集团首席执行官 Gonzalo Chaves 表示：“我们非常荣幸成为本地区第一家在乳制品、纯果汁和燕麦产品中使用这一新型包装的公司。现代消费者越发注重新体验，期待新奇和有趣的产品，我们很高兴能通过创新包装形式来快速响应他们的需求。”

新包装在秉承利乐砖无菌包装良好保护性能的基础上，增加了更具设计感的柳叶型设计，有助于突显品牌信息的曝光，为产品提供更好的货架表现力。同时，位于顶部中间的吸管孔也能够为消费者带来更好的饮用体验。目前，该包装已在日本、沙特和俄罗斯等地区推出。

除了提供更好的消费体验，多斯皮诺斯和利乐还关注整个社区的可持续发展，此次推出的利乐砖®200 毫升苗条柳叶型无菌包装，不仅使用经过认证的可再生资源，并且可以 100%回收利用。“多斯皮诺斯和利乐携手合作多年，始终致力于推动哥斯达黎加地区的包装回收。”GonzalO Chaves 说道。

目前，利乐正与客户合作实施一项名为“改建现有产能，重塑产品未来（ReFit yourlines，ReShape your future）”的计划，旨在帮助客户以更低投入实现既有生产线的改造升级，快速响应市场需求。以多斯皮诺斯为例，它在较短时间内完成了利乐砖®200 毫升苗条柳叶型无菌包装的生产线改造，所用成本远低于一条新生产线的投资。

【2016 首届欧洲塑料创新奖七大项目揭晓】

2016 首届欧洲塑料行业创新奖近日在欧洲塑料协会年会上揭晓了最终得主。此奖项一共被分成了七大类，以鼓励在不同细分行业做出卓越贡献、富含创新精神的企业。

作为最终颁发塑料行业七项创新奖的颁奖人，美国石油工程师协会 CEO WillemDeVos 表示：“我们一共考虑了 37 项塑料行业创新提案，其中各个都非常有吸引力。值得一提的是，所有的 37 项提案均是公司间合作的产物，而不是单独一家公司所作出的创新产品。”

以下是此次获奖的七项创新项目。

优秀塑料设计奖

颁发给帝斯曼（DSM）工程塑料公司专为 Salomon 牌登山鞋鞋底所设计的产品。原料基于 DSM 生物基聚酰胺 ECOPAXX。DSM 公司使用复杂的设计，在原有材料属性上保持了产品必要的灵活性和刚性，也增强了它在低温、山地环境下的表现（降低水分吸收）。此聚酰胺材料非常适合注塑生产，也因为其从制备到生产都不会产生温室气体而获奖。

优秀最终处理设计奖

颁发给 TopClean（多可林）包装公司，其红酒、香槟的包装经过特殊设计，使得酒瓶在运输过程中一直受到保护。此外，包装材料在可行条件下极端轻质化，这将会降低其在使用并废弃后对环境的影响。此材料可以二次利用，并用以加工其他塑料产品。

优秀材料创新奖

颁发给赢创（Evonik）工业公司，其研发的 VESTAMIDNRG 在全塑料管具中可以承受高压。在 2012 年，塑料产品第一次取代钢材，成为了高压管具的生产原料。Evonik 公司在此项目上突入了超过 10 年的研发精力，并最终成功地设计出了可以完美取代钢材，用作城市管道系统原料的塑料材料。据悉，此类型材料已经可以进行量产。

优秀混合物奖

颁发给杜邦（Dupont）公司，其研发的材料可以满足海洋中使用，适用于离岸数据采集器、导航浮标，以及其他发电设备的强度要求。Tfi 海洋聚合物基础材料可以用于控制混合聚合物中的分子运动，减少 70%的分子间作用力，使其结构更为稳定。与热塑性塑料弹簧机橡胶弹性体配合使用时，可以极大地减少海洋浮标的成本，并减少人为因素对海洋生态环境的破坏。

优秀可持续产品奖

颁发给陶氏化学，其灵活的 PacXPERT 软包装技术在塑料瓶包装中的应用，使得在介质为固体或黏稠产品的时候可以重新盖紧并加以封装，常用在油桶或油罐中。这种耐用、重量轻、灵活的结构有很强的适用性。使用这种轻质化的优秀包装材料可以在很大程度上降低运输成本并减少二氧化碳等温室气体的排放。

优秀轻质化产品奖

颁发给 Treofan（德国薄膜公司）/Borealis（北欧化工公司），其研发的新型电容薄膜的厚度仅为 1.9 微米。Treofan 公司开发的这款电容器薄膜有着非常高的水平厚度均匀性，能量损耗很低，力学性非常好。Borealis 公司研发了新型高纯度、等规聚丙烯钧聚无物，用于上述超薄薄膜的生产。Treofan 和 Borealis 公司计划进一步提高这些薄膜的性能，降低其厚度并提高容积率、热塑性和电击穿电压水平。

新型塑料制品表面奖

颁发给 Borealis 聚合物公司与宝马公司合作研发生产的可染色汽车保险杠。针对在宝马这一非常大的应用市场中，新型材料显示了 Borealis 公司对专业知识的掌握，以及整个产品和其配套应用的开发链，用以满足宝马公司油漆系统在保险杠外部塑料表面上的应用。据悉，使用此材料可减少生产周期并降低生产系统成本，这很有可能将在汽车保险杠这一细分行业中掀起一番新的革命。

2016 首届欧洲塑料行业创新奖（First European Plastics Innovations Awards）由塑料工程协会与欧洲塑料协会协办。

【2016 年北美印刷企业对行业持乐观态度】

2016 年年初，北美印刷企业的几起并购事件引起业内广泛关注。在成功收购米琪亚印刷公司之后，加拿大阿尔法珀利公司于 2 月将米琪亚的部分资产转移至公司的生产基地。美国饮料包装领导企业图像包装国际公司继之前收购墨西哥博科斯公司和澳大利亚的卡乐帕克公司后，于近日再次出手，全面收购了美国折叠纸盒制造商瓦尔特·安德森公司。

针对 2016 年并购趋势的继续升温，美国《包装印刷》杂志社发表社论称这种趋势“令人鼓舞”，北美印刷行业在很长一段时间里第一次出现市场中买方比卖方多的情况。2016 年北美印刷企业对行业的乐观态度正持续回弹。

对买方市场而言，虽然近两年大多企业收购的主要动力是实现企业成长，但也有一些完成并购的新手业主是印刷企业的高管，他们希望拥有自己的公司。此外，一些能抓住赢利机会的私人股权投资者正在通过收购来进入新市场并确立地位。

对卖方市场而言，他们中更多的人开始理解为何被收购能够成为企业生命周期中向前迈出的重大一步。对于有资格被合并成为持续经营企业的业主，在被更大规模印刷企业收购后，拥有了更多的市场空间，对自身业务带来的急剧增长是独立经营难以达到的。近两年北美印刷行业急剧增多的并购事件，不仅是行业发展健全的迹象，也表明印刷企业愈加青睐以并购作为企业的发展机遇。

但也不是所有的企业都能借收购实现发展，一些处于最有利地位的卖方，一事成功百事顺，他们在主营业务市场上有举足轻重的影响力，这使买方对他们难以抗拒。可惜的是，在此分类中很少可以找到致力于传统产品领域的企业，比如书报刊印刷企业。此外，规模大却不赢利的公司也举步维艰，很少有买方愿意投资一个仅能勉强盈亏平衡的公司。

处于最不利地位的印刷企业，大多是拥有普通商品印刷生产线的传统平版印刷工厂，对他们来说被收购就意味着消失。处在这种困境中的公司无法对技术创新进行投资，很多只能在行业低迷中存活。不仅很少能吸引买方，在公司业务逐渐减少的情况下只能破产清算，或是将企业的有形资产转卖。

刚刚过去的 2015 年是北美印刷行业势态最强劲的一年，这一年中有一些惊喜，其中一个，即是私人股权投资者的参与逐渐增多。几年前，这些创业融资人不会如现在一般参与到印刷行业的并购当中，这是行业重拾信心的标志。

据预测，2016 年印刷行业和经济整体将保持适度却明显的增长，企业间的重组并购还将持续一段时间。

【日本印刷开发新型转印薄膜】

日本印刷开发出了可通过向树脂玻璃转印来提高耐磨损性和耐候性的薄膜“DNP 超耐候硬涂层转印薄膜”。据称已被用于铁路车辆车窗的树脂玻璃。该公司从 2016 年 2 月开始，面向铁路车辆、建筑机械、乘用车及公交车等，销售使用该薄膜的树脂玻璃。

该薄膜运用了日本印刷在住宅用建筑装饰材料的生产中培育的、照射电子束使涂装树脂硬化的技术。由于可形成高硬度涂层，因此，使用该薄膜的树脂玻璃与作为通用产品的聚碳酸酯（PC）树脂相比，表面耐磨损性更强，紫外线导致的变色及劣化现象更少。原来的PC树脂玻璃虽然加工效率出色，但耐气候性、硬度及不易损伤性却不及玻璃。

此外，通过在树脂玻璃成型的同时转印该薄膜，还可降低加工成本。重量大约只有玻璃的1/2，并具备与玻璃同等的透明性，而且耐冲击性及安全性也很出色。在2016年1月13—15日于东京有明国际会展中心举办的“AUTOMOTIVE WORLD（汽车世界）汽车轻量化技术展”上，日本印刷展出了该薄膜。

【俄罗斯研发新技术：一种墨水就能打印彩色图案】

近日，俄罗斯一所大学的研究者研发出了一种可印刷彩色图像和存储信息的光学纳米结构。

此技术的原理为首先使用二氧化钛胶体墨水喷涂出具有高折射率（在整个可见光范围内，折射率为2±0.08）的单层膜，而后通过控制喷墨沉积得到不同厚度的薄膜。由于膜厚不同造成光线的干涉程度不同，因此表现出来的颜色也不同，从而使用一种墨水就可以打印出彩色图案。

据悉，在制作该种墨水的过程中不必使用染料，因此该种墨水对生物无毒性，也更加环保。此项干涉喷墨打印技术已能制造出膜厚达50nm的精细纳米结构，在未来将会成为干涉彩色印刷方法的基础，同时也将应用于研究光学纳米物体。

【杜邦公司发布革命性3D防伪包装膜】

杜邦近日宣布，他们发明了一款革命性创新防伪包装薄膜——杜邦Izon 3D防伪安全膜。这款新薄膜采用业界领先的杜邦成像技术，将公开防伪功能直接嵌入到产品包装或标签中。

这款新Izon 3D薄膜采用侧点验证设计，可轻易验证全视差3D成像。当消费者从偏斜侧看标签时，全息图像会消失，这是一种先进的安全技术，有别于传统的浮雕箔全息图像技术。

此外，该薄膜还采用透明结构，允许应用可直接印刷到文字、代码或其他图片上。当消费者翻转盒子或是从另外的角度看盒子时，便可看见印刷信息下的Izon条码。

“采用深层成像”技术，也是这款3D防伪薄膜的另一特征，当采用类似手电筒的点光源时，半透明的图像在背景中变得可见“浮动”。此功能对于需要在现场进行验货的品牌保护团队和执法人员来说是非常有用的。

【德国开发一体化平台打通生产数据链】

在未来的印刷企业中，生产链的数据化将在生产中起到决定性作用。德国机械设备制造业联合会（VDMA）日前发布消息称，他们正在积极开发一种开放可交流的技术平台，保证每一件印刷品附加所有生产过程中的相关数据，而且这个公开平台能将制造商的每一个机器和设备连接到数据链中。用户只需要轻轻一点鼠标，印刷企业即可通过智能连接技术生产这些个性化订单。

目前，VDMA印刷和造纸技术协会的成员包括造纸、包装、印刷企业等。这些会员积极地融入数字化潮流中，不断改进从印前到印后的数据化生产流程。从2012年年末到2016年4月，已有接近20名成员公司加入到“生产链工作小组”中，包括造纸商、印刷设备制造商、装订设备制造商和印后设备制造商等多家公司。

尽管仍然有一些细节需要探讨，但是一体化生产平台的优势已经开始显现。平台可提供现有的生产解决方案和技术支持以便企业选择；协同配合生产工序；以消费者利益为中心，根据个性化需求提供从印前到印后生产方案的集成接口。

【宜家计划用蘑菇制成的环保包装材料代替聚苯乙烯】

瑞典家居用品巨头宜家家居日前表示，宜家计划用蘑菇制成的环保包装材料代替聚苯乙烯。

宜家英国区可持续发展部部长乔安娜·亚罗表示，作为平板包装的家具零售商，宜家正考虑使用生物可降解的“蘑菇包装材料”，以减少资源浪费、促进资源再利用。

美国一家设计公司让菌丝体在玉米秸秆、玉米皮等干净的农业废弃物周围生长，培育出了这种名为“蘑菇包装材料”的真菌产品。

仅需几日，真菌纤维就缠绕在废弃物周围，立体又结实，随后通过干燥真菌来阻止其继续生长。

亚罗女士表示，宜家正考虑引进菌丝体包装材料，因为“许多产品都习惯由聚苯乙烯材料包装，但这种材料极难甚至不可能被重复利用”。

聚苯乙烯材料需要数千年才能降解，而菌丝体材料的降解程序简单，只要将它们扔在花园里，它们就能在几周内自然降解。

【科莱恩全新印度医疗保健品包装工厂动工】

日前，全球领先的特种化学品制造商科莱恩为位于印度古德洛尔（Cuddalore）的新制造工厂举办了动工仪式。该工厂将主要生产用于制药行业的湿度控制产品。2015 年 12 月，科莱恩宣布了对该医疗包装工厂投资 1000 万瑞士法郎的计划，大力支持印度日益增长的仿制药行业。此项投资将由科莱恩在印度的全资子公司实施。

新工厂初期将生产干燥剂罐和干燥剂袋，通过将其投入医药包装，以达到在药品保质期内控制湿度和保持药品稳定性的效果。该干燥剂生产区将通过洁净室 100000 级和 ISO 认证，符合所有相关 CGMP（动态药品生产管理规范）和美国 FDA（食品药品监督管理局）标准。

科莱恩印度地区总裁说道："凭借新工厂我们可以响应客户对高品质干燥剂不断增长的需求。"

【世界首款纳米"智能标签"诞生】

据悉，世界首款"智能标签"是北京大学稀土材料化学及应用国家重点实验室与中国香港中文大学合作开发的技术。基本原理是，随着时间推移，金属银逐渐沉积在金纳米颗粒上，形成厚度连续变化的壳层，改变了纳米颗粒的尺寸、形状和化学组成，从而使标签改变颜色，且其变色速率与时间和温度精准耦合。

中国科学院院士、专利技术首席发明人、北京大学教授严纯华介绍有关技术研发背景时表示，这项实时监控"易变质物品"的国家发明专利，是功能纳米材料领域的科技进步，随着这项技术研发的继续深入，将为食品药品智能化包装提供广阔的应用前景。

该"智能标签"可实时、可视化、精准监控食品和药品的储运和保存温度，保障食品和药品的品质安全。标签的监控范围在-10℃~70℃，基本满足世界卫生组织和联合国儿童基金会的疫苗运输标准（48 小时内保持温度 5℃~43℃），且具有成本低廉、安全便捷、直观显示、兼容性强和应用广泛等优势。

【日本科学家发现吃塑料的细菌，可清除地球垃圾】

据英国每日邮报报道，全球每年制造数百万个生物不可降解塑料瓶，它包含着聚对苯二甲酸乙二醇酯（PET），最终这些塑料瓶将丢弃在街头和海洋。

目前，日本研究人员发现一种细菌可以"吃塑料"，未来有望这种细菌能够清除地球塑料垃圾。

研究小组发现一种奇特细菌，将它命名为 Ideonellasakaiensis 201-F6，它能够在 30℃温度条件下经过 6 个星期完全降解 PET 薄膜。进一步调查研究发现一种叫作 ISF6-4831 的酶，它与水发生反应能够分解 PET 成为一种中间介质，之后通过第二种酶 ISF6-0224 进一步分解。最终这两种酶可以分解 PET 成为简单的分子结构。

值得注意的是，这些酶与其他细菌的已知酶相比具有独特的功能性，从而产生一个疑问——这些吃塑料垃圾的细菌是如何进化的。庆应义塾大学生物科学和信息学系 Shosuke Yoshida 说："PET 是全球广泛采用的塑料制品，PET 在环境中形成的垃圾已成为一个全球问题。"目前，这项最新研究报告发表在《科学》杂志上。

【科学家开发出新印刷技术可以隐藏图像】

洛桑联邦理工学院科学家开发出一种新印刷技术，两个图像被打印在相同位置处。在任何给定时间，一个图像是隐藏的，另一个是可查看的。要查看"隐藏"的对象，你只需旋转照片，从而隐藏图像会显示成一张图。

专家指出，这样的效果只作用于印刷在金属板上的作品，因为金属板有镜子般的特性。而纸漫反射的光在多个方向上，因此消除了出现这种效果必需的阴影。除了金属片，人们只需一个标准的喷墨打印机和必要的软件来创建隐藏的图片。

洛桑联邦理工学院的实验室专家认为该技术有朝一日用于增强文档的安全性，使犯罪分子更难制造假币、信用卡、护照和其他证件。

【2020 年全球 UV 固化油墨市场有望达 35 亿美元】

据美国联合市场研究机构报告预计，全球 UV 固化油墨市场将于 2020 年达到 35 亿美元，2015—2020 年的复合年均增长率超过 15.7%。由于包装食品及饮料行业的增长带动了标签印刷需求的上升，成为 UV 油墨的主要增长领域。

在当前形势下，由于 UV 固化油墨适用于各种基材，因而成为溶剂以及水性油墨技术的理想替代品。据报告介绍，未来，出版和印刷行业有望成为 UV 油墨的主要消费行业。

但是，由于很多印刷品转向电子版，UV 油墨在印刷行业的需求将会下降。2020 年，出版及印刷行业将占到整个市场销售份额的 1/3。在报告年度中，消费品领域复合年均增长速度最快。得益于出色的附着力、快速固化能力和更好的耐久性，2014年，自由基UV油墨领域占到全球UV固化油墨市场份额的90%。

【微软将首次在中国公布其最新3D打印技术】

据经济之声《天下财经》报道，微软最近确认，将首次在中国公布其最新研发的3D打印技术和解决方案应用，具体包括：微软3D打印体感扫描，3D打印技术应用过程，以及微软的技术应用如何帮助3D打印供应商建立全新的商业模式等。

微软公司自2013年通过3DBuilder应用在Windows 8.1上“登陆”后，一直在加大力度研发开拓其在3D打印领域的技术和业务。

2015年，其开始明显加快开拓的脚步：2016年4月底带头成立3MF联盟，与众多3D打印巨头力推统一的文件格式：.3MF，随后更新的Windows 10集成Spark平台更是大力度优化关于3D打印的功能和体验。从“简化”入手，通过帮助公司和设计师能更加专注于创新而不是操作衔接的问题，低调而稳健地进入3D打印市场。

【八种新型食品包装材料】

在食品包装材料上，近年来出现了一些特殊的新颖包装材料。这些材料更智能化，在食品包装方面能体现更多的价值。但是，由于种种原因，想要快速普及这些材料的使用，尚有难度。

八种用特殊材料制作的食品包装塑料如下。

一、木粉塑料

日本科技人员从松木中研究开发出一种木粉塑料包装材料，通过从木粉中制取出多元醇，然后与异氰酸酯发生反应，从而生成聚氨酯。这种木粉塑料抗热能力极强，而且可被生物分解，可用于制作耐温型包装袋等。

二、玉米塑料

美国科研人员研制开发出一种易于分解的玉米塑料包装材料。它是用玉米淀粉掺入聚乙烯后制成的，该塑料适用于制作食品包装一体化的包装袋。该包装能迅速溶解于水，可避免污染源和菌毒的接触侵袭。

三、油菜塑料

一种油菜塑料包装材料由英国研制成功。它是从制作生物聚合物的细菌中提取了三种能产生塑料的基因，转移到油菜植株中，经过一段时期产生一种塑料性聚合物液，经提炼加工便可得到一种油菜塑料。这种塑料加工制成的包装材料或食品快餐包装材料，弃后能自行分解，没有污染残留物。

四、小麦塑料

这是利用小麦面粉添加甘油、甘醇、聚硅油等混合干燥，再经加入150kz/Id的压力热压成为半透明的可塑性塑料薄膜，用小麦塑料包装食品的优势是，可由微生物加以分解。

五、大豆塑料

美国用大豆提炼的蛋白质制造出类似塑料的食品包装材料，可代替以石油为原料合成的塑料。这种制作技术是将大豆浸泡、磨碎后分离出蛋白质，再将蛋白质溶液烘干，除去其中的水分，然后用这种蛋白质粉与其他成分及添加剂混合，制成可食性薄膜或涂层，用于食品包装。它们具有良好的强度、弹性和防潮性。

六、叶绿素塑料

德国科学家发明了一种经过叶绿素“染色”的塑料薄膜。绿色果蔬食品中，大都含有大量的叶绿素，而这种色素在光线照射下会发生感光氧化反应，分解食品中的能量，从而导致食品腐烂。将塑料薄膜用叶绿素以特殊方法进行“染色”，经过这种处理后的薄膜，用来包装食品就可以有效“截获”致使食品腐烂的光线，从而大大延长了食品的保鲜期。

七、细菌塑料

英国科研人员研究开发出了一种PHB细菌塑料。它是先用糖培育出一种细菌，通过加工制成与聚丙烯相似的材料。该材料无毒，而且易于生物分解，是加工制作食品包装袋的理想材料，弃后对环境没有污染。

八、侦菌薄膜

这是一种可以侦查细菌的特殊薄膜，即在普通食品包装薄膜表面涂覆一层特殊涂层，使其具有能侦查细菌的特殊功能，如用于生熟肉类包装的侦菌薄膜，如果所包装的肉类食品已经不新鲜，有害细菌含量超出食品卫生标准，用这种薄膜包装则会使原来透明五色的包装薄膜变为警告色，使消费者知道肉类食品已不能食用。

【非PVC膜软袋大输液生产线、无菌生产工艺——塑料安瓿吹灌封一体机、塑料盖压塑成型机】

说起专利产品，刘祥华如数家珍，每说到一种新的产品，声音就不自觉地洪亮起来，眼睛也放出异样的光彩。以生产制药装备起家，发展到今天以医疗器械、包装材料以及医疗服务为主的高新技术型企业，刘祥华带领着千山药机一步步创造着改变行业、引领行业的伟大事业。

在很多改变行业发展的专利技术中，非 PVC 膜软袋大范围替代玻璃输液瓶可以说是极具代表性的产品之一。我们从这个产品的研发轨迹，可以看到一个产品的演进过程中，如何将一个行业带到了一个崭新的时代。早在 2003 年，刘祥华自主研发成功国内第一条非 PVC 膜软袋大输液生产自动线，填补了国内空白，多项指标达世界先进水平，为国家节省了大量外汇，该项目被列入国家火炬计划；2004 年研发成功国内第一条即配型非 PVC 膜软袋大输液生产自动线，引导大输液制药产业革命；2005 年在国内首先推出了模双腔旋转式吹瓶机，生产速度达 15000 瓶/小时，为当时国内最高水平，将塑瓶输液的生产成本降到低于玻瓶输液，使塑瓶输液替代玻璃瓶输液变成了现实。从此，大容量注射剂制造行业也迎来了一个崭新的时代。

而创新的无菌工艺产品——塑料安瓿吹灌封一体机的功能与非 PVC 膜软袋有异曲同功之妙。该产品也将替代玻璃安瓿瓶，新技术可以避免医务人员在敲碎玻璃安瓿瓶时可能产生的、无法通过过滤器进行过滤的微小玻璃碎渣流入血管，保证患者的生命安全，而且也可以避免玻璃切口对医护人员的伤害。

在采访中，刘祥华特别介绍了一个最新研发成功的塑料盖压塑成型机，该设备使用的工艺技术一直掌握在国际包装巨头意大利的萨克米公司，现在终于被千山药机突破，未来将改变该设备的国际市场竞争格局。

该设备可用于各种塑料盖的生产，与传统的注塑制盖相比，减少了加热能耗，提高了工作效率，盖子精度更高，是替代以往注塑制盖工艺的理想设备。

该设备是将塑料颗粒熔融挤出分切成粒后，再通过合模压塑成型，旋转式连续生产。与注塑工艺相比，因挤出温度低所以冷却时间短，因油压快速合模所以盖子成型时间短，生产周期缩短、产量得以提高；因挤出温度低，所以用于塑料粒子加热的能耗要低，因而盖子的强度也高。同时，该机的模具用特殊合金钢制造，经过特殊的热处理工艺后，具有不变形、高硬度、高强度、防锈及良好的抛光性能，使用寿命长；模具结构的特殊设计使得盖子成型模具冷却良好，为高速产量的稳定性提供了保障。同时，可根据客户要求订制，更换模具也可做到方便快捷。

此设备使用的压塑工艺比注塑工艺可节能 50%，整线价格也仅是进口设备的 50%。设备达产后将改变一家独大的市场格局，不仅可以减少每年 100 多台套的进口，而且还节约了大量的外汇。

【复水食品包装袋、八角袋自动生产线】

千山药机于 2011 年 5 月 11 日在深交所创业板成功上市，标志着刘祥华的事业步入新的历史阶段。他表示，感觉自己的压力也越来越大，如果以前一直只是做自己的事业，那么现在更多的是承载了更大的社会责任。

资本市场为企业的发展提供了更大的发展空间，科技研发的投入为企业的发展注入了更多的活力。机会总是眷顾有准备的人，2012 年 6 月，神舟九号载人飞船携带千山药机制造的“复水食品包装袋”成功飞向天宫，并顺利完成与天宫一号首次交会对接。在神九航天员太空飞行的 13 天时间里，航天员们喝水或喝液体食品的软袋子，都是千山药机制造的“复水食品包装袋”。这种袋子采用的是非 PVC 材质，非常环保，袋边的焊接强度非常高，在太空中使用时不必担心破裂或漏袋。同时，透明的袋子方便随时观察袋内食物的变化，保证航天员的饮食安全。13 天的太空使用，是千山药机研发了 4 年的成果。这一飞，千山制造一跃成为中国包装界引以自豪的中国制造的代名词。刘祥华说，这个项目并没有什么利润可言，但是整个研发生产过程，对千山药机以后的技术进步起到了非常重要的提升作用，而这项光荣的任务也为中国制造在世界上打响起到了重要作用，这是千山药机的自豪，也是中国制造的自豪。

众所周知，医疗设备的生产和研发门槛是很高的，能够把医疗产品做好，做食品行业更是可以得心应手。对于擅长医疗设备的刘祥华来说，近期公司采用的陶氏 PacXpert I™ 包装技术的轻量型袋子，俗称“八角袋”，就是向终端消费市场迈出的第一步。

该袋子采用贴合封盖以及按照人体工程学原理设计的耐用双手柄，可实现无滴漏精确倾倒，并且可重新密封，携带方便。尽管是软包装，但它能稳固地置于货架上，既可直立放置，在填充后亦可侧面放置，有助于厂商将大型硬质塑料容器转换为便携式的软包装。该袋子具有大面积的货架展示空间，更容易“锁住”消费者的视线，并产生购买意向。这种袋子可以重复使用，而且也十分环保，能有效避免包装内空间的浪费，减少原材料消耗。刘祥华介绍说，千山药机将借助 PacXpert™ 软包装技术打造用于发动机油、食用油、大米和洗涤剂包装的差异化解决方案，并在全国范围内进行推广。

目前，已经有国内著名粮油企业表示将启用此新包装替代传统的大米和食用油硬质包装。一些油漆制造商也对此包装表示出极大的使用意愿。

【智能混合捆包生产线诞生】

最近，一种草令刘祥华兴奋不已，用他自己的话说，这是他一辈子最看重也是最有信心的一个项目，这个项目将极大地改变人类的生存环境，并为人类的生存和安全带来福音。这位以医药设备起家的技术大咖怎么会和一种草扯上关系呢？

这种草叫籽粒苋。据刘祥华介绍，之所以与这种草结下渊源，是因为这种草在生产、加工过程中遇到了难题。这种草高达 3 米，每年可种植 1~3 次，收割粉碎后需要密封发酵，而这个过程原来都是人工完成，不仅效率低，而且一直没有找到合适的发酵容器。在刘祥华看来，这个技术并不难，于是他很快就研发出了集混料、发酵、包装于一体的全自动捆包生产线。这里面的技术要点在于最后一道捆包工序，要求包装压力大、密度高、密封性好，体积达 1 立方米，单包重量达 1 吨。懂行的人一听就明白了，这么大的包装，工艺又相对复杂，而且要实现整个生产包装过程全自动化，此技术在国内是没有的。于是，刘祥华在与陶氏化学完成包装材料研发的同时，新的设备也大功告成，又一项专利技术应运而生的同时，籽粒苋这个项目也深深地吸引了他的注意。

这种草生长周期快，是所有植物中蛋白质和氨基酸含量最高的，种 1 亩籽粒苋相当于 10 亩玉米，其制成的饲料非常适合饲养生畜。吃了这种草制成的饲料，生畜的肉质不仅更加鲜美，而且排出的粪便无臭味，是很好的鱼饲料，并可改善和净化水质。种植该植物只需现有种植面积 5%的土地，制成的饲料就可以满足动物的生长需要，而节省下来的土地可以全部用来种植人类生存所需的粮食。因此，大力发展籽粒苋项目，不仅保证了人类生存的基本粮食问题，同时因为生畜吃了这种饲料，其肉质不含任何抗生素和激素，完全符合国家标准，彻底解决了肉类食品的安全问题。而从籽粒苋的生长、使用整个生命周期来看，也为改善人类生存环境起到了重要作用。目前此项目已经得到国家相关机构的认证，今年此项目将成为刘祥华众多创新项目中的一项，煞是令人期待。刘祥华满怀信心地表示，这个项目将来一定会改变世界，造福全人类!

【全自动组合烟花生产线】

科学技术的进步，永远伴随着人类的生存和发展。刘祥华不仅与草打交道，3 年前偶然的机会与烟花也结下了不解之缘。2016 年全自动组合烟花生产线已正式下线，该生产线从烟花制作到最后的包装实现全自动化，一条生产线可节省 400 个人，400 个人一年的工资即超过购买生产线的成本。以机器代替手工生产，解决了烟花行业中人员伤亡率高的痛点，确保烟花生产企业安全高效生产。该组合烟花生产线于2015年8月被国家安全生产监督管理总局确定为“机械化换人、机器人作业、自动化减人、科技兴安”全国试点示范项目。

据报道，浏阳烟花爆竹产业高温停产期来得比较突然，而且持续两个月，给行业带来了巨大压力。一些出口到欧美国家的订单严重吃紧，有些客户甚至派专人到生产企业盯着生产催进度；而国内的订单，由于国家加强对烟花生产企业的安全监管，许多生产企业面临转产不再涉足烟花生产，因此下半年国内有生产能力和资格的企业更将压力重重。

烟花生产企业安全问题一直是该产业的痛点，刘祥华介绍说，烟花生产企业不改变现有的生产方式肯定面临停产。因为不安全，工厂招不到人，加上国家对安全生产愈加重视，传统企业更是无法生存。千山药机自主研发的全自动组合烟花生产线，不仅解决了生产过程中的安全问题，颠覆了 1000 多年的传统生产工艺，而且在烟花的制造工艺上融入了多项专利技术。比如，用废纸压模成型的内、外筒替代传统工艺中黄泥打底的卷筒，这样既避免了烟花燃放过程中产生的残渣伤到人，也避免了因泥底受潮变形出现的低炸及泥底松动、掉落导致的炸筒事故，燃放产生的垃圾也可以回收再利用。此项专利技术，完成了从废纸回收到废纸再利用的同时，还解决了燃放过程中的安全环保问题。

【新东方推出 10 分钟初黏 90 分钟制袋的快干型无溶剂胶黏剂】

新东方油墨有限公司秉承科技创新、引领企业发展的理念，历经两年的研发，日前推出快干型无溶剂复合胶黏剂 WF100A/200B 型。

快干型无溶剂胶黏剂的亮点是：①10 分钟有初黏力，90 分钟可进行制袋，大大缩短了客户工单周期；②采用双头涂布的复合工艺，彻底解决了传统配胶机因-NCO 管道堵塞造成 A/B 胶配比失调而报废的风险；③无须固化室固化，节能、省力省时；④彻底甩掉了传统的配胶机及配胶失误带来的风险；⑤清洁更方便，由于每一个涂布头只涂单一组分胶水，因而不会固化反应：⑥操作更方便，由于双涂布头胶黏剂复合前不会反应，停机后再开机不会把涂布头粘死。

快干型无溶剂胶黏剂的面世是无溶剂复合工艺的第二次革命，彻底改变了慢干型无溶剂的复合工艺及降低复合风险，也体现了新东方作为行业领军企业坚持创新、超越传统的标杆形象。

【密其与赛康合作推出数码印刷机卷材清洁解决方案】

比利时赛康公司最近向市场推出了新型数码印刷解决方案，即在其 Xeikon 3050 和 Xeikon 3500 轮转数码印刷机上，加装了英国密其国际公司的非接触式卷材清洁系统，以确保承印卷材表面一尘不染。装配有这种系统的赛康数码印刷机可高速运转，适用于装饰壁纸、折叠纸盒、包装纸制品的加工印制。

赛康成立于 1988 年，主要为标签、包装、纸制品加工及商业印刷市场制造高质量的轮转数码彩色印刷机。据赛康标签及包装部总监介绍，他们经常听到印刷机客户抱怨生产环境会造成承印材料带有灰尘，从而造成印刷质量大打折扣。赛康由此认识到有必要在其印刷机上联机安装自动清洁装置，以保证承印卷材的洁净，同时也减少操作人员对印机的维护保养。

在 Xeikon 3050 和 Xeikon 3500 轮转数码彩色印刷机上，承印材料从卷筒展开之后，首先须通过清洁系统，然后才进入数码印刷。清洁系统入口处内置的静电消除棒以及清洁头出口，确保了彻底、持久的清洁效果。内置交流电离棒可中和卷材上所有的静电荷，从而轻易破除材料表面对污染物的吸附力，使承印材料表面再次污染的可能性显著降低。密其系统大大优化了赛康轮转数码彩色印刷机的性能，提高了赛康产品的附加值，使印刷机客户再也不必担心承印卷材上会存有污染物。

密其清洁系统是一种紧凑型、非接触式，双面吹气，基于真空气流的系统，可将污染物吹至一个内置过滤器。承印卷材可宽达 3m，能够去除小至 0.5μm 的污染物，且结构紧凑、定位灵活，适合联机安装在有限的机械空间中。

【我国首个 3D 打印教育体系建成】

多位院士支持，国家重点实验室、著名高校与上市公司联手为全国中小学 3D 打印教育提供创新支撑。近日，我国首个 3D 打印教育体系“易尚 3D 创客教育整体解决方案”在第十二届中国(深圳)国际文化产业博览会上发布，填补了国内 3D 打印及创客教育空白。

据了解，与国外先进的 3D 教育相比，我国还是以仅仅提供 3D 打印机观摩操作为主。“易尚 3D 创客教育整体解决方案”包含创新实验室、设备工具、课程教材、师资培训、技术服务和互动平台六大部分。虚拟现实国家重点实验室副主任郝爱民介绍，作为国家高科技企业易尚开创的国内首个标准化的 3D 创新实验室，让学校的 3D 教学更具情景性与体验性，能让学生最快地融入 3D 教学场景。中国工程院院士金国藩表示，易尚 3D 创客教育整体解决方案的一整套创意教学流通闭环是 3D 技术应用领域的新突破，同时也为教育的战略布局做出了新的提升，具有时代意义。

【聚乙烯废塑料温和可控降解研究取得重大突破】

塑料作为三大材料之一，在人们日常生活中扮演着及其重要的角色。但废塑料难以降解，易对环境造成污染，也被称为“白色垃圾”，已成世界性难题。最近，中科院上海有机化学研究所黄正课题组和加州大学尔湾分校管治斌课题组合作，在聚乙烯废塑料降解研究中已获重大突破，相关研究成果已于 2016 年 6 月 18 日在线发表于《科学进展》。

聚乙烯是年产量最大的塑料产品，同时又是最惰性和稳定的高分子之一，相比较其他类型聚烯烃（如聚丙烯、聚苯乙烯）更加难以降解。目前绝大部分的废塑料，主要通过填埋和燃烧的方法处理：前者占用土地资源，且易造成地下水污染；后者增加大气碳排放，并会造成大气污染。值得注意的是，在中国农村，许多地方将废塑料在露天环境下简单燃烧，造成有毒气体的排放，具有较大的危害性。

研究人员利用交叉烷烃复分解催化策略，使用价廉量大的低碳烷烃作为反应试剂和溶剂（此类低碳烷烃在石油炼制中大量生成，不能作为燃油或天然气，使用价值非常有限），通过与聚乙烯发生重组反应，有效降低聚乙烯的分子量和长度。在反应体系中低碳烷烃过量存在，可多次参与与聚乙烯的重组反应，直至把分子量上万，甚至上百万的聚乙烯降解为清洁柴油。

据悉，这项技术不仅可以降解几乎所有类型的聚乙烯，还能兼容商业级别聚乙烯中各种添加剂，并被证明适用于实际生活中多种聚乙烯废塑料。相比传统的高温裂解，该方法具有反应条件温和、产物选择性高等优点，能够在较低温度下主要生成清洁的柴油，且柴油只有碳、氢元素，燃烧时不会产生含硫、氮的污染物；至于聚乙烯蜡，则可作为添加剂，应用于聚烯烃加工领域。据悉，目前该团队正在发展更高效、成本更低的聚乙烯降解催化剂，为聚烯烃降解中试反应做积极准备。

中科院院士、上海有机化学所所长丁奎岭表示，这是一项十分具有挑战性的研究工作，所取得的阶段性成果为未来解决“白色污染”的资源化利用开辟了一个新的思路，提供了一种可能的途径。

【菜鸟推出 100%可降解快递袋】

菜鸟“绿动计划”日前宣布，快递业最难解决的污染问题已经取得关键进展：一种 100%可降解的快递袋已经被生产出来，并已在淘宝和天猫的商家中开始使用。

这种环保袋子在堆肥条件下几个月内就可以完全分解，后续将向快递行业推广，逐渐替换掉现有的非降解快递袋。

一、减少快递袋对环境及人类安全的影响

菜鸟“绿动计划”负责人介绍，自 2016 年 6 月 13 日菜鸟网络联合 32 家物流合作伙伴开启“绿动计划”以来，已经在包装材料上尝试多项创新改进，包括采用无胶带的纸箱、对快递箱作回收再利用等。

此次推出环保快递袋是“绿动计划”的又一项关键进展。这有望为每年数亿电商消费者减少接触污染物的机会。

近期，厦门一名消费者因为口撕快递袋引起嘴角过敏溃烂，令快递袋污染问题再次被广泛关注。有医院呼吸科医生也反映，经常会有因拆快递而过敏、打喷嚏不止、流泪和呕吐的患者来就诊。

据了解，现在多数快递袋是用化工材料、生活垃圾等加工而成，最主要原料是旧塑料，主要成分是聚乙烯（PE），成本低，但容易残留大量塑化剂、阻燃剂等有害物质。

据物流专家测算，塑料袋的使用占快递业务量的40%左右，仅在2015年消耗的袋子就超过80亿个。

为了杜绝快递包装的污染问题，国家邮政局近期也出台了《推进快递业绿色包装工作实施方案》，提出快递业包装要在绿色化、减量化、可循环等方面取得明显效果。

二、商家已试用 100%可降解快递袋

近几个月来，菜鸟“绿动计划”仔细分析国内外快递包装材料的特点，邀请知名环保专家为新旧材料进行对比，请多个厂家对生产工艺进行改进测试，制造出了可降解无污染的快递袋。

菜鸟“绿动计划”负责人介绍，目前行业中虽然有少量快递袋也号称是可降解的，实际上其中可降解部分的比例并不高，把袋子扔在自然环境中，仍有大部分会残留。

但菜鸟“绿动计划”研发的快递袋是用 PBAT 改性树脂制成，主要成分是 PBAT 和 PLA，真正做到了 100%生物降解，在自然环境下几个月之内就会完全分解被土壤吸收。

2016 年 9 月 7 日开始，该快递袋已经在部分淘宝和天猫商家中开始试用，其中菜鸟金义电商产业园中的天猫商家是第一批使用的。细心的消费者会发现，这种袋子的手感与普通快递袋不同，而且袋子上印有国际认可的环保标志。

菜鸟“绿动计划”负责人说，前期试用主要是对袋子在各种环境下的适用程度作磨合，之后会在快递行业推广，从而逐步替换非降解快递袋。

【丝彩特推出“双龙出珠”新款机型】

上海丝彩特印刷机械设备有限公司推出最新的“双龙出珠”新品。

这款新品是在原 ST——1020 全自动停川转丝网印刷机的机型上衍生出的一款新产品。除了保持原有的速度快——最高时速非常快；高精度——套印精准；薄纸印刷——能达 0.075mm 的印刷材料上实现精准套印；零废品——采用电眼拒印未到位的印张；运转平稳——没备运行稳定可靠。

新机器还将增加实现一机两印的功能，即同时可印两张不同的画面，不仅可以印一大张画面，也可改印两张不同内容的小张画面。

被赞为我国包装印刷行业“东方之珠”的上海丝彩特印刷机械设备有限公司近年来不断推出适合行业需求的新产品。如全自动停回转丝网印刷机，全自动滚筒式平型网版印刷机，平送喷射式高效能自动干燥机，竖送翻页式热喷式空气干燥机，全自动磨刀机，自动撒粉机，晒版机，丝网烘箱，紫外线光固机，超低温紫外线光固机，雪花光固机，全自动收纸机等多种产品。

“双龙出珠”走向市场以来就受到丝网印刷企业的青睐，来自全国各地的丝网印刷厂采购人员前来公司纷纷采购。解决了原来丝网印刷厂大机器只能印大的，印小的浪费工耗和能耗。这款机器不仅一机两印提高了功效，还增加了产能。

行 业 简 讯

【中国包装联合会参事会成立活动暨首届工作会议召开】

2016年10月27日上午，中国包装联合会参事会成立活动暨首届工作会议在上海界龙总部园召开。中国包装联合会徐斌会长、国务院国资委行业协会商会工作局张涛局长出席会议并作重要讲话。

中国包联参事会是在包装行业全面落实“创新、协调、绿色、开放、共享”发展理念，坚持理论、技术、制度、管理创新，发挥人才和专业优势，稳步推进“包装强国”建设的形势下成立的。它的成立将对加强包装行业重大事项研究，反映行业诉求，破解发展难题等起到积极作用。

经过会长办公会批准，首批聘任方吾校、庄英杰、马伟武、王佑华、孙友元、关玉香、张国平、费钧德、高汝楠为参事。方吾校为参事会主席，庄英杰、马伟武为参事会副主席。

徐斌会长为参事会成员颁发聘书并作重要讲话。

会议由参事会副主席庄英杰主持。

中国包联常务副会长兼秘书长王跃中、秘书处处长胡正阳、中国包联参事会办公室负责人张耀权、上海市包装技术协会秘书长宋文仙列席了会议。

【中国包装联合会八届三次理事会在京召开】

2016年11月16日，中国包装联合会八届三次理事会在北京召开。徐斌会长在会上作了题为《适应改革新要求，培育发展新动力，全力推动世界包装强国建设进程》的工作报告。中国包联副会长、常务理事、理事出席会议，中国包联参事列席会议。

会议审议通过了工作报告，选举产生增补、调整第八届理事会副会长、常务理事和理事，变更和撤销中国包联分支机构的议案。

徐斌会长在报告中总结了2016年中国包装联合会所做的各项工作：

编制完成了《中国包装工业发展规划（2016—2020年）》。

受工信部委托，代为起草了《关于促进我国包装产业转型发展的指导意见》。

应行业要求，组建了具有行业组织特点的中国包联参事会。聘任方吾校为参事会主席，庄英杰、马伟武为参事会副主席，王佑华、孙友元、关玉香、张国平、费钧德、高汝楠为参事。

网络信息服务平台、科技创新服务平台、人才培养综合服务平台、面向政府的服务平台和国际交流合作平台“五大服务平台”效果显著。

中国包联科学技术奖顺利完成，2016年中国包装容器展尝试成功，全国包装职业教育教学指导委员会成立，完成了《2014年、2015年包装行业经济运行报告》，发布了《2015年包装行业经济运行指数》，制定了《包装行业团体标准管理办法（草案）》，厦门合兴包装印刷股份有限公司等6家包装企业入选2016年度两化融合管理体系贯标试点企业，参加了20多家行业组织“共建追溯体系”的倡议，组织19家企业申报制造业单项冠军示范企业和培育企业，与亚包联和世界包装组织达成多项合作协议。

在2017年中国包联工作计划中，徐斌会长提出将实施“1510行动计划”，即落实一个指导意见、完善五大服务平台、推动发展规划中的十项重点工作：

一个指导意见——围绕《工业和信息化部关于加快我国包装产业转型发展的指导意见》，制定包装产业转型发展的路线图。重点做好宣传贯彻、政策对接、配套规划、组织实施等工作。

五大服务平台——进一步夯实以推进包装产品研发设计、生产流通、两化融合与军民共享为目标的“网络信息服务平台”；以推进科技成果孵化、鉴定、推广、应用、奖励紧密衔接为目标的“科技创新服务平台”；以推进包装学科建设与发展、包装人才培养与使用需求配套为目标的“人才培养综合服务平台”；以推进政策对接、委托管理、服务购买等职能一体融通为目标的“面向政府的服务平台”；以推进服务于企业项目衔接、投资洽谈、技术引进、产品展销、资源共享为目标的“国际交流合作平台”。

十项重点工作——围绕《指导意见》，重点推动发展理念、管理模式、组织自身、研发中心与产业基地、人才队伍、包装标准、行业智库、军民融合、绿色发展、包装文化十个方面的建设。

会议还完成了以下事项：

经中国包联会长办公会议研究并征得国务院国有资产监督管理委员会同意，依照《中国包装联合会章程》的有关规定，中国包联八届三次理事会以等额选举的形式，采用无记名投票的方式选举李华、费屹豪为副会长，王春光等21人为常务理事、王磊等21人为理事。

根据《中国包装联合会章程》的规定，经中国包联八届三次理事会审议，一致同意中国包装联合会纸制品包装委员会负责人由方吾校变更为许晓光；同意中国包装联合会无菌包装委员会负责人由王跃中变更为刘国靖；同意撤销中国包装联合会建材产品包装技术委员会及中国包装联合会文化艺术委员会。

理事会上还举行了 2016 中国包装联合会科学技术奖颁奖仪式。

王利副会长作了 2017 中国包装容器展筹备情况说明。

敖雯楠副会长发布了 2016 中国包装产业运行情况。

【中国包装联合会八届四次常务理事会扩大会议暨中国包装产业协同创新年会在京召开】

2016 年 7 月 5 日，中国包装联合会八届四次常务理事会扩大会议暨中国包装产业协同创新年会在北京天泰宾馆隆重召开。中国包装联合会会长徐斌，常务副会长兼秘书长王跃中，专职副会长王利、敖雯楠，兼职副会长唐未兵、费钧德、俞建虎、王洪珂、杨震、刘祥华、彭勇、闫银凤、陈永强等和教育部职业教育与成人教育司副司长王扬南，工信部工业文化发展中心副主任孙星，教育部职业教育与成人教育司教学与教材处副处长张磊，全国行指委办公室常务副主任王国川以及常务理事、理事、各地包协负责人、包装院校、包装行业科研人员及教授等 260 多位代表参加了会议。王利副会长在会上作了工作报告。会议由中国包装联合会常务副秘书长刘国靖主持。

王利副会长在工作报告中对 2016 年上半年的工作做了总结，她在报告中指出，2016 年是我国“十三五”开局之年，供给侧结构性改革的攻坚之年，也是全面实施“中国制造 2025”“互联网+”等国家重大战略的重要之年。我国包装工业着力推进供给侧结构性改革，在国家“十三五”计划和“中国制造 2025”行动计划的指引下，全行业团结奋斗，努力拼搏，巩固提升传统优势，加快培育发展新动能，努力保持包装工业持续健康发展。

上半年，在徐斌会长的带领下，在全行业的支持下，中国包联顺势而发，充分发挥桥梁、纽带、参谋、助手的作用，进一步全力打造网络信息服务平台、科技创新服务平台、人才培养综合服务平台、面向政府的服务平台和国际交流合作平台“五个服务平台”，提升“五个平台”的运行质量，充分发挥“五个平台”的作用，取得了一定成绩。尤其是围绕“网络信息服务平台”建设，中国包联在经济信息统计、行业运行分析等方面有了突破。经过一年多的整理、摸索、学习，我们完成了《2014 年、2015 年包装行业经济运行报告》（含纸包装、塑料包装、金属、玻璃包装容器、竹木包装、包装机械）和《2015 年包装行业经济运行指数》（含以上各子行业）。

下半年，中国包联将贯彻落实《国务院办公厅关于开展消费品工业“三品”专项行动营造良好市场环境的若干意见》和工信部《关于开展消费品工业“三品”专项行动营造良好市场环境实施方案》，组织好 10 月在杭州举办的理事会等系列活动，完成科技奖的评审与颁奖工作，开展《中国包装工业发展规划（2016—2020 年）》编制和《关于加快我国包装产业转型发展的指导意见》的宣贯工作，做好“烟草包装”和“电商包装”两个项目的调研工作，做好“世界之星”推荐工作，办好“2016 中国包装创意设计大赛”，做好“2017 中国包装容器展”招展工作，继续扎实开展“两学一做”学习教育活动。

会议同期还召开了全国包装职业教育教学指导委员会成立大会、中国包装产业协同创新年会、全国包装职业教育教学指导委员会 2016 年工作会议及中国包联分支机构秘书长工作会议。

【中国包装联合会快消品包装委员会正式成立】

2016 年 4 月 23 日，经过一年多的筹备，中国包装联合会快消品包装委员会在上海召开了成立大会。中国包装联合会常务副会长兼秘书长王跃中出席会议并讲话。

会议审议通过了《中国包装联合会快消品包装委员会工作规则》，选举产生了中国包装联合会快消品包装委员会第一届委员会名誉主任委员、常委副主任委员、副主任委员和秘书长。深圳市通产丽星股份有限公司副董事长陈寿当选为名誉主任委员；楚成塑胶有限公司总经理吴林当选为常务副主任委员；江苏精良高分子材料有限公司副总经理韦丽明、苏州雅利印刷有限公司销售总监陈杰、浙江瑞昶实业有限公司销售总监李洪波、陶氏化学（中国）投资有限公司价值链技术服务与开发经理李晟、强生（中国）有限公司亚太区包装开发总监沈弘、上海形色坊艺术设计有限公司总经理吴宁、上海相宜本草化妆品股份有限公司包装开发高级经理宗慧超、欧莱雅亚太营运部包装开发经理郑健、玫琳凯化妆品（中国）有限公司采购经理詹迪 9 人当选为副主任委员；英联食品亚太区包材高级采购经理许云霞当选为秘书长。

【中国包装联合会常务副会长王跃中参观调研佛山合信包装有限公司】

2016 年 4 月 13 日下午，中国包装联合会常务副会长兼秘书长王跃中一行参观调研了厦门合兴包装印刷股份有限公司的子公司——佛山合信包装有限公司。在合信包装张文成总经理及公司骨干的陪同下，参观了工厂车间并进行了座谈。

中国包联副会长、天津旭阳纸制品有限公司张同德董事长，中国包联副会长、青岛佳友精密机械有限公司宋佳琳董事长，中国包联秘书处处长胡正阳陪同参观。

【中国包装联合会会长徐斌会见亚洲包装联合会客人】

中国包装联合会徐斌会长在中国包联会见了亚洲包装联合会第一副主席陈兰香女士和秘书长萨哈先生，双方就加强合作进行了座谈。

徐斌会长对陈兰香副主席一行来华访问表示欢迎，并对亚包联长期以来对中国包装行业和中国包联的大力支持表示感谢。

徐斌会长向亚包联客人介绍了中国包装行业的现状。他指出：目前，全国包装企业已发展到 25 万家，大约 1000 万人从事包装行业工作，2015 年收入完成将近 1.7 万亿元人民币。预计未来 5 年总的发展速度在 6%～7%，争取到 2020 年中国包装行业年收入达到 2.5 万亿元人民币。

徐斌会长表示，中国包联愿意与亚包联加强交流与合作，对亚包联组织的活动，中国包联会积极支持并参与。

亚包联秘书长萨哈先生向徐斌会长详细介绍了亚包联基本情况及开展的主要活动。亚包联于 1967 年在日本东京成立，是一家非营利性机构，旨在整合亚太地区包装行业的力量，加强各国包装行业之间的交流与合作，包括包装技术国际交流、包装教育、培训的国际合作、包装与营销的国际标准化、包装工业项目的国际合作，与其他国际组织和协会的紧密联系等。亚洲包装联合会的正式成员现有中国、澳大利亚、印度、斯里兰卡、印度尼西亚、日本、韩国、马来西亚、菲律宾、新加坡、蒙古、泰国、孟加拉、越南 14 个国家的包装机构和团体，附属成员有俄罗斯、韩国和泰国等国家的 5 个包装机构和团体。目前，亚包联的主要活动有亚包联理事会会议、“亚洲之星”包装设计竞赛和包装培训工作等。萨哈秘书长表示，亚包联迫切希望与中国包联有更深层次的合作。

会见后，中国包联常务副会长兼秘书长王跃中与亚包联客人进行了工作会谈。双方就“亚洲之星”大赛中国赛区作品报送、包装行业信息共享、召开亚包联理事会、举办亚洲包装行业贸易往来（B2B）论坛以及创新、教育、培训等方面达成以下共识：中国包联与亚包联将开展全方位合作，加强友好往来，扩大中国在亚洲的影响力；中国包联委托设计委员会和世界包装中心组织“亚洲之星”大赛作品申报工作；中国包联同意并支持今年下半年在杭州召开亚包联理事会，并计划同期组织开展相关配套活动；双方将就各自创新、教育、培训等方面工作经验开展不定期交流讨论。

中国包联副会长、世界包装中心（GPC）董事长俞建虎，中国包联常务副秘书长刘国靖、副秘书长吴红军，秘书处张宇，培训部张燕妮陪同会见。

【中国包装联合会科学技术委员会二届三次会议在苏州召开】

中国包装联合会科学技术委员会（中国包联科技委）在苏州在水一方大酒店召开二届三次会议。会议由科技委副主任孙诚教授主持，科技委秘书长张新昌教授做了关于中国包联科技委专家委员会、增补科技委委员及副主任委员的说明，并进行了中国包联科技委 2015 年度工作总结，对下一年度的主要工作进行了说明。

会议一致同意聘请中国工程院院士陈学庚任科技委专家委员会名誉主任，同时一致通过了关于增补刘祥华等 7 位专家担任科技委委员，增补刘祥华、范诵两位专家任科技委副主任委员的动议。

本次会议还向委员们介绍了中国包联科技委官网的架构及管理模式，并宣布官网正式上线：通报了关于在 2016 年上半年内进行全国重点包装行业科技发展现状与趋势的调研活动安排。

【中国包装联合会运输包装委员会：2015 中日韩三国运输包装技术论坛召开】

中国包装联合会运输包装委员会（TCCPF）与日本运输包装联合会（JPA）和韩国工业包装协会（KAIP）在滨海新区中国包装科研测试中心举行中日韩三国运输包装技术交流会。来自日本运输包装联合会和韩国工业包装协会的 10 余名国外包装专家和企业家代表，与国内 60 多家运输包装企业的代表进行了交流，这标志着中日韩运输包装领域民间交往正式开启。

会上，中外包装企业家着重就建立多边互认和共同遵守的技术标准——《中日韩运输包装技术指南》（以下简称《指南》）进行磋商。《指南》旨在提供防止和预防运输包装货物损失的事项，为安全运输提供先进的新技术和信息。

据了解，此次交流会结束后，中国包装联合会运输包装委员会将根据会上达成的三方共识，联合展开运输包装技术与标准化工作。运输包装委员会将积极促进中日韩运输包装技术的交流和推广，希望国内优秀的运输包装企业能够秉持开放的态度积极参与进来，作为国内运输包装行业的代表企业，反馈企业需求，与日韩和中国协会形成良性互动，共同为中国运输包装的整体提升作出贡献。

【中国包装联合会在全行业开展反对过度包装、倡行适度包装活动】

《中共中央关于制定国民经济和社会发展第十三个五年规划的建议》提出，要在生产、流通、仓储、消费各环节落实全面节约，深入开展反对过度包装、反对食品浪费、反对过度消费行动，推动形成勤俭节约的社会风尚。国家工信部出台了《关于在消费品生产领域倡行勤俭节约、反对奢华浪费的通知》，为了贯彻落实上述精神，中国包装联合会决定在全国包装行业开展“反对过度包装、倡行适度包装活动”。有关工作如下：

一、充分认识在包装行业开展反对过度包装、倡行适度包装活动的重要意义

近年来，随着人民生活水平的逐步提高和社会零售商品种类的日益丰富，企业在努力提高商品内在品质的同时，积极改进商品包装，对于进一步体现商品价值、增强商品市场竞争力发挥了重要作用。但是，也有部分企业为提高产品价格，片面在商品包装上做文章，主要表现为包装层次过多、包装空隙过大、选材用料失当、包装物难以回收利用、包装成本过高等。商品过度包装不仅浪费资源、污染环境，而且导致商品价格虚高，损害消费者利益，扰乱市场秩序，助长奢侈腐败现象。特别是在目前认真贯彻落实中央八项规定精神、坚决反对和纠正“四风”的今天，更具有现实意义。

二、精心组织，认真开展“反对过度包装、倡行适度包装活动”

中国包联将按照国办和工信部有关通知精神，在全国范围内开展“反对过度包装、倡行适度包装活动”。

（1）开展过度包装大检查。中国包联将通过市场、企业调查的形式，开展过度包装大检查工作，并拟定过度包装产品黑名单向社会公布，动员全社会自觉抵制过度包装和奢侈浪费之风。

（2）开展适度包装宣传月。中国包联将在全社会（商场、社区、学校等重点场所）开展形式多样的宣传教育活动，广泛宣传过度包装的危害性，大力倡导健康文明、节约环保、适度包装的消费理念和社会风尚，提倡选择经济实惠、简洁包装产品，不购买过度包装产品。对适度包装设计和产品进行表彰。

（3）加快制定限制过度包装的标准。包装标准化委员会要在已公布实施的《限制商品过度包装通则》（GB/T 31268—2014）及《限制商品过度包装要求：食品和化妆品》（GB 23350—2009）等国标基础上，按照减量化、再利用、资源化的原则，从包装层数、包装用材、包装有效容积、包装成本比重、包装物的回收利用等方面，制定相关系列产品标准，对商品包装进行规范，引导企业在包装设计和生产环节中减少资源消耗，降低废弃物产生，方便包装物回收再利用。

（4）从设计环节把控包装产品。中国包联主办的“中国之星”评比、“中国包装创意设计大赛”等包装设计赛事，要优先推荐适度包装作品入选和获奖，过度包装设计作品不准获奖。

（5）各地包装组织（包协、包联、包装办）要在当地进行市场调研，开展过度包装产品摸底工作。配合工信、质检、工商等政府部门共同做好治理商品过度包装工作。

（6）包装有关院校和科研单位要注重适度包装项目的研究，要加强包装领域的技术创新，积极开展新材料、新工艺、新设备，减少材料用量、减少污染，提高包装物的回收利用率，促进包装业健康发展。

（7）设立举报信箱，接受广大消费者投诉。中国包联将在官网上开设举报信箱，接受广大消费者对过度包装商品进行举报，并把调查结果上报政府相关部门。

中国包联号召全行业牢固树立创新、协调、绿色、开放、共享的发展理念，大力推广绿色包装技术，推行简约化、减量化、复用化、精细化包装设计，提升覆盖包装全生命周期的整体设计能力，坚决抵制过度包装。

【中国包装联合会："2016 中国包装容器展"4 月在广东举办】

由中国包装联合会和励展博览集团强强联合共同打造的全品种包装容器专业展示平台——"2016 中国包装容器展"2016 年 4 月 14—16 日在广东现代国际展览中心举办。

本次展会集中展示纸、塑料、金属、玻璃等材质包装容器，创新包装设计，包装发展趋势以及整体包装解决方案。精准邀请逾 5000 名食品、饮料、日化、日用、家电数码、礼品等终端行业包装研发、采购决策者莅临现场共促商贸交流。同期举办"华南国际瓦楞展""中国国际彩盒展""中国柔印技术展"，规模达 67000 平方米，旨在打造包装领域全产业链一站式采购平台。中国包装容器展现场特设运输包装解决方案专区、塑料包装解决方案专区、包装设计展示专区，同期将举办运输包装高峰论坛、运输包装主题沙龙、ISTA CPLP 包装实验室认证人员中级培训，《包装经理人》千人观展团、功能性塑料薄膜论坛、模内贴标论坛、液态食品包装发展与创新发展高峰论坛，中国高等院校、科研机构最新包装成果发布会，以及包装设计论坛等相关专业活动。

截至 2016 年 1 月 22 日，已有 1021 名包装采购报名中国包装容器展。

【中国包装联合会军民融合包装发展建设工作委员会制定《2016 军民融合包装发展建设工作要点》】

为深入贯彻落实党的十八届五中全会提出的"推动经济建设和国防建设融合发展，坚持发展和安全兼顾、富国和强军统一，实现军民融合发展战略，形成全要素、多领域、高效益的军民深度融合发展格局"的战略决策，努力践行习总书记提出的强化大局意识、强化改革创新、强化战略规划、强化法治保障的"四个强化"要求，全面推进军民融合深度发展，中国包装联合会军民融合包装发展建设工作委员会制定了《2016 军民融合包装发展建设工作要点》。

主要目标任务：加快建立军民融合包装工作机制、供需预警机制和创新成果评价机制，建立平战结合、军民一体的科研生产与服务保障供应体系，建立满足军民融合包装的通用化、集装化、信息化、减量化等技术标准体系，建立以示范项目为牵引、以优势包装企业为龙头、以技术研发中心为支撑的军民融合包装产业基地，致力研发解决联合投送、多式联运等关键包装技术，围绕当前军民融合协调机制不健全、政策法规与技术标准体系不完善、信息交流与成果共享渠道不顺畅、科技创新与激励措施不到位等问题，研究提出建议和措施，逐步形成机制顺畅、体系完善、标准配套、资源互补、产学研一体、可持续发展的军民融合包装产业发展的新格局。

工作要点：落实规划纲要、加强机制建设、构建标准体系、加快军民共用技术成果转化、拓展技术交流活动等 8 个方面、25 项重点工作：①制定军民融合包装发展建设"十三五"规划落实方案：②召开军民融合包装建设工作专家顾问会议；③组织军民融合包装示范工程推广应用会；④建立军民融合包装示范基地及工程中心；⑤组织军民融合包装高峰论坛暨高新技术成果展：⑥研究建立军民融合包装标准体系；⑦组织专题培训及研讨会；⑧拟制军民融合包装国家标准并提出立项标准。

【"2016 年中国塑料包装行业商业模式创新与新材料论坛"圆满谢幕】

由中国包装联合会主办、北京博众易顺科技有限公司（博易资讯）承办的"中国塑料包装行业商业模式创新与新材料论坛"于 2016 年 3 月 24 日在福建省福清市举行。

中国包装联合会常务副会长兼秘书长王跃中，中国包联包装工程委员会主任张耀权，北京印刷学院副院长许文才，中国氮肥协会副秘书长高力，中国环保产业协会废气净化委员会副秘书长栾志强，北京商业服务业联合会秘书长曹磊，中国包联副会长、朝阳佛瑞达科技有限公司董事长郭瑞林，中联集团董事局主席施文义等领导出席本次会议。

本次论坛以"创新"为主导，从资本市场、环保、"互联网+"、产学研互动、产销对接五个方面给与会者奉上饕餮大餐。

王跃中在致辞中指出，塑料包装不是破坏环境的凶手，而是科学发展的结晶和提高国民生活水平的功臣。面对新常态，他建议塑包企业在发展上量力而为，在金融上避免风险，在管理上苦练内功，在生产上提高质量。坚持就是胜利，存在就有希望。

中国包装联合会统计部副部长孙玲以国家统计局、海关总署的动态数据为基础，结合包装工业运行基本情况，利用大数据，对包装行业各专业经济运行态势进行分析，受到与会者的追捧。

针对目前印刷行业最关注的“VOCs 污染控制”，中国环保产业协会废气净化委员会副秘书长栾志强做出非常有价值的方案分享与法规剖析，满足了大家的需求。

中国包装联合会常务理事、上海粟源实业有限公司总经理李昕先生的《新常态下中国塑料包装行业的全球发展机遇》演讲更是使得本次论坛的听众受益匪浅。

中国氮肥协会副秘书长高力携液体肥料行业龙头企业来到会议现场并作“液体肥料需要新型包装”的演讲，与参会企业家进行了无缝对接。

北京商业服务业联合会秘书长曹磊为论坛带来了“资本市场如何助力塑包行业”的精彩演讲。

世包中心（GPC）对包装行业“互联网+”做出详尽介绍。

【山东丽鹏举办互联网生态峰会中国包装联合常务副会长王跃中出席并致辞】

2016 年 3 月 23 日下午，由山东丽鹏股份有限公司主办的“万物互联让消费者 high 起来”主题论坛在 2016 年成都春季糖酒会盛大开幕。十届全国政协外事委员会副主任、原国家外经贸部副部长周可仁，中国包装联合会常务副会长兼秘书长王跃中，中国酒类流通协会会长王新国，中国酒业协会副秘书长、葡萄酒分会秘书长王祖明出席并致辞。来自全国的酒行业专家、经销商代表等齐聚一堂，共同探讨万物互联时代酒行业包装领域的转型与发展。

中国包装联合会常务副会长兼秘书长王跃中指出：“当前，互联网应用和服务日趋普及，对酒类包装提出了前所未有的创新课题，而站在整个包装行业的角度来看，酒类包装也是极具市场价值、文化价值和创新价值的一个专门领域，它的创新进步，对包装行业具有重要的示范意义。”

“我国包装行业‘十三五’的发展环境是中高速发展的新常态：发展主题是转变观念、调整结构、稳定增长、消化产能、降低消耗、减少排放、提高效益；发展路径是“一带一路”、区域经济、自贸区、两化融合、‘互联网+’、‘中国制造 2025’、军民融合、创新驱动、品牌培育、信誉体系建设、适度包装、产品可追溯：发展手段是国家用政策支持、行业用标准化引领、企业靠差异化发展。作为包装行业企业要量力而行、稳步发展，要避免或减少金融风险，苦练内功，加强管理，坚持就是胜利。”

【中国包装联合会赴匈牙利布达佩斯参加世界包装组织理事会】

2016 年上半年世界包装组织（WPO）理事会于 2016 年 5 月 23—26 日在匈牙利布达佩斯召开，中国包装联合会副会长王利代表中国包装联合会出席会议。

会上，WPO 主席托马斯·施耐德先生对上次的会议进行了总结，WPO 秘书处向大会做了关于 2015 年的财务状况报告。教育委员会、市场委员会、可持续发展委员会和负责“世界之星”评选的相关负责人作了教育、市场和可持续发展的项目报告。秘书长基斯·皮尔森先生通报了财务预算以及未来会议的安排。

会议讨论了各国代表提出的议案与项目。会议还听取了世界包装中心（GPC）关于 2016 世界包装设计与技术大会的筹备情况汇报，2016 世界包装设计与技术大会将于 2016 年 10 月在杭州举办。

会后，中国包联副会长王利与 WPO 秘书长基斯·皮尔森先生等行政层人员单独会见，双方就中国包联向 WPO 报送“世界之星”包装奖的事宜进行讨论。经努力，WPO 基本认可中国包联“中国之星”的报送资格，审批程序过后即可开始报送。

会议期间，中国包联代表团分别与各国包装组织领导人进行了接触，双方就全面合作交换了意见。

WPO 理事会每年召开两次，2016 年度第二次理事会于 11 月在奥地利维也纳举行。

【中国环渤海食品包装安全高峰论坛在辽宁朝阳召开】

2016 年 5 月 11 日，由中国包装联合会主办，辽宁省包装联合会、天津市包装技术协会、黑龙江省包装联合会、吉林省包装联合会、山东省包装技术协会、河北省包装业商会六省市联合协办，朝阳佛瑞达科技有限公司承办的“中国环渤海食品包装安全高峰论坛”在辽宁省朝阳市召开。

中国包联常务副会长兼秘书长王跃中出席论坛并代表徐斌会长向论坛表示祝贺。

王跃中在讲话中指出：今年是“十三五”计划实施的第一年。在《中国包装工业发展规划（2016—2020 年）》中，中国包联提出：紧紧围绕国家战略部署，主动适应经济新常态，把握发展新特征，牢固树立“创新、协调、绿色、开放、共享”的发展理念，以提高发展质量与效益为中心，以深化改革为主线，以转型发展为先导，以科技创新为动力，重点发展绿色包装、安全包装、智能包装，大力倡导适度包装，强力推进军民通用包装，全力构建资源节约、环境友好、循环利用、持续发展的新型产业格局，有效夯实产业发展基础，不断增强自主创新能力，显著提高两化融合水平，大力促进新型业态成长，进一步提升包装产业的综合竞争力和在国民经济中的贡献力，通过转型升级和提质增效，促进包装产业保持中高速增长，迈向中高端水平，逐步实现我国由“包装大国”向“包装强国”转变的发展理念。

他要求全行业要结合国家工信部《信息化和工业化深度融合专项行动计划（2013—2018 年）》做好以下重点工作：①要开展智能制造生产模式培育行动，加快重点领域装备智能化，实施“数控一代”装备创新工程。到 2018 年，在包装部分行业实现数控化集成开发，开发一批通用型和专用型数控装置；②建立食品、药品等重点产品质量安全信息可追溯体系，通过包装完成安全信息的可追溯；③推进生产过程和制造工艺的智能化，推进智能制造模式在包装行业中的全面应用，开展包装行业先进制造技术模式的试点示范；④推动智能制造生产模式的集成应用，在包装行业企业建设数字化车间，鼓励开展智能工厂建设试点。

【中国包装联合会用户委华南区域工作会议成功召开】

中国包装联合会用户委华南区域工作会议在东莞广东现代国际展览中心召开。中国包联行业部的相关领导，数十位用户委成员代表和关注用户委发展的相关业内人士参加了本次会议。在会上，中国包联用户委秘书长张滨燕女士对用户委成立至今开展的相关工作进行了总结，中国包联用户委常务副秘书长孙小明女士对用户委的会员发展情况做了相关的介绍。

张斌燕秘书长在用户委的工作总结中介绍了用户委成立至今开展的一系列相关工作。在宣传方面，用户委已经开设专属微信公众号并正式对外发布相关信息；区域工作也在有序开展，这次张秘书长特别介绍了用户委在华南区域的工作重点：包括会员发展及培训，其他区域的会员培训工作也会陆续展开。另外，用户委目前已经确定了几种会员服务模式。

在用户委的会员发展方面，截至目前，用户委已经发展个人会员 167 人，均来自包括食品、饮料、乳品、日化、医药等终端行业的品牌商包装负责人；在 2016 年，用户委都会以发展品牌商包装部门个人会员为主，同时免征个人会员会费；2017 年及以后，将主要发展品牌商企业会员，会员将涵盖食品、饮料、乳品、日化、医药等相关行业品牌商企业。

用户委希望能够通过不断发展会员来有效地解决终端用户企业在包装信息方面的不足，并通过专业性的引导及组织交流，使更多先进包装技术为终端用户企业及相关包装负责人所接受和采用。

众参会者纷纷表示，非常期待中国包联用户委的服务能为终端用户企业带来更大的价值。

【中国包装联合会在全行业开展反对过度包装、倡行适度包装活动】

《中共中央关于制定国民经济和社会发展第十三个五年规划的建议》提出，要在生产、流通、仓储、消费各环节落实全面节约，深入开展反过度包装、反食品浪费、反过度消费行动，推动形成勤俭节约的社会风尚。国家工信部出台了《关于在消费品生产领域倡行勤俭节约、反对奢华浪费的通知》，为了贯彻落实上述精神，中国包装联合会决定在全国包装行业开展“反对过度包装、倡行适度包装活动”。有关工作如下：

一、充分认识在包装行业开展反对过度包装、倡行适度包装活动的重要意义

近年来，随着人民生活水平的逐步提高和社会零售商品种类的日益丰富，企业在努力提高商品内在品质的同时，积极改进商品包装，对于进一步体现商品价值、增强商品市场竞争力发挥了重要作用。但是，也有部分企业为提高产品价格，片面在商品包装上做文章，主要表现为包装层次过多、包装空隙过大、选材用料失当、包装物难以回收利用、包装成本过高等。商品过度包装不仅浪费资源、污染环境，而且导致商品价格虚高，损害消费者利益，扰乱市场秩序，助长奢侈腐败现象。特别是在目前认真贯彻落实中央八项规定精神、坚决反对和纠正“四风”的今天，更具有现实意义。

二、精心组织，认真开展“反对过度包装、倡行适度包装活动”

中国包联将按照国办和工信部有关通知精神，在全国范围内开展“反对过度包装、倡行适度包装活动”。

①开展过度包装大检查。中国包联将通过市场、企业调查的形式，开展过度包装大检查工作，并拟定过度包装产品黑名单向社会公布，动员全社会自觉抵制过度包装和奢侈浪费之风。

②开展适度包装宣传月。中国包联将在全社会(商场、社区、学校等重点场所)开展形式多样的宣传教育活动，广泛宣传过度包装的危害性，大力倡导健康文明、节约环保、适度包装的消费理念和社会风尚，提倡选择经济实惠、简洁包装产品，不购买过度包装产品。对适度包装设计和产品进行表彰。

③加快制定限制过度包装的标准。包装标准化委员会要在已公布实施的《限制商品过度包装通则》（GB/T 31268—2014）及《限制商品过度包装要求：食品和化妆品》（GB 23350—2009）等国标基础上，按照减量化、再利用、资源化的原则，从包装层数、包装用材、包装有效容积、包装成本比重、包装物的回收利用等方面，制定相关系列产品标准，对商品包装进行规范，引导企业在包装设计和生产环节中减少资源消耗，降低废弃物产生，方便包装物回收再利用。

④从设计环节把控包装产品。中国包联主办的“中国之星”评比、“中国包装创意设计大赛”等包装设计赛事，要优先推荐适度包装作品入选和获奖，过度包装设计作品不准获奖。

⑤各地包装组织（包协、包联、包装办）要在当地进行市场调研，开展过度包装产品摸底工作。配合工信、质检、工商等政府部门共同做好治理商品过度包装工作。

⑥包装有关院校和科研单位要注重适度包装项目的研究，要加强包装领域的技术创新，积极开展新材料、新工艺、新设备，减少材料用量、减少污染，提高包装物的回收利用率，促进包装业健康发展。

⑦设立举报信箱，接受广大消费者投诉。中国包联将在官网上开设举报信箱，接受广大消费者对过度包装商品进行举报，并把调查结果上报政府相关部门。

中国包联号召全行业牢固树立创新、协调、绿色、开放、共享的发展理念，大力推广绿色包装技术，推行简约化、减量化、复用化、精细化包装设计，提升覆盖包装全生命周期的整体设计能力，坚决抵制过度包装。

【中国包装联合会包装教育委员会九届四次会议召开】

2016 年 11 月 1 日，中国包装联合会包装教育委员会九届四次会议暨第二届中国绿色环保包装与安全设计创意大赛颁奖礼在东莞市桥头镇隆重举行。中国包装联合会副会长敖雯楠，中国包装联合会副会长、中国包装联合会包装教育委员会主任委员唐未兵，中国包装联合会包装教育委员会副主任委员（以下简称中国包联、包教委）等出席，包教委秘书长姚齐水主持本次年会。

会上，唐未兵以《深化认识，协调发展，推动包装教育事业的进步与繁荣》为题作工作报告，从三个方面总结了包教委九届三次会议以来的工作，一是组织编制了《中国包装工业“十三五”发展规划》和《关于加快我国包装产业转型发展的指导意见》；二是组织开展“第二届中国绿色环保包装与安全设计创意大赛”活动：三是开展了“绿色包装中国行”宣传活动，对全国包装教育现状进行了初步调研。对于包教委下一阶段的工作，唐未兵提出了五点展望。一要做好《中国包装工业“十三五”发展规划》的宣讲工作；二要组织开展“中国包装教育教学成果奖”的申报评审工作；三要完成以“全国包装教育现状与发展趋势”为主题的深度调研；四要组织举办“第三届绿色包装与安全设计创意大赛”；五要加强包教委自身建设。唐未兵指出，包装行业的发展离不开包装人才支持，由“包装大国”向“包装强国”的战略转变，需要包装高等教育提供强劲的人才支撑，包装教育在这一战略目标的实现过程中起着基础性的作用。

包教委副主任委员张昌凡就启动“中国包装教育教学成果奖”推荐与评审工作作动员讲话。会议增选了五位专家为九届包教委委员。包教委副主任委员金继承宣读了拟增选委员名单，并主持了表决议程。大会随后表决并通过了该决议。

敖雯楠代表中国包装联合会在大会讲话。她对包教委九届三次会议以来取得的成绩给予了充分肯定。她指出，《中国包装工业“十三五”发展规划》和《关于加快我国包装产业转型发展的指导意见》是中国包装产业发展的纲领性指导文件，对于包装行业未来发展具有重要意义。她希望开设了包装专业的各地高校，齐心协力，为中国包装产业发展助力，为打造“包装强国”贡献自己的力量。

【中国包装联合会常务副会长王跃中参观考察北京镧彩科技有限公司】

2016 年 7 月 11 日，中国包装联合会常务副会长兼秘书长王跃中一行参观考察了北京镧彩科技有限公司，并与中国科学院院士、北京大学化学与分子工程学院教授严纯华一行就镧彩智能标签以及双方开展合作等情况进行了座谈。

北京镧彩科技有限公司是由北京大学科技开发部以技术参股的高科技企业。镧彩智能标签是耦合了温度和时间，可监控易变质产品的物流和销售环节，通过颜色变化直观反映产品外界温度和储运时间，实时监控品质。该项发明是采用世界首创的北京大学纳米专利技术，具有低成本、应用广、安全、非破坏性监控产品品质的优点。广泛应用于冷链储运需求的乳制品和鲜榨果汁等食品和医药产品领域。

王跃中表示，中国包装联合会可与北京大学化学与分子工程学院建立战略合作关系，签署战略合作协议。具体工作由中国包联无菌包装委员会与北京镧彩科技有限公司共同开展。同时，也诚挚邀请北大化学院与镧彩科技有限公司参加 8 月 19 日在北京召开的“中国无菌包装产业发展论坛”。

【中国包装联合会常务副会长王跃中会见亚洲瓦楞纸箱协会主席洪及章】

2016 年 4 月 14 日上午，中国包装联合会常务副会长兼秘书长王跃中在东莞·广东现代国际展览中心会见了亚洲瓦楞纸箱协会(ACCA)主席洪及章。双方就亚瓦联、印尼包装行业和中国包装行业发展等情况进行了会谈。

王跃中向洪及章主席介绍了中国包装行业发展情况。他指出，目前，中国包装企业已发展到 25 万家，大约 1000 万人从事包装行业工作，2015 年收入完成将近 1.7 万亿元人民币。受国际、国内经济形势影响，预计未来 5 年总的发展速度在 6%～7%。尽管面临许多困难和挑战，但是机遇大于挑战，中国包联有信心与各级、各地包装组织和企业一起实现从包装大国走向包装强国的目标。洪及章主席介绍了印尼经济及包装行业发展情况。

【中国包装联合会常务副会长王跃中调研天津职业大学】

2016 年 3 月 9 日，中国包装联合会常务副会长兼秘书长王跃中和北京印刷学院副院长许文才一行到天津职业大学考察调研。

双方就中国包装网络学院有关情况、天津职业大学在线课程现状、在线教育需求、双方合作模式等内容进行了交流座谈。

中国包装网络学院市场总监汪净详细介绍了网络学院的有关情况。中国包装网络学院是由中国包装联合（CPF）主办，世界包装中心（GPC）承办的包装行业的互联网大学，是基于移动互联网的学习云平台，为中国包装联合会的会员提供互联网学习服务。网络学院致力于通过培训管理、考试、专家库、知识库、社交等功能，提升包装行业人才储备力量，培养和造就专业技术人才和管理人才，更好地服务于包装行业、企业以及政府，提升产业发展水平，增强行业创新能力。

中国包联、天津职业大学和北京印刷学院还就中国包装网络学院教育模块设置、资源对接、课程特色、合作形式等方面进行了探讨。

【运输包装为制造业供应链提供技术保障主题沙龙在东莞成功举办】

2016 运输包装高峰论坛及“运输包装为制造业供应链提供技术保障”主题沙龙于不久前在中国东莞成功举办。本次活动由 ISTA 中国、中国包装联合会运输包装委员会联合主办，中国包装科研测试中心、中包包装研究院、励展博览集团共同协办，苏州中包包装测试技术有限公司、上海奥特玛特物流设备有限公司赞助。

此次活动为参会者搭建了获取最新运输包装技术的平台，搭建了国内运输包装界交流与合作的平台，搭建了促进制造业供应链紧密合作与联系的平台，从而进一步推进中国运输包装行业技术的共同发展。

【上海市包装技术协会召开挥发性有机物（VOCs）治理工作专题会议】

上海市包装技术协会在召开 VOCs 排放治理政策解读研讨会之后，日前在科学会堂再次组织召开挥发性有机物(VOCs)治理工作专题会议。上海部分包装印刷企业领导及代表，上海市包协相关专业委员会秘书长出席了会议，会议由上海市包协秘书长宋文仙主持。

上海市多家企业领导及代表结合企业各自实际，对 VOCs 排放含量限值、检测标准、工艺措施和管理要求、监测与检测，以及降低治理成本的措施等关键问题和急需厘清或明确的规定标准，发表意见并提出应对建议。上海市包协各专业委领导对讨论发言进行归纳梳理，提出建议，并表示相关企业要尽快把企业自身实际情况排摸清楚，有的放矢地向政府相关部门反映。

【温州市包装联合会召开包装印刷行业协会秘书长联谊会暨温包联专委会主任会议】

温州市包装联合会在瓯昌饭店召开各县市区包装印刷行业协会秘书长联谊会暨温包联专委会主任会议。苍南、平阳、瑞安、瓯海、鹿城、龙湾、永嘉、乐清等县市区印刷包装行业协会秘书长及温包联纸制品包装专业委员会、包装机械专业委员会主任参加了会议。会议由市包装联合会秘书长林淑玲主持。

会上重点对温州市包装行业“十三五”发展规划初稿进行了讨论。各县市区秘书长充分发表了意见和建议，大家一致认为，温州市包装行业“十三五”发展规划结构严谨、观点鲜明；条理清楚、层次分明；用词恰当、表述简明；同时，大家结合本地区的印刷包装业发展情况对温州市包装行业“十三五”发展规划提出补充建议，认为要减少理论性内容，对主要政策和保障措施要详写，使温州市包装行业“十三五”发展规划更加接地气，具有前瞻性、系统性和可操作性。

【广东省包装技术协会七届五次理事会议召开】

广东省包装技术协会七届五次理事会议在广州保利世贸博览馆召开。

朱智伟秘书长做 2015 协会工作总结及 2016 工作计划报告并做关于调整理事会成员的提案说明，增选副会长、常务理事会和理事单位，并为新当选的副会长和常务理事会颁发牌匾，广东省包装技术协会会长黄启洪发表讲话，随后在会议上举行国际职业资格水平认证“包装设计师”职业技能鉴定揭牌仪式，最后分别由广州市国科禾路信息科技有限公司董事总经理刘清做《企业创新竞争力培育与政策体系向导》的发言，力嘉东莞环保包装印刷产业园招商总经理张涛做《东莞环保包装产业园推介》讲话。

【福建省包装联合会第六次会员代表大会在厦门举行】

福建省包装联合会第六次会员代表大会日前在厦门艾美酒店举行，同期，还举办了《创新与发展论坛》。来自全省各地 100 多家包装企业的代表参加会议。中国包装联合会常务副会长兼秘书长王跃中应邀出席了大会，出席会议的还有广东、湖北、湖南、陕西、成都、重庆等兄弟省市包协、包装联合会秘书长、副会长及理事企业。

王跃中副会长在《创新与发展论坛》上为到会代表作了《新形势下行业协会如何为会员提供更好服务》的演讲，互联网专家段羡春作了《互联网与企业管理变革》的专题介绍。

换届大会由省包联五届理事会秘书长林鹏腾和六届理事会新任秘书长林海分别主持。会上，中国包联、省经信委、厦门市经信局、省经社联的领导发表讲话，五届理事会会长郑礼阔就五届工作做了总结报告。

【浙江省包装技术协会会长林华到温州调研】

浙江省包装技术协会林华会长携中粮集团浙江区域销售公司淀粉产品销售业务经理姜贵岐、浙江康园包装材料有限公司副总经理黎志华等一行来温州，就温州市瓦楞纸板生产企业淀粉原料供应等情况进行专题调研。

调研组在温包联秘书长林淑玲的陪同下，先后走访考察了浙江三浃包装有限公司、温州市顺福包装有限公司、仙桥集团有限公司、浙江金欧包装有限公司、东经控股有限公司、南捷企业浙江股份有限公司、浙江宏印包装有限公司以及新盟包装装潢有限公司、温州临港包装有限公司，专门听取和了解各企业淀粉原料（玉米、木薯）的使用情况、进货渠道、价格和服务等方面的情况，并与大家商讨省包协会同温州包联拟在温州包装企业开展淀粉原料集中采购试点工作，其目的是帮助企业降低生产成本，促进行业抱团发展，同时也积极探索行业协会创新发展的路子。

【深圳市包装行业协会组织会员企业参观第23届中国国际包装工业展】

2016 年 3 月 2 日，第 23 届中国国际包装工业展Sino- Pack和包装制品与材料展PACKINNO2016于广州琶洲中国进出口商品交易会展馆B区正式拉开序幕。深圳市包装行业协会组织会员企业代表的领导、专家、学者、技术员等 320 多人到广州琶洲参观，为行业企业拓展渠道、交流技术、贸易采购提供了一个广阔的平台。

本次展览会为包装行业新产品、新技术提供了展示平台，促进了中国包装业的发展，在自身扩升的同时，与同期举办的“华南国际印刷工业展览会”和“中国国际标签展览会”联合打造上下产业链的印包、印标服务，真正地将包装做到大智能包装一体化，让参观者分享了行业发展前景和市场前沿信息。

【深圳市包装行业协会举办“互联网+包装”分享沙龙活动】

2016 年 6 月 17 日下午，深圳市包装行业协会与深圳市宝安区职业能力培训基地联合举办的“互联网+包装”分享沙龙在禧图纸品印刷（深圳）有限公司顺利举行。此次活动专门邀请深圳市职业技术学院全国印标委书刊、包装印刷分委会秘书处专业教师、研发部主任招刚进行了讲解和分享。

为帮助企业转型升级，提升行业地位，招刚老师就目前传统包装印刷企业所面临的困境、营销理念和商业模式的重要性、包装印刷的电子商务模式简介、包装印刷电子商务成功案例分享、商业模式的创新、产品的标准化与流程化改造等方面内容向大家做了精彩分享，呼吁业内企业应该顺应“互联网+”的时代潮流，抓住互联网转型的机遇和挑战，在不断的探索中积极进取。

【深圳市包装行业协会赴东莞市环保包装行业协会、力嘉东莞环保包装产业园参观交流】

2016 年 7 月 13 日，应东莞市环保包装行业协会（以下简称东莞包协）翟松喜秘书长邀请，深圳市包装行业协会秘书长罗少敏率秘书处一行赴东莞市环保包装行业协会学习交流。

据产业园招商总经理张涛介绍，力嘉·东莞环保包装印刷产业园项目总投资 6.8 亿元人民币，占地面积 107172 平方米，约 160 亩，建筑面积 16.5 万平方米。项目将建成一个集包装产品设计、流转、仓储直至生产辅助的现代化综合生产基地，为行业优秀企业提供加工厂房、创客空间、办公楼、商铺、展厅等多元化发展空间，打造成华南地区最具影响力、专业化、产学研、协同创新能力最强的大型现代化综合产业基地，为深圳、东莞包装产业一体化建设探索新路并积累成功经验。

【苍南县召开印刷业转型升级座谈会】

苍南县人民政府张小敏副县长在苍南县行政中心七楼会议室主持召开印刷业转型升级座谈会。参加会议的有县府办、县文广新局、县经信局、县科技局、县财政局等单位负责人，县印刷包装行业协会及有关印刷企业代表 20 多人。

会议围绕“苍南印刷业转型升级”主题，结合实际，主要提出了以下十个方面的问题。①企业对印刷业发展前景要坚定信心，坚持主业，做强实业；②全县印刷业未来发展要认真做好顶层设计，搞好规划，进一步加强印刷产业链的集聚；③降低苍南印刷业的税负率问题；④解决好地霸严重、投资环境差的问题；⑤解决好部分企业存在的资金链、担保链问题；⑥重视“中国印刷城”的区域品牌建设，大力加强区域品牌宣传；⑦建立印刷业创新发展基金问题；⑧解决好企业高级人才引进和企业员工培训问题；⑨加强印刷业发展公共平台建设问题；⑩加强印刷行业协会建设，更好地发挥协会服务作用。

【2016 中国（郑州）国际瓦楞彩盒展开幕】

由河南省包装技术协会主办，中原国际博览中心承办的“2016 中国（郑州）国际瓦楞彩盒展”在绿城郑州拉开帷幕。参加开幕式的嘉宾有：河南省工业和信息化委员会副巡视员陈振杰、中国包联纸制品委员会副主任兼秘书长张耀权、河南省包装技术协会会长张大岭及广东、山东、福建、天津、陕西、江西、湖南、湖北、甘肃、河北东光、河北玉田等包装行业组织的领导。

本届展会展览面积 1.5 万平方米，有来自国内外的 200 余家企业参展，20 余家包协组织当地会员组团前来参观展会，来自河南、河北、山东、陕西、山西、安徽、江苏、湖北、内蒙古等全国各地的观众累计有 1 万余人次。展会吸引了众多国内外知名企业参展，包括上市公司东方精工、意大利佛斯伯集团、德国 BHS、上海旭恒、鼎龙、中国台湾文权、山东明玮、天津诚远、新乡新机、河南远航等 200 余家知名企业参展。

【中国包装联合会运输包装委员会第一期包装危险货物运输从业人员培训班在青岛举办】

第一期包装危险货物运输从业人员培训班，暨“包装危险货物水路运输从业人员培训”日前在中国青岛成功举办。本次培训由中国包装联合会运输包装委员会主办，中国包装科研测试中心、中包包装研究院、天津市物流安全监控与运输包装技术工程中心联合承办，中国包装联合会及青岛科技大学作为支持单位。

本次培训聘请了原交通运输部水运司陈正才、国家安监总局化学品登记中心主任助理黄飞、广东出入境检验检疫技术中心高级工程师项署临、山东海事局高级工程师徐景良等作为培训讲师。他们就最前沿的包装危险货物水路运输相关法律法规及技术为参培学员进行了深入介绍与讲解，并针对交通运输部 2016 年第 59 号《危险货物水路运输从业人员考核和从业资格管理规定》中涉及的《危险货物水路运输从业人员考核和从业资格考核大纲》进行详细讲解。此次培训为参培学员搭建了获取最新包装危险货物运输技术的平台，搭建了国内包装危险货物运输产业链各环节之间交流与合作的平台，搭建了促进企业与政府紧密联系的平台。2017 年运输包装委员会将为会员提供《包装危险货物运输知识体系手册》，并会提供相关咨询。

【中国包装联合会钢桶专业委员会举办“钢桶新标准暨《危包细则》宣贯培训班”】

由中国包装联合会钢桶专业委员会举办的“钢

桶新标准暨《危包细则》宣贯培训班”日前在营口举办。会议由“制桶技术培训基地”——营口北方制桶设备科技有限公司协助举办。中国包装联合会钢桶专业委员会秘书长张洪勋宣布培训班开始，营口北方制桶设备科技有限公司董事长慕德平致欢迎词。

在本次培训班上，钢桶行业协会专家组组长、副秘书长杨文亮宣贯钢桶新标准。首先，介绍了我国钢桶标准化的发展及新钢桶标准的制订情况。其次，对新发布的GB/T 325.4—2015《包装容器钢桶第4部分：200L及以下全开口钢桶》标准进行宣贯解读，主要针对新旧标准的不同点进行重点解析，详细介绍了标准对制桶原材料钢板的要求，以及在实际中的应用实例。随后对新发布的GB/T 325.5—2015《包装容器钢桶第5部分：200L及以下闭口钢桶》标准进行了宣贯解读，介绍了标准对钢桶辅助材料卷边密封胶、钢桶密封件、钢桶内外涂料的要求，重点说明了水性涂料的涂装工艺要求。最后，对包装行业标准GB/T 0067—2014《包装容器钢塑复合桶》进行了宣贯解读。详细解析了标准中对钢塑复合桶结构及尺寸要求没有提出要求的内容，重点介绍了钢塑复合桶的卫生要求，结合标准要求，指出了钢塑复合桶的生产工艺和生产方法，对钢塑复合桶标准中的各项质量要求和性能试验进行了详细解读。

钢桶行业专家辛巧娟对新版的《工业产品生产许可证实施细则》（危险化学品包装物、容器产品）进行解析。首先介绍了《工业产品生产许可证实施通则》，然后介绍了新的“危包细则”与原“危包细则”的变化及编制说明。重点介绍了钢桶单元的发证要求及方法，针对实施中对企业生产实地的核查及检验进行了重点解析和说明。

【天津市包装技术协会：华印智能制造全国巡讲会（天津站）举办】

华印全国智能制造巡讲会第五站——天津站举办，据悉，此次巡讲会吸引了天津、北京、河北、宁夏等周边地区纸箱厂、机械商共计超300位业界人士。天津市包装技术协会作为协办单位率队参会，天津包装技术协会秘书长马树新、副秘书长唐贺增莅临现场。

本次巡讲会由华印联席总裁、金牌讲师周小兵老师主讲，他首先主讲的内容是“瓦线成本控制与智能化（干湿部部分）”。在课程中，周小兵老师先后作了印刷联线效率提升、胶水运行条件及碘酒测试评估、瓦线成本控制与智能化（创新部分）、瓦线效率与品质提升智能化（蒸汽部分）、印刷联线效率提升智能化（印刷联线部分）、印刷与后道智能化创新（品质提升部分）、瓦线成本控制与智能化（整线控制部分）等主题的经验分享。为了让纸箱厂对智能化有更深入的了解，华印传媒此次还邀请了多家知名机械商做案例介绍。在整个巡讲中穿插互动话题讨论环节，话题涉及当前工厂智能化实施的环节与方向等。

【纸箱行业中西部联盟正式成立中西部7省市包装协会抱团发展】

2016年7月21日，在500余名行业人士的共同见证下，“中国纸箱行业中西部联盟成立发布会暨2017中国国际瓦楞展欢迎晚宴”在成都星宸皇家金煦酒店正式启幕。自此，“中国纸箱行业中西部联盟”正式成立。

中国纸箱行业中西部联盟的成员包括：成都市包装技术协会、重庆市包装协会、陕西省包装技术协会、贵州省包装联合会、湖南省包装联合会、湖北省包装技术协会、河南省包装技术协会、上海美印文化传播有限公司、励展博览集团，以及中西部纸箱行业中具有一定规模和发展需求的企业及具有一定管理经验和思想文化素质的企业经营管理者。

随着“一带一路”倡议的出台和实施，中西部迅速成为我国改革开放的最前沿，纸箱包装行业市场充满机遇，发展前景一片大好。中国纸箱行业中西部联盟的成立，将在最大限度内促进中西部纸箱企业在市场、管理、采购、技术等方面信息共享、优势互补，实现快速、健康、协调发展。

晚宴期间，励展博览集团与纸箱行业中西部联盟正式达成了战略合作。以成都市包装技术协会、重庆市包装协会、陕西省包装技术协会、贵州省包装联合会、湖南省包装联合会、湖北省包装技术协会、河南省包装技术协会为代表的中西部7省市主要包协将全力支持2017中国国际瓦楞展。

【河南省包装科技创新成果TOP-3评审会顺利召开】

依据《河南省包装科技创新成果奖评选细则（2016年版）》，河南省包装技术协会组织专家评委在中原国际博览中心会议室召开了“2014—2016年度河南省包装科技创新成果TOP-3”评审会，对申报河南省包装科技创新成果进行评审。

评审专家按照“独立、客观、公正”的评审原则，对参评的各项成果从正确性、关键技术先进性、成熟可靠性、理论原理科学性、应用广泛性、结构逻辑性、申报资料完整性及经济效益8个方面认真、科学、严谨地给每个项目综合评分，共评出一等奖3项，二等奖9项，三等奖6项。评审结果将在“河南省包装网”进行公示。

根据《河南省科协关于选报科技创新成果奖TOP-3的通知》要求，河南省包装技术协会将把评审出的3项一等奖上报省科协学会学术部。省科协拟定于10月中下旬在信阳市召开的河南省第八届学术年会上，集中发布2014—2016年部分学科科技创新成果TOP-3。

【2016年河南省包装印刷及纸制品行业工作会议在郑州召开】

河南省包装技术协会“2016年河南省包装印刷及纸制品行业工作会议”在郑州中原国际博览中心主展馆二楼西厅召开。本次会议目的为学习贯彻“十二五”规划，引导企业树立“创新、协调、绿色、开放、共享”的发展理念，适应和引领经济发展新常态，加快结构调整和转型发展。

张大岭会长在本次会议上从坚定信心夺取2016年工作的新胜利；坚持“五大发展理念”、落实好“十三五”规划；坚持创新，在转型升级中发展；加强专业委员会的建设，更好为会员、为行业提供服务四个方面客观分析了当前国内外的经济形势，指出了包装印刷和纸制品行业面临的重大机遇和挑战，并对包装印刷和纸制品企业应对目前存在的问题作了重要指示。

【深圳市包装行业协会召开2016年下半年重点工作推进会】

深圳市包装行业协会（以下简称“深圳包协”）在深圳市人民大厦国汇酒店前海厅召开2016年下半年深圳包协重点推进工作和政府扶持项目宣讲会，深圳包协会长欧阳宣、名誉会长胡军民、副会长兼秘书长罗少敏，深圳国能环保节能科技有限公司总经理殷学军、副总经理骆东生，深圳包装企业代表等50余人参加了会议。

会议由秘书处会员部部长颜利娟主持，她首先介绍了参会领导和来宾，并简单介绍了本次会议的议程。

欧阳宣会长指出，换届是今年协会的重点工作，是行业盛事，是对深圳包装工业的回顾和展望，会上将对在各领域取得突出贡献的单位予以表彰，树立标杆，发挥先进单位的示范带头作用，并出版换届专刊，彰显包装界的精神风貌，展现了行业企业的风采，号召各相关单位重视换届选举工作，配合协会秘书处开展各项工作。

秘书处副秘书长刘莹通报了2016年下半年深圳包协重点推进工作和主要工作计划，主要从九届三次会员代表大会暨换届大会、宝安技师沙龙培训项目、2017年已经确定时间的展会、政府相关扶持政策4个方面进行介绍，并就换届大会筹备相关工作进行了重点讲解，希望各相关单位积极配合，大力支持换届大会的顺利召开。

副会长兼秘书长罗少敏就政府相关扶持政策项目进行了补充说明，希望大家重视此项工作，有意向的单位尽快与秘书处联系。

【深圳市包装行业协会举办行业标准技术沙龙】

2016年7月29日，深圳市包装行业协会与深圳市宝安区职业训练局（城市学院）联合举办的包装行业标准技术沙龙在深圳市裕同包装科技股份有限公司培训室举行，此次活动邀请到了全国包装标准化技术委员会委员、日本运输包装管理士、深圳包装行业协会和深圳质量认证中心技术专家蔡少龄（以下简称蔡工）作为主讲嘉宾。

蔡工主要围绕我国包装标准体系介绍、包装企业标准的制定、国家标准的制修订等方面的内容进行讲解和分享，鼓励企业应积极参加行业标准制修订，提高企业在行业的地位和声誉。蔡工提出2016年包装标准化工作的重点为紧贴发展需求加强重点领域标准制定，例如：应加强产业升级关键技术标准研制，加强包装新材料领域标准制修订；以绿色包装产业为目标，制定一批符合国家环保要求的新标准；加强标准化基础性研究，加强军民融合等战略性领域开展相关的包装标准化研究工作等。

本次沙龙为公益性活动，旨在为帮助业内人士了解和掌握行业标准，规范企业生产经营，促进企业技术革新，优化产品质量，提高企业经济效益。

深圳市裕同包装科技股份有限公司、深圳美新隆制罐有限公司、深圳市柏星龙创意包装有限公司、深圳劲嘉彩印集团股份有限公司、深圳市王子新材料股份有限公司、攀登发泡胶制品（深圳）有限公司、深圳中艺星实业有限公司、华铭纸业（深圳）有限公司、深圳市丽德宝印刷有限公司、深圳新宏泽包装有限公司、深圳市卖点展示品制作有限公司、禧图纸品印刷（深圳）有限公司等20家企业共60

多位包装同人参加了活动。

【温州市包装联合会六届五次理事扩大会暨“互看互学”走进东经现场会召开】

2016年7月22日，温州市包装联合会六届五次理事扩大会暨“互看互学”走进东经现场会在浙江东经科技股份有限公司新址——中国整体包装解决方案研发中心举行。来自全市包装行业的会长、执行会长、副会长、理事和秘书长、副秘书长及部分上半年刚入会的新会员单位负责人共50余人参加了会议。会议由温州市包装联合会会长蒋德福主持。

会上，首先由中国包装联合会副会长、温州市包装联合会荣誉会长、浙江东经科技股份有限公司董事长兼总裁蒋孟有向大家介绍了东经科技如何大胆对传统的纸包装制造企业进行颠覆性改造，把东经科技打造成引领当今全国纸包装行业的“包装+互联网”现代版科技型规模企业的体会及企业下步发展思路。

蒋德福会长在本次会议作总结性发言指出，面对更恶劣的经济环境，发展任务更艰巨，温包联理事会必须积极引导行业通过去库存、降成本、补短板，充分发挥供给侧结构性改革对包装产业发展的促进支撑作用。下半年我们要加强“校会企”“产学研”的合作，合力共建包装行业智能制造研发技术平台，积极筹建温州包装产业技术联盟，要集聚新动力，研发新技术，开拓新产品，提供新服务，努力完成政府交办和行业要求的各项工作任务，为温州市包装行业的持续健康发展做出新贡献。

【上海市包装技术协会包机委食品包装设备重点企业座谈会召开】

2016年10月30日，上海市包协包机委食品包装设备重点企业座谈会在上海帆铭机械有限公司召开，来自上海食品包装设备企业的近20位企业家齐聚一堂，围绕“做专做精，开拓创新”主题，共同探讨上海市食品包装设备企业发展战略和方向。座谈会由上海市包协包机委秘书长郭海祥主持。

上海市包协包机委常务副秘书长邱人建在会上简单介绍了包机委的主要工作。秘书长郭海祥在会上介绍了中国食品包装机械的市场状况和行业动态，并对此现状谈了自己的想法。郭海祥首先分析了“十二五”期间由于受到国际经济形势和我国经济形势下行压力的影响，食品和包装机械行业的经济增速放缓、创新不够的状况，也谈到了“十三五”期间食品包装市场的发展战略和方向，并对上海食品包装设备企业提出了发展要求。

【上海市包装技术协会召开“互联网经济下，快递包装行业补短板、促发展”圆桌研讨会】

由上海市包装技术协会、《上海包装》杂志社主办，上海市快递行业协会协办的“互联网经济下，快递包装行业补短板、促发展”圆桌研讨会，在上海科学会堂举办。上海市包装技术协会会长费钧德、名誉会长庄英杰，上海市快递行业协会会长沙剑沥、秘书长高镇海等领导，及界龙、慧昕、联合、希悦尔、福鑫、三博生化、华怡纸箱、新庆、徽鸿贸易、一号店、日生威迩、瑞利等企业代表参加会议，共同研讨快递包装行业的短板，探讨优化、弥补的解决之道。会议由上海市包装技术协会常务副秘书长孙义柱主持。

会议主要围绕了“快递包装的现状及存在的问题”“快递包装的短板及解决途径”“在互联网下，快递包装发展的前景”“快递包装与国外同行的差距及实现包装减量化”“包装可持续发展之路”“快递包装带来的启示，及产生的相应产业链与新业态”六大主题进行研讨。

【第23届“河南之星”设计艺术大赛开幕】

2016年11月5日，第23届“河南之星”设计艺术大赛在黄河科技学院体育馆开幕。本届大赛由河南省教育厅、河南省工业和信息化委员会主办，河南省学校艺术教育协会、河南省包装技术协会、黄河科技学院承办，华北水利水电大学、河南省工艺美术职业教育集团、河南省文化产业投资有限责任公司、大河报社、河南省陶瓷玻璃行业管理协会、河南省文化产业协会、河南文化网等单位协办。河南省教育厅副厅长陈垠亭、河南省工业和信息化委员会副主任陈振杰、河南省包装技术协会会长张大岭、河南省学校艺术教育协会会长石品、黄河科技学院董事长胡大白等领导、嘉宾和专家，以及有关企事业单位、众创空间、创业基地和设计机构负责人和省内各高中等院校师生近千人出席了开幕式。开幕式由黄河科技学院艺术设计学院院长付中承教授主持。

河南省教育厅副厅长陈垠亭在开幕式讲话中指出，通过成功举办第23届“河南之星”设计艺术大赛，加快推进高中等院校设计艺术学科专业设置、课程内容、教学方法与生产实践相衔接，加强产教融合、工学结合、校企合作的应用型人才和技能型人才培养，强化“双师型”队伍建设，推动高校设计艺术专业链、人才链对接省产业链和创新链，实现设计艺术人才与相关产业的融合发展。

河南省工信委副主任陈振杰在讲话中强调创意设计在“三品”战略中的先导作用，吸引了80多家设计机构、300多家企业、100多所高中等院校、近10000名师生和设计人员的6600余件作品参赛。大赛的各主办单位，致力于把创意设计大赛打造成为河南省知名的比赛品牌和平台，并努力推动作品的市场应用与产业化，帮助大学生实现“创新创业”梦想，不断为“三品”产业发展注入新的生命力。

【河南省包装行业印品整饰员技能竞赛在郑州举行】

由河南省财贸轻纺烟草工会、河南省包装技术协会联合主办的2016年河南省包装行业印品整饰员技能竞赛在河南邮电印刷厂隆重开赛，河南省包装技术协会会长张大岭、秘书长李武军、河南省财贸轻纺烟草工会副主任张学勇等领导以及来自全省包装印刷行业的专家教授、企业领队、优秀选手及新闻媒体齐聚一堂，参加了此次技能竞赛。

本届大赛坚持“公平、公正、公开”的原则，由评审委员会严格按照评审标准和规定程序评审，大赛监督委员会对大赛全程监督。近50位经各单位初赛选出的优秀选手参加了决赛，决赛有理论考试和实操考核两大部分。总成绩为理论考试（占总成绩30%）和实操考核（占总成绩70%）之和，获得决赛第一名的选手，符合条件的，按规定程序报省总工会授予“河南省五一劳动奖章”荣誉称号；对获得决赛前3名的选手，报省人力资源和社会保障厅核准后，授予“河南省技术能手”荣誉称号，晋升为技师职业资格：对获得决赛第4~15名的选手，经省人力资源和社会保障厅核准，晋升为高级工职业资格。

【温州市包装联合会召开2016年第四季度会长、秘书长办公会议】

温州市包装联合会会长蒋德福在秘书处会议室主持召开今年温包联第四季度会长、秘书长办公会议。在温的温包联执行会长、纸委会主任吴伟，执行会长、包机委主任吴朝武，执行会长、设计委主任田正，温包联秘书长林淑玲，副秘书长兼包机委秘书长郑钧，纸委会副秘书长林贻贻等参加会议。会上，林淑玲秘书长首先就拓展温包联服务领域，申请列入温州市行业协会质量工作改革试点，承接市质量技术监督局有关职能工作；关于召开六届六次理事会议和纸委会换届问题；关于温包联秘书处相关工作等事宜作了介绍与说明。

会议就相关事项逐一进行了认真深入的讨论研究，一致同意由秘书处拟文向市质监局申请列入温州市行业协会质量工作改革试点，及时做好相应人员的招聘与其他相关承接市质量技术监督局有关职能的筹备工作，并抓紧制定上报《关于进一步改革和加强温包联质量工作的实施方案》。

会议决定筹建以华联机械集团有限公司为核心的包装装备、以浙江东经科技股份有限公司为核心的瓦楞纸包装、以温包联包装印刷专业委员会为核心的包装印刷三处包装行业先进质量管理（品牌）孵化基地。

会议同意在条件成熟时，建立温州市包装机械专业标准化技术委员会、设立行业质量维权联络室、确定行业质量安全风险监测点。

会议决定建立由华联机械集团有限公司牵头单位联合浙江东经科技股份有限公司、浙江日高智能机械股份有限公司和上下游技术研发伙伴，努力做好2017年申报建省级温州包装产业技术联盟的前期各项准备工作。

【温州市包装联合会完成2016年度包装专业技术职称评审工作】

2016年是温州市包装联合会第四年承接政府职能转移委托，开展包装专业技术资格评审工作。自4月温州市职称改革领导小组办公室下发《关于2016年度包装专业技术资格评审工作有关事项的通知》（温职改办〔2016〕13号）以来，温州市包装联合会历经召开专题会议、组织发动、企业申报、资格审查、继续教育、专业培训、专业答辩、量化考核、网站公示及市职称办审查等环节，共有60名从事包装工程和包装机械专业的相关技术人员通过了由温州市包装联合会组织开展的包装专业技术资格评审，获得了中级、初级技术职称。其中，获工程师职称的有40人，获助理工程师职称的有18人，获技术员职称的有2人。

最新包装国家标准选登

ICS 83.180
G 39

中华人民共和国国家标准

GB/T 33320—2016

食品包装材料和容器用胶粘剂

Adhesives in food packaging materials and containers

2016-12-13 发布　　2017-07-01 实施

中华人民共和国国家质量监督检验检疫总局
中国国家标准化管理委员会　发布

2016-12-13 发布 2017-07-01 实施 GB/T 33320—2016

前 言

本标准按照 GB/T 1.1—2009 给出的规则起草。

本标准由中国石油和化学工业联合会提出。

本标准由全国胶粘剂标准化技术委员会(SAC/TC 185)归口。

本标准起草单位：中国标准化研究院、宏峰行化工(深圳)有限公司、北京华腾新材料股份有限公司、北京东方亚科力化工科技有限公司、上海邦中高分子材料有限公司、上海橡胶制品研究所有限公司。

本标准主要起草人：马爱进、何先湧、陈宇、韩艳茹、储江顺、张建庆、江强、郑云、朱玉和、崔正。

GB/T 33320—2016

食品包装材料和容器用胶粘剂

1 范围

本标准规定了食品包装材料和容器用胶粘剂的术语和定义、分类、技术要求、试验方法、检验规则、标志、包装、运输和贮存。

本标准适用于食品包装材料和容器用胶粘剂的生产、管理和检测等。

2 规范性引用文件

下列文件对于本文件的应用是必不可少的。凡是注日期的引用文件，仅注日期的版本适用于本文件。凡是不注日期的引用文件，其最新版本(包括所有的修改单)适用于本文件。

GB/T 1633 热塑性塑料维卡软化温度(VST)的测定

GB/T 2791 胶粘剂 T 剥离强度试验方法 挠性材料对挠性材料

GB/T 2793 胶粘剂不挥发物含量的测定

GB/T 2794 胶黏剂黏度的测定 单圆筒旋转黏度计法

GB/T 2943 胶粘剂术语

GB/T 3682 热塑性塑料熔体质量流动速率和熔体体积流动速率的测定

GB/T 8170 数值修约规则与极限数值的表示和判定

GB 9685 食品容器、包装材料用添加剂使用卫生标准

GB/T 14518 胶粘剂的 pH 值测定

GB/T 15332 热熔胶粘剂软化点的测定 环球法

GB/T 20740 胶粘剂取样

GB/T 30778 聚醋酸乙烯-丙烯酸酯乳液纸塑冷贴复合胶

HG/T 3075 胶粘剂产品包装、标志、运输和贮存的规定

HG/T 3660 热熔胶粘剂熔融粘度的测定

HG/T 4362 水性干法纸塑复膜胶

JJF 1070 定量包装商品净含量计量检验规则

3 术语和定义

GB/T 2943 界定的以及下列术语和定义适用于本文件。

3.1 热封 heat sealing

在加热条件下进行食品包装材料或容器的封合，达到既定功能的生产工艺方式。

3.2 冷封 cold sealing

在常温条件下进行食品包装材料或容器的封合，达到既定功能的生产工艺方式。

4 胶粘剂的分类

4.1 按照分散介质，食品包装材料和容器用胶粘剂主要包括溶剂型胶粘剂、无溶剂型胶粘剂和水性胶粘剂等。

4.2 按照用途，食品包装材料和容器用胶粘剂主要包括复合用胶粘剂、共挤用胶粘剂和封合用胶粘剂等。

5 要求

5.1 添加剂

添加剂应符合 GB 9685 和其他相关国家标准或规定的要求。

5.2 性能

食品包装材料和容器用胶粘剂性能应符合表 1 的要求。

表 1 食品包装材料和容器用胶粘剂性能表

<table>
<tr><th>项目</th><th colspan="8">指标</th></tr>
<tr><td rowspan="4">胶粘剂类型</td><td colspan="5" rowspan="2">复合</td><td rowspan="2">共挤</td><td colspan="2">封合</td></tr>
<tr><td>热封</td><td>冷封</td></tr>
<tr><td colspan="3">水性丙烯酸酯类</td><td rowspan="2">溶剂型
聚氨酯类</td><td rowspan="2">无溶剂型
聚氨酯类</td><td rowspan="2">热熔胶</td><td rowspan="2">热熔胶</td><td rowspan="2">水性胶</td></tr>
<tr><td>塑-塑</td><td>纸-塑 干法</td><td>纸-塑 湿法</td></tr>
<tr><td>外观</td><td colspan="3">均匀分散液体，不分层，无沉淀，无结皮</td><td>均匀液体</td><td>均匀液体</td><td>均匀颗粒</td><td>均匀颗粒</td><td>均匀分散液</td></tr>
<tr><td>pH</td><td colspan="2">6.0～8.5</td><td>4.0～7.0</td><td colspan="4">—</td><td>标称值±1</td></tr>
<tr><td>不挥发物含量/%，≥</td><td>40</td><td>35</td><td>15</td><td>48</td><td colspan="3">—</td><td>38</td></tr>
<tr><td>黏度(25 ℃)/(mPa・s)，≤</td><td>100</td><td>500</td><td>8 000</td><td>标称值±25%</td><td>标称值±25%</td><td colspan="2">—</td><td>标称值±15%</td></tr>
<tr><td>熔体流动速率/(g/10 min)</td><td colspan="5">—</td><td>标称值±25%</td><td colspan="2">—</td></tr>
<tr><td>熔融黏度[a]/(mPa・s)</td><td colspan="6">—</td><td>标称值±25%，</td><td>—</td></tr>
<tr><td>软化点/℃</td><td colspan="5">—</td><td>≥85</td><td>标称值±25%</td><td>—</td></tr>
<tr><td>剥离强度/(N/m)，≥</td><td>50</td><td>178 或基材破坏</td><td>170 或基材破坏</td><td>130</td><td>130</td><td>3.2×10^3</td><td>240 或基材破坏</td><td>130</td></tr>
</table>

表 1（续）

项目	指标	
解卷强度[b]/(N/m)，≤	—	40

[a] 在产品说明书标示的测试温度下。

[b] 胶与 PET 无脱胶。

5.3 净含量

参见国家质量监督检验检疫总局令〔2005〕第 75 号规定。

6 试验的一般条件

6.1 实验室的温度和相对湿度

实验室的温度为(23±2)℃，相对湿度为(50±10)%。

6.2 试样的状态调节

试样在测试前存放时间一般在 4 h 以上。

6.3 试验结果的数值整理

按 GB/T 8170 的规定处理。

6.4 取样

按 GB/T 20740 的规定进行。

7 试验方法

7.1 外观

目视法。

7.2 pH

按 GB/T 14518 的规定进行测定。

7.3 不挥发物含量

按 GB/T 2793 的规定进行测定。

7.4 黏度

按 GB/T 2794 的规定进行测定。

7.5 熔体流动速率

按 GB/T 3682 的规定进行测定。

7.6 熔融黏度

按 HG/T 3660 的规定进行测定。

7.7 软化点

共挤型热熔胶按 GB/T 1633 的规定进行。

热封型热熔胶按 GB/T 15332 的规定进行测定。

7.8 剥离强度

7.8.1 复合用水性丙烯酸酯类胶粘剂剥离强度

7.8.1.1 塑-塑复合

7.8.1.1.1 薄膜材料：

a) 试验薄膜均为透明光膜，无污染，无印刷，未涂覆其他涂层；

b) BOPP 膜厚度为 18 μm，CPP 膜厚度为 30 μm；

c) 膜材无爽滑剂析出，表面张力≥38 mN/m。

7.8.1.1.2 制样：使用符合要求的复膜机[烘道温度(80±10)℃、热辊温度(60±10)℃、辊压(3±1)MPa]，控制上胶干胶量在 1.8 g/m^2～2.2 g/m^2 范围，将 BOPP 涂胶面与 CPP 复合，制成样卷。在(45±5)℃熟化室熟化 4 h。

7.8.1.1.3 测试：剥离强度测试按照 GB/T 2791 的规定进行。试验机分离速度由(100±10)mm/min 改为(300±10)mm/min，将试样进行状态调节后进行测试。

7.8.1.2 纸-塑复合

湿法纸塑复合的剥离强度按 GB/T 30778 的规定进行。

干法纸塑复合的剥离强度按 HG/T 4362 的规定进行。

7.8.2 复合用溶剂型聚氨酯类胶粘剂剥离强度

7.8.2.1 薄膜材料：

a) 试验薄膜均为透明光膜，无污染，无印刷，未涂覆其他涂层；

b) PET 膜厚度为 12 μm，PE 膜厚度为 70 μm；

c) PE 膜无爽滑剂析出，PE 膜经电晕处理，表面张力≥38 mN/m。

7.8.2.2 制样：

a) 按照胶粘剂使用说明书将胶粘剂进行稀释并混合均匀；

b) 将稀释后的胶粘剂均匀涂于 PET 薄膜上，控制上胶量(干胶量)2.0 g/m^2～3.5 g/m^2；

c) 将涂胶后的 PET 膜在 80 ℃干燥 2 min，使溶剂完全挥发，将 PE 膜通过加热辊 50 ℃～70 ℃下复合在一起；

d) 用可加温加压的复合辊(钢辊对橡胶辊，橡胶辊的邵 A 硬度不低于 85°)对复合膜进行压合，复合压力≥1.0 MPa，温度控制在 55 ℃～60 ℃；

e) 复合好的样品在 50 ℃～55 ℃条件下养护 48 h。

7.8.2.3 剥离强度测试按照 GB/T 2791 的规定进行。试验机分离速度由(100±10)mm/min 改为(300±10)mm/min。

7.8.3 复合用无溶剂型聚氨酯类胶粘剂剥离强度

7.8.3.1 薄膜材料：

同7.8.2.1。

7.8.3.2 制样：

a) 按照胶粘剂使用说明书将胶粘剂双组分按比例配胶，混合均匀；

b) 在无溶剂复膜机上将混合后的胶粘剂均匀涂布在PET薄膜上，控制上胶量(干胶量)1.8 g/m^2～2.2 g/m^2；

c) 涂胶后的PET膜与PE膜进行压合，其中加热辊的温度控制在50 ℃～65 ℃，PET/PE复合膜经冷却，完成复合；

d) 复合好的样品在产品说明书规定的熟化条件下(一定的温度，一定的时间)进行熟化，然后裁成样条备用。

7.8.3.3 剥离强度测试按照GB/T 2791的规定进行。试验机分离速度由(100±10)mm/min改为(300±10)mm/min。

7.8.4 共挤用热熔胶剥离强度

将长约30 cm的铝带(厚度为0.2 mm)对弯成双层，用固定量具取10 g左右胶粘剂样品平铺在铝带中间，合起铝带，盖上夹板，平放进平板硫化机，在230 ℃预热5 min，固化5 min后，冷水冷却至室温(制好样条厚度控制在2.0 mm)，清理边缘多余残胶，裁切成约25 mm宽的待测试件。

测试时，将制好的样片一端剥开30 mm，分成"T"形，分别并装入拉力机夹具上(注意保持铝片垂直)。以100 mm/min的速率剥离，按照GB/T 2791的规定测试剥离强度。

7.8.5 热封用热熔胶剥离强度

7.8.5.1 薄膜材料：

a) 试验薄膜均为透明光膜，无污染，无印刷，未涂覆其他涂层；

b) PET膜厚度为50 μm。

注：胶粘剂使用说明书有明确指定被粘材料的，使用指定的材料进行测试。

7.8.5.2 制样：

a) 按照胶粘剂使用说明书将胶粘剂进行熔融；

b) 将熔融后的胶粘剂均匀涂于一面PET薄膜上，控制上胶量(15±2)g/m^2(或胶粘剂使用说明书指定的上胶量)，并在胶粘剂熔融状态下与另一面PET复合；

c) 复合好的样品在标准环境下条件下固化，养护不少于2 h，裁成样条备用。

7.8.5.3 剥离强度测试按照GB/T 2791的规定进行。试验机分离速度由(100±10)mm/min改为(300±10)mm/min。

7.8.6 冷封用水性胶剥离强度

7.8.6.1 薄膜材料：

a) 试验薄膜均为透明光膜，无污染，无印刷，未涂覆其他涂层；

b) BOPP膜厚度为23 μm，PET膜厚度为12 μm；

c) BOPP膜无爽滑剂析出，PET膜表面张力≥42 mN/m。

7.8.6.2 制样：

a) 按照胶粘剂使用说明书将冷封胶用涂胶器(线棒)均匀涂于PET薄膜上，控制上胶量(干胶量)4.2 g/m^2～4.8 g/m^2；

b) 将涂胶后的膜在90 ℃鼓风烘箱中干燥1 min，使水分完全挥发；

c) 在常温25 ℃下，用封合仪器将两片涂布了冷封胶的膜相压合，复合压力≥3.0 MPa，复合温度控制在25 ℃；

GB/T 33320—2016

d） 将压合好的膜材切割成样条，立即测试剥离强度。

7.8.6.3 剥离强度测试按照 GB/T 2791 的规定进行。试验机分离速度由（100±10）mm/min 改为（300±10）mm/min。

7.8.7 冷封胶卷膜的解卷强度

按照胶粘剂使用说明书将冷封胶用涂胶器（线棒）均匀涂于 PET 薄膜上（A4 纸张大小），控制上胶量（干胶量）4.2 g/m^2～4.8 g/m^2，将涂胶后的膜在 90 ℃鼓风烘箱中干燥 1 min，使水分完全挥发。在常温 25 ℃下，用另一张 BOPP/PET 的 BOPP 面将冷封胶面覆盖，然后将两张膜一起，裁切成 10 cm×5 cm的样条，将所有的样条堆叠在一起，分别在压力 689.5 kPa（100 psi），温度 25 ℃时老化 16 h；压力 689.5 kPa（100 psi），温度 50 ℃时老化 16 h。

将老化好的膜材，按照剥离强度测试按照 GB/T 2791 的规定，试验机分离速度由（100±10）mm/min 改为（300±10）mm/min，用拉力机检测解卷强度，即 BOPP 膜与冷封胶层之间的强度，记录剥离的强度平均值，冷封胶层的破坏情况等。

7.9 净含量

按 JJF 1070 的规定进行检验。

8 检验规则

8.1 组批与采样

检验以批为单位，以同一原料、同一配方、同一工艺生产的胶粘剂为一批。采样数量按 GB 20740 进行。

8.2 出厂检验

8.2.1 复合用胶粘剂的出厂检验

8.2.1.1 水基型胶粘剂出厂检验项目为外观、pH 值、不挥发物含量、黏度。

8.2.1.2 溶剂型胶粘剂出厂检验项目为外观、黏度、不挥发物含量。

8.2.1.3 无溶剂型胶粘剂出厂检验项目外观、黏度。

8.2.2 挤出用胶粘剂的出厂检验

出厂检验项目为外观、维卡软化点、熔融速率。

8.2.3 封合用胶粘剂的出厂检验

8.2.3.1 热熔胶的出厂检验项目为外观、熔融黏度、软化点。

8.2.3.2 水性胶的出厂检验项目为外观、pH 值、不挥发物含量、黏度。

8.3 型式检验

型式检验为全项目检验。正常生产时，每年应进行一次型式检验，有下列情况之一时，也应进行型式检验：

a） 新产品试制鉴定时；

b） 正式投产后，如原料、生产工艺有较大改变，可能影响产品质量时；

c） 产品停产半年以上，恢复生产时；

d） 出厂检验结果与上次型式检验有较大差异时；
e） 国家食品质量监管部门提出要求时。

8.4 判定规则

8.4.1 出厂检验判定和复检

出厂检验项目全部符合本标准规定，判为合格品。出厂检验项目中只要有1项不符合本标准规定的要求，可以加倍随机抽样复检，复检后只要有1项不符合本标准规定的要求，判定该批产品为不合格品。

8.4.2 型式检验判定和复检

型式检验项目全部符合本标准规定的要求，判为合格品。不符合本标准规定要求，不超过3项的可以加倍抽样复检，复检后只要有1项不符合本标准规定的要求，则判定该批产品为不合格品；超过3项的，不应复检，直接判定该批产品为不合格品。

9 标志、包装、运输和贮存

9.1 标志

胶粘剂外包装上应有明显的标志。标志应包含以下内容：
a） 产品名称及商标；
b） 执行产品标准编号；
c） 生产批号；
d） 保质期；
e） 使用警示标志或中文警示说明（适用时）；
f） 生产企业名称、详细地址、邮编、电话；
g） 净重；
h） 危险货物包装标志（适用时）；
i） 胶粘剂的标志，如采标标志等。

9.2 包装

胶粘剂的包装材料应选用密封性能优异、不影响胶粘剂产品质量的包装。

9.3 运输和贮存

9.3.1 胶粘剂的运输和贮存应按HG/T 3075规定进行。
9.3.2 属于危险化学品的胶粘剂应在通风、温度不大于30 ℃的危险品仓库中贮存。
9.3.3 胶粘剂中的溶剂蒸汽有害，库存及工作场所注意防火通风，防止长期与皮肤接触。
9.3.4 胶粘剂的贮存期应在未开封并满足本标准贮存的条件下。

参 考 文 献

[1] 定量包装商品计量监督管理办法（国家质量监督检验检疫总局令〔2005〕第75号）

ICS 31-030
L 90

中华人民共和国国家标准

GB/T 32648—2016

平板显示器基板玻璃包装箱装运规范

Specification for flat panel display glass substrates shipment

2016-04-25 发布　　2016-11-01 实施

中华人民共和国国家质量监督检验检疫总局
中国国家标准化管理委员会　发布

2016-04-25 发布　2016-11-01 实施　　GB/T 32648—2016

前　言

本标准按照 GB/T 1.1—2009 给出的规则起草。

请注意本文件的某些内容可能涉及专利。本文件的发布机构不承担识别这些专利的责任。

本标准由全国半导体设备和材料标准化技术委员会(SAC/TC 203)与全国工业玻璃和特种玻璃标准化技术委员会(SAC/TC 447)共同归口。

本标准主要起草单位：彩虹集团公司、中国电子技术标准化研究院。

本标准主要起草人：黄宁歌、李霜、杨万来、王香、裴会川。

GB/T 32648—2016

平板显示器基板玻璃包装箱装运规范

1 范围

本标准规定了平板显示器基板玻璃的包装箱装运要求。

本标准适用于平板显示器基板玻璃包装箱的装载和运输。

2 规范性引用文件

下列文件对于本文件的应用是必不可少的。凡是注日期的引用文件，仅注日期的版本适用于本文件。凡是不注日期的引用文件，其最新版本(包括所有的修改单)适用于本文件。

GB/T 32646—2016 平板显示器基板玻璃包装规范

3 术语和定义

GB/T 32646—2016 界定的术语和定义适用于本文件。

4 要求

4.1 包装箱的分类

包装箱包括以下两种：

a) 隔离型(PP 箱)；

b) 密集型(A 型架)。

4.2 包装箱的装载和卸载

应采用规定方式将基板玻璃包装箱装载和卸载。由于装卸方向具有一定的高度，垂直装卸需要有适当高度的装货机或卸货机。

4.3 包装箱的搬运和起吊方法

4.3.1 PP 箱

单个 PP 箱可由人工搬运，多个 PP 箱组合应由叉车起吊或机械搬运。

4.3.2 A 型架

A 型架由叉车起吊或机械搬运。A 型架装卸时，应慢、稳，叉车行驶速度不超过 5 km/h。

4.4 装运车

4.4.1 LCD/OLED 基板玻璃采用带气垫的减震厢式货车运输。货车应配备振动加速度测定仪，对运输过程颠簸状况进行全程记录，以便根据情况对运输线路进行调整。

4.4.2 PDP基板玻璃可采用普通厢式货车运输。

4.5 运输

货车运输在普通公路应保持匀速行驶，车速应低于60 km/h；在路况较差路段速度不能超过10 km/h；在高速公路应匀速保持在60 km/h～80 km/h；禁止突然转弯、急刹车、突然加速。

ICS 55.020
A 80

中华人民共和国国家标准

GB/T 32568—2016

重复使用包装箱通用技术条件

General technical requirements of reusable boxes

2016-02-24 发布　　　　2016-04-10 实施

中华人民共和国国家质量监督检验检疫总局
中国国家标准化管理委员会　发布

2016-02-24 发布　2016-04-10 实施　　　　GB/T 32568—2016

前　言

本标准按照 GB/ T 1.1—2009 给出的规则起草。

本标准由全国包装标准化技术委员会(SAC/TC 49)提出并归口。

本标准起草单位:中国出口商品包装研究所、广东志高空调有限公司、山东美泉环保科技有限公司、赛闻(天津)工业有限公司、江苏前程工业包装有限公司、国家食品软包装产品及设备质量监督检验中心(广东)、东莞市科技咨询服务中心、山东省产品质量检验研究院、青岛永昌塑业有限公司、长春市净月包装有限公司。

本标准主要起草人:郭振梅、徐银华、罗建成、郭伟初、侯君、徐颖、杨芸、李毅、王君、周洋、王波、邢文彬、吴海娇、刘天航、陈伟。

GB/T 32568—2016

重复使用包装箱通用技术条件

1 范围

本标准规定了重复使用包装箱的分类、要求和标志。

本标准适用于采用纸、塑料、木材、金属和生物质材等为主要原料生产的重复使用包装箱。

2 规范性引用文件

下列文件对于本文件的应用是必不可少的。凡是注日期的引用文件，仅注日期的版本适用于本文件。凡是不注日期的引用文件，其最新版本(包括所有的修改单)适用于本文件。

GB/T 191 包装储运图示标志

GB/T 4892 硬质直方体运输包装尺寸系列

GB/T 16716.1 包装与包装废弃物 第1部分:处理和利用通则

GB/T 16716.4 包装与包装废弃物 第4部分:重复使用

GB/T 16716.5 包装与包装废弃物 第5部分:材料循环再生

GB/T 16716.6 包装与包装废弃物 第6部分:能量回收利用

GB/T 16716.7 包装与包装废弃物 第7部分:生物降解和堆肥

GB/T 23156 包装 包装与环境 术语

BB/T 0043 塑料物流周转箱

3 术语和定义

GB/T 16716.4 和 GB/T 23156 界定的以及下列术语和定义适用于本文件。

3.1 重复使用包装箱 reusable box

在重复使用系统中，按预期的目的重复使用有限次数的包装箱。

4 分类

4.1 重复使用包装箱可分为刚性箱、嵌套箱、折叠箱和拆装箱。重复使用包装箱的四类箱型的特点见表1。

表1 重复使用包装箱的箱型特点

箱型	特点
刚性箱	不可变形、嵌套、折叠和拆装的包装箱
嵌套箱	不可变形，内空时可以嵌套以减少体积的包装箱
折叠箱	可变形，内空时可以折叠以减少体积的包装箱
拆装箱	可重复进行拆卸和组装，内空时可以拆卸以减少体积的包装箱

GB/T 32568—2016

4.2 常用木质重复使用包装箱结构型式和连接件参见附录 A。

5 要求

5.1 总则

5.1.1 重复使用包装箱应符合科学、经济、牢固、美观和适销的要求。

5.1.2 重复使用包装箱的设计应根据内装物的特点、流通环境条件，做到防护合理、安全可靠。

5.1.3 重复使用包装箱应开启方便，易于清洗与维护。

5.1.4 重复使用包装箱宜方便拆装或折叠，便于空箱周转。

5.1.5 重复使用包装箱的尺寸应参照 GB/T 4892 推荐的尺寸，便于包装的单元化和自动化。

5.1.6 重复使用包装箱的构件应通用化、标准化，便于维修更换。

5.2 重复使用

5.2.1 重复使用包装箱适用于重复使用系统中，重复使用系统的类型按 GB/T 16716.4 的规定，分为闭环系统、开放系统和混合系统。

5.2.2 新投放重复使用系统的重复使用包装箱的性能应不低于该类产品的标准要求。如塑料周转箱的性能应不低于 BB/T 0043 的要求。

5.2.3 回收的重复使用包装箱，应进行分拣、清洗和维护。

5.2.4 再次进入重复使用系统的重复使用包装箱，允许存在不影响功能和使用的破损，其性能应不低于该类产品的标准要求。

5.2.5 重复使用包装箱应具有可识别系统。

5.3 退出与处置

5.3.1 重复使用包装箱有下列情形之一时，退出重复使用系统：

——出现不能维修的影响功能和使用的损坏；

——性能低于该类产品的标准要求；

——系统无法识别。

5.3.2 退出重复使用系统的包装箱应依情形处置。适合材料循环再生的按 GB/T 16716.5 的规定处置，适合能量回收利用的按 GB/T 16716.6 的规定处置，适合生物降解和堆肥的按 GB/T 16716.7 的规定处置。

5.4 环保

5.4.1 重复使用包装箱的材料选择应符合国家环境保护政策和相关规定要求，不得使用对环境和人体有危害的或国家已明令禁止使用的包装材料。

5.4.2 重复使用包装箱中的重金属总含量应符合 GB/T 16716.1 的规定。在无可替代的情况下，使用有危险性的化学品应在可预见的条件下操作，其用量应控制在适当的程度，从而降低包装废弃物的回收利用或最终处置时对环境产生的不利影响。

6 标志

6.1 重复使用包装箱的储运图示标志按 GB/T 191 的有关规定。

6.2 重复使用包装箱应在箱面显著位置标示重复使用标志，应在可预见的有效使用期内保持清晰牢固。重复使用标志图形见图 1。

图 1 包装的重复使用标志图形

附 录 A
（资料性附录）
常用木质重复使用包装箱的结构型式和连接件

A.1 插片箱

以金属插片作为连接件，将顶板、底板及四个侧板组合成一个包装箱。插片箱及金属插片连接件示意图见图 A.1。

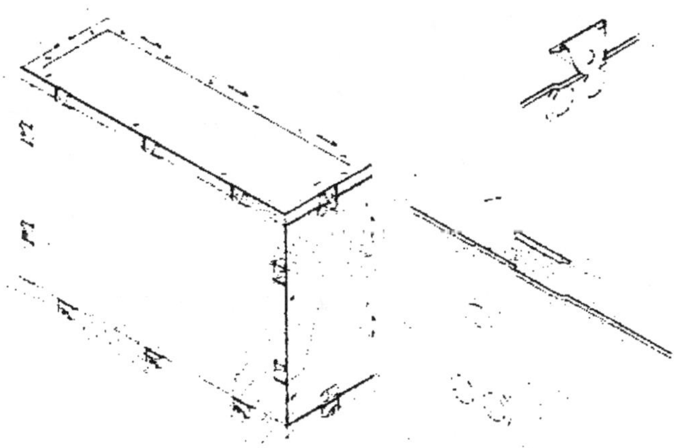

图 A.1 插片箱及金属插片连接件示意图

A.2 围板箱

由围板、盖板和托盘组成，围板采用 L 型铰链联结固定。围板箱及金属插片连接件示意图见图 A.2。

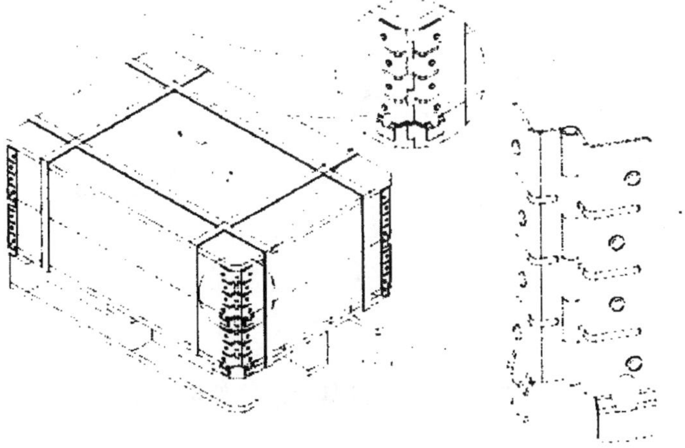

图 A.2 围板箱及金属插片连接件示意图

A.3 搭扣箱

由顶板、底板和侧板三部分组成的拼装结构箱，侧板与顶板和底板之间采用搭扣连接。搭扣箱及金属插片连接件示意图见图 A.3。

图 A.3 搭扣箱及金属插片连接件示意图

A.4 螺栓箱

由顶板、底板及四片独立侧板组成的六片式结构箱，以螺栓、护角等作为连接件，将顶板、底板及四面侧板组合成一个包装箱。螺栓箱及螺栓连接件示意图见图 A.4。

图 A.4 螺栓箱及螺栓连接件示意图

GB/T 32568—2016

A.5 膨胀扣箱

由顶板、底板及四片独立侧板组成的六片式结构箱，以塑料膨胀扣作为连接件，将顶板、底板及四面侧板组合成一个包装箱。膨胀扣箱及塑料膨胀扣连接件示意图见图 A.5。

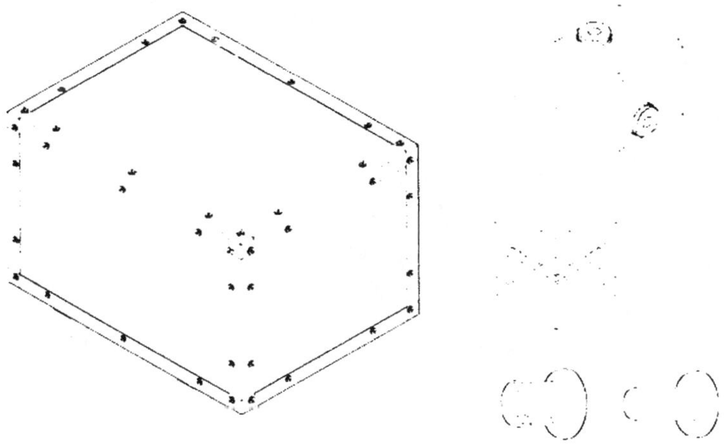

图 A.5 膨胀扣箱及塑料膨胀扣连接件示意图

A.6 钢板卡扣箱

以钢板卡扣作为连接件，将顶板、底板及四面侧板组合成一个包装箱。钢板卡扣箱及钢板卡扣连接件示意图见图 A.6。

图 A.6 钢板卡扣箱及钢板卡扣连接件示意图

A.7 钢丝卡扣箱

以钢丝卡扣作为连接件，将顶板、底板及四面侧板组合成一个包装箱。钢丝卡扣箱及钢丝卡扣连接件示意图见图 A.7。

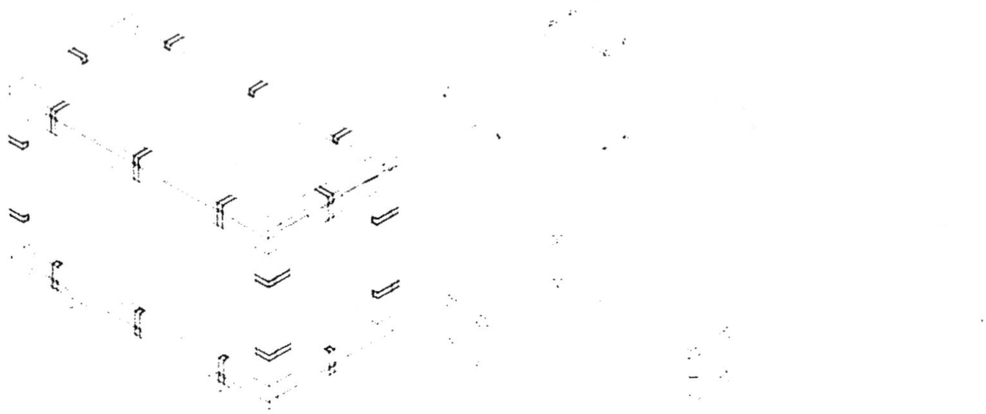

图 A.7 钢丝卡扣箱及钢丝卡扣连接件示意图

A.8 金属框架箱

以金属铰链为连接件，主体为金属框架，将顶板、底板及四面侧板组合成一个包装箱。金属框架箱及金属铰链连接件示意图见图 A.8。

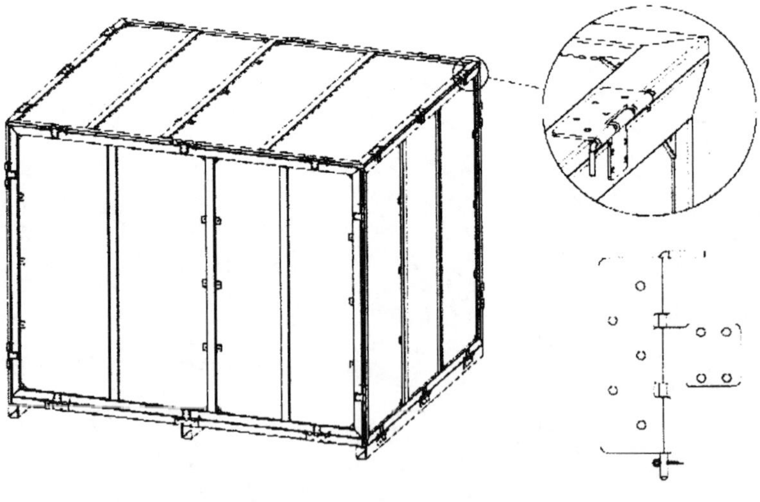

图 A.8 金属框架箱及金属铰链连接件示意图

ICS 55.020
J 13

中华人民共和国国家标准

GB/T 5398—2016
代替 GB/T 5398—1999

大型运输包装件试验方法

Test methods for large transport packages

2016-02-24 发布　　2016-05-15 实施

中华人民共和国国家质量监督检验检疫总局
中国国家标准化管理委员会
发布

2016-02-24发布　2016-05-15实施　GB/T 5398—2016

前　言

本标准按照GB/T 1.1—2009给出的规则起草。

本标准代替GB/T 5398—1999《大型运输包装件试验方法》。本标准与GB/T 5398—1999相比，除编辑性修改外主要技术变化如下：

——在范围中，增加了“托盘单元货载”（见第1章）；

——对大型包装运输件的定义进行了进一步说明（见3.1）；

——修改了“冲击台面”要求（见5.2）；

——修改了“图1”“图2”“图3”；

——增加了“自由跌落试验”的方法（见6.6.1.4）；

——增加了“倾斜试验”的方法（见6.6.2）。

本标准由全国包装标准化技术委员会（SAC/TC 49）提出并归口。

本标准参加主要起草单位：泉州市玉杰旋转接头金属软管有限公司、成都东友包装有限公司、机械科学研究总院、深圳职业技术学院。

本标准主要起草人：黄雪、朱斌、刘映平、裴方芳、江贵安、王玉鑫、高晶。

本标准所代替标准的历次版本发布情况为：

——GB/T 5398—1985、GB/T 5398—1999。

GB/T 5398—2016

大型运输包装件试验方法

1 范围

本标准规定了大型运输包装件进行跌落、堆码、起吊等项试验的试验方法。

本标准主要适用于大型运输包装件及托盘单元货载，对于质量和体积相当的其他形状的包装件亦可参照使用。

2 规范性引用文件

下列文件对于本文件的应用是必不可少的。凡是注日期的引用文件，仅注日期的版本适用于本文件。凡是不注日期的引用文件，其最新版本(包括所有的修改单)适用于本文件。

GB/T 4122.1 包装术语 第1部分:基础

GB/T 4857.1 包装 运输包装件 试验时各部位的标示方法

GB/T 4857.2 包装 运输包装件基本试验 第2部分:温湿度调节处理

GB/T 4857.3 包装 运输包装件基本试验 第3部分:静载荷堆码试验方法

GB/T 4857.5 包装 运输包装件 跌落试验方法

GB/T 4857.6 包装 运输包装件 滚动试验方法

GB/T 4857.9 包装 运输包装件基本试验 第9部分:喷淋试验方法

GB/T 4857.14 包装 运输包装件 倾翻试验方法

GB/T 4857.17 包装 运输包装件 编制性能试验大纲的一般原理

3 术语和定义

GB/T 4122.1 界定的以及下列术语和定义适用于本文件。

3.1 大型运输包装件 large transport package

其质量与体积需要机械装卸的运输包装件。

注：此类包装件的质量一般大于 45 kg，通常需要用包装箱、底盘或托盘进行固定或搬运。

4 试验原理

本标准所包含的各项试验，采用环境模拟方式，重现包装件在流通过程中由于跌落、堆码、起吊……等引起的危害。

5 试验设备

5.1 起重设备

可以采用起重机、叉车、滑轮组、千斤顶或专用试验设备等任何适宜的设备。

5.2 冲击台面

冲击台面应平整并具有一定的刚性。其任意 10 mm×10 mm 面积上承受 10 kg 的静载荷时，其变形量不超过 0.1 mm。冲击台面上任意两点的水平高度差不得超过 2 mm，对于与冲击台表面接触尺寸超过 1 000 mm 的试验样品，允许任意两点水平高度最大偏差不超过 5 mm。冲击台面的质量应为试验样品的 50 倍以上，且足够大以保证试样完全落在其表面上。

6 试验程序

6.1 试验样品的准备

按 GB/T 4857.17 的要求准备试验样品。

6.2 试验样品各部位的编号

按 GB/T 4857.1 的规定，对试验样品的各部位进行编号。

6.3 试验样品的预处理

必要时，按 GB/T 4857.2 的规定，选定适当的条件对试验样品进行温、湿度预处理。除非另有规定，易受温、湿度影响的包装件应进行预处理。

6.4 试验时的温湿度条件

如果对试验样品进行预处理，则试验应在与预处理相同的温湿度条件下进行，如果达不到预处理条件，则应在试验样品离开预处理条件 5 min 之内开始试验。

6.5 试验强度值的选择

按 GB/T 4857.17 及本标准的规定确定试验强度值，亦可根据实际试验目的自行确定试验强度值。

6.6 试验

6.6.1 跌落试验

6.6.1.1 面跌落试验

将试验样品按预定状态放置在 5.2 规定的冲击台面上，提起一端至预定的跌落高度后，使其自由落下，产生冲击（见图 1），在跌落过程中应防止试验样品产生倾翻。

6.6.1.2 棱跌落试验

将试验样品按预定状态放置在 5.2 规定的冲击台面上，提起一端至垫木或其他支撑物上，再提起另一端至预定的高度后，使其自由落下。垫木或其他支撑物相对试验样品长度方向为直角，垫起高度应保证试验样品在跌落时两端面之间无支撑，且在提起另一端准备跌落时，不应使样品在垫起处产生滑动（见图 2）。在跌落过程中应防止试验样品产生倾翻。

6.6.1.3 角跌落试验

按 6.6.1.2 的方法将试验品的一端垫起后将一块 100 mm～250 mm 的垫块垫在已被垫起的一端的一个角下面，再将该角相对的底角提起到预定的跌落高度后使其自由落下产生冲击（见图 3）。在跌落过程中应防止试验样品产生倾翻。

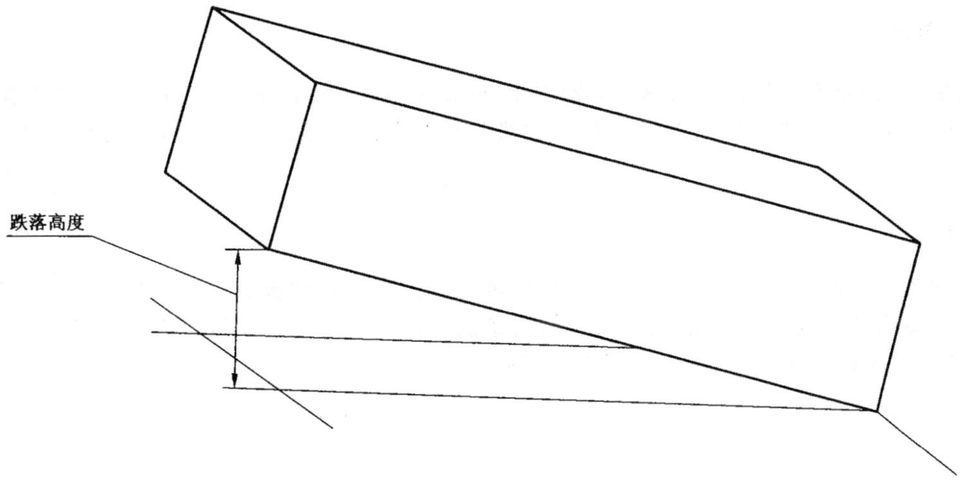

图 1　面跌落试验示意图

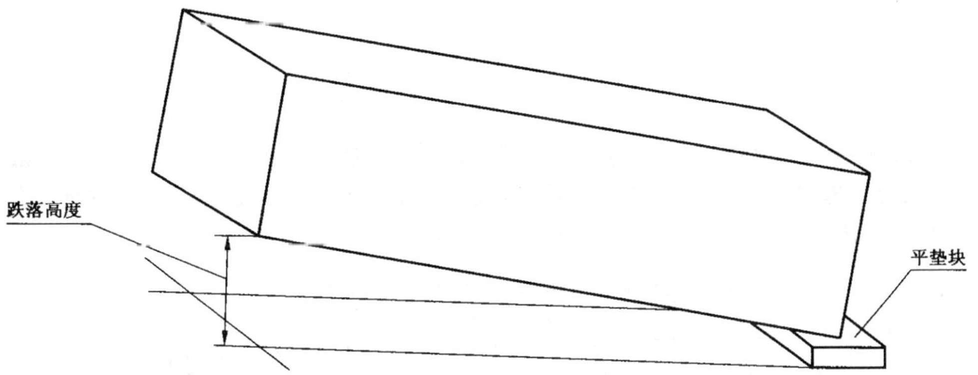

图 2　棱跌落试验示意图

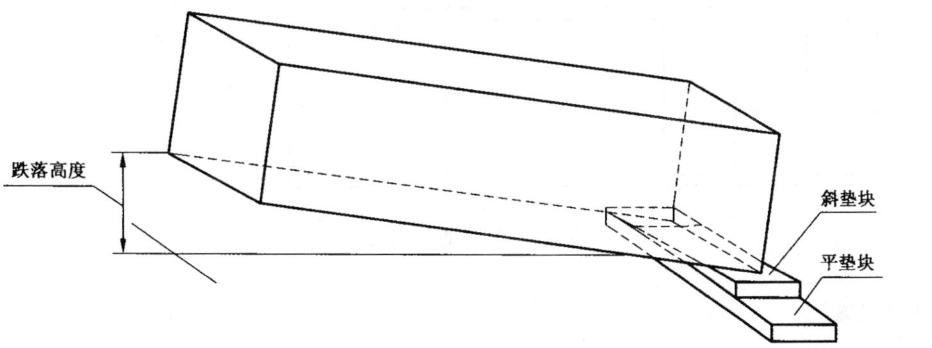

图 3　角跌落试验示意图

6.6.1.4 **自由跌落试验**

将试验样品提起到冲击台面上方，可采用剪断绳索、电磁控制等方法释放试验样品，令其自由落下；也可以使用专用跌落试验机按 GB/T 4857.5 的规定进行试验。在跌落过程中应防止试验样品产生倾翻。

6.6.2 **倾斜试验**

使用链条、吊索等类似工具将试验样品适当固定，防止试验样品在试验过程中倾翻。除非另有规定，将试验样品从垂直位置倾斜 22°，观察其移动方式（倾翻或回到初始位置），然后将试验样品轻轻放回原来位置。在所有可能不稳定的方向上，重复以上操作。

6.6.3 **倾翻试验**

按 GB/T 4857.14 的试验方法进行。

6.6.4 **滚动试验**

按 GB/T 4857.6 的试验方法进行。

6.6.5 **堆码试验**

6.6.5.1 **顶面承载试验**

需要考核运输包装件顶面承载能力时，应进行顶面承载试验。将底面尺寸为 250 mm×250 mm 的重物放置在试验样品的顶部，施加预定的均匀分布载荷，载荷误差应不大于预定值的 2%，重物放置的位置应在顶面的侧边和端边以内。每 0.1 m^2 的面积放置一个，如图 4 所示。

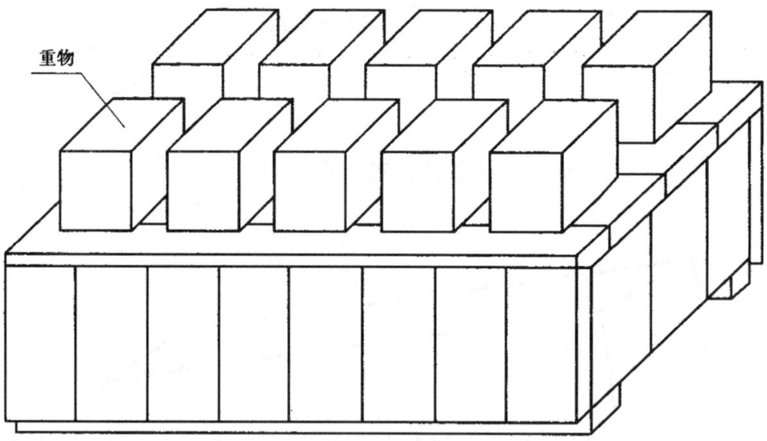

图 4 顶面承载试验示意图

6.6.5.2 **侧面承载试验**

需要考核运输包装件侧面所承受的上部堆码载荷能力时，应进行侧面承载试验。侧面承载试验按 GB/T 4857.3 的规定进行。

6.6.6 起吊试验

将钢丝绳置于试验样品底面上的预定起吊位置。钢丝绳与试验样品顶面之间的夹角为 45°～50°。用起吊装置以正常速度(见表 1)将试验样品提升至一定高度(约 1.0 m～1.5 m)后，以紧急起吊和制动的方式反复上升、下降和左右运行 5 min，再以正常速度降落至地面。重复上述试验 3 次～5 次(见图 5)。

表 1 起吊速度

包装件质量 t	起吊速度 m/min
≤10	18
>10	9

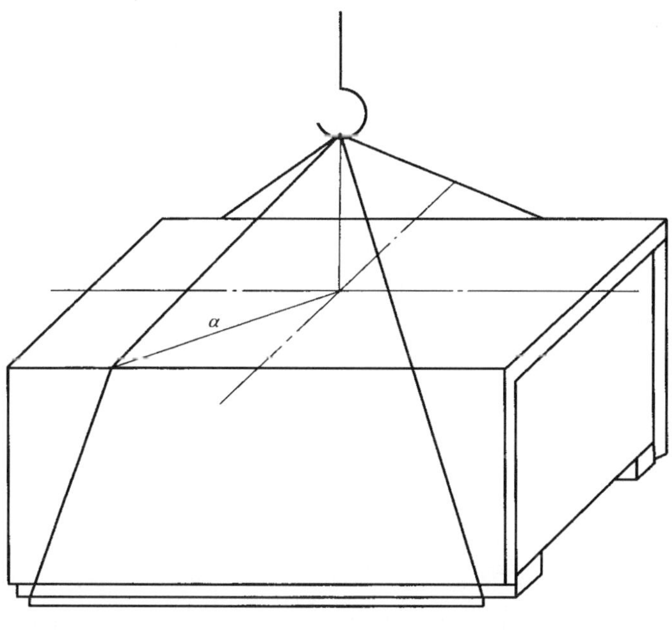

图 5 起吊试验示意图

6.6.7 喷淋试验

按 GB/T 4857.9 的方法进行。

6.7 试验结果的测量与检查

每次试验后，应按有关标准或规定测量与检查试验样品的破损情况，并分析试验结果。

6.8 试验报告

试验报告应包括下列内容：

a) 内装物的名称、规格、型号、数量、性能等，如果使用模拟物应加以说明；

b) 试验样品的数量；

c) 详细说明试验样品的名称、尺寸、结构和材料规格；附件、缓冲衬垫、支撑物、封口、捆扎状态及其他防护措施；

d） 包装容器与内装物的质量；

e） 预处理时的温度、相对湿度和时间；

f） 试验场所的温度和相对湿度；

g） 试验所用设备、仪器类型；

h） 试验时，试验样品的预定状态；

i） 试验样品、试验顺序与试验次数；

j） 记录试验结果，并提出分析报告；

k） 说明所用试验方法与本标准的差异；

l） 试验日期、试验人员签字、试验单位盖章。

ICS 13.020
K 04

中华人民共和国国家标准

GB/T 32882—2016

电子电气产品包装物的材料声明

Material declaration for packaging of electrical and electronic products

2016-08-29 发布 2017-03-01 施

中华人民共和国国家质量监督检验检疫总局
中国国家标准化管理委员会 发布

2016-08-29 发布　2017-03-01 实施　　GB/T 32882—2016

前　　言

本标准按照 GB/T 1.1—2009 给出的规则起草。

本标准由全国电工电子产品与系统的环境标准化技术委员会(SAC/TC 297)提出并归口。

本标准主要起草单位:深圳市计量质量检测研究院、中国质量认证中心、江苏出入境检验检疫局机电产品及车辆检测中心、华为技术有限公司、广东生益科技股份有限公司。

本标准主要起草人:姚婷婷、马奇菊、叶淋泉、于洁、蒋婷、周杰、符迈进、朱永光、赵介军、黄逊娟、陈泽勇。

GB/T 32882—2016

电子电气产品包装物的材料声明

1 范围

本标准规定了电子电气产品包装物材料声明的术语和定义、要求、数据格式和数据交换。

本标准适用于电子电气产品包装物的生产、流通、使用、回收利用和处置。其他产品包装物的材料声明也可参考本标准。

本标准不适用于电子电气产品本身。

2 规范性引用文件

下列文件对于本文件的应用是必不可少的。凡是注日期的引用文件，仅注日期的版本适用于本文件。凡是不注日期的引用文件，其最新版本(包括所有的修改单)适用于本文件。

GB/T 4122.1 包装术语 第1部分：基础

GB/T 18793 信息技术 可扩展置标语言(XML)1.0

3 术语和定义

下列术语和定义适用于本文件。

3.1 电子电气产品包装物 packaging of electrical and electronic products

为在流通过程中保护电子电气产品，方便储运，促进销售，按一定技术方法而采用的容器、材料及辅助物等的总体名称。

注：如果某物品与电子电气产品是综合体，有必要在电子电气产品的整个使用阶段起到容纳、支持或保护作用，这个综合体预期整体使用、消费或丢弃，则此物品不被认为是包装物。

3.2 初级包装 primary packaging

组成单个销售单元并交给消费者的包装。

3.3 次级包装 secondary packaging

组成一组销售单元的包装，可与产品一起销售给消费者或只用于在销售点装满货架。

3.4 三级包装 tertiary packaging

以方便搬运和运输为主要目的的包装。它具有保障产品的安全、方便储运装卸、加速交接、点验等作用。

3.5 物质 substance

自然存在或通过化学手段获得化学单质或化合物，包括维持产品稳定所需的任何添加剂和制作过程中衍生的杂质，但不包括可以分离而不影响物质稳定性或改变其组成结构的任何溶剂。

[GB/Z 26668—2011，定义 3.1]

3.6 物质组 substance group

至少有一种相同的化学结构或化学物理特性的同一类物质，可为一种或多种物质。

[GB/Z 26668—2011，定义 3.2]

3.7 材料 material

产品或产品零件中的物质或混合物。

[GB/Z 26668—2011，定义 3.3]

3.8 申报阈值 reporting threshold level

包装物中需声明的某物质含量限值。

注：该含量限值可以是法律法规或强制性标准规定的，或相关方协商一致规定的。

3.9 有意添加 intentionally added

为达到某特定的性能，特意使用某种物质的行为。

4 包装物材料声明要求

4.1 通则

包装物材料声明应规范需声明物质和申报阈值的确定准则，以及材料声明的内容。其中申报阈值可能不只是法规禁止或限制的水平，还可能是为了支持管理标签或行业公认的环境需求而设定的浓度限量。如果某种物质的含量高于特定的阈值，无论供应商的包装是否符合法规要求的豁免资格，供应商都应对这种物质的存在进行声明，并对其含量进行申报。

4.2 需声明物质的确定准则

以下情形时应予以声明：

a) 当物质/物质组为有意添加时（法律法规及其他要求未规定的除外）；

b) 当含量等于或高于申报阈值时；

c) 上面两种情况同时存在时。

4.3 申报阈值的确定准则

申报阈值的确定准则包括：

a) 强制性：我国相关法律法规中具有强制性申报要求的物质/物质组。

b) 协商性：现有法律法规未明确要求，但由供应链上下游协商约定的需声明物质/物质组。

4.4 材料声明内容准则

包装物的材料声明内容应遵循以下准则：

a) 包装物应有其对应的唯一标识、包装级别（包括初级包装、次级包装或三级包装）、质量、所属的电子电气产品名称及其标识，所用术语与 GB/T 4122.1 一致；

b) 应提供物质/物质组所属的包装物，宜提供物质/物质组所属的材料。当要求申报的是物质组时，还应提供物质所属的物质组；

c) 应描述物质/物质组的含量，可用质量、占材料的质量百分比、占包装物的质量百分比或有意添加等方式表示。当申报阈值规定的是材料中的含量时，应提供物质/物质组占所属材料的质量百分比；当申报阈值规定的是包装物中的含量时，应提供物质/物质组占所属包装物的质量百分比；

d) 提供材料声明数据交换所需要的相关信息，见附录A包装物材料声明数据格式；

e) 适用强制性准则的物质/物质组的名称应和相关法律法规保持一致，适用协商性准则的物质/物质组的名称可按照国际通用名称命名（如IUPAC名称），宜加上CAS登记号等加以识别；

注1：IUPAC名称：按照IUPAC有机（或无机）化学推荐的命名规则命名的化合物名称。IUPAC是国际纯粹与应用化学联合会英文缩写。

注2：CAS登记号（也称CAS号）：由美国化学协会下设的化学文摘服务社指定的统一数字标识。

f) 物质/物质组的含量应使用国际单位制（SI）。

5 数据格式和数据交换

5.1 通则

包装物材料声明数据应规范其具体交换格式、交换方式和交换要求。

5.2 数据格式

包装物材料声明数据应使用XML语言并使用W3C[1)]的XML模型定义，以符合GB/T 18793的规定。该XML模型定义了一个材料声明数据文件的数据元素（数据类型和限制）以及结构（数据间关系）。遵守XML文件应是数据在供应链各方交换的基本机制。

本标准建立的数据声明框架，包含强制性的数据域（必选）和选择性的数据域（可选）。可选的数据域可按照请求者的需求进行增加。包装物材料声明示例可参见附录B。

5.3 数据交换

数据交换的方式和要求包括：

a) 数据交换模式应支持双向和单向电子数据交换。在双向情况下，要求者提出电子数据请求；回答者回复要求者要求的数据。在单向情况下，回答者发起电子数据交换。

b) 数据交换应支持第4章的要求。应基于法律法规来制定一个描述数据元素、属性和多样性的表格，以此来支持包装物材料声明数据交换。需采用XML模式支持材料声明数据交换。

c) 制造商可以添加本文件未覆盖的额外数据域。附录A建立了可选的数据域，以便于制造商可以基于其需求灵活进行数据域的设定以满足其业务需求，常见包装物材料可参见附录C。

d) 材料声明交换文件应是符合XML模式的有效文件。XML模式（参见W3C XML模式第0、1、2部分的定义）提供了一套XML文件应符合的规则并以此作为正确和有效的判断。

1) 万维网联盟的W3C是适合的市售产品的实例。

附 录 A
（规范性附录）
包装物材料声明数据格式

表 A.1 描述了包装物材料声明中重要的数据元素，是对 XML 框架下数据域的简单描述，包含了部分可供选择的数据域，使用者可依据自身或要求者的需求进行选择或增加。

表 A.1 包装物材料声明的数据元素种类

类别	数据元素种类	必选/可选	描述
主信息（每份材料声明中含有）	XML 模式数据库版本	必选	材料声明采用包含 XML 模式的数据库版本
	签名	可选	电子签名
商业信息（每份材料声明中都应包括）	声明供应商公司	必选	声明供应商公司的名称、标识号和地址
	声明供应商联系人	必选	声明供应商联系人的姓名、职位、电话、电子邮件
	声明供应商授权人	必选	授权该材料声明准确性的声明供应商人员的姓名、职位、电话、电子邮件
	声明需求公司	视情况而定（在需求-回复模式下为必选）	声明需求公司的姓名、标识号
	声明需求联系人	视情况而定（在需求-回复模式下为必选）	来自声明需求公司的联系人的姓名、职位、电话、电子邮件
	声明模式	必选	用于声明是需求-回复声明还是分配声明
	声明需求日期	视情况而定（声明需求提出之后为必选）	提出声明需求的日期
	预期完成日期	可选	说明预期的声明完成日期
	实际完成日期	必选	声明完成的日期。该日期可以是声明供应商公司回复或者分配一个声明的日期
	域锁	可选	声明要求者定义的，用于锁定不允许声明提供者修改的信息的标志
	附件	可选	声明所附的附件
产品信息（该类别在包装物材料声明中是选择性的）	产品名称	必选	包装主体的产品名称
	唯一标识符	必选	产品对应的唯一的标识符
	制造地点	可选	产品制造地点
	质量	可选	产品总质量
	测量单位	可选	产品质量的测量单位
	注释	可选	任何附加信息的注释域

表 A.1（续）

类别	数据元素种类	必选/可选	描述
包装信息（每份包装物材料声明中都应包括）	包装名称	必选	声明人提供的包装名称
	包装材料	可选	声明人提供的包装物的材料类别
	唯一标识符	必选	包装物对应的唯一的标识符，例如包装制造商编号加产品编码
	版本	可选	包装物版本
	包装级别	必选	依据包装用途区分包装物级别
	质量	必选	包装物的质量
	测量单位	必选	包装物质量的测量单位
	质量百分比	可选	包装物在整个产品中所占的质量百分比
	单位数量	必选	相同包装的数量（包装中含有多个同一包装时，允许只声明一次）。默认值是 1
	注释	可选	任何附加信息的注释域
材料组（该类别为选择性的）	材料组名称	必选	在材料组清单上的材料组名称
	质量	视情况而定（必须声明质量或者质量百分比）	包装物材料组中所有材料的质量总和
	测量单位	视情况而定（如果质量明确要声明则是必选的）	包装物中材料组的质量的测量单位
	质量百分比	视情况而定（必须声明质量或者质量百分比）	材料组在整个包装物中所占的质量百分比
材料（该类别为选择性的）	名称	必选	包装物中该材料的名称
	唯一标识符	可选	材料对应的唯一的标识符
	质量	视情况而定（必须声明质量或者质量百分比）	材料的质量
	测量单位	视情况而定（如果质量明确要声明则是必选的）	材料质量的测量单位
	质量百分比	视情况而定（必须声明质量或者质量百分比）	材料在包装物中所占的质量百分比
	材料组名称	可选	该材料所属的材料组的名称
	注释	可选	任何附加信息的注释域

GB/T 32882—2016

表 A.1（续）

类别	数据元素种类	必选/可选	描述
物质组（包装物中如含有具有强制性申报需求的物质组应声明此类别）	名称	必选	物质/物质组的名称；对于要求声明的物质/物质组，名称必须对应于相关法律法规
	唯一标识符	可选	唯一的描述了该物质组的标识符
	质量	视情况而定（必须声明质量或质量百分比）	物质/物质组的质量
	测量单位	视情况而定（如果质量被明确说明则是强制性的）	物质/物质组质量的测量单位
	质量百分比	视情况而定（必须声明质量或质量百分比）	物质/物质组的质量在声明需求中明确的质量百分比
	材料质量百分比	视情况而定（如果申报阈值为材料质量百分比则为强制性的）	以百分比表示的，物质/物质组在均质材料中的浓度
	申报阈值	可选	法规法律或其他要求中规定的阈值水平
	高于阈值水平	必选	是/否 表明产品中包含的物质/物质组高于申报阈值
	物质豁免	视情况而定（如果申报阈值存在豁免则为强制性的）	在明确的材料中的任何适用于该物质/物质组的豁免物质清单
	注释	可选	任何附加信息的注释域
	使用描述	可选	如果物质/物质组在包装物中使用，该域用来描述物质/物质组的使用位置。可用来为该物质组和/或物质豁免来描述材料（或同质材料）

GB/T 32882—2016

表 A.1（续）

类别	数据元素种类	必选/可选	描述
物质（包装物中如含有具有强制性申报需求的物质应声明此类别）	名称	必选	物质/物质组的名称；对于要求声明的物质/物质组，名称必须对应于相关法律法规
	唯一标识符	可选	唯一的描述了该物质的标识符
	质量	视情况而定（必须声明质量或质量百分比）	物质/物质组的质量
	测量单位	视情况而定（如果质量被明确说明则是强制性的）	物质/物质组质量的测量单位
	质量百分比	视情况而定（必须声明质量或质量百分比）	物质/物质组的质量在声明需求中明确的质量百分比
	材料质量百分比	视情况而定（如果申报阈值为材料质量百分比则为强制性的）	以百分比表示的，物质/物质组在均质材料中的浓度
	申报阈值	必选	法规法律或其他要求中规定的阈值水平
	高于阈值水平	必选	是/否 是表明产品中包含的物质/物质组高于申报阈值
	物质豁免	视情况而定（如果申报阈值存在豁免则为强制性的）	在明确的材料中的任何适用于该物质/物质组的豁免物质清单
	注释	可选	任何附加信息的注释域
	使用描述	可选	如果物质/物质组在包装物中使用，该域用来描述物质/物质组的使用位置。可用来为该物质组和/或物质豁免来描述材料（或同质材料）

附　录　B
（资料性附录）
包装物材料声明示例

B.1　血压计包装物材料情况

血压计某个初级包装物是一个袋子，由 PET 塑料袋和海绵制成，其中袋子材料海绵中的六价铬含量为 0.2%，超过申报阈值 0.1%。

B.2　必选信息声明

表 B.1 和表 B.2 是依据表 A.1，以血压计初级包装物为例的必选信息的材料声明示例。

表 B.1　必选信息声明——包装信息

包装信息类别	具体信息内容
包装名称	袋子
唯一标识	DZ01
包装级别	初级
质量	26.3
测量单位	g
单位数量	1

表 B.2　必选信息声明——物质组信息

物质信息类别	具体信息内容
名称	六价铬
质量	0.004 7
测量单位	g
材料质量百分比	0.2%
申报阈值	0.1%
高于阈值水平	是

B.3　附加可选信息声明

表 B.3、表 B.4 和表 B.5 是依据表 A.1，以血压计初级包装物为例的附加可选信息声明。

表 B.3　附加可选信息——产品信息

产品信息类别	具体信息内容
产品名称	血压计
唯一标识符	OX-832
制造地点	深圳
质量	467
测量单位	g
注释	—

表 B.4 附加可选信息——包装信息

包装信息类别	具体信息内容
包装名称	袋子
包装材料	PET 与海绵
唯一标识	DZ01
包装级别	1
质量	26.3
测量单位	g
质量百分比	5.6%
单位数量	1
注释	—

表 B.5 附加可选信息——材料/物质组信息

包装物	材料				物质					
	名称	唯一标识符	质量百分比	材料组名称	名称	唯一标识符	质量百分比	材料质量百分比	申报阈值	高于阈值水平
袋子	PET 塑料	PET	91%	热塑性塑料	聚对苯二甲酸乙二醇酯	25038-59-9	19.8%	21.8%	无	否
					聚丙烯	9003-07-0	71.2%	78.2%	无	否
	粉红色海绵	海绵	9%	其他有机材料	六价铬	18540-29-9	0.02%	0.2%	0.1%	是
					聚醚多元醇	9003-11-6	5.4%	60%	无	否
					甲苯二异氰酸酯	584-84-9	3.1%	34%	无	否
					580 硅油	63148-62-9	0.30%	3.3%	无	否
					辛酸亚锡	301-10-0	0.045%	0.5%	无	否
					三乙烯二胺	280-57-9	0.045%	0.5%	无	否
					抗静电剂	90367-28-5	0.14%	1.5%	无	否

附 录 C
（资料性附录）
常见包装物举例

表 C.1 列出了常见包装物示例。

表 C.1 常见包装物举例

序号	通用名称	应用案例
1	袋子	聚乙烯、纸或无纺布袋；抗静电的或金属屏蔽罩；敞口袋和自封袋
2	罩板包装	由硬纸板和透明塑胶或双铰链塑料壳制成，用于小电子产品包装
3	盒子	木头、塑料、金属或瓦楞容器
4	纸箱	用纸板制成的折叠纸箱
5	垫片	由聚乙烯、发泡聚苯乙烯或可生物分解材料制成的填空隙或起缓冲作用的片状材料
6	垫子	气垫、泡沫垫脚或垫边、模塑泡沫聚苯乙烯或纸浆垫、袋子中的自发泡
7	封皮或皮包	证书封面、文件封套
8	紧固件	起勾住或套住作用的紧固件、连接件等
9	膜	LCD 平板表面或光面漆保护膜，气泡膜、泡沫包、热收缩膜、拉伸膜
10	框架	木框等
11	湿度指示卡	最大湿度指示卡
12	索引卡	产品附带的索引卡
13	标签	条码标签、警告标签、RFID 标签
14	包装硬件	订书钉、钉子、金属支架、紧固件
15	包装支撑	连接件、抓件、分隔板/定位格
16	货板	木质、压制板或塑料货板
17	卷轴	半导体卷轴
18	滑轨	导轨
19	套筒	网格套管
20	带/皮带	塑料、纺织品或金属带、皮带
21	胶带	纸箱或袋子用的密封胶粘带、保护可移动部分的胶带、印刷胶带（例如提供安全建议），半导体胶带
22	扎带	电线扎带或编织扎带
23	托盘	热成型托盘
24	管子	半导体运输棒、硬纸板邮递管

参 考 文 献

［1］ GB/T 23690—2009 电子电气产品材料声明程序

［2］ GB/Z 26668—2011 电子电气产品材料声明

［3］ IEC 62474:2012 电工产品材料声明(Material declaration for products of and for the electrotechnical industry)

［4］ JIG-201 电工产品包装物材料成分声明(Material composition declaration for packaging of electrotechnical products)

ICS 67.080.01
B 31

中华人民共和国国家标准

GB/T 33129—2016

新鲜水果、蔬菜包装和冷链运输通用操作规程

General code of practice for packaging and cool chain transport of fresh fruits and vegetables

2016-10-13 发布　　2017-05-01 实施

中华人民共和国国家质量监督检验检疫总局
中国国家标准化管理委员会　发布

GB/T 33129—2016

2016-10-03 发布　2017-05-01 实施

前　言

本标准按照 GB/T 1.1—2009 给出的规则起草。

本标准由中国标准化研究院归口。

本标准起草单位：中国标准化研究院、中国农业科学院农业信息所、广东省肇庆市供销合作联社、深圳市中安测标准技术有限公司。

本标准起草人：杨丽、刘文、李哲敏、张永恩、张瑶、谭国熊、张毅、席兴军、初侨、王东杰、张超、于海鹏。

GB/T 33129—2016

新鲜水果、蔬菜包装和冷链运输通用操作规程

1 范围

本标准规定了新鲜水果、蔬菜包装、预冷、冷链运输的通用操作规程。

本标准适用于新鲜水果、蔬菜的包装、预冷和冷链运输操作。

2 规范性引用文件

下列文件对于本文件的应用是必不可少的。凡是注日期的引用文件，仅注日期的版本适用于本文件。凡是不注日期的引用文件，其最新版本（包括所有的修改单）适用于本文件。

GB/T 5737 食品塑料周转箱

GB/T 6543 运输包装用单瓦楞纸箱和双瓦楞纸箱

GB/T 6980 钙塑瓦楞箱

GB/T 8946 塑料编织袋通用技术要求

GB/T 31550 冷链运输包装用低温瓦楞纸箱

NY/T 1778 新鲜水果包装标识 通则

QC/T 449 保温车、冷藏车技术条件及试验方法

SB/T 10158 新鲜蔬菜包装与标识

3 包装

3.1 基本要求

3.1.1 包装材料、容器和方式的选择应保护所包装的新鲜水果、蔬菜避免磕碰等机械损伤；满足新鲜水果、蔬菜的呼吸作用等基本生理需要，减轻新鲜水果、蔬菜在贮藏、运输期间病害的传染。

3.1.2 包装材料、容器和方式的选择应方便新鲜水果、蔬菜的装载、运输和销售。

3.1.3 包装材料、容器和方式的选择应安全、便捷、适宜，尽量减少包装环境的变化，减少包装次数。

3.1.4 选择的包装材料和容器应节能、环保，可回收利用或可降解，不应过度包装。

3.2 包装材料

3.2.1 包装材料的选择应考虑产品包装和运输的需要，考虑包装方法、可承受的外力强度、成本耗费、实用性等因素。需要冷藏运输的新鲜水果和蔬菜，其包装材料的选择除考虑上述因素外，还应考虑所使用的预冷方法。

3.2.2 包装材料应清洁、无毒，无污染，无异味，具有一定的防潮性、抗压性，包装材料应可回收利用或可降解。

3.2.3 包装应能够承受得住装、卸载过程中的人工或机械搬运；承受得住上面所码放物品的重量；承受得住运输过程中的挤压和震动；承受得住预冷、运输和存储过程中的低温和高湿度。

3.2.4 可用的包装材料有：

——纸板或纤维板箱子、盒子、隔板、层间垫等；
——木制箱、柳条箱、篮子、托盘、货盘等；
——纸质袋、衬里、衬垫等；
——塑料箱、盒、袋、网孔袋等；
——泡沫箱、双耳箱、衬里、平垫等。

3.3 包装容器

3.3.1 包装容器的尺寸、形状应考虑新鲜水果、蔬菜流通、销售的方便和需要。销售包装不宜过大、过重。

3.3.2 新鲜水果常用的包装容器、材料及适用范围可参照 NY/T 1778 的规定，参见附录 A；新鲜水果包装内的支撑物和衬垫物可参照 NY/T 1778 的规定，参见附录 B。

3.3.3 新鲜蔬菜常用的包装容器、材料及适用范围可参照 SB/T 10158 的规定，参见附录 C。

3.3.4 新鲜水果、蔬菜包装使用的单瓦楞纸箱和双瓦楞纸箱应符合 GB/T 6543 的规定；钙塑瓦楞箱应符合 GB/T 6980 的规定；塑料周转箱应符合 GB/T 5737 的规定；塑料编织袋应符合 GB/T 8946 的规定；采用冷链运输的新鲜水果、蔬菜所用的瓦楞纸箱应符合 GB/T 31550 的规定。

3.4 包装方式

3.4.1 应根据新鲜水果、蔬菜的运输目的及准备采取的处理方式，选择以下相应的包装方式：
——按容量填装：用人工或用机器将产品装入集装箱，达到一定的容量、重量或数量；
——托盘或单个包装：将产品装入模具托盘或进行单独包装，减少摩擦损伤；
——定位包装：将产品小心放入容器中的一定位置，减少果蔬损伤；
——消费包装或预包装：为了便于零售而采用有标识定量包装；
——薄膜包装：单个或定量果蔬用薄膜包装，薄膜可用授权使用的杀真菌剂或其他化合物处理，减少水分散失，防止产品腐烂；
——气调包装：减小氧气浓度，增大二氧化碳浓度，降低产品的呼吸强度，延缓后熟过程。

3.4.2 可以在田间直接对新鲜水果和蔬菜进行包装，即田间包装。收获时直接在田间将水果、蔬菜放在纤维板盒子、塑料或木制板条箱中。

3.4.3 在条件允许的情况下，应尽快将经田间包装的新鲜水果、蔬菜送到预冷设施处消除田间热。

3.4.4 在不具备田间包装条件时，应尽快将水果、蔬菜装在柳条箱、大口箱中或用卡车成批从田间运到包装地点进行定点包装。

3.4.5 新鲜水果、蔬菜运到包装地点后，应在室内或在有遮盖的位置进行包装和处理。如果可能，可根据产品性质，在装入货运集装箱前进行预冷。

3.4.6 新鲜水果和蔬菜可直接进行零售包装，方便零售需要。若事先没有进行零售包装，在需要时，应将新鲜水果和蔬菜从集装箱中取出，重新分级，再装入零售包装中。

3.5 包装操作

3.5.1 包装前应在包装潮湿或含冰块物品的纤维板盒子的表面上涂一层蜡，或者在盒子的四周涂一层防水材料。所有用胶水粘合的盒子都应该采用防水的粘合剂。

3.5.2 纸盒或柳条箱应从底部到顶部直线堆叠，不应沿封口或侧壁堆叠，以增强纸盒或箱子的抗压能力和保护产品的能力。

3.5.3 为增加抗压强度和保护产品，可以在货物集装箱内装入一些不同材质的填充物。将货物集装箱内部分成几个隔层，增加封口或侧部的厚度可以有效地增加箱子的抗压强度，减少产品损伤。

3.5.4 必要时在包装容器内使用衬垫、包裹、隔垫和细刨花等材料，可以减少新鲜水果和蔬菜的挤压或摩擦。例如：衬垫可以用来为芦笋提供水分；有些化合物可以用于延缓腐烂，二氧化硫处理过的衬垫可减少葡萄的腐烂；高锰酸钾处理过的衬垫可以吸收香蕉和花卉散发出的乙烯，减少后熟作用。

3.5.5 可使用塑料薄膜衬里或塑料袋保持新鲜水果和蔬菜的水分。大多数新鲜水果和蔬菜产品可采用带有细孔的塑料薄膜进行包装，这种薄膜既可以使新鲜蔬菜、水果与外界空气流通，又可以避免潮湿。普通塑料薄膜一般用来密封产品，调整空气浓度，减少果蔬呼吸和后熟所需的氧气含量。薄膜可用于香蕉、草莓、番茄和柑橘等。

4 预冷

4.1 水果、蔬菜应在清晨收获以降低田间热，同时减少预冷设备的冷藏负担。

4.2 水果、蔬菜收获后应尽快预冷，以降低水果和蔬菜的田间热，通过预冷达到推荐的贮藏温度和相对湿度。

4.3 水果、蔬菜预冷前应遮盖以防阳光照射。

4.4 预冷方式的选择取决于水果、蔬菜的属性、价值、质量以及劳动力、设备和材料的消耗。常用的预冷方式包括：

——室内冷却：在冷藏间对整齐堆放的装有产品的集装箱预冷。有些产品可同时采用水淋或水喷的方式；

——强压空气或湿压冷却：在冷藏间抽去整齐堆放的装有产品的集装箱之间的空气。有些产品采用湿压；

——水冷却：用大量冰水冲刷散装箱、大口箱或集装箱中的产品；

——真空冷却：通过抽真空除去集装箱中产品的田间热；

——真空水冷却：在真空冷却前或冷却中增加集装箱中产品的湿度，加快消除田间热；

——包装冰冻冷却：在集装箱中放半融的雪或碎冰块，可用于散装容器。

4.5 预冷措施的选择应考虑以下因素：

——水果、蔬菜收获和预冷之间的时间间隔；

——如果水果、蔬菜已包装完毕的包装类型；

——水果、蔬菜的最初温度；

——用于预冷的冷空气、水、冰块的数量或流速；

——水果、蔬菜预冷后的最终温度；

——用于预冷的冷空气和水的卫生状况，减少可引起腐败的微生物污染；

——预冷后的推荐温度的保持。

4.6 很多水果、蔬菜经田间包装或定点包装后预冷时，采用水和冰预冷方式的水果、蔬菜，可使用绳子捆绑或订装的木质柳条箱或涂蜡的纤维板纸盒包装。

4.7 由于运输和存储过程中，通过包装或包装周围的空气流通有限，应对包装在集装箱内的产品提前预冷再用货盘装载。

4.8 不要在低于推荐的温度下预冷或贮藏，冻坏的水果、蔬菜在销售时会显示出冻坏的迹象，如表面带有冻斑、易腐烂、软化、非正常色泽等。

4.9 预冷设备和水应使用次氯酸盐溶液连续消毒，消除引起产品腐烂的微生物。

4.10 预冷后要采取措施防止产品温度上升，保持推荐的温度和相对湿度。

5 冷链运输

5.1 运输装备

5.1.1 选择运输装备时应考虑的主要因素包括：

——运输的目的地；

——产品价值；

——产品易腐坏程度；

——运输数量；

——推荐的贮藏温度和湿度；

——产地和目的地的室外温度条件；

——陆运、海运和空运的运输时间；

——货运价格、运输服务的质量等。

5.1.2 保温车、冷藏车技术要求和条件应符合 QC/T 449 的规定。

5.1.3 冷藏运输装备和制冷设备不能用于除去已经包装在集装箱中新鲜水果和蔬菜的田间热，只是用于维持经过预冷的水果和蔬菜的温度和相对湿度。

5.1.4 在炎热或寒冷气候条件下进行长途运输时，运输装备应设计合理、结实，以抵抗恶劣的运输环境和保护产品。冷藏拖车和货运集装箱应具备以下特点：

——在炎热的环境温度条件下，冷藏温度可达到 2℃；

——拥有高性能、可持续工作的蒸发器吹风机，均衡产品温度和保持较高的相对湿度；

——在拖车的前端配备制冷隔板，以保证装货过程中车内的空气循环；

——后车门处配备垂直板，辅助空气流通；

——配备足够的隔热和制热设备，以备需要；

——地板凹槽深度应合理，以保证货物直接装在地板上时有足够的空气流通截面；

——配备具有空气温度感应装置的冷藏设备，以减少冷却和冰冻对产品的损伤；

——配备通风设备，预防乙烯和二氧化碳的积聚；

——采用气悬吊架减少对集装箱和里面的产品撞击和震动的次数；

——集装箱气流循环方式是：冷空气从集装箱前部出发，空气流动从底部（接近地面）至后部，然后到达集装箱上部。

5.2 运输方式

5.2.1 在条件允许的情况下，通常推荐采用冷藏拖车和货运集装箱运输大量的、运输和贮藏寿命为 1 周或 1 周以上的水果、蔬菜。运输后，产品应保持足够的新鲜度。

5.2.2 对于价值高和容易腐烂的产品，可以考虑采取费用较高，但运输时间较短的空运方式。

5.2.3 利用拖车、集装箱、空运货物集装箱可提供取货、送货上门的服务。这样可以减少装卸、暴露、损坏和偷窃等对产品的损害。

5.2.4 很多产品用非冷藏空运集装箱或空运货物托盘方式运输。在这种情况下，当空运航班延误时，就需要产品产地和目的地之间密切协调以保证产品质量。在可能的条件下，应使用冷藏空运集装箱或隔热毯。

5.2.5 遇到特殊季节，产品价格很高而供应量有限时，一些可以通过冷藏拖车和货运集装箱运输的产品有时会通过空运方式运输，这时应精确地监测集装箱内的温度和相对湿度。

5.3 运输装载

5.3.1 装货前检查

5.3.1.1 检查运输装备的清洁情况、设备完好及维修状况，应满足所装载产品的需求。

5.3.1.2 检查运输装备的清洁情况，主要包括：

——货舱应清洁，定期清扫；

——没有前批货物的残留气味；

——没有有毒的化学残留物；

——装备上没有昆虫巢穴；

——没有腐烂农产品的残留物；

——没有阻塞地板上排水孔或气流槽的碎片、废弃物等。

5.3.1.3 检查运输装备是否完备及维修状况是否良好，主要包括：

——门、壁、通风孔没有损坏，密封状况良好；

——外部的冷、热、湿气、灰尘和昆虫不能进入；

——制冷装置运行良好，及时校正，能够提供持续的空气流通，以保证产品温度一致；

——配备货物固定和支撑装置。

5.3.1.4 对于冷藏拖车和货运集装箱，除检查上述事项外，还应检查以下条件：

——在门关闭的情况下，货物装载区检查门垫圈应密闭不透光线；也可使用烟雾器检查是否有裂缝；

——当达到预计温度时，制冷装置应由高速到低速循环，然后回到高速；

——确定控制冷气释放温度的感应器的位置。如果测定制冷温度，自动调温器设置的温度应稍高，以避免冷却和冰冻对水果、蔬菜的损伤；

——在拖车的前端配置制冷隔板；

——在极端寒冷气候条件下运输时，需要配备制热装置；

——空气配置系统良好，装有斜置的纤维气流槽或顶置的金属气流槽。

5.3.2 装货前处理

5.3.2.1 需要冷链运输的产品在装货前应进行预冷。用温度计测量产品温度，并记录在装货单上以备日后参考。

5.3.2.2 货舱也应预冷到推荐的贮藏和运输温度。

5.3.2.3 装运不同货品时，一定要确定这些货品能够相容。

5.3.2.4 不应将水果、蔬菜与可能受到臭气或有毒化学残留物污染的货品混装在一起。

5.3.3 装货

5.3.3.1 基本的装货方法包括：

——机械或人工装载大量的、未包装的散装货品；

——人工装载使用货盘或不使用货盘的单个集装箱；

——用货盘起重机或叉式升降机对逐层装载的或货盘装载的集装箱进行整体装载。

5.3.3.2 集装箱应按尺寸正确填充，填充容量不宜过大或过小。

5.3.3.3 货品配送中心提供整体货盘装载时，应尽量使用在货盘上整体装载替代搬运单个集装箱，减轻对集装箱和其内部果蔬的损坏。

5.3.3.4 整体装载应使用托盘或隔板；应遵循叉式升降装卸车和货盘起重机的操作规范。

5.3.3.5 箱子之间应有纤维板、塑料或线状垂直内锁带；箱子应有孔以利于空气流通；箱子间应连结在一起避免水平位移；货盘上装载的箱子用塑料网覆盖；箱子和角板周围用塑料或金属带子捆住。

5.3.3.6 货盘应足够牢固，具备一定的承载能力，可以承受货物的交叉整齐堆放而不倒塌。

5.3.3.7 货盘底部的设计应考虑空气流通的需要，可用底部有孔的纤维板放在托盘底部使空气循环流通。

5.3.3.8 箱子不能悬在货盘边缘，这样会导致整个装载坍塌、产品摩擦受损，或造成运输过程中箱子位置的移动。

5.3.3.9 货盘应有适当数量的顶层横板，能承受住纤维板箱子的压力，避免产品摩擦受损或装载倾斜致使货盘倾翻。

5.3.3.10 没有捆绑或罩网的集装箱货盘装载，至少上面三层集装箱应交叉整齐堆放以保证货物的稳定性。除此之外，还可在顶层使用薄膜包裹或胶带。但当产品需要通风时，集装箱不应使用薄膜包裹。

5.3.3.11 可使用隔板代替货盘以降低成本，减少货盘运输和回收的费用。隔板一般是纤维或塑料质地，纤维板质地的隔板在潮湿环境中使用时要涂蜡。隔板应足够牢固，在满载时应能耐受叉式升降机的叉夹和牵拉。隔板还应有孔以保证装载情况下的空气流通，冷链运输不使用地槽浅的隔板以方便空气流通。

5.3.3.12 隔板上的集装箱应交叉整齐堆放，用薄膜缠绕或通过角板和捆绑加以固定。

5.3.3.13 装货时应使用以下一种或多种材料进行固定，防止在运输和搬运过程中震动和挤压对货品的损坏：

——铝制或木制的装载固定锁；
——纸板或纤维板蜂窝状填充物；
——木块和钉条；
——可充气的牛皮纸袋；
——货物网或货带等。

5.3.3.14 顶层纸板箱和集装箱的顶之间应保持一定的间隙以保证空气流通的需要。使用托盘、支架和衬板等使货运集装箱远离地板和墙面。在货品底端、四周和货品之间留有空气流通的间隙。

5.3.3.15 在混合装载时，相似大小的货物集装箱应放在一起。先装载较重的货物集装箱，均匀排列在拖车或集装箱底部，然后由重到轻依次装载，将轻的集装箱放在重的集装箱的上面。锁住和固定住不同尺寸的货运集装箱以确保安全。

5.3.3.16 应在靠近集装箱门的位置放置每种货物的样品，以减少检验时对货品的挪动。

5.3.4 运输操作

5.3.4.1 装货结束后，运输前要确保货舱封闭，装货出入口区域也应密封。

5.3.4.2 装货结束后，需要时要向拖车和集装箱中提供减低了氧气浓度、提高了二氧化碳和氮气浓度的空气。在拖车和集装箱货物装载通道的门旁应装有塑料薄膜帘和通气口。

5.3.4.3 运输过程中要保持货仓内的温度和相对湿度。

5.3.4.4 在温度最高区域的包装箱之间，应配备温度监控记录设备。

5.3.4.5 温度监控记录设备应安装在货品的顶端，靠近墙面，远离直接排出的冷气。当货品顶端放置冰块或湿度高于95%时，温度监控记录设备应防水或密封在塑料袋中。

5.3.4.6 温度的感应和测量应在制冷系统停止运行后进行。应遵循温度记录仪的使用说明，记录所装载货品、开启记录仪时间、记录结果、校准和验证等。

5.3.4.7 制冷系统、墙、顶、地板和门应密封，与外面的空气隔绝。否则形成的气体环境会被破坏。

5.3.4.8 冷链运输装备上应贴警示条，明示注意事项；卸货之前，车箱内应经过良好通风。

附 录 A
（资料性附录）
新鲜水果包装容器的种类、材料及适用范围

新鲜水果常用的包装容器、材料及适用范围见表 A.1。

表 A.1 新鲜水果包装容器的种类、材料及适用范围

种类	材料	适用范围
塑料箱	高密度聚乙烯	适用于任何水果
纸箱	瓦楞纸板	适用于任何水果
纸袋	具有一定强度的纸张	装果量通常不超过 2 kg
纸盒	具有一定强度的纸张	适用于易受机械伤的水果
板条箱	木板条	适用于任何水果
筐	竹子、荆条	适用于任何水果
网袋	天然纤维或合成纤维	适用于不易受机械伤的水果
塑料托盘与塑料膜组成的包装	聚乙烯	适用于蒸发失水率高的水果，装果量通常不超过 1 kg
泡沫塑料箱	聚苯乙烯	适用于任何水果

附　录　B
（资料性附录）
新鲜水果包装内的支撑物和衬垫物

新鲜水果包装内的支撑物和衬垫物的种类和作用见表B.1。

表B.1　新鲜水果包装内的支撑物和衬垫物

种类	作用
纸	衬垫，缓冲挤压，保洁，减少失水
纸托盘、塑料托盘、泡沫塑料盘	衬垫和分离水果，减少碰撞
瓦楞插板	分离水果，增大支撑强度
泡沫塑料网或网套	衬垫，减少碰撞，缓冲震动
塑料薄膜袋	控制失水和呼吸
塑料薄膜	保护水果，控制失水

附　录　C
（资料性附录）
新鲜蔬菜包装容器的种类、材料及适用范围

新鲜蔬菜常用的包装容器、材料及适用范围见表C.1。

表C.1　新鲜蔬菜包装容器的种类、材料及适用范围

种类	材料	适用范围
塑料箱	高密度聚乙烯	任何蔬菜
纸箱	瓦楞板纸	经过修整后的蔬菜
钙塑瓦楞箱	高密度聚乙烯树脂	任何蔬菜
板条箱	木板条	果菜类
筐	竹子、荆条	任何蔬菜
加固竹筐	筐体竹皮、筐盖木板	任何蔬菜
网、袋	天然纤维或合成纤维	不易擦伤、含水量少的蔬菜
发泡塑料箱	可发性聚苯乙烯等	附加值较高，对温度比较敏感，易损伤的蔬菜和水果

ICS 55.020
A 80

中华人民共和国国家标准

GB/T 19142—2016
代替 GB/T 19142—2008

出口商品包装　通则

Packaging for export commodity—General rule

2016-02-24 发布　　2016-05-15 实施

中华人民共和国国家质量监督检验检疫总局
中国国家标准化管理委员会　发布

GB/T 19142—2016

2016-02-24 发布　2016-05-15 实施

前　　言

本标准按照 GB/T 1.1—2009 给出的规则起草。

本标准代替 GB/T 19142—2008《出口商品包装通则》，与 GB/T 19142—2008 相比，主要内容变化如下：

——在第 2 章增加了 GB/T 16716.3、GB/T 16716.5、GB/T 16716.6、GB/T 16716.7、GB/T 17488、GB/T 23156、GB/T 23350、GB/T 28060 和 GB/T 28206。删除了 GB/T 19786；

——对第 2 章中 GB/T 16470、GB/T 18127 的有效性进行重新确认；

——在第 3 章中增加了 IPPC 标识、可循环再生、能量回收、可生物降解、可堆肥塑料、包装空隙率、包装层数的定义；

——修改了木质包装材料检疫处理依据的标准，增加了加施 IPPC 标识的要求（见 4.1.4）；

——增加了对塑料包装材料选用的要求（见 4.1.5）；

——增加了对包装和包装废弃物可回收利用性能的特定要求（见 4.1.7）；

——增加了对预包装食品和化妆品容器的要求（见 4.1.8，2008 年版 4.1.6）；

——增加了集装袋运输包装尺寸系列（见 5.6）；

——修改了包装上印刷标志、标识的要求（见 6.3）；

——增加了出口商品木质包装材料检疫处理标识要求（见附录 A）。

本标准由全国包装标准化技术委员会（SAC/TC 49）提出并归口。

本标准起草单位：中国出口商品包装研究所、青岛永昌塑业有限公司、泸州市产品质量监督检验所、江苏前程工业包装有限公司、廊坊军兴溢美包装制品有限公司、山东省产品质量检验研究院。

本标准主要起草人：邢文彬、刘天航、徐颖、高翠玲、周洋、林子吉、徐银华、吴海娇、杨海涛。

本标准所代替标准的历次版本发布情况为：

——GB/T 19142—2003；

——GB/T 19142—2008。

GB/T 19142—2016

出口商品包装　通则

1　范围

本标准规定了出口商品包装的基本要求、技术要求、标签、标志和标识。

本标准适用于出口商品(不包括危险货物)包装(以下简称包装)。

2　规范性引用文件

下列文件对于本文件的应用是必不可少的。凡是注日期的引用文件,仅注日期的版本适用于本文件。凡是不注日期的引用文件,其最新版本(包括所有的修改单)适用于本文件。

GB/T 191　包装储运图示标志

GB/T 1413　系列1集装箱　分类、尺寸和额定质量

GB/T 2934　联运通用平托盘主要尺寸及公差

GB/T 4122.1　包装术语　第1部分:基础

GB/T 4768　防霉包装

GB/T 4857.17　包装　运输包装件　编制性能试验大纲的一般原理

GB/T 4879　防锈包装

GB/T 4892　硬质直方体运输包装尺寸系列

GB/T 5048　防潮包装

GB/T 6388　运输包装收发货标志

GB/T 7350　防水包装

GB/T 13201　圆柱体运输包装尺寸系列

GB/T 13757　袋类运输包装尺寸系列

GB/T 15233　包装　单元货物尺寸

GB/T 16470　托盘单元货载

GB/T 16716.1　包装与包装废弃物　第1部分:处理和利用通则

GB/T 16716.3　包装与包装废弃物　第3部分:预先减少用量

GB/T 16716.5　包装与包装废弃物　第5部分:材料循环再生

GB/T 16716.6　包装与包装废弃物　第6部分:能量回收利用

GB/T 16716.7　包装与包装废弃物　第7部分:生物降解和堆肥

GB/T 17448　集装袋运输包装尺寸系列

GB/T 18127　商品条码　物流单元编码与条码表示

GB/T 18455　包装回收标志

GB/T 23156　包装　包装与环境　术语

GB 23350　限制商品过度包装要求　食品和化妆品

GB/T 28060　进出境货物木质包装材料检疫管理准则

GB/T 28206　可堆肥塑料技术要求

3 术语和定义

GB/T 4122.1 和 GB/T 23156 界定的以及下列术语和定义适用于本文件。

3.1 国际植物保护公约(IPPC)标识 International Plant Protection Convention mark

适用于木质包装材料证明其植物检疫状况的、符合《国际植物保护公约》要求的国际上认可的官方戳记或印记。

3.2 循环再生 recycling

将废弃的包装材料通过有目的的生产加工得以利用,包括有机物再生利用(不包括能源回收)的技术与方法。

3.3 能量回收利用 energy recovery

以利用热能为目的,直接燃烧包装废弃物,其间或许加入其他废弃物,是工业化的能源再利用的技术与方法。

3.4 生物降解 biodegradation

通过微生物活性特别是酶的作用引发包装废弃物材料在化学结构上产生显著变化的技术与方法。

3.5 堆肥 compost

包装废弃物和其中不同的植物残留物组成的混合物,通过生物降解而获得有机土壤(包含一定量的矿物成分)的技术与方法。

3.6 可堆肥塑料 compostable plastic

塑料在堆肥化的生物分解过程中,以与其他已知可堆肥材料相当的速率转化成二氧化碳、水及其所含的无机物和生物质,且不应有可见的、可区分的残渣以及有毒残留物。

3.7 包装空隙率 interspace ratio

商品销售包装内不必要的空间体积与商品销售包装体积的比率。

3.8 包装层数 package layers

完全包裹产品的包装的层数。

4 基本要求

4.1 安全要求

4.1.1 食品、医药和化妆品的包装材料、容器和标签应符合我国及进口国的有关法规。

4.1.2 玩具的销售包装(标签)不应遗漏为特定商品规定的警告语。

4.1.3 包装及其辅助物不应采用未经任何加工处理的天然动植物材料。

4.1.4 木质包装材料应按 GB/T 28060 的规定进行检疫处理,并按要求加施 IPPC 标识。出口商品木质包装材料检疫处理标识要求见附录 A。

4.1.5 塑料包装材料应选用可生物降解、可堆肥塑料,其中生态毒性要求见 GB/T 28206。

4.1.6 包装或包装材料中的重金属含量或危险性化学品含量应符合 GB/T 16716.1 的规定。

4.1.7 投放市场或交付使用的包装应进行预先的全面评估。包装或包装材料的用量及其重金属和化学品含量的评估见 GB/T 16716.3 的规定，包装或包装材料可循环再生的评估见 GB/T 16716.5 的规定，包装或包装材料可能量回收利用的评估见 GB/T 16716.6 的规定，包装或包装材料可生物降解和堆肥的评估见 GB/T 16716.7 的规定。

4.1.8 预包装产品定量及其表达应符合进口国的法规或消费者的生活习惯。计量单位应符合进口国的规定。预包装产品容器应符合下述要求：

——可重复开启的，在首次开启后留有明显的迹象；

——用常规的方法即可方便地倒空；

——能够证明预留的空隙是必要且适当的，其中食品和化妆品容器的包装空隙率及包装层数限量应符合 GB 23350 的规定；

——废弃后可以回收利用或安全处理。

4.1.9 预包装产品标签应使用进口国官方语言、通用语言或合同规定的语言。标签内容应至少包含下述基本要素：

——与商品属性一致的名称；

——按规定的字体尺寸和位置表达的净含量；

——必要的用量、用途或用法的描述；

——生产商、包装商或经销商的名称和营业地点。

4.2 包装设计

包装设计应充分考虑进口国及其消费者的宗教信仰和民族文化。包装设计使用的图案和颜色参见附录 B。

5 技术要求

5.1 包装应根据产品的物理和化学特性选择适用的材料和容器，根据预期的储存、运输和环境条件采用适当的防护措施，当合同未作特殊规定时，防霉包装见 GB/T 4768，防锈包装见 GB/T 4879，防潮包装见 GB/T 5048，防水包装见 GB/T 7350。

5.2 包装应适合于进口国的商业环境、市场运作或销售模式，可将不同流通渠道或销售场合的包装分为销售包装、配送包装和运输包装，并应根据实际需要，准确完整地表达适合于各类包装(标签)的必要信息。

5.3 包装所采用的材料、规格、型号、标签、标志、运输方式、检验标准等，均应在合同书中用规范的、不致引发歧义的语言明确规定。

5.4 密闭包装容器应根据内装产品的物理和化学特性以及可预见的高温环境留有适当的空隙。

5.5 当销售包装的形状不规则或外形尺寸较小不宜印刷标签时，可采用诸如吊牌一类的方式，其图形文字应可识别。

5.6 任何产品的包装均应在清洁卫生的环境中进行，不应有灰尘、污水、油渍、汗渍等的污染或痕迹。

5.7 运输包装件外形和尺寸应与预计使用的托盘、运载工具和集装箱的规格和尺寸相互协调。当合同未作特殊规定时，包装件外形和尺寸可按 GB/T 4892、GB/T 13201、GB/T 13757、GB/T 15233、GB/T 17488 选择；托盘尺寸见 GB/T 2934 和 GB/T 16470，集装箱内部尺寸见 GB/T 1413。

5.8 运输包装件应按合同的规定检验，当合同未作具体规定时，可按 GB/T 4857.17 编制性能试验大纲，依据试验大纲规定进行检验。

6 标志

6.1 标志、标识应清晰醒目，尺寸与包装件的大小相协调，并且应在可预见的使用环境中和规定的有效期内保持完好状态。

6.2 包装条码应符合 GB/T 18127 的规定。

6.3 当包装需要印有产品安全、节能、环境认证等标志时，应具有相应的证明。

6.4 包装储运图示标志见 GB/T 191 的规定，运输包装收发货标志见 GB/T 6388 的规定，包装回收标志见 GB/T 18455 的规定。

6.5 包装件的标志和标识应用示例参见附录 C。

附　录　A
（规范性附录）
出口商品木质包装材料检疫处理标识要求

A.1　标识式样

标识式样见图 A.1。

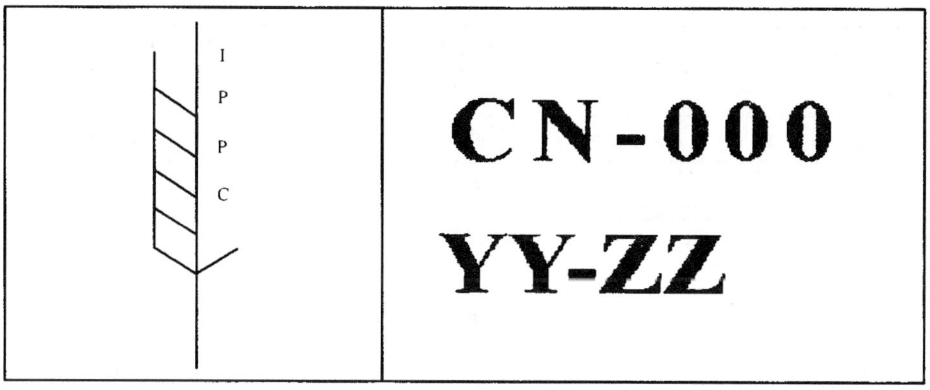

说明：

IPPC——《国际植物保护公约》的英文缩写；

CN　——国际标准化组织(ISO)规定的中国 2 个字母国家编号；

000　——主管部门批准的木质包装生产企业编号；

YY　——确认的检疫处理方法，如溴甲烷熏蒸为 MB，热处理为 HT；

ZZ　——主管部门或木质包装材料生产单位可以根据需要增加其他信息，如去除树皮以 DB 表示。

图 A.1　标识式样

A.2　标识要求

标识应加施于木质包装材料显著位置，至少应在相对的两面，标识应清晰易辨、永久且不能移动。标识应避免使用红色或橙色。

附 录 B
（资料性附录）
出口商品包装设计的图案和颜色

B.1 包装设计的图案和颜色应尊重进口国及其消费者的宗教信仰和民族文化。

B.2 包装设计的图案和文字应相互协调。

B.3 包装设计推荐使用的图案见表 B.1。

表 B.1 包装设计推荐使用的图案

国家和地区	适用的图案	忌用的图案
新加坡	双喜字、十二生肖	
日本	鸭子、樱花	荷花、菊花
伊朗	狮子	
土耳其		绿三角
印度、尼泊尔		佛像、牛
索马里	骆驼	
美国		大象
英国	月季	
法国		核桃
意大利	十字架	菊花
瑞士		猫头鹰
捷克		红三角
匈牙利		黑猫
东南亚	大象	
北非地区		狗、熊猫
伊斯兰教地区		猪、熊猫等
中东地区		猪、熊猫、雪花、六角型、女人形象

B.4 包装设计推荐使用的颜色见表 B.2。

表 B.2 包装设计推荐使用的颜色

国家或地区	适用的颜色	忌用的颜色
日本	柔和色调、金、银、白、紫红白色组合	
巴基斯坦	翠绿色、鲜明色	
土耳其	绿、白、绯红	
伊拉克	红、蓝	黑色、橄榄绿
叙利亚	青蓝、绿、红	黄色

GB/T 19142—2016

表 B.2（续）

国家或地区	适用的颜色	忌用的颜色
埃及	绿色	蓝色
摩洛哥	稍暗的鲜明色彩	
巴西		紫、黄、暗茶色
委内瑞拉	黄色	红、绿、茶、黑、白
墨西哥	红、白、绿色组合	红、深蓝、绿色组合
巴拉圭	明朗色彩	
秘鲁		紫色
古巴和厄瓜多尔	鲜明色彩、暗色、白色、明暗相间色	
德国	鲜明色彩	茶、红、深蓝及黑色
意大利	绿色	
爱尔兰	绿色	红、白、蓝色组合
西班牙	黑色	
瑞典		蓝、黄色组合
比利时	蓝色、粉红色	
奥地利	绿色	
保加利亚	深绿	
荷兰	橙色、蓝色	
挪威	红、蓝、绿等鲜明色彩	
希腊	蓝白相配及鲜明色彩	
突尼斯	绿、白、绯红	
新西兰、马来西亚和港澳地区	红、绿	青、蓝、白
北非地区	绿色	
伊斯兰教地区	绿色	黄色
中东地区	绿、深蓝与红色、白色	粉红、紫、黄色

附 录 C
（资料性附录）
出口商品包装标志和符号应用示例

C.1 包装宜使用必要的和适当的标志与标识。

C.2 包装应清楚地标明质量和尺寸。

C.3 包装标志和标识应采用印刷或模版喷刷，不应使用蜡笔、粉笔等。

C.4 出口商品包装标志和标识示意见图 C.1。

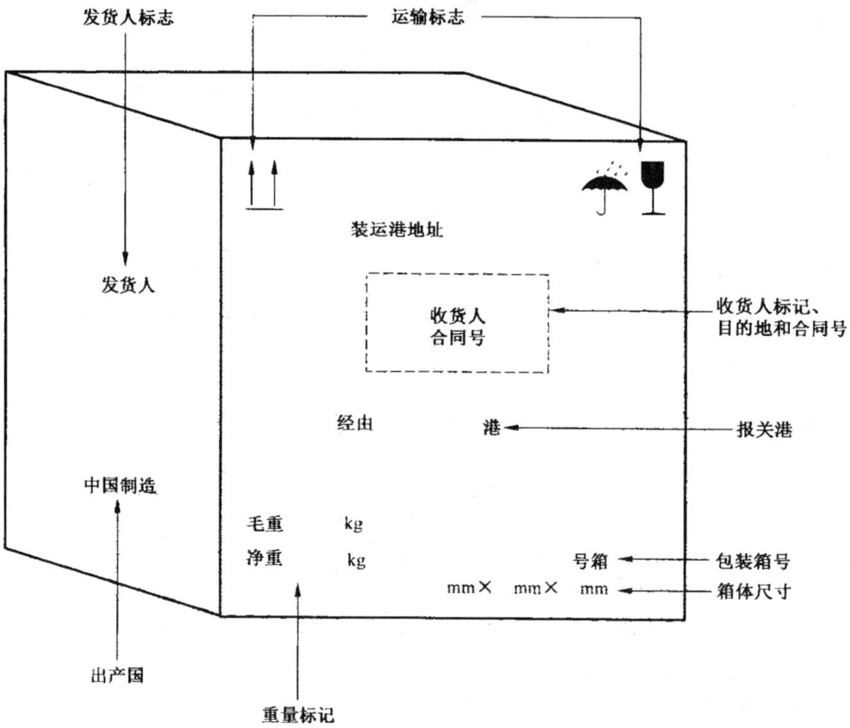

图 C.1 出口商品包装标志和标识示意图

C.5 常用包装储运图示标志常用文字见表 C.1。

C.6 储运图示标志的英文或进口国文字应在外包装上采用柔印、丝网印或其他适用的印刷方法。

C.7 当一批货物多个包装件一起运输时，应在包装上标明与单证上同样的号码。如一批货物中有 n 个包装件，则应在每个包装件上分别标明 $1/n$、$2/n$、$3/n$、……n/n。

表 C.1 包装储运图示标志常用文字

序号	图示标志	中文 Chinese	英文 English	法文 French	德文 German	意大利文 Italian	西班牙文 Spanish	日文 Japanese	俄文 Russian
1		易碎物品	FRAGILE	FRAGILE	zerbrechlich	FRAGILE	FRAGIL	壊れもの	Хрупкое. Осторожно
2		禁用手钩	USE NO HAND HOOKS	NE PAS UTILISER DE CROCHETS	keine Haken verwenden	NON USARE GANCI	NO USAR GARFIOS	手かぎ禁止	Крюками не брать
3	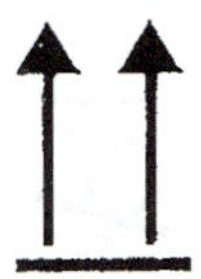	向上	THIS WAY UP	HAUT	oben	ALTO	HACIA ARRIBA	上	Верх
4		怕晒	KEEP AWAY FROM SUNLIGHT	CONSERVER A L'ABRI DE LA LUMIÈRE DU SOLEIL	vor Hitze schützen	TENERE AL RIPARO DAI RAGGI SOLARI	PROTEGER DE LA LUZ SOLAR	直射日光遮へい	Беречь от солнечных лучей
5		怕辐射	PROTECT FROM RADIOAC-TIVE SOURCES	PROTÉGER DES SOURCES RADIO-ACTIVES	vor radioaktiven Strahlen schützen	PROTEGGERE DA FONTI RADIOAT-TIVE	PROTEGER DE FUENTES RADIOACTI-VAS	放射線防護	защищать от радиоактивных источников
6		怕雨	KEEP AWAY FROM RAIN	CRAINT L'HUMIDITÉ	vor Nässe schützen	TENERE AL RIPARO DALLA PIOG-GIA	MANTENER A RESGUARDO DE LA LLUVIA	水ぬれ防止	Беречь от влаги

表 C.1（续）

序号	图示标志	中文 Chinese	英文 English	法文 French	德文 German	意大利文 Italian	西班牙文 Spanish	日文 Japanese	俄文 Russian
7		重心	**CENTRE OF GRAVITY**	CENTRE DE GRAVITÉ	Schwerpunkt	CENTRO DI GRAVITÀ	CENTRO DE GRAVEDAD	重心位置	Центр тяжести
8		禁止翻滚	**DO NOT ROLL**	NE PAS FAIRE ROULER	nicht rollen	NON ROVESCIARE	NO RODAR	転がし禁止	Нс катить
9		此面禁用手推车	**DO NOT USE HAND TRUCK HERE**	PRISE PAR DIABLE INTERDITE SUR CETTE FACE	hier keine Stechkarre ansetzen	QUI NON UTILIZZARE CARRELLI A MANO	NO MANIPULAR CON LAS HORQUILLAS EN ESTA CARA	ハンドトラック差込み禁止	Здесь поднимать тележкой запрещается
10		禁用叉车	**USE NO FORKS**	UTILISATION DE CHARIOTS ÉLÉVATEURS À FOURCHE INTERDITE	keine Gabelstapler ansetzen	NON UTILIZZARE CARRELLI ELEVATORI	NO USAR CARRETILLA ELEVADORA	フォーク差込み禁止	Вилочные погрузчики не использовать
11		由此夹起	**CLAMP AS INDICATED**	PRISE LATÉRALE PAR PINCES AUTORISÉE SUIVANT LES INDICATIONS	Klammern in Pfeilrichtung	AFFERRARE COME INDICATO CON LE GANASCE PER LA MOVIMENTAZIONE	COLOCAR MORDAZAS AQUÍ	クランプ位置	Зажимать здесь

表 C.1（续）

序号	图示标志	中文 Chinese	英文 English	法文 French	德文 German	意大利文 Italian	西班牙文 Spanish	日文 Japanese	俄文 Russian
12		此处不能卡夹	DO NOT CLAMP AS INDICATED	NE PAS PRENDRE LATÉRALE-MENT PAR DES PINCES	keine Klammern in Pfeilrichtung ansetzen	NON BLOCCARE COME INDICATO	NO COLOCAR MORDAZAS AQUÍ	クランプ禁止	Не зажимать
13		堆码质量极限	STACKING LIMIT BY MASS	LIMITE DE GERBAGE EN MASSE	Begrenzung der Masse der Stapel-last	LIMITE DI SOVRAPPO-SIZIONE IN MASSA	APILAMIENTO LIMITADO POR PESO	上積み質量制限	Штабелирование ограничено
14	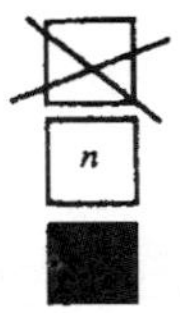	堆码层数极限	STACKING LIMIT BY NUMBER	LIMITE DE GERBAGE EN NOMBRE	Stapelbegrenzung	LIMITE DI SOVRAPPO-SIZIONE IN NUMERO	APILAMIENTO LIMITADO POR NÚMERO	上積み段数制限	Предел по количеству ярусов в штабеле
15		禁止堆码	DO NOT STACK	NE PAS EMPILER	nicht stapeln	NON SOVRAPPORRE	NO APILAR	上積み禁止	Штабелировать запрещается
16		由此吊起	SLING HERE	ÉLINGUER ICI	hier anschlagen	CINGHIA QUI	ESLINGAS AQUÍ	つり位置	Место строповки
17		温度极限	TEMPERATURE LIMITS	LIMITE DE TEMPÉRA-TURE	zulässiger Temperaturbereich	LIMITI DI TEMPERATURA	LÍMITES DE TEMPERA-TURA	温度制限	Ограничение температуры

ICS 25.080.01
J 50
备案号：55136—2016

JB

中华人民共和国机械行业标准

JB/T 8356—2016
代替 JB/T 8356.1—1996，JB/T 8356.2—1996等

机床包装　技术条件

Packaging of machine tool—Specifications

2016-04-05 发布　　2016-09-01 实施

中华人民共和国工业和信息化部 发布

JB/T 8356—2016

2016-04-05 发布　2016-09-01 实施

前　言

本标准按照 GB/T 1.1—2009 给出的规则起草。

本标准代替 JB/T 8356.1—1996《机床包装　技术条件》、JB/T 8356.2—1996《机床包装箱》、JB/T 8356.3—1996《机床包装用中、小木箱》，与 JB/T 8356.1—1996、JB/T 8356.2—1996、JB/T 8356.3—1996 相比主要技术变化如下：

——修改了规范性引用文件内容（见第 2 章，1996 年版的第 2 章）；

——修改了 JB/T 8356.2—1996 和 JB/T 8356.3—1996 “包装箱” 一章内容（见第 4 章，1996 年版的第 3 章和第 4 章）；

——修改了 JB/T 8356.1—1996 “包装技术要求” 一章内容（见第 5 章，1996 年版的第 3 章）；

——修改了 JB/T 8356.1—1996 “标志” 一章内容（见第 6 章，1996 年版的第 5 章）；

——增加了 “包装材料要求” 一章（见第 3 章）；

——增加了 “试验” 一章（见第 7 章）；

——增加了 “检验规则” 一章（见第 8 章）；

——增加了 “附录 A　系列 1 集装箱的分类、尺寸和额定质量”（见附录 A）；

——增加了 “参考文献”（见参考文献）；

——删除了 JB/T 8356.1 “随机技术文件” 一章（见 1996 年版的第 4 章）；

——删除了 JB/T 8356.1 “检验与验收” 一章（见 1996 年版的第 6 章）；

——删除了 JB/T 8356.1 “附录 A　机床紧固方法”（见 1996 年版的附录 A）；

——删除了 JB/T 8356.1 “附录 B　机床包装箱箱面标志刷制规定”（见 1996 年版的附录 B）；

——删除了 JB/T 8356.1 “附录 C　包装箱试验方法”（见 1996 年版的附录 C）；

——删除了 JB/T 8356.2 “附录 A　集装箱尺寸和重量系列”（见 1996 年版的附录 A）。

本标准由中国机械工业联合会提出。

本标准由全国金属切削机床标准化技术委员会（SAC/TC 22）归口。

本标准起草单位：广州机械科学研究院有限公司、武汉重型机床集团有限公司、国家机床质量监督检验中心、青海一机数控机床有限责任公司、沈阳机床(集团)有限责任公司、齐重数控装备股份有限公司、齐齐哈尔二机床（集团）有限责任公司、瓦房店机床有限公司、四川普什宁江机床有限公司。

本标准主要起草人：黎保新、林本宏、桂林、张维、陈恬生、伍竞平、苟卫东、李军、胡巍、孔香梅、姜明、孟秋、马淑霞、张勤。

本标准所代替标准的历次版本发布情况为：

——JB/T 8356.1—1996；

——JB/T 8356.2—1996；

——JB/T 8356.3—1996。

JB/T 8356—2016

机床包装　技术条件

1　范围

本标准规定了机床产品包装材料要求、包装箱、包装技术要求、标志、试验、检验规则。

本标准适用于机床及其部件的包装。

2　规范性引用文件

下列文件对于本文件的应用是必不可少的。凡是注日期的引用文件，仅注日期的版本适用于本文件。凡是不注日期的引用文件，其最新版本（包括所有的修改单）适用于本文件。

GB/T 191—2008　包装储运图示标志

GB/T 1413—2008　系列 1 集装箱　分类、尺寸和额定质量

GB/T 4879—2016　防锈包装

GB/T 5048—1999　防潮包装

GB/T 7284—2016　框架木箱

GB/T 16716.1—2008　包装与包装废弃物　第 1 部分：处理和利用通则

GB/T 16716.2—2010　包装与包装废弃物　第 2 部分：评估方法和程序

GB/T 16716.3—2010　包装与包装废弃物　第 3 部分：预先减少用量

GB/T 16716.4—2010　包装与包装废弃物　第 4 部分：重复使用

GB/T 16716.5—2010　包装与包装废弃物　第 5 部分：材料循环再生

GB/T 16716.6—2012　包装与包装废弃物　第 6 部分：能量回收利用

GB/T 16716.7—2012　包装与包装废弃物　第 7 部分：生物降解和堆肥

GB/T 18925—2016　滑木箱

3　包装材料要求

3.1　选择机床包装材料（如木材、钢材等）时应建立“包装与环境”的观念，应考虑包装废弃物对环境的影响。

3.2　对包装废弃物的处理和利用应按照 GB/T 16716.1—2008 的要求，对包装废弃物的评估应按照 GB/T 16716.2—2010 的要求。

3.3　机床包装时，应按照 GB/T 16716.3—2010 的要求，对所选用的包装材料进行最小包装且质量（体积）适当评估，在保证每种材料功能的前提下使其用量为最少。

3.4　采用可重复使用的包装材料时，其应符合 GB/T 16716.4—2010 的要求。

3.5　采用可循环再生的包装材料时，其应符合 GB/T 16716.5—2010 的要求。

3.6　采用可能量回收形式再利用的包装材料时，其应符合 GB/T 16716.6—2012 的要求。

3.7　采用的包装材料中不能重复使用、循环再生和能量回收再利用的，应符合 GB/T 16716.7—2012 可有机回收（生物降解和堆肥）的要求。

3.8　必要时，应对包装所使用的木材进行药物熏蒸、高温高压等除虫害处理。

4 包装箱

4.1 机床包装箱应适应长途运输、多次装卸。在正常的储运条件下，自包装之日起，一年内不应因包装箱问题而造成机床或零部件的锈蚀和损坏。

4.2 采用系列 1 集装箱运输的机床包装箱应符合 GB/T 1413—2008 的规定，系列 1 集装箱的分类、尺寸和额定质量参见本标准附录 A。

4.3 机床包装所选用木材的含水率（质量分数）应不大于 20%，但滑木、辅助滑木等用的木材含水率（质量分数）可在 24%以下。

4.4 内装质量为大于 500 kg～20 000 kg 的机床可采用框架木箱包装，其应满足下列要求：

——框架木箱的类型应采用 GB/T 7284—2016 中第 3 章的 1 型和 2 型。

——框架木箱包装所选用的材料应满足 GB/T 7284—2016 中 4.1 的要求。

——框架木箱的设计应符合 GB/T 7284—2016 中第 5 章的规定。

——框架木箱的钉钉和螺栓的使用方法应符合 GB/T 7284—2016 中第 7 章的规定。

——框架木箱的组装方法应符合 GB/T 7284—2016 中第 8 章的规定。

4.5 内装质量为小于或等于 500 kg 的机床、部件、配件可采用滑木箱包装，其应满足下列要求：

——滑木箱的类型应采用 GB/T 18925—2016 中第 3 章的 A 型和 C 型。

——滑木箱包装所选用的材料应满足 GB/T 18925—2016 中 4.1 的要求。

——滑木箱的设计应符合 GB/T 18925—2016 中第 5 章的规定。

4.6 内装质量为 20 000 kg 以上的机床可按照 GB/T 7284—2016 进行包装设计。

5 包装技术要求

5.1 应将机床上所有能移动的部件移至使机床具有最小外形尺寸的位置，并加以固定。对凸出的零件（手柄、手轮等）及可分离的部件在不影响精度的情况下，一般应卸下，标明记号后另行封装。

5.2 对有防锈要求的部件及附件应按 GB/T 4879—2016 的规定进行包装。

5.3 机床装箱前，应在包装箱底板上铺垫性能良好的防水材料。

5.4 机床或部件重要的金属加工面不应与包装箱底板、紧固木方、压板接触，应采用耐油橡胶板、防锈油脂、防锈纸和防水薄膜衬垫隔离。

5.5 对裸露的机床重要表面应采取保护措施。

5.6 对有防振要求的部件应选用质地柔软的缓冲材料衬垫后另行包装。

5.7 所有卸下的液压、气动、润滑、冷却等元件及管道的孔口应进行封堵保护。

5.8 需进行防潮包装的机床应按 GB/T 5048—1999 的规定包装。

5.9 机床应通过螺栓、压杠、吊钩等方式紧固在包装箱底座上。

5.10 带包装箱的附件与机床同箱包装时，应与机床保持一定的距离，并加以固定。

5.11 装箱时，应尽可能将机床的重心位置居中靠下，对重心偏高的产品可采取卧式包装。

5.12 机床及装入包装箱内的所有物品均应与包装箱内壁保持一定的距离。

5.13 包装箱内的机床随机文件应进行防水处理。

5.14 包装箱内不得带有与产品无关的任何杂物。

6 标志

6.1 包装箱的包装储运图示标志应符合 GB/T 191—2008 的规定。

6.2 包装箱的标志应包括下列内容（允许根据具体情况增加其他标志）：

a）产品型号及名称；

b）出厂编号；
c）机床分多箱包装时，箱号采用分数表示，分子为分箱号，分母为总箱数；
d）包装箱外形尺寸（长×宽×高），单位为厘米（cm）；
e）净重与毛重，单位为千克（kg）；
f）电压/频率(仅适用于出口机床)；
g）产品生产厂家；
h）当机床分为多箱进行包装时，技术文件应放入主机箱内，并在该箱外表面标志“技术文件在此箱内”字样；
i）包装箱的重心标识位置，应与实际重心位置相符；
j）包装箱的起吊标识位置，应与实际起吊位置相符。

7 试验

包装箱的试验应符合表 1 的规定。

表1 包装箱试验

序号	试验项目	试验方法	试验要求	试验状态
1	起吊试验	产品装箱后，按起吊位置以正常速度起吊，保持吊绳与箱顶水平夹角为 45°～50°，升至一定高度后（不高于 1.5 m）紧急制动，左右移动 3 min～5 min，匀速降至地面。重复试验 3 次～5 次。	箱体应无明显变形。	装箱试验
2	喷淋试验	将箱体（空箱）水平放置，距离箱顶不小于 2 m，以 100 L/（m^2·h）±20 L/（m^2·h）的喷水量均匀垂直向下喷淋，喷淋时间不少于 1 h。	拆箱检查，箱内应无水。	空箱试验
3	堆码试验	下列方法任选其一： a）将试箱置于平整的水泥面上，在箱顶均匀堆放重物，使箱顶承载不小于 4.9 kPa，试验 1 h； b）将试箱置于平整的水泥面上，在箱顶放置载荷平板，每平方厘米加载荷（包括载荷平板）不小于 1.96 N，试验 1 h。	a）箱顶挠度应不大于 50 mm； b）箱体应无明显变形。	空箱试验
4	跌落试验	a）自由跌落试验： 用于内装质量小于或等于 100 kg 的包装试验。将包装件吊至一定高度（内装质量为小于或等于 50 kg 的，吊至 200 mm；内装质量为大于 50 kg～100 kg 的，吊至 100 mm），让其自由跌落在平整的水泥地面上，每一包装件连续跌落 3 次（跌落位置：一角和组成这个角的三条棱、三个面）。 b）支棱跌落试验： 用于内装质量为大于 100 kg～500 kg 的包装试验。将包装件一端置于平整的水泥面，然后将另一端吊起（内装质量为 100 kg～300 kg 的，吊至 200 mm；内装质量为大于 300 kg～500 kg 的，吊至 100 mm），让其跌落于平整的水泥地面，每棱跌落 2 次。	包装箱应无明显破损，产品性能、精度、参数等应在规定允差范围内。	装箱试验

8 检验规则

8.1 出厂检验

出厂检验为必检项目。框架木箱、滑木箱等包装箱出厂检验应满足以下要求：

a）各箱面两条对角线长度之差不大于对角线长度的 0.3%；

b）各框架构件结合处的缝隙不大于 3 mm；

c）侧端面连接处的缝隙不大于 3 mm；

d）木箱表面不应有较严重的污垢；

e）包装箱标志应正确、合理、整齐、清晰、耐久。

a)、b)、c）用分度值为 1 mm 的钢直尺测量，d)、e）目测检验。

8.2 型式试验

8.2.1 总则

凡新设计的框架木箱、滑木箱等包装箱，或包装箱在包装材料或箱体结构方面有较大变化时，应进行型式试验。

8.2.2 框架木箱型式检验

框架木箱型式试验项目包括：

——起吊试验；

——喷淋试验；

——堆码试验。

8.2.3 滑木箱型式检验

8.2.3.1 内装质量为大于 100 kg～500 kg 的滑木箱型式试验项目包括：

——喷淋试验；

——堆码试验；

——支棱跌落试验。

8.2.3.2 内装质量为小于或等于 100 kg 的滑木箱型式试验项目包括：

——喷淋试验；

——堆码试验；

——自由跌落试验。

JB/T 8356—2016

附 录 A
（资料性附录）
系列 1 集装箱的分类、尺寸和额定质量

A.1 分类

系列 1 各种型号集装箱的宽度均为 2 438 mm（8 ft）,按箱高可分为：

——箱高为 2 896 mm（9 ft6 in）的集装箱，其型号定为 1EEE、1AAA、1BBB 型；

——箱高为 2 591 mm（8 ft6 in）的集装箱，其型号定为 1EE、1AA、1BB、1CC 型；

——箱高为 2 438 mm（8 ft）的集装箱，其型号定为 1A、1B、1C、1D 型；

——箱高小于 2 438 mm（8 ft）的集装箱，其型号定为 1AX、1BX、1CX、1DX 型。

A.2 外部尺寸和额定质量

集装箱外部尺寸、极限偏差和额定质量见表 A.1。

表A.1 系列1集装箱的外部尺寸、极限偏差和额定质量

<table>
<tr><th rowspan="2">集装箱
型号</th><th colspan="2">长度 L
mm</th><th colspan="2">宽度 W
mm</th><th colspan="2">高度 L
mm</th><th rowspan="2">额定总质量 R
kg</th></tr>
<tr><th>尺寸</th><th>极限偏差</th><th>尺寸</th><th>极限偏差</th><th>尺寸</th><th>极限偏差</th></tr>
<tr><td>1EEE</td><td rowspan="2">13 716</td><td rowspan="2">0
−10</td><td rowspan="2">2 438</td><td rowspan="2">0
−5</td><td>2 896</td><td rowspan="2">0
−5</td><td rowspan="2">30 480</td></tr>
<tr><td>1EE</td><td>2 591</td></tr>
<tr><td>1AAA</td><td rowspan="4">12 192</td><td rowspan="4">0
−10</td><td rowspan="4">2 438</td><td rowspan="4">0
−5</td><td>2 896</td><td rowspan="3">0
−5</td><td rowspan="4">30 480</td></tr>
<tr><td>1AA</td><td>2 591</td></tr>
<tr><td>1A</td><td>2 438</td></tr>
<tr><td>1AX</td><td><2 438</td><td></td></tr>
<tr><td>1BBB</td><td rowspan="4">9 125</td><td rowspan="4">0
−10</td><td rowspan="4">2 438</td><td rowspan="4">0
−5</td><td>2 896</td><td rowspan="3">0
−5</td><td rowspan="4">30 480</td></tr>
<tr><td>1BB</td><td>2 591</td></tr>
<tr><td>1B</td><td>2 438</td></tr>
<tr><td>1BX</td><td><2 438</td><td></td></tr>
<tr><td>1CC</td><td rowspan="3">6 058</td><td rowspan="3">0
−6</td><td rowspan="3">2 438</td><td rowspan="3">0
−5</td><td>2 591</td><td rowspan="2">0
−5</td><td rowspan="3">30 480</td></tr>
<tr><td>1C</td><td>2 438</td></tr>
<tr><td>1CX</td><td><2 438</td><td></td></tr>
<tr><td>1D</td><td rowspan="2">2 991</td><td rowspan="2">0
−5</td><td rowspan="2">2 438</td><td rowspan="2">0
−5</td><td>2 438</td><td>0
−5</td><td rowspan="2">10 160</td></tr>
<tr><td>1DX</td><td><2 438</td><td></td></tr>
</table>

JB/T 8356—2016

A.3 最小内部尺寸和门框开口尺寸

通用集装箱的最小内部尺寸和门框开口尺寸见表 A.2。

表A. 2 系列1通用集装箱的最小内部尺寸和门框开口尺寸 单位：mm

<table>
<tr><th rowspan="2">集装箱型号</th><th colspan="3">最小内部尺寸</th><th colspan="2">最小门框开口尺寸</th></tr>
<tr><th>高度</th><th>宽度</th><th>长度</th><th>高度</th><th>宽度</th></tr>
<tr><td>1EEE</td><td rowspan="11">箱体外部高度减去 241</td><td rowspan="11">2 330</td><td>13 542</td><td>2 566</td><td rowspan="11">2 286</td></tr>
<tr><td>1EE</td><td>13 542</td><td>2 261</td></tr>
<tr><td>1AAA</td><td>11 998</td><td>2 566</td></tr>
<tr><td>1AA</td><td>11 998</td><td>2 261</td></tr>
<tr><td>1A</td><td>11 998</td><td>2 134</td></tr>
<tr><td>1BBB</td><td>8 931</td><td>2 566</td></tr>
<tr><td>1BB</td><td>8 931</td><td>2 261</td></tr>
<tr><td>1B</td><td>8 931</td><td>2 134</td></tr>
<tr><td>1CC</td><td>5 867</td><td>2 261</td></tr>
<tr><td>1C</td><td>5 867</td><td>2 134</td></tr>
<tr><td>1D</td><td>2 802</td><td>2 134</td></tr>
</table>

参 考 文 献

[1] GB/T 23156—2010 包装 包装与环境 术语
[2] 出境货物木质包装检疫处理管理办法

ICS 79.060.01
B 70

LY

中华人民共和国林业行业标准

LY/T 2717—2016

人造板产品包装通用技术要求

General specifications for packages of wood-based panels

2016-07-27 发布　　2016-12-01 实施

国家林业局　发布

2016-07-27 发布　2016-12-01 实施　LY/T 2717—2016

前　言

本标准按照 GB/T 1.1—2009 给出的规则起草。

本标准由全国人造板标准化技术委员会(SAC/TC 198)提出并归口。

本标准起草单位：河北农业大学、河北爱美森木材加工有限公司、阜阳市金木工艺有限公司、石家庄华杰木业有限公司、中国林业科学研究院木材工业研究所、南京林业大学、河北省板材工业协会、常州市产品质量监督检验所、宿迁市产品质量监督检验所。

本标准主要起草人：孙照斌、李理、周洪杰、刘大伟、彭志军、周宇、蔡家斌、郑洪连、张丽明、杨晓燕、元海广、杨丽虎、程哲、张国梁、陈志周、周利。

LY/T 2717—2016

人造板产品包装通用技术要求

1 范围

本标准规定了人造板产品包装的术语和定义、分类、基本要求、技术要求、标识等内容。

本标准适用于胶合板、刨花板、纤维板及其表面装饰板等人造板产品的包装。

2 规范性引用文件

下列文件对于本文件的应用是必不可少的。凡是注日期的引用文件，仅注日期的版本适用于本文件。凡是不注日期的引用文件，其最新版本(包括所有的修改单)适用于本文件。

GB/T 191 包装储运图示标志

GB/T 3716—2000 托盘术语

GB/T 4122.1—2008 包装术语 第1部分：基础

GB/T 4768 防霉包装

GB/T 5048 防潮包装

GB/T 6544 瓦楞纸板

GB/T 7350 防水包装

GB/T 8166 缓冲包装设计

GB/T 18259—2009 人造板及其表面装饰术语

GB/T 25820 包装用钢带

QB/T 3811 塑料打包带

3 术语和定义

GB/T 4122.1—2008、GB/T 18259—2009 及 GB/T 3716—2000 中界定的以及下列术语和定义适用于本文件。为了便于使用，以下重复列出了 GB/T 4122.1—2008、GB/T 18259—2009 及 GB/T 3716—2000 中的某些术语和定义。

3.1 人造板 wood-based panel

以木材或非木材植物纤维为主要原料，加工成各种材料单元，施加(或不施加)胶黏剂和其他添加剂，组坯胶合而成的板材或成型制品。主要包括胶合板、刨花板、纤维板及其表面装饰板等产品。

[GB/T 18259—2009，定义 2.1.1]

3.2 包装 package；packaging

为在流通过程中保护产品，方便储运，促进销售，按一定技术方法而采用的容器、材料及辅助物等的总体名称。也指为了达到上述目的而采用容器、材料和辅助物的过程中施加一定方法等的操作活动。

[GB/T 4122.1—2008，定义 2.1]

3.3 包装件 package

产品经过包装所形成的总体。

[GB/T 4122.1—2008,定义 2.2]

3.4 垫方 filler board

放置于板垛下方起主要承重作用的构件。一般为长方体的实木板方或者人造板板条。在人造板产品包装中的应用参见附录 A。

3.5 托盘 pallet

一种用于集结、堆存货物以便于装卸和搬运的水平板。其最低高度应能适应托盘搬运车、叉车和其他适用的装卸设备的搬运要求。

[GB/T 3716—2000,定义 2.1]

3.6 捆扎带 strapping

用来扎牢、固定、加固产品或包装件的挠性带状材料。在人造板产品包装中的应用参见附录 A。

[GB/T 4122.1—2008,定义 9.2]

3.7 护棱 edge protector

安放在包装件的棱边上,起保护作用的直角构件。在人造板产品包装中的应用参见附录 A。

[GB/T 4122.1—2008,定义 9.5]

3.8 缠绕膜 wrapping film

包装件的缠绕塑料薄膜,起保护作用。

3.9 围板 packing coaming board

包装件的组成部分,一般为木质、瓦楞纸板或其他材质的平板状构件,起加强包装件端面与侧面结合处,或端面、侧面本身的防护强度作用。在人造板产品包装中的应用参见附录 A。

4 分类

4.1 按照防护方法,包装可分为:防水包装、防潮包装、防霉包装、缓冲包装、防尘包装等。应根据产品特点和储运、装卸条件,选用适当的防护包装方法。

4.2 按照运输方式,包装可分为:公路运输包装、铁路运输包装、水路运输包装、多式联运包装。

5 基本要求

5.1 人造板产品的包装是以运输贮存为主要目的包装,应具有保障人造板产品运输安全、便于装卸贮存、加速交接点验等功能。

5.2 人造板产品的包装应符合科学、牢固、经济、美观的要求,符合环境保护、维护消费者利益和降低资源消耗的要求。

5.3 包装设计应根据产品特点、流通环境条件和客户要求进行,做到包装紧凑、防护合理、安全可靠。

5.4 经检验合格的人造板产品,应按不同类别、规格、等级、甲醛释放量级别、批号分别包装。

5.5 产品的包装应在清洁、卫生、干燥的环境中进行,不应有灰尘、污水、油渍、手汗等污染或痕迹。

5.6 包装件外形尺寸和质量应符合国内外运输方面有关超限、超重的规定。

5.7 包装件外形和尺寸应与预计使用的托盘、运载工具和集装箱的规格和尺寸相互协调。

6 技术要求

6.1 包装材料

6.1.1 总体要求

包装用的主要材料和辅助材料应确保其性能符合人造板产品的特点、储存、运输的要求。包装材料的环保等级应不低于被包装人造板产品的环保等级。

6.1.2 上盖板与下垫板

上盖板与下垫板一般采用硬质材料，材质一般为木质人造板或瓦楞纸板，厚度应不小于 2 mm，幅面尺寸应与所包装的产品相同。

6.1.3 垫方

垫方一般为干燥的实木方或人造板边条，垫方宽度应不小于 40 mm，高度应不小于 60 mm，长度与产品成品宽度相协调或基本一致，垫方可以由几个间断的短垫方代替长垫方，短垫方长度不短于 150 mm。

6.1.4 捆扎带

钢质捆扎带应符合 GB/T 25820 的规定，塑料捆扎带应符合 QB/T 3811 的规定。

6.1.5 护棱

护棱材质一般为金属、塑料和纸板等，为直角型，规格尺寸应不小于 20 mm×30 mm×厚度，金属护棱应有防锈涂层，厚度应大于或等于 1 mm，塑料护棱应耐腐蚀不易老化，金属和塑料护棱外表面应有防滑结构，护棱用纸板应具有一定的防潮抗霉变性能。

6.1.6 围板

材质一般为干燥的木质人造板或瓦楞纸板，围板高度应与包装高度一致，厚度应不小于 2 mm，宽度根据被防护面要求确定。

6.1.7 包装用瓦楞纸板

应符合 GB/T 6544 的规定。

6.1.8 塑料包装袋（防护袋）

包装袋的厚度应不小于 0.05 mm，尺寸应与所包装的人造板产品高度相协调。

6.1.9 缠绕膜

缠绕膜厚度应不小于 0.01 mm，一般为 PVC 缠绕膜、PE 拉伸缠绕膜等。

6.1.10 缓冲包装材料

通常采用泡沫塑料、海绵、木丝、棉纸等，应具有不易虫蛀、不易长霉和不易疲劳变形等特点。

6.2 包装工艺

6.2.1 包装前准备工作

人造板产品包装前应堆放在平整的地面上；堆放地点要尽量避免阳光直接照射、风吹、雨淋等。

6.2.2 垫方摆放

人造板产品堆码时，堆放产品的垫方厚度要均匀一致，从上至下垫方要在一条线上，大幅面板材要根据实际情况加放更多的垫方以防止产生翘曲和变形，每组垫方不低于三根，摆放时垫方之间距离应均等。

6.2.3 下垫板放置

堆板前在包装平台上先放置下垫板，用以保护板垛板材下表面。生产成品板厚度从薄到厚，其下垫板相应的从厚到薄使用。

6.2.4 堆板

应按照人造板产品种类和规格等分别整齐堆板，堆板至适当高度。

6.2.5 上盖板放置

完成堆板后在最上层人造板上放置上盖板，用以保护板垛板材上表面。生产成品板厚度从薄到厚，其上盖板相应的从厚到薄使用。

6.2.6 缠绕

用缠绕膜对人造板产品包装时，产品周围缠绕不少于2层，保证在不利的环境下产品无任何松散与分离。

6.2.7 围板放置

对人造板产品有较高防护要求时，包装应使用一定宽度的打包围板，将四角或端面、侧面保护好。产品打包围板高度应与包装高度一致，围板宽度应根据包装防护要求确定。

6.2.8 打捆扎带

打包时应使用护棱进行包装件棱边保护，护棱放置在捆扎带与包装件边部直角连接处，并放置在捆扎带下，以防板材边部被勒坏，打捆扎带时各个转角部分都应加上硬质护棱。包装件捆扎带应搭接牢固、松紧适度、平整不扭，每件捆扎道数不少于2道，根据人造板规格大小可以适当增加捆扎道数。

6.2.9 套包装袋

人造板产品包装件在捆扎前或捆扎后，应使用塑料包装袋进行防护包装。

6.3 包装防护

6.3.1 防水包装

防水包装应符合 GB/T 7350 的规定。

6.3.2 防潮包装

防潮包装应符合 GB/T 5048 的规定。

6.3.3 **防霉包装**

防霉包装应符合 GB/T 4768 的规定。

6.3.4 **缓冲包装**

当人造板产品需要采用缓冲包装时可采用 GB/T 8166 规定的方法。

6.3.5 **防尘包装**

产品进行防尘包装时应采取相应的防尘措施,产品易进尘处必须用柔软的中性纸包扎或聚乙烯薄膜袋套封。

6.4 其他

6.4.1 运输时,包装应符合公路运输、铁路运输、水路运输等相应运输方式的有关规定。

6.4.2 对包装有特殊要求时,由供需双方协商确定。

7 标识

7.1 每个包装件均应使用必要的和适当的标识。包装标识上应注明产品品名、产品种类、产品执行标准号、生产批号、产品规格、产品等级、产品甲醛释放限量等级、每件数量或张数、生产企业(厂)名称、企业地址、联系方式、商标等。

7.2 人造板产品的包装标识一般应印刷或标打。按 GB/T 191 的颜色、标识尺寸等在明显的部位标打。

7.3 包装标识应正确、清晰、齐全、牢固、醒目,标识尺寸与包装的大小相协调,可采用直接印刷、粘贴、拴挂及喷涂等方法使用,标识的数目应根据包装件的尺寸和形状确定,并且应在可预见的使用环境中和规定的有效期内保持完好状态。

7.4 当包装标识有条件采用条形码和无线射频识别(RFID)标签时建议使用。

7.5 对人造板产品包装件的标识有特殊要求时,由供需双方协商确定。

附　录　A
（资料性附录）
人造板产品包装示意图

人造板产品包装示意图见图 A.1。

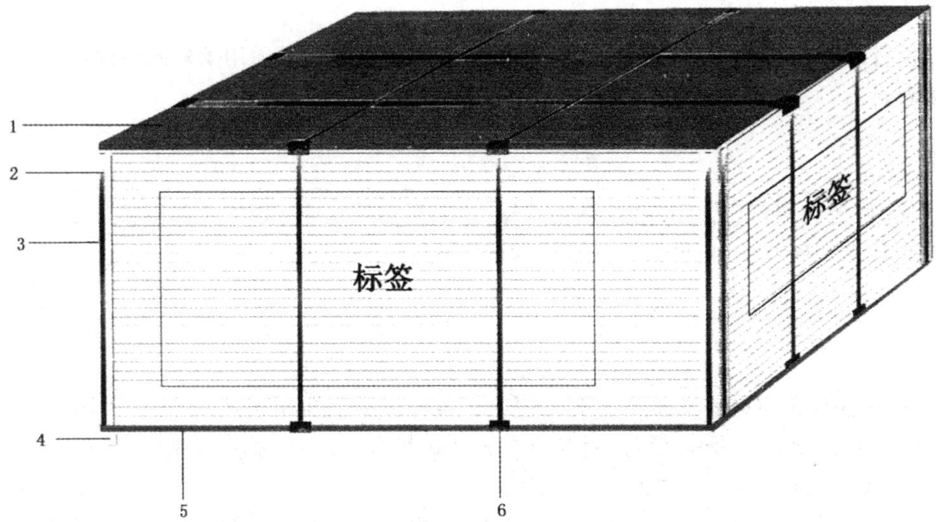

说明：

1——上盖板；

2——捆扎带；

3——围板；

4——垫方；

5——下垫板；

6——护棱。

图 A.1　人造板产品包装示意图

ICS 65.160
X 94
备案号：55627—2016

YC

中华人民共和国烟草行业标准

YC/T 549.8—2016

烟草机械　烟草专用机械鉴别检验规程 第8部分：烟用包装机械

Tobacco machinery—Identification method for dedicated tobacco machinery—Part 8: Cigarette packing machine

2016-08-17 发布　　2016-09-01 实施

国家烟草专卖局　　发布

YC/T 549.8—2016

2016-08-17 发布　2016-09-01 实施

前　言

YC/T 549《烟草机械　烟草专用机械鉴别检验规程》分为 9 个部分：

——第 1 部分：总则；

——第 2 部分：烟用加温加湿机械；

——第 3 部分：烟用除杂、筛分机械；

——第 4 部分：烟用叶梗分离机械；

——第 5 部分：烟用切丝机械；

——第 6 部分：烟用烘丝机械；

——第 7 部分：烟用卷接机械；

——第 8 部分：烟用包装机械；

——第 9 部分：烟用滤棒成型机械。

本部分为 YC/T 549 的第 8 部分。

本部分按照 GB/T 1.1—2009 给出的规则起草。

本部分由国家烟草专卖局提出。

本部分由全国烟草标准化技术委员会烟机分技术委员会(SAC/TC 144/SC 3)归口。

本部分起草单位：国家烟草质量监督检验中心、国家烟草专卖局专卖监督管理司、福建省烟草质量监督检测站、山东省烟草质量监督检测站、河南中烟工业公司、贵州中烟工业有限责任公司。

本部分主要起草人：何民、吴旭、郭建娟、翟鲁文、赵冰、闪红光、辛宝珺。

烟草机械　烟草专用机械鉴别检验规程 第 8 部分:烟用包装机械

1　范围

YC/T 549 的本部分规定了在办理非法生产、销售烟草专卖品等刑事案件中所涉及的烟草专用机械烟用包装机械的鉴别检验方法。

本部分适用于在办理非法生产、销售烟草专卖品等刑事案件中所涉及的烟草专用机械烟用包装机械的鉴别检验。

2　规范性引用文件

下列文件对于本文件的应用是必不可少的。凡是注日期的引用文件,仅注日期的版本适用于本文件。凡是不注日期的引用文件,其最新版本(包括所有的修改单)适用于本文件。

GB/T 18771.5—2015　烟草术语　第 5 部分:烟草机械与烟草专用检测仪器

YC/T 549.1—2016　烟草机械　烟草专用机械鉴别检验规程　第 1 部分:总则

3　术语和定义

GB/T 18771.5—2015 界定的以及下列术语和定义适用于本文件。为了便于使用,以下重复列出了 GB/T 18771.5—2015 中的某些术语和定义。

3.1　卷烟包装机组　cigarette packing group

完成卷烟包装的由多台设备组成的机组。

注 1:包括 GB/T 18771.5—2015 中的卷烟包装机(2.3.7)、卷烟盒包装膜包装机(2.3.8)、卷烟硬条包装机(2.3.9)、卷烟硬条包装膜包装机(2.3.10)等设备。

注 2:改写 GB/T 18771.5—2015,定义 2.3.6。

3.2　卷烟包装机　packer

用盒包装纸将烟支按一定包装规格包装成硬(软)盒卷烟的设备。

注:按类型分为硬盒包装机和软盒包装机等。

[GB/T 18771.5—2015,定义 2.3.7]

3.3　卷烟盒包装膜包装机　cellophaner

将包装膜包裹在卷烟盒外部的设备。

[GB/T 18771.5—2015,定义 2.3.8]

3.4　卷烟硬条包装机　cartoner

用条盒纸板将一定数量的盒装卷烟包装成硬条盒的设备。

注:按类型分为硬盒硬条包装机、软盒硬条包装机。

[GB/T 18771.5—2015，定义 2.3.9]

3.5 卷烟硬条包装膜包装机 overwrapper

将包装膜包裹在卷烟硬条外部的设备。

[GB/T 18771.5—2015，定义 2.3.10]

3.6 烟库及烟组成型部件 cigarette storage

将一定数量的烟支进行储存并按相应的排列方式进行排列输出的装置。简称烟库部分。

3.7 盒(条)包装纸部件 cartoner paper unit

将一定数量的盒(条)包装纸进行储存输出，并包装成型的装置。又称商标纸部分。

3.8 内衬纸部件 inner liner paper unit

将内衬纸输出、展开，按相应规格尺寸进行分切，并包装成型的装置。又称铝箔纸部分。

3.9 封签纸部件 seal paper unit

将封签纸输出、展开，按相应规格尺寸进行分切(盘卷)，并包装成型的装置。又称封签纸部分。

3.10 框架纸部件 framework paper

将框架纸输出、展开，按相应规格尺寸进行分切，并包装成型的装置。

3.11 施胶部件 glue unit

对盒(条)包装纸、封签纸予以施胶的装置。

3.12 盒(条)透明包装材料部件 carton cellophane storage unit

将盒(条)透明包装材料输出、展开，按相应规格尺寸进行分切，并包装成型的装置。

3.13 盒(条)拉线部件 thin cellophane unit

将盒(条)拉线输出、展开，按相应规格尺寸进行分切，并包装成型的装置。

3.14 盒(条)透明包装材料烫贴部件 carton cellophane iron unit

将盒(条)透明包装材料进行烫贴成型的装置。

4 检验样品

样品应满足 YC/T 549.1—2016 的第 3 章的要求。

5 检验方法

检验方法应符合 YC/T 549.1—2016 的第 4 章的要求。

6 鉴别检验内容

6.1 资料的确认

需查阅的资料包括样品的铭牌、烟草机械制造单位生产许可证、准运证、产品标准、产品合格证、产品使用说明书及相关技术文件资料，确认样品资料情况。

6.2 样品功能的确认

6.2.1 卷烟包装机

查阅样品相关技术资料，如产品使用说明书等，检查现场样品，确认样品是否具有使烟支按一定规列排布，通过包装纸实现卷烟盒(包)成型包装的功能。

6.2.2 卷烟盒包装膜包装机

查阅样品相关技术资料，如产品使用说明书等，检查现场样品，确认样品是否具有将膜状透明膜、拉线包裹在卷烟盒(包)上，实现卷烟盒(包)透明纸包装的功能。

6.2.3 卷烟硬条包装机

查阅样品相关技术资料，如产品使用说明书等，检查现场样品，确认样品是否具有将一定数量带透明纸的卷烟盒(包)，实现条盒包装的功能。

6.2.4 卷烟硬条包装膜包装机

查阅样品相关技术资料，如产品使用说明书等，检查现场样品，确认样品是否具有将膜状透明膜、拉线包裹在卷烟硬条盒上，实现卷烟硬条外透明膜包装的功能。

6.3 关键零部件的确认

6.3.1 卷烟包装机

卷烟包装机关键零部件的确认时，样品不论其形式、规格、尺寸，应具有以下零部件情况：

a) 烟库及烟组成型部件；
b) 盒包装纸部件；
c) 内衬纸部件；
d) 封签纸部件；
e) 框架纸部件；
f) 施胶部件。

6.3.2 卷烟盒包装膜包装机

卷烟盒包装膜包装机关键零部件的确认时，样品不论其形式、规格、尺寸，应具有以下零部件情况：

a) 盒透明包装材料部件；
b) 盒拉线部件；
c) 盒透明包装材料烫贴部件。

6.3.3 卷烟硬条包装机

卷烟硬条包装机关键零部件的确认时，样品不论其形式、规格、尺寸，应具有以下零部件情况：

YC/T 549.8—2016

a) 条包装纸部件；
b) 施胶部件。

6.3.4 卷烟硬条包装膜包装机

卷烟硬条包装膜包装机关键零部件的确认时，样品不论其形式、规格、尺寸，应具有以下零部件情况：

a) 条透明包装材料部件；
b) 条拉线部件；
c) 条透明包装材料烫贴部件。

7 判定规则

7.1 卷烟包装机的鉴别

7.1.1 当样品具有 6.2.1 确认的功能，且具有 6.3.1 确认的特征部件，则判定其为烟草专用卷烟包装机。
7.1.2 当样品结构与烟草行业已有型号相同时，应给出对应卷烟包装机型号。
7.1.3 当样品结构与烟草行业已有型号相似时，应给出同类卷烟包装机型号。
7.1.4 当样品结构与烟草行业已有型号不相同或不相似时，则判定其为无对应同类型号的烟草专用卷烟包装机。
7.1.5 当样品符合 7.1.1 的规定，且具有 YC/T 549.1—2016 中 6.2 所列情形之一的，判定其为假冒烟草专用卷烟包装机。
7.1.6 当样品符合 7.1.1 的规定，且具有 YC/T 549.1—2016 中 6.3 所列情形之一的，判定其为伪劣烟草专用卷烟包装机。

7.2 卷烟盒包装膜包装机的鉴别

7.2.1 当样品具有 6.2.2 确认的功能，且具有 6.3.2 确认的特征部件，则判定其为烟草专用卷烟盒包装膜包装机。
7.2.2 当样品结构与烟草行业已有型号相同时，应给出对应卷烟盒包装膜包装机型号。
7.2.3 当样品结构与烟草行业已有型号相似时，应给出同类卷烟盒包装膜包装机型号。
7.2.4 当样品结构与烟草行业已有型号不相同或不相似时，则判定其为无对应同类型号的烟草专用卷烟盒包装膜包装机。
7.2.5 当样品符合 7.2.1 的规定，且具有 YC/T 549.1—2016 中 6.2 所列情形之一的，判定其为假冒烟草专用卷烟盒包装膜包装机。
7.2.6 当样品符合 7.2.1 的规定，且具有 YC/T 549.1—2016 中 6.3 所列情形之一的，判定其为伪劣烟草专用卷烟盒包装膜包装机。

7.3 卷烟硬条包装机的鉴别

7.3.1 当样品具有 6.2.3 确认的功能，且具有 6.3.3 确认的特征部件，则判定其为烟草专用卷烟硬条包装机。
7.3.2 当样品结构与烟草行业已有型号相同时，应给出对应卷烟硬条包装机型号。
7.3.3 当样品结构与烟草行业已有型号相似时，应给出同类卷烟硬条包装机型号。
7.3.4 当样品结构与烟草行业已有型号不相同或不相似时，则判定其为无对应同类型号的烟草专用卷烟硬条包装机。
7.3.5 当样品符合 7.3.1 的规定，且具有 YC/T 549.1—2016 中 6.2 所列情形之一的，判定其为假冒烟草专用卷烟硬条包装机。

7.3.6 当样品符合7.3.1的规定，且具有YC/T 549.1—2016中6.3所列情形之一的，判定其为伪劣烟草专用卷烟硬条包装机。

7.4 卷烟硬条包装膜包装机的鉴别

7.4.1 当样品具有6.2.4确认的功能，且具有6.3.4确认的特征部件，则判定其为烟草专用卷烟硬条包装膜包装机。

7.4.2 当样品结构与烟草行业已有型号相同时，应给出对应卷烟硬条包装膜包装机型号。

7.4.3 当样品结构与烟草行业已有型号相似时，应给出同类卷烟硬条包装膜包装机型号。

7.4.4 当样品结构与烟草行业已有型号不相同或不相似时，则判定其为无对应同类型号的烟草专用卷烟硬条包装膜包装机。

7.4.5 当样品符合7.4.1的规定，且具有YC/T 549.1—2016中6.2所列情形之一的，判定其为假冒烟草专用卷烟硬条包装膜包装机。

7.4.6 当样品符合7.4.1的规定，且具有YC/T 549.1—2016中6.3所列情形之一的，判定其为伪劣烟草专用卷烟硬条包装膜包装机。

8 鉴别检验报告

8.1 样品鉴别检验报告应包括：样品鉴别检验结果、样品质量检验结果和判定结论。

8.2 鉴别检验结果应符合YC/T 549.1—2016中7.1的规定。

8.3 样品质量检验结果应符合YC/T 549.1—2016中7.2的规定。

8.4 鉴别检验判定结论应符合第7章的要求。

ICS 65.160
X 87
备案号：55946—2016

YC

中华人民共和国烟草行业标准

YC/T 551—2016

卷烟包装标识 警语的测定 图像法

Cigarette packing mark—Determination of warnings—Image method

2016-11-01 发布 2016-11-15 实施

国家烟草专卖局 发布

2016-11-01 发布　2016-11-15 实施

YC/T 551—2016

前　言

本标准按照 GB/T 1.1—2009 给出的规则起草。

请注意本文件的某些内容可能涉及专利。本文件的发布机构不承担识别这些专利的责任。

本标准由国家烟草专卖局提出。

本标准由全国烟草标准化技术委员会卷烟分技术委员会(SAC/TC 144/SC 1)归口。

本标准起草单位:北京市烟草质量监督检测站、中国烟草标准化研究中心、国家烟草质量监督检验中心、中国科学院合肥物质科学研究院、广东省质量监督烟草检验站、湖北中烟工业有限责任公司、安徽中烟工业有限责任公司、贵州中烟工业有限责任公司、西北烟草质量监督检测站、上海烟草集团北京卷烟厂。

本标准主要起草人:李慧、张育红、陈宸、李晓辉、刘军、刘砚婷、左巧美、魏中华、柳昕、张胜华、汪然、蔡元青、李瑾、石睿、张龙、夏营威、高震宇、吴佳玲、李志刚、计敏、王澍、张文。

YC/T 551—2016

卷烟包装标识　警语的测定　图像法

1　范围

本标准规定了卷烟包装标识警语区面积比例、警语区内文字高度、警语区内文字与背景色差的图像测定方法。

本标准适用于卷烟条与盒包装标识警语区面积比例、警语区内文字高度、警语区内文字与背景色差的测定。

2　规范性引用文件

下列文件对于本文件的应用是必不可少的。凡是注日期的引用文件，仅注日期的版本适用于本文件。凡是不注日期的引用文件，其最新版本（包括所有的修改单）适用于本文件。

GB/T 7975—2005　纸和纸板　颜色的测定（漫反射法）

YC/T 330—2014　卷烟条与盒包装纸印刷品

3　术语和定义

下列术语和定义适用于本文件。

3.1　警语　warnings

表明烟草使用有害后果的警示性语句。

3.2　警语区　warnings area

卷烟包装标识警语所在的区域，以明显区别于包装印刷主体色的颜色或以与包装印刷主体色有明显色差的分割线（或框）划分的最小闭合区域。

3.3　警语区面积比例　warnings area ratio

卷烟包装标识警语区占其包装所在面面积的比例。

3.4　警语区内文字与背景色差　colour difference between words in warnings area and warnings area background

警语区内文字颜色与警语区背景颜色之间的差别。

3.5　异形卷烟包装　special cigarette packing

非长方体特征形态的卷烟包装。

4　原理

由成像系统获得卷烟包装标识警语区所在面的图像，识别警语区特征，测定卷烟包装标识警语区面积比例及警语区内文字高度。在规定的条件下，使用光度测量设备分别测定警语区内文字与背景的颜色坐标，计算出警语区内文字与背景的色差。

5 仪器设备

5.1 卷烟包装标识警语区面积比例及警语区内文字高度的测定仪器应满足以下要求：

a) 照明系统能够清晰的显现卷烟包装边缘、警语区边缘及警语区内文字字体轮廓；

b) 成像系统采集卷烟包装的图像，成像精度优于 0.1 mm，能够清晰的呈现卷烟包装标识警语区的特征；

c) 仪器测定结果精密度不低于 0.5 mm；

d) 用于长度校准的标准板准确度不低于 0.05 mm。

5.2 卷烟包装标识警语区内文字与背景色差的测定仪器应满足 GB/T 7975—2005 中第 5 章的要求。

6 取样及样品制备

从实验室样品中抽取试样，除去试样外包装膜。待测试样应无翘(翻)边、皱折、形变、破损、污渍等可能削弱其测试性能的缺陷。试样为异形卷烟包装时，应先进行预处理，采用其他方式将其折合成平面。

7 测定步骤

7.1 试样按照 YC/T 330—2014 中 6.1.1 的要求进行调节和测试。

7.2 按照仪器操作规程调整和校准仪器。

7.3 将试样放入仪器的测量区域，通过成像系统采集试样警语区所在面的平面图像，测定警语区和其所在面的面积。其中，分割线(框)不计入警语区面积，软盒包装顶部突出的内衬纸区域不计入警语区所在面的面积。

7.4 将试样放入仪器的测量区域，通过成像系统采集试样警语区所在面的平面图像，分别测定警语每个字的高度和警告主体每个字的高度(见图 1)。

7.5 将试样放入仪器的测量区域，使用光度测量设备测定试样警语区内文字和背景的明度指数、色品指数。警语区内文字颜色相同时，取 10 个采样点进行测定；警语区内文字颜色不同时，每种颜色分别取 10 个采样点进行测定。

7.6 重复步骤 7.3～7.5，对试样的另一个警语区所在面进行测试。

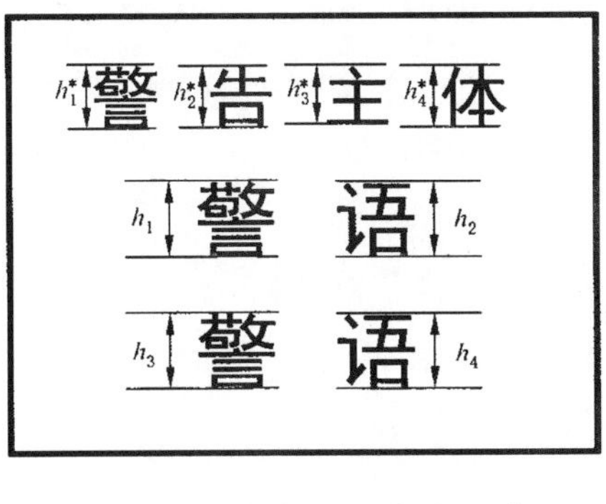

图 1 警语区内文字高度示意图

8 结果表示

8.1 警语区面积比例按式(1)计算：

$$P=\frac{S_1}{S_2}\times 100\% \qquad \cdots\cdots(1)$$

式中：

P ——警语区面积比例，以百分比(%)表示；

S_1 ——警语区的面积，单位为平方毫米(mm^2)；

S_2 ——警语区所在面的面积，单位为平方毫米(mm^2)。

最终结果以单次测试结果表示，精确至1%。

8.2 警语区内文字高度按式(2)、式(3)计算：

$$H=\max(h_1,h_2,\cdots,h_i) \qquad \cdots\cdots(2)$$

式中：

H ——警语文字高度，单位为毫米(mm)；

$h_1,h_2,\cdots,h_i$ ——警语中单个字的高度，单位为毫米(mm)，i 为警语中字的个数。

最终结果以单次测试结果表示，精确至十分位。

$$H^*=\max(h_1^*,h_2^*,\cdots,h_j^*) \qquad \cdots\cdots(3)$$

式中：

H^* ——警告主体文字高度，单位为毫米(mm)；

$h_1^*,h_2^*,\cdots,h_j^*$——警告主体中单个字的高度，单位为毫米(mm)，j 为警告主体中字的个数。

最终结果以单次测试结果表示，精确至十分位。

8.3 警语区内文字与背景色差按式(4)计算：

$$\Delta E_{ab}=\sqrt{(L_1^*-L_2^*)^2+(a_1^*-a_2^*)^2+(b_1^*-b_2^*)^2} \qquad \cdots\cdots(4)$$

式中：

ΔE_{ab} ——警语区内文字与背景色差；

L_1^* ——警语区内文字的明度指数；

L_2^* ——警语区背景的明度指数；

a_1^*、b_1^* ——警语区内文字的色品指数；

a_2^*、b_2^* ——警语区背景的色品指数。

最终结果以10个采样点的算术平均值表示，精确至个位。

9 测定报告

测定报告应包括以下内容：

a) 试样标志及说明；

b) 使用标准的编号；

c) 测定时间；

d) 使用仪器和型号；

e) 测定的环境条件；

f) 测定结果。

ICS 61.020
Y 75

FZ

中华人民共和国纺织行业标准

FZ/T 80002—2016
代替 FZ/T 80002—2008

服装标志、包装、运输和贮存

Marking, packaging, transporation and storage for garments

2016-04-05 发布　　2016-09-01 实施

中华人民共和国工业和信息化部　发布

2016-04-05 发布　2016-09-01 实施　FZ/T 80002—2016

前　言

本标准按照 GB/T 1.1—2009 给出的规则起草。

本标准代替 FZ/T 80002—2008《服装标志、包装、运输和贮存》，与 FZ/T 80002—2008 相比主要变化如下：

——修改了规范性引用文件(见第 2 章，2008 年版的第 2 章)；

——补充了包装标志要求(见 3.2.3)；

——修改了包装材料要求(见 4.1.1，4.2.1，2008 年版的 4.1.1，4.2.1)；

——修改了运输和贮存要求(见第 5 章、第 6 章，2008 年版的第 5 章、第 6 章)。

本标准由中国纺织工业联合会提出。

本标准由全国服装标准化技术委员会(SAC/TC 219)归口。

本标准起草单位：上海市服装研究所、浙江红黄蓝服饰股份有限公司、恒源祥(集团)有限公司、佛山市南海 NO.1 实业有限公司。

本标准主要起草人：施琴、周双喜、叶显东、邱洪生、陈笑英、杨秀月、王宏明。

本标准所代替标准的历次版本发布情况为：

——FZ/T 80002—1991、FZ/T 80002—2002、FZ/T 80002—2008。

FZ/T 80002—2016

服装标志、包装、运输和贮存

1 范围

本标准规定了服装标志、包装、运输和贮存的一般要求。

本标准适用于成批生产的各种服装。

本标准不适用于合同双方对标志、包装、运输和贮存技术要求另有约定的成批生产的服装。

2 规范性引用文件

下列文件对于本文件的应用是必不可少的。凡是注日期的引用文件，仅注日期的版本适用于本文件。凡是不注日期的引用文件，其最新版本(包括所有的修改单)适用于本文件。

GB/T 191 包装储运图示标志

GB 5296.4 消费品使用说明 第4部分：纺织品和服装

GB/T 6388 运输包装收发货标志

GB/T 6543 运输包装用单瓦楞纸箱和双瓦楞纸箱

GB/T 16716.1 包装与包装废弃物 第1部分：处理和利用通则

3 标志

3.1 产品使用说明

使用说明是交付产品的组成部分。产品使用说明内容、形式、位置等要求按 GB 5296.4 规定。

3.2 包装标志

3.2.1 运输包装宜注明货号、品名、号型或规格、数量、企业名称及地址等。

3.2.2 运输、贮存图示标志应符合 GB/T 191、GB/T 6388 等有关标准的规定。

3.2.3 包装标志应清晰、醒目。

4 包装

4.1 内包装规定

4.1.1 包装材料应清洁、干燥，宜选择对自然环境不造成污染或可循环使用的材料。包装材料中的重金属含量应符合 GB/T 16716.1 的规定。

4.1.2 婴幼儿服装、直接接触皮肤的服装产品包装件应使用非金属类产品(外包装盒除外)。

4.1.3 纸包包装应折叠端正，包装牢固。

4.1.4 塑料袋包装要求：

a) 塑料袋规格应与产品相适应，封口应牢固。产品装入塑料袋要平整，松紧适宜。

b) 使用印有文字、图案的塑料袋，文字、图案应印在塑料袋外面，其颜料不得污染产品。

c) 附有衣架包装的产品，应端正平整。

FZ/T 80002—2016

4.1.5 纸盒包装要求：

a) 纸盒规格应与产品相适应，产品装入盒内松紧适宜。

b) 附有衣架包装的产品，应端正平整。

4.2 外包装规定

4.2.1 外包装可采用纸箱等材料，包装材料要清洁、干燥、牢固。包装或包装材料中的重金属含量应符合 GB/T 16716.1 的规定。瓦楞纸箱的技术要求应符合 GB/T 6543 规定。

4.2.2 纸箱内宜衬垫具有保护产品质量作用的防潮材料。

4.2.3 纸箱盖、底封口应严密、牢固，封箱纸贴正、贴平。

4.2.4 内、外包装大小适宜。

4.2.5 箱外可用捆扎带等捆扎结实、粘合牢固。

5 运输

产品包装件运输时，应避免挤压、曝晒、破损、污染等影响产品质量的因素。

6 贮存

6.1 产品贮存应防潮，含毛类产品应采取防蛀措施。

6.2 产品包装件应在仓库内堆放。库房应阴凉、干燥、通风、清洁。